神奇的考点母题

2023年 注册会计师全国统一考试

税 法

应试指导及母题精讲

编著◎郝琳琳

CPA

神奇母题® 1

图书在版编目（CIP）数据

税法应试指导及母题精讲 / 郝琳琳编著 . -- 北京 : 团结出版社 , 2023.3

ISBN 978-7-5126-9984-7

Ⅰ . ①税… Ⅱ . ①郝… Ⅲ . ①税法－中国－资格考试－自学参考资料 Ⅳ . ① D922.22

中国版本图书馆 CIP 数据核字 (2022) 第 245666 号

出　版： 团结出版社

（北京市东城区东皇城根南街 84 号 邮编：100006）

电　话：（010）65228880 65244790

网　址： http://www.tjpress.com

E-mail： 65244790@163.com

经　销： 全国新华书店

印　刷： 涿州汇美亿浓印刷有限公司

装　订： 涿州汇美亿浓印刷有限公司

开　本： 185mm × 260mm　16 开

印　张： 34.5

字　数： 431 千字

版　次： 2023 年 3 月 第 1 版

印　次： 2023 年 3 月 第 1 次印刷

书　号： 978-7-5126-9984-7

定　价： 108.00 元

前　言

注册会计师考试科目多、难度大，需要考生投入大量的备考时间。本套神奇母题注会系列辅导教材，以考点母题为核心，从命题规律和考生学习规律出发，按照最新考试大纲和教材精心编写。本套辅导教材的特点包括：

1. 考点母题化

考点母题是根据命题规律和考试大纲，将教材内容中出题的考点进行精准锁定，同时将考点对应的真题出题方向和选项进行全面、精准归纳，形成真题出题的原料库。考点母题搭建起教材和考试之间的桥梁，掌握了考点母题就掌握了考试的秘方，解决了考生“学习学得好但考试不一定考得好”的问题，让考试更轻松，过关更高效。

2. 习题子题化

将考点母题按照真题的范式衍生出考点子题，考点子题完全按照真题的难度和要求命制，是高质量准真题。通过练习考点子题，掌握考点母题衍生真题的规律，举一反三，有的放矢，拒绝题海战术。把好题练好，练熟。

3. 教材形象化

看漫画学注会，将教材海量文字内容通过漫画的形式或图表的形式进行展示，将公式形象化，让教材通俗易通、一目了然。本书将核心考点内容都漫画化了，核心公式都形式化、可视化了，让内容更生动，学习更有趣。

4. 记忆口诀化

根据各科目考试特点，将需要记忆的考点总结成朗朗上口的记忆口诀，让考点入心入脑，不但让考生学会考点内容和母题内容，还让考生能轻松地记忆和准确运用。

5. 书课一体化

本套辅导教材为神奇母题课程的授课讲义，完全书课一体。神奇的考点母题授课团队均为高校教授、博士（生），考点把握精准、授课专业精彩、课时精短高效、课程资料精致。书中部分考点母题配有考点视频二维码，方便考生立体学习。

《税法》科目的典型特点是知识点琐碎、繁多、易混、庞杂，记忆量和计算量都很大。为了帮助学员更好地通过考试，本书在“神奇的考点母题”直播课程的基础上，精选了最具代表性的母题和真题，并辅之以漫画、表格、图示等工具，将琐碎的税法规则串成珠链，让学生在深入理解的基础上精准牢记知识点，帮助学员学懂知识、掌握方法、学会做题、高效通关。本书由郝琳琳教授编著，程琳、杨雪参与校对、编辑等工作，共同为学员提供一份高效拿下CPA《税法》的通关宝典。

神奇的考点母题教研团队

郝琳琳 教授 博士后

北京工商大学教授

中国财政科学研究院博士后

美国佛罗里达大学访问学者、英国牛津大学访问学者

发表学术论文 80 余篇

北京市中青年骨干教师

主持国家级、省部级教学、科研项目 10 余项

出版专著、教材十余部，主编《税收法律实务》获评北京市高等教育精品教材

目　录

第 1 章　税法总论

本章思维导图

- 第一章 税法总论
  - 第一节 税法
    - 考点1 税收与税法的概念
    - 考点2 税收法律关系
    - 考点3 税法与其他法律的关系
  - 第二节 税法原则
  - 第三节 税法要素
    - 考点1 纳税义务人、征税对象、税目
    - 考点2 税率及其他要素
  - 第四节 税收立法与我国税法体系
    - 考点1 税收立法
    - 考点2 我国现行税法体系
  - 第五节 税收执法
    - 考点1 税收执法的概念、税务机构设置、职能与税收征收管理范围划分
    - 考点2 税收收入划分
    - 考点3 税务检查权、税务稽查权、税务行政复议裁决权与其他税收执法权
  - 第六节 税务权利与义务
    - 考点1 税务行政主体、纳税人以及地方各级人民政府、有关部门和单位的权利与义务
    - 考点2 发展涉税专业服务促进税法遵从
  - 第七节 国际税收关系
    - 考点1 国际重复征税与国际税收协定
    - 考点2 国际避税反避税与国际税收合作

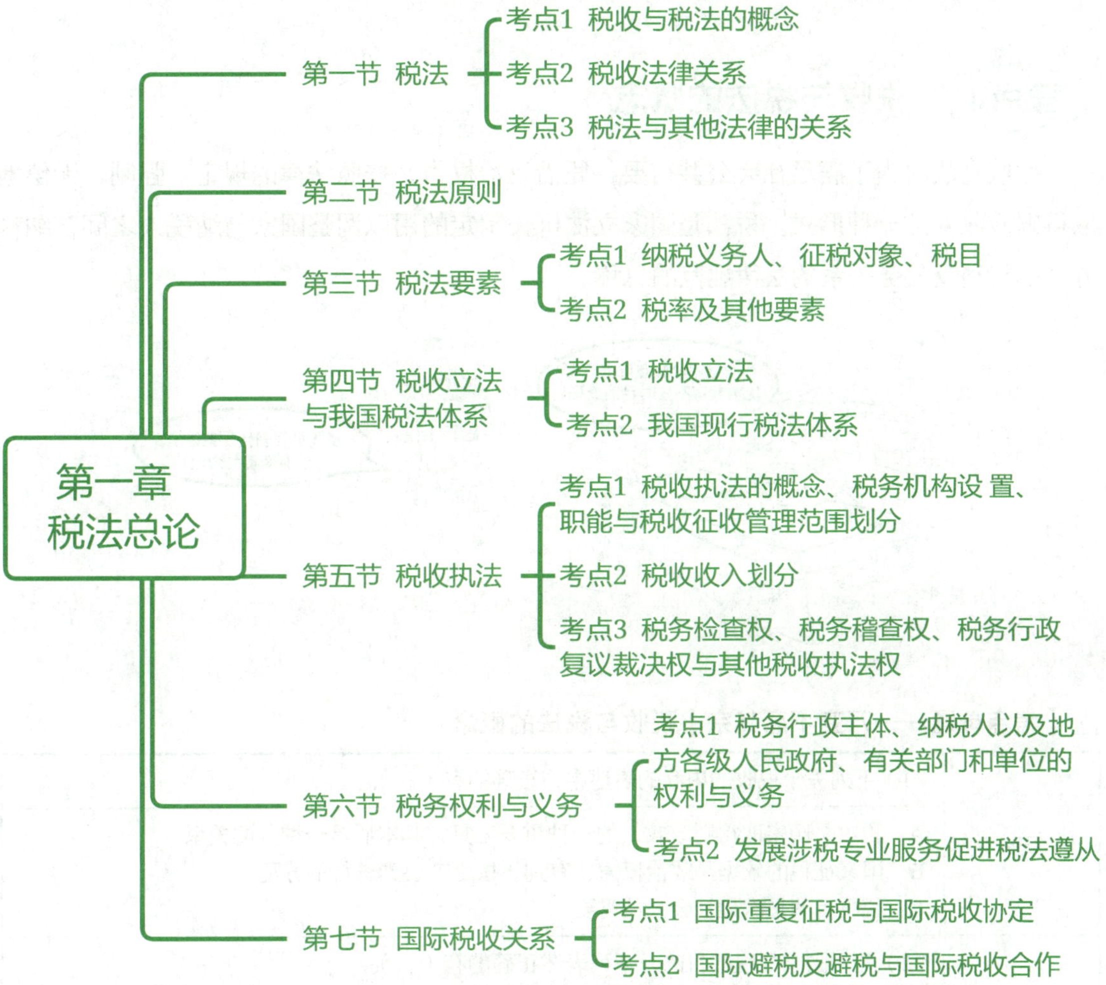

近三年本章考试题型及分值分布

题型	2022 年	2021 年	2020 年
单选题	1 题 1 分	1 题 1 分	2 题 2 分
多选题	1 题 1.5 分	1 题 1.5 分	2 题 3 分
合计	2 题 2.5 分	2 题 2.5 分	4 题 5 分

第一节　税法概念

考点1　税收与税法的概念

税收是政府为了满足社会公共需要，凭借政治权力，按照法律的规定，强制、无偿地取得财政收入的一种形式。税法是国家立法机关制定的用以调整国家与纳税人之间在纳税方面的权利及义务关系的法律规范的总称。

【考点母题——万变不离其宗】税收与税法的概念

税收的内涵	（1）下列关于税收的内涵的表述中，正确的有（　）。	
	A. 税收是国家取得财政收入的一种重要工具，其本质是一种分配关系 B. 国家征税的依据是政治权力，有别于按生产要素进行的分配 C. 税收目的是满足社会公共需要	
国家征税的目的	（2）关于国家征税的目的，下列表述正确的有（　）。	
	A. 国家征税的目的是满足提供社会公共产品的需要，以及弥补市场失灵、促进公平分配等的需要 B. 国家征税要受到所提供公共产品规模和质量的制约	
税法的特点	（3）税法的特点有（　）。	
	A. 税法具有义务性法规的特点	从法律性质上看，税法以规定纳税人的义务为主。税法属于义务性法规，并不是指税法没有规定纳税人的权利，而是指纳税人的权利是建立在其纳税义务的基础之上，处于从属地位。税法属义务性法规的这一特点是由税收的无偿性和强制性特点所决定的。

续表

税法的特点	B. 税法具有综合性法规的特点	税法具有综合性，它是由一系列单行税收法律法规及行政规章制度组成的体系，其内容涉及课税的基本内容、征纳双方的权利和义务、税收管理规则、法律责任、解决税务争议的法律规范等。税法的综合性特点是由税收制度所调整的税收分配关系和税收法律关系的复杂性所决定的
税法的本质	（4）下列关于税法的本质的表述中，正确的有（　）。	
	A. 税法的本质是正确处理国家与纳税人之间因税收而产生的税收法律关系和社会关系，既要保证国家税收收入，也要保护纳税人的权利，两者缺一不可 B. 税法的核心在于兼顾和平衡纳税人权利，在保障国家税收收入稳步增长的同时，也保证对纳税人权利的有效保护	

【考点子题——举一反三，真枪实练】

［1］（经典例题•单选题）下列权力中，作为国家征税依据的是（　）。

A. 财产权力　　B. 管理权力　　C. 政治权力　　D. 社会权力

［2］（经典例题•单选题）下列关于税收概念的理解，不正确的是（　）。

A. 税收是我国目前取得财政收入的最重要工具

B. 国家征税依据的是财产权力

C. 国家征税的目的是满足社会公共需要

D. 国家征税要受到所提供公共产品规模和质量的制约

考点 2　税收法律关系

税收法律关系是税法所确认和调整的国家与纳税人之间、国家与国家之间以及各级政府之间在税收分配过程中形成的权利与义务关系。国家征税与纳税人纳税形式上表现为利益分配的关系，但经过法律明确其双方的权利与义务后，这种关系实质上已上升为一种特定的法律关系。

【考点母题——万变不离其宗】税收法律关系

税收法律关系的主体	（1）我国税收法律关系的主体有（　）。	
	A. 征税主体	a. 税务机关　b. 海关
	B. 纳税主体	a. 法人　b. 自然人　c. 其他组织
税收法律关系的客体	（2）税收法律关系的客体是（　）。	A. 征税对象
	（3）所得税法律关系客体是（　）。	A. 生产经营所得和其他所得
	（4）财产税法律关系客体是（　）。	A. 财产
	（5）流转税法律关系客体是（　）。	A. 货物或劳务收入

续表

税收法律关系的产生、变更与消灭	（6）下列因素中，决定税收法律关系的产生、变更与消灭的是（　）。
	A. 税收法律事实

【考点子题——举一反三，真枪实练】

［3］（经典例题·单选题）下列因素中，决定税收法律关系的产生、变更与消灭的是（　）。

A. 税收法律制定　B. 税收法律事实　C. 税收法律实施　D. 税收法律本身

考点3 税法与其他法律的关系

【考点母题——万变不离其宗】税法与其他法律的关系

税法与宪法的关系	（1）下列关于税法与宪法的关系的表述中，正确的有（　）。
	A. 税法是国家法律的组成部分，是依据宪法的原则制定的
	B.《宪法》规定的"中华人民共和国公民有依照法律纳税的义务"，是立法机关制定税法并据以向公民征税以及公民必须依照税法纳税的最直接的法律依据
税法与民法的关系	（2）下列关于税法与民法的关系的表述中，正确的有（　）。
	A. 民法调整方法特点是平等、等价和有偿；税法是调整国家与纳税人关系的法律规范，带有国家意志和强制的特点，其调整方法要采用命令和服从的方法
	B. 当税法的某些规范同民法的规范基本相同时，税法一般援引民法条款
	C. 当涉及税收征纳关系的问题时，一般应以税法的规范为准则
税法与刑法的关系	（3）下列关于税法与刑法的关系的表述中，正确的有（　）。
	A. 调整的范围不同：刑法是关于犯罪、刑事责任与刑罚的法律规范的总和，税法则是调整税收征纳关系的法律规范
	B. 税法和刑法对于违反税法都规定了处罚条款
	C. 违反了税法，并不一定就是刑事犯罪。区别就在于情节是否严重，轻者给予行政处罚，重者则要承担刑事责任，给予刑事处罚
	D.《刑法》用"逃避缴纳税款"取代了"偷税"，但《税收征收管理法》中还没有作出相应修改
税法与行政法的关系	（4）下列关于税法与行政法的关系的表述中，正确的有（　）。
	A. 税法具有行政法的一般特性
	B. 税收法律关系中争议的解决一般按照行政复议程序和行政诉讼程序进行
	C. 税法具有经济分配的性质，并且经济利益由纳税人向国家无偿单方面转移，这是一般行政法所不具备的
	D. 行政法大多为授权性法规，所含的少数义务性规定也不像税法一样涉及货币收益的转移，而税法则是一种义务性法规

【考点子题——举一反三，真枪实练】

[4]（经典例题•单选题）下列法律中，明确规定“中华人民共和国公民有依照法律纳税的义务”的是（　）。

A.《中华人民共和国宪法》

B.《中华人民共和国民法通则》

C.《中华人民共和国个人所得税法》

D.《中华人民共和国税收征收管理法》

[5]（经典例题•单选题）在下列法律中，明确用“逃避缴纳税款”取代“偷税”概念的是（　）。

A.《中华人民共和国宪法》

B.《中华人民共和国税收征收管理法》

C.《中华人民共和国刑法》

D.《中华人民共和国企业所得税法》

[6]（经典例题•单选题）下列属于税法与行政法的区别的是（　）。

A. 情节是否严重

B. 是否有经济分配的性质

C. 采用命令和服从的调整办法

D. 采用平等、等价和有偿的调整办法

[7]（经典例题•多选题）下列关于税法与其他法律的关系的表述，正确的有（　）。

A. 税法是关于征纳双方权利和义务的法律规范，可以不遵循宪法原则

B. 民法调整方法特点是平等、等价和有偿；税法主要采用命令和服从的方法

C. 刑法是关于犯罪、刑事责任与刑罚的法律规范的总称；税法调整税收征纳关系

D. 税法具有经济分配的性质，并且经济利益由纳税人向国家无偿单方面转移

第二节　税法原则

税法原则包括税法基本原则和税法适用原则。

【考点母题——万变不离其宗】税法原则

<table>
<tr><td rowspan="4">税法的基本原则</td><td>（1）税法的基本原则有（　）。</td></tr>
<tr><td>A. 税收法定原则　B. 税收公平原则　C. 税收效率原则　D. 实质课税原则</td></tr>
<tr><td>（2）税法基本原则中的核心是（　）。</td></tr>
<tr><td>A. 税收法定原则</td></tr>
<tr><td rowspan="2">税法的适用原则</td><td>（3）税法的适用原则有（　）。</td></tr>
<tr><td>A. 法律优位原则　B. 法律不溯及既往原则
C. 新法优于旧法原则　D. 特别法优于普通法的原则
E. 实体从旧、程序从新原则　F. 程序优于实体原则</td></tr>
</table>

【考点子题——举一反三，真枪实练】

［8］（经典例题·单选题）下列各项税法原则中，属于税法基本原则核心的是（　）。

A. 税收公平原则　B. 税收效率原则　C. 实质课税原则　D. 税收法定原则

［9］（经典例题·多选题）下列各项中，属于税法适用原则的有（　）。

A. 实体法从旧，程序法从新　B. 法律优位

C. 国内法优于国际法　D. 同一层次的法律中，特别法优于普通法

［10］（经典例题·多选题）下列属于税法基本原则的有（　）。

A. 税收法定原则　B. 实质课税原则

C. 法律优位原则　D. 法律不溯及既往原则

［11］（经典例题·单选题）某税务稽查局2019年6月对辖区内一家企业进行纳税检查时，发现该企业2018年6月转增的注册资金按万分之五的税率缴纳了印花税，检查结束后检查人员告知企业可去申请退还印花税已缴纳金额的50%。该检查人员的这一做法遵循的税法适用原则是（　）。

A. 税收公平原则　B. 税收效率原则

C. 实质重于形式原则　D. 新法优于旧法原则

［12］（经典例题·单选题）如果纳税人通过转让定价或其他方法减少计税依据，税务机关

有权重新核定计税依据，以防止纳税人避税与偷税，这样处理体现了税法基本原则中的（　）。

A. 税收法定原则　　　　B. 税法公平原则

C. 税收效率原则　　　　D. 实质课税原则

第三节 税法要素

税法要素一般包括总则、纳税义务人、征税对象、税目、税率、纳税环节、纳税期限、纳税地点、减税免税、罚则、附则等项目。

考点1 纳税义务人、征税对象、税目

纳税义务人或纳税人又叫纳税主体，是税法规定的直接负有纳税义务的单位和个人。

征税对象又叫课税对象、征税客体，是指税法规定的对什么征税，也是征纳税双方权利义务共同指向的客体或标的物，又是区别一种税与另一种税的重要标志。

税目是在税法中对征税对象分类规定的具体的征税项目，反映具体的征税范围，是对课税对象质的界定。

【考点母题——万变不离其宗】纳税义务人、征税对象、税目

纳税人的形式	（1）纳税人有两种基本形式，分别是（ ）。	
	A. 自然人	
	B. 法人	a. 机关法人
		b. 事业法人
		c. 企业法人
		d. 社团法人

【说明1】代扣代缴义务人和代收代缴义务人并不承担纳税义务。代扣代缴义务人是在向纳税人支付收入、结算货款、收取费用时有义务代扣代缴其应纳税款的单位和个人。例如出版社代扣作者稿酬所得的个人所得税等。如果代扣代缴义务人按规定履行了代扣代缴义务，税务机关将支付一定的手续费。反之，未按规定代扣代缴税款，造成应纳税款流失或将已扣缴的税款私自截留挪用、不按时缴入国库，一经税务机关发现，将要承担相应的法律责任。

【说明2】代收代缴义务人是在向纳税人收取商品或劳务收入时，有义务代收代缴其应纳税款的单位和个人。例如消费税条例规定，委托加工的应税消费品，由受托方在向委托方交货时代收代缴委托方应该缴纳的消费税。

续表

<table>
<tr><td rowspan="5">征税对象</td><td colspan="2">（2）征税对象按其性质的不同，通常可划分为以下类别（　）。</td></tr>
<tr><td colspan="2">A. 流转额　B. 所得额　C. 财产　D. 资源　E. 特定行为</td></tr>
<tr><td colspan="2">（3）计税依据按照计量单位的性质，可划分为下列基本形态（　）。</td></tr>
<tr><td>A. 价值形态</td><td>包括应纳税所得额、销售收入、营业收入等</td></tr>
<tr><td>B. 物理形态</td><td>包括面积、体积、容积、重量等</td></tr>
<tr><td colspan="3">【说明 1】通常将税收分为相应的五大类即流转税或称商品和劳务税、所得税、财产税、资源税和特定行为税等。</td></tr>
<tr><td colspan="3">【说明 2】税目是为明确具体的征税范围、贯彻国家税收调节政策的需要而设置的。
并非所有税种都需规定税目，有些税种不分课税对象的具体项目，一律按照课税对象的应税数额采用同一税率计征税款，因此一般无须设置税目，例如，企业所得税。有些税种具体课税对象比较复杂，需要规定税目，例如，消费税，一般都规定有不同的税目。</td></tr>
</table>

【考点子题——举一反三，真枪实练】

[13]（经典例题•单选题）下列税法要素中，能够区别一种税与另一种税的重要标志是（　）。

A. 征税对象　B. 纳税地点　C. 纳税环节　D. 纳税义人

考点 2　税率及其他要素

【考点母题——万变不离其宗】税率与纳税环节

<table>
<tr><td rowspan="2">比例税率</td><td colspan="2">（1）比例税率的形式有（　）。</td></tr>
<tr><td colspan="2">A. 单一比例税率　B. 差别比例税率　C. 幅度比例税率</td></tr>
<tr><td rowspan="4">差别比例税率</td><td colspan="2">（2）下列各项属于我国现行税法中差别比例税率的有（　）。</td></tr>
<tr><td>A. 产品差别比例税率</td><td>a. 消费税　b. 关税</td></tr>
<tr><td>B. 行业差别比例税率</td><td>a. 增值税</td></tr>
<tr><td>C. 地区差别比例税率</td><td>a. 城市维护建设税</td></tr>
<tr><td rowspan="2">累进税率</td><td colspan="2">（3）中国现行税制中采用的累进税率有（　）。</td></tr>
<tr><td colspan="2">A. 超额累进税率　B. 超率累进税率</td></tr>
<tr><td>定额税率</td><td colspan="2">【说明】定额税率适用于从量征税。采用定额税率的税种有城镇土地使用税、车船税、船舶吨税等。</td></tr>
<tr><td colspan="3">【说明 1】累进税率是指随着征税对象数量增大而随之提高的税率，即按征税对象数额的大小划分为若干等级，不同等级的课税数额分别适用不同的税率，课税数额越大，适用税率越高。累进税率一般在所得课税中使用，可以充分体现对纳税人收入多的多征、收入少的少征、无收入的不征的税收原则，从而有效地调节纳税人的收入，正确处理税收负担的纵向公平问题。</td></tr>
</table>

续表

【说明 2】超额累进税率指把征税对象按数额的大小分成若干等级，每一等级规定一个税率，税率依次提高，但每一纳税人的征税对象则依所属等级同时适用几个税率分别计算，将计算结果相加后得出应纳税款。

【说明 3】超率累进税率，即以征税对象数额的相对率划分若干级距，分别规定相应的差别税率，相对率每超过一个级距的，对超过的部分就按高一级的税率计算征税。目前我国税收体系中采用这种税率的是土地增值税。

【说明 4】超额累进税率与全额累进税率的差别是：（1）全额累进税率，是把征税对象的数额划分为若干等级，对每个等级分别规定相应税率，当税基超过某个级距时，课税对象的全部数额都按提高后级距的相应税率征税；（2）超额累进税率指把征税对象按数额的大小分成若干等级，每一等级规定一个税率，税率依次提高，但每一纳税人的征税对象则依所属等级同时适用几个税率分别计算，将计算结果相加后得出应纳税款

【说明 5】在级数较多的情况下，分级计算然后相加的方法比较烦琐。为了简化计算，也可采用速算法。速算法的原理是基于全额累进计算的方法比较简单，可将超额累进计算的方法转化为全额累进计算的方法。对于同样的课税对象数量，按全额累进方法计算出的税额比按超额累进方法计算出的税额多，即有重复计算的部分，这个多征的常数叫速算扣除数。

按超额累进方法计算的税额 = 按全额累进方法计算的税额 − 速算扣除数

某个人所得税超额累进税率表

级数	全年应纳税所得额	税率（%）	速算扣除数
1	不超过 36 000 元的	3	0
2	超过 36 000 元至 144 000 元的部分	10	2520
3	超过 144 000 元至 300 000 元的部分	20	16920

假如，某人某年综合所得应纳税所得额为 140 000 元，按表中所列税率，其应纳税额可以分步计算：

第一级的 36 000 元适用 3% 的税率，应纳税额 =36 000 × 3%=1080（元）；

第二级的 104 000 元（140 000−36 000）适用 10% 的税率，应纳税额 =104 000 × 10%=10 400（元）；

其该年应纳税额 =1 080+10 400=11 480（元）。

或者：该年应纳税额 =140 000 × 10%−2 520=11 480（元）。

纳税环节	（4）按照某种税征税环节的多少，可以将税种划分为（　）。
	A. 一次课征制　　　　B. 多次课征制

【说明】纳税环节有广义和狭义之分。广义的纳税环节指全部课税对象在再生产中的分布情况。例如，资源税分布在资源生产环节，商品税分布在生产或流通环节，所得税分布在分配环节等。狭义的纳税环节特指应税商品在流转过程中应纳税的环节。

【考点子题——举一反三，真枪实练】

[14]（经典例题•计算问答题）某甲 2020 年取得经营所得的应纳税所得额 150 000 元（已扣除税法规定的成本、费用以及损失等），采用超额累进税率计算个人所得税为多少？

级数	全年应纳税所得额	税率（%）	速算扣除数
1	不超过36 000元的	5	0
2	超过36 000元至90 000元的部分	10	1 500
3	超过90 000元至300 000元的部分	20	10 500
4	超过300 000元至500 000元的部分	30	40 500
5	超过500 000元的部分	35	65 500

[15]（经典例题•多选题）下列税种中，采用比例税率征收的有（　）。

A. 消费税　B. 增值税　C. 城镇土地使用税　D. 城市维护建设税

[16]（经典例题•单选题）下列税种中，目前适用超率累进税率的是（　）。

A. 增值税　B. 个人所得税　C. 土地增值税　D. 房产税

[17]（经典例题•单选题）下列税种中，同时适用比例税率和定额税率的是（　）。

A. 个人所得税　B. 增值税　C. 消费税　D. 房产税

第四节 税收立法与我国税法体系

考点1 税收立法

【考点母题——万变不离其宗】税收立法

税收立法原则	（1）税收立法应遵循的原则有（ ）。
	A. 从实际出发的原则 B. 公平原则 C. 民主决策的原则 D. 原则性与灵活性相结合的原则 E. 法律的稳定性、连续性与废、改、立相结合的原则
税收立法活动	（2）关于税收法律、法规、规章的下列活动中，属于税收立法活动的有（ ）。
	A. 制定 B. 公布 C. 修改 D. 补充 E. 废止
税收立法权划分的层次	（3）下列关于我国税收立法权的表述中，正确的有（ ）。
	A. 全国性税种的立法权，包括全部中央税、中央与地方共享税和在全国范围内征收的地方税税法的制定、公布和税种的开征、停征权，税收征收管理制度基本制度的设立属于全国人民代表大会及其常务委员会 B. 经全国人大及其常委会授权，全国性税种可先由国务院以“条例”或“暂行条例”的形式发布施行 C. 经全国人大及其常委会授权，国务院有制定税法实施细则、增减税目和调整税率的权力 D. 经全国人大及其常委会的授权，国务院有税法的解释权；经国务院授权，国家税务主管部门（财政部、国家税务总局及海关总署）有税收条例的解释权和制定税收条例实施细则的权力 E. 经国务院授权，省级人民政府有本地区地方税法的解释权和制定税法实施细则、调整税目、税率的权力，也可在上述规定的前提下，制定一些税收征收办法，还可以在全国性地方税条例规定的幅度内，确定本地区适用的税率或税额
【说明】地区性地方税收的立法权应只限于省级立法机关或经省级立法机关授权同级政府，不能层层下放。所立税法可在全省（自治区、直辖市）范围内执行，也可只在部分地区执行。	
税收立法体制	（4）下列关于我国的立法体制的表述中，正确的有（ ）。
	A. 全国人民代表大会及其常务委员会行使立法权，制定法律 B. 国务院及所属各部委，有权根据宪法和法律制定行政法规和规章 C. 地方人民代表大会及其常务委员会，在不与宪法、法律、行政法规抵触的前提下，有权制定地方性法规，但要报全国人大常委会和国务院备案 D. 民族自治地方的人大有权依照当地民族政治、经济和文化的特点，制定自治条例和单行条例
税收立法程序	（5）目前我国税收立法程序经过的主要阶段有（ ）。
	A. 提议阶段 B. 审议阶段 C. 通过和公布阶段

【考点子题——举一反三，真枪实练】

[18]（经典例题•多选题）下列属于税收立法包含的活动有（　）。

A. 制定有关税收法律、法规、规章　B. 公布有关税收法律、法规、规章

C. 补充有关税收法律、法规、规章　D. 废止有关税收法律、法规、规章

[19]（经典例题•多选题）下列关于税收立法权的表述正确的有（　）。

A. 经全国人大及其常委会授权，国务院有制定税法实施细则的权力

B. 地方税的立法权属于地方人民代表大会及其常委会

C. 地区性地方税收的立法权只限于省级立法机关或经省级立法机关授权下级政府

D. 经国务院授权，省级人民政府有本地区地方税法的解释权

[20]（经典例题•单选题）下列各项税收法律法规中，属于国务院制定的行政法规是（　）。

A. 中华人民共和国个人所得税法

B. 中华人民共和国税收征收管理法

C. 中华人民共和国企业所得税法实施条例

D. 中华人民共和国增值税暂行条例实施细则

[21]（经典例题•多选题）我国现行税种中，以国家法律的形式发布实施的有（　）。

A. 消费税　B. 环境保护税　C. 车辆购置税　D. 车船税

[22]（经典例题•多选题）下列各项中，有权制定税收部门规章的税务主管机关有（　）。

A. 国家税务总局　B. 财政部　C. 某省政府　D. 海关总署

[23]（经典例题•多选题）税收立法程序是税收立法活动中必须遵循的法定步骤，目前我国税收立法程序经过的主要阶段有（　）。

A. 提议阶段　B. 通过和公布阶段　C. 修改阶段　D. 审议阶段

考点 2　我国现行税法体系

【考点母题——万变不离其宗】现行税法体系

<table>
<tr><td rowspan="4">我国现行税法体系</td><td colspan="2">（1）按照征税对象的不同，我国现行税法体系可分为（　）。</td></tr>
<tr><td>A. 商品（货物）和劳务税法</td><td>a. 增值税法　b. 消费税法　c. 关税法</td></tr>
<tr><td>B. 所得税法</td><td>a. 企业所得税法　b. 个人所得税法
c. 土地增值税法</td></tr>
<tr><td>C. 财产和行为税法</td><td>a. 房产税法　b. 车船税法
c. 印花税法　d. 契税法</td></tr>
</table>

续表

<table>
<tr><td rowspan="6">我国现行税法体系</td><td>D. 资源税和环境保护税法</td><td>a. 资源税法　b. 环境保护税法
c. 城镇土地使用税法</td></tr>
<tr><td>E. 特定目的税法</td><td>a. 城市维护建设税法　b. 车辆购置税法
c. 耕地占用税法　d. 烟叶税法
e. 船舶吨税法</td></tr>
<tr><td colspan="2">（2）我国现行税种中，以国家法律的形式发布实施的有（　）。</td></tr>
<tr><td colspan="2">A. 企业所得税　B. 个人所得税　C. 车船税　D. 环境保护税
E. 烟叶税　F. 船舶吨税　G. 车辆购置税　H. 耕地占用税
I. 资源税　J. 城市维护建设税　K. 契税　L. 印花税</td></tr>
<tr><td colspan="2">（3）按照主权国家行使税收管辖权的不同，我国现行税法体系可分为（　）。</td></tr>
<tr><td colspan="2">A. 国内税法　B. 国际税法</td></tr>
<tr><td colspan="3">【说明1】我国现行税法体系除了按照以上三种方法进行分类以外，还可以按照基本内容和效力的不同，分为税收基本法和税收普通法。按照职能作用的不同，分为税收实体法和税收程序法。
【说明2】税收基本法是税法体系的主体和核心，在税法体系中起着税收母法的作用，我国目前还没有制定统一的税收基本法。税收普通法是根据税收基本法的原则，对税收基本法规定的事项分别立法实施的法律。例如，个人所得税法、税收征收管理法等。
【说明3】税收实体法主要是指确定税种立法，具体规定各税种的征收对象、征收范围、税目、税率、纳税地点等。例如，《中华人民共和国企业所得税法》《中华人民共和国个人所得税法》就属于税收实体法。税收程序法是指税务管理方面的法律，主要包括税收管理法、纳税程序法、发票管理法、税务机关组织法、税务争议处理法等。《税收征收管理法》就属于税收程序法。</td></tr>
</table>

【考点子题——举一反三，真枪实练】

[24]（经典例题•多选题）以下关于我国税法体系的说法正确的有（　）。

A. 我国现行税法体系是由税收实体法构成的

B. 关税和船舶吨税由海关负责征收管理

C. 烟叶税由税务机关负责征收管理

D. 我国对税收征收管理适用的法律制度，是按照税收管理机关的不同而分别规定的

[25]（经典例题•单选题）下列税种中属于对商品和劳务课征的是（　）。

A. 房产税　B. 契税　C. 资源税　D. 消费税

[26]（经典例题•单选题）下列不属于税收法律的是（　）。

A.《企业所得税法》　B.《个人所得税法》

C.《中华人民共和国增值税暂行条例》　D.《税收征管法》

[27]（经典例题•单选题）按照职能作用的不同，税法可分为（　）。

A. 税收基本法和税收普通法　B. 税收实体法和税收程序法

C. 国家立法和地方政府立法　D. 国内税法和国际税法

[28]（经典例题·单选题）按基本内容和效力不同，税法可分为（　）。

A. 国内税法与国际税法　　B. 商品和劳务税法与所得税法

C. 税收实体法与税收程序法　　D. 税收基本法与税收普通法

第五节　税收执法

考点1 税收执法的概念、税务机构设置、职能与税收征收管理范围划分

【考点母题——万变不离其宗】税收执法的概念、税务机构设置与职能与税收征收管理范围划分

项目	母题	
税收执法概念与原则	（1）下列各项属于税法的实施的有（　）。	
	A. 税收执法	B. 税收守法
	（2）在税收执法过程中的适用性或法律效力的判断，一般遵循以下原则（　）。	
	A. 层次高的法律优于层次低的法律 B. 同一层次的法律中，特别法优于普通法 C. 国际法优于国内法 D. 实体法从旧，程序法从新	
税务机关的基本权力	（3）国家赋予税务机关的基本权力包括（　）。	
	A. 税收执法权	B. 行政管理权
	（4）下列各项中属于税收执法权的有（　）。	
	A. 税款征收管理权 C. 税务检查权 E. 其他税务管理权	B. 税务稽查权 D. 税务行政复议裁决权
税务系统负责征收的税种（16）	（5）税务系统负责征收的税种有（　）。	
	A. 增值税 C. 车辆购置税 E. 个人所得税 G. 城镇土地使用税 I. 土地增值税 K. 车船税 M. 契税 O. 环境保护税	B. 消费税 D. 企业所得税 F. 资源税 H. 耕地占用税 J. 房产税 L. 印花税 N. 城市维护建设税 P. 烟叶税

续表

<table>
<tr><td rowspan="2">海关负责征收的税种（2+2）</td><td>（6）海关负责征收的税种有（　）。</td></tr>
<tr><td>A. 关税　B. 船舶吨税
C. 代征进出口环节的增值税　D. 代征进出口环节的消费税</td></tr>
</table>

【考点子题——举一反三，真枪实练】

[29]（经典例题•单选题）下列税种，不是由国家税务总局系统负责征收的是（　）。

A. 房产税　B. 车船税　C. 船舶吨税　D. 车辆购置税

[30]（经典例题•多选题）下列税种中，由国家税务总局系统负责征收和管理的有（　）。

A. 增值税　B. 船舶吨税　C. 环境保护税　D. 契税

考点 2　税收收入划分

我国的税收收入分为中央政府固定收入、地方政府固定收入和中央政府与地方政府共享收入。

【考点母题——万变不离其宗】税收收入划分

<table>
<tr><td rowspan="2">中央政府固定收入</td><td colspan="2">（1）下列各项中，属于中央政府固定收入的有（　）。</td></tr>
<tr><td colspan="2">A. 消费税（含进口环节海关代征的部分）
B. 车辆购置税　C. 关税
D. 船舶吨税　E. 海关代征的进口环节增值税</td></tr>
<tr><td rowspan="2">地方政府固定收入</td><td colspan="2">（2）下列各项中，属于地方政府固定收入的有（　）。</td></tr>
<tr><td colspan="2">A. 城镇土地使用税　B. 耕地占用税
C. 土地增值税　D. 房产税
E. 车船税　F. 契税
G. 环境保护税　H. 烟叶税</td></tr>
<tr><td rowspan="5">中央政府与地方政府共享收入</td><td colspan="2">（3）下列各项中，属于中央政府与地方政府共享收入的有（　）。</td></tr>
<tr><td>A. 增值税</td><td>不含进口环节由海关代征的部分，中央政府分享 50%，地方政府分享 50%</td></tr>
<tr><td>B. 企业所得税</td><td>中国铁路总公司（原铁道部）、各银行总行及海洋石油企业缴纳的部分归中央政府，其余部分中央与地方政府按 60% 与 40% 的比例分享</td></tr>
<tr><td>C. 个人所得税</td><td>除储蓄存款利息所得的个人所得税外，其余部分的分享比例与企业所得税相同</td></tr>
<tr><td>D. 资源税</td><td>海洋石油企业缴纳的部分归中央政府，其余部分归地方政府</td></tr>
</table>

续表

<table>
<tr><td rowspan="2">中央政府与地方政府共享收入</td><td>E. 城市维护建设税</td><td>中国铁路总公司、各银行总行、各保险总公司集中缴纳的部分归中央政府，其余部分归地方政府</td></tr>
<tr><td>F. 印花税</td><td>证券交易印花税全部调整为中央收入；其他印花税收入归地方政府</td></tr>
</table>

【考点子题——举一反三，真枪实练】

[31]（经典例题•多选题）根据我国分税制财政管理体制的规定，下列被列入中央政府和地方政府共享收入的税种有（ ）。

A. 消费税 B. 增值税 C. 资源税 D. 城市维护建设税

[32]（经典例题•单选题）下列税种中，属于中央政府与地方政府共享收入的是（ ）。

A. 关税 B. 消费税 C. 个人所得税 D. 土地增值税

[33]（经典例题•单选题）下列税种中，其收入全部作为中央政府固定收入的是（ ）。

A. 耕地占用税 B. 个人所得税 C. 车辆购置税 D. 企业所得税

[34]（2015年•单选题）下列税种中，属于中央政府与地方政府共享收入的是（ ）。

A. 关税 B. 消费税 C. 个人所得税 D. 土地增值税

考点3 税务检查权、税务稽查权、税务行政复议裁决权与其他税收执法权

税务检查是税务机关依据国家的税收法律、法规对纳税人等管理相对人履行法定义务的情况进行审查、监督的执法活动。

【考点母题——万变不离其宗】税务检查权、税务稽查权、税务行政复议裁决权与税务行政处罚权

<table>
<tr><td rowspan="4">税务检查权</td><td colspan="2">（1）下列各项属于税务机关行使税务检查权的有（ ）。</td></tr>
<tr><td colspan="2">A. 经常性检查</td></tr>
<tr><td rowspan="2">B. 为打击税收违法犯罪而进行的特别调查</td><td>a. 行政性调查</td></tr>
<tr><td>b. 刑事调查</td></tr>
<tr><td rowspan="2">税务稽查的基本任务</td><td colspan="2">（2）下列各项属于税务稽查基本任务的有（ ）。</td></tr>
<tr><td colspan="2">A. 查处税收违法行为 B. 保障税收收入
C. 维护税收秩序 D. 促进依法纳税
E. 保证税法的实施</td></tr>
</table>

续表

税务行政复议裁决权	【说明】了解税务行政复议机关履行税务行政复议的职责。包括：受理行政复议申请；向有关组织和人员调查取证，查阅文件和资料；审查申请行政复议的具体行政行为是否合法与适当，拟定行政复议决定；处理或者转送有关审查申请；对被申请人违反行政复议法及行政复议规则规定的行为，依照规定的权限和程序提出处理建议；办理因不服行政复议决定提起行政诉讼的应诉事项；对下级税务机关的行政复议工作进行检查和监督；办理行政复议案件的赔偿事项；办理行政复议、诉讼、赔偿等案件的统计、报告和归档工作等。
税务行政处罚权	（3）下列各项属于税务行政处罚措施的有（　）。 A. 警告（责令限期改正）　B. 罚款 C. 停止出口退税权　D. 没收违法所得 E. 收缴发票或者停止发售发票　F. 提请吊销营业执照 G. 通知出境管理机关阻止出境

第六节 税务权利与义务

考点1 税务行政主体、纳税人以及地方各级人民政府、有关部门和单位的权利与义务

【考点母题——万变不离其宗】税务行政主体、纳税人以及地方各级人民政府、有关部门和单位的权利与义务

<table>
<tr><td rowspan="3">税务机关和税务人员的权利</td><td colspan="2">（1）下列各项属于税务机关和税务人员的权利的有（　）。</td></tr>
<tr><td colspan="2">A. 负责税收征收管理工作</td></tr>
<tr><td colspan="2">B. 税务机关依法执行职务，任何单位和个人不得阻挠</td></tr>
<tr><td rowspan="15">税务机关和税务人员的义务</td><td colspan="2">（2）下列各项属于税务机关和税务人员的义务的有（　）。</td></tr>
<tr><td colspan="2">A. 税务机关应当广泛宣传税收法律、行政法规，普及纳税知识，无偿地为纳税人提供纳税咨询服务</td></tr>
<tr><td colspan="2">B. 税务机关应当加强队伍建设，提高税务人员的政治业务素质</td></tr>
<tr><td colspan="2">C. 税务机关、税务人员必须秉公执法、忠于职守、清正廉洁、礼貌待人、文明服务，尊重和保护纳税人、扣缴义务人的权利，依法接受监督</td></tr>
<tr><td colspan="2">D. 税务人员不得索贿受贿、徇私舞弊、玩忽职守，不征或者少征应征税款；不得滥用职权多征税款或者故意刁难纳税人和扣缴义务人</td></tr>
<tr><td colspan="2">E. 各级税务机关应当建立、健全内部制约和监督管理制度</td></tr>
<tr><td colspan="2">F. 上级税务机关应当对下级税务机关的执法活动依法进行监督</td></tr>
<tr><td colspan="2">G. 各级税务机关应当对其工作人员执行法律、行政法规和廉洁自律准则的情况进行监督检查</td></tr>
<tr><td colspan="2">H. 税务机关负责征收、管理、稽查，行政复议人员的职责应当明确，并相互分离、相互制约</td></tr>
<tr><td colspan="2">I. 税务机关应为检举人保密，并按照规定给予奖励</td></tr>
<tr><td rowspan="5">J. 税务人员回避义务</td><td>a. 夫妻关系</td></tr>
<tr><td>b. 直系血亲关系</td></tr>
<tr><td>c. 三代以内旁系血亲关系</td></tr>
<tr><td>d. 近姻亲关系</td></tr>
<tr><td>e. 可能影响公正执法的其他利益关系</td></tr>
</table>

续表

纳税人、扣缴义务人的权利	（3）下列各项属于纳税人、扣缴义务人的权利的有（　）。
	A. 纳税人、扣缴义务人有权向税务机关了解国家税收法律、行政法规的规定以及与纳税程序有关的情况
	B. 纳税人、扣缴义务人有权要求税务机关为纳税人、扣缴义务人的情况保密
	C. 纳税人依法享有申请减税、免税、退税的权利
	D. 纳税人、扣缴义务人对税务机关所做出的决定，享有陈述权、申辩权；依法享有申请行政复议、提起行政诉讼、请求国家赔偿等权利
	E. 纳税人、扣缴义务人有权控告和检举税务机关、税务人员的违法违纪行为
纳税人、扣缴义务人的义务	（4）下列各项属于纳税人、扣缴义务人的义务的有（　）。
	A. 纳税人、扣缴义务人必须依照法律、行政法规的规定缴纳税款、代扣代缴、代收代缴税款
	B. 纳税人、扣缴义务人和其他有关单位应当按照国家有关规定如实向税务机关提供与纳税和代扣代缴、代收代缴税款有关的信息
	C. 纳税人、扣缴义务人和其他有关单位应当接受税务机关依法进行的税务检查

【考点子题——举一反三，真枪实练】

[35]（经典例题•多选题）我国纳税人依法享有纳税人权利，下列属于纳税人权利的有（　）。

A. 依法申请减税

B. 控告税务人员的违法违纪行为

C. 对税务机关作出的决定享有申辩权

D. 要求税务机关为纳税人的商业秘密保密

[36]（经典例题•多选题）下列各项属于纳税人的权利的有（　）。

A. 向税务机关了解国家税收法律　　B. 要求税务机关保密

C. 提出申请减税、免税　　D. 代扣代缴税款

考点 2　发展涉税专业服务促进税法遵从

【考点母题——万变不离其宗】涉税专业服务机构涉税业务内容与税务机关对涉税专业服务机构实施监管内容

涉税专业服务机构的种类	（1）下列各项属于涉税专业服务机构的有（　）。
	A. 税务师事务所　B. 会计师事务所　C. 律师事务所 D. 代理记账机构　E. 税务代理公司　F. 财税类咨询公司

续表

<table>
<tr><td rowspan="3">涉税专业服务机构涉税业务内容</td><td colspan="2">（2）下列各项中，属于涉税专业服务机构涉税业务内容的有（　）。</td></tr>
<tr><td colspan="2">A. 纳税申报代理　B. 一般税务咨询　C. 专业税务顾问
D. 税收策划　E. 涉税鉴证　F. 纳税情况审查</td></tr>
<tr><td>G. 其他税务事项代理</td><td>a. 代理建账记账　b. 发票领用　c. 减免退税申请</td></tr>
</table>

【考点子题——举一反三，真枪实练】

[37]（2019年•多选题）下列涉税服务，会计师事务所可以从事的有（　）。

A. 税务咨询　B. 税务顾问　C. 纳税审查　D. 税收策划

[38]（经典例题•多选题）下列机构中，属于涉税专业服务机构的有（　）。

A. 税务师事务所　B. 会计师事务所　C. 律师事务所　D. 代理记账机构

第七节　国际税收关系

考点1　国际重复征税与国际税收协定

【考点母题——万变不离其宗】税收管辖权

税收管辖权划分原则	（1）按照国际公认的顺序，税收管辖权划分的原则有（　）。	
	A. 属地原则	以纳税人的收入来源地或经济活动所在地为标准，确定国家行使税收管辖权范围
	B. 属人原则	以纳税人的国籍和住所为标准，确定国家行使税收管辖权范围
税收管辖权的种类	（2）目前世界上税收管辖权的类型有（　）。	
	A. 居民管辖权	一个国家对凡是属于本国的居民取得的来自世界范围的全部所得行使的征税权力
	B. 地域管辖权	一个国家对发生于其领土范围内的一切应税活动和来源于或被认为是来源于其境内的全部所得行使的征税权力
	C. 公民管辖权	依据纳税人的国籍行使税收管辖权，对凡是属于本国的公民取得的来自世界范围内的全部所得行使的征税权力
国际重复征税的内涵	（3）下列关于国际重复征税的表述中，正确的有（　）。	
	A. 狭义的国际重复征税是指两个或两个以上国家对同一跨国纳税人的同一征税对象所进行的重复征税，它强调纳税主体与课税客体都具有同一性	
	B. 广义的国际重复征税是指两个或两个以上国家对同一或不同跨国纳税人的同一征税对象或税源所进行的交叉重叠征税，强调国际重复征税不仅要包括因纳税主体与课税客体的同一性所产生的重复征税（即狭义的国际重复征税），还要包括由于纳税主体与课税客体的非同一性所发生的国际重复征税，以及因对同一笔所得或收入的确定标准和计算方法的不同所引起的国际重复征税	
国际重复征税的类型	（4）国际重复征税的类型有（　）。	
	A. 法律性国际重复征税	法律性国际重复征税是指不同的征税主体（即不同国家）对同一纳税人的同一税源进行的重复征税，由于不同国家在法律上对同一纳税人采取不同征税原则，产生了税收管辖权的重叠，造成了重复征税
	B. 经济性国际重复征税	不同的征税主体（即不同国家）对不同纳税人的同一税源进行的重复征税
	C. 税制性国际重复征税	税制性国际重复征税是由于各国在税收制度上普遍实行复合税制度所导致

续表

【说明1】由于跨国取得所得的情况不可避免，而国际上各种税收管辖权又将长期存在，当今世界各国普遍同时实行收入来源地管辖权和居民管辖权，国际重复征税问题将长期普遍存在于国际税收活动中。
【说明2】国际税收协定是指两个或两个以上的主权国家为了协调相互间在处理跨国纳税人征税事务和其他有关方面的税收关系，本着对等原则，经由政府谈判所签订的一种书面协议或条约，也称为国际税收条约。
【说明3】国际税收协定的主要内容有：①协定适用范围；②基本用语的定义；③对所得和财产的课税（国际认可的所得主要有经营所得、劳务所得、投资所得和财产所得）；④避免双重征税的办法；⑤税收无差别待遇；⑥防止国际偷税、漏税和国际避税。

【考点子题——举一反三，真枪实练】

[39]（经典例题•多选题）下列各项中，属于按照属人原则确立税收管辖权的有（　）。

A. 地域管辖权　B. 居民管辖权　C. 公民管辖权　D. 收入来源地管辖权

[40]（经典例题•多选题）下列属于国际重复征税的类型的有（　）。

A. 法律性国际重复征税　B. 经济性国际重复征税

C. 政治性国际重复征税　D. 税制性国际重复征税

[41]（经典例题•多选题）在国际税收协定中，国际认可的所得主要有（　）。

A. 经营所得　B. 劳务所得　C. 投资所得　D. 财产所得

[42]（经典例题•多选题）国际税收协定按涉及的缔约国数量分类，可分为（　）。

A. 双边税收协定　B. 多边税收协定　C. 综合性税收协定　D. 特定税收协定

考点2 国际避税反避税与国际税收合作

【考点母题——万变不离其宗】国际避税反避税与国际税收合作

<table>
<tr><td rowspan="2">避税的本质</td><td colspan="2">（1）避税是纳税人通过个人或企业事务的人为安排，利用税法的下列问题，规避、减轻或延迟其纳税义务的行为（　）。</td></tr>
<tr><td>A. 漏洞</td><td>税法漏洞指大多数国家税法或大多数双边税收协定应有或一般都有而某国税法或某个双边税收协定里遗漏或不完善的规定</td></tr>
<tr><td rowspan="2">避税的本质</td><td>B. 特例</td><td>税法特例指某国规范的税法或某个规范的双边税收协定里针对某种极为特殊的情况才做出的不规范规定</td></tr>
<tr><td>C. 缺陷</td><td>税法缺陷指某国税法或某个双边税收协定里规定的错误之处</td></tr>
<tr><td rowspan="2">国际税收合作的国际协定</td><td colspan="2">（2）我国签署的国际税收合作的国际协定（教材提及）有（　）。</td></tr>
<tr><td colspan="2">A.《多边税收征管互助公约》
B.《金融账户涉税信息自动交换多边主管当局间协议》
C.《实施税收协定相关措施以防止税基侵蚀和利润转移（BEPS）的多边公约》</td></tr>
</table>

续表

【说明】《BEPS公约》于2022年9月1日对我国生效。截至2022年6月30日，《BEPS公约》适用于我国与阿尔巴尼亚、澳大利亚、奥地利、巴林、巴巴多斯、比利时、波黑、加拿大、克罗地亚、塞浦路斯、捷克、丹麦、埃及、芬兰、法国、格鲁吉亚、希腊、匈牙利、冰岛、爱尔兰、以色列、日本、哈萨克斯坦、韩国、拉脱维亚、立陶宛、卢森堡、马来西亚、马耳他、毛里求斯、荷兰、挪威、阿曼、巴基斯坦、波兰、葡萄牙、卡塔尔、沙特阿拉伯、塞尔维亚、塞舌尔、新加坡、斯洛伐克、斯洛文尼亚、泰国、乌克兰、阿联酋、英国等国家（地区）已签署的47个税收协定（新增）

【考点子题——举一反三，真枪实练】

[43]（经典例题·单选题）纳税人利用现行税法中的漏洞减少纳税义务的行为是（　）。

A. 偷税　B. 漏税　C. 避税　D. 逃税

[44]（经典例题·单选题）国际避税行为形成的客观原因是（　）。

A. 各国的税法与国家间税收协定的漏洞、特例和缺陷

B. 国别的差异

C. 经济体制的差异

D. 收入来源地的差异

[45]（经典例题·多选题）我国签署的国际税收合作的国际协定有（　）。

A.《多边税收征管互助公约》

B.《金融账户涉税信息自动交换多边主管当局间协议》

C.《实施税收协定相关措施以防止税基侵蚀和利润转移（BEPS）的多边公约》

D.《海外账户税收遵从法案（FATCA）》

【本章考点子题答案及解析】

[1]【答案：C】国家征税的依据是政治权力，答案为C选项。

[2]【答案：B】国家征税的依据是政治权力。因此只有B选项不正确。

[3]【答案：B】税收法律关系的产生、变更和消灭必须有能够引起税收法律关系产生、变更或消灭的客观情况，也就是由税收法律事实来决定。

[4]【答案：A】《宪法》第56条："中华人民共和国公民有依照法律纳税的义务"。

[5]【答案：C】从2009年2月28日起，"偷税"将不再作为一个刑法概念存在。十一届全国人大常委会第七次会议表决通过了《刑法修正案（七）》，修订后的《刑法》对第二百零一条关于不履行纳税义务的定罪量刑标准和法律规定中的相关表述方式进行了修改。用"逃避缴纳税款"取代了"偷税"。但目前我国的《税收征收管理法》中还没有作出相应修改。

[6]【答案：B】税法与行政法有十分密切的联系，同时也有一定的区别，主要表现在税法有经济分配的性质。

[7]【答案：BCD】选项A，税法是国家法律的组成部分，也是依据宪法的原则制定的。

[8]【答案：D】税收法定原则是税法基本原则中的核心。

[9]【答案: ABD】税法适用原则:(1)法律优位原则。(2)法律不溯及既往原则。(3)新法优于旧法原则。(4)特别法优于普通法原则。(5)实体从旧,程序从新原则。(6)程序优于实体原则。由以上可知,A、B、D 正确。

[10]【答案: AB】税法基本原则有:税收法定原则、税收公平原则、税收效率原则、实质课税原则。

[11]【答案: D】新法优于旧法原则是指新法、旧法对同一事项有不同规定时,新法的效力优于旧法。2018 年规定,自 2018 年 5 月起,对按万分之五的税率贴花的资金账簿减半征收印花税,该企业于 2018 年 6 月缴纳印花税应当适用新法,体现了新法优于旧法原则。

[12]【答案: D】如果纳税人通过转让定价或其他方法减少计税依据,税务机关有权重新核定计税依据,以防止纳税人避税与偷税,这样处理体现了税法基本原则中的实质课税原则。

[13]【答案: A】征税对象是区分一种税与另一种税的重要标志,正确答案为 A 选项。

[14]【答案及解析】可以用以下两种方法计算某甲应缴纳的个人所得税。

第一种方法是按照超额累进税率定义的分步骤计算法:

应纳个人所得税 =30 000×5%+(90 000−30 000)×10%+(150 000−90 000)×20%=1 500+6 000+12 000=19 500(元)。

第二种方法是使用速算扣除数计算:

应纳个人所得税 =150 000×20%−10 500=19 500(元)。

[15]【答案: ABD】消费税、增值税、城市维护建设税都采用比例税率征收,城镇土地使用税采用定额税率征收。

[16]【答案: C】目前,土地增值税采用的是超率累进税率,增值税、房产税采用的是比例税率,个人所得税采用的是超额累进税率和比例税率。

[17]【答案: C】同时适用比例税率和定额税率的是消费税。

[18]【答案: ABCD】税收立法是指有权的机关依据一定的程序,遵循一定的原则,运用一定的技术,制定、公布、修改、补充和废止有关税收法律、法规、规章的活动。

[19]【答案: AD】选项 B,全国性税种(包括全国范围内征收的地方税税法)的制定、公布和税种的开征、停征权,属于全国人民代表大会及其常委会。选项 C,地区性地方税收的立法权只限于省级立法机关或经省级立法机关授权同级政府,不能层层下放。

[20]【答案: C】选项 A、B 均是经全国人大或全国人大常委会制定的法律。选项 D 是经税务主管部门制定的税收部门规章。

[21]【答案: BCD】随着税收法定原则的逐步落实,目前,环境保护税法、车辆购置税法、车船税法均已由条例上升为法律,消费税法的立法工作目前还在进行中。

[22]【答案: ABD】选项 A、B、D 均为有权制定税收部门规章的税务主管机关。选项 C 有权制定的是税收政府规章。

[23]【答案: ABD】目前我国税收立法程序主要包括提议阶段、审议阶段、通过和公布阶段。

[24]【答案: BCD】我国现行税法体系是由税收实体法和税收程序法共同构成的,因此,选项 A 不正确。

[25]【答案: D】选项 A 房产税、B 契税属于财产和行为税类,选项 C 资源税属于资源税类。

[26]【答案: C】重点了解全国人大常委会通过法律。《中华人民共和国增值税暂行条例》由全国人大常

委会授权国务院制定，属于行政法规，不是法律。

[27]【答案: B】按照税法职能作用的不同，可分为税收实体法和税收程序法。按照税法的基本内容和效力的不同，可分为税收基本法和税收普通法。按照主权国家行使税收管辖权的不同，可分为国内税法、国际税法、外国税法。

[28]【答案: D】按照税法的基本内容和效力的不同，可分为税收基本法和税收普通法。

[29]【答案: C】海关系统负责征收和管理的项目有：关税，船舶吨税，同时负责代征进出口环节的增值税和消费税，所以 C 由海关系统负责征收，C 项正确。

[30]【答案: ACD】关税、船舶吨税由海关系统负责征收和管理。

[31]【答案: BCD】选项 A 属于中央政府收入。

[32]【答案: C】选项 A、B 属于中央政府收入，选项 D 属于地方政府收入。

[33]【答案: C】选项 C，车辆购置税收入属于中央政府固定收入；选项 A，耕地占用税属于地方政府固定收入；选项 BD 个人所得税和企业所得税属于中央政府与地方政府共享收入。

[34]【答案: C】选项 A 关税、选项 B 消费税（含进口环节海关代征的部分）属于中央政府固定收入；选项 D 土地增值税属于地方政府固定收入。

[35]【答案: ABCD】选项 ABCD 均为纳税人权利。

[36]【答案: ABC】选项 D 是扣缴义务人的义务，不是权利。

[37]【答案: ABCD】选项 ABCD 均为会计师事务所可以从事的涉税服务内容。

[38]【答案: ABCD】选项 ABCD 均为涉税专业服务机构。

[39]【答案: BC】居民管辖权和公民管辖权是按照属人原则确立的税收管辖权。地域管辖权又称收入来源地管辖权，是按照属地原则确立的税收管辖权。

[40]【答案: ABD】国际重复征税一般包括法律性国际重复征税、经济性国际重复征税和税制性国际重复征税三种类型。

[41]【答案: ABCD】在国际税收协定中，国际认可的所得主要有经营所得、劳务所得、投资所得和财产所得四大类。

[42]【答案: AB】国际税收协定按所涉及的缔约国数量来划分，可分为双边税收协定、多边税收协定。

[43]【答案: C】避税是指纳税人通过个人或企业事务的人为安排，利用税法的漏洞、特例和缺陷，规避、减轻或延迟其纳税义务的行为。“避税”与“税务筹划”或“合法节税”基本上是一个概念，是一种不违法的行为。ABD 项均是违法行为。

[44]【答案: A】国际避税是指纳税人利用两个或者两个以上国家的税法和国家间的税收协定的漏洞、特例和缺陷，规避或减轻其全球总纳税义务的行为。

[45]【答案: ABC】我国签署的国际税收合作的国际协定有《多边税收征管互助公约》、《金融账户涉税信息自动交换多边主管当局间协议》、《实施税收协定相关措施以防止税基侵蚀和利润转移（BEPS）的多边公约》。

第 2 章　增值税法

本章思维导图

第二章 增值税法

- 第一节 征税范围与纳税义务人
  - 考点1 增值税征税范围一般规定
  - 考点2 增值税征税范围的条件
  - 考点3 征税范围的特殊规定
  - 考点4 纳税义务人和扣缴义务人
- 第二节 一般纳税人和小规模纳税人的登记
  - 考点1 增值税纳税人分类
  - 考点2 一般纳税人和小规模纳税人登记规定
  - 考点3 综合保税区增值税一般纳税人资格管理
- 第三节 税率与征收率
  - 考点1 增值税税率
  - 考点2 增值税征收率
  - 考点3 兼营行为的税率选择
- 第四节 一般计税方法应纳税额的计算
  - 考点1 销项税额的计算
  - 考点2 进项税额的确认和计算
  - 考点3 应纳税额的计算
- 第五节 简易计税方法
  - 考点1 简易计税方法应纳税额的计算
  - 考点2 简易计税方式中可按销售差额计税的情形
- 第六节 进口环节增值税的征收
  - 考点1 进口环节增值税的征收
- 第七节 出口和跨境业务增值税的退（免）税和征税
  - 考点1 出口货物、劳务和跨境应税行为退（免）增值税政策
  - 考点2 “免、抵、退”税计算
  - 考点3 出口货物、劳务和跨境应税行为增值税免税政策
  - 考点4 外国驻华使（领）馆退税以及境外旅客购物离境退税
- 第八节 特定应税行为的增值税计征方法
  - 考点1 纳税人转让不动产的增值税处理
  - 考点2 房地产开发企业销售自行开发房地产项目的增值税处理
  - 考点3 纳税人跨县（市、区）提供建筑服务的增值税处理
  - 考点4 纳税人提供不动产经营租赁服务的增值税处理
  - 考点5 金融机构开展个人实物黄金交易业务增值税计征方法
- 第九节 税收优惠
  - 考点1 增值税税收优惠
- 第十节 征收管理
  - 考点1 纳税义务发生时间、纳税期限和纳税地点
- 第十一节 增值税发票的使用及管理
  - 考点1 增值税专用发票
  - 考点2 异常增值税扣税凭证的管理

近三年本章考试题型及分值分布

题型	2022 年	2021 年	2020 年
单选题	3 题 3 分	4 题 4 分	2 题 2 分
多选题	2 题 3 分	3 题 4.5 分	1 题 1.5 分
计算问答题		1 题 2 分	2 题 2 分
综合题	1 题 12 分	1 题 12 分	1 题 13 分
合计	6 题 18 分	9 题 20.5 分	6 题 18.5 分

第一节 征税范围与纳税义务人

考点1 增值税征税范围一般规定

【考点母题——万变不离其宗】增值税征税范围

在中华人民共和国境内从事的下列活动中，属于增值税征税范围的有（ ）。
A. 销售或进口货物 B. 销售劳务 C. 销售服务 D. 销售无形资产 E. 销售不动产

（一）销售、进口的货物以及销售劳务

【考点母题——万变不离其宗】销售、进口的货物以及销售劳务

销售、进口的货物	【说明】销售货物是指有偿转让货物的所有权。 货物是指除土地、房屋和其他建筑物等不动产之外的有形动产，包括电力、热力、气体在内。
销售劳务	（1）根据增值税法律制度的规定，下列关于销售劳务的表述中，正确的有（ ）。
	A. 销售劳务是指有偿提供加工、修理修配劳务 B. 有偿提供劳务是指从购买方取得货币、货物或者其他经济利益 C. 加工是指委托方提供原料及主要材料，受托方按照委托方的要求，制造货物并收取加工费 D. 修理修配是受托对损伤和丧失功能的货物进行修复，使其恢复原状和功能 E. 单位或者个体工商户聘用的员工为本单位或者雇主销售加工、修理修配劳务，不属于征收增值税的范围

（二）销售服务

【考点母题——万变不离其宗】销售服务

（1）下列各项中，应按“销售服务”税目计缴增值税的有（ ）。	
A. 交通运输服务	（2）下列各项中，应按“交通运输服务”税目计缴增值税的有（ ）。

续表

<table>
<tr><td rowspan="7">A. 交通运输服务</td><td rowspan="2">A. 陆路运输服务</td><td>（3）下列各项中，应按“陆路运输服务”税目计缴增值税的有（　）。</td></tr>
<tr><td>A. 铁路运输　B. 公路运输　C. 缆车运输
D. 索道运输　E. 地铁运输　F. 城市轻轨
G. 出租车公司向使用本公司自有出租车的出租车司机收取的管理费用
【说明】出租车公司向使用本公司自有出租车的出租车司机收取的管理费用，按照陆路运输服务缴纳增值税。</td></tr>
<tr><td rowspan="2">B. 水路运输服务</td><td>程租业务，运输企业为租船人完成某一特定航次的运输任务并收取租赁费</td></tr>
<tr><td>期租业务，运输企业将配备有操作人员的船舶承租给他人使用一定期限，按天向承租方收取租赁费，承租期内听候承租方调遣</td></tr>
<tr><td rowspan="2">C. 航空运输服务</td><td>湿租业务，类似期租业务</td></tr>
<tr><td>航天运输服务</td></tr>
<tr><td colspan="2">D. 管道运输服务</td></tr>
<tr><td rowspan="4">B. 邮政服务</td><td colspan="2">（4）下列各项中，应按“邮政服务”税目计缴增值税的有的有（　）。</td></tr>
<tr><td>A. 邮政普遍服务</td><td>a. 函件、包裹等邮件服务　b. 邮票、报刊发行
c. 邮政汇兑</td></tr>
<tr><td>B. 邮政特殊服务</td><td>a. 义务兵平常信函的寄递　b. 机要通信的寄递
c. 盲人读物的寄递　d. 革命烈士遗物的寄递</td></tr>
<tr><td>C. 其他邮政服务</td><td>a. 邮册等邮品销售　b. 邮政代理</td></tr>
<tr><td rowspan="3">C. 电信服务</td><td colspan="2">（5）下列各项中，应按“电信服务”税目计缴增值税的有（　）。</td></tr>
<tr><td>A. 基础电信服务</td><td>a. 提供语音通话服务
b. 出租 / 出售宽带、波长等网络元素的业务活动</td></tr>
<tr><td>B. 增值电信服务</td><td>a. 提供短信和彩信服务
b. 提供电子数据和信息的传输及应用服务
c. 提供互联网接入服务
d. 卫星电视信号落地转接服务</td></tr>
<tr><td rowspan="4">D. 建筑服务</td><td colspan="2">（6）下列服务中，按照“建筑服务”税目计缴增值税的有（　）。</td></tr>
<tr><td colspan="2">A. 工程服务　B. 安装服务　C. 修缮服务
D. 装饰服务　E. 其他建筑服务</td></tr>
<tr><td colspan="2">（7）下列关于增值税征税范围中“建筑服务”税目表述正确的有（　）。</td></tr>
<tr><td colspan="2">A. 固定电话、有线电视、宽带、水、电、燃气、暖气等经营者向用户收取的安装费、初装费、开户费、扩容费以及类似收费，按照“安装服务”缴纳增值税
B. 物业服务企业为业主提供的装修服务，按照“建筑服务”缴纳增值税
C. 纳税人将建筑施工设备出租给他人使用并配备操作人员的，按照“建筑服务”缴纳增值税</td></tr>
</table>

续表

<table>
<tr><td rowspan="8">E. 金融服务</td><td colspan="3">（8）下列服务中，按照“金融服务”税目计缴增值税的有（ ）。</td></tr>
<tr><td rowspan="2">A. 贷款服务</td><td colspan="2">a. 金融商品持有期间（含到期）利息（保本收益、报酬、资金占用费、补偿金等）收入　b. 信用卡透支利息收入
c. 买入返售金融商品利息收入
d. 融资融券收取的利息收入　e. 融资性售后回租收入
f. 押汇收入　g. 罚息收入　h. 票据贴现
i. 转贷业务收取的利息收入
j. 以货币资金投资收取固定利润或者保底利润</td></tr>
<tr><td colspan="2">【说明】保本收益、报酬、资金占用费、补偿金是指合同中明确承诺到期本金可全部收回的投资收益。
金融商品持有期间（含到期）取得的非保本的上述收益，不属于利息或利息性质的收入，不征收增值税。</td></tr>
<tr><td>B. 直接收费金融服务</td><td colspan="2">货币兑换、账户管理、电子银行、信用卡、信用证、财务担保、资产管理、信托管理、基金管理、金融交易场所（平台）管理、资金结算、资金清算、金融支付等服务</td></tr>
<tr><td>C. 保险服务</td><td colspan="2">人身/财产保险服务</td></tr>
<tr><td rowspan="3">D. 金融商品转让</td><td colspan="2">金融商品转让指转让外汇、有价证券、非货物期货和其他金融商品所有权</td></tr>
<tr><td colspan="2">其他金融商品转让包括基金、信托、理财产品等各类资产管理产品和各种金融衍生品的转让。
纳税人购入基金、信托、理财产品等各类资产管理产品持有至到期，不属于金融商品转让。</td></tr>
<tr><td colspan="2">【说明】纳税人转让因同时实施股权分置改革和重大资产重组而首次公开发行股票并上市形成的限售股，以及上市首日至解禁日期间由上述股份孳生的送、转股，以该上市公司股票上市首日开盘价为买入价，按照“金融商品转让”缴纳增值税。</td></tr>
<tr><td rowspan="5">F. 现代服务</td><td colspan="3">（9）下列服务中，按照“现代服务”税目计缴增值税的有（ ）。</td></tr>
<tr><td>A. 研发和技术服务</td><td colspan="2">a. 研发服务　b. 合同能源服务
c. 工程勘察勘探服务　d. 专业技术服务</td></tr>
<tr><td>B. 信息技术服务</td><td colspan="2">a. 软件服务　b. 电路设计及测试服务
c. 信息系统服务　d. 业务流程管理服务
e. 信息系统增值服务</td></tr>
<tr><td rowspan="2">C. 文化创意服务</td><td colspan="2">a. 设计服务　b. 知识产权服务　c. 广告服务</td></tr>
<tr><td>d. 会议展览服务</td><td>宾馆、旅馆、旅社、度假村和其他经营性住宿场所提供会议场地及配套服务的活动，按照“会议展览服务”缴纳增值税</td></tr>
</table>

续表

<table>
<tr><td rowspan="14">F. 现代服务</td><td rowspan="3">D. 物流辅助服务</td><td colspan="2">a. 航空服务</td></tr>
<tr><td>b. 港口码头服务</td><td>港口设施经营人收取的港口设施保安费</td></tr>
<tr><td colspan="2">c. 货运客运场站服务　d. 打捞救助服务
e. 装卸搬运服务　f. 仓储服务
g. 收派服务</td></tr>
<tr><td rowspan="3">E. 租赁服务</td><td>a. 融资租赁服务</td><td>a. 有形动产融资租赁服务
b. 不动产融资租赁服务</td></tr>
<tr><td>b. 经营租赁服务</td><td>a. 有形动产经营租赁服务
b. 不动产经营租赁服务</td></tr>
<tr><td colspan="2">【说明】
1. 将建筑物、构筑物等不动产或者飞机、车辆等有形动产的广告位出租给其他单位或者个人用于发布广告，按照“经营租赁服务”缴纳增值税。
2. 车辆停放服务、道路通行服务（包括过路费、过桥费、过闸费等）等按照“不动产经营租赁服务”缴纳增值税。
3. 水路运输的光租业务、航空运输的干租业务，属于经营租赁。</td></tr>
<tr><td rowspan="2">F. 鉴证咨询服务</td><td colspan="2">a. 认证服务　b. 鉴证服务</td></tr>
<tr><td>c. 咨询服务</td><td>翻译服务、市场调查服务属于“咨询服务”</td></tr>
<tr><td>G. 广播影视服务</td><td colspan="2">a. 广播影视节目（作品）制作服务
b. 发行服务　c. 播映服务</td></tr>
<tr><td rowspan="2">H. 商务辅助服务</td><td colspan="2">a. 企业管理服务　b. 经纪代理服务
c. 人力资源服务　d. 安全保护服务</td></tr>
<tr><td colspan="2">【说明】
1. 拍卖行受托拍卖取得的手续费或佣金收入，按照“经纪代理服务”缴纳增值税。
2. 纳税人提供安全保护服务，属于人力资源服务，比照劳务派遣服务政策执行。
3. 纳税人提供武装守护押运服务，按照“安全保护服务”缴纳增值税。</td></tr>
<tr><td>I. 其他现代服务</td><td colspan="2">【说明】
1. 纳税人为客户办理退票而向客户收取的退票费、手续费等收入，按照“其他现代服务”缴纳增值税。
2. 纳税人对安装运行后的电梯提供的维护保养服务，按照“其他现代服务”缴纳增值税。</td></tr>
</table>

续表

<table>
<tr><td rowspan="2">G. 生活服务</td><td>（10）下列服务中，按照“生活服务”税目计缴增值税的有（　）。</td></tr>
<tr><td>A. 文化体育服务　B. 教育医疗服务　C. 旅游娱乐服务
D. 餐饮住宿服务　E. 居民日常服务　F. 其他生活服务
【说明】
1. 纳税人在游览场所经营索道、摆渡车、电瓶车、游船等取得的收入，按照“文化体育服务”缴纳增值税。
2. 纳税人现场制作食品并直接销售给消费者，以及销售的外卖食品，按照“餐饮服务”缴纳增值税
3. 纳税人提供植物养护服务，按照“其他生活服务”缴纳增值税。</td></tr>
</table>

【考点子题——举一反三，真枪实练】

［1］（2018年•多选题）金融企业提供金融服务取得的下列收入中，按“贷款服务”缴纳增值税的有（　）。

A. 以货币资金投资收取的保底利润　B. 融资性售后回租业务取得的利息收入

C. 买入返售金融商品利息收入　D. 金融商品持有期间取得的非保本收益

［2］（2019年•单选题）出租车公司向使用本公司自有出租车的司机收取的管理费用，应缴纳增值税。该业务属于增值税征税范围中的（　）。

A. 物流辅助服务　B. 陆路运输服务　C. 商务辅助服务　D. 居民日常服务

［3］（2020年•单选题）下列增值税应税服务中，应按“租赁服务”计征增值税的是（　）。

A. 融资性售后回租　B. 写字楼广告位出租

C. 航空运输的湿租服务　D. 提供会议场地及配套服务

［4］（经典例题•多选题）下列服务中，应按“物流辅助服务”计算缴纳增值税的有（　）。

A. 打捞救助服务　B. 无运输工具承运业务

C. 装卸搬运服务　D. 收派服务

［5］（2021年•单选题）下列应税服务中，应按照“现代服务”计征增值税的是（　）。

A. 文化体育服务　B. 信息技术服务　C. 财产保险服务　D. 植物养护服务

（三）销售无形资产及不动产

【考点母题——万变不离其宗】销售无形资产及不动产

<table>
<tr><td rowspan="2">销售无形资产</td><td>（1）纳税人转让的下列标的中，应按照“销售无形资产”税目计缴增值税的有（　）。</td></tr>
<tr><td>A. 技术　B. 商标　C. 著作权　D. 商誉
E. 自然资源使用权　F. 其他权益性无形资产
【说明】销售无形资产是指转让无形资产所有权或者使用权的业务活动。</td></tr>
</table>

续表

销售不动产	（2）纳税人销售的下列标的中，应按照“销售不动产”计缴增值税的有（ ）。
	A. 建筑物 B. 构筑物 【说明】销售不动产是指转让不动产所有权的业务活动。转让建筑物有限产权或者永久使用权的，转让在建的建筑物或者构筑物所有权的，以及在转让建筑物或者构筑物时一并转让其所占土地的使用权的，按照“销售不动产”缴纳增值税。

【考点子题——举一反三，真枪实练】

［6］（经典例题•多选题）下列行为中，应按“销售无形资产”计算缴纳增值税的有（ ）。

A. 出售土地使用权　　B. 有偿转让著作权

C. 有偿转让非专利技术　　D. 提供专利检索服务

［7］（经典例题•多选题）下列行为中，应按“销售不动产”计算缴纳增值税的有（ ）。

A. 出售土地使用权　　B. 出租办公楼

C. 有偿转让商业营业用房　　D. 有偿转让商品房

考点2 增值税征税范围的条件

（一）缴纳增值税的经济行为需具备的条件以及非经营活动的确认

【考点母题——万变不离其宗】缴纳增值税的经济行为需具备的条件以及非经营活动的确认

缴纳增值税行为应同时具备的条件	（1）确定一项经济行为是否需要缴纳增值税，根据“营改增通知”，除另有规定外，一般应同时具备的条件有（ ）。
	A. 应税行为是发生在中华人民共和国境内 B. 应税行为是属于《销售服务、无形资产、不动产注释》范围内的业务活动 C. 应税服务是为他人提供的 D. 应税行为是有偿的
不需要缴纳增值税的情形	（2）满足缴纳增值税的经济行为需具备的条件但不需要缴纳增值税的情形有（ ）。
	A. 行政单位收取的同时满足条件的政府性基金或者行政事业性收费 B. 存款利息 C. 被保险人获得的保险赔付 D. 房地产主管部门或者其指定机构、公积金管理中心、开发企业以及物业管理单位代收的住宅专项维修资金 E. 在资产重组过程中，通过合并、分立、出售、置换等方式，将全部或者部分实物资产以及与其相关联的债权、负债和劳动力一并转让给其他单位和个人，其中涉及的不动产、土地使用权转让行为

续表

需要缴纳增值税的情形	（3）除用于公益事业或者以社会公众为对象以外，下列行为虽不满足缴纳增值税的条件，但需要缴纳增值税的情形有（　）。
	A. 单位或者个体工商户向其他单位或者个人无偿提供服务 B. 单位或者个人向其他单位或者个人无偿转让无形资产或者不动产
非经营活动不缴纳增值税的情形	（4）属于非经营活动不缴纳增值税的情形有（　）。
	A. 行政单位收取的同时满足条件的政府性基金或者行政事业性收费 B. 单位或者个体工商户聘用的员工为本单位或者雇主提供取得工资的服务 C. 单位或者个体工商户为聘用的员工提供服务

【考点子题——举一反三，真枪实练】

［8］（经典例题·多选题）根据“营改增”有关规定，下列服务中，不属于提供应税服务的有（　）。

A. 为本单位员工无偿提供搬家服务

B. 航空公司根据国家政策以公益为目的无偿提供航空运输服务

C. 销售货物同时无偿提供运输服务

D. 为客户无偿提供广告设计服务

（二）境内销售服务、无形资产或者不动产的界定

【考点母题——万变不离其宗】境内销售服务、无形资产或者不动产的界定

在境内销售服务、无形资产或者不动产	（1）下列各项属于“在境内销售服务、无形资产或者不动产”的有（　）。
	A. 服务（租赁不动产除外）或者无形资产（自然资源使用权除外）的销售方或者购买方在境内 B. 所销售或者租赁的不动产在境内 C. 所销售自然资源使用权的自然资源在境内
不属于“在境内销售服务或者无形资产”的情形	（2）下列情形不属于“在境内销售服务或者无形资产”的情形有（　）。
	A. 境外单位或者个人向境内单位或者个人销售完全在境外发生的服务 B. 境外单位或者个人向境内单位或者个人销售完全在境外使用的无形资产 C. 境外单位或者个人向境内单位或者个人出租完全在境外使用的有形动产 D. 境外单位或者个人为出境的函件、包裹在境外提供的邮政服务、收派服务 E. 境外单位或者个人向境内单位或者个人提供的工程施工地点在境外的建筑服务、工程监理服务 F. 境外单位或者个人向境内单位或者个人提供的工程、矿产资源在境外的工程勘察勘探服务 G. 境外单位或者个人向境内单位或者个人提供的会议展览地点在境外的会议展览服务

续表

境外单位或者个人境内销售服务，应缴纳增值税的情形	(3) 下列境外单位或者个人销售的服务（不含租赁不动产）属于在我国境内销售服务，应缴纳增值税的情形有（　）。
	A. 境外单位或者个人向境内单位或者个人销售的完全在境内发生的服务，属于在境内销售服务（例如：境外某一工程公司到境内给境内某单位提供工程勘察勘探服务） B. 境外单位或者个人向境内单位或者个人销售的未完全在境外发生的服务，属于在境内销售服务（例如：境外某一咨询公司与境内某一公司签订咨询合同，就这家境内公司开拓境内、境外市场进行实地调研并提出合理化管理建议，境外咨询公司提供的咨询服务同时在境内和境外发生，属于在境内销售服务）
境外单位或者个人境内销售无形资产，应缴纳增值税的情形	(4) 下列境外单位或者个人销售的无形资产属于在我国境内销售无形资产，应缴纳增值税的情形有（　）。
	A. 境外单位或者个人向境内单位或者个人销售的完全在境内使用的无形资产（例如：境外A公司向境内B公司转让A公司在境内的连锁经营权） B. 境外单位或者个人向境内单位或者个人销售的未完全在境外使用的无形资产（例如：境外C公司向境内D公司转让一项专利技术，该技术同时用于D公司在境内和境外的生产线）

【考点子题——举一反三，真枪实练】

[9]（2012年•多选题）某境内公司发生下列业务所取得的收入中，应缴纳增值税的有（　）。

A. 为境外某公司提供咨询服务

B. 将一项无形资产转让给境内其他公司

C. 将位于境外的不动产转让给境内另一公司

D. 将位于境内的不动产出租给境外某公司驻京代表处

[10]（经典例题•多选题）下列业务中，应缴纳增值税的有（　）。

A. 境外A公司向境内B公司转让A公司在境内的连锁经营权

B. 境内C公司销售在境外的一幢办公楼给我国D公司

C. 境外E公司向境内F公司转让一项专利技术，该技术同时用于F公司在境内和境外的生产线

D. 境外G公司到境内给境内H单位提供工程勘察服务

考点3 征税范围的特殊规定

（一）增值税征税范围的特殊项目界定

【考点母题——万变不离其宗】增值税征税范围的特殊项目界定

<table>
<tr><td rowspan="2">罚没物品征与不征增值税的处理</td><td>（1）关于罚没物品征与不征增值税的处理，下列说法正确的有（　）。</td></tr>
<tr><td>A. 执罚部门和单位查处的属于一般商业部门经营的商品，具备拍卖条件的，由执罚部门或单位商同级财政部门同意后，公开拍卖。其拍卖收入作为罚没收入由执罚部门和单位如数上缴财政，不予征收增值税。对经营单位购入拍卖物品再销售的应照章征收增值税
B. 执罚部门和单位查处的属于一般商业部门经营的商品，不具备拍卖条件的，由执罚部门、财政部门、国家指定销售单位会同有关部门按质论价，交由国家指定销售单位纳入正常销售渠道变价处理。执罚部门按商定价格所取得的变价收入作为罚没收入如数上缴财政，不予征收增值税。国家指定销售单位将罚没物品纳入正常销售渠道销售的，应照章征收增值税
C. 执罚部门和单位查处的属于专管机关管理或专管企业经营的财物，如金银（不包括金银首饰）、外币、有价证券、非禁止出口文物，应交由专管机关或专营企业收兑或收购。执罚部门和单位按收兑或收购价所取得的收入作为罚没收入如数上缴财政，不予征税。专管机关或专营企业经营上述物品中属于应征增值税的货物，应照章征收增值税</td></tr>
<tr><td rowspan="2">征税范围的特殊项目界定</td><td>（2）关于增值税征税范围的特殊项目界定，下列说法正确的有（　）。</td></tr>
<tr><td>A. 纳税人取得的财政补贴收入，与其销售货物、劳务、服务、无形资产、不动产的收入或者数量直接挂钩的，应按规定计缴增值税。纳税人取得其他情形的财政补贴收入，不属于增值税应税收入，不征收增值税
B. 融资性售后回租业务中，承租方出售资产的行为不属于增值税的征税范围，不征收增值税
C. 药品生产企业销售自产创新药的销售额，为向购买方收取的全部价款和价外费用，其提供给患者后续免费使用的相同创新药，不属于增值税视同销售范围
D. 根据国家指令无偿提供的铁路运输服务、航空运输服务，属于用于公益事业的服务，不征收增值税</td></tr>
<tr><td rowspan="2">单用途商业预付卡</td><td>（3）关于单用途商业预付卡（以下简称单用途卡）业务缴纳增值税，下列说法正确的有（　）。</td></tr>
<tr><td>A. 单用途卡发卡企业或者售卡企业（以下统称售卡方）销售单用途卡，或者接受单用途卡持卡人充值取得的预收资金，不缴纳增值税。售卡方可按规定，向购卡人、充值人开具增值税普通发票，不得开具增值税专用发票
B. 售卡方因发行或者销售单用途卡并办理相关资金收付结算业务取得的手续费、结算费、服务费、管理费等收入，应按照现行规定缴纳增值税
C. 持卡人使用单用途卡购买货物或服务时，货物或者服务的销售方应按照现行规定缴纳增值税，且不得向持卡人开具增值税发票
D. 销售方与售卡方不是同一个纳税人的，销售方在收到售卡方结算的销售款时，应向售卡方开具增值税普通发票，并在备注栏注明“收到预付卡结算款”，不得开具增值税专用发票。售卡方从销售方取得的增值税普通发票，作为其销售单用途卡或接受单用途卡充值取得预收资金不缴纳增值税的凭证，留存备查</td></tr>
</table>

续表

支付机构预付卡	（4）关于支付机构预付卡（以下称多用途卡）业务缴纳增值税，下列说法正确的有（　）。
	A. 支付机构销售多用途卡取得的等值人民币资金，或者接受多用途卡持卡人充值取得的充值资金，不缴纳增值税 B. 支付机构因发行或者受理多用途卡并办理相关资金收付结算业务取得的手续费、结算费、服务费、管理费等收入，应按照现行规定缴纳增值税 C. 持卡人使用多用途卡，向与支付机构签署合作协议的特约商户购买货物或服务，特约商户应按照现行规定缴纳增值税，且不得向持卡人开具增值税发票 D. 特约商户收到支付机构结算的销售款时，应向支付机构开具增值税普通发票，并在备注栏注明“收到预付卡结算款”，不得开具增值税专用发票。支付机构从特约商户取得的增值税普通发票，作为其销售多用途卡或接受多用途卡充值取得预收资金不缴纳增值税的凭证，留存备查

【考点子题——举一反三，真枪实练】

[11]（2017 年 • 单选题）企业发生的下列行为中，需要计算缴纳增值税的是（　）。

A. 取得存款利息

B. 获得保险赔偿

C. 收取包装物租金

D. 取得的与销售收入或者数量无关的财政补贴收入

[12]（2012 年 • 单选题）下列各项业务中，属于增值税征收范围的是（　）。

A. 将委托加工的货物分配给股东

B. 被保险人获得的保险赔付

C. 房地产主管部门或者其指定机构、公积金管理中心、开发企业以及物业管理单位代收的住宅专项维修资金

D. 融资性售后回租业务中承租方出售资产的行为

[13]（2021 年 • 多选题）下列行为中，属于增值税征收范围的有（　）。

A. 铁路运输公司根据国家指令无偿提供铁路运输服务

B. 化妆品销售公司销售其代销的某品牌化妆品

C. 珠宝公司购入执罚部门拍卖的罚没珠宝再销售

D. 房地产开发公司将自建商品房奖励给优秀营销员工

（二）增值税征税范围的特殊行为界定

【考点母题——万变不离其宗】增值税征税范围的特殊行为界定

<table>
<tr><td rowspan="2">视同销售</td><td>（1）下列各项中，属于视同发生增值税应税销售行为的有（　）。</td></tr>
<tr><td>A. 将货物交付其他单位或者个人代销
B. 销售代销货物
C. 设有两个以上机构并实行统一核算的纳税人，将货物从一个机构移送至其他机构用于销售，但相关机构设在同一县（市）的除外
D. 将自产或者委托加工的货物用于非应税项目
E. 将自产、委托加工的货物用于集体福利或者个人消费
F. 将自产、委托加工或者购进的货物作为投资，提供给其他单位或者个体工商户
G. 将自产、委托加工或者购进的货物分配给股东或者投资者
H. 将自产、委托加工或者购进的货物无偿赠送其他单位或者个人
I. 单位或者个体工商户向其他单位或者个人无偿销售应税服务、无偿转让无形资产或者不动产，但用于公益事业或者以社会公众为对象的除外</td></tr>
<tr><td rowspan="2">混合销售</td><td>（2）下列有关混合销售说法，正确的有（　）。</td></tr>
<tr><td>A. 一项销售行为如果既涉及货物又涉及服务，则为混合销售
B. 从事货物的生产、批发或者零售的单位和个体工商户的混合销售，按照销售货物缴纳增值税
C. 从事货物的生产、批发或者零售以外业务的其他单位和个体工商户的混合销售，按照销售服务缴纳增值税
D. 混合销售行为成立的行为标准有两方面，一是其销售行为必须是一项；二是该项行为必须既涉及货物销售又涉及应税行为 
</td></tr>
</table>

【考点子题——举一反三，真枪实练】

[14]（2011年•多选题）下列行为中，属于增值税视同销售行为的有（　）。

A. 同一个县（市）范围内设有两个机构并实行统一核算的纳税人，将货物从一个机构移送另一机构用于销售

B. 将自产货物作为股利分配给股东

C. 将外购的货物用于集体福利

D. 将委托加工收回的货物用于个人消费

[15]（2015年·单选题）下列行为中，应当视同销售货物缴纳增值税的是（ ）。

A. 将购进的货物用于集体福利　　B. 将购进的货物用于个人消费

C. 将购进的货物用于对外投资　　D. 将购进的货物用于非增值税应税项目

[16]（2019年·单选题）下列经营行为中，属于增值税混合销售行为的是（ ）。

A. 4S店销售汽车及内饰用品　　B. 商场销售空调并提供安装服务

C. 餐厅提供餐饮及音乐舞蹈表演　　D. 酒店提供住宿及机场接送服务

考点4 纳税义务人和扣缴义务人

【考点母题——万变不离其宗】纳税义务人和扣缴义务人

增值税纳税义务人	（1）下列关于增值税纳税义务人的说法，正确的有（ ）。
	A. 在中华人民共和国境内销售货物、劳务、服务、无形资产、不动产的单位和个人，为增值税纳税人 B. 以承包、承租、挂靠方式经营的，承包人、承租人、挂靠人（以下统称承包人）以发包人、出租人、被挂靠人（以下统称发包人）名义对外经营并由发包人承担相关法律责任的，以该发包人为纳税人。否则，以承包人为纳税人 C. 资管产品运营过程中发生的增值税应税销售行为，以资管产品管理人为增值税纳税人
增值税扣缴义务人	（2）下列关于增值税扣缴义务人的说法，正确的是（ ）。
	A. 中华人民共和国境外的单位或者个人在境内销售劳务，在境内未设有经营机构的，以其境内代理人为扣缴义务人；在境内没有代理人的，以购买方为扣缴义务人（新增） B. 境外单位或者个人在境内发生应税行为，在境内未设有经营机构的，以购买方为增值税扣缴义务人。财政部和国家税务总局另有规定的除外 【说明】扣缴义务人按照下列公式计算应扣缴税额： 应扣缴税额 = 接受方支付的价款 ÷（1+ 税率）× 税率

【考点子题——举一反三，真枪实练】

[17]（2018年·单选题）下列承包经营的情形中，应以发包人为增值税纳税人的是（ ）。

A. 以承包人名义对外经营，由承包人承担法律责任的

B. 以发包人名义对外经营，由发包人承担法律责任的

C. 以发包人名义对外经营，由承包人承担法律责任的

D. 以承包人名义对外经营，由发包人承担法律责任的

[18]（经典例题·单选题）2022年12月，境外Y公司为我国甲企业提供技术咨询，甲企业支付Y公司含税价款106万元。已知该境外Y公司在我国境内未设立经营机构，则甲企业应扣缴的增值税税额为（ ）万元。

A. 0　　B. 6　　C. 10.6　　D. 13

第二节　一般纳税人和小规模纳税人的登记

考点1　增值税纳税人分类

【考点母题——万变不离其宗】增值税纳税人分类

（1）增值税纳税人认定标准有（　）。		
纳税人性质	A. 规模	B. 会计核算的健全程度
一般纳税人	年应税销售额 >500 万元	健全
小规模纳税人	年应税销售额≤ 500 万元	不健全
（2）年应税销售额是指纳税人在连续不超过 12 个月或 4 个季度的经营期内累计应征增值税销售额。下列各项中，属于年应税销售额组成部分的有（　）。		
A. 纳税申报销售额	B. 稽查查补销售额	C. 纳税评估调整销售额

【考点子题——举一反三，真枪实练】

[19]（2016 年 • 单选题）一般情况下，小规模纳税人年应征增值税销售额超过一定标准时应向税务机关申请办理一般纳税人登记。该标准为（　）万元

A. 500　　B. 300　　C. 200　　D. 150

[20]（经典例题 • 多选题）以下各项中，应计入增值税一般纳税人认定标准的“年应税销售额”的有（　）。

A. 纳税申报销售额　　B. 稽查查补销售额

C. 纳税评估调整销售额　　D. 纳税人偶然发生的转让不动产的销售额

考点2　一般纳税人和小规模纳税人登记规定

【考点母题——万变不离其宗】一般纳税人和小规模纳税人登记规定

一般纳税人的登记条件	（1）下列关于一般纳税人的登记条件的说法，正确的有（　）。
	A. 销售服务、无形资产或者不动产（以下简称应税行为）有扣除项目的纳税人，其应税行为年应税销售额按未扣除之前的销售额计算 B. 纳税人偶然发生销售无形资产、转让不动产的销售额，不计入应税行为年应税销售额

续表

一般纳税人的登记条件	C. 年应税销售额未超过规定标准的纳税人，会计核算健全，能够提供准确税务资料的，可以向主管税务机关办理一般纳税人登记 D. 纳税人应当向其机构所在地主管税务机关办理一般纳税人登记手续 E. 纳税人登记为一般纳税人后，不得转为小规模纳税人，国家税务总局另有规定的除外
不得办理一般纳税人登记的情况	（2）不得办理一般纳税人登记的情况有（　）。
	A. 按照政策规定，选择按照小规模纳税人纳税的（应当向主管税务机关提交书面说明） B. 年应税销售额超过规定标准的其他个人
小规模纳税人转登记	（3）下列关于一般纳税人转登记为小规模纳税人的说法，正确的有（　）。
	A. 转登记日前连续12个月（以1个月为1个纳税期）或者连续4个季度（以1个季度为1个纳税期）累计销售额未超过500万元的一般纳税人，在2020年12月31日前，可选择转登记为小规模纳税人 B. 转登记纳税人按规定再次登记为一般纳税人后，不得再转登记为小规模纳税人

【考点子题——举一反三，真枪实练】

[21]（经典例题•多选题）有关“年应税销售额”说法正确的有（　）。

A. 年应税销售额中不包含销售服务、无形资产或者不动产需要扣除的项目

B. 年应税销售额包括稽查查补销售额

C. 年应税销售额不包括纳税评估调整销售额

D. 纳税人偶然发生的销售无形资产、转让不动产的销售额不计入年应税销售额

[22]（经典例题•多选题）根据增值税法律制度的规定，下列关于纳税人的表述中，正确的有（　）。

A. 个体工商户必须按照小规模纳税人纳税

B. 转登记纳税人按规定再次登记为一般纳税人后，不得再转登记为小规模纳税人

C. 年应税销售额未超过规定标准的纳税人，会计核算健全，能够提供准确税务资料的，可以向主管税务机关办理一般纳税人登记

D. 年应税销售额超过小规模纳税人标准的个人按照一般纳税人纳税

考点3 综合保税区增值税一般纳税人资格管理

【考点母题——万变不离其宗】综合保税区增值税一般纳税人资格管理

备案管理	（1）综合保税区开展增值税一般纳税人资格试点（以下简称一般纳税人资格试点），综合保税区需符合的条件有（　）。

续表

<table>
<tr><td>备案管理</td><td colspan="2">A. 综合保税区内企业确有开展一般纳税人资格试点的需求
B. 所在地市（地）级人民政府牵头建立了综合保税区行政管理机构、税务、海关等部门协同推进试点的工作机制
C. 综合保税区主管税务机关和海关建立了一般纳税人资格试点工作相关的联合监管和信息共享机制
D. 综合保税区主管税务机关具备在综合保税区开展工作的条件，明确专门机构或人员负责纳税服务、税收征管等相关工作</td></tr>
<tr><td rowspan="2">暂免征收税种</td><td colspan="2">（2）综合保税区试点企业进口自用设备（包括机器设备、基建物资和办公用品）时，暂免征收的税种有（　）。</td></tr>
<tr><td>A. 进口关税
B. 进口环节增值税
C. 进口环节消费税</td><td>【说明】暂免进口税收（进口关税和进口环节增值税、消费税）按照该进口自用设备海关监管年限平均分摊到各个年度，每年年终对本年暂免的进口税收按照当年内外销比例进行划分，对外销比例部分执行试点企业所在海关特殊监管区域的税收政策，对内销比例部分比照执行海关特殊监管区域外（以下简称区外）税收政策补征税款。</td></tr>
<tr><td rowspan="2">适用保税政策的情形</td><td colspan="2">（3）综合保税区试点企业除进口自用设备外，购买下列货物可适用保税政策的有（　）。</td></tr>
<tr><td colspan="2">A. 从境外购买并进入试点区域的货物
B. 从海关特殊监管区域（试点区域除外）或海关保税监管场所购买并进入试点区域的保税货物
C. 从试点区域内非试点企业购买的保税货物
D. 从试点区域内其他试点企业购买的未经加工的保税货物</td></tr>
<tr><td rowspan="3">申报缴纳增值税、消费税的情形</td><td colspan="2">（4）综合保税区试点企业销售的下列货物，应向主管税务机关申报缴纳增值税、消费税的情况有（　）。</td></tr>
<tr><td colspan="2">A. 向境内区外销售的货物
B. 向保税区、不具备退税功能的保税监管场所销售的货物（未经加工的保税货物除外）
C. 向试点区域内其他试点企业销售的货物（未经加工的保税货物除外）</td></tr>
<tr><td colspan="2">【说明】试点企业销售上述货物中含有保税货物的，按照保税货物进入海关特殊监管区域时的状态向海关申报缴纳进口税收，并按照规定补缴缓税利息。</td></tr>
<tr><td rowspan="2">适用出口退（免）税政策</td><td colspan="2">（5）综合保税区内企业销售下列货物（未经加工的保税货物除外），适用出口退（免）税政策的有（　）。</td></tr>
<tr><td colspan="2">A. 离境出口的货物
B. 向海关特殊监管区域（试点区域、保税区除外）或海关保税监管场所（不具备退税功能的保税监管场所除外）销售的货物
C. 向试点区域内非试点企业销售的货物</td></tr>
</table>

续表

【其他说明】 1. 向海关特殊监管区域或者海关保税监管场所销售的未经加工的保税货物，继续适用保税政策。 2. 未经加工的保税货物离境出口实行增值税、消费税免税政策。 3. 除财政部、海关总署、国家税务总局另有规定外，试点企业适用区外关税、增值税、消费税的法律、法规等现行规定。 4. 区外销售给试点企业的加工贸易货物，继续按现行税收政策执行；销售给试点企业的其他货物（包括水、蒸汽、电力、燃气）不再适用出口退税政策，按照规定缴纳增值税、消费税。

【考点子题——举一反三，真枪实练】

[23]（经典例题·多选题）下列关于综合保税区开展增值税一般纳税人资格试点，适用的税收政策说法中正确的有（　）。

A. 进口自用设备，暂免征收进口关税和进口环节增值税、消费税

B. 从境外购买并进入试点区域的货物适用保税政策

C. 从试点区域内其他试点企业购买的经加工的保税货物适用保税政策

D. 向境内区外销售的货物免征增值税和消费税

第三节 税率与征收率

考点1 增值税税率

【考点母题——万变不离其宗】增值税税率

增值税的税率就分别为13%、9%、6%和零税率

<table>
<tr><td rowspan="2">普通税率</td><td rowspan="2">13%</td><td colspan="2">（1）一般纳税人发生的下列情形中，适用13%增值税税率的有（　）。</td></tr>
<tr><td colspan="2">A. 销售或进口除适用低税率或零税率以外的货物
B. 销售应税劳务　　C. 销售有形动产租赁服务</td></tr>
<tr><td rowspan="9">低税率</td><td rowspan="9">9%</td><td colspan="2">（2）一般纳税人发生的下列情形中，适用9%增值税税率的有（　）。</td></tr>
<tr><td colspan="2">A. 销售交通运输、邮政、基础电信、建筑、不动产租赁服务
B. 销售不动产　　C. 转让土地使用权</td></tr>
<tr><td rowspan="4">D. 销售或进口特定货物</td><td>粮食等农产品、食用植物油、食用盐（物质食粮）</td></tr>
<tr><td>自来水、暖气、冷气、热水、煤气、石油液化气、天然气、二甲醚、沼气、居民用煤炭制品（生活必需品）</td></tr>
<tr><td>图书、报纸、杂志、音像制品、电子出版物（精神食粮）</td></tr>
<tr><td>饲料、化肥、农药、农机、农膜（涉农物资）</td></tr>
<tr><td colspan="2">E. 干姜、姜黄
F. 花椒油、橄榄油、核桃油、杏仁油、葡萄籽油和牡丹籽油
G. 属于初级农业产品的巴氏杀菌乳和灭菌乳
H. 密集型烤房设备、频振式杀虫灯、自动虫情测报灯、黏虫板、卷帘机
I. 农用挖掘机、养鸡设备系列、养猪设备系列产品
J. 国内印刷企业承印的经新闻出版主管部门批准印刷且采用国际标准书号编序的境外图书
K. 动物骨粒</td></tr>
<tr><td colspan="2">【注意】环氧大豆油、氢化植物油，麦芽、复合胶、人发，调制乳，肉桂油、桉油、香茅油，淀粉适用13%增值税税率。</td></tr>
</table>

续表

<table>
<tr><td rowspan="2">低税率</td><td rowspan="2">6%</td><td colspan="2">（3）一般纳税人发生的下列情形中，适用 6% 增值税税率的有（　）。</td></tr>
<tr><td colspan="2">A. 销售增值电信服务、金融服务、现代服务（有形动产和不动产租赁除外）、生活服务
B. 销售无形资产（转让土地使用权除外）
【说明】
1. 纳税人通过省级土地行政主管部门设立的交易平台转让补充耕地指标，按照“销售无形资产”缴纳增值税。
2. 纳税人受托对垃圾、污泥、污水、废气等废弃物进行专业化处理，采取填埋、焚烧等方式进行专业化处理后未产生货物的，受托方属于提供“现代服务”中的“专业技术服务”。
3. 纳税人受托对垃圾、污泥、污水、废气等废弃物进行专业化处理，采取填埋、焚烧等方式进行专业化处理后产生货物的，且货物归属受托方的，受托方属于提供“现代服务”中的“专业技术服务”。受托方将产生的货物用于销售，使用货物的增值税税率。</td></tr>
<tr><td rowspan="8">零税率</td><td colspan="3">（4）下列情形中，适用增值税零税率的有（　）。</td></tr>
<tr><td colspan="3">A. 出口货物，国务院另有规定的除外</td></tr>
<tr><td rowspan="4">B. 境内单位和个人跨境销售服务、无形资产</td><td colspan="2">（5）下列情形中，属于跨境销售服务、无形资产的有（　）。</td></tr>
<tr><td>A. 国际运输服务</td><td>在境内载运旅客或者货物出境、在境外载运旅客或者货物入境、在境外载运旅客或者货物</td></tr>
<tr><td colspan="2">B. 航天运输服务</td></tr>
<tr><td>C. 向境外单位提供的完全在境外消费的服务</td><td>研发服务；合同能源管理服务；软件服务；电路设计及测试服务；信息系统服务；业务流程管理服务；设计服务；广播影视节目（作品）的制作和发行服务；离岸服务外包业务；转让技术</td></tr>
<tr><td colspan="3">（6）下列关于增值税零税率政策的说法，正确的有（　）。</td></tr>
<tr><td colspan="3">A. 按照国家有关规定应取得相关资质的国际运输服务项目，纳税人取得相关资质的，适用增值税零税率政策，未取得的，适用增值税免税政策
B. 境内的单位或个人提供程租服务，如果租赁的交通工具用于国际运输服务和港澳台运输服务，由出租方按规定申请适用增值税零税率
C. 境内的单位和个人向境内单位或个人提供期租、湿租服务，如果承租方利用租赁的交通工具向其他单位或个人提供国际运输服务和港澳台运输服务，由承租方适用增值税零税率。境内的单位或个人向境外单位或个人提供期租、湿租服务，由出租方适用增值税零税率
D. 境内单位和个人以无运输工具承运方式提供的国际运输服务，由境内实际承运人适用增值税零税率；无运输工具承运业务的经营者适用增值税免税政策</td></tr>
</table>

【考点子题——举一反三，真枪实练】

[24]（2016年•单选题）下列项目中，目前适用增值税率9%低税率的是（　）

A. 农用汽车　　B. 淀粉　　C. 人发　　D. 食用盐

[25]（2018年•单选题）境内单位和个人发生的下列跨境应税行为中，适用增值税零税率的是（　）。

A. 向境外单位转让的完全在境外使用的技术

B. 向境外单位提供的完全在境外消费的电信服务

C. 在境外提供的广播影视节目播映服务

D. 无运输工具承运业务的经营者提供的国际运输服务

[26]（2020年•单选题）增值税一般纳税人发生的下列应税行为中，适用6%税率计征增值税的是（　）。

A. 提供建筑施工服务

B. 销售非现场制作食品

C. 出租2020年新购入的房产

D. 通过省级土地行政主管部门设立的交易平台转让补充耕地指标

考点2 增值税征收率

【考点母题——万变不离其宗】增值税征收率

<table>
<tr><td rowspan="4">一般规定</td><td>（1）下列关于增值税征收率适用于两种情况的表述中，正确的有（　）。</td></tr>
<tr><td>A. 小规模纳税人　B. 一般纳税人发生应税销售行为按规定可以选择简易计税方法计税的</td></tr>
<tr><td>（2）下列情形适用5%增值税征收率的有（　）。</td></tr>
<tr><td>A. 小规模纳税人销售自建或者取得的不动产
B. 一般纳税人销售2016年4月30日前取得的不动产，选择简易计税方法计税的
C. 房地产开发企业中的小规模纳税人，销售自行开发的房地产项目
D. 房地产开发企业中的一般纳税人销售自行开发的房地产老项目
【说明】房地产老项目，是指：
1.《建筑工程施工许可证》注明的合同开工日期在2016年4月30日前的建筑工程项目；
2. 未取得《建筑工程施工许可证》的，建筑工程承包合同注明的开工日期在2016年4月30日前的建筑工程项目。
E. 房地产开发企业中的一般纳税人购入未完工的房地产老项目继续开发后，以自己名义立项销售的不动产，属于房地产老项目，可以选择适用简易计税方法的
F. 房地产开发企业中的一般纳税人以围填海方式取得土地并开发的房地产项目，围填海工程《建筑工程施工许可证》或建筑工程承包合同注明的围填海开工日期在2016年4月30日前的，属于房地产老项目，可以选择适用简易计税方法的</td></tr>
</table>

续表

<table>
<tr><td rowspan="5">一般规定</td><td>G. 其他个人销售其取得（不含自建）的不动产（不含其购买的住房）
H. 一般纳税人出租 2016 年 4 月 30 日前取得的不动产，选择简易计税方法计税的
I. 小规模纳税人出租（经营租赁）其取得的不动产（不含个人出租住房）
J. 其他个人出租（经营租赁）其取得的不动产（不含住房）
K. 个人出租住房【应按照 5% 的征收率减按 1.5% 计算应纳税额】
L. 一般纳税人 2016 年 4 月 30 日前签订的不动产融资租赁合同，或以 2016 年 4 月 30 日前取得的不动产提供的融资租赁服务，选择适用简易计税方法的
M. 纳税人转让 2016 年 4 月 30 日前取得的土地使用权，选择适用简易计税方法的
N. 一般纳税人和小规模纳税人提供劳务派遣服务选择差额纳税的
O. 一般纳税人提供人力资源外包服务，选择适用简易计税方法的
P. 一般纳税人收取试点前开工的一级公路、二级公路、桥、闸通行费，选择适用简易计税方法的</td></tr>
<tr><td>【说明】除上述适用 5% 征收率以外的纳税人选择简易计税方法发生的应税销售行为均为 3%</td></tr>
<tr><td>（3）可选择按照简易办法依照 3% 征收率计缴增值税的情形有（　）。</td></tr>
<tr><td>A. 县级及县级以下小型水力发电单位生产的自产电力
B. 自产建筑用和生产建筑材料所用的砂、土、石料
C. 以自己采掘的砂、土、石料或其他矿物连续生产的砖、瓦、石灰（不含黏土实心砖、瓦）
D. 自己用微生物、微生物代谢产物、动物毒素、人或动物的血液或组织制成的生物制品
E. 自产的自来水
F. 自来水公司销售自来水
G. 提供物业管理服务的纳税人，向服务接受方收取的自来水水费【以扣除其对外支付的自来水水费后的余额为销售额】
H. 自产的商品混凝土（仅限于以水泥为原料生产的水泥混凝土）
I. 单采血浆站销售非临床用人体血液
J. 寄售商店代销寄售物品（包括居民个人寄售的物品在内）
K. 典当业销售死当物品
L. 药品经营企业销售生物制品
M. 公共交通运输服务
【说明】公共交通运输服务，包括轮客渡、公交客运、地铁城市轻轨、出租车、长途客运、班车。
N. 经认定的动漫企业为开发动漫产品提供的动漫脚本编撰、形象设计、背景设计、动画设计、分镜、动画制作、摄制、描线、上色、画面合成、配音、配乐、音效合成、剪辑、字幕制作、压缩转码（面向网络动漫、手机动漫格式适配）服务，以及在境内转让动漫版权（包括动漫品牌、形象或者内容的授权及再授权）
O. 电影放映服务、仓储服务、装卸搬运服务、收派服务和文化体育服务
P. 以纳入营改增试点之日前取得的有形动产为标的物提供的经营租赁服务
Q. 在纳入营改增试点之日前签订的尚未执行完毕的有形动产租赁合同
R. 以清包工方式提供的建筑服务。以清包工方式提供建筑服务，是指施工方不采购建筑工程所需的材料或只采购辅助材料，并收取人工费、管理费或者其他费用的建筑服务
S. 为甲供工程提供的建筑服务</td></tr>
</table>

续表

<table>
<tr><td>一般规定</td><td colspan="5">【说明】甲供工程，是指全部或部分设备、材料、动力由工程发包方自行采购的建筑工程。
T. 一般纳税人销售电梯的同时提供安装服务，其安装服务可以按照甲供工程选择适用简易计税方法计税
U. 提供非学历教育服务
V. 小规模纳税人提供劳务派遣服务，以取得的全部价款和价外费用为销售额
W. 非企业性单位中的一般纳税人提供的研发和技术服务、信息技术服务、鉴证咨询服务，以及销售技术、著作权等无形资产
X. 一般纳税人提供教育辅助服务
Y. 增值税一般纳税人生产销售和批发、零售抗癌药品
Z. 增值税一般纳税人生产销售和批发、零售罕见病药品
Ω. 从事再生资源回收的一般纳税人销售其收购的再生资源</td></tr>
<tr><td rowspan="8">特殊规定</td><td colspan="5">（4）纳税人销售自己使用过的物品的税务处理</td></tr>
<tr><td rowspan="3">一般纳税人</td><td rowspan="2">销售自己使用过的固定资产</td><td>该固定资产购进时不得抵扣且未抵扣进项税额</td><td>按照简易办法依照 3% 的征收率减按 2% 征收（放弃减税，依照 3% 征收率缴纳，可开具增值税专用发票）</td><td>含税销售额 /（1+3%）×2%</td></tr>
<tr><td>购进固定资产时按规定抵扣进项税的</td><td rowspan="2">按照适用税率征收增值税</td><td rowspan="2">销售额 × 税率</td></tr>
<tr><td colspan="2">销售自己使用过的除固定资产以外的物品</td></tr>
<tr><td rowspan="2">小规模纳税人</td><td colspan="2">销售自己使用过的固定资产</td><td>减按 2% 征收率征收增值税</td><td>含税销售额 /（1+3%）×2%</td></tr>
<tr><td colspan="2">销售自己使用过的除固定资产以外的物品</td><td>按 3% 的征收率征收增值税</td><td>含税销售额 /（1+3%）×3%</td></tr>
<tr><td colspan="5">（5）关于纳税人销售旧货的税务处理，下列说法正确的有（ ）。</td></tr>
<tr><td colspan="5">A. 按照简易办法依照 3% 的征收率减按 2% 征收增值税
B. 对从事二手车经销业务的纳税人，自 2020 年 5 月 1 日至 2023 年 12 月 31 日减按 0.5% 的征收率缴纳增值税【纳税人应当开具二手车销售统一发票。购买方索取增值税专用发票，应当再开具征收率为 0. 5% 的增值税专用发票。计算公式：销售额 = 含税销售额 ÷（1+0.5%）】
例：（2021 年单选题）某二手车经销公司 2021 年 4 月销售其收购的二手车 40 辆，取得含税销售额 120.6 万元。该公司当月销售二手车应缴纳增值税（ ）万元。
A. 2.34　B. 3.51　C. 0.60　D. 0.59
【答案】C
【解析】自 2020 年 5 月 1 日至 2023 年 12 月 31 日，从事二手车经销业务的纳税人销售其收购的二手车，减按 0.5% 征收率征收增值税。该公司当月销售二手车应缴纳增值税 =120.6 ÷（1+0.5%）×0.5%=0.6（万元）。</td></tr>
</table>

【考点子题——举一反三，真枪实练】

[27]（2017年•多选题）增值税一般纳税人发生的下列业务中，可以选择适用简易计税方法的有（　）。

A. 提供装卸搬运服务　　B. 提供文化体育服务

C. 提供税务咨询服务　　D. 提供公共交通运输服务

[28]（2016年•多选题）增值税一般纳税人销售自产的下列货物中，可选择按照简易办法计算缴纳增值税的有（　）。

A. 生产建筑材料所用的砂土　　B. 用微生物制成的生物制品

C. 以水泥为原材料生产的水泥混凝土　　D. 县级以下小型火力发电单位生产的电力

[29]（经典例题•单选题）甲公司为增值税小规模纳税人，2022年第二季度销售自己使用过的机器一台，开具增值税普通发票，取得含增值税销售额309000元；销售自己使用过的包装物一批，取得含增值税销售额20600元。甲公司上述业务应纳的增值税税额为（　）元。

A. 600　　B. 9 600　　C. 6 600　　D. 6 000

考点3　兼营行为的税率选择

【考点母题——万变不离其宗】兼营行为的税率选择

试点纳税人发生应税销售行为适用不同税率或者征收率的，应当分别核算适用不同税率或者征收率的销售额，未分别核算销售额的，下列说法正确的有（　）。
A. 兼有不同税率的应税销售行为，从高适用税率 B. 兼有不同征收率的应税销售行为，从高适用征收率 C. 兼有不同税率和征收率的应税销售行为，从高适用税率 D. 纳税人销售活动板房、机器设备、钢结构件等自产货物的同时提供建筑、安装服务，不属于“营改增通知”规定的混合销售，应分别核算货物和建筑服务的销售额，分别适用不同的税率或者征收率

【考点子题——举一反三，真枪实练】

[30]（经典例题•多选题）下列属于兼营增值税不同税率货物或应税劳务、服务的是（　）。

A. 某农机制造厂既生产销售农机，同时也承担农机修理业务

B. 销售软件产品并随同销售一并收取的软件安装费

C. 零售商店销售家具并实行有偿送货上门

D. 纳税人销售自产活动板房的同时提供建筑、安装服务

第四节 一般计税方法应纳税额的计算

考点1 销项税额的计算

销项税额是指纳税人发生应税销售行为时，按照销售额与规定税率计算并向购买方收取的增值税税额。销项税额的计算公式为：

$$销项税额 = 销售额 \times 适用税率$$

（一）一般销售方式下的销售额确认

【考点母题——万变不离其宗】一般销售方式下的销售额确认

<table>
<tr><td rowspan="2">销售额的构成</td><td colspan="2">（1）下列纳税人发生应税销售行为而向购买方收取的款项中，属于销售额的有（ ）。</td></tr>
<tr><td colspan="2">A. 全部价款　　B. 价外费用</td></tr>
<tr><td rowspan="10">不应并入销售额的情况</td><td colspan="2">（2）纳税人发生应税销售行为而向购买方价外收取的下列费用中，不应并入销售额计缴增值税的有（ ）。</td></tr>
<tr><td colspan="2">A. 受托加工应征消费税的消费品所代收代缴的消费税</td></tr>
<tr><td rowspan="2">B. 同时符合以下条件的代垫运输费用</td><td>承运部门的运输费用发票开具给购买方</td></tr>
<tr><td>纳税人将该项发票转交给购买方</td></tr>
<tr><td rowspan="3">C. 同时符合三个条件代为收取的政府性基金或者行政事业性收费</td><td>由国务院或者财政部批准设立的政府性基金，由国务院或者省级人民政府及其财政、价格主管部门批准设立的行政事业性收费</td></tr>
<tr><td>收取时开具省级以上（含省级）财政部门监（印）制的财政票据</td></tr>
<tr><td>所收款项全额上缴财政</td></tr>
<tr><td colspan="2">D. 以委托方名义开具发票代委托方收取的款项</td></tr>
<tr><td colspan="2">E. 销售货物的同时代办保险等而收取的保险费，以及向购买方收取的代购买方缴纳的车辆购置税、车辆牌照费</td></tr>
<tr><td colspan="2"></td></tr>
<tr><td colspan="3">【说明】
1. 凡随同应税销售行为向购买方收取的价外费用，无论其会计制度如何核算，均应并入销售额计算应纳税额。例如违约金、滞纳金、赔偿金、延期付款利息、包装费、包装物租金、运输费、装卸费等，都应并入计税销售额。
2. 对增值税一般纳税人（包括纳税人自己或代其他部门）向购买方收取的价外费用和逾期包装物押金，应视为含增值税（以下简称含税）收入，在征税时应换算成不含税收入再并入销售额。</td></tr>
</table>

【考点子题——举一反三，真枪实练】

[31]（2013 年•单选题）根据增值税法律制度的规定，汽车销售公司销售小轿车时一并向购买方收取的下列款项中，应作为价外费用计算增值税销项税额的是（　）。

A. 收取的小轿车改装费　　B. 因代办缴税收取的车辆购置税税款

C. 因代办保险收取的保险费　　D. 因代办牌照收取的车辆牌照费

（二）特殊销售方式下的销售额确认

【考点母题——万变不离其宗】采取折扣方式销售

<table>
<tr><td colspan="2">（1）下列关于采取折扣方式销售计征增值税的表述，正确的有（　）。</td></tr>
<tr><td>A. 折扣销售是指销货方在发生应税销售行为时，因购货方购货数量较大等原因而给予购货方的价格优惠（商业折扣）</td><td>【说明】
1. 纳税人发生应税销售行为，如将价款和折扣额在同一张发票上的“金额”栏分别注明的，可按折扣后的销售额征收增值税。未在同一张发票“金额”栏注明折扣额，而仅在发票的“备注”栏注明折扣额的，折扣额不得从销售额中减除；未在同一张发票上分别注明的，以价款为销售额，不得扣减折扣额
2. 销货者将自产、委托加工和购买的应税销售行为用于实物折扣的，则该实物款额不能从应税销售行为的销售额中减除，且该实物应按“视同销售货物”中的“赠送他人”计算征收增值税</td></tr>
<tr><td colspan="2">B. 销售折扣是销货方在发生应税销售行为后，为鼓励购货方及早偿还货款而协议许诺给予购货方的一种折扣优待（现金折扣），销售折扣不得从销售额中减除</td></tr>
<tr><td colspan="2">C. 销售折让是指企业因售出商品的质量不合格等原因而在售价上给予的减让，本质是纳税人发生应税销售行为后因为劳动成果质量不合格等原因在售价上给予的减让，以折让后的货款为销售额</td></tr>
</table>

【考点子题——举一反三，真枪实练】

[32]（经典例题•单选题）甲企业是增值税一般纳税人，向乙商场销售服装 1 000 件，每件不含税价格为 80 元。由于乙商场购买量大，甲企业按原价七折优惠销售，乙商场付款后，甲企业为乙商场开具的发票“金额”栏上分别注明了销售额和折扣额。甲企业此项业务的增值税销项税额是（　）元。

A. 6 442.48　　B. 7 280　　C. 9 203.54　　D. 10 400

【考点母题——万变不离其宗】采取以旧换新、还本销售、以物易物方式销售、直销企业以及拍卖税务处理

<table>
<tr><td rowspan="2">以旧换新</td><td>（1）下列关于以旧换新方式销售的表述正确的有（　）。</td></tr>
<tr><td>A. 采取以旧换新方式销售货物的，应按新货物的同期销售价格确定销售额，不得扣减旧货物的收购价格
B. 对金银首饰以旧换新业务，按销售方实际收取的不含增值税的全部价款征收增值税</td></tr>
</table>

续表

还本销售	（2）下列关于还本销售方式销售的表述正确的有（　）。
	A. 销售额就是货物的销售价格，不得从销售额中减除还本支出 B. 这种方式实际上是一种筹资行为，是以货物换取资金的使用价值，到期还本不付息的方法
以物易物	（3）下列关于以物易物方式销售的表述正确的有（　）。
	A. 双方都应作购销处理，以各自发出的应税销售行为核算销售额并计算销项税额，以各自收到的货物、劳务、服务、无形资产、不动产按规定核算购进金额并计算进项税额 B. 应分别开具合法的票据，如收到的货物、劳务、服务、无形资产、不动产不能取得相应的增值税专用发票或其他合法票据的，不能抵扣进项税额
直销企业	（4）下列关于直销企业的税务处理的表述正确的有（　）。
	A. 直销企业先将货物销售给直销员，直销员再将货物销售给消费者的，直销企业的销售额为其向直销员收取的全部价款和价外费用 B. 直销企业通过直销员向消费者销售货物，直销企业直接向消费者收取货款，直销企业的销售额为其向消费者收取的全部价款和价外费用
拍卖	拍卖行受托拍卖文物艺术品，委托方按规定享受免征增值税政策的，拍卖行可以自己名义就代为收取的货物价款向购买方开具增值税普通发票，对应的货物价款不计入拍卖行的增值税应税收入

【考点子题——举一反三，真枪实练】

[33]（经典例题·多选题）下列行为中，交易双方均需要缴纳增值税的有（　）。

A. 甲公司将房屋与乙公司土地交换

B. 丙公司将房屋出租给丁饭店，而丁饭店长期不付租金，后经双方协商，由丙公司在饭店就餐抵账

C. 戊房地产开发企业委托己建筑工程公司建造房屋，双方在结算价款时，房地产企业将若干套房屋给建筑公司冲抵工程款

D. 庚运输公司与辛汽车修理公司商订，庚运输公司为辛汽车修理公司免费提供运输服务，辛汽车修理公司为其免费提供汽车维修作为回报

[34]（经典例题·单选题）甲家电销售企业（简称甲企业）为增值税一般纳税人。2022年12月，甲企业采用“以旧换新”方式销售T型号电视机25台，已知该型号电视机正常市场售价为每台5 650元（含增值税），旧电视机每台作价468元（不含增值税）。甲企业上述业务的增值税销项税额为（　）元。

A. 14 729　　B. 16 250　　C. 16 841.5　　D. 18 362.5

[35]（2014年·单选题）某机床厂为增值税一般纳税人，2022年12月生产Y型号机床60台，每台不含税售价10万元。本月将其中50台机床出售给甲公司，将10台机床用于与乙钢材厂换取一批螺纹钢。机床厂本月增值税销项税额为（　）万元。

A. 65　　B. 78　　C. 13　　D. 52

【考点母题——万变不离其宗】包装物押金的税务处理

（1）关于包装物押金的税务处理，下列表述正确的有（　）。
A. 纳税人为销售货物而出租出借包装物收取的押金，单独记账核算的，时间在 1 年以内，又未过期的，不并入销售额征税，但对因逾期未收回包装物不再退还的押金，应按所包装货物的适用税率计算销项税额 B. 对销售除啤酒、黄酒外的其他酒类产品而收取的包装物押金，无论是否返还以及会计上如何核算，均应并入当期销售额征税 C. 对销售啤酒、黄酒所收取的押金，按一般押金的规定处理
【说明】 1. “逾期”是指按合同约定实际逾期或以 1 年为期限，对收取 1 年以上的押金，无论是否退还均并入销售额征税。在将包装物押金并入销售额征税时，需要先将该押金换算为不含税价，再并入销售额征税。 2. 纳税人为销售货物出租出借包装物而收取的押金，无论包装物周转使用期限长短，超过 1 年（含 1 年）以上仍不退还的均并入销售额征税。 3. 包装物押金不应混同于包装物租金，纳税人销售货物同时发生收取包装物租金的情况，包装物租金收取之时就应该考虑销项税额的征纳问题。

【考点子题——举一反三，真枪实练】

[36]（经典例题 • 单选题）对纳税人为销售货物而出借包装物收取的押金，其增值税计税方法正确的是（　）。

A. 对销售除啤酒、黄酒以外的其他酒类产品收取的包装物押金，均应并入当期销售额征税；其他货物包装物押金，单独记账核算的，时间在 1 年以内，又未过期的，不计算缴纳增值税

B. 单独记账核算的，不并入销售额征税

C. 酒类包装物押金，一律并入销售额计税

D. 无论会计上如何核算，为销售货物而出借包装物收取的押金均应并入销售额计税

【考点母题——万变不离其宗】金融机构相关服务

贷款服务的销售额	（1）关于贷款服务的销售额，下列表述正确的有（　）。
	A. 贷款服务，以提供贷款服务取得的全部利息及利息性质的收入为销售额 B. 银行提供贷款服务按期计收利息的，结息日当日计收的全部利息收入，均应计入结息日所属期的销售额，按照现行规定计算缴纳增值税 C. 证券公司、保险公司、金融租赁公司、证券基金管理公司、证券投资基金以及其他经人民银行、银监会、证监会、保监会批准成立且经营金融保险业务的机构发放贷款后，自结息日起 90 天内发生的应收未收利息按现行规定缴纳增值税，自结息日起 90 天后发生的应收未收利息暂不缴纳增值税，待实际收到利息时按规定缴纳增值税。 D. 自 2018 年 1 月 1 日起，资管产品管理人运营资管产品提供的贷款服务以 2018 年 1 月 1 日起产生的利息及利息性质的收入为销售额

续表

<table>
<tr><td rowspan="2">直接收费金融服务的销售额</td><td>（2）下列费用属于直接收费金融服务销售额的有（　）。</td></tr>
<tr><td>A. 手续费　B. 佣金　C. 酬金　D. 管理费　E. 服务费　F. 经手费
G. 开户费　H. 过户费　I. 结算费　J. 转托管费</td></tr>
<tr><td rowspan="2">银行卡跨机构资金清算</td><td>（3）关于发卡机构、清算机构和收单机构提供银行卡跨机构资金清算服务征收增值税，下列表述正确的有（　）。</td></tr>
<tr><td>A. 发卡机构以其向收单机构收取的发卡行服务费为销售额，并按照此销售额向清算机构开具增值税发票
B. 清算机构以其向发卡机构、收单机构收取的网络服务费为销售额，并按照发卡机构支付的网络服务费向发卡机构开具增值税发票，按照收单机构支付的网络服务费向收单机构开具增值税发票
C. 清算机构从发卡机构取得的增值税发票上记载的发卡行服务费，一并计入清算机构的销售额，并由清算机构按照此销售额向收单机构开具增值税发票
D. 收单机构以其向商户收取的收单服务费为销售额，并按照此销售额向商户开具增值税发票</td></tr>
</table>

【考点子题——举一反三，真枪实练】

[37]（经典例题•多选题）根据增值税相关规定，下列各项有关金融服务的销售额中，表述正确的有（　）。

A. 贷款服务以提供贷款服务取得的全部利息及利息性质的收入为销售额

B. 贷款服务以收到的全部利息收入扣减存款利息支出后的差额为销售额

C. 证券公司向甲企业发放贷款，甲企业逾期105天后付息，证券公司自结息日起90天后发生的应收未收利息应计入结息日所属期的销售额，按规定缴纳增值税

D. 银行提供货币兑换服务，以收取的手续费作为销售额缴纳增值税

（三）按差额确定销售额

【考点母题——万变不离其宗】金融商品转让、融资租赁和融资性售后回租业务的销售额

<table>
<tr><td rowspan="5">金融商品转让</td><td>（1）关于金融商品转让的销售额，下列表述正确的有（　）。</td></tr>
<tr><td>A. 金融商品转让销售额 = 卖出价 − 买入价</td></tr>
<tr><td>B. 转让金融商品出现的正负差，按盈亏相抵后的余额为销售额。若相抵后出现负差，可结转下一纳税期与下期转让金融商品销售额相抵，但年末时仍出现负差的，不得转入下一个会计年度</td></tr>
<tr><td>C. 金融商品的买入价，可以选择按照加权平均法或者移动加权平均法进行核算，选择后36个月内不得变更</td></tr>
<tr><td>D. 金融商品转让，不得开具增值税专用发票</td></tr>
</table>

续表

金融商品转让	【典型例题】假设某经营金融业务的公司（一般纳税人）2022 年第四季度转让债券卖出价为 100 000 元（含增值税价格，下同），该债券是 2021 年 9 月购入的，买入价为 60 000 元。该公司 2022 年第四季度之前转让金融商品亏损 15 000 元。则转让债券的销售额和销项税额分别是： 销售额 =100 000−60 000−15 000=25 000（元） 销项税额 =25 000 ÷（1+6%）× 6%=1 415.09（元）
	（2）单位将其持有的限售股在解禁流通后对外转让的，下列关于买入价的表述中，正确的有（　）。
	A. 上市公司实施股权分置改革时，在股票复牌之前形成的原非流通股股份，以及股票复牌首日至解禁日期间由上述股份孳生的送、转股，以该上市公司完成股权分置改革后股票复牌首日的开盘价为买入价 B. 公司首次公开发行股票并上市形成的限售股，以及上市首日至解禁日期间由上述股份孳生的送、转股，以该上市公司股票首次公开发行（IPO）的发行价为买入价 C. 因上市公司实施重大资产重组形成的限售股，以及股票复牌首日至解禁日期间由上述股份孳生的送、转股，以该上市公司因重大资产重组股票停牌前一交易日的收盘价为买入价 D. 单位将其持有的限售股在解禁流通后对外转让，按照规定确定的买入价低于该单位取得限售股的实际成本价的，以实际成本价为买入价 E. 纳税人无偿转让股票，转出方以该股票的买入价为卖出价；在转入方将上述股票再转让时，以原转出方的卖出价为买入价
融资租赁	销售额 =（全部价款 + 价外费用）（含本金）−［支付的借款利息（包括外汇借款和人民币借款利息）+ 发行债券利息 + 车辆购置税］（基于三方关系）
融资性售后回租	销售额 =（全部价款 + 价外费用）（不含本金）−［对外支付的借款利息（包括外汇借款和人民币借款利息）+ 发行债券利息］（基于两方关系）
	【说明】 1. 纳税人提供有形动产融资性售后回租服务，计算当期销售额时可以扣除的价款本金，为书面合同约定的当期应当收取的本金。无书面合同或者书面合同没有约定的，为当期实际收取的本金。 2. 试点纳税人提供有形动产融资性售后回租服务，向承租方收取的有形动产价款本金，不得开具增值税专用发票，可以开具普通发票。

【考点子题——举一反三，真枪实练】

［38］（2018 年 • 单选题）下列行为在计算增值税销项税额时，应按照差额确定销售额的是（　）。

A. 商业银行提供贷款服务

B. 企业逾期未收回包装物不再退还押金

C. 转让金融商品

D. 直销员将从直销企业购买的货物销售给消费者

【考点题源】航空运输、客运场站服务、旅游服务、经纪代理服务、房地产项目、处置抵债不动产的销售额

<table>
<tr><td>航空运输企业境外航段机票代理服务</td><td>销售额 =（全部价款 + 价外费用）− 向客户收取并支付给其他单位或者个人的境外航段机票结算款和相关费用</td><td rowspan="2">【说明】
航空运输企业的销售额不包括
A. 代收的机场建设费
B. 代售其他航空运输企业客票而代收转付的价款</td></tr>
<tr><td>航空运输企业境内机票代理服务</td><td>销售额 =（全部价款 + 价外费用）− 向客户收取并支付给航空运输企业或其他航空运输销售代理企业的境内机票净结算款和相关费用</td></tr>
<tr><td>客运场站服务</td><td colspan="2">销售额 =（全部价款 + 价外费用）− 支付给承运方的运费</td></tr>
<tr><td rowspan="2">旅游服务</td><td colspan="2">销售额 =（全部价款 + 价外费用）− 向旅游服务购买方收取并支付给其他单位或者个人的相关费用</td></tr>
<tr><td colspan="2">【说明】
相关费用包括：住宿费、餐饮费、交通费、签证费、门票费、支付给其他接团旅游企业的旅游费用</td></tr>
<tr><td>经纪代理服务</td><td colspan="2">销售额 =（全部价款 + 价外费用）− 向委托方收取并代为支付的政府性基金或者行政事业性收费</td></tr>
<tr><td>房地产开发项目（一般纳税人）</td><td colspan="2">销售额（选择简易计税方法的房地产老项目除外）=（全部价款 + 价外费用）− 受让土地时向政府部门支付的土地价款</td></tr>
<tr><td>银行业金融机构、金融资产管理公司中的增值税一般纳税人处置抵债不动产（新增）</td><td colspan="2">以取得的全部价款和价外费用扣除取得该抵债不动产时的作价为销售额，适用9% 税率计算缴纳增值税
【说明 1】按照该规定从全部价款和价外费用中扣除抵债不动产的作价，应当取得人民法院、仲裁机构生效的法律文书。
【说明 2】选择该办法计算销售额的银行业金融机构、金融资产管理公司处置抵债不动产时，抵债不动产作价的部分不得向购买方开具增值税专用发票。</td></tr>
</table>

【考点子题——举一反三，真枪实练】

[39]（2014 年 • 多选题）某船运公司为增值税一般纳税人并具有国际运输经营资质，2022 年 7 月取得的含税收入包括货物保管收入 40.28 万元、装卸搬运收入 97.52 万元、国际运输收入 355.2 万元、国内运输收入 754.8 万元。该公司计算的下列增值税销项税额，正确的有（　）。

A. 货物保管收入的销项税额 2.28 万元　　B. 装卸搬运收入的销项税额 9.66 万元

C. 国际运输收入的销项税额 35.2 万元　　D. 国内运输收入的销项税额 62.3 万元

[40]（2017 年 • 单选题）对下列增值税应税行为计算销项税额时，按照全额确定销售额的是（　）。

A. 贷款服务　　B. 金融商品转让

C. 经纪代理服务　　D. 一般纳税人提供客运场站服务

[41]（经典例题·单选题）下列行为在计算增值税销项税额时，应按照差额确定销售额的是（　）。

A. 金融机构提供直接收费金融服务　　B. 商业银行提供贷款服务

C. 企业以现金折扣方式销售货物　　D. 一般纳税人提供客运场站服务

[42]（经典例题·单选题）下列关于增值税计税销售额的说法正确的是（　）。

A. 房地产企业一般纳税人采用一般计税方法销售房地产销售额为全部销售收入

B. 贷款服务的销售额为利息收入全额

C. 经纪代理服务的销售额为收入全额

D. 一般融资租赁服务的销售额为收入扣除资产购置本金、利息、保险费、安装费后的余额

（四）视同发生应税销售行为的销售额确定

【考点题源】视同发生应税销售行为的销售额确定以及含税销售额的换算

视同发生应税销售行为的销售额确定	（1）纳税人发生应税销售行为，价格明显偏低并无正当理由的，或者视同发生应税销售行为而无销售额的，由主管税务机关按照下列顺序核定销售额：
	①按照纳税人最近时期发生同类应税销售行为的平均价格确定 ②按照其他纳税人最近时期发生同类应税销售行为的平均价格确定 ③按照组成计税价格确定。组成计税价格的公式为： 组成计税价格 = 成本 ×（1+ 成本利润率） 成本利润率由国家税务总局确定
含税销售额换算	（2）对于一般纳税人适用一般计税方法的，不含税销售额 = 含税销售额 ÷（1+适用税率）

【考点子题——举一反三，真枪实练】

[43]（经典例题·单选题）某服装厂为增值税一般纳税人，2022年5月，销售服装取得含税销售额361.6万元；将外购的布料用于集体福利，该布料购进价20万元，同类布料不含税销售价为30万元。已知服装和布料适用的增值税税率为13%。根据增值税法律制度的规定，该服装厂当月增值税销项税额为（　）万元。

A. 41.6　　B. 49.61　　C. 50.91　　D. 45.5

[44]（经典例题·单选题）某商场为增值税一般纳税人，2022年12月将本月采购入库的一批食品直接赠送给受灾地区居民，购入时取得的增值税专用发票上注明价款30万元，增值税3.9万元。同类食品12月的零售价格为40万元（含税），该商场因赠送受灾地区的食品而发生的增值税销项税额为（　）万元。

A. 0　　B. 3.9　　C. 4.6　　D. 3.3

[45]（经典例题·单选题）某商场为增值税一般纳税人。2022年7月，采取“以旧换新”式销售24K纯金项链100条，每条新项链对外销售的含税价格29 380元，每条旧项链的不含税收购价格为12 000元；同期赠送业务关系户24K纯金戒指20枚（无同类市场价格），购进原价（不含税）为3 500元/枚。金银首饰的成本利润率为6%，金银首饰的消费税税率为5%。该商场因以上两项活动而发生的增值税销项税额为（　）元。

A. 182 000　　B. 192 153.68　　C. 191 100　　D. 191 646

考点2 进项税额的确认和计算

（一）准予从销项税额中抵扣的进项税额

【考点母题——万变不离其宗】准予从销项税额中抵扣的进项税额

<table>
<tr><td rowspan="5">专用发票与完税凭证上注明的税额</td><td colspan="2">（1）下列增值税票证上注明的增值税额，可以从销项税额中抵扣进项税额的有（　）。</td></tr>
<tr><td colspan="2">A. 从销售方取得的《增值税专用发票》</td></tr>
<tr><td colspan="2">B. 从销售方取得的《机动车销售统一发票》</td></tr>
<tr><td colspan="2">C. 从海关取得的海关进口增值税专用缴款书</td></tr>
<tr><td colspan="2">D. 自境外单位或者个人购进劳务、服务、无形资产或者境内的不动产，从税务机关或者扣缴义务人取得的代扣代缴税款的完税凭证</td></tr>
<tr><td rowspan="4">纳税人购进农产品计算抵扣的进项税额</td><td colspan="2">（2）关于纳税人购进农产品抵扣进项税，下列表述正确的有（　）。</td></tr>
<tr><td colspan="2">A. 纳税人购进农产品，取得一般纳税人开具的增值税专用发票或海关进口增值税专用缴款书的，以增值税专用发票或海关进口增值税专用缴款书上注明的增值税额为进项税额</td></tr>
<tr><td colspan="2">B. 从按照简易计税方法依照3%征收率计算缴纳增值税的小规模纳税人取得增值税专用发票的，以增值税专用发票上注明的金额和9%的扣除率计算进项税额</td></tr>
<tr><td>C. 取得（开具）农产品销售发票或收购发票的，以农产品销售发票或收购发票上注明的农产品买价和9%的扣除率计算进项税额</td><td>【典型例题】2022年10月，某粮食加工厂（一般纳税人）从农场购进小麦加工成面粉，取得销售发票上注明销售额10 000元。要求：计算粮食加工厂的进项税额。
进项税额=10 000×9%=900（元）
会计分录：
借：原材料——小麦　　9100
　　应交税费——应交增值税（进项税额）　　900
　贷：银行存款　　10 000</td></tr>
</table>

续表

<table>
<tr>
<td rowspan="5">纳税人购进农产品计算抵扣的进项税额</td>
<td>D. 纳税人购进用于生产销售或委托加工 13% 税率货物的农产品，允许加计扣除，按照 10% 的扣除率计算进项税额</td>
<td>【典型例题】2022 年 10 月，某食品厂（一般纳税人）从农场购进小麦加工成饼干，取得销售发票上注明销售额 10 000 元。要求：计算食品厂的进项税额。
进项税额 =10 000 × 10%=1 000（元）
会计分录：
借：原材料——小麦 9 000
应交税费——应交增值税（进项税额）1 000
贷：银行存款 10 000
【提示】具体操作方法可分为以下两个环节：
1. 在购进农产品当期，所有纳税人按照购进农产品抵扣进项税额的一般规定，凭票据实抵扣或者凭票计算抵扣。
2. 将购进农产品用于生产销售或委托加工 13% 税率货物的纳税人，在生产领用农产品当期，根据领用的农产品加计 1 % 抵扣进项税额。（新增）</td>
</tr>
<tr>
<td colspan="2">E. 纳税人购进农产品既用于生产销售或委托受托加工 13% 税率货物又用于生产销售其他货物服务的，应当分别核算用于生产销售或委托受托加工 13% 税率货物和其他货物服务的农产品进项税额。未分别核算的，统一以增值税专用发票或海关进口增值税专用缴款书上注明的增值税额为进项税额，或以农产品收购发票或销售发票上注明的农产品买价和 9% 的扣除率计算进项税额</td>
</tr>
<tr>
<td>F. 对烟叶税纳税人按规定缴纳的烟叶税，准予并入烟叶产品的买价计算增值税的进项税额，并在计算缴纳增值税时予以抵扣
【说明】购进烟叶准予抵扣的增值税进项税额，按照收购烟叶实际支付的价款总额和烟叶税及法定扣除率计算。计算公式如下：
烟叶税应纳税额 = 收购烟叶实际支付的价款总额 × 税率（20%）
准予抵扣的进项税额 =（收购烟叶实际支付的价款总额 + 烟叶税应纳税额）× 扣除率</td>
<td>【典型例题】2022 年 12 月，A 烟厂向农民收购晾晒烟叶，收购烟叶实际支付的价款总额为 10 万元。当月全部加工成卷烟销售。
要求：计算 A 烟厂当月准予抵扣的进项税额。
应缴纳烟叶税 =10 × 20%=2（万元）
准予抵扣增值税进项税 =（10+2）× 10%=1.2（万元）</td>
</tr>
<tr>
<td colspan="2">【注意】纳税人从批发、零售环节购进适用免征增值税政策的蔬菜、部分鲜活肉蛋而取得的普通发票，不得作为计算抵扣进项税额的凭证。</td>
</tr>
<tr>
</tr>
<tr>
<td rowspan="2">以购进农产品为原料生产销售液体乳及乳制品、酒及酒精、植物油的进项税</td>
<td colspan="2">（3）以购进农产品为原料生产销售液体乳及乳制品、酒及酒精、植物油（以下简称货物）的增值税一般纳税人，纳入农产品增值税进项税额核定扣除试点范围，下列关于进项税额核定扣除的表述正确的有（ ）。</td>
</tr>
<tr>
<td colspan="2">A. 试点纳税人以购进农产品为原料生产货物的，其农产品增值税进项税额核定方法包括投入产出法、成本法和参照法</td>
</tr>
</table>

续表

以购进农产品为原料生产销售液体乳及乳制品、酒及酒精、植物油的进项税	B. 试点纳税人购进农产品直接销售的，农产品增值税进项税额按照以下方法核定扣除： 当期允许抵扣农产品增值税进项税额＝当期销售农产品数量 ÷（1－损耗率）× 农产品平均购买单价 ×9%÷（1+9%） 损耗率＝损耗数量 ÷ 购进数量 ×100% C. 试点纳税人购进农产品用于生产经营且不构成货物实体的（包括包装物、辅助材料、燃料、低值易耗品等），增值税进项税额按照以下方法核定扣除： 当期允许抵扣农产品增值税进项税额＝当期耗用农产品数量 × 农产品平均购买单价 × 扣除率 ÷（1+扣除率）
路桥闸通行费的进项税	（4）下列关于收费公路通行费增值税抵扣方法的表述，正确的有（ ）。 A. 纳税人支付的道路通行费，按照收费公路通行费增值税电子普通发票上注明的增值税税额抵扣进项税额 B. 纳税人支付的桥、闸通行费，可抵扣的进项税额 ＝桥、闸通行费发票上注明的金额 ÷（1+5%）×5% 【典型例题】某企业在 2023 年 1 月的经营中，支付桥、闸通行费 10 500 元，取得桥、闸通行费发票；支付高速公路通行费，取得的增值税电子普通发票上注明税额为 1 030 元，则该企业上述发票可抵扣多少进项税？ 该企业可抵扣进项税 =10 500÷（1+5%）×5%+1 030=1 530（元）。
国内旅客运输服务	（5）下列关于国内旅客运输服务进项税额抵扣的表述，正确的有（ ）。 A. “国内旅客运输服务”，限于与本单位签订了劳动合同的员工，以及本单位作为用工单位接受的劳务派遣员工发生的国内旅客运输服务 B. 纳税人允许抵扣的国内旅客运输服务进项税额，是指纳税人 2019 年 4 月 1 日及以后实际发生，并取得合法有效增值税扣税凭证注明的或依据其计算的增值税税额。以增值税专用发票或增值税电子普通发票为增值税扣税凭证的，为 2019 年 4 月 1 日及以后开具的增值税专用发票或增值税电子普通发票。 C. 纳税人未取得增值税专用发票的，暂按照以下规定确定进项税额： a. 纳税人购进国内旅客运输服务，以取得的增值税电子普通发票上注明的税额为进项税额的，增值税电子普通发票上注明的购买方“名称”“纳税人识别号”等信息，应当与实际抵扣税款的纳税人一致，否则不予抵扣 b. 取得注明旅客身份信息的航空运输电子客票行程单的，为按照下列公式计算进项税额： 航空旅客运输进项税额＝（票价＋燃油附加费）÷（1+9%）×9% c. 取得注明旅客身份信息的铁路车票的，为按照下列公式计算的进项税额： 铁路旅客运输进项税额＝票面金额 ÷（1+9%）×9% d. 取得注明旅客身份信息的公路、水路等其他客票的，按照下列公式计算进项税额： 公路、水路等其他旅客运输进项税额＝票面金额 ÷（1+3%）×3%

续表

<table>
<tr><td rowspan="2">其他可抵扣的进项税</td><td>（6）关于其他可抵扣的进项税，下列表述正确的有（　）。</td></tr>
<tr><td>A. 增值税一般纳税人在资产重组过程中，将全部资产、负债和劳动力一并转让给其他增值税一般纳税人，并按程序办理注销税务登记的，其在办理注销登记前尚未抵扣的进项税额可结转至新纳税人处继续抵扣
B. 不得抵扣且未抵扣进项税额的固定资产、无形资产、不动产，发生用途改变，用于允许抵扣进项税额的应税项目，可在用途改变的次月按照下列公式计算可以抵扣的进项税额：
可以抵扣的进项税额 = 固定资产、无形资产、不动产净值 ÷（1+ 适用税率）× 适用税率
C. 纳税人租入固定资产、不动产，既用于一般计税方法计税项目，又用于简易计税方法计税项目、免征增值税项目、集体福利或者个人消费，其进项税额准予从销项税额中全额抵扣
D. 提供保险服务的纳税人以实物赔付方式承担机动车辆保险责任的，自行向车辆修理劳务提供方购进的车辆修理劳务，其进项税额可以按规定从保险公司销项税额中抵扣</td></tr>
</table>

【考点子题——举一反三，真枪实练】

[46]（经典例题•单选题）某超市为一般纳税人，从蔬菜批发公司购入新鲜大白菜 10 吨，取得增值税普通发票注明的金额为 5 000 元；在运输过程中发生高速公路通行费，取得的增值税电子普通发票上注明税额为 300 元，取得桥、闸通行费发票金额为 500 元。则该超市取得上述发票可抵扣的进项税额是（　）元。

A. 773.81　　B. 323.81　　C. 750　　D. 764.56

[47]（经典例题•单选题）某公司为增值税一般纳税人，公司的销售人员在 2022 年 2 月因公出差，差旅费用如下：2 月 2 日至 6 日赴日本出差，取得注明销售人员身份信息的往返航空运输电子客票行程单，累计金额为 6 000 元，其中注明的票价为 5 400 元，燃油附加费 500 元，机场建设费 100 元。2 月 9 日到 11 日赴深圳出差，取得注明销售人员身份信息的往返航空运输电子客票行程单，累计金额为 4000 元，其中注明的票价为 3 500 元，燃油附加费 450 元，机场建设费 50 元。2 月 15 日到 17 日赴郑州出差，取得注明销售人员身份信息的铁路往返车票，共计 1 200 元。2 月 20 日至 22 日坐长途汽车赴张家口出差，取得注明销售人员身份信息的客运发票，往返累计金额为 300 元。另外，在深圳出差时取得出租车发票 200 元，未注明销售人员身份信息。该公司当月可抵扣的进项税额是（　）元。

A. 450.48　　B. 438.10　　C. 921.13　　D. 433.97

[48]（经典例题•单选题）某公司为一般纳税人，2022 年 6 月购入一栋房产作为员工宿舍楼使用，购入总金额为 200 万元。2022 年 12 月公司改变用途，将此房产用于办公用房，改变用途时的房产净值为 197.5 万元。则下列说法中正确的是（　）。

A. 该房产 2022 年 12 月可以抵扣的进项税额为 16.31 万元

B. 该房产 2023 年 1 月可以抵扣的进项税额为 16.31 万元

C. 该房产 2022 年 6 月可以抵扣的进项税额为 16.51 万元

D. 该房产 2022 年 7 月可以抵扣的进项税额为 16.51 万元

（二）不得从销项税额中抵扣的进项税额

【考点母题——万变不离其宗】不得从销项税额中抵扣的进项税额

<table>
<tr><td colspan="2">下列各项情形中，属于不得从销项税额中抵扣进项税额的有（　）。</td></tr>
<tr><td colspan="2">A. 用于简易计税方法计税项目、免征增值税项目、集体福利或者个人消费的购进货物、劳务、服务、无形资产和不动产
【说明】
1. 其中涉及的固定资产、无形资产、不动产，仅指专用于上述项目的固定资产、无形资产（不包括其他权益性无形资产）、不动产。但是发生兼用于上述不允许抵扣项目情况的，该进项税额准予全部抵扣。
2. 纳税人购进其他权益性无形资产无论是专用于简易计税方法计税项目、免征增值税项目、集体福利或者个人消费，还是兼用于上述不允许扣项目，均可以抵扣进项税额。
3. 纳税人的交际应酬消费属于个人消费，即交际应酬消费不属于生产经营中的生产投入和支出。
【典型例题 1】A 企业（一般纳税人）购入货物一批，取得的增值税专用发票上注明的税额为 6 万元。该批货物 1/3 用于发给职工做节日礼物，其余用于销售。计算该企业购进该批货物准予抵扣的进项税额。
【答案】准予抵扣的进项税额 =6×（1−1/3）=4（万元）
【典型例题 2】B 企业（一般纳税人）租入商用楼房一层，取得对方开具的增值税专用发票上注明的税额为 6 万元。该楼房的 1/3 用于工会的集体福利项目，其余为企业管理部门经营使用。计算该企业租入楼房准予抵扣的进项税额。
【答案】准予抵扣的进项税额 =6（万元）</td></tr>
<tr><td>B. 非正常损失的购进货物，以及相关劳务和交通运输服务</td><td rowspan="4">【说明】
1. 非正常损失，是指因管理不善造成货物被盗、丢失、霉烂变质，以及因违反法律法规造成货物或者不动产被依法没收、销毁、拆除的情形。
2. 纳税人新建、改建、扩建、修缮、装饰不动产，均属于不动产在建工程。</td></tr>
<tr><td>C. 非正常损失的在产品、产成品所耗用的购进货物（不包括固定资产）、劳务和交通运输服务</td></tr>
<tr><td>D. 非正常损失的不动产，以及该不动产所耗用的购进货物、设计服务和建筑服务</td></tr>
<tr><td>E. 非正常损失的不动产在建工程所耗用的购进货物、设计服务和建筑服务</td></tr>
<tr><td colspan="2">F. 购进的贷款服务、餐饮服务、居民日常服务和娱乐服务</td></tr>
<tr><td colspan="2">G. 纳税人接受贷款服务向贷款方支付的与该笔贷款直接相关的投融资顾问费、手续费、咨询费等费用</td></tr>
</table>

续表

H. 提供保险服务的纳税人以现金赔付方式承担机动车辆保险责任的，将应付给被保险人的赔偿金直接支付给车辆修理劳务提供方，不属于保险公司购进车辆修理劳务
I. 适用一般计税方法的纳税人，兼营简易计税方法计税项目、免征增值税项目而无法划分不得抵扣的进项税额，按照下列公式计算不得抵扣的进项税额： 不得抵扣的进项税额 = 当期无法划分的全部进项税额 ×（当期简易计税方法计税项目销售额 + 免征增值税项目销售额）÷ 当期全部销售额 【典型例题】M 制药公司（增值税一般纳税人）2022 年 12 月销售感冒药、胃药等药品取得不含税销售额 100 万元，同时销售免税药品 20 万元，当月购入药材一批，取得增值税专用发票上注明税额 5 万元，该公司无法准确划分感冒药、胃药与免税药品耗用原材料情况。 要求：计算该制药公司当月可抵扣的进项税额以及应缴纳的增值税额。 【答案】适用一般计税方法的纳税人，兼营简易计税方法计税项目、免征增值税项目而无法划分不得抵扣的进项税额，按照下列公式计算不得抵扣的进项税额： 不得抵扣的进项税额 = 当期无法划分的全部进项税额 ×（当期简易计税方法计税项目销售额 + 免征增值税项目销售额）÷ 当期全部销售额 =5 × 20 ÷（100+20）=0.83（万元） 应纳增值税 =100 × 13%－（5－0.83）=8.83（万元）
J. 一般纳税人已抵扣进项税额的固定资产、无形资产或者不动产，发生《增值税暂行条例》和“营改增通知”规定不得从销项税额中抵扣进项税额情形的，按照下列公式计算不得抵扣的进项税额： 不得抵扣的进项税额 = 已抵扣进项税额 × 不动产净值率 不动产净值率 =（不动产净值 ÷ 不动产原值）× 100% 固定资产、无形资产或者不动产净值，是指纳税人根据财务会计制度计提折旧或摊销后的余额。 【典型例题】2022 年 1 月，某增值税一般纳税人将 2021 年 10 月购入的一台已抵扣过进项税额的生产设备改变用途，用作职工福利设施，该设备已抵进项税额 15 万元，不动产净值率为 90%，则应转出的进项税额为多少？ 【答案】固定资产在改变用途的当月作进项税额转出，应转出的进项税额 =15 × 90%=13.5（万元）

【考点子题——举一反三，真枪实练】

[49]（经典例题•多选题）下列项目所包含的进项税额，不得从销项税额中抵扣的有（　）。

A. 非正常损失在产品耗用的货物和交通运输服务

B. 某一般纳税人的公司接受一般纳税人提供的鉴证咨询服务

C. 购进的贷款服务

D. 非正常损失的不动产在建工程所耗用的购进货物、设计服务和建筑服务

[50]（经典例题•单选题）某食品生产企业为增值税一般纳税人，2022 年 8 月，因管理不善导致 2022 年 6 月向农业生产者收购的玉米全部霉烂变质，无法使用，该批玉米已按 10% 计算抵扣进项税。此玉米的账面价值为 10 000 元，其中包含所支付的运费 1 000 元，运费取得了增值税专用发票。则该企业因管理不善需转出的进行税额是（　）元。

A. 990　　B. 1 000　　C. 1 090　　D. 90

考点3 应纳税额的计算

（一）生产、生活性服务业加计抵减政策（新增）

【考点母题——万变不离其宗】生产、生活性服务业加计抵减政策

下列关于生产、生活性服务业加计抵减的表述，正确的有（　）。

A. 生产、生活性服务业纳税人，是指提供邮政服务、电信服务、现代服务、生活服务（以下称四项服务）取得的销售额占全部销售额的比重超过 50% 的一般纳税人

【提示】2019 年 3 月 31 日前设立的纳税人，自 2018 年 4 月至 2019 年 3 月期间的销售额（经营期不满 12 个月的，按照实际经营期的销售额）符合上述规定条件的，自 2019 年 4 月 1 日起适用加计抵减政策。2019 年 4 月 1 日后设立的纳税人，自设立之日起 3 个月的销售额符合上述规定条件的，自登记为一般纳税人之日起适用加计抵减政策。

B. 纳税人应按照当期可抵扣进项税额的一定比例计提当期加计抵减额。按照现行规定不得从销项税额中抵扣的进项税额，不得计提加计抵减额；已计提加计抵减额的进项税额，按规定作进项税额转出的，应在进项税额转出当期，相应调减加计抵减额。计算公式：

当期计提加计抵减额 = 当期可抵扣进项税额 × 加计抵减比例

当期可抵减加计抵减额 = 上期末加计抵减额余额 + 当期计提加计抵减额 - 当期调减加计抵减额

【说明 1】符合条件的生产、生活性服务业纳税人，自 2019 年 4 月 1 日起至 2022 年 12 月 31 日适用加计抵减政策，加计抵减比例为 10%；2019 年 10 月 1 日至 2022 年 12 月 31 日，允许生活性服务业纳税人按照当期可抵扣进项税额加计 15% 抵减应纳税额。

【说明 2】自 2023 年 1 月 1 日至 2023 年 12 月 31 日，允许生产性服务业纳税人按照当期可抵扣进项税额加计 5% 抵减应纳税额。生产性服务业纳税人是指提供邮政服务、电信服务、现代服务、生活服务取得的销售额占全部销售额的比重超过 50% 的纳税人；允许生活性服务业纳税人按照当期可抵扣进项税额加计 10% 抵减应纳税额。生活性服务业纳税人是指提供生活服务取得的销售额占全部销售额的比重超过 50% 的纳税人。

C. 纳税人应按照现行规定计算一般计税方法下的应纳税额，即抵减前的应纳税额后，区分以下情形加计抵减：

a. 抵减前的应纳税额等于零的，当期可抵减加计抵减额全部结转下期抵减

b. 抵减前的应纳税额大于零，且大于当期可抵减加计抵减额的，当期可抵减加计抵减额全额从抵减前的应纳税额中抵减

c. 抵减前的应纳税额大于零，且小于或等于当期可抵减加计抵减额的，以当期可抵减加计抵减额抵减应纳税额至零。未抵减完的当期可抵减加计抵减额，结转下期继续抵减

D. 纳税人出口货物劳务、发生跨境应税行为不适用加计抵减政策，其对应的进项税额不得计提加计抵减额

纳税人兼营出口货物劳务、发生跨境应税行为且无法划分不得计提加计抵减额的进项税额，按照以下公式计算：

不得计提加计抵减额的进项税额 = 当期无法划分的全部进项税额 × 当期出口货物劳务和发生跨境应税行为的销售额 ÷ 当期全部销售额

E. 纳税人应单独核算加计抵减额的计提、抵减、调减、结余等变动情况

[51]（经典例题•多选题）自 2023 年 1 月 1 日至 2023 年 12 月 31 日，允许生产性服务业

一般纳税人按照当期可抵扣进项税额加计一定比例抵减应纳税额，该比例为（　）。

A. 0　　B. 5%　　C. 10%　　D. 15%

[52]（经典例题•单选题）某生活服务企业为一般纳税人，符合加计抵减条件。2023 年 6 月，一般计税项目销项税额 130 万元，进项税额 100 万元；简易计税项目不含税销售额 10 万元，征收率 3%。无其他涉税事项。假设：该企业上期无留抵税额，加计抵减额余额为 3 万元。则该企业当期应缴纳的增值税税额为（　）万元。

A. 0　　B. 20　　C. 17.3　　D. 17

（二）计算应纳税额时销项税额不足抵扣进项税额的处理

【考点母题——万变不离其宗】结转抵扣与退还增量留抵税额（新增 + 修改）

结转抵扣	当期销项税额不足抵扣进项税额的部分可以结转下期继续抵扣。
退还增量留抵税额	（1）一般纳税人向主管税务机关申请退还增量留抵税额，必须同时满足的条件有（　）。
	A. 自 2019 年 4 月税款所属期起，连续 6 个月（按季纳税的，连续两个季度）增量留抵税额均大于零，且第 6 个月增量留抵税额不低于 50 万元 B. 纳税信用等级为 A 级或者 B 级 C. 申请退税前 36 个月未发生骗取留抵退税、出口退税或虚开增值税专用发票情形的 D. 申请退税前 36 个月未因偷税被税务机关处罚两次及以上的 E. 自 2019 年 4 月 1 日起未享受即征即退、先征后返（退）政策的
	允许退还增量留抵税额的计算 纳税人当期允许退还的增量留抵税额，按照以下公式计算： 允许退还的增量留抵税额 = 增量留抵税额 × 进项构成比例 ×60%
	【说明】 1. 增量留抵税额是指与 2019 年 3 月底相比新增加的期末留抵税额。 2. 进项构成比例，为 2019 年 4 月至申请退税前一税款所属期内已抵扣的增值税专用发票（含税控机动车销售统一发票）、海关进口增值税专用缴款书、解缴税款完税凭证注明的增值税额占同期全部已抵扣进项税额的比重。 3. 纳税人应在增值税纳税申报期内，向主管税务机关申请退还留抵税额。 4. 纳税人出口货物劳务、发生跨境应税行为，适用免抵退税办法的，办理免抵退税后，仍符合本公告规定条件的，可以申请退还留抵税额；适用免退税办法的，相关进项税额不得用于退还留抵税额。 5. 纳税人取得退还的留抵税额后，应相应调减当期留抵税额。按规定再次满足退税条件的，可以继续向主管税务机关申请退还留抵税额。以虚增进项、虚假申报或其他欺骗手段，骗取留抵退税款的，由税务机关追缴其骗取的退税款，并按照《税收征收管理法》等有关规定处理。

续表

退还增量留抵税额	【典型例题】甲家具厂（增值税一般纳税人）按月申报纳税，纳税信用为 B 级且无违法违规行为，并从未享受过即征即退、先征后返（退）政策。假设甲厂 2019 年 3 月底增值税留抵税额 20 万元，4 月底至 9 月底增值税留抵税额分别是为 28 万元、35 万元、25 万元、36 万元、43 万元、71 万元，2019 年 4 月 -9 月已经抵扣的进项税额为 310 万元，其中取得增值税专用发票 250 万元、海关进口增值税专用缴款书 50 万元、农产品收购发票进项税额为 10 万元。 要求：根据上述资料，回答下列问题： （1）甲厂 2019 年 10 月能否享受增值税增量留抵退税政策，说明理由。 （2）计算甲厂进项税构成比例。 （3）甲厂能否享受部分先进制造业增值税增量留抵退税政策，说明理由。 （4）计算甲厂申报的留抵退税额，并说明具体申报时限。 【答案】 （1）甲厂 10 月可以享受增值税增量留抵退税政策。因其自 2019 年 4 月纳税所属期起，连续六个月增量留抵税额分别为 8 万元、15 万元、5 万元、16 万元、23 万元、51 万元，均大于零，且第六个月增量留抵税额为 51 万元，符合税法规定的不低于 50 万元的标准，并且符合其他留抵退税条件。 （2）进项税构成比例 =（250+50）/310=96.77% （3）该企业不能享受部分先进制造业的增值税增量留抵退税政策，因为按照《国民经济行业分类》，家具厂不属于“生产并销售非金属矿物制品、通用设备、专用设备及计算机、通信和其他电子设备的企业”范围。 (4）允许退还的增量留抵税额 = 增量留抵税额 × 进项构成比例 ×60%=51×96.77%×60%=29.61（万元） 企业可以在 10 月 15 日前的纳税申报期内，向主管税务机关申请退还留抵税额 29.61 万元。

【考点题源】小微企业与制造业、批发零售业等行业企业增值税期末留抵退税（新增）

小微企业增值税期末留抵退税	1. 符合条件的小微企业，可以自 2022 年 4 月纳税申报期起向主管税务机关申请退还增量留抵税额 2. 符合条件的微型企业，可以自 2022 年 4 月纳税申报期起向主管税务机关申请一次性退还存量留抵税额；符合条件的小型企业，可以自 2022 年 5 月纳税申报期起向主管税务机关申请一次性退还存量留抵税额
制造业行业企业等增值税期末留抵退税	1. 符合条件的制造业等行业企业，可以自 2022 年 4 月纳税申报期起向主管税务机关申请退还增量留抵税额。将先进制造业按月全额退还增值税增量留抵税额政策范围扩大至符合条件的制造业等行业企业，并一次性退还制造业等行业企业存量留抵税额 2. 符合条件的制造业等行业中型企业，可以自 2022 年 7 月纳税申报期起向主管税务机关申请一次性退还存量留抵税额；符合条件的制造业等行业大型企业，可以自 2022 年 10 月纳税申报期起向主管税务机关申请一次性退还存量留抵税额。 【说明】制造业等行业企业，是指从事《国民经济行业分类》中“制造业”、“科学研究和技术服务业”、“电力、热力、燃气及水生产和供应业”、“软件和信息技术服务业”、“生态保护和环境治理业”和“交通运输、仓储和邮政业”业务相应发生的增值税销售额占全部增值税销售额的比重超过 50% 的纳税人。

续表

<table>
<tr><td>制造业行业企业等增值税期末留抵退税</td><td>上述销售额比重根据纳税人申请退税前连续12个月的销售额计算确定；申请退税前经营期不满12个月但满3个月的，按照实际经营期的销售额计算确定
【典型例题】某纳税人2021年5月至2022年4月期间共取得增值税销售额1 000万元，其中：生产销售设备销售额300万元，提供交通运输服务销售额300万元，提供建筑服务销售额400万元。该纳税人2021年5月至2022年4月期间发生的制造业等行业销售额占比为：60%［（300+300）/1 000］。因此，该纳税人当期属于制造业等行业纳税人。</td></tr>
<tr><td colspan="2">【说明1】纳税人需同时符合以下条件：①纳税信用等级为A级或者B级；②申请退税前36个月未发生骗取留抵退税、骗取出口退税或虚开增值税专用发票情形；③申请退税前36个月未因偷税被税务机关处罚两次及以上；④2019年4月1日起未享受即征即退、先征后返（退）政策。
【说明2】增量留抵税额，区分以下情形确定：①纳税人获得一次性存量留抵退税前，增量留抵税额为当期期末留抵税额与2019年3月31日相比新增加的留抵税额。②纳税人获得一次性存量留抵退税后，增量留抵税额为当期期末留抵税额。
【典型例题】某纳税人2019年3月31日的期末留抵税额为100万元，2022年7月31日的期末留抵税额为120万元，在8月纳税申报期申请增量留抵退税时，如果此前未获得一次性存量留抵退税，该纳税人的增量留抵税额为20万元（120−100）；如果此前已获得一次性存量留抵退税，该纳税人的增量留抵税额为120万元。
【说明3】存量留抵税额，区分以下情形确定：①纳税人获得一次性存量留抵退税前，当期期末留抵税额大于或等于2019年3月31日期末留抵税额的，存量留抵税额为2019年3月31日期末留抵税额；当期期末留抵税额小于2019年3月31日期末留抵税额的，存量留抵税额为当期期末留抵税额。②纳税人获得一次性存量留抵退税后，存量留抵税额为零。
【典型例题】某微型企业2019年3月31日的期末留抵税额为100万元，2022年4月申请一次性存量留抵退税时，如果当期期末留抵税额为130万元，该纳税人的存量留抵税额为100万元；如果当期期末留抵税额为90万元，该纳税人的存量留抵税额为90万元。该纳税人在4月份获得存量留抵退税后，将再无存量留抵税额。
【说明4】进项构成比例，为2019年4月至申请退税前一税款所属期已抵扣的增值税专用发票（含带有“增值税专用发票”字样全面数字化的电子发票、税控机动车销售统一发票）、收费公路通行费增值税电子普通发票、海关进口增值税专用缴款书、解缴税款完税凭证注明的增值税额占同期全部已抵扣进项税额的比重。
【说明5】减轻纳税人退税核算负担，在计算进项构成比例时，纳税人在上述计算期间内发生的进项税额转出部分无需扣减。
【典型例题】某制造业纳税人2019年4月至2022年3月取得的进项税额中，增值税专用发票500万元，道路通行费电子普通发票100万元，海关进口增值税专用缴款书200万元，农产品收购发票抵扣进项税额200万元。2021年12月，该纳税人因发生非正常损失，此前已抵扣的增值税专用发票中，有50万元进项税额按规定作进项税转出。该纳税人2022年4月按照14号公告的规定申请留抵退税时，进项构成比例的计算公式为：进项构成比例＝（500+100+200）÷（500+100+200+200）×100%=80%。进项转出的50万元，在上述计算公式的分子、分母中均无需扣减。
【说明6】纳税人出口货物劳务、发生跨境应税行为，适用免抵退税办法的，应先办理免抵退税。免抵退税办理完毕后，仍符合本公告规定条件的，可以申请退还留抵税额；适用免退税办法的，相关进项税额不得用于退还留抵税额。
【说明7】纳税人自2019年4月1日起已取得留抵退税款的，不得再申请享受增值税即征即退、先征后返（退）政策。纳税人可以在2022年10月31日前一次性将已取得的留抵退税款全部缴回后，按规定申请享受增值税即征即退、先征后返（退）政策。</td></tr>
</table>

续表

【说明8】纳税人自2019年4月1日起已享受增值税即征即退、先征后返（退）政策的，可以在2022年10月31日前一次性将已退还的增值税即征即退、先征后返（退）税款全部缴回后，按规定申请退还留抵税额。 【说明9】纳税人可以选择向主管税务机关申请留抵退税，也可以选择结转下期继续抵扣。纳税人应在纳税申报期内，完成当期增值税纳税申报后申请留抵退税。2022年4月至6月的留抵退税申请时间，延长至每月最后一个工作日。纳税人可以在规定期限内同时申请增量留抵退税和存量留抵退税。同时符合相关留抵退税政策的纳税人，可任意选择申请适用上述留抵退税政策。 【说明10】纳税人取得退还的留抵税额后，应相应调减当期留抵税额。 【说明11】自2022年7月1日起，将制造业等行业按月全额退还增值税增量留抵税额、一次性退还存量留抵税额的政策范围，扩大至“批发和零售业”、“农、林、牧、渔业”、“住宿和餐饮业”、“居民服务、修理和其他服务业”、“教育”、“卫生和社会工作”和“文化、体育和娱乐业”企业（含个体工商户）。 【说明12】符合条件的批发零售业等行业企业，可以自2022年7月纳税申报期起向主管税务机关申请退还增量留抵税额。符合条件的批发零售业等行业企业，可以自2022年7月纳税申报期起向主管税务机关申请一次性退还存量留抵税额。

【考点子题——举一反三，真枪实练】

[53]（经典例题•多选题）某食品生产企业为一般纳税人，纳税信用为A级。从未发生骗取留抵退税、出口退税或虚开增值税专用发票情形，也未享受过即征即退、先征后返（退）政策。2019年3月底的增值税留抵税额30万元，4月底至12月底增值税留抵税额分别是为28万元、35万元、25万元、36万元、33万元、86万元、43万元、53万元、88万元。假设2019年4月-12月每月已经抵扣的进项税额均为100万元，其中每月取得增值税专用发票为75万元、海关进口增值税专用缴款书为10万元、农产品收购发票计算的进项税额为15万元。则下列说法正确的有（　）。

A. 因9月底增量留抵税额已超过50万元，因此10月可享受留抵退税

B. 因12月底增量留抵税额已超过50万元，因此次年1月可享受留抵退税

C. 10月允许退还的增量留抵税额为28.56万元

D. 次年1月允许退还的增量留抵税额为29.58万元

[54]（经典例题•单选题）微型企业甲公司符合留抵退税条件，2019年3月31日的期末留抵税额为100万元，2022年4月申请一次性存量留抵退税时，如果当期期末留抵税额为120万元，则甲公司的存量留抵税额为（　）万元。

A. 0　　B. 20　　C. 100　　D. 120

（三）应纳税额计算其他相关规定

【考点母题——万变不离其宗】应纳税额计算其他相关规定

<table>
<tr><td rowspan="2">进项税额转出</td><td>（1）下列关于进项税额抵扣规定的表述中，正确的有（ ）。</td></tr>
<tr><td>A. 由于增值税实行以当期销项税额抵扣当期进项税额的“购进扣税法”，当期购进的货物、劳务、服务、无形资产、不动产如果事先并未确定将用于不得抵扣进项税额项目，其进项税额会在当期销项税额中予以抵扣
B. 已抵扣进项税额的购进货物、劳务、服务、无形资产、不动产如果事后改变用途，用于不得抵扣进项税额项目，应当将该项购进货物、劳务、服务、无形资产、不动产的进项税额从当期的进项税额中扣减
【说明1】“从当期发生的进项税额中扣减”，是指已抵扣进项税额的购进货物、劳务、服务、无形资产、不动产是在哪一个时期发生上述情况的，就从这个发生期内纳税人的进项税额中扣减，而无须追溯到这些购进货物、劳务、服务、无形资产、不动产抵扣进项税额的那个时期。
【说明2】扣减进项税额的计算依据不是按该货物、劳务、服务、无形资产、不动产的原进价，而是按发生上述情况的当期该货物、劳务、服务、无形资产、不动产的“实际成本”与征税时该货物、劳务、服务、无形资产、不动产适用的税率计算应扣减的进项税额。
实际成本＝进价＋运费＋保险费＋其他有关费用</td></tr>
<tr><td>销售折让、中止或者退回</td><td>（2）关于适用一般计税方法计税的纳税人发生销售折让、中止或者退回涉及销项税额和进项税额的税务处理，下列表述正确的有（ ）。</td></tr>
<tr><td></td><td>A. 销售方退还给购买方的增值税额，应当从当期的销项税额中扣减
B. 购买方收回的增值税额，应当从当期的进项税额中扣减</td></tr>
<tr><td rowspan="2">向供货方取得返还收入</td><td>（3）关于对商业企业向供货方取得返还收入的增值税处理，下列表述正确的有（ ）。</td></tr>
<tr><td>A. 向供货方收取的与商品销售量、销售额挂钩（如以一定比例、金额、数量计算）的各种返还收入，均应按照平销返利行为的有关规定冲减当期增值税进项税金
B. 应冲减进项税金的计算公式为：
当期应冲减进项税金＝当期取得的返还资金÷（1+所购货物适用增值税税率）×所购货物适用增值税税率
C. 商业企业向供货方收取的各种返还收入，一律不得开具增值税专用发票</td></tr>
<tr><td>一般纳税人注销</td><td>一般纳税人注销或取消辅导期一般纳税人资格，转为小规模纳税人时，其存货不作进项税额转出处理，其留抵税额也不予以退税</td></tr>
</table>

【考点子题——举一反三，真枪实练】

[55]（经典例题•多选题）某家电卖场为增值税一般纳税人，与空调生产企业达成协议，按空调销售量挂钩进行平销返利，每台空调返利1 000元。2020年7月从生产企业购进空调50部，取得增值税专用发票注明的价款为30万元。当月按平价销售40部空调，月末生产企业向该卖场支付返利4万元，下列对该项业务的处理正确的有（ ）。

A. 卖场因销售空调而产生的销项税额为 3.12 万元

B. 卖场因销售空调而产生的销项税额为 3.56 万元

C. 卖场当月准予抵扣的进项税额为 3.44 万元

D. 卖场当月准予抵扣的进项税额为 3.9 万元

（四）一般纳税人应纳税额计算实例

【综合题】某生产企业为增值税一般纳税人，其生产的货物适用 13% 增值税税率，2022 年 8 月该企业的有关生产经营业务如下：

（1）销售甲产品给某大商场，开具了增值税专用发票，取得不含税销售额 80 万元；同时取得销售甲产品的送货运输费收入 5.65 万元（含增值税价格，与销售货物不能分别核算）。

（2）销售乙产品，开具了增值税普通发票，取得含税销售额 22.6 万元。

（3）将自产的一批应税新产品用于本企业集体福利项目，成本价为 20 万元，该新产品无同类产品市场销售价格，国家税务总局确定该产品的成本利润率为 10%。

（4）销售 2016 年 10 月购进作为固定资产使用过的进口摩托车 5 辆，开具增值税专用发票，上面注明每辆取得不含税销售额 1 万元。

（5）购进货物取得增值税专用发票，上面注明的货款金额 60 万元、税额 7.8 万元；另外支付购货的运输费用 6 万元，取得运输公司开具的增值税专用发票，上面注明的税额 0.54 万元。

（6）从农产品经营者（小规模纳税人）购进农产品一批（不适用进项税额核定扣除办法）作为生产货物的原材料，取得的增值税专用发票上注明的不含税金额为 30 万元，税额为 0.9 万元，同时支付给运输单位的运费 5 万元（不含增值税），取得运输部门开具的增值税专用发票，上面注明的税额为 0.45 万元。本月下旬将购进的农产品的 20% 用于本企业职工福利。

（7）当月租入商用楼房一层，取得对方开具的增值税专用发票上注明的税额为 5.22 万元。该楼房的 1/3 用于工会的集体福利项目，其余为企业管理部门使用。

已知：以上相关票据均符合税法的规定。请按下列顺序计算该企业 8 月份应缴纳的增值税税额。

（1）计算销售甲产品的销项税额；

（2）计算销售乙产品的销项税额；

（3）计算自产自用新产品的销项税额；

（4）计算销售使用过的摩托车销项税额；

（5）计算当月允许抵扣进项税额的合计数；

（6）计算该企业8月合计应缴纳的增值税税额。

【答案】

（1）销售甲产品的销项税额=80×13%+5.65÷（1+13%）×13%=11.05（万元）

【解析】5.65万元的交通运输费属于混合销售行为的价外费用，适用税率与销售货物相同。

（2）销售乙产品的销项税额=22.6÷（1+13%）×13%=2.6（万元）

（3）自产自用新产品的销项税额=20×（1+10%）×13%=2.86（万元）

（4）销售使用过的摩托车销项税额=1×13%×5=0.65（万元）

（5）合计允许抵扣的进项税额=7.8+0.54+（30×10%+0.45）×（1−20%）+5.22=16.32（万元）

（6）该企业8月应缴纳的增值税税额=11.05+2.6+2.86+0.65−16.32=0.84（万元）

第五节　简易计税方法

考点1 简易计税方法应纳税额的计算

【考点母题——万变不离其宗】简易计税方法应纳税额的计算

应纳税额计算	（1）下列关于简易征税方法增值税应纳税额的计算方法，正确的有（　）。
	A. 应纳税额的计算不适用扣税法，而是按照销售额和征收率计算应纳税额的简易办法，不得抵扣进项税额，计算公式为：应纳税额 = 销售额（不含增值税）× 征收率
	B. 小规模纳税人一律采用简易计税方法计税，但是一般纳税人发生应税销售行为可以选择适用简易计税方法
	C. 按简易计税方法计税的销售额不包括其应纳的增值税税额，纳税人采用销售额和应纳增值税税额合并定价方法的，按照下列公式计算销售额：销售额 = 含税销售额 ÷（1+ 征收率）
	D. 纳税人适用简易计税方法计税的，因销售折让、中止或者退回而退还给购买方的销售额，应当从当期销售额中扣减。扣减当期销售额后仍有余额造成多缴的税款，可以从以后的应纳税额中扣减
	E. 小规模纳税人发生销售折让、中止或者退回而退还销售额给购买方，依照规定将所退的款项扣减当期销售额的，如果小规模纳税人已就该项业务委托税务机关为其代开了增值税专用发票的，应按规定申请开具红字专用发票 【提示】自 2023 年 1 月 1 日至 2023 年 12 月 31 日，增值税小规模纳税人适用 3% 征收率的应税销售收入，减按 1% 征收率征收增值税。
资管产品运营业务	（2）下列关于资管产品运营业务的增值税处理方法的表述中，正确的有（　）。
	A. 资管产品管理人（以下简称管理人）运营资管产品过程中发生的增值税应税行为（以下简称资管产品运营业务），暂适用简易计税方法，按照 3% 的征收率缴纳增值税
	B. 资管产品管理人包括银行、信托公司、公募基金管理公司及其子公司、证券公司及其子公司、期货公司及其子公司、私募基金管理人、保险资产管理公司、专业保险资产管理机构、养老保险公司
	C. 资管产品包括银行理财产品、资金信托（包括集合资金信托、单一资金信托）、财产权信托、公开募集证券投资基金、特定客户资产管理计划、集合资产管理计划、定向资产管理计划、私募投资基金、债权投资计划、股权投资计划、股债结合型投资计划、资产支持计划、组合类保险资产管理产品、养老保障管理产品
	D. 管理人应分别核算资管产品运营业务和其他业务的销售额和增值税应纳税额。未分别核算的，资管产品运营业务不得适用资管产品运营业务的计税方法

续表

资管产品运营业务	E. 管理人可选择分别或汇总核算资管产品运营业务销售额和增值税应纳税额；管理人应按照规定的纳税期限，汇总申报缴纳资管产品运营业务和其他业务增值税
	F. 2017 年 7 月 1 日（含）以后，资管产品运营过程中发生的增值税应税行为，以资管产品管理人为增值税纳税人，按照现行规定缴纳增值税。对资管产品在 2018 年 1 月 1 日前运营过程中发生的增值税应税行为，未缴纳增值税的，不再缴纳；已缴纳增值税的，已纳税额从资管产品管理人以后月份的增值税应纳税额中抵减

考点 2　简易计税方式中可按销售差额计税的情形

【考点母题——万变不离其宗】简易计税方式中可按销售差额计税的情形

下列关于简易计税方式中可按销售差额计税的情形，表述正确的有（　　）。
A. 纳税人提供建筑服务适用简易计税方法的，以取得的全部价款和价外费用扣除支付的分包款后的余额为销售额 【说明】分包款是指支付给分包方的全部价款和价外费用。
B. 物业管理服务的纳税人，向服务接受方收取的自来水水费，以扣除其对外支付的自来水水费后的余额为销售额，按照简易计税方法依照 3% 的征收率计算缴纳增值税
C. 小规模纳税人提供劳务派遣服务，可以以取得的全部价款和价外费用为销售额，按照简易计税方法依照 3% 的征收率计算缴纳增值税；也可以选择差额纳税，以取得的全部价款和价外费用，扣除代用工单位支付给劳务派遣员工的工资、福利和为其办理社会保险及住房公积金后的余额为销售额，按照简易计税方法依照 5% 的征收率计算缴纳增值税 【说明】选择差额纳税的纳税人，向用工单位收取用于支付给劳务派遣员工工资、福利和为其办理社会保险及住房公积金的费用，不得开具增值税专用发票，可以开具普通发票。
D. 一般纳税人提供劳务派遣服务，可以选择差额纳税，以取得的全部价款和价外费用，扣除代用工单位支付劳务派遣员工的工资、福利和为其办理社会保险及住房公积金后的余额为销售额，按照简易计税方法依照 5% 的征收率计算缴纳增值税

【考点子题——举一反三，真枪实练】

[56]（经典例题•单选题）某咨询公司为小规模纳税人并按月纳税，2023 年 5 月发生含税销售额 30 万元，另因部分服务中止而退还 15 万元销售额给客户，并按规定进行了税务处理，则该咨询公司当月应缴纳增值税税额为（　　）万元。

A. 0.15　　B. 0.87　　C. 0.44　　D. 0.71

[57]（经典例题•单选题）某企业为小规模纳税人并按月纳税，经营仓储服务。2023 年 5 月发生一笔销售额为 2 万元（不含税）的业务并就此缴纳了增值税。6 月该业务由于合理原因发生退款。假设该企业 6 月应税服务的销售额为 15 万元（不含税），则该企业 6 月应缴纳的增值税为（　　）万元。

A. 0.45　　B. 0.09　　C. 0.36　　D. 0.29

[58]（2013年•单选题）某食品商店为增值税小规模纳税人并按月纳税，2023年4月销售副食品取得含税销售额66 950元，销售面粉等粮食取得含税销售额17 0980元。该商店应缴纳的增值税为（ ）元。

A. 2355.74 B. 5291.96 C. 5270 D. 6477.88

[59]（经典例题•单选题）资管产品运营过程中发生的增值税应税销售行为，纳税人为（ ）。

A. 资管产品管理人 B. 资管产品受益人 C. 资管产品投资人 D. 资管产品委托人

第六节　进口环节增值税的征收

考点1　进口环节增值税的征收

【考点母题——万变不离其宗】进口环节增值税的征收

<table>
<tr><td rowspan="4">征税范围</td><td colspan="2">（1）下列属于进口环节增值税征税范围的有（　　）。</td></tr>
<tr><td colspan="2">A. 申报进入中华人民共和国海关境内的货物</td></tr>
<tr><td rowspan="2">B. 从其他国家或地区进口《跨境电子商务零售进口商品清单》范围内的商品</td><td>a. 所有通过与海关联网的电子商务交易平台交易，能够实现交易、支付、物流电子信息“三单”比对的跨境电子商务零售进口商品</td></tr>
<tr><td>b. 未通过与海关联网的电子商务交易平台交易，但快递、邮政企业能够统一提供交易、支付、物流等电子信息，并承诺承担相应法律责任进境的跨境电子商务零售进口商品</td></tr>
<tr><td rowspan="2">纳税人</td><td colspan="2">（2）关于进口环节增值税的纳税人，下列表述正确的有（　　）。</td></tr>
<tr><td colspan="2">A. 进口货物的收货人（承受人）或办理报关手续的单位和个人，为进口货物增值税的纳税义务人
B. 对代理进口货物以海关开具的完税凭证上的纳税人为增值税纳税人，在实际工作中一般由进口代理者代缴进口环节增值税
C. 跨境电子商务零售进口商品按照货物征收关税和进口环节增值税、消费税，购买跨境电子商务零售进口商品的个人作为纳税义务人。电子商务企业、电子商务交易平台企业或物流企业可作为代收代缴义务人</td></tr>
<tr><td rowspan="2">适用税率</td><td colspan="2">（3）下列关于进口环节增值税适用税率的表述，正确的有（　　）。</td></tr>
<tr><td colspan="2">A. 进口货物的税率与在国内销售货物的税率相同，一般情况下，即使小规模纳税人，进口计税时也适用税率，不适用征收率
B. 对进口抗癌药品，自2018年5月1日起，减按3%征收进口环节增值税
C. 对进口罕见病药品，自2019年3月1日起，减按3%征收进口环节增值税</td></tr>
<tr><td rowspan="3">应纳税额计算</td><td colspan="2">（4）下列关于进口环节增值税应纳税额的表述，正确的有（　　）。</td></tr>
<tr><td colspan="2">A. 进口货物计算增值税的组成计税价格和应纳税额计算公式如下：
组成计税价格＝关税完税价格＋关税＋消费税
应纳税额＝组成计税价格 × 税率</td></tr>
<tr><td colspan="2">B. 在计算进口环节的应纳增值税税额时不得抵扣任何税额，即在计算进口环节的应纳增值税税额时，不得抵扣发生在我国境外的各种税金</td></tr>
</table>

续表

应纳税额计算	C. 一般贸易下进口货物的关税完税价格以海关审定的成交价格为基础的到岸价格作为完税价格。到岸价格包括货价，加上货物运抵我国关境内输入地点起卸前的包装费、运费、保险费和其他劳务费等费用构成的一种价格
	D. 纳税人进口货物取得的合法海关完税凭证，是计算增值税进项税额的唯一依据，其价格差额部分以及从境外供应商取得的退还或返还的资金，不作进项税额转出处理
	E. 跨境电子商务零售进口商品按照货物征收关税和进口环节增值税、消费税，以实际交易价格（包括货物零售价格、运费和保险费）作为完税价格 【说明】保险费无法确定时海关应当按照“货价加运费”两者总额的3‰计算保险费。
	F. 对跨境电子商务零售进口商品的单次交易限值为人民币5 000元，个人年度交易限值为人民币26 000元以内进口的跨境电子商务零售进口商品，关税税率暂设为0%。跨境电子商务零售进口商品的进口环节增值税、消费税暂按法定应纳税额的70%征收 G. 完税价格超过5 000元单次交易限值但低于26 000元年度交易限值，且订单下仅一件商品时，可以自跨境电商零售渠道进口，按照货物税率全额征收关税和进口环节增值税、消费税，交易额计入年度交易总额，但年度交易总额超过年度交易限值的，应按一般贸易管理 【典型例题】我国公民张三2022年12月通过跨境电商购买一件毛衣，假设实际交易价格是2 000元，且本项交易在年度限额之内。由于所购毛衣未超过单次5 000元的限值从而不征关税，但需缴纳增值税，按应纳税额的70%征收。张三应缴纳多少增值税？ 张三应纳增值税=2 000×13%×70%=182（元）
征收管理	（5）下列关于进口环节增值税征收管理的表述，正确的有（ ）。
	A. 进口货物的增值税除另有规定外由海关代征 B. 个人携带或者邮寄进境自用物品的增值税，连同关税一并计征 C. 进口货物增值税纳税义务发生时间为报关进口的当天，其纳税地点应当由进口人或其代理人向报关地海关申报纳税，其纳税期限应当自海关填发海关进口增值税专用缴款书之日起15日内缴纳税款 D. 跨境电子商务零售进口商品自海关放行之日起30日内退货的，可申请退税，并相应调整个人年度交易总额

【考点子题——举一反三，真枪实练】

[60]（经典例题·单选题）A进出口公司代理B制造业企业进口机器设备，同时委托C货运代理公司办理托运手续，海关进口增值税专用缴款上的缴款单位是A进出口公司。该进口机器设备的增值税纳税人是（ ）。

A. A进出口公司 B. B制造业企业 C. C货运代理公司 D. 国外经销商

[61]（经典例题·单选题）2022年4月，某进口车销售企业进口小汽车5辆，境外成交价格为300万美元，运抵中国境内输入地点起卸前的运输费3万美元、保险费2万美元。小汽车进口关税税率为25%，消费税税率为5%，人民币汇率中间价为1美元兑换人民币6.7元。进口该批小汽车应缴纳增值税为（ ）万元。

A. 350.77　　B. 332.07　　C. 349.55　　D. 367.21

[62]（经典例题•单选题）中国公民李某在 2022 年 5 月首次通过跨境电商购买一个箱包，实际交易价格为 4 700 元。下列关于李某应纳税款的表述，正确的是（　）。

A. 李某不需要缴纳增值税和关税

B. 李某需要缴纳关税 470 元，缴纳增值税 470.47 元

C. 李某不需要缴纳关税，但需要缴纳增值税 427.7 元

D. 李某需要缴纳关税 470 元，但不需要缴纳增值税

第七节 出口和跨境业务增值税的退（免）税和征税

出口货物、劳务和跨境应税行为退（免）税是国际贸易中通常采用的并为世界各国普遍接受的、目的在于鼓励各国出口货物公平竞争的一种退还或免征间接税（目前我国主要包括增值税、消费税）的税收措施，即对出口货物、劳务和跨境应税行为已承担或应承担的增值税和消费税等间接税实行退还或者免征。

考点1 出口货物、劳务和跨境应税行为退（免）增值税政策

【考点母题——万变不离其宗】出口货物、劳务和跨境应税行为退（免）增值税基本政策

<table>
<tr><td colspan="2">（1）我国出口货物、劳务和跨境应税行为的增值税税收政策有（　）。</td></tr>
<tr><td colspan="2">A. 出口免税并退税（零税率）　B. 出口免税不退税　C. 出口不免税也不退税</td></tr>
<tr><td colspan="2">（2）除另有规定外，下列企业出口货物、劳务和跨境应税行为，给予免税并退税的有（　）。</td></tr>
<tr><td rowspan="2">A. 出口企业出口货物</td><td>自营出口货物</td></tr>
<tr><td>委托出口货物</td></tr>
<tr><td rowspan="2">B. 出口企业或其他单位视同出口的货物</td><td>（3）下列情形中，出口企业可按视同出口货物处理，适用增值税退（免）税政策的有（　）。</td></tr>
<tr><td>A. 出口企业对外援助、对外承包、境外投资的出口货物
B. 出口企业经海关报关进入国家批准的出口加工区、保税物流园区、保税港区、综合保税区、珠澳跨境工业区（珠海园区）、中哈霍尔果斯国际边境合作中心（中方配套区域）、保税物流中心（B 型）（以下统称特殊区域）并销售给特殊区域内单位或境外单位、个人的货物
C. 免税品经营企业销售的货物（国家规定不允许经营和限制出口的货物、卷烟和超出免税品经营企业经营范围的货物除外）
D. 出口企业或其他单位销售给国际运输企业用于国际运输工具上的货物（暂仅适用于外轮供应公司、远洋运输供应公司销售给外轮、远洋国轮的货物，国内航空供应公司生产销售给国内和国外航空公司国际航班的航空食品）
E. 出口企业或其他单位销售给特殊区域内生产企业生产耗用且不向海关报关而输入特殊区域内的水、电力、燃气</td></tr>
<tr><td>C. 出口企业对外提供加工修理修配劳务</td><td>对进境复出口货物或从事国际运输的运输工具进行的加工修理修配</td></tr>
</table>

续表

D. 融资租赁货物出口退税	对融资租赁企业、金融租赁公司及其设立的项目子公司（以下统称融资租赁出租方），以融资租赁方式租赁给境外承租人且租赁期限在5年（含）以上，并向海关报关后实际离境的货物，试行增值税、消费税出口退税政策 融资租赁出口货物的范围，包括飞机、飞机发动机、铁道机车、铁道客车车厢、船舶及其他货物
E. 境内单位和个人提供仅适用于零税率的应税服务	国际运输服务、航天运输服务、向境外单位提供的完全在境外消费的列举服务，例如转让技术、研发服务、设计服务等

【考点母题——万变不离其宗】增值税退（免）税办法以及出口退税率

“免、抵、退”税办法	（1）下列各项出口货物、劳务和应税行为，适用增值税“免、抵、退”税办法的有（ ）。
	A. 生产企业出口自产货物和视同自产货物，以及列名的74家生产企业出口非自产货物 B. 对外提供加工修理修配劳务 C. 适用零税率的跨境服务和无形资产 【说明】免征增值税，相应的进项税额抵减应纳增值税额（不包括适用增值税即征即退、先征后退政策的应纳增值税额），未抵减完的部分予以退还。
“免、退”税办法	（2）下列情况，适用增值税“免、退”税办法的有（ ）。
	A. 不具有生产能力的出口企业（外贸企业）或其他单位出口货物、劳务 B. 外贸企业外购的研发服务和设计服务出口
	【说明】 1. 免征增值税，相应的进项税额予以退还。 2. 外贸企业直接将服务或自行研发的无形资产出口，实行免抵退税办法。
出口退税率	（3）下列关于增值税出口退税率的表述正确的有（ ）。
	A. 除另有规定外，出口货物的退税率为其适用征税率 B. 出口企业委托加工修理修配货物，其加工修理修配费用的退税率，为出口货物的退税率 C. 外贸企业购进按简易办法征税的出口货物、从小规模纳税人购进的出口货物，其退税率分别为简易办法实际执行的征收率、小规模纳税人征收率 D. 适用不同退税率的货物、劳务及跨境应税行为，应分开报关、核算并申报退（免）税，未分开报关、核算或划分不清的，从低适用退税率

【考点母题——万变不离其宗】增值税退（免）税的计税依据

生产企业	（1）关于出口货物、劳务增值税退（免）税的计税依据，下列表述正确的有（ ）。

续表

生产企业	A. 除进料加工复出口货物外，生产企业出口货物、劳务的实际离岸价（FOB） B. 生产企业国内购进无进项税额且不计提进项税额的免税原材料加工后出口的货物的计税依据，按出口货物的离岸价（FOB）扣除出口货物所含的国内购进免税原材料的金额后确定 C. 对进料加工复出口货物，企业应以出口货物人民币离岸价扣除出口货物耗用的保税进口料件金额的余额为增值税退（免）税的计税依据
外贸企业	（2）关于外贸企业出口货物、劳务增值税退（免）税的计税依据，下列表述正确的有（　）。
	A. 外贸企业出口货物（委托加工修理修配货物除外）增值税退（免）税的计税依据，为购进出口货物的增值税专用发票注明的金额或海关进口增值税专用缴款书注明的完税价格 B. 外贸企业出口委托加工修理修配货物增值税退（免）税的计税依据，为加工修理修配费用增值税专用发票注明的金额
跨境应税行为	（3）关于实行"免、抵、退"税办法的跨境应税行为退（免）税计税依据，下列表述正确的有（　）。
	A. 以铁路运输方式载运旅客的，为按照铁路合作组织清算规则清算后的实际运输收入 B. 以铁路运输方式载运货物的，为按照铁路运输进款清算办法，对"发站"或"到站（局）"名称包含"境"字的货票上注明的运输费用以及直接相关的国际联运杂费清算后的实际运输收入 C. 以航空运输方式载运货物或旅客的，如果国际运输或港、澳、台地区运输各航段由多个承运人承运的，为中国航空结算有限责任公司清算后的实际收入；如果国际运输或港、澳、台地区运输各航段由一个承运人承运的，为提供航空运输服务取得的收入 D. 其他实行"免、抵、退"税办法的增值税零税率应税行为，为提供增值税零税率应税行为取得的收入

【考点子题——举一反三，真枪实练】

[63]（经典例题•单选题）某生产企业从事进料加工复出口业务，2022年3月进口原材料一批放在综合保税区，2022年5月加工完产成品后出口，则该批出口产成品的增值税退（免）税计税依据是（　）。

A. 出口货物人民币到岸价

B. 出口货物人民币离岸价扣除购进的保税进口原材料金额的余额

C. 出口货物人民币离岸价扣除出口货物耗用的保税进口原材料金额的余额

D. 出口货物人民币离岸价

考点2 “免、抵、退”税计算

【考点题源】生产企业出口货物、劳务、服务和无形资产的增值税“免、抵、退”税

<table>
<tr><td>当期应纳税额</td><td>当期应纳税额＝当期销项税额－（当期进项税额－当期不得免征和抵扣税额）
当期不得免征和抵扣税额＝当期出口货物离岸价 × 外汇人民币折合率 ×（出口货物适用税率－出口货物退税率）－当期不得免征和抵扣税额抵减额
当期不得免征和抵扣税额抵减额＝当期免税购进原材料价格 ×（出口货物适用税率－出口货物退税率）
【说明】
1. 当期免税购进原材料价格包括当期国内购进的无进项税额且不计提进项税额的免税原材料的价格和当期进料加工保税进口料件价格。
2. 当期进料加工保税进口料件价格为进料加工出口货物耗用的保税进口料件金额
进料加工出口货物耗用的保税进口料件金额＝进料加工出口货物人民币离岸价 × 进料加工计划分配率
计划分配率＝计划进口总值 ÷ 计划出口总值 ×100%</td></tr>
<tr><td>当期“免、抵、退”税额</td><td>当期“免、抵、退”税额＝当期出口货物离岸价 × 外汇人民币折合率 × 出口货物退税率－当期“免、抵、退”税额抵减额
当期“免、抵、退”税额抵减额＝当期免税购进原材料价格 × 出口货物退税率</td></tr>
<tr><td>当期应退税额和免抵税额</td><td>① 当期期末留抵税额≤当期“免、抵、退”税额，则：
当期应退税额＝当期期末留抵税额
当期免抵税额＝当期“免、抵、退”税额－当期应退税额
② 当期期末留抵税额＞当期“免、抵、退”税额，则：
当期应退税额＝当期“免、抵、退”税额
当期免抵税额＝0
当期期末留抵税额为当期增值税纳税申报表中“期末留抵税额”</td></tr>
<tr><td colspan="2">【典型例题 1】某自营出口的生产企业为增值税一般纳税人，出口货物的征税税率为 13%，退税税率为 10%，2022 年 5 月的有关经营业务为：购进原材料一批，取得的增值税专用发票注明的价款 200 万元，外购货物准予抵扣的进项税额 26 万元。上月末留抵税款 3 万元，本月内销货物不含税销售额 100 万元，收款 113 万元存入银行，本月出口货物的销售额折合人民币 200 万元。试计算该企业当期的“免、抵、退”税额。
① 当期“免、抵、退”税不得免征和抵扣税额 =200×（13%−10%）=6（万元）
② 当期应纳税额 =100×13%−（26−6）−3=13−20−3=−10（万元）
③ 出口货物“免、抵、退”税额 =200×10%=20（万元）
④ 按规定，如当期末留抵税额≤当期“免、抵、退”税额时：
当期应退税额＝当期期末留抵税额
即该企业当期应退税额 =10（万元）
⑤ 当期免抵税额＝当期“免、抵、退”税额－当期应退税额
当期免抵税额 =20−10=10（万元）</td></tr>
</table>

续表

【典型例题 2】某自营出口的生产企业为增值税一般纳税人，出口货物的征税税率为 13%，退税税率为 10%。2022 年 7 月有关经营业务为：购原材料一批，取得的增值税专用发票注明的价款 400 万元，外购货物准予抵扣的进项税额 52 万元。上期末留抵税款 5 万元。本月内销货物不含税销售额 100 万元，收款 113 万元存入银行。本月出口货物的销售额折合人民币 200 万元。试计算该企业当期的“免、抵、退”税额。 ① 当期“免、抵、退”税不得免征和抵扣税额 =200×（13%−10%）=6（万元） ② 当期应纳税额 =100×13%−（52−6）−5=13−46−5=−38（万元） ③ 出口货物“免、抵、退”税额 =200×10%=20（万元） ④ 按规定，如当期期末留抵税额 > 当期“免、抵、退”税额时： 当期应退税额 = 当期“免、抵、退”税额 即该企业当期应退税额 =20（万元） ⑤ 当期免抵税额 = 当期“免、抵、退”税额 − 当期应退税额 该企业当期免抵税额 =20−20=0 ⑥ 7 月期末留抵结转下期继续抵扣税额为 18 万元（38−20）。
【典型例题 3】某自营出口生产企业是增值税一般纳税人，出口货物的征税税率为 13%，退税税率为 10%。2022 年 9 月有关经营业务为：购原材料一批，取得的增值税专用发票注明的价款 200 万元，外购货物准予抵扣进项税额 26 万元。当月进料加工出口货物耗用的保税进口料件金额 100 万元。上期末留抵税款 6 万元。本月内销货物不含税销售额 100 万元。收款 113 万元存入银行。本月出口货物销售额折合人民币 200 万元。试计算该企业当期的“免、抵、退”税额。 ①“免、抵、退”税不得免征和抵扣税额抵减额 = 进料加工出口货物耗用的保税进口料件金额 ×（出口货物征税税率 − 出口货物退税税率）=100×（13%−10%）=3（万元） ②“免、抵、退”税不得免征和抵扣税额 = 当期出口货物离岸价 × 外汇人民币牌价 ×（出口货物征税税率 − 出口货物退税税率）−“免、抵、退”税不得免征和抵扣税额抵减额 =200×（13%−10%）−3=6−3=3（万元） ③ 当期应纳税额 =100×13%−（26−3）−6=13−23−6=−16（万元） ④“免、抵、退”税额抵减额 = 免税购进原材料 × 材料出口货物退税税率 =100×10%=10（万元） ⑤ 出口货物“免、抵、退”税额 =200×10%−10=10（万元） ⑥ 按规定，如当期期末留抵税额 > 当期“免、抵、退”税额时： 当期应退税额 = 当期“免、抵、退”税额 即该企业应退税额 =10（万元） ⑦ 当期免抵税额 = 当期“免、抵、退”税额 − 当期应退税额 当期该企业免抵税额 =10−10=0 ⑧ 8 月期末留抵结转下期继续抵扣税额为 6 万元（16−10）。

【考点题源】外贸企业出口货物、劳务和应税行为增值税免退税以及融资租赁出口货物退税的计算

委托加工修理修配货物以外货物	增值税应退税额 = 购进出口货物的增值税专用发票注明的金额（或海关进口增值税专用缴款书注明的完税价格）× 出口货物退税率 【典型例题】某进出口公司 2022 年 6 月出口美国平纹布 2 000 米，进货增值税专用发票列明单价 20 元 / 平方米，计税金额 40 000 元，增值税出口退税率为 13%。要求：计算当期应退增值税税额。 应退税额 =2 000×20×13%=5 200（元）

续表

委托加工修理修配货物	出口委托加工修理修配货物的增值税应退税额 = 加工修理修配费用增值税专用发票注明的金额 × 出口货物退税率 【典型例题】某进出口公司 2022 年 6 月购进牛仔布委托加工成服装出口，取得牛仔布增值税发票一张，注明计税金额 10 000 元；取得服装加工费计税金额 2 000 元，受托方将原材料成本并入加工修理修配费用并开具了增值税专用发票。假设增值税出口退税率为 13%。 要求：计算当期应退的增值税税额。 应退税额 =（10 000+2 000）× 13%=1 560（元）
融资租赁出口	增值税应退税额 = 购进融资租赁货物的增值税专用发票注明的金额 × 融资租赁货物适用的增值税退税率 【典型例题】2022 年 8 月某融资租赁公司根据合同规定将一设备以融资租赁方式出租给境外的甲企业使用。融资租赁公司购进该设备的增值税专用发票上注明的金额为 100 万元人民币。假设增值税出口退税率为 13%。要求：计算该企业当期应退的增值税税额。 应退增值税税额 =100 × 13%=13（万元）

【考点子题——举一反三，真枪实练】

[64]（2016 年•单选题）某自营出口的生产企业为增值税一般纳税人，出口货物的征税率为 13%，退税率为 10%，2022 年 6 月购进原材料一批，取得的增值税专用发票注明金额 500 万元、税额 65 万元。6 月内销货物取得不含税销售额 150 万元，出口货物取得销售额折合人民币 200 万元，上月增值税留抵税额 10 万元，该企业当期“免、抵、退”税不得免征和抵扣税额为（　）万元。

A. 6　　B. 8　　C. 20　　D. 26

[65]（经典例题•单选题）某自营出口的生产企业为增值税一般纳税人，2022 年 2 月购进原材料一批，取得的增值税专用发票注明价款 150 万元、增值税 19.5 万元。另外，2 月份进口保税料件一批，到岸价格为 100 万元，进料加工计划分配率为 50%。上月期末留抵税额为 4 万元；当月内销货物取得不含税销售额 300 万元，出口外销货物取得不含税销售额 200 万元，该企业适用增值税税率为 13%，出口退税率为 10%。该企业 2 月出口货物“免、抵、退”税额为（　）万元。

A. 0　　B. 20　　C. 26　　D. 15

考点3 出口货物、劳务和跨境应税行为增值税免税政策

【考点母题——万变不离其宗】出口货物、劳务和跨境应税行为增值税免税

<table>
<tr><td rowspan="2">适用增值税免税政策的货物</td><td colspan="2">（1）适用增值税免税政策的出口货物有（　）。</td></tr>
<tr><td colspan="2">A. 增值税小规模纳税人出口货物
B. 避孕药品和用具，古旧图书
C. 农业生产者自产农产品
D. 来料加工复出口货物
E. 出口软件产品、动漫软件
F. 国家计划内出口的卷烟
G. 财政部和国家税务局规定的出口免税的货物，如油、花生果仁、黑大豆等
H. 外贸企业取得普通发票、农产品收购发票、政府非税收入票据的货物
I. 非出口企业委托出口的货物
J. 特殊区域内的企业出口的特殊区域内的货物
K. 以人民币现金作为结算方式的边境地区出口企业从所在省（自治区）的边境口岸出口到接壤国家的一般贸易和边境小额贸易出口货物
L. 以旅游购物贸易方式报关出口的货物</td></tr>
<tr><td rowspan="4">适用增值税免税政策的货物的跨境应税行为</td><td colspan="2">（2）除财政部和国家税务总局规定适用增值税零税率的行为，境内的单位和个人销售免征增值税的跨境应税行为有（　）。</td></tr>
<tr><td colspan="2">A. 工程项目在境外的建筑服务、工程监理服务
B. 工程、矿产资源在境外的工程勘察勘探服务
C. 在境外提供的广播影视节目（作品）的播映服务
D. 会议展览地点在境外的会议展览服务
E. 存储地点在境外的仓储服务
F. 标的物在境外使用的有形动产租赁服务
G. 在境外提供的文化体育服务、教育医疗服务、旅游服务
H. 为出口货物提供的邮政服务、收派服务、保险服务</td></tr>
<tr><td>I. 向境外单位提供的完全在境外消费的下列服务和无形资产</td><td>a. 电信服务
b. 物流辅助服务（仓储服务、收派服务除外）
c. 鉴证咨询服务
d. 专业技术服务
e. 商务辅助服务
f. 广告投放地在境外的广告服务
g. 无形资产
h. 为境外单位之间的货币资金融通及其他金融业务提供的直接收费金融服务，且该服务与境内的货物、无形资产和不动产无关</td></tr>
<tr><td colspan="2">【说明】完全在境外消费是指：
1. 服务的实际接受方在境外，且与境内的货物和不动产无关。
2. 无形资产完全在境外使用，且与境内的货物和不动产无关。</td></tr>
<tr><td colspan="3">【说明】适用增值税免税政策的出口货物和劳务，其进项税额不得抵扣和退税，应当转入成本。</td></tr>
</table>

【考点子题——举一反三，真枪实练】

[66]（经典例题·多选题）下列出口货物，适用增值税免税政策的有（　）。

A. 加工企业来料加工复出口的货物

B. 出口企业用于境外承包项目的货物

C. 属于小规模纳税人的生产性企业自营出口的自产货物

D. 农业生产者自产农产品

[67]（经典例题·多选题）在我国境内的增值税一般纳税人提供的下列应税服务，可享受免税不退税政策的有（　）。

A. 会议展览地点在境外的会议展览服务

B. 存储地点在境外的仓储服务

C. 为出口货物提供的邮政服务和收派服务

D. 向境外单位提供的完全在境外消费的研发服务

【考点题源】出口货物、劳务和跨境应税行为增值税应纳税额计算

一般纳税人出口货物、劳务和跨境应税行为	销项税额 =（出口货物离岸价 − 出口货物耗用的进料加工保税进口料件金额）÷（1+ 适用税率）× 适用税率 出口货物、劳务和跨境应税行为若已按征退税率之差计算不得免征和抵扣税额并已经转入成本的，相应的税额应转回进项税额。
小规模纳税人出口货物、劳务和跨境应税行为	应纳税额 = 出口货物、劳务和跨境应税行为离岸价 ÷（1+ 征收率）× 征收率

【考点子题——举一反三，真枪实练】

[68]（经典例题·单选题）甲公司为一般增值税纳税人，2023 年 3 月因被税务部门查出存在骗取出口退税行为，从而停止为其办理增值税退免税。税务机关经调查发现甲公司曾有一批货物出口，离岸价为 400 万元，已在账面作免抵退税和相关进项税转出处理。该企业适用增值税税率为 13%，出口退税率为 10%，则该企业应补缴的增值税是（　）万元。

A. 0　　B. 12　　C. 34　　D. 46

考点4 外国驻华使（领）馆退税以及境外旅客购物离境退税

【考点母题——万变不离其宗】外国驻华使（领）馆及其馆员在华购买货物和服务的增值税退税以及境外旅客购物离境退税

<table>
<tr><td rowspan="4">外国驻华使（领）馆及其馆员在华购买货物和服务的增值税退税</td><td colspan="2">（1）关于外国驻华使（领）馆及其馆员在华购买货物和服务的增值税退税，下列说法正确的有（　）。</td></tr>
<tr><td colspan="2">A. 实行增值税退税政策的货物与服务范围，包括按规定征收增值税、属于合理自用范围内的生活办公类货物和服务</td></tr>
<tr><td>B. 不适用增值税退税政策的情形有</td><td>a. 购买非合理自用范围内的生活办公类货物和服务
b. 购买货物单张发票销售金额（含税价格）不足800元人民币（自来水、电、燃气、暖气、汽油、柴油除外），购买服务单张发票销售金额（含税价格）不足300元人民币
c. 个人购买除车辆和房租外的货物和服务，每人每年申报退税的销售金额（含税价格）超过18万元人民币的部分
d. 增值税免税货物和服务</td></tr>
<tr><td>C. 退税的计算公式</td><td>a. 申报退税的应退税额，为增值税发票上注明的税额
b. 增值税发票上未注明税额的，按下列公式计算应退税额：
应退税额＝发票金额（含增值税）÷（1+增值税适用税率）×增值税适用税率</td></tr>
<tr><td rowspan="6">境外旅客购物离境退税</td><td colspan="2">（2）关于境外旅客购物离境退税，下列说法正确的有（　）。</td></tr>
<tr><td>A. 退税物品不包括</td><td>a.《中华人民共和国禁止、限制进出境物品表》所列的禁止、限制出境物品
b. 退税商店销售的适用增值税免税政策的物品
c. 财政部、海关总署、国家税务总局规定的其他物品</td></tr>
<tr><td>B. 境外旅客申请退税应当同时符合的条件为</td><td>a. 同一境外旅客同一日在同一退税商店购买的退税物品金额达到500元人民币
b. 退税物品尚未启用或消费
c. 离境日距退税物品购买日不超过90天
d. 所购退税物品由境外旅客本人随身携带或随行托运出境</td></tr>
<tr><td>C. 退税物品的退税率为</td><td>a. 适用13%税率的境外旅客购物离境退税物品，退税率为11%
b. 适用9%税率的境外旅客购物离境退税物品，退税率为8%</td></tr>
<tr><td>D. 应退增值税额的计算公式</td><td>应退增值税额＝退税物品销售发票金额（含增值税）×退税率</td></tr>
<tr><td>E. 退税方式</td><td>a. 退税额未超过10000元的，可自行选择退税方式
b. 退税额超过10000元的，以银行转账方式退税</td></tr>
</table>

【考点子题——举一反三，真枪实练】

[69]（经典例题·多选题）下列有关外国驻华使（领）馆及其馆员在华购买货物或服务的增值税退税说法正确的有（ ）。

A. 购买办公用品一批，发票注明的价款为300元人民币，可申报退税

B. 购买小汽车一辆，机动车销售统一发票注明的价款为19万元，可申报退税

C. 购买超出日常办公需求的高端奢侈钢笔100只，发票注明的价款为30万元人民币，可申报退税

D. 支付管理咨询费，发票注明的价款为200元，不可申报退税

第八节　特定应税行为的增值税计征方法

考点1　纳税人转让不动产的增值税处理

【考点题源】纳税人转让不动产的增值税处理（非房地产开发企业）

1．一般纳税人转让不动产

计税方法	项目类型	不动产性质	预缴税款（不动产所在地主管税务机关）	纳税申报（机构所在地主管税务机关）
			计税依据	应纳税额
简易计税	老项目	非自建	预缴增值税＝转让差额÷（1+5%）×5%	申报税款与预缴税额相等，应纳税额为零
		自建	预缴增值税＝转让全额÷（1+5%）×5%	
一般计税	老项目/新项目	非自建	预缴增值税＝转让差额÷（1+5%）×5%	应纳税额＝转让全额÷（1+9%）×9%－进项税额－预缴税款
		自建	预缴增值税＝转让全额÷（1+5%）×5%	

【说明】

老项目 2016 年 4 月 30 日前取得非自建或自建的不动产

新项目 2016 年 5 月 1 日后取得非自建或自建的不动产

非自建包括以直接购买、接收捐赠、接收投资入股、抵债等方式取得不动产

转让差额＝取得的全部价款和价外费用－不动产购置原价或者取得不动产时的作价

转让全额＝取得的全部价款和价外费用

【典型例题 1】甲市某增值税一般纳税人 A 企业在 2022 年 1 月转让其位于乙市的一处不动产，该不动产是在 2016 年 3 月抵债取得，抵债时作价 500 万元，转让价 800 万元（含增值税）。假设 A 企业选择了简易计税方法计税，请计算其当期应缴纳的增值税税额。

【答案】A 企业应向乙市不动产所在地的主管税务机关预缴增值税：

应预缴税款＝（全部价款和价外费用－不动产购置原价或者取得不动产时的作价）÷（1+5%）×5%

＝（800−500）÷（1+5%）×5%=14.29（万元）

当期该纳税人应向甲市主管税务机关申报税款＝（800−500）÷（1+5%）×5%=14.29（万元）

由于向不动产所在地主管税务机关预缴的增值税税款，可以在当期增值税应纳税额中抵减，实际应缴纳的增值税税款为零。

续表

【典型例题 2】甲市某增值税一般纳税人 A 企业在 2022 年 1 月转让其位于乙市的一处不动产，该不动产是在 2019 年 3 月抵债取得，抵债时作价 500 万元，转让价 800 万元（含增值税）。当期可抵扣进项税额为 10 万元。请计算其当期应缴纳的增值税税额。

【答案】A 企业应向乙市不动产所在地的主管税务机关预缴增值税：

应预缴税款 =（全部价款和价外费用 − 不动产购置原价或者取得不动产时的作价）÷（1+5%）×5%

=（800−500）÷（1+5%）×5%=14.29（万元）

当期该纳税人应向甲市主管税务机关申报税款 =800 ÷（1+9%）×9%−10=56.06（万元）

该纳税人就该项目应缴增值税 =56.06−14.29=41.77 万元。

2．小规模纳税人转让不动产（个人转让其购买的住房除外）

纳税人性质	不动产性质	预缴税款（不动产所在地主管税务机关）	纳税申报（机构所在地主管税务机关）
		计税依据	应纳税额
小规模纳税人	非自建	增值税 = 转让差额 ÷（1+5%）×5%	申报税款与预缴税额相等，应纳税额为零
	自建	增值税 = 转让全额 ÷（1+5%）×5%	

3．个人转让其购买的住房

住房性质	范围	购买时间	增值税处理	纳税申报
非普通住房	全国	小于 2 年	按 5% 的征收率全额缴纳增值税	应纳税额 = 转让全额 ÷（1+5%）×5%
	北上广深	大于等于 2 年	销售收入减去购买住房价款后的差额按 5% 的征收率全额缴纳增值税	应纳税额 = 转让差额 ÷（1+5%）×5%
	其他地区	大于等于 2 年	免征增值税	
普通住房	全国	小于 2 年	按 5% 的征收率全额缴纳增值税	应纳税额 = 转让全额 ÷（1+5%）×5%
		大于等于 2 年	免征增值税	
个体工商户应按照本条规定的计税方法向住房所在地主管税务机关预缴税款，向机构所在地主管税务机关申报纳税；其他个人向住房所在地主管税务机关申报纳税。				

4. 其他说明

1. 纳税人按规定从取得的全部价款和价外费用中扣除不动产购置原价或者取得不动产时的作价，应当取得符合法律、行政法规和国家税务总局规定的合法有效凭证。否则，不得扣除。上述凭证是指： （1）税务部门监制的发票 （2）法院判决书、裁定书、调解书，以及仲裁裁决书、公证债权文书 （3）国家税务总局规定的其他凭证
2. 纳税人转让其取得的不动产，向不动产所在地主管税务机关预缴的增值税税款，可以在当期增值税应纳税额中抵减，抵减不完的，结转下期继续抵减。纳税人以预缴税款抵减应纳税额，应以完税凭证作为合法有效凭证
3. 小规模纳税人转让其取得的不动产，不能自行开具增值税发票的，可向不动产所在地主管税务机关申请代开。纳税人向其他个人转让其取得的不动产，不得开具或申请代开增值税专用发票
4. 纳税人转让不动产缴纳增值税差额扣除的有关规定 （1）纳税人转让不动产，按照有关规定差额缴纳增值税的，如因丢失等原因无法提供取得不动产时的发票，可向税务机关提供其他能证明契税计税金额的完税凭证等资料，进行差额扣除 （2）纳税人以契税计税金额进行差额扣除的，按照下列公式计算增值税应纳税额： ① 2016 年 4 月 30 日及以前缴纳契税的： 增值税应纳税额 =［全部交易价格（含增值税）－契税计税金额（含营业税）］÷（1+5%）×5% ② 2016 年 5 月 1 日及以后缴纳契税的： 增值税应纳税额 =［全部交易价格（含增值税）÷（1+5%）－契税计税金额（不含增值税）］×5% （3）纳税人同时保留取得不动产时的发票和其他能证明契税计税金额的完税凭证等资料的，应当凭发票进行差额扣除 【典型例题】2022 年 1 月，某甲转让 2016 年 3 月购置的一处房产，转让时全部交易价格（含增值税）800 万元，因不能提供取得不动产时的发票，契税凭证上契税税额为 20 万元，当地契税率 4%。不考虑其他因素，请计算某甲应纳增值税。 【答案】 应纳税额 =［全部交易价格（含增值税）－契税计税金额（含营业税）］÷（1+5%）×5%=（800－20÷4%）÷（1+5%）×5%=300÷（1+5%）×5%=14.29（万元）。

【考点子题——举一反三，真枪实练】

［70］（经典例题•单选题）张先生 2022 年 6 月份销售一套普通住房取得不含税销售收入 120 万元。该住房系张先生于 2020 年 12 月份购买取得，取得的购房发票上注明的房屋价款为 90 万元。张先生销售住房应缴纳的增值税为（　）万元。

A. 1.5　　B. 2.7　　C. 4.5　　D. 6

考点 2　房地产开发企业销售自行开发房地产项目的增值税处理

【考点题源】房地产开发企业销售自行开发房地产项目的增值税处理

纳税人性质	计税方法	预缴税款（房地产项目所在地主管税务机关）	纳税申报（机构所在地主管税务机关）
一般纳税人	一般计税	增值税 = 预收款 ÷（1+9%）×3%（3% 为预征率）	应纳税额 = 含税销售额 a ÷（1+9%）×9%− 进项税额 − 预缴税款
	简易计税（老项目）	增值税 = 预收款 ÷（1+5%）×3%（3% 为预征率）	应纳税额 = 含税销售额 b ÷（1+5%）×5%− 预缴税款
小规模纳税人	简易计税		

【说明】	
1. 销售额的确定	（1）含税销售额 a=（全部价款和价外费用 − 当期允许扣除的土地价款） 销售额 =（全部价款和价外费用 − 当期允许扣除的土地价款）÷（1+9%） （2）当期允许扣除的土地价款按照以下公式计算： 当期允许扣除的土地价款 =（当期销售房地产项目建筑面积 ÷ 房地产项目可供销售建筑面积）× 支付的土地价款 ① 当期销售房地产项目建筑面积，是指当期进行纳税申报的增值税销售额对应的建筑面积 ② 房地产项目可供销售建筑面积，是指房地产项目可以出售的总建筑面积，不包括销售房地产项目时未单独作价结算的配套公共设施的建筑面积 ③ 支付的土地价款，是指向政府、土地管理部门或受政府委托收取土地价款的单位直接支付的土地价款 （3）房地产开发企业的一般纳税人销售自行开发的房地产老项目适用简易计税方法计税的，以取得的全部价款和价外费用为销售额，不得扣除对应的土地价款（含税销售额 b） （4）房地产开发企业的一般纳税人销售自行开发的房地产老项目，可以选择适用简易计税方法按照 5% 的征收率计税。一经选择简易计税方法计税的，36 个月内不得变更为一般计税方法计税
2. 预交税款	房地产开发企业的一般纳税人应在取得预收款的次月纳税申报期向主管国税机关预缴税款
3. 进项税额	（1）房地产开发企业的一般纳税人销售自行开发的房地产项目，兼有一般计税方法计税、简易计税方法计税、免征增值税的房地产项目而无法划分不得抵扣的进项税额的，应以《建筑工程施工许可证》注明的“建设规模”为依据进行划分 （2）不得抵扣的进项税额 = 当期无法划分的全部进项税额 ×（简易计税、免税房地产项目建设规模 ÷ 房地产项目总建设规模）
4. 纳税申报	（1）房地产开发企业的一般纳税人销售自行开发的房地产项目适用一般计税方法计税的，以当期销售额和 9% 的适用税率计算当期应纳税额，抵减已预缴税款后，向主管税务机关申报纳税。未抵减完的预缴税款可以结转下期继续抵减 （2）房地产开发企业的一般纳税人销售自行开发的房地产项目适用简易计税方法计税的，以当期销售额和 5% 的征收率计算当期应纳税额，抵减已预缴税款后，向主管税务机关申报纳税。未抵减完的预缴税款可以结转下期继续抵减

续表

4. 纳税申报	（3）房地产开发企业的一般纳税人销售自行开发的房地产项目，其2016年4月30日前收取并已向主管税务机关申报缴纳营业税的预收款，未开具营业税发票的，可以开具增值税普通发票，不得开具增值税专用发票 （4）房地产开发企业的一般纳税人向其他个人销售自行开发的房地产项目，不得开具增值税专用发票
【典型案例】A房地产公司（一般纳税人）自行开发了某居住性房地产项目，施工许可证注明的开工日期是2020年8月1日。2020年10月开始预售房地产，取得预收款5 000万元，并开具合规凭证。 要求：请计算A房地产公司2020年10月应预缴的增值税。 【答案】A房地产公司2020年10月应预缴的增值税税款=5 000÷（1+9%）×3%=137.61（万元） 【提示】如果该房地产项目为老项目，A房地产公司选择简易计税方法，则应在2020年10月的申报期内向主管税务机关预缴税款：5 000÷（1+5%）×3%=142.86（万元）。	

【考点子题——举一反三，真枪实练】

［71］（经典例题•多选题）甲房地产开发企业为增值税一般纳税人，机构所在地位于A市。2021年1月在B市购入土地一块用于建设某住宅项目，支付给政府的土地价款为7 000万元。2021年6月取得施工许可证，其注明的开工日期是2021年7月15日。2022年1月公司开始预售此住宅项目，并于当月全部销售完毕，取得预收款20 000万元。本月发生的进项税额为200万元。关于此事项下列说法正确的有（　　）。

A. 房地产开发企业2022年1月应预缴的增值税税款为550.46万元

B. 房地产开发企业2022年1月应预缴的增值税税款为571.43万元

C. 房地产开发企业2022年1月应向主管税务机关申报纳税税额为380.95万元

D. 房地产开发企业2022年1月应向主管税务机关申报纳税税额322.93为万元

考点3 纳税人跨县（市、区）提供建筑服务的增值税处理

【考点题源】纳税人跨县（市、区）提供建筑服务的增值税处理

纳税人性质	计税方法	预缴税款（建筑服务发生地主管税务机关）	纳税申报（机构所在地主管税务机关）
一般纳税人	一般计税	增值税=（全部价款和价外费用－支付的分包款）÷（1+9%）×2%（2%为预征率）	应纳税额=含税销售额÷（1+9%）×9%－进项税额－预缴税款
	简易计税（老项目）	增值税=（全部价款和价外费用－支付的分包款）÷（1+3%）×3%	申报税款与预缴税额相等，应纳税额为零
小规模纳税人	简易计税 （月销售额未超过10万元的，以1个季度为1个纳税期的，季度销售额未超过30万元，当期无需预缴税款）		

续表

【说明】
(1)《建筑工程施工许可证》未注明合同开工日期，但建筑工程承包合同注明的开工日期在2016年4月30日前的建筑工程项目，属于增值税法规定的可以选择简易计税方法计税的建筑工程老项目。
(2)跨县（市、区）提供建筑服务，是指单位和个体工商户（以下简称纳税人）在其机构所在地以外的县（市、区）提供建筑服务。
(3)其他个人跨县（市、区）提供建筑服务的，不适用以上规定。
(4)纳税人按照上述规定从取得的全部价款和价外费用中扣除支付的分包款，应当取得符合法律、行政法规和国家税务总局规定的合法有效凭证，否则不得扣除。
(5)纳税人跨县（市、区）提供建筑服务，向建筑服务发生地主管税务机关预缴的增值税税款，可以在当期增值税应纳税额中抵减，抵减不完的，结转下期继续抵减。纳税人以预缴税款抵减应纳税额，应以完税凭证作为合法有效凭证。
(6)小规模纳税人跨县（市、区）提供建筑服务，不能自行开具增值税发票的，可向建筑服务发生地主管税务机关按照其取得的全部价款和价外费用申请代开增值税发票。
(7)纳税人跨县（市、区）提供建筑服务，应向建筑服务发生地主管税务机关预缴税款而自应当预缴之月起超过6个月没有预缴税款的，由机构所在地主管税务机关按照《中华人民共和国税收征收管理法》及相关规定进行处理。

【典型案例】A建筑公司为位于河北石家庄的增值税一般纳税人，在河南郑州提供写字楼建造业务，2022年10月经营业务如下：
A建筑公司对写字楼建造业务采用一般计税方法。按照工程进度及建筑工程合同约定，本月取得价款8 000万元（含税）并给业主开具了增值税专用发票。A建筑公司将部分业务进行了分包，本月支付分包款3 000万元（含税），取得分包公司（同样采用一般计税方法）开具的增值税专用发票。
要求：① 计算A建筑公司上述业务在河南郑州应预缴的增值税。② 计算A建筑公司应纳销项税额。
【答案及解析】
① 甲建筑公司在河南郑州应预缴的增值税 =（8 000−3 000）÷（1+9%）×2%=91.74（万元）
② 甲建筑公司在河北省石家庄市应申报的销项税额 =8 000÷（1+9%）×9%=660.55（万元）

【考点子题——举一反三，真枪实练】

[72]（经典例题•单选题）某建筑公司为一般纳税人，2022年9月与发包方签订一份新的建筑工程承包合同，该合同采用甲供工程方式，并使用简易计税方法。基于此合同，建筑公司取得含税收入1 000万元，支付给分包方的含税分包款300万元，已取得分包公司开具的增值税专用发票。建筑公司因该项目购入一部分辅助建筑材料产生进项税额40万元。该建筑公司应缴纳的增值税为（　）万元。

A. 31.26　　B. 42.57　　C. 29.13　　D. 20.39

考点4 纳税人提供不动产经营租赁服务的增值税处理

【考点题源】纳税人提供不动产经营租赁服务的增值税处理

纳税人性质	计税方法	房屋类型	预缴税款（不动产所在地主管税务机关）	纳税申报（机构所在地主管税务机关）
一般纳税人	简易计税（出租其2016年4月30日前取得的不动产）		增值税=含税销售额÷（1+5%）×5%	申报税款与预缴税额相等，应纳税额为零
	一般计税（出租其2016年5月1日后取得的不动产）		增值税=含税销售额÷（1+9%）×3%（3%为预征率）	应纳税额=含税销售额÷（1+9%）×9%－进项税额－预缴税款
小规模纳税人（月销售额未超过10万元，以1个季度为1个纳税期的，季度销售额未超过30万元，无需预缴税款）		出租非住房	应纳税款=含税销售额÷（1+5%）×5%	申报税款与预缴税额相等，应纳税额为零
		个人出租住房	应预缴税款=含税销售额÷（1+5%）×1.5%	其他个人出租住房，向不动产所在地纳税

【说明】

（1）单位和个体工商户出租不动产，向不动产所在地主管税务机关预缴的增值税款，可以在当期增值税应纳税额中抵减，抵减不完的，结转下期继续抵减。纳税人以预缴税款抵减应纳税额，应以完税凭证作为合法有效凭证。

（2）小规模纳税人中的单位和个体工商户出租不动产，不能自行开具增值税发票的，可向不动产所在地主管税务机关申请代开增值税发票。其他个人出租不动产，可向不动产所在地主管税务机关申请代开增值税发票。向不动产所在地主管税务机关申报纳税。

（3）其他个人没有预缴环节；只向不动产所在地主管税务机关申报纳税。

（4）其他个人，采取一次性收取租金形式出租不动产取得的租金收入，可在对应的租赁期内平均分摊，分摊后的月租金收入未超过15万元的，免征增值税。

【典型案例】石家庄某公司为增值税一般纳税人，2022年10月购入北京一座写字楼用于出租。2022年12月取得租金100万元（含税）。

要求：计算该公司这一业务2022年12月应预缴和申报缴纳的增值税额。

【答案】

该公司在不动产所在地北京预缴税款=1 000 000÷（1+9%）×3%=27 522.94（元）

在石家庄机构所在地应纳增值税=1 000 000÷（1+9%）×9%−27 522.94=55 045.87（元）

【考点子题——举一反三，真枪实练】

[73]（经典例题•单选题）2023年1月，王某出租一间住房，预收半年租金10万元，王

某收取租金应缴增值税（ ）元。

A. 1500　　B. 300　　C. 500　　D. 0

[74]（经典例题•多选题）甲广告公司是增值税一般纳税人，其机构所在地在A市。2022年10月在A市取得含税广告收入90万元，本月可抵扣进项税为1万元；另外，本月将位于B市的一处写字楼出租，收取含税月租金13万元，此甲公司于2019年5月购得此写字楼。则下列说法正确的有（ ）。

A. 甲公司出租写字楼应在B市预缴税款0.62万元

B. 甲公司出租写字楼应在B市预缴税款0.36万元

C. 甲公司在A市应纳增值税额为4.8万元

D. 甲公司在A市应纳增值税额为5.71万元

考点5 金融机构开展个人实物黄金交易业务增值税计征方法

【考点题源】金融机构开展个人实物黄金交易业务增值税计征方法

适用范围	金融机构经中国人民银行、中国银行保险监督管理委员会批准，在所属分理处、储蓄所等营业场所内开展个人实物黄金交易业务，应当照章征收增值税
具体办法	1. 发生实物黄金交易行为的分理处、储蓄所等应按月计算实物黄金的销售数量、金额，上报其上级支行 2. 各支行、分理处、储蓄所应依法向机构所在地主管税务局申请办理税务登记。各支行应按月汇总所属分理处、储蓄所上报的实物黄金销售额和本支行的实物黄金销售额，按照规定的预征率计算增值税预征税额，向主管税务机关申报缴纳增值税。预征税额 = 销售额 × 预征率 3. 各省级分行和直属一级分行应向机构所在地主管税务局申请办理税务登记，申请认定增值税一般纳税人资格。按月汇总所属地市分行或支行上报的实物黄金销售额和进项税额，按照一般纳税人方法计算增值税应纳税额，根据已预征税额计算应补税额，向主管税务机关申报缴纳 应纳税额 = 销项税额 − 进项税额 应补税额 = 应纳税额 − 预征税额

第九节　税收优惠

考点1 增值税税收优惠

【考点母题——万变不离其宗】《增值税暂行条例》规定的免税项目

下列各项中，属于符合《增值税暂行条例》规定的免税项目的有（　）。
A. 农业生产者销售的自产农产品 【说明】 1. 单位和个人销售的外购农产品，以及单位和个人外购农产品生产、加工后销售的仍然属于规定范围的农业产品，不属于免税的范围，应当按照规定的税率征收增值税。 2. “公司＋农户”经营模式，属于农业生产者销售自产农产品。 B. 避孕药品和用具 C. 古旧图书，指向社会收购的古书和旧书 D. 销售的自己使用过的物品，指其他个人自己使用过的物品 E. 外国政府、国际组织无偿援助的进口物资和设备 F. 直接用于科学研究、科学试验和教学的进口仪器、设备 G. 由残疾人组织直接进口供残疾人专用的物品

【考点母题——万变不离其宗】“营改增通知”及有关部门规定的税收优惠

免征增值税项目	（1）下列各项中，符合“营改增通知”及有关部门规定的免税项目有（　）。
	1. 托儿所、幼儿园提供的保育和教育服务 2. 养老机构提供的养老服务 3. 残疾人福利机构提供的育养服务 4. 婚姻介绍服务 5. 殡葬服务 6. 残疾人员本人为社会提供的服务 7. 医疗机构提供的医疗服务 8. 从事学历教育的学校提供的教育服务 9. 学生勤工俭学提供的服务 10. 农业机耕、排灌、病虫害防治、植物保护、农牧保险以及相关技术培训业务，家禽、牲畜、水生动物的配种和疾病防治 11. 纪念馆、博物馆、文化馆、文物保护单位管理机构、美术馆、展览馆、书画院、图书馆在自己的场所提供文化体育服务取得的第一道门票收入 12. 寺院、宫观、清真寺和教堂举办文化、宗教活动的门票收入 13. 行政单位之外的其他单位收取的符合《营改增通知》第十条规定条件的政府性基金和行政事业性收费

续表

免征增值税项目	14. 个人转让著作权 15. 个人销售自建自用住房 16. 台湾航运公司、航空公司从事海峡两岸海上直航、空中直航业务在大陆取得的运输收入 17. 纳税人提供的直接或者间接国际货物运输代理服务	
	18. 利息收入	（1）国家助学贷款 （2）国债、地方政府债 （3）人民银行对金融机构的贷款 （4）住房公积金管理中心用住房公积金在指定的委托银行发放的个人住房贷款 （5）外汇管理部门从事国家外汇储备经营过程中，委托金融机构发放的外汇贷款 （6）统借统还业务中，企业集团或企业集团中的核心企业以及集团所属财务公司按不高于支付给金融机构的借款利率水平或者支付的债券票面利率水平，向企业集团或者集团内下属单位收取的利息
	19. 金融同业往来利息收入	（1）金融机构与人民银行所发生的资金往来业务 （2）银行联行往来业务 （3）金融机构间的资金往来业务、同业存款借款、同业代付、买断式买入返售金融商品、持有金融债券和同业存单 【说明】自 2018 年 1 月 1 日起，金融机构开展贴现、转贴现业务，以其实际持有票据期间取得的利息收入作为贷款服务销售额计算缴纳增值税。此前贴现机构已就贴现利息收入全额缴纳增值税的票据，转贴现机构转贴现利息收入继续免征增值税。
	20. 保险公司开办的一年期以上人身保险产品取得的保费收入	
	21. 再保险服务	（1）境内保险公司向境外保险公司提供的完全在境外消费的再保险服务 （2）试点纳税人提供再保险服务（境内保险公司向境外保险公司提供的再保险服务除外），实行与原保险服务一致的增值税政策。再保险合同对应多个原保险合同的，所有原保险合同均适用免征增值税政策时，该再保险合同适用免征增值税政策。否则，该再保险合同应按规定缴纳增值税
	22. 金融商品转让收入	（1）合格境外投资者（QFII）委托境内公司在我国从事证券买卖业务 （2）香港市场投资者（包括单位和个人）通过沪港通、深港通买卖上交所和深交所上市 A 股；内地投资者（包括单位和个人）通过沪港通买卖香港联交所上市股票 （3）证券投资基金管理人运用基金买卖股票、债券 （4）全国社保基金理事会、全国社会保障基金投资管理人运用全国社会保障基金买卖证券投资基金、股票、债券取得的金融商品转让收入 （5）个人从事金融商品转让业务

续表

<table>
<tr><td>免征增值税项目</td><td>23. 纳税人提供技术转让、技术开发和与之相关的技术咨询、技术服务
24. 学历教育的各类学校举办进修班、培训班取得的全部归该学校所有的收入
25. 政府举办的职业学校设立的主要为在校学生提供实习场所、并由学校出资自办并管理、经营收入归学校所有的企业，从事“现代服务”（不含融资租赁服务、广告服务和其他现代服务）、“生活服务”（不含文化体育服务、其他生活服务和桑拿、氧吧）业务活动取得的收入
26. 家政服务企业由员工制家政服务员提供家政服务取得的收入
27. 福利彩票、体育彩票的发行收入
28. 军队空余房产租赁收入
29. 将土地使用权转让给农业生产者用于农业生产
30. 土地所有者出让土地使用权和土地使用者将土地使用权归还给土地所有者
31. 县级以上地方人民政府或自然资源行政主管部门出让、转让或收回自然资源使用权（不含土地使用权）
32. 各党派、共青团、工会、妇联、中科协、青联、台联、侨联收取党费、团费、会费，以及政府间国际组织收取会费
33. 中国邮政集团公司及其所属邮政企业提供的邮政普遍服务、邮政特殊服务、为金融机构代办金融保险业务取得的代理收入
34. 青藏铁路公司提供的铁路运输服务
35. 境外教育机构与境内从事学历教育的学校开展中外合作办学，提供学历教育服务取得的收入免征增值税
36. 随军家属就业以及军队转业干部就业
37. 涉及家庭财产分割的个人无偿转让不动产、土地使用权
38. 国家商品储备管理单位及其直属企业承担商品储备任务，从中央或者地方财政取得的利息补贴收入和价差补贴收入
39. 全国社会保障基金理事会、全国社会保障基金投资管理人运用全国社会保障基金买卖证券投资基金、股票、债券取得的金融商品转让收入
40. 社保基金会、社保基金投资管理人在运用社保基金投资过程中，提供贷款服务取得的全部利息及利息性质的收入和金融商品转让收入</td></tr>
<tr><td rowspan="2">增值税即征即退</td><td>（2）关于“营改增通知”及有关部门规定的增值税即征即退项目，下列说法正确的有（　）。</td></tr>
<tr><td>A. 增值税一般纳税人销售其自行开发生产的软件产品，按 13% 税率征收增值税后，对其增值税实际税负超过 3% 的部分实行即征即退政策
B. 一般纳税人提供管道运输服务，对其增值税实际税负超过 3% 的部分实行增值税即征即退政策
C. 经人民银行、银监会或者商务部批准从事融资租赁业务的试点纳税人中的一般纳税人，提供有形动产融资租赁服务和有形动产融资性售后回租服务，对其增值税实际税负超过 3% 的部分实行增值税即征即退政策
D. 纳税人安置残疾人应享受增值税即征即退优惠政策：
月应退增值税额 = 纳税人本月安置残疾人员人数 × 本月月最低工资标准的 4 倍</td></tr>
</table>

续表

扣减增值税	(3) 关于纳税人享受扣减增值税的项目，下列说法正确的有(　)。
	A. 对自主就业退役士兵从事个体经营的，自办理个体工商户登记当月起，在 3 年 (36 个月，下同) 内按每户每年 12 000 元为限额依次扣减其当年实际应缴纳的增值税、城市维护建设税、教育费附加、地方教育附加和个人所得税 B. 重点群体创业就业，从事个体经营的，自办理个体工商户登记当月起，在 3 年 (36 个月，下同) 内按每户每年 12 000 元为限额依次扣减其当年实际应缴纳的增值税、城市维护建设税、教育费附加、地方教育附加和个人所得税 【说明】A.B 两项限额标准最高可上浮 20%，各省、自治区、直辖市人民政府可根据本地区实际情况在此幅度内确定具体限额标准。
新支线飞机和民用喷气式飞机的增值税优惠规定（新增）	(4) 关于纳税人生产销售新支线飞机的减免税政策，下列说法正确的是(　)。
	A. 对纳税人生产销售新支线飞机暂减按 5% 征收增值税，并对其因生产销售新支线飞机 而形成的增值税期末留抵税额予以退还

【考点子题——举一反三，真枪实练】

[75](2019 年 • 多选题) 下列金融业务中，免征增值税的有(　)。

A. 银行联行往来业务

B. 融资租赁公司从事的融资性售后回租业务

C. 商业银行提供国家助学贷款业务

D. 人民银行对金融机构提供贷款业务

[76](2015 年 • 多选题) 下列行为免征增值税的有(　)。

A. 个人转让著作权　　B. 残疾人个人提供应税服务

C. 航空公司提供飞机播撒农药服务　　D. 会计师事务所提供管理咨询服务

[77](经典例题 • 单选题) 下列各项中，应当计算缴纳增值税的是(　)。

A. 邮政部门发行的邮票　　B. 婚姻介绍所提供的婚姻介绍服务

C. 国债、地方政府债利息收入　　D. 个人出售购买未满两年的居住用房

[78](经典例题 • 单选题) 某软件开发生产企业为增值税一般纳税人，2022 年 4 月取得不含税软件销售收入 500 万元，当月购进生产软件所需的电子配件，取得增值税专用发票，注明价款为 70 万元。当月取得的相关票据均在当月抵扣进项税，该企业当月实际缴纳增值税(　)万元。

A. 15　　B. 55.9　　C. 45　　D. 0

【考点母题——万变不离其宗】财政部、国家税务总局规定的其他部分征免税项目

下列各项中，符合财政部、国家税务总局规定的其他部分免税项目的有（ ）。

A. 纳税人销售自产的综合利用产品和提供资源综合利用劳务

【说明】

（1）享受增值税即征即退政策，退税比例有30%、50%、70%和100%四个档次。

（2）纳税人从事资源综合利用项目，其申请享受增值税即征即退政策时，应同时符合下列条件：

①纳税人在境内收购的再生资源，应按规定从销售方取得增值税发票；适用免税政策的，应按规定从销售方取得增值税普通发票。②纳税人应建立再生资源收购台账，留存备查。③销售综合利用产品和劳务，不属于发展改革委《产业结构调整指导目录》中的淘汰类、限制类项目。④销售综合利用产品和劳务，不属于生态环境部《环境保护综合名录》中的“高污染、高环境风险”产品或重污染工艺。⑤综合利用的资源，属于生态环境部《国家危险废物名录》列明的危险废物的，应当取得省级或市级生态环境部门颁发的《危险废物经营许可证》，且许可经营范围包括该危险废物的利用。⑥纳税信用级别不为C级或D级。⑦纳税人申请享受即征即退政策时，申请退税税款所属期前6个月（含所属期当期）不得发生下列情形：因违反生态环境保护的法律法规受到行政处罚；因违反税收法律法规被税务机关处罚；发生骗取出口退税、虚开发票的情形。

B. 从事蔬菜批发、零售的纳税人销售的蔬菜

C. 从事农产品批发、零售的纳税人销售的部分鲜活肉蛋产品（新增）

C. 除豆粕以外的其他粕类饲料产品

D. 制种企业利用自有土地或承租土地，雇用农户或雇工进行种子繁育，或提供亲本种子委托农户繁育并从农户手中收回，再经烘干、脱粒、风筛等深加工后销售种子，属于农业生产者销售自产农业产品

E. 税人生产销售和批发、零售有机肥产品

F. 外购用于生产乙烯、芳烃类化工产品（以下称特定化工产品）的石脑油、燃料油（以下称2类油品），使用2类油品生产特定化工产品的产量占本企业用石脑油、燃料油生产各类产品总量50%（含）以上的企业，其外购2类油品的价格中消费税部分对应的增值税额，予以退还

【说明】予以退还的增值税额 = 已缴纳消费税的2类油品数量 ×2类油品消费税单位税额 ×16%

G. 自2023年1月1日至2023年12月31日，对月销售额未超过10万元（以1个季度为1个纳税期的，季度销售额未超过30万元，下同）的增值税小规模纳税人，免征增值税。（修改 + 新增）

【说明1】适用上述免征增值税政策的，纳税人可就该笔销售收入选择放弃免税并开具增值税专用发票。

【说明2】自2023年1月1日至2023年12月31日，增值税小规模纳税人适用3%征收率的应税销售收入，减按1%征收率征收增值税；适用3%预征率的预缴增值税项目，减按1%预征率预缴增值税。减按1%征收率征收增值税的，应按照1%征收率开具增值税发票。纳税人也可就该笔销售收入选择放弃减税并开具增值税专用发票。

【说明3】小规模纳税人发生增值税应税销售行为，合计月销售额超过10万元，但扣除本期发生的销售不动产的销售额后未超过10万元的，其销售货物、劳务、服务、无形资产取得的销售额免征增值税。

【典型例题】按季度申报的小规模纳税人甲在2023年4月销售货物取得收入10万元，5月提供建筑服务取得收入20万元，同时向其他建筑企业支付分包款12万元，6月销售自建的不动产取得收入200万元。则甲2023年第二季度用于判断是否能够享受免税政策的销售额为18万元（10+20−12），不超过30万元，因此，甲可以享受小规模纳税人免税政策。同时，纳税人销售不动产200万元应依法纳税。

续表

【说明 4】在预缴地实现的月销售额超过 10 万元的，适用 3% 预征率的预缴增值税项目，减按 1% 预征率预缴增值税。 按照固定期限纳税的小规模纳税人可以根据自己的实际经营情况选择实行按月纳税或按季纳税。纳税期限一经选择，一个会计年度内不得变更。 H. 为了鼓励科学研究和技术开发，促进科技进步，对内资研发机构和外资研发中心采购国产设备全额退还增值税 I. 城镇公共供水企业缴纳的水资源税所对应的水费收入 I. 纳税人采取转包、出租、互换、转让、入股等方式将承包地流转给农业生产者用于农业生产 K. 社会团体收取的会费 L. 其他个人，采取一次性收取租金形式出租不动产取得的租金收入，可在对应的租赁期内平均分摊，分摊后的月租金收入未超过 10 万元的 M. 对赞助企业及参与赞助的下属机构根据赞助协议及补充赞助协议向北京冬奥组委免费提供的，与北京 2022 年冬奥会、冬残奥会、测试赛有关的服务 N. 对合格境外机构投资者（QFII）、人民币合格境外机构投资者（RQFII）委托境内公司转让创新企业 CDR 取得的差价收入、个人投资者转让创新企业 CDR 取得的差价收入 O. 2019 年 1 月 1 日至 2022 年 12 月 31 日，单位或者个体工商户将自产、委托加工或购买的货物通过公益性社会组织、县级及以上人民政府及其组成部门和直属机构直接无偿捐赠给目标脱贫地区的单位和个人 P. 2019 年 6 月 1 日至 2025 年 12 月 31 日为社区提供养老、托育、家政等服务的机构，提供社区养老、托育、家政服务取得的收入 Q. 2019 年 1 月 1 日至 2023 年 12 月 31 日，电影主管部门（包括中央、省、地市及县级）按照各自职能权限批准从事电影制片、发行、放映的电影集团公司（含成员企业）、电影制片厂及其他电影企业取得的电影拷贝（含数字拷贝）收入、转让电影版权（包括转让和许可使用）收入、电影发行收入以及在农村取得的电影放映收入 R. 纳税人将国有农用地出租给农业生产者用于农业生产 S. 2018 年 11 月 30 日至 2023 年 11 月 29 日，经国务院批准对外开放的货物期货品种保税交割业务 T. 海南离岛免税店销售的离岛免税商品

【考点母题——万变不离其宗】其他相关规定

增值税起征点	纳税人销售额未达到国务院财政、税务主管部门规定的增值税起征点的，免征增值税；达到起征点的，依照本条例规定全额计算缴纳增值税。 【说明】 1. 增值税起征点仅适用于按照小规模纳税人纳税的个体工商户和其他个人。 2. 增值税起征点幅度如下： （1）按期纳税的，为月销售额 5 000-20 000 元（含本数）。 （2）按次纳税的，为每次（日）销售额 300-500 元（含本数）。
减免税规定	下列关于增值税减免税规定的说法，正确的有（　）。
	A. 纳税人兼营免税、减税项目的，应当分别核算免税、减税项目的销售额；未分别核算销售额的，不得免税、减税 B. 纳税人发生应税销售行为适用免税规定的，可以放弃免税，放弃免税后，36 个月内不得再申请免税

续表

减免税规定	C. 安置残疾人单位既符合促进残疾人就业增值税优惠政策条件，又符合其他增值税优惠政策条件的，可同时享受多项增值税优惠政策，但年度申请退还增值税总额不得超过本年度内应纳增值税总额 D. 纳税人既有增值税即征即退、先征后退项目，也有出口等其他增值税应税项目的，增值税即征即退和先征后退项目不参与出口项目免抵退税计算

【考点子题——举一反三，真枪实练】

[79]（经典例题•单选题）根据增值税相关规定，下列说法正确的是（　）。

A. 增值税起征点同时适用于一般纳税人和小规模纳税人

B. 某注册为小规模纳税人的个体工商户达到增值税起征点，应全额计算缴纳增值税

C. 增值税对单位和个人均规定了起征点

D. 安置残疾人单位既符合促进残疾人就业增值税优惠政策条件，又符合其他增值税优惠政策条件的，不可同时享受多项增值税优惠政策

第十节　征收管理

考点 1　纳税义务发生时间、纳税期限和纳税地点

【考点母题——万变不离其宗】纳税义务发生时间、纳税期限和纳税地点

纳税义务发生时间	（1）下列关于增值税纳税义务发生时间的表述，正确的有（　）。
	A. 纳税人发生应税销售行为，其纳税义务发生时间为收讫销售款项或者取得索取销售款项凭据的当天；先开具发票的，为开具发票的当天 B. 进口货物，为报关进口的当天 C. 增值税扣缴义务发生时间为纳税人增值税纳税义务发生的当天 D. 采取直接收款方式销售货物，不论货物是否发出，均为收到销售款或者取得索取销售款凭据的当天 E. 采取托收承付和委托银行收款方式销售货物，为发出货物并办妥托收手续的当天 F. 采取赊销和分期收款方式销售货物，为书面合同约定的收款日期的当天，无书面合同的或者书面合同没有约定收款日期的，为货物发出的当天 G. 采取预收货款方式销售货物，为货物发出的当天，但生产销售生产工期超过 12 个月的大型机械设备、船舶、飞机等货物，为收到预收款或者书面合同约定的收款日期的当天 H. 委托其他纳税人代销货物，为收到代销单位的代销清单或者收到全部或者部分货款的当天。未收到代销清单及货款的，为发出代销货物满 180 天的当天 I. 销售劳务，为提供劳务同时收讫销售款或者取得索取销售款的凭据的当天 J. 纳税人发生除将货物交付其他单位或者个人代销和销售代销货物以外的视同销售货物行为，为货物移送的当天 K. 纳税人提供租赁服务采取预收款方式的，其纳税义务发生时间为收到预收款的当天 L. 纳税人从事金融商品转让的，为金融商品所有权转移的当天 M. 纳税人发生视同销售服务、无形资产或者不动产情形的，其纳税义务发生时间为服务、无形资产转让完成的当天或者不动产权属变更的当天
纳税期限	（2）下列关于增值税纳税期限的表述，正确的有（　）。
	A. 增值税的纳税期限分别为 1 日、3 日、5 日、10 日、15 日、1 个月或者 1 个季度 B. 纳税人的具体纳税期限，由主管税务机关根据纳税人应纳税额的大小分别核定 C. 不能按照固定期限纳税的，可以按次纳税 D. 以 1 个季度为纳税期限的规定适用于小规模纳税人、银行、财务公司、信托投资公司、信用社，以及财政部和国家税务总局规定的其他纳税人 E. 纳税人以 1 个月或者 1 个季度为 1 个纳税期的，自期满之日起 15 日内申报纳税；以 1 日、3 日、5 日、10 日或者 15 日为 1 个纳税期的，自期满之日起 5 日内预缴税款，于次月 1 日起 15 日内申报纳税并结清上月应纳税款 F. 纳税人进口货物，应当自海关填发进口增值税专用缴款书之日起 15 日内缴纳税款

续表

纳税地点	（3）下列关于增值税纳税地点的表述，正确的有（　）。
	A. 固定业户应当向其机构所在地主管税务机关申报纳税。总机构和分支机构不在同一县（市）的，应当分别向各自所在地的主管税务机关申报纳税；经财政部和国家税务总局或者其授权的财政和税务机关批准，可以由总机构汇总向总机构所在地的主管税务机关申报纳税 B. 固定业户到外县（市）销售货物或者劳务，应当向其机构所在地的主管税务机关报告外出经营事项，并向其机构所在地的主管税务机关申报纳税；未报告的，应当向销售地或者劳务发生地的主管税务机关申报纳税；未向销售地或者劳务发生地的主管税务机关申报纳税的，由其机构所在地的主管税务机关补征税款 C. 非固定业户销售货物或者劳务应当向销售地或者劳务发生地主管税务机关申报纳税；未向销售地或者劳务发生地的主管税务机关申报纳税的，由其机构所在地或者居住地主管税务机关补征税款 D. 进口货物，应当向报关地海关申报纳税 E. 扣缴义务人应当向其机构所在地或者居住地主管税务机关申报缴纳扣缴的税款

【考点子题——举一反三，真枪实练】

[80]（经典例题·单选题）下列增值税纳税人中，以1个月为纳税期限的是（　）。

A. 信用社　B. 商业银行　C. 保险公司　D. 财务公司

[81]（经典例题·多选题）下列关于增值税纳税义务发生时间的表述中，正确的有（　）。

A. 采取直接收款方式销售货物，纳税义务发生时间为货物发出当天

B. 委托其他纳税人代销货物，为货物发出的180天后

C. 进口货物，为报关进口的当天

D. 采取赊销和分期收款方式销售货物，为书面合同约定的收款日期的当天

[82]（经典例题·单选题）某大型专用设备生产销售企业为一般纳税人，2022年5月采用分期付款方式销售专用设备一台，合同约定的专用设备总价款为500万元，分10期收款，按每月为一期，因此2022年5月应收货款50万元。但由于客户资金紧张，5月实际支付款项30万元，设备生产销售企业按照实际收款额开具了增值税专用发票。另外，本月该企业向外出租写字楼一栋，并收取三个月租金60万元。假定以上金额均不含增值税。基于以上业务，当月该企业应纳增值税为（　）万元。

A. 9.3　B. 5.7　C. 11.9　D. 8.3

第十一节　增值税发票的使用及管理

考点 1　增值税专用发票

【考点母题——万变不离其宗】增值税专用发票的使用和管理

增值税专用发票的联次	（1）增值税专用发票的联次有（　）。 A. 发票联（购买方）　B. 抵扣联（购买方）　C. 记账联（销售方）
一般纳税人不得开具专用发票的情形	（2）一般纳税人不得开具专用发票的情形有（　）。 A. 商业企业一般纳税人零售的烟、酒、食品、服装、鞋帽（不包括劳保专用部分）、化妆品等消费品 B. 销售免税货物 C. 应税销售行为的购买方为消费者个人的 D. 发生应税销售行为适用免税规定的
小规模纳税人的增值税专用发票的使用	（3）关于小规模纳税人的增值税专用发票的使用，下列说法正确的有（　）。 A. 小规模纳税人需要开具增值税专用发票的，可向主管税务机关申请代开 B. 增值税小规模纳税人（其他个人除外）发生增值税应税行为，需要开具增值税专用发票的，可以自愿使用增值税发票管理系统自行开具，选择自行开具增值税专用发票的小规模纳税人，税务机关不再为其代开增值税专用发票。但小规模纳税人销售其取得的不动产，需要开具增值税专用发票的，向税务机关申请代开 C. 小规模纳税人月销售额超过 10 万元的，使用增值税发票管理系统开具增值税普通发票、机动车销售统一发票、增值税电子普通发票。已经使用增值税发票管理系统的小规模纳税人，月销售额未超过 10 万元的，可以继续使用现有税控设备开具发票；已经自行开具增值税专用发票的，可以继续自行开具增值税专用发票，并就开具增值税专用发票的销售额计算缴纳增值税
纳税人善意取得虚开的增值税专用发票处理	（4）关于纳税人善意取得虚开的增值税专用发票处理，下列说法正确的有（　）。 A. 纳税人善意取得虚开的增值税专用发票，如能重新取得合法、有效的增值税专用发票，准许其抵扣进项税款；如不能重新取得合法、有效的增值税专用发票，不准其抵扣进项税款或追缴其已抵扣的进项税款 B. 纳税人善意取得虚开的增值税专用发票被依法追缴已抵扣税款的，不属于“纳税人未按照规定期限缴纳税款”的情形，不适用“税务机关除责令限期缴纳外，从滞纳税款之日起，按日加收滞纳税款万分之五的滞纳金”的规定

续表

纳税人善意取得虚开的增值税专用发票处理	C. 购货方与销售方存在真实的交易，销售方使用的是其所在省（自治区、直辖市和计划单列市）的增值税专用发票，增值税专用发票注明的销售方名称、印章、货物数量、金额及税额等全部内容与实际相符，且没有证据表明购货方知道销售方提供的增值税专用发票是以非法手段获得的，对购货方不以偷税或者骗取出口退税论处。但应按有关规定不予抵扣进项税款或者不予出口退税；购货方已经抵扣的进项税款或者取得的出口退税，应依法追缴 D. 购货方能够重新从销售方取得防伪税控系统开出的合法、有效专用发票的，或者取得手工开出的合法、有效增值税专用发票且取得了销售方所在地税务机关已经或者正在依法对销售方虚开增值税专用发票行为进行查处证明的，购货方所在地税务机关应依法准予抵扣进项税款或者出口退税 E. 如有证据表明购货方在进项税款得到抵扣或者获得出口退税前知道该增值税专用发票是销售方以非法手段获得的，对购货方应按《国家税务总局关于纳税人取得虚开的增值税专用发票处理问题的通知》和《国家税务总局关于〈国家税务总局关于纳税人取得虚开的增值税专用发票处理问题的通知〉的补充通知》的规定处理 F. 有下列情形之一的，无论购货方（受票方）与销售方是否进行了实际的交易，增值税专用发票所注明的数量、金额与实际交易是否相符，购货方向税务机关申请抵扣进项税款或者出口退税的，对其均应按偷税或者骗取出口退税处理： a. 购货方取得的增值税专用发票所注明的销售方名称、印章与其进行实际交易的销售方不符的 b. 购货方取得的增值税专用发票为销售方所在省（自治区、直辖市和计划单列市）以外地区的 c. 其他有证据表明购货方明知取得的增值税专用发票系销售方以非法手段获得的 G. 纳税人虚开增值税专用发票，未就其虚开金额申报并缴纳增值税的，应按照其 虚开金额补缴增值税；已就其虚开金额申报并缴纳增值税的，不再按照其虚开金额补缴增值税。税务机关对纳税人虚开增值税专用发票的行为，应按《税收征收管理法》及《发票管理办法》的有关规定给予处罚。纳税人取得虚开的增值税专用发票，不得作为增值税合法有效的扣税凭证抵扣其进项税额

【考点子题——举一反三，真枪实练】

[83]（经典例题•多选题）增值税一般纳税人销售下列货物时，不能开具增值税专用发票的有（　）。

A. 个人消费者在电器卖场购进空调一部　B. 零售商店销售的化妆品

C. 零售商店销售的劳保专用品　D. 医药企业销售的免税药品

 异常增值税扣税凭证的管理

【考点母题——万变不离其宗】异常增值税扣税凭证的管理

（1）下列情形中的增值税专用发票，应列入异常凭证范围的有（ ）。
A. 纳税人丢失、被盗税控专用设备中未开具或已开具未上传的增值税专用发票 B. 非正常户纳税人未向税务机关申报或未按规定缴纳税款的增值税专用发票 C. 增值税发票管理系统稽核比对发现“比对不符”“缺联”“作废”的增值税专用发票 D. 经税务总局、省税务局大数据分析发现，纳税人开具的增值税专用发票存在涉嫌虚开、未按规定缴纳消费税等情形的 E. 商贸企业购进、销售货物名称严重背离的；生产企业无实际生产加工能力且无委托加工，或生产能耗与销售情况严重不符，或购进货物并不能直接生产其销售的货物且无委托加工；以及直接走逃失踪不纳税申报，或虽然申报但通过填列增值税纳税申报表相关栏次，规避税务机关审核对比，进行虚假申报的
【说明】 增值税一般纳税人申报抵扣异常凭证，同时符合下列情形的，其对应开具的增值税专用发票列入异常凭证范围： 1. 异常凭证进项税额累计占同期全部增值税专用发票进项税额70%（含）以上的； 2. 异常凭证进项税额累计超过5万元的。 纳税人尚未申报抵扣、尚未申报出口退税或已作进项税额转出的异常凭证，其涉及的进项税额不计入异常凭证进项税额的计算。
（2）增值税一般纳税人取得的增值税专用发票列入异常凭证范围的，下列处理规定表述正确的有（ ）。
A. 尚未申报抵扣增值税进项税额的，暂不允许抵扣。已经申报抵扣增值税进项税额的，除另有规定外，一律作进项税额转出处理 B. 尚未申报出口退税或者已申报但尚未办理出口退税的，除另有规定外，暂不允许办理出口退税。适用增值税免抵退税办法的纳税人已经办理出口退税的，应根据列入异常凭证范围的增值税专用发票上注明的增值税额作进项税额转出处理；适用增值税免退税办法的纳税人已经办理出口退税的，税务机关应按照现行规定对列入异常凭证范围的增值税专用发票对应的已退税款追回。纳税人因骗取出口退税停止出口退（免）税期间取得的增值税专用发票列入异常凭证范围的，按照本条A项规定执行 C. 消费税纳税人以外购或委托加工收回的已税消费品为原料连续生产应税消费品，尚未申报扣除原料已纳消费税税款的，暂不允许抵扣；已经申报抵扣的，冲减当期允许抵扣的消费税税款，当期不足冲减的应当补缴税款 D. 纳税信用A级纳税人取得异常凭证且已经申报抵扣增值税、办理出口退税或抵扣消费税的，可以自接到税务机关通知之日起10个工作日内，向主管税务机关提出核实申请。经税务机关核实，符合现行增值税进项税额抵扣、出口退税或消费税抵扣相关规定的，可不作进项税额转出、追回已退税款、冲减当期允许抵扣的消费税税款等处理。纳税人逾期未提出核实申请的，应于期满后按照本条A、B、C项规定作相关处理 E. 纳税人对税务机关认定的异常凭证存有异议，可以向主管税务机关提出核实申请。经税务机关核实，符合现行增值税进项税额抵扣或出口退税相关规定的，纳税人可继续申报抵扣或者重新申报出口退税；符合消费税抵扣规定且已缴纳消费税税款的，纳税人可继续申报抵扣消费税税款

续表

(3)走逃(失联)企业存续经营期间发生下列情形，所对应属期开具的增值税专用发票列入异常增值税扣税凭证范围的有(　)。
A. 商贸企业购进、销售货物名称严重背离的 B. 生产企业无实际生产加工能力且无委托加工，或生产能耗与销售情况严重不符，或购进货物并不能直接生产其销售的货物且无委托加工的 C. 直接走逃失踪不纳税申报，或虽然申报但通过填列增值税纳税申报表相关栏次，规避税务机关审核比对，进行虚假申报的

【考点子题——举一反三，真枪实练】

[84](2020年•多选题)下列情形中的增值税专用发票，应列入异常凭证范围的有(　)。

A. 非正常户纳税人未按规定缴纳税款的增值税专用发票

B. 经税务局大数据分析发现纳税人涉嫌虚开的增值税专用发票

C. 增值税发票管理系统稽核比对发现“缺联”的增值税专用发票

D. 纳税人丢失的税控设备中已开具并上传的增值税专用发票

【考点母题——万变不离其宗】综合计算题

[1](2016年•综合题改编)位于县城的某运输公司为增值税一般纳税人，具备国际运输资质，2022年7月经营业务如下：

(1)国内运送旅客，按售票统计取得价税合计金额177.6万元；运送旅客至境外，按售票统计取得价税合计金额53.928万元。

(2)运送货物，开具增值税专用发票注明运输收入金额260万元、装卸收入金额18万元。

(3)提供仓储服务，开具增值税专用发票注明仓储收入金额70万元、装卸收入金额6万元。

(4)修理、修配各类车辆，开具普通发票注明价税合计金额31.59万元。

(5)销售使用过的未抵扣进项税额的货运汽车6辆，该货运汽车均为2008年购置，开具普通发票注明价税合计金额24.72万元，该企业未放弃减税。

(6)进口轻型商用客车3辆自用，经海关核定的成交价共计57万元、运抵我国境内输入地点起卸前的运费6万元、保险费3万元。

(7)购进小汽车4辆自用，每辆单价16万元，取得销售公司开具的增值税专用发票注明金额64万元、税额8.32万元；另支付销售公司运输费用，取得运输业增值税专用发票注明运费金额4万元、税额0.36万元。

(8)购进汽油取得增值税专用发票注明金额10万元、税额1.3万元，90%用于公司运送旅客，10%用于公司接送员工上下班；购进矿泉水一批，取得增值税专用发票注明金额2万元、税额0.26万元，70%赠送给公司运送的旅客，30%用于公司集体福利。

（其他相关资料：假定进口轻型商用客车的关税税率为20%、消费税税率5%。）

要求：根据上述资料，按照下列顺序计算回答问题，如有计算需计算出合计数。

1. 计算业务（1）的销项税额。
2. 计算业务（2）的销项税额。
3. 计算业务（3）的销项税额。
4. 计算业务（4）的销项税额。
5. 计算业务（5）应缴纳的增值税。
6. 计算业务（6）进口轻型商用客车应缴纳的增值税。
7. 计算业务（7）购进小汽车可抵扣的进项税额。
8. 计算业务（8）购进汽油、矿泉水可抵扣的进项税额。
9. 计算该公司7月应向主管税务机关缴纳的增值税。
10. 计算该公司7月应缴纳的城市维护建设税、教育费附加和地方教育附加。
11. 计算该公司7月应缴纳的车辆购置税。

【答案及解析】

1. 业务（1）销项税额=177.6÷（1+9%）×9%=14.66（万元）
2. 业务（2）销项税额=260×9%+18×6%=24.48（万元）
3. 业务（3）销项税额=70×6%+6×6%=4.56（万元）
4. 业务（4）销项税额=31.59÷（1+13%）×13%=3.63（万元）
5. 业务（5）应纳税额=24.72÷（1+3%）×2%=0.48（万元）
6. 业务（6）进口轻型商用客车应缴纳增值税=（57+6+3）×（1+20%）÷（1−5%）×13%=10.84（万元）
7. 业务（7）购进小汽车可抵扣进项税额=8.32+0.36=8.68（万元）
8. 业务（8）购进汽油、矿泉水可抵扣进项税额=1.3×90%+0.26×70%=1.35（万元）
9. 该公司7月应向主管税务机关缴纳增值税=14.66+24.48+4.56+3.63+0.26×70%−（10.84+8.68+1.35）+0.48=27.12（万元）
10. 该公司7月应缴纳城市维护建设税、教育费附加和地方教育附加=27.12×（5%+3%+2%）=2.71（万元）
11. 该公司7月应缴纳车辆购置税=［（57+6+3）×（1+20%）÷（1−5%）+64］×10%=14.74（万元）

［2］（2018年•综合题改编）某市一家进出口公司为增值税一般纳税人，2022年7月发

生以下业务：

（1）从国外进口中档护肤品一批，该批货物在国外的买价为200万元人民币，由进出口公司支付的购货佣金10万元人民币，运抵我国海关卸货前发生的运输费为30万元人民币，保险费无法确定。该批货物已报关，取得海关开具的增值税专用缴款书。

（2）从境内某服装公司采购服装一批，增值税专用发票上注明的价款和税金分别为80万元和12.8万元。当月将该批服装全部出口，离岸价格为150万元人民币。

（3）将2020年购置的一处位于外省的房产出租，取得收入（含增值税）110万元。

（4）在公司所在地购置房产一处，会计上按固定资产核算，取得的增值税专用发票上注明的价款和税金分别为1500万元和135万元。

（5）当月将业务（1）购进的护肤品98%销售，取得不含增值税的销售收入300万元，2%作为本公司职工的福利并发放。

（其他相关资料：销售货物、提供有形动产租赁的增值税税率为13%，出口的退税率为13%，不动产租赁的增值税税率为9%，进口护肤品的关税税率为10%，期初留抵税额为0，相关票据均已比对认证。）

要求：根据上述资料，按照下列顺序计算回答问题，如有计算需计算出合计数。

（1）计算业务（1）应缴纳的进口关税。

（2）计算业务（1）应缴纳的进口环节增值税。

（3）计算业务（2）的出口退税额。

（4）计算业务（3）在不动产所在地应预缴的增值税和应预缴的城市维护建设税。

（5）计算业务（4）当月允许抵扣的进项税额。

（6）计算业务（5）的增值税销项税额。

（7）计算当月允许抵扣的进项税额。

（8）计算当月合计缴纳的增值税（不含预缴或扣缴的增值税）。

【答案及解析】

（1）关税完税价格为（200+30）×（1+3‰）=230.69（万元）

保险费无法确定时，保险费 =（货价 + 运费）×3‰

关税应纳税额 =230.69×10%=23.07（万元）

关税应纳税额 = 完税价格 × 关税税率

（2）进口环节增值税为（230.69+23.07）×13%=32.99（万元）

进口环节增值税 =（关税完税价格 + 关税）× 税率

（3）应退税额 =80×13%=10.4（万元）

（4）应预缴增值税为 110÷（1+9%）×3%=3.03（万元）

不动产经营租赁应预缴税款 = 含税销售额 ÷（1+9%）×3%

应预缴城市维护建设税 3.03×7%=0.21

（5）允许抵扣的进项税为 135 万元。

（6）销项税额为 300×13%=39（万元），2% 的职工福利不作为视同销售处理，故对 300 万应征收增值税。

（7）当月允许抵扣的进项税额为 32.99×98%+135=167.33（万元）

外购商品作为职工福利不作增值税视同销售处理，故进项税也不可抵扣。

（8）当月合计缴纳增值税为 110÷（1+9%）×9%+39−3.03−167.33=−122.28（万元）

[3]（2020 年 • 综合题改编）某连锁娱乐企业是增值税一般纳税人，主要经营室内游艺设施。2023 年 6 月经营业务如下：

（1）当月游艺收入价税合计 636 万元，其中门票收入为 300 万元，游戏机收入为 336 万元。当月通过税控系统实际开票价款为 280 万元。

（2）当月以融资性售后回租形式融资，作为承租人向出租人出售一台设备，设备公允价值为 80 万元。

（3）当月举办了卡通人物展览，消费者使用本企业发行的储值卡购买周边产品优惠 10%，当月使用储值卡售出的周边产品原价为 10 万元，优惠活动价为 9 万元，购物发票注明金额为 10 万元，优惠的 10% 以现金形式返还给消费者。

（4）进口一台应征消费税的小轿车，用于高管个人消费，关税完税价格为 70 万元。

（5）该企业符合增值税加计抵减条件，上期末加计抵减余额为 6 万元。

（6）当月申报抵扣的增值税专用发票的进项税合计 40 万元，其中包括：由于仓库管理员失职丢失的一批玩偶，进项税额为 3 万元，外购用于公司周年庆典的装饰用品，进项税为 4 万元，外购用于发放给优秀员工的手机，进项税额为 2 万元。

（其他相关资料：进口小轿车的关税税率为 15%，消费税税率为 5%，进口业务当月取得海关进口增值税专用缴款书，上述业务涉及的相关票据均已申报抵扣。）

要求：根据上述资料，按照下列顺序计算回答问题，如有计算需计算出合计数。

（1）计算业务（1）的销项税额。

（2）回答业务（2）出售设备的行为是否应缴纳增值税，并说明理由。

（3）计算业务（3）的销项税额。

（4）判断业务（3）在不考虑其他商业因素的情况下，是否存在税务规划的空间。如存在税务规划的空间，请说明规划方法及依据。

（5）计算业务（4）应缴纳的进口关税、消费税、车辆购置税以及进口环节增值税。

（6）计算当期可计提加计抵减的进项税额。

（7）计算当期应缴纳的增值税。

（8）计算可以结转下期抵减的增值税加计抵减额。

【答案及解析】

（1）业务（1）的销项税额 =636÷（1+6%）×6%=36（万元）

（2）出售设备不应缴纳增值税。

融资性售后回租业务中，承租方出售资产的行为，不征收增值税。

（3）业务（3）的销项税额 =10÷（1+13%）×13%=1.15（万元）

（4）存在税务规划的空间。

将折扣返现改为折扣销售，并将折扣额在同一张发票金额栏中注明，可按折扣后的金额计算缴纳增值税。

（5）进口环节关税 =70×15%=10.5（万元）

进口环节消费税 =（70+10.5）÷（1−5%）×5%=4.24（万元）

进口环节车辆购置税 =（70+10.5）÷（1−5%）×10%=8.47（万元）

进口环节增值税 =（70+10.5）÷（1−5%）×13%=11.02（万元）

（6）进项税额 =40−3−2=35（万元）

【提示】进口小汽车用于个人消费、丢失玩偶、外购手机发给员工，进项税均不得抵扣。

抵减前应纳增值税 =36+1.15−35=2.15（万元）

当期计提加计抵减额 =35×10%=3.5（万元）

当期可抵减加计抵减额 =6+3.5=9.5（万元）

抵减前应纳税额大于0，小于当期可抵减加计抵减额，所以当期可抵减加计抵减额抵减至零。当期可加计抵减的进项税额为2.15万元。

（7）当期应缴纳的增值税为0。

（8）可以结转下期抵减的增值税加计抵减额为9.5−2.15=7.35（万元）

［4］（2020年•综合题改编）位于市区的某餐饮企业为增值税一般纳税人。2023年5月经营业务如下：

（1）当月取得餐饮服务收入价税合计848万元，通过税控系统实际开票价款为390万元。

（2）将一家经营不善的餐厅连同所有资产、负债和员工一并打包转让给某个体工商户，取得转让对价100万元。

（3）向居民张某租入一家门面房用于餐厅经营，合同约定每月租金为3万元，租期为12个月，签约后已在本月一次性支付全额租金。

（4）当月向消费者发行餐饮储值卡3 000张，取得货币资金300万元；当月消费者使用储值卡购买了该餐饮企业委托外部工厂生产的点心礼盒，确认不含税收入 100 万元。

（5）将其拥有的某上市公司限售股在解禁流通后对外转让，相关收入和成本情况如下：

股数	初始投资成本（元 / 股）	IPO 发行价（元 / 股）	售价（元 / 股）
500 000	1.20	6.82	10.00

（6）转让其拥有的一个餐饮品牌的连锁经营权，取得不含税收入 300 万元。

（7）当月申报抵扣的进项税额合计 40 万元，其中包含：由于仓库管理员失职丢失的一批食品，进项税额为 3 万元；外购用于公司周年庆典的装饰用品，进项税额为 4 万元；外购用于发放给优秀奖员工的手机，进项税额为 2 万元。

（8）该企业符合增值税加计抵减的条件，上期末加计抵减余额为 6 万元。

（其他相关资料：财产租赁合同的印花税税率为 1‰）

要求：根据上述材料，按照下列顺序计算回答问题，如有计算需计算出合计数。

（1）计算业务（1）的销项税额。

（2）判断业务（2）是否需要缴纳增值税，并说明理由。

（3）判断业务（3）张某个人出租房屋是否可以享受增值税免税待遇，并说明理由。

（4）计算业务（3）餐饮企业应缴纳的印花税。

（5）计算业务（4）的销项税额。

（6）计算业务（5）的销项税额。

（7）计算业务（6）的销项税额。

（8）计算当期可以计提加计抵减的进项税额。

（9）计算当期应缴纳的增值税。

（10）计算当期应缴纳的城市维护建设税、教育费附加及地方教育附加。

【答案及解析】

（1）业务（1）的销项税额 =848 ÷（1+6%）× 6%=48（万元）。

（2）业务（2）不需要缴纳增值税。

理由：纳税人在资产重组过程中，通过合并、分立、出售、置换等方式，将全部或部分实物资产以及与其相关联的债权、负债和劳动力一并转让给其他单位和个人，不属于增值税的征税范围，不征收增值税。

（3）可以享受增值税免税待遇。

理由：其他个人采取一次性收取租金形式出租不动产，取得的租金收入，可在对应的租赁期内平均分摊，分摊后的月租金收入不超过10万元的，免征增值税。

（4）业务（3）餐饮企业应缴纳的印花税=3×12×1‰×10 000=360（元）。

（5）业务（4）销项税额=100×13%=13（万元）

接受单用途卡持卡人充值取得的预收资金，不缴纳增值税。

（6）业务（5）销项税额=（10−6.82）×500 000÷（1+6%）×6%=90 000（元）=9（万元）

公司首次公开发行股票并上市形成的限售股，以及上市首日至解禁日期间由上述股份孳生的送、转股，以该上市公司股票首次公开发行（IPO）的发行价为买入价。

（7）业务（6）销项税额=300×6%=18（万元）。

连锁经营权属于无形资产——其他权益性无形资产，适用6%的税率。

（8）可以计提加计抵减的进项税额=40−3−2=35（万元）。

（9）销项税额合计=48+13+9+18=88（万元）

准予抵扣的进项税额=35（万元）

本期计提的加计抵减额=35×10%=3.5（万元）

当期可抵减加计抵减额=6+3.5=9.5（万元）

增值税应纳税额=88−35−9.5=43.5（万元）

（10）应缴纳的城建税、教育费附加和地方教育附加=43.5×（7%+3%+2%）=5.22（万元）。

[5]（2021年•综合题）位于市区的某商贸企业为增值税一般纳税人。2021年4月经营业务如下：

（1）采用分期收款方式销售家居用品一批，价税合计3 390万元，按照合同约定4月份内收款80%，截止到4月30日未收到约定款项。

（2）转让位于本市区自建商铺一栋，取得含税销售额2 289万元。该商铺建于2015年。企业选择简易计税方法计征增值税。

（3）获得国债利息收入50万元。

（4）购买办公用品一批，取得增值税普通发票注明金额6万元、税额0.78万元。

（5）购买燃油载货汽车1辆自用，取得机动车销售统一发票，支付含税款项33.9万元，该载货汽车的整备质量为11吨。

（6）进口服装一批，关税完税价格为2 000万元，该批服装已报关，取得海关开具的进口增值税专用缴款书。

（7）员工因公境内出差，取得注明旅客身份信息的铁路车票，票面金额合计2.18万元。

（8）上月购进的一批化妆品因管理不善毁损，该批化妆品的进项税额 2.08 万元已在上期申报抵扣。

（其他相关资料：进口服装的关税税率为 15%，载货汽车车船税年税额 60 元 / 吨，员工与企业签订了劳动合同，期初留抵额为 0。）

要求：根据上述资料，按照顺序计算回答问题，如有计算需计算出合计数。

（1）计算业务（1）的销项税额。

（2）计算业务（2）应缴纳的增值税。

（3）判断业务（3）是否需要缴纳增值税，并说明理由

（4）判断业务（4）的进项税额能否抵扣，并说明理由。

（5）计算业务（5）应缴纳的车辆购置税，2021 年应缴纳的车船税。

（6）计算业务（6）应缴纳的关税、进口环节增值税。

（7）判断业务（7）能否抵扣进项税额，并说明理由。

（8）计算 4 月可抵扣的进项税额。

（9）计算 4 月应向主管税务机关缴纳的增值税。

（10）计算 4 月应缴纳的城市维护建设税、教育费附加和地方教育附加。

【答案及解析】

（1）销项税额 =3390×80%÷（1+13%）×13%=312（万元）。

【知识点】销项税额的计算

（2）应缴纳的增值税 =2 289÷（1+5%）×5%=109（万元）。

【知识点】增值税应纳税额的计算

（3）不需要。

理由：国债利息收入，免征增值税。

【知识点】增值税的税收优惠

（4）不能。

理由：除另有规定外，增值税普通发票不能作为增值税合法扣税凭证。即，取得的增值税扣税凭证不符合法律、行政法规或者国务院税务主管部门有关规定的，其进项税额不得从销项税额中抵扣。

【知识点】增值税进项税额的确定

（5）应缴纳的车辆购置税 =33.9÷（1+13%）×10%=3（万元）

2021 年应缴纳的车船税 =11×60÷12×9÷10 000=0.05（万元）

应缴纳的车辆购置税和 2021 年应缴纳的车船税合计 =3+0.05=3.05（万元）。

【知识点】车辆购置税、车船税应纳税额的计算

（6）应缴纳的关税 =2 000×15%=300（万元）

进口环节增值税 =（2 000+300）×13%=299（万元）

应缴纳的关税、进口环节增值税合计 =300+299=599（万元）。

【知识点】进口环节关税、增值税应纳税额的计算

（7）能。

理由：自 2019 年 4 月 1 日起，纳税人购进国内旅客运输服务，符合规定的，其进项税额允许从销项税额中抵扣。“国内旅客运输服务”，限于与本单位签订了劳动合同的员工，以及本单位作为用工单位接受的劳务派遣员工发生的国内旅客运输服务。取得注明旅客身份信息的铁路车票的，铁路旅客运输进项税额 = 票面金额 ÷（1+9%）×9%。

【知识点】购进国内旅客运输服务进项税额的确定

（8）4 月可抵扣的进项税额 =33.9÷（1+13%）×13%+299+2.18÷（1+9%）×9%−2.08=301（万元）。

【知识点】增值税进项税额的确定

（9）4 月应向主管税务机关缴纳的增值税 =312−301+109=120（万元）。

【知识点】增值税应纳税额的计算

（10）应缴纳的城市维护建设税、教育费附加和地方教育附加 =120×（7%+3%+2%）=14.4（万元）。

【知识点】城市维护建设税及附加的计算

［本章考点子题答案及解析］

［1］【答案：ABC】金融商品持有期间（含到期）取得的非保本的收益，不属于利息或利息性质的收入，不征收增值税，选项 D 错误。选项 A、B、C 均按照贷款服务缴纳增值税。

［2］【答案：B】出租车公司向使用本公司自有出租车的出租车司机收取的管理费用，按照陆路运输服务缴纳增值税。

［3］【答案：B】选项 A 为金融服务中的贷款服务，选项 B 为现代服务中租赁服务，选项 C 为交通运输服务中航空运输服务，选项 D 为现代服务中文化创意服务。

［4］【答案：ACD】选项 ACD：属于物流辅助服务；选项 B：属于交通运输服务。

［5］【答案：B】选项 AD：应按照“生活服务”计征增值税。选项 C：应按照“金融服务”计征增值税。

［6］【答案：ABC】选项 ABC：属于销售无形资产；选项 D：属于现代服务中文化创意服务。

［7］【答案：CD】选项 CD：属于销售不动产；选项 A：属于销售无形资产；选项 B：属于租赁服务。

［8］【答案：AB】选项 A 单位为员工无偿提供的服务属于非经营活动不缴纳增值税，不征收增值税；

选项 B 单位向其他单位或者个人无偿销售应税服务用于公益事业或者以社会公众为对象，不需要缴纳增值税；选项 CD 均属于视同销售需要缴纳增值税的情形。

[9] 【答案：ABD】选项 C 出售的不动产不在境内，不属于在境内销售的服务；选项 ABD 属于在境内销售的服务、无形资产或不动产。

[10]【答案：ACD】选项 A，属于境外单位或者个人向境内单位或者个人销售的完全在境内使用的无形资产；选项 C，属于境外单位或者个人向境内单位或者个人销售的未完全在境外使用的无形资产；选项 D，属于境外单位或者个人向境内单位或者个人销售的完全在境内发生的服务。因此，选项 ACD 均正确。选项 B，所销售的不动产在境外，不缴纳增值税。

[11]【答案：C】取得存款利息、被保险人获得的保险赔付是满足四个增值税征税条件但不需要缴纳增值税的情形，AB 项错误；与其销售货物、劳务、服务、无形资产、不动产的收入或者数量无关的财政补贴收入不属于增值税的征税范围，不征收增值税，D 项错误。

[12]【答案：A】A 选项视同销售。选项 B：被保险人获得的保险赔付，不征收增值税；选项 C：房地产主管部门或者其指定机构、公积金管理中心、开发企业以及物业管理单位代收的住宅专项维修资金，不属于增值税征收范围，不征收增值税；选项 D：融资性售后回租业务中承租方出售资产的行为，不属于增值税征收范围，不征收增值税。

[13]【答案：BCD】选项 A：根据国家指令无偿提供的铁路运输服务、航空运输服务，属于用于公益事业的服务，不征收增值税。

[14]【答案：BD】A 选项：设有两个以上机构并实行统一核算的纳税人，将货物从一个机构移送其他机构用于销售，属于视同销售行为，但相关机构设在同一县（市）的除外；C 选项：将自产、委托加工的货物用于集体福利或者个人消费属于视同销售行为，而外购货物用于集体福利或者个人消费不视同销售，但购买货物的进项税需要做进项税额转出处理。

[15]【答案：C】将自产、委托加工的货物用于非增值税应税项目、集体福利或者个人消费的，属于增值税视同销售行为，但将购进的货物用于这三项的，不属于增值税视同销售行为，所以选项 ABD 不正确。

[16]【答案：B】一项销售行为如果既涉及货物又涉及服务，为混合销售。B 项销售货物的同时又提供了安装服务，因此属于混合销售行为。

[17]【答案：B】以承包、承租、挂靠方式经营的，承包人、承租人、挂靠人（以下统称承包人）以发包人、出租人、被挂靠人（以下统称发包人）名义对外经营并由发包人承担相关法律责任的，以该发包人为纳税人；否则以承包人为纳税人。

[18]【答案：B】应扣缴增值税 =106 ÷（1+6%）× 6%=6（万元）。

[19]【答案：A】小规模纳税人年应征增值税销售额超过 500 万元应向税务机关申请办理一般纳税人登记。

[20]【答案：ABC】根据规定，一般纳税人认定标准的年应税销售额，是指纳税人在连续不超过 12 个月的经营期内累计应征增值税销售额，包括纳税申报销售额、稽查查补销售额、纳税评估调整销售额。

[21]【答案：BD】选项 A：销售服务、无形资产或者不动产（以下简称应税行为）有扣除项目的纳税人，其应税行为年应税销售额按未扣除之前的销售额计算；选项 C：一般纳税人认定标准的年应

税销售额，是指纳税人在连续不超过 12 个月的经营期内累计应征增值税销售额，包括纳税申报销售额、稽查查补销售额、纳税评估调整销售额。

[22] 【答案：BC】选项 A：个体工商户不属于“其他个人”，不是必须按照小规模纳税人纳税的情形；选项 D：年应税销售额超过规定标准的其他个人，按小规模纳税人纳税。

[23] 【答案：AB】选项 C：从试点区域内其他试点企业购买的未经加工的保税货物，适用保税政策；选项 D：向境内区外销售的货物需要缴纳增值税、消费税。

[24] 【答案：D】选项 ABC 适用 13% 税率，D 选项为正确选项。

[25] 【答案：A】选项 BC 属于完全发生在境外的应税行为，属于免税项目；选项 C，境内单位和个人以无运输工具承运方式提供的国际运输服务，由境内实际承运人适用增值税零税率，而无运输工具承运业务的经营者适用增值税免税政策。

[26] 【答案：D】选项 A 和选项 C 适用 9% 税率，选项 B 适用 13% 税率，选项 D 按照销售无形资产缴纳增值税，适用 6% 税率。

[27] 【答案：ABD】小规模纳税人一律采用简易计税方法计税，但是一般纳税人发生应税销售行为可以选择适用简易计税方法。增值税一般纳税人提供的公共交通运输服务、电影放映服务、仓储服务、装卸搬运服务、收派服务、文化体育服务等可以选择适用简易计税方法计税，ABD 项正确。选项 C 非企业性单位中的一般纳税人提供的研发和技术服务、信息技术服务、鉴证咨询服务，以及销售技术、著作权等无形资产，可选择简易办法。

[28] 【答案：ABC】县级及县级以下水力发电单位生产的电力可以按照简易办法缴纳增值税，而非火力发电，选项 D 为错误选项。

[29] 【答案：C】小规模纳税人销售自己使用过的固定资产，减按 2% 征收率征收增值税。小规模纳税人销售自己使用过的除固定资产以外的物品，应按 3% 的征收率征收增值税。

应纳增值税 =309 000/（1+3%）×2%+20 600/（1+3%）×3%=6 600（元）。

[30] 【答案：AD】选项 BC 属于增值税混合销售。

[31] 【答案：A】销售货物的同时代办保险等而向购买方收取的保险费，以及向购买方收取的代购买方缴纳的车辆购置税、车辆牌照费，不包括在价外费用中。

[32] 【答案：B】纳税人采取折扣方式销售货物，销售额和折扣额在同一张发票上“金额”栏分别注明的，可按折扣后的销售额征收增值税。增值税销项税额 =80×0.7×1 000×13% =7 280（元）。

[33] 【答案：ABCD】选项 ABCD 均属于以物易物销售方式，双方都应作购销处理，以各自发出的应税销售行为核算销售额并计算销项税额，以各自收到的货物、劳务、服务、无形资产、不动产按规定核算购进金额并计算进项税额。

[34] 【答案：B】纳税人采取以旧换新方式销售货物（金银首饰除外），应按新货物的同期销售价格确定销售额。销项税额 =25×5 650÷（1+13%）×13%=16 250（元）。

[35] 【答案：B】以物易物双方都应作购销处理，以各自发出的应税销售行为核算销售额并计算销项税额，以各自收到的货物核算购进金额并计算进项税额。机床厂本月增值税销项税额 =10×60×13%=78（万元）。

[36] 【答案：A】选项 B，纳税人为销售货物而出借包装物收取的押金，单独记账核算的，时间在一年内，又未过期的，不并入销售额征税；但对逾期未收回包装物而不再退还的包装物押金，应按所

包装货物的适用税率计算纳税。选项 CD，对销售除啤酒、黄酒以外的其他酒类产品收取包装物押金，无论是否返还以及会计上如何核算，均应并入销售额征税。

[37]【答案：AD】选项 A 正确；选项 B：贷款服务以提供贷款服务取得的全部利息及利息性质的收入为销售额，不得扣减存款利息支出；选项 C：自结息日起 90 天后发生的应收未收利息暂不缴纳增值税，待实际收到利息时按规定缴纳增值税。选项 D：货币兑换服务为直接收费金融服务，以手续费作为销售额，说法正确。

[38]【答案：C】转让金融产品，按照卖出价扣除买入价后的余额确定销售额。选项 ABD 都是按照“全额”计算销售额。

[39]【答案：AD】货物保管收入和装卸搬运收入按照“物流辅助服务”计算增值税销项税额。选项 A：货物保管收入的销项税额 =40.28/（1+6%）×6%=2.28（万元）；选项 B：装卸搬运收入的销项税额 =97.52/（1+6%）×6%=5.52（万元）；选项 C：国际运输收入适用零税率不需要计算销项税额；选项 D：国内运输收入应按“交通运输业”计算增值税销项税额 =754.8/（1+9%）×9%=62.3（万元）。

[40]【答案：A】贷款服务，以提供贷款服务取得的全部利息及利息性质的收入为销售额，A 项正确；金融商品转让，按照卖出价扣除买入价后的余额为销售额，B 项错误；经纪代理服务，以取得的全部价款和价外费用，扣除向委托方收取并代为支付的政府性基金或者行政事业性收费后的余额为销售额，C 项错误；一般纳税人提供客运场站服务，以其取得的全部价款和价外费用，扣除支付给承运方运费后的余额为销售额，D 项错误；所以 BCD 都是按照差额确定销售额，BCD 项错误。

[41]【答案：D】选项 A，直接收费金融服务以提供直接收费金融服务收取的手续费、佣金、酬金、管理费、服务费、经手费、开户费、过户费、结算费、转托管费等各类费用为销售额。选项 B，贷款服务，以提供贷款服务取得的全部利息及利息性质的收入为销售额。选项 C，现金折扣是一种融资性质的理财费用，因此，折扣不得从销售额中减除。选项 D，一般纳税人提供客运场站服务，以其取得的全部价款和价外费用，扣除支付给承运方运费后的余额为销售额。

[42]【答案：B】选项 A：房地产企业一般纳税人采用一般计税方法销售房地产销售额为收入扣除土地价款后的差额；选项 C：经纪代理服务的销售额为收入扣除向委托方收取并代为支付的政府性基金或行政事业性收费后的余额；选项 D：一般融资租赁服务销售额为收入扣除借款利息、发行债券利息、车辆购置税后的余额。

[43]【答案：A】将购进的货物用于集体福利，不视同销售，不计算销项税额。361.6÷（1+13%）×13%=41.6（万元）。

[44]【答案：C】赠送时销项税额 =40÷（1+13%）×13%=4.6（万元）。

[45]【答案：B】（1）金银首饰以旧换新的，应按照销售方实际收取的不含增值税的全部价款征收增值税。以旧换新每条项链的销售额：29 380÷（1+13%）−12 000=14 000（元）；销项税额 =14 000×100×13%=182 000（元）。

（2）商场赠送业务关系户的金戒指应当缴纳增值税。经购进货物对外赠送，视同销售货物。因无市场同类价格，按组成计税价格计算销售额。组成计税价格 =20×3 500×（1+6%）÷（1−5%）=78 105.26（元）；销项税额 =78 105.26×13%=10 153.68（元）。

（3）合计销项税额 =182 000+10 153.68=192 153.68（元）。

[46]【答案：B】纳税人从批发、零售环节购进适用免征增值税政策的蔬菜、部分鲜活肉蛋而取得的普通发票，不得作为计算抵扣进项税额的凭证。该企业可抵扣进项税 =500÷（1+5%）×5%+300=323.81（元）。

[47]【答案：D】"国内旅客运输服务"，限于与本单位签订了劳动合同的员工，以及本单位作为用工单位接受的劳务派遣员工发生的国内旅客运输服务，赴日本出差属于国际运输服务，不可抵扣进项税。航空旅客运输进项税额 =（票价 + 燃油附加费）÷（1+9%）×9%=（3 500+450）÷（1+9%）×9%=326.15（元）。铁路旅客运输进项税额 = 票面金额 ÷（1+9%）×9%=1200÷（1+9%）×9%=99.08（元）。公路、水路等其他旅客运输进项税额 = 票面金额 ÷（1+3%）×3%=300÷（1+3%）×3%=8.74（元）。出租车票未注明旅客身份信息，不可抵扣进项税。总计 =326.15+99.08+8.74=433.97（元）。

[48]【答案：B】不得抵扣且未抵扣进项税额的不动产，发生用途改变，用于允许抵扣进项税额的应税项目，可在用途改变的次月抵扣的进项税额。2023 年 1 月可以抵扣的进项税额 =197.5÷（1+9%）×9%=16.31（万元）。

[49]【答案：ACD】选项 B：购入鉴证咨询服务，取得增值税专用发票，可以抵扣进项税额。

[50]【答案：C】该企业当期转出的进项税额 =（10 000−1 000）/（1−10%）×10%+1 000×9%=1 090（元）。

[51]【答案：B】自 2023 年 1 月 1 日至 2023 年 12 月 31 日，允许生产性服务业纳税人按照当期可抵扣进项税额加计 5% 抵减应纳税额。生产性服务业纳税人是指提供邮政服务、电信服务、现代服务、生活服务取得的销售额占全部销售额的比重超过 50% 的纳税人。

[52]【答案：C】（1）当期计提加计抵减额 =100×10%=10（万元）；（2）当期可抵减加计抵减额 = 上期末加计抵减额余额 + 当期计提加计抵减额 - 当期调减加计抵减额 =3+10=13（万元）；（3）一般计税项目抵减前的应纳税额 =130−100=30（万元），抵减后的应纳税额 =30−13=17（万元），抵减后的加计抵减额余额为 0；（4）简易计税项目应纳税额 =10×3%=0.3（万元）；（5）该企业当期应缴纳的增值税税额 = 一般计税项目应纳税额 + 简易计税项目应纳税额 =17+0.3=17.3（万元）。

[53]【答案：BD】食品生产企业不能享受部分先进制造业的增值税增量留抵退税政策。2019 年 6 月纳税所属期起，连续六个月增量留抵税额分别为 6 万元、3 万元、56 万元、13 万元、23 万元、58 万元，均大于零，且第六个月增量留抵税额为 58 万元，符合税法规定的不低于 50 万元的标准，并且符合其他留抵退税条件。因此次年 1 月可以享受增值税增量留抵退税政策。允许退还的增量留抵税额 =58×（75+10）/100×60%=29.58（万元）。

[54]【答案：C】存量留抵税额，区分以下情形确定：①纳税人获得一次性存量留抵退税前，当期期末留抵税额大于或等于 2019 年 3 月 31 日期末留抵税额的，存量留抵税额为 2019 年 3 月 31 日期末留抵税额；当期期末留抵税额小于 2019 年 3 月 31 日期末留抵税额的，存量留抵税额为当期期末留抵税额。②纳税人获得一次性存量留抵退税后，存量留抵税额为零。甲公司符合留抵退税条件，2019 年 3 月 31 日的期末留抵税额为 100 万元，2022 年 4 月申请一次性存量留抵退税时，如果当期期末留抵税额为 120 万元，则甲公司的存量留抵税额为 100 万元。

[55]【答案：AC】向供货方收取的与商品销售量、销售额挂钩（如以一定比例、金额、数量计算）的各

种返还收入，均应按照平销返利行为的有关规定冲减当期增值税进项税金。卖场因销售空调而产生的销项税额 =40×（30÷50）×13%=3.12（万元）；当期应冲减进项税金 =0.1×40÷（1+13%）×13%=0.46（万元）；当月准予抵扣的进项税额 =30×13%−0.46=3.44（万元）。

[56]【答案：A】纳税人提供的适用简易计税方法计税的应税服务，因服务中止而退还给客户的销售额，应当从当期销售额中扣减。该咨询公司应纳增值税 =（30−15）÷（1+1%）×1%=0.15（万元）。

[57]【答案：B】该企业 6 月最终的计税销售额 =15−2=13（万元），该企业 6 月应缴纳的增值税 =13×1%=0.13（万元）。

[58]【答案：A】（66950+170980）÷（1+1%）×1%=2355.74（元）。

[59]【答案：A】2017 年 7 月 1 日（含）以后，资管产品运营过程中发生的增值税应税行为，以资管产品管理人为增值税纳税人，按照现行规定缴纳增值税。

[60]【答案：A】对代理进口货物以海关开具的海关进口增值税专用缴款书上的纳税人为增值税纳税人，即 A 公司。

[61]【答案：C】进口环节应纳增值税 =[（300+3+2）×6.7×（1+25%）]÷（1−5%）×13%=349.55（万元）。

[62]【答案：C】由于李某所购箱包未超过单次 5 000 元，从而免征关税，但需缴纳增值税，李某应纳增值税 =4 700×13%×70% =427.7（元）。

[63]【答案：C】对进料加工复出口货物，企业应以出口货物人民币离岸价扣除出口货物耗用的保税进口料件金额的余额为增值税退（免）税的计税依据。

[64]【答案：A】当期不得免征和抵扣税额为：当期出口货物离岸价 ×（出口货物征收率 − 出口退税率）× 外汇人民币折合率 =200×（13%−10%）=6（万元），故答案为 A 选项。

[65]【答案：D】

①“免、抵、退”税不得免征和抵扣税额抵减额 =100×50%×（13%−10%）=1.5（万元）

②“免、抵、退”税不得免征和抵扣税额 =200×（13%−10%）−1.5=4.5（万元）

③当期应纳税额 =300×13%−（19.5−4.5）−4=20（万元）

④“免、抵、退”税额抵减额 =100×50%×10%=5（万元）

⑤出口货物“免、抵、退”税额 =200×10%−5=15（万元）

[66]【答案：ACD】选项 B，用于境外承包项目的货物享受免税并退税政策。

[67]【答案：ABC】选项 ABC 享受免税不退税的政策，选项 D 采用零税率，享受免抵退税政策。

[68]【答案：C】出口货物、劳务和跨境应税行为若已按征退税率之差计算不得免征和抵扣税额并已经转入成本的，相应的税额应转回进项税额。该货物视同内销计提销项税额 =400÷（1+13%）×13%=46（万元）；可抵扣的进项税额 =400×（13%−10%）=12（万元）；应补缴的增值税 =46−12=34（万元）。

[69]【答案：BD】不适用增值税退税政策的情形有：购买非合理自用范围内的生活办公类货物和服务；购买货物单张发票销售金额（含税价格）不足 800 元人民币（自来水、电、燃气、暖气、汽油、柴油除外），购买服务单张发票销售金额（含税价格）不足 300 元人民币；个人购买除车辆和房租外的货物和服务，每人每年申报退税的销售金额（含税价格）超过 18 万元人民币的部分。因此本题答案为选项 B 和 D。

[70]【答案：D】不足2年的普通标准住房转让，应缴纳的增值税=120×5%=6（万元）。

[71]【答案：AD】房地产开发企业开发新项目适用一般计税方法，预缴税款=20 000÷（1+9%）×3%=550.46（万元）；向主管税务机关申报纳税税额=（全部价款和价外费用－当期允许扣除的土地价款）÷（1+9%）×9%－进项税额－预缴税款=（20 000−7 000）÷（1+9%）×9%−200−550.46=322.93（万元）。

[72]【答案：D】采用甲供工程方式，使用简易计税方法，不可扣除进项税额。增值税=（全部价款和价外费用－支付的分包款）÷（1+3%）×3%=（1 000−300）÷（1+3%）×3%=20.39（万元）。

[73]【答案：D】其他个人，采取一次性收取租金形式出租不动产取得的租金收入，可在对应的租赁期内平均分摊，分摊后的月租金收入未超过10万元的，免征增值税。

[74]【答案：BC】甲企业在B市出租写字楼预缴税款=13÷（1+9%）×3%=0.36（万元）；甲公司在A市应缴纳增值税额=90÷（1+6%）×6%+13÷（1+9%）×9%−1−0.36=4.8（万元）。

[75]【答案：ACD】选项B：按照贷款服务缴纳增值税。

[76]【答案：ABC】选项D，应按现代服务业征收增值税。

[77]【答案：D】选项ABC符合"营改增通知"及有关部门规定的免税项目。

[78]【答案：A】增值税一般纳税人销售其自行开发生产的软件产品，按13%税率征收增值税后，对其增值税实际税负超过3%的部分实行即征即退政策。应纳增值税=500×13%−70×13%=55.9（万元），超过了3%的实际税负，对于超过部分即征即退，实际缴纳增值税=500×3%=15（万元）。

[79]【答案：B】选项AC：增值税起征点仅适用于按照小规模纳税人纳税的个体工商户和其他个人；选项D：安置残疾人单位既符合促进残疾人就业增值税优惠政策条件，又符合其他增值税优惠政策条件的，可同时享受多项增值税优惠政策，但年度申请退还增值税总额不得超过本年度内应纳增值税总额。

[80]【答案：C】以1个季度为纳税期限的规定适用于小规模纳税人、银行、财务公司、信托投资公司、信用社，以及财政部和国家税务总局规定的其他纳税人。不能按照固定期限纳税的，可以按次纳税。

[81]【答案：CD】选项A：采取直接收款方式销售货物，不论货物是否发出，均为收到销售款或者取得索取销售款凭据的当天；选项B：委托其他纳税人代销货物，为收到代销单位的代销清单或者收到全部或者部分货款的当天。未收到代销清单及货款的，为发出代销货物满180天的当天。

[82]【答案：C】采取赊销和分期收款方式销售货物，纳税义务发生时间为书面合同约定的收款日期的当天。纳税人提供租赁服务采取预收款方式的，其纳税义务发生时间为收到预收款的当天。
当月该企业应纳增值税=50×13%+60×9%=11.9（万元）。

[83]【答案：ABD】商业企业一般纳税人零售的烟、酒、食品、服装、鞋帽（不包括劳保专用部分）、化妆品等消费品、销售免税货物以及应税销售行为的购买方为消费者个人的不得开具专用发票。

[84]【答案：ABC】D选项，纳税人丢失、被盗税控专用设备中未开具或已开具未上传的增值税专用发票才应列入异常凭证。

第 3 章　消费税法

本章思维导图

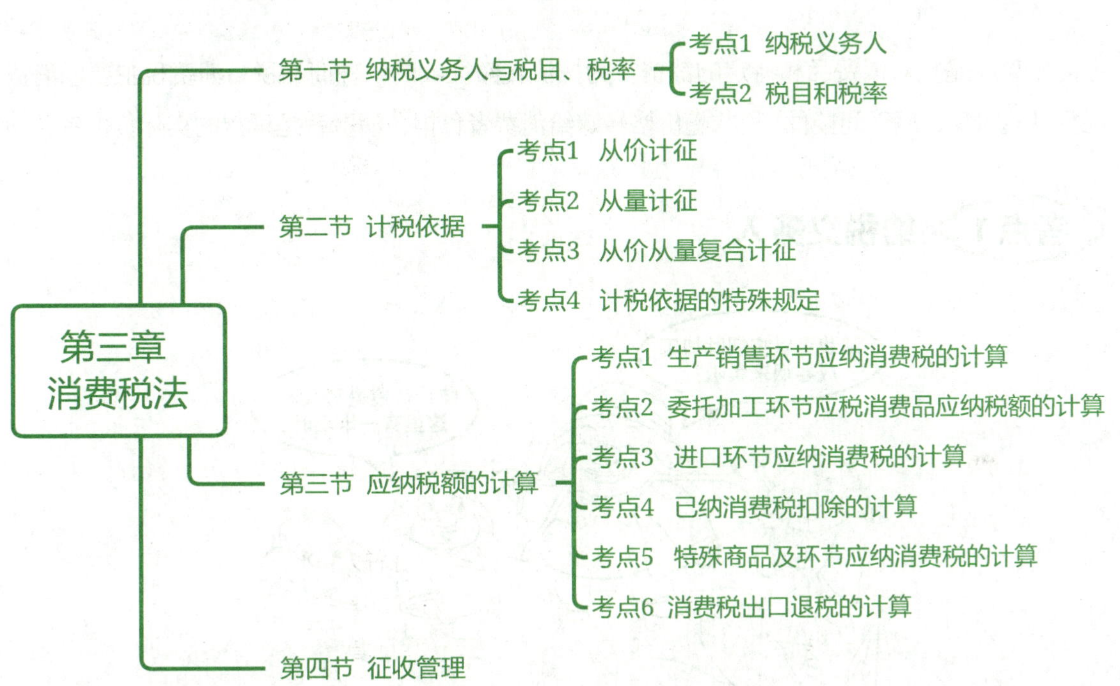

近三年本章考试题型及分值分布

题型	2022 年	2021 年	2020 年
单选题	2 题 2 分	2 题 2 分	2 题 2 分
多选题	1 题 1.5 分	2 题 3 分	1 题 1.5 分
计算问答题		1 题 5 分	1 题 6 分
综合题	1 题 1 分		
合计	3 题 4.5 分	5 题 10 分	4 题 9.5 分

第一节 纳税义务人与税目、税率

消费税是指对消费品和特定的消费行为按流转额征收的一种商品税。消费税主要以消费品为课税对象，属于间接税，税收随价格转嫁给消费者负担，消费者是税款的实际负担者。

考点1 纳税义务人

【考点母题——万变不离其宗】纳税义务人

下列关于消费税纳税义务人表述正确的是（ ）。
A. 在中华人民共和国境内生产、委托加工和进口消费税暂行条例规定的消费品的单位和个人 【说明】 1. 征收范围具有选择性：目前列举15种法定消费品。 2. 征税环节具有单一性：一般在生产、委托加工、进口环节；除另有规定外（卷烟、超豪华小汽车、金银首饰），批发、零售环节一般不缴纳消费税。

【考点子题——举一反三，真枪实练】

[1]（经典例题·单选题）下列各项中属于消费税纳税人的是（ ）。

A. 受托加工高档化妆品的企业　　B. 销售啤酒的百货商场

C. 进口普通化妆品的外贸公司　　D. 委托加工卷烟的企业

考点 2　税目和税率

【考点题源——万变不离其宗】消费税税目和税率

<table>
<tr><th colspan="3">税目</th><th>税率</th></tr>
<tr><td rowspan="8">A. 烟</td><td rowspan="3">卷烟</td><td>甲类卷烟：每标准条（200 支）调拨价格 ≥ 70 元（不含增值税）的卷烟</td><td>56%+0.003 元 / 支</td></tr>
<tr><td>乙类卷烟：每标准条（200 支）调拨价格 <70 元（不含增值税）的卷烟</td><td>36%+0.003 元 / 支</td></tr>
<tr><td>批发环节</td><td>11%+0.005 元 / 支</td></tr>
<tr><td colspan="2">雪茄烟</td><td>36%</td></tr>
<tr><td>烟丝</td><td></td><td>30%</td></tr>
<tr><td rowspan="2">电子烟（新增）</td><td>在生产（进口）环节</td><td>36%</td></tr>
<tr><td>批发环节</td><td>11%</td></tr>
<tr><td colspan="3">【说明】1 标准条 =200 支；1 标准箱 =250 标准条。</td></tr>
<tr><td rowspan="6">B. 酒</td><td colspan="2">白酒
【说明】适用“白酒”税率的税目还包括除属于适用于“其他酒”税率以外的其他配制酒。</td><td>20%+0.5 元 /500 克（或者 500 毫升）</td></tr>
<tr><td colspan="2">黄酒</td><td>240 元 / 吨</td></tr>
<tr><td rowspan="3">啤酒</td><td>甲类啤酒：每吨不含增值税出厂价格（含包装物及包装物押金）≥ 3 000 元</td><td>250 元 / 吨</td></tr>
<tr><td>乙类啤酒：每吨不含增值税出厂价格（含包装物及包装物押金）<3 000 元</td><td>220 元 / 吨</td></tr>
<tr><td colspan="2">【说明】
（1）果啤属于啤酒。
（2）对饮食业、商业、娱乐业举办的啤酒屋（啤酒坊）利用啤酒生产设备生产的啤酒，应当征收消费税。</td></tr>
</table>

续表

<table>
<tr><td>B. 酒</td><td>其他酒</td><td>适用“其他酒”税率的税目包括（1）以蒸馏酒或食用酒精为酒基，
具有国家相关部门批准的国食健字或卫食健字文号并且酒精度低于38度（含）的配制酒;（2）以发酵酒为酒基，酒精度低于20度（含）的配制酒;（3）葡萄酒</td><td>10%</td></tr>
<tr><td>C. 高档化妆品</td><td colspan="2">高档美容、修饰类化妆品和高档护肤类化妆品是指生产（进口）环节销售（完税）价格（不含增值税）在10元/毫升（克）或15元/片（张）及以上的美容、修饰类化妆品和护肤类化妆品
【说明】舞台、戏剧、影视演员化妆用的上妆油、卸妆油、油彩，不属于本税目的征收范围。</td><td>15%</td></tr>
<tr><td rowspan="3">D. 贵重首饰及珠宝玉石</td><td colspan="2">金银首饰、铂金首饰和钻石及钻石饰品（零售环节）</td><td>5%</td></tr>
<tr><td colspan="2">其他贵重首饰和珠宝玉石</td><td>10%</td></tr>
<tr><td colspan="3">【说明】
1. 对出国人员免税商店销售的金银首饰征收消费税。
2. 金银首饰、铂金首饰和钻石及钻石饰品在零售环节征税。</td></tr>
<tr><td>E. 鞭炮、焰火</td><td colspan="2">【说明】体育上用的发令纸、鞭炮药引线，不按本税目征收。</td><td>15%</td></tr>
<tr><td rowspan="8">F. 成品油</td><td colspan="2">汽油
【说明】以汽油、汽油组分调和生产的甲醇汽油、乙醇汽油也属于本税目征收范围。</td><td>1.52元/升</td></tr>
<tr><td colspan="3">柴油
【说明】符合国家标准且生产原料中废弃的动物油和植物油用量所占比重不低于70%的纯生物柴油，免征消费税。
1.2元/升</td></tr>
<tr><td colspan="2">石脑油</td><td>1.52元/升</td></tr>
<tr><td colspan="2">溶剂油
【说明】橡胶填充油、溶剂油原料，属于溶剂油征收范围。</td><td>1.52元/升</td></tr>
<tr><td colspan="2">航空煤油
【说明】航空煤油的消费税暂缓征收。</td><td>1.2元/升</td></tr>
<tr><td colspan="2">润滑油
【说明】变压器油、导热类油等绝缘油类产品不属于润滑油，不征收消费税。</td><td>1.52元/升</td></tr>
<tr><td colspan="2">燃料油</td><td>1.2元/升</td></tr>
<tr><td colspan="3">【说明】符合规定条件下，纳税人利用废矿物油为原料生产的润滑油基础油、汽油、柴油等工业油料免征消费税。</td></tr>
</table>

续表

<table>
<tr><td rowspan="11">G. 小汽车</td><td rowspan="7">乘用车</td><td colspan="2">（1）气缸容量（排气量，下同）在1.0升（含1.0升）以下</td><td>1%</td></tr>
<tr><td colspan="2">（2）气缸容量在1.0升以上至1.5升（含1.5升）</td><td>3%</td></tr>
<tr><td colspan="2">（3）气缸容量在1.5升以上至2.0升（含2.0升）</td><td>5%</td></tr>
<tr><td colspan="2">（4）气缸容量在2.0升以上至2.5升（含2.5升）</td><td>9%</td></tr>
<tr><td colspan="2">（5）气缸容量在2.5升以上至3.0升（含3.0升）</td><td>12%</td></tr>
<tr><td colspan="2">（6）气缸容量在3.0升以上至4.0升（含4.0升）</td><td>25%</td></tr>
<tr><td colspan="2">（7）气缸容量在4.0升以上</td><td>40%</td></tr>
<tr><td colspan="4">【说明】用排气量小于1.5升（含）的乘用车底盘（车架）改装、改制的车辆属于乘用车征收范围。</td></tr>
<tr><td colspan="3">中轻型商用客车
【说明】用排气量大于1.5升的乘用车底盘（车架）或用中轻型商用客车底盘（车架）改装、改制的车辆属于中轻型商用客车征收范围。</td><td>5%</td></tr>
<tr><td colspan="2">超豪华小汽车</td><td>每辆零售价格130万元（不含增值税）及以上的乘用车和中轻型商用客车</td><td>10%
（零售环节）</td></tr>
<tr><td colspan="4">【说明】
1. 电动汽车不属于本税目征收范围。
2. 车身长度大于7米（含），并且座位在10-23座（含）以下的商用客车，不属于中轻型商用客车征税范围，不征收消费税。
3. 沙滩车、雪地车、卡丁车、高尔夫车不属于消费税征收范围，不征收消费税。</td></tr>
<tr><td rowspan="3">H. 摩托车</td><td colspan="3">气缸容量为250毫升</td><td>3%</td></tr>
<tr><td colspan="4">气缸容量为250毫升以上
10%</td></tr>
<tr><td colspan="4">【说明】气缸容量250毫升（不含）以下的小排量摩托车不征收消费税。</td></tr>
<tr><td>I. 高尔夫球及球具</td><td colspan="4">本税目征收范围包括高尔夫球、高尔夫球杆、高尔夫球包（袋）以及高尔夫球杆的杆头、杆身和握把
10%</td></tr>
<tr><td>J. 高档手表</td><td colspan="4">高档手表是指销售价格（不含增值税）每只在10000元（含）以上的各类手表
20%</td></tr>
<tr><td>K. 游艇</td><td colspan="4">包括艇身长度大于8米（含）小于90米（含），内置发动机，可以在水上移动，一般为私人或团体购置，主要用于水上运动和休闲娱乐等非营利活动的各类机动艇
10%</td></tr>
<tr><td>L. 木制一次性筷子</td><td colspan="4">【说明】未经打磨、倒角的木制一次性筷子属于本税目征税范围。
5%</td></tr>
</table>

续表

M. 实木地板	包括各类规格的实木地板、实木指接地板、实木复合地板及用于装饰墙壁、天棚的侧端面为榫、槽的实木装饰板 【说明】未经涂饰的素板也属于本税目征税范围。 5%
N. 电池	【说明】对无汞原电池、金属氢化物镍蓄电池（又称“氢镍蓄电池”或“镍氢蓄电池”）、锂原电池、锂离子蓄电池、太阳能电池、燃料电池、全钒液流电池免征消费税。 4%
O. 涂料	【说明】施工状态下挥发性有机物（VOC）含量低于420克/升（含）的涂料免征消费税。 4%
【说明】纳税人兼营不同税率的应税消费品，应当分别核算不同税率应税消费品的销售额、销售数量。未分别核算销售额、销售数量，或者将不同税率的应税消费品组成成套消费品销售的，从高适用税率。	

【考点子题——举一反三，真枪实练】

[2]（2019年•单选题）下列商品属于消费税征收范围的是（　）。

A. 酒精　B. 溶剂油原料　C. 高尔夫车　D. 鞭炮药引线

[3]（2018年•多选题）下列商品中，目前属于消费税征税范围的有（　）。

A. 变压器油　B. 高尔夫车　C. 铅蓄电池　D. 翡翠首饰

[4]（2017年•单选题）下列成品油中，暂缓征收消费税的是（　）。

A. 石脑油　B. 溶剂油　C. 润滑油　D. 航空煤油

[5]（2016年•单选题）企业生产销售的下列产品中，属于消费税征税范围的是（　）。

A. 铅蓄电池　B. 电动汽车

C. 体育用鞭炮药引线　D. 销售价格为9 000元的手表

[6]（2021年•单选题）某高尔夫球具生产企业发生的下列业务中，应缴纳消费税的是（　）。

A. 将自产高尔夫球杆赠送给客户用于市场推广

B. 将外购高尔夫球包用于少年高尔夫球比赛奖励

C. 将自产高尔夫球用于产品质量检测

D. 将外购的高尔夫球杆握把用于生产高尔夫球杆

[7]（2021年•单选题）企业发生的下列经营行为中，应同时缴纳增值税和消费税的是（　）。

A. 食品加工厂将自产啤酒用于生产熟食制品

B. 百货公司零售金基首饰

C. 连锁超市零售卷烟

D. 4S店销售大型商用客车

第二节 计税依据

消费税应纳税额的计算分为从价计征、从量计征和从价从量复合计征三种方法。

考点1 从价计征

【考点题源】从价计征

<table>
<tr><td rowspan="4">销售额确定</td><td colspan="3">销售额 = 全部价款 + 价外费用</td></tr>
<tr><td rowspan="3">价外费用</td><td colspan="2">价外费用：是指价外向购买方收取的手续费、补贴、基金、集资费、返还利润、奖励费、违约金、滞纳金、延期付款利息、赔偿金、代收款项、代垫款项、包装费、包装物租金、储备费、优质费、运输装卸费以及其他各种性质的价外收费</td></tr>
<tr><td rowspan="2">不属于价外费用</td><td>1. 同时符合以下条件的代垫运输费用：
①承运部门的运输费用发票开具给购买方的；
②纳税人将该项发票转交给购买方的。</td></tr>
<tr><td>2. 同时符合以下条件代为收取的政府性基金或者行政事业性收费：
①由国务院或者财政部批准设立的政府性基金，由国务院或者省级人民政府及其财政、价格主管部门批准设立的行政事业性收费；
②收取时开具省级以上财政部门印制的财政票据；
③所收款项全额上缴财政。</td></tr>
<tr><td>销售额确定</td><td>包装物规定</td><td colspan="2">1. 实行从价定率办法计算应纳税额的应税消费品连同包装销售的，无论包装是否单独计价，也不论在会计上如何核算，均应并入应税消费品的销售额中征收消费税
2. 包装物不作价随同产品销售，而是收取押金，此项押金则不应并入应税消费品的销售额中征税。但对因逾期未收回的包装物不再退还的或者已收取的时间超过12个月的押金，应并入应税消费品的销售额
3. 对销售啤酒、黄酒外的其他酒类产品而收取的包装物押金，无论是否返还以及会计上如何核算，均应并入当期销售额征税
4. 白酒生产企业向商业销售单位收取的“品牌使用费”是随着应税白酒的销售而向购货方收取的，属于应税白酒销售价款的组成部分，应并入白酒的销售额中缴纳消费税</td></tr>
<tr><td colspan="2">含增值税销售额的换算</td><td colspan="2">应税消费品的销售额 = 含增值税的销售额 ÷（1+ 增值税税率或征收率）</td></tr>
</table>

【考点子题——举一反三，真枪实练】

[8]（2020年·多选题）消费税纳税人销售货物一并收取的下列款项中，应计入消费税计税依据的有（ ）。

A. 增值税税款　　　　B. 价外收取的返还利润

C. 销售白酒收取的包装物押金　　D. 运输发票开给购货方收回的代垫运费

[9]（经典例题·多选题）企业生产销售高档化妆品取得的下列款项中，应并入销售额计征消费税的有（　）。

A. 优质费　B. 包装物租金　C. 手续费　D. 包装费

[10]（经典例题·多选题）白酒生产企业生产销售白酒取得的下列收入中，应并入销售额计征消费税的有（　）。

A. 储备费　B. 包装物租金　C. 品牌使用费　D. 包装物押金

[11]（2021年·多选题）消费税应税消费品生产企业收取的下列款项，应计入消费税计税依据的有（　）。

A. 白酒品牌使用费　　B. 购买方延期付款支付的利息

C. 葡萄酒包装物押金　　D. 随同高档手表销售收取的包装盒费用

考点2 从量计征

【考点母题——万变不离其宗】从量计征

下列关于销售数量确定方法的表述，正确的有（　）。
A. 销售应税消费品的，为应税消费品的销售数量 B. 自产自用应税消费品的，为应税消费品的移送使用数量 C. 委托加工应税消费品的，为纳税人收回的应税消费品数量 D. 进口的应税消费品，为海关核定的应税消费品进口征税数量

【考点子题——举一反三，真枪实练】

[12]（2012年·多选题）下列货物中，采用从量定额方法计征消费税的有（　）。

A. 黄酒　B. 游艇　C. 成品油　D. 雪茄烟

[13]（2011年·多选题）下列各项中关于从量计征消费税计税依据确定方法的表述中，正确的有（　）。

A. 销售应税消费品的，为应税消费品的销售数量

B. 进口应税消费品的为海关核定的应税消费品数量

C. 以应税消费品投资入股的，为加工完成的应税消费品数量

D. 委托加工应税消费品，为加工完成的应税消费品数量

考点3 从价从量复合计征

【考点母题——万变不离其宗】从价从量复合计征

下列采用复合计征方法的消费品有（　）。

续表

A. 卷烟　　　B. 白酒
应纳税额＝应税销售额 × 比例税率＋应税销售数量 × 定额税率 生产销售卷烟、白酒从量定额计税依据为实际销售数量。进口、委托加工、自产自用卷烟、白酒从量定额计税依据分别为海关核定的进口征税数量、委托方收回数量、移送使用数量。

【考点子题——举一反三，真枪实练】

[14]（经典例题·多选题）实行从量定额和从价定率相结合计算应纳消费税的消费品有（　）。

A. 啤酒　　B. 黄酒　　C. 白酒　　D. 卷烟

考点4 计税依据的特殊规定

【考点母题——万变不离其宗】计税依据的特殊规定

下列关于消费税计税依据的特殊规定说法正确的有（　）。	
A. 纳税人通过自设非独立核算门市部销售的自产应税消费品，应当按照门市部对外销售额或者销售数量征收消费税	
B. 纳税人用于换取生产资料和消费资料，投资入股和抵偿债务等方面的应税消费品，应当以纳税人同类应税消费品的最高销售价格作为计税依据计算消费税	
C. 卷烟最低计税价格	a. 卷烟消费税最低计税价格（以下简称计税价格）核定范围为卷烟生产企业在生产环节销售的所有牌号、规格的卷烟。计税价格的核定公式为： 某牌号、规格卷烟计税价格＝批发环节销售价格 ×（1－适用批发毛利率） b. 卷烟批发环节销售价格，按照税务机关采集的所有卷烟批发企业在价格采集期内销售的该牌号、规格卷烟的数量、销售额进行加权平均计算。计算公式为： $批发环节销售价格=\frac{\sum 该牌号、规格卷烟各采集点的销售额}{\sum 该牌号、规格卷烟各采集点的销售数量}$ c. 未经国家税务总局核定计税价格的新牌号、新规格卷烟，生产企业应按卷烟调拨价格申报纳税 d. 已经国家税务总局核定计税价格的卷烟，生产企业实际销售价格高于计税价格的，按实际销售价格确定适用税率，计算应纳税款并申报纳税；实际销售价格低于计税价格的，按计税价格确定适用税率，计算应纳税款并申报纳税 e. 卷烟批发企业之间销售卷烟不缴纳消费税
D. 白酒最低计税价格	a. 核定范围 白酒生产企业销售给销售单位的白酒，生产企业消费税计税价格低于销售单位对外销售价格（不含增值税，下同）70% 以下的，税务机关应核定消费税最低计税价格。纳税人将委托加工收回的白酒销售给销售单位，消费税计税价格低于销售单位对外销售价格 70% 以下的，也应核定消费税最低计税价格 【说明】对白酒生产企业设立多级销售单位销售的白酒，税务机关应按照最终一级销售单位对外销售价格核定生产企业消费税最低计税价格。（新增）

续表

D. 白酒最低计税价格	b. 核定标准 消费税最低计税价格由税务机关根据生产规模、白酒品牌、利润水平等情况在销售单位对外销售价格50%至70%范围内自行核定。其中生产规模较大，利润水平较高的企业生产的需要核定消费税最低计税价格的白酒，税务机关核价幅度原则上应选择在销售单位对外销售价格60%至70%范围内 【说明】自2017年5月1日起，白酒消费税最低计税价格核定比例由50%至70%统一调整为60%。已核定最低计税价格的白酒，税务机关应按照调整后的比例重新核定。（新增）
	c. 重新核定 已核定最低计税价格的白酒，销售单位对外销售价格持续上涨或下降时间达到3个月以上、累计上涨或下降幅度在20%（含）以上的白酒，税务机关重新核定最低计税价格
	d. 计税价格的适用 已核定最低计税价格的白酒，生产企业实际销售价格高于消费税最低计税价格的，按实际销售价格申报纳税；实际销售价格低于消费税最低计税价格的，按最低计税价格申报纳税
E. 金银首饰	a. 金银首饰与其他产品组成成套消费品销售，销售额全额征收消费税
	b. 金银首饰连同包装物销售，包装物并入金银首饰的销售额征收消费税
	c. 带料加工的金银首饰，应按受托方销售同类金银首饰的销售价格征收消费税；没有同类金银首饰销售价格的，为组成计税价格
	d. 以旧换新（含翻新改制）销售金银首饰，以实际收取的不含增值税的全部价款征收消费税

【考点子题——举一反三，真枪实练】

[15]（2013年•单选题）卷烟批发企业甲2023年1月批发销售卷烟500箱，其中批发给另一卷烟批发企业300箱、零售专卖店150箱、个体烟摊50箱。每箱不含税批发价格为13 000元。卷烟批发环节的消费税税率为11%，甲企业应缴纳的消费税为（ ）元。

A. 336 000　　B. 130 000　　C. 195 000　　D. 325 000

[16]（2016年•多选题）下列关于缴纳消费税适用计税依据的表述中，正确的有（ ）。

A. 委托加工应税消费品应当首先以受托人同类消费品销售价格作为计税依据

B. 换取生产资料的自产应税消费品应以纳税人同类消费品平均价格作为计税依据

C. 作为福利发放的自产应税消费品应以纳税人同类消费品最高价格作为计税依据

D. 投资入股的自产应税消费品应以纳税人同类应税消费品最高售价作为计税依据

第三节 应纳税额的计算

考点 1 生产销售环节应纳消费税的计算

【考点题源】生产销售环节应纳消费税的计算

<table>
<tr><td rowspan="6">A. 直接对外销售</td><td rowspan="2">a. 从价定率计算</td><td>应纳税额 = 应税消费品的销售额 × 比例税率</td></tr>
<tr><td>【典型例题】某化妆品生产企业为增值税一般纳税人。2022 年 6 月 15 日向某大型商场销售高档化妆品一批，开具增值税专用发票，取得不含增值税销售额 50 万元，增值税额 6.5 万元；6 月 20 日向某单位销售高档化妆品一批，开具普通发票，取得含增值税销售额 4.64 万元。已知高档化妆品适用消费税税率 15%，计算该化妆品生产企业上述业务应缴纳的消费税额。
（1）化妆品的应税销售额 =50+4.64 ÷（1+13%）=54.11（万元）
（2）应缴纳的消费税额 =54.11 × 15%=8.12（万元）</td></tr>
<tr><td rowspan="2">b. 从量定额计算</td><td>应纳税额 = 应税消费品的销售数量 × 定额税率</td></tr>
<tr><td>【典型例题】某啤酒厂 2022 年 5 月销售啤酒 1 000 吨，取得不含增值税销售额 295 万元，增值税税款 38.35 万元，另收取包装物押金 23.4 万元。计算该啤酒厂应纳消费税税额。
每吨啤酒出厂价（295+23.4/1.13）× 10 000 ÷ 1 000=3 157.08（元），大于 3 000 元，属于销售甲类啤酒，适用定额税率每吨 250 元。
应纳消费税额 = 销售数量 × 定额税率 =1 000 × 250=250 000（元）
【说明】啤酒的包装物押金（不包括重复使用的塑料周转箱押金）计入消费税的出厂价格，会影响定额税率的选择，但不直接影响应纳税额的计算。</td></tr>
<tr><td rowspan="2">c. 从价定率和从量定额复合计算</td><td>只有卷烟、白酒采用复合计算方法，基本计算公式为：
应纳税额 = 应税消费品的销售数量 × 定额税率 + 应税销售额 × 比例税率</td></tr>
<tr><td>【典型例题】某白酒生产企业为增值税一般纳税人，2022 年 4 月销售白酒 50 吨，取得不含增值税的销售额 200 万元。计算白酒企业 4 月应缴纳的消费税额。
白酒适用比例税率 20%，定额税率每 500 克 0.5 元。
应纳消费税额 =50 × 2 000 × 0.00 005+200 × 20%=45（万元）</td></tr>
</table>

续表

B. 自产自用	a. 用于连续生产应税消费品	纳税人自产自用的应税消费品，用于连续生产应税消费品的，不纳税 例如，卷烟厂生产出烟丝，再用生产出的烟丝连续生产卷烟，虽然烟丝是应税消费品，但用于连续生产卷烟的烟丝就不用缴纳消费税，只对生产销售的卷烟征收消费税
	b. 用于其他方面的应税消费品	纳税人自产自用的应税消费品，除用于连续生产应税消费品外，凡用于其他方面的，于移送使用时纳税。 用于其他方面是指： ①用于生产非应税消费品、在建工程； ②用于管理部门、非生产机构； ③用于提供劳务； ④用于馈赠、赞助、集资、广告、样品、职工福利、奖励等方面。
	c. 组成计税价格及税额的计算	①凡用于其他方面，按照纳税人生产的同类消费品的销售价格计算纳税。同类消费品的销售价格是指纳税人当月销售的同类消费品的销售价格，如果当月同类消费品各期销售价格高低不同，应按销售数量加权平均计算。但销售的应税消费品的销售价格明显偏低又无正当理由的或无销售价格的，不得列入加权平均计算： ②如果当月无销售或者当月未完结，应按照同类消费品上月或者最近月份的销售价格计算纳税。 ③没有同类消费品销售价格的，按照组成计税价格计算纳税。组成计税价格的计算公式是： 实行从价定率办法计算纳税的组成计税价格计算公式： 组成计税价格 =（成本 + 利润）÷（1- 比例税率） 应纳税额 = 组成计税价格 × 比例税率 实行复合计税办法计算纳税的组成计税价格计算公式： 组成计税价格 =（成本 + 利润 + 自产自用数量 × 定额税率）÷（1- 比例税率） 应纳税额 = 组成计税价格 × 比例税率 + 自产自用数量 × 定额税率
		【典型例题】某化妆品公司将一批自产的高档化妆品用作职工福利，该批高档化妆品的成本 80 000 元，无同类产品市场销售价格，但已知其成本利润率为 5%，消费税税率为 15%。计算该批高档化妆品应缴纳的消费税税额。 （1）组成计税价格 = 成本 ×（1+ 成本利润率）÷（1- 消费税税率） =80 000 ×（1+5%）÷（1-15%）=84 000 ÷ 0.85=98 823.53（元） （2）应纳消费税税额 =98 823.53 × 15%=14 823.53（元）

【考点子题——举一反三，真枪实练】

[17]（经典例题·单选题）某实木地板生产企业为增值税一般纳税人。2022 年 4 月 20 日向某商场销售实木地板一批，开具增值税专用发票，取得不含增值税销售额 90 万元、增值税额 11.7 万元；4 月 25 日向某企业销售实木地板一批，开具普通发票，取得含增值税销售额 5.65 万元。实木地板适用消费税税率为 5%，则该实木地板生产企业应缴纳的消费税额为（　）万元。

A. 5　　B. 4.78　　C. 4.75　　D. 4

考点2 委托加工环节应税消费品应纳税额的计算

【考点题源】委托加工环节应税消费品应纳税额的计算

A. 委托加工应税消费品的确定	委托加工的应税消费品是指由委托方提供原料和主要材料，受托方只收取加工费和代垫部分辅助材料加工的应税消费品 【说明】对于由受托方提供原材料生产的应税消费品，或者受托方先将原材料卖给委托方，然后再接受加工的应税消费品，以及由受托方以委托方名义购进原材料生产的应税消费品，不论纳税人在财务上是否作销售处理，都不得作为委托加工应税消费品，而应当按照销售自制应税消费品缴纳消费税。
B. 代收代缴税款的规定	a. 对于确实属于委托方提供原料和主要材料，受托方只收取加工费和代垫部分辅助材料加工的应税消费品，由受托方在向委托方交货时代收代缴消费税。受托方就是法定的代收代缴义务人 b. 委托加工的应税消费品，受托方在交货时已代收代缴消费税，委托方将收回的应税消费品，以不高于受托方的计税价格出售的，为直接出售，不再缴纳消费税；委托方以高于受托方的计税价格出售的，不属于直接出售，需按照规定申报缴纳消费税，在计税时准予扣除受托方已代收代缴的消费税
C. 组成计税价格及应纳税额的计算	a. 委托加工的应税消费品，按照受托方的同类消费品的销售价格计算纳税，同类消费品的销售价格是指受托方（即代收代缴义务人）当月销售的同类消费品的销售价格，如果当月同类消费品各期销售价格高低不同，应按销售数量加权平均计算。但销售的应税消费品销售价格明显偏低又无正当理由的或无销售价格的，不得列入加权平均计算 b. 如果当月无销售或者当月未完结，应按照同类消费品上月或最近月份的销售价格计算纳税。没有同类消费品销售价格的，按照组成计税价格计算纳税。组成计税价格的计算公式为： 实行从价定率办法计算纳税的组成计税价格计算公式： 组成计税价格 =（材料成本 + 加工费）÷（1- 比例税率） 实行复合计税办法计算纳税的组成计税价格计算公式： 组成计税价格 =（材料成本 + 加工费 + 委托加工数量 × 定额税率）÷（1- 比例税率） 【说明】"材料成本"是指委托方所提供加工材料的实际成本。"加工费"是指受托方加工应税消费品向委托方所收取的全部费用（包括代垫辅助材料的实际成本，不包括增值税税金）。
C. 组成计税价格及应纳税额的计算	【典型例题】某鞭炮企业2022年4月受托为某单位加工一批鞭炮，委托单位提供的原材料金额为60万元，收取委托单位不含增值税的加工费8万元，鞭炮企业无同类产品市场价格。计算鞭炮企业应代收代缴的消费税。 （1）鞭炮的适用税率15% （2）组成计税价格 =（60+8）÷（1-15%）=80（万元） （3）应代收代缴消费税 =80×15%=12（万元）

【考点子题——举一反三，真枪实练】

[18]（2014年•单选题）甲企业为增值税一般纳税人，2022年8月外购一批木材，取得的增值税专用发票注明价款50万元、税额8.5万元；将该批木材运往乙企业委托其加工木制一次性筷子，取得税务局代开的小规模纳税人运输业专用发票注明运费1万元、税额0.03万元，支付不含税委托加工费5万元。假定乙企业无同类产品对外销售，木制一次性筷子消费税税率为5%。乙企业当月应代收代缴的消费税为（　）。

A. 2.62万元　　B. 2.67万元　　C. 2.89万元　　D. 2.95万元

[19]（2013年•单选题）甲企业委托乙企业生产木制一次性筷子，甲企业提供的主要原材料实际成本为12万元，支付的不含税加工费为1万元。乙企业代垫辅料的不含税金额为0.87万元。木制一次性筷子的消费税税率为5%，乙企业代收代缴消费税的组成计税价格为（　）。

A. 12.63万元　　B. 13.55万元　　C. 13.68万元　　D. 14.6万元

考点3 进口环节应纳消费税的计算

【考点题源】进口环节应纳消费税的计算

<table>
<tr><td rowspan="2">从价定率计征</td><td>组成计税价格 =（关税完税价格 + 关税）÷（1- 消费税比例税率）
应纳税额 = 组成计税价格 × 消费税比例税率</td></tr>
<tr><td>【典型例题】某商贸公司，2022年5月从国外进口一批应税消费品，已知该批应税消费品的关税完税价格为-90万元，按规定应缴纳关税18万元，假定进口的应税消费品的消费税税率为10%。请计算该批消费品进口环节应缴纳的消费税税额。
（1）组成计税价格 =（90+18）÷（1-10%）=120（万元）
（2）应缴纳消费税税额 =120×10%=12（万元）</td></tr>
<tr><td>从量定额计征</td><td>应纳税额 = 应税消费品数量 × 消费税定额税率</td></tr>
<tr><td>从价定率和从量定额复合计税</td><td>组成计税价格 =（关税完税价格 + 关税 + 进口数量 × 消费税定额税率）÷（1- 消费税比例税率）
应纳税额 = 组成计税价格 × 消费税税率 + 应税消费品进口数量 × 消费税定额税率
进口环节消费税除国务院另有规定者外，一律不得给予减税、免税</td></tr>
</table>

【考点子题——举一反三，真枪实练】

[20]（2014年•单选题）某贸易公司2022年6月从国外进口一批高档化妆品，经海关审定的货物价格为30万元、运费0.5万元，保险费0.5万元，该批化妆品关税税率为20%、消费税税率为15%。该公司当月应缴纳的进口环节消费税为（　）万元。

A. 9　　B. 12.86　　C. 14.79　　D. 6.56

考点4 已纳消费税扣除的计算

【考点母题——万变不离其宗】已纳消费税扣除的计算

外购应税消费品连续生产应税消费品	（1）下列产品中，在计算缴纳消费税时准许扣除外购应税消费品已纳消费税的有（ ）。
	A. 外购已税烟丝生产的卷烟 B. 外购已税高档化妆品生产的高档化妆品 C. 外购已税珠宝玉石生产的贵重首饰及珠宝玉石 D. 外购已税鞭炮焰火生产的鞭炮焰火 E. 外购已税杆头、杆身和握把为原料生产的高尔夫球杆 F. 外购已税木制一次性筷子为原料生产的木制一次性筷子 G. 外购已税实木地板为原料生产的实木地板 H. 外购已税汽油、柴油、石脑油、燃料油、润滑油用于连续生产应税成品油 I. 自2015年5月1日起，从葡萄酒生产企业购进、进口葡萄酒连续生产应税葡萄酒
	【说明】 1. 上述当期准予扣除外购应税消费品已纳消费税税款的计算公式为： 当期准予扣除的外购应税消费品已纳税款＝当期准予扣除的外购应税消费品买价×外购应税消费品适用税率 当期准予扣除的外购应税消费品买价＝期初库存的外购应税消费品的买价＋当期购进的应税消费品的买价－期末库存的外购应税消费品的买价 2. 纳税人用外购的已税珠宝玉石生产的改在零售环节征收消费税的金银首饰（镶嵌首饰），在计税时一律不得扣除外购珠宝玉石的已纳税款。 3. 对自己不生产应税消费品，只是购进后再销售应税消费品的工业企业，其销售的化妆品、鞭炮焰火和珠宝玉石，凡不能构成最终消费品直接进入消费品市场，而需进一步生产加工、包装、贴标的或者组合的珠宝玉石、化妆品、酒、鞭炮焰火等，应当征收消费税，同时允许扣除上述外购应税消费品的已纳税款。
	【典型例题】某卷烟生产企业，某月初库存外购应税烟丝金额50万元，当月又外购应税烟丝金额500万元（不含增值税），月末库存烟丝金额30万元，其余被当月生产卷烟领用。请计算卷烟厂当月准许扣除的外购烟丝已缴纳的消费税税额。 （1）烟丝适用的消费税税率为30% （2）当期准许扣除的外购烟丝买价＝50+500−30=520（万元） （3）当月准许扣除的外购烟丝已缴纳的消费税税额＝520×30%=156（万元）
委托加工收回的应税消费品连续生产应税消费品	（2）下列产品中，在计算缴纳消费税时准许扣除委托加工收回的应税消费品已纳税款的有（ ）。
	A. 以委托加工收回的已税烟丝为原料生产的卷烟 B. 以委托加工收回的已税高档化妆品为原料生产的高档化妆品 C. 以委托加工收回的已税珠宝玉石为原料生产的贵重首饰及珠宝玉石 D. 以委托加工收回的已税鞭炮、焰火为原料生产的鞭炮、焰火 E. 以委托加工收回的已税杆头、杆身和握把为原料生产的高尔夫球杆 F. 以委托加工收回的已税木制一次性筷子为原料生产的木制一次性筷子 G. 以委托加工收回的已税实木地板为原料生产的实木地板 H. 以委托加工收回的已税汽油、柴油、石脑油、燃料油、润滑油用于连续生产应税成品油

续表

委托加工收回的应税消费品连续生产应税消费品	【说明】 1. 上述当期准予扣除委托加工收回的应税消费品已纳消费税税款的计算公式是： 当期准予扣除的委托加工应税消费品已纳税款 = 期初库存的委托加工应税消费品已纳税款 + 当期收回的委托加工应税消费品已纳税款 − 期末库存的委托加工应税消费品已纳税款 2. 纳税人用委托加工收回的已税珠宝玉石生产的改在零售环节征收消费税的金银首饰，在计税时一律不得扣除委托加工收回的珠宝玉石的已纳消费税税款。

【考点子题——举一反三，真枪实练】

[21]（2015 年 • 多选题）下列产品中，在计算缴纳消费税时准许扣除外购应税消费品已纳消费税的有（　）。

A. 外购已税烟丝生产的卷烟　　B. 外购已税白酒加香生产的白酒

C. 外购已税手表镶嵌钻石生产的手表　　D. 外购已税实木素板涂漆生产的实木地板

[22]（2011 年 • 单选题）2022 年 8 月某首饰厂从某商贸企业购进一批珠宝玉石，增值税发票注明价款 50 万元，增值税税款 8.5 万元，打磨后再将其销售给首饰商城，收到不含增值税价款 90 万元。已知珠宝玉石消费税税率为 10%，该首饰厂以上业务应缴纳消费税（　）万元。

A. 4　　B. 5　　C. 9　　D. 14

[23]（2014 年 • 单选题）某地板企业为增值税一般纳税人，2023 年 1 月销售自产地板两批：第一批 800 箱取得不含税收入 160 万元，第二批 500 箱取得不含税收入 113 万元；另将同型号地板 200 箱赠送福利院，300 箱发给职工作为福利。实木地板消费税税率为 5%。该企业当月应缴纳的消费税为（　）万元。

A. 16.8　　B. 18.9　　C. 18.98　　D. 19.3

考点 5　特殊商品及环节应纳消费税的计算

【考点题源】特殊环节应纳消费税的计算

电子烟生产、批发等环节应纳消费税（新增）	纳税义务人	在中华人民共和国境内生产（进口）、批发电子烟的单位和个人为消费税纳税人。 【说明 1】只从事代加工电子烟产品业务的企业不属于电子烟消费税纳税人。 【说明 2】电子烟批发环节纳税人，是取得烟草专卖批发企业许可证并经营电子烟批发业务的企业。 【说明 3】电子烟进口环节纳税人，是进口电子烟的单位和个人。

续表

<table>
<tr><td rowspan="3">电子烟生产、批发等环节应纳消费税（新增）</td><td>适用税率</td><td>电子烟实行从价定率的办法计算纳税，生产（进口）环节的税率为36%，批发环节的税率为11%</td></tr>
<tr><td rowspan="2">计税依据</td><td>计税价格：纳税人生产、批发电子烟的，按照生产、批发电子烟的销售额计算纳税。电子烟生产环节纳税人采用代销方式销售电子烟的，按照经销商（代理商）销售给电子烟批发企业的销售额计算纳税；纳税人进口电子烟的，按照组成计税价格计算纳税。
【典型例题】某电子烟消费税纳税人2022年12月生产持有商标的电子烟产品并销售给电子烟批发企业，不含增值税销售额为100万元，该纳税人2023年1月应申报缴纳电子烟消费税为36万元(100×36%)。如果该纳税人委托经销商(代理商)销售同一电子烟产品，经销商(代理商)销售给电子烟批发企业不含增值税销售额为110万元，则该纳税人2023年1月应申报缴纳电子烟消费税为39.6万元(110×36%)。</td></tr>
<tr><td>电子烟生产环节纳税人从事电子烟代加工业务销售额的核算：电子烟生产环节纳税人从事电子烟代加工业务的，应当分开核算持有商标电子烟的销售额和代加工电子烟的销售额，未分开核算的，一并缴纳消费税。
【典型例题】甲电子烟生产企业(以下简称甲企业)持有电子烟商标A生产电子烟产品。2022年12月，甲企业生产销售A电子烟给电子烟批发企业，不含增值税销售额为100万元。同时，当月甲企业(不持有电子烟商标B)从事电子烟代加工业务，生产销售B电子烟给乙电子烟生产企业(持有电子烟商标B)，不含增值税销售额为50万元。如果甲企业分开核算A电子烟和B电子烟销售额，则2023年1月甲企业应申报缴纳的电子烟消费税为36万元(100×36%)；乙电子烟生产企业将B电子烟销售给电子烟批发企业时，自行申报缴纳消费税。如果甲企业没有分开核算A电子烟和B电子烟销售额，则其2023年1月应申报缴纳的电子烟消费税为54万元[(100+50)×36%]。</td></tr>
<tr><td rowspan="4">卷烟批发环节应纳消费税</td><td>纳税义务人</td><td>在中华人民共和国境内从事卷烟批发业务的单位和个人</td></tr>
<tr><td>征收范围</td><td>纳税人批发销售的所有牌号规格的卷烟</td></tr>
<tr><td>适用税率</td><td>从价税税率11%，从量税税率0.005元/支</td></tr>
<tr><td>计税依据</td><td>纳税人批发卷烟的销售额（不含增值税）、销售数量。
【说明1】纳税人应将卷烟销售额与其他商品销售额分开核算，未分开核算的，一并征收消费税。
【说明2】纳税人兼营卷烟批发和零售业务的，应当分别核算批发和零售环节的销售额、销售数量；未分别核算批发和零售环节销售额、销售数量的，按照全部销售额、销售数量计征批发环节消费税。</td></tr>
</table>

续表

卷烟批发环节应纳消费税	纳税义务发生时间	纳税人收讫销售款或者取得索取销售款凭据的当天
	纳税地点	卷烟批发企业的机构所在地，总机构与分支机构不在同一地区的，由总机构申报纳税
	卷烟消费税在生产和批发两个环节征收后，批发企业在计算纳税时不得扣除已含的生产环节的消费税税款	
超豪华小汽车零售环节应纳消费税	征税范围	每辆零售价格 130 万元（不含增值税）及以上的乘用车和中轻型商用客车，即乘用车和中轻型商用客车子税目中的超豪华小汽车
	纳税人	将超豪华小汽车销售给消费者的单位和个人为超豪华小汽车零售环节纳税人
	税率	10%
	应纳税额的计算： 应纳税额 = 零售环节销售额（不含增值税）× 零售环节税率 国内汽车生产企业直接销售给消费者的超豪华小汽车，消费税税率按照生产环节税率和零售环节税率加总计算。其消费税应纳税额计算公式为： 应纳税额 = 销售额（不含增值税）×（生产环节税率 + 零售环节税率）	

【考点子题——举一反三，真枪实练】

[24]（2019 年 • 多选题）某商场 2022 年 5 月零售的下列首饰中，应缴纳消费税的有（　）。

A. 翡翠项链　　B. 钻石戒指　　C. 金银首饰　　D. 玉石手镯

[25]（经典例题 • 单选题）某汽车生产企业为增值税一般纳税人，2022 年 6 月，直接向某上市公司高管出售超豪华小汽车一辆，取得不含税销售价 170 万元。该小汽车生产环节消费税税率为 40%，则该企业应缴纳消费税税额是（　）万元。

A. 85　　B. 68　　C. 17　　D. 50

[26]（2021 年 • 多选题）下列关于卷烟批发环节消费税征收管理的表述中，正确的有（　）。

A. 适用从价计征和从量计征的复合计征方式

B. 纳税人批发业务和零售业务未分开核算的，全部视同批发征收消费税

C. 总分支机构不在同一地区的批发企业，由总分支机构分别申报消费税

D. 批发企业在计算纳税时可扣除已纳的生产环节消费税税款

消费税出口退税的计算

【考点母题——万变不离其宗】消费税出口退税的计算

出口免税并退税	（1）下列各项中，适用消费税出口免税并退税政策的有（　）。 A. 有出口经营权的外贸企业购进应税消费品直接出口 B. 外贸企业受其他外贸企业委托代理出口应税消费品 【说明】 1. 外贸企业受其他企业（主要是非生产性的商贸企业）委托，代理出口应税消费品是不予退（免）税的。 2. 属于从价定率计征消费税的，为已征且未在内销应税消费品应纳税额中抵扣的购进出口货物金额；属于从量定额计征消费税的，为已征且未在内销应税消费品应纳税额中抵扣的购进出口货物数量；属于复合计征消费税的，按从价定率和从量定额的计税依据分别确定。 消费税应退税额 = 从价定率计征消费税的退税计税依据 × 比例税率 + 从量定额计征消费税的退税计税依据 × 定额税率
出口免税但不退税	（2）下列各项中，适用消费税出口免税但不退税政策的有（　）。 A. 有出口经营权的生产性企业自营出口 B. 生产企业委托外贸企业代理出口自产的应税消费品
出口不免税也不退税	除生产企业、外贸企业外的其他企业，具体是指一般商贸企业，委托外贸企业代理出口应税消费品不免税也不退税。

【考点子题——举一反三，真枪实练】

[27]（2018• 年多选题）下列各项中，适用消费税出口免税并退税政策的有（　）。

A. 有出口经营权的外贸企业购进应税消费品直接出口

B. 生产企业委托外贸企业代理出口自产的应税消费品

C. 有出口经营权的生产性企业自营出口应税消费品

D. 外贸企业受其他外贸企业委托代理出口应税消费品

[28]（2019 年 • 单选题）下列出口应税消费品的行为中，适用消费税免税不退税政策的是（　）。

A. 有出口经营权的酒厂出口自产白酒

B. 商业批发企业委托外贸企业代理出口卷烟

C. 外贸企业受其他外贸企业委托代理出口实木地板

D. 有出口经营权的外贸企业购进高档化妆品直接出口

[29]（2021 年 • 计算问答题）小汽车生产企业甲为增值税一般纳税人，2022 年 4 月相关业务如下：

（1）销售 100 辆电动小汽车，不含税销售价格 18 万元 / 辆，款项已收讫。

（2）将 80 辆 A 型燃油小汽车以“以物易物”方式与物资公司乙换取生产资料，A 型车曾以不含税销售价格25万元/辆、28万元/辆进行销售。

（3）上月以托收承付方式销售100辆B型燃油小汽车给贸易公司丙，不含税销售价格11万元/辆，本月发出100辆并办妥托收手续。

当月丙贸易公司将上述100辆小汽车全部出口，海关审定的离岸价格为14万元/辆。

（其他相关资料：A型小汽车消费税税率5%，B型小汽车消费税税率3%。）

要求：根据上述资料，按照序号回答问题，如有计算需计算出合计数。

（1）说明业务（1）甲企业是否需要缴纳消费税及体现的税收政策导向。

（2）计算业务（2）甲企业应缴纳的消费税。

（3）说明业务（3）甲企业消费税的纳税义务发生时间所属月份，并计算应缴纳的消费税。

（4）判断丙贸易公司能否享受出口免税并退还消费税政策，如能享受该政策请计算应退税额。

第四节　征收管理

考点1 征收管理

【考点母题——万变不离其宗】征收环节、纳税义务发生时间、纳税期限以及纳税地点

征收环节	（1）下列关于消费税征收环节的表述，正确的有（　）。
	A. 对生产应税消费品应在生产销售环节征税 【说明】将生产的应税消费品换取生产资料、消费资料、投资入股、偿还债务，以及用于继续生产应税消费品以外的其他方面应缴纳消费税。 B. 对委托加工应税消费品在委托加工环节征税 C. 对进口应税消费品在进口环节征税，进口环节缴纳的消费税由海关代征 D. 对零售特定应税消费品在零售环节征税 【说明】改在零售环节征收消费税的金银首饰仅限于金基、银基合金首饰以及金、银和金基、银基合金的镶嵌首饰，进口环节暂不征收，零售环节适用税率为5%，在纳税人销售金银首饰、钻石及钻石饰品时征收。 E. 对移送使用应税消费品在移送使用环节征税 F. 对批发卷烟在卷烟的批发环节征税（卷烟）
纳税义务发生时间	（2）下列关于消费税纳税义务发生时间的表述中，正确的有（　）。
	A. 纳税人采取赊销和分期收款结算方式的，为书面合同约定的收款日期的当天，书面合同没有约定收款日期或者无书面合同的，为发出应税消费品的当天 B. 纳税人采取预收货款结算方式的，为发出应税消费品的当天 C. 纳税人采取托收承付和委托银行收款方式销售的应税消费品，为发出应税消费品并办妥托收手续的当天 D. 纳税人采取其他结算方式的，为收讫销售款或者取得索取销售款凭据的当天 E. 纳税人自产自用的应税消费品为移送使用的当天 F. 纳税人委托加工的应税消费品为纳税人提货的当天 G. 纳税人进口的应税消费品为报关进口的当天
纳税期限	（3）下列关于消费税纳税期限的表述中，正确的有（　）。
	A. 消费税的纳税期限分别为1日、3日、5日、10日、15日、1个月或者1个季度 B. 纳税人以1个月或以1个季度为一期纳税的，自期满之日起15日内申报纳税；以1日、3日、5日、10日或者15日为一期纳税的，自期满之日起5日内预缴税款，于次月1日起至15日内申报纳税并结清上月应纳税款 C. 纳税人进口应税消费品，应当自海关填发海关进口消费税专用缴款书之日起15日内缴纳税款

续表

纳税地点	（4）下列关于消费税纳税地点的表述中，正确的有（　）。 A. 纳税人销售的应税消费品，以及自产自用的应税消费品，向纳税人机构所在地或者居住地的主管税务机关申报纳税 B. 委托加工的应税消费品，除委托个人（包含个体工商户和其他个人）加工外，由受托方向机构所在地或者居住地的主管税务机关解缴消费税税款 C. 进口的应税消费品，由进口人或者其代理人向报关地海关申报纳税 D. 纳税人到外县（市）销售或委托外县（市）代销自产应税消费品的，于应税消费品销售后，向纳税人机构所在地或居住地主管税务机关申报纳税 E. 纳税人的总机构与分支机构不在同一县（市），但在同一省（自治区、直辖市）范围内，经省（自治区、直辖市）财政厅（局）、税务局审批同意，可以由总机构汇总向总机构所在地主管税务机关申报缴纳消费税

【考点子题——举一反三，真枪实练】

[30]（2016年•单选题）下列关于消费税征收管理的表述中，正确的是（　）。

A. 纳税人自产自用的应税消费品，其纳税义务的发生时间为移送使用的当天

B. 消费税收入分别入中央库和地方库

C. 委托个体工商户加工应税消费品应纳的消费税由受托方代扣向其所在地主管税务机关申报缴纳

D. 消费税纳税人总分支机构在同一地级市但不同县的，由市级税务机关审批同意后可汇总缴纳消费税

[31]（2016年•多选题）甲企业从境外进口一批高档化妆品，下列关于该业务征缴消费税的表述中，正确的有（　）。

A. 甲企业应向报关地海关申报缴纳消费税

B. 海关代征的消费税应分别入中央库和地方库

C. 甲企业应当自海关填发放进口消费税专用缴款书之日起15日内缴纳税款

D. 甲企业使用该进口已税高档化妆品生产高档化妆品准许扣除进口环节已缴纳的消费税

[32]（2016年•单选题）下列关于消费税征收管理的表述中，正确的是（　）。

A. 消费税收入分别入中央库和地方库

B. 委托个体工商户加工应税消费品应纳的消费税由受托方代收并向其所在地主管税务机关申报缴纳

C. 内销环节消费税由税务局负责征收

D. 消费税纳税人总分支机构在同一地级市但不同县的，由市级税务机关审批同意后汇总缴纳消费税

【考点母题——万变不离其宗】消费税计算实例

【2019年•计算问答题】甲卷烟厂为增值税一般纳税人，2023年3月发生下列业务：

（1）以直接收款方式销售A牌卷烟80箱，取得销售额256万元。

（2）以分期收款方式销售A牌卷烟350箱，销售额1 330万元，合同约定当月收取50%的货款，实际收到30%。

（3）甲厂提供烟叶委托乙卷烟厂加工一批烟丝，烟叶成本120万元；乙厂收取加工费20万元、代垫部分辅助材料的费用5万元；烟丝当月完工并交付甲厂，乙厂无同类烟丝销售。

（4）甲厂将委托加工收回烟丝的20%直接销售，取得销售额58万元。

（5）从丙卷烟厂购入一批烟丝，甲厂用90箱A牌卷烟抵顶货款；双方均开具了增值税专用发票。

（其他相关资料：A牌卷烟为甲类卷烟，甲类卷烟消费税税率56%加每箱150元，烟丝消费税税率30%，上述销售额和费用均不含增值税。）

要求：根据上述资料，按照下列序号回答问题，如有计算需计算出合计数。

（1）计算业务（1）应缴纳的消费税额。

（2）计算业务（2）应缴纳的消费税额。

（3）计算业务（3）乙厂应代收代缴的消费税额。

（4）回答业务（4）应缴纳消费税的理由并计算消费税额。

（5）计算业务（5）应缴纳的消费税额。

【答案及解析】

（1）A牌卷烟采用复合计征方法，应纳税额等于应税销售数量乘以定额税率再加上应税销售额乘以比例税率，因此业务（1）应缴纳的消费税额=256×56%+80×150÷10 000=143.36+1.2=144.56（万元）。

（2）采取分期收款结算方式业务的，纳税义务发生时间为书面合同约定的收款日期的当天，因此业务（2）应缴纳的消费税额=1 330×50%×56%+350×150÷10 000×50%=375.03（万元）。

（3）委托加工的应税消费品，按照受托方的同类消费品的销售价格计算纳税；没有同类消费品销售价格的，按照组成计税价格计算纳税。实行从价定率办法计算纳税的组成计税价格=（材料成本+加工费）÷（1-比例税率），因此，业务（3）代收代缴消费税计税价格=（120+20+5）÷（1-30%）=207.14（万元），乙厂代收代缴的消费税额=207.14×30%=62.14（万元）。

（4）委托加工的应税消费品因为已由受托方代收代缴消费税，因此，委托方收回货物后以不高于受托方的计税价格出售的，不再缴纳消费税；但以高于受托方的计税价格出售的，需要按规定申报缴纳消费税，并准予扣除受托方已代收代缴的消费税。委托加工收回烟丝的20%计税价格=207.14×20%=41.43（万元）<58（万元），销售额大于计税价格，因此应当缴纳消费税。应纳消费税额=58×30%-41.43×30%=4.97（万元）。

（5）纳税人用于换取生产资料和消费资料，投资入股和抵偿债务等方面的应税消费品，应当以纳税人同类应税消费品的最高销售价格作为计税依据计算消费税。由第（2）题可知A牌卷烟最高销售价格=1 330÷350=3.8（万元），因此，业务（5）应缴纳的消费税额=90×3.8×56%+90×150÷10 000=192.87（万元）。

【2018年•计算问答题（已改编）】甲酒厂为增值税一般纳税人，主要经营粮食白酒的生产与销售，2022年6月发生下列业务：

（1）以自产的10吨A类白酒换入乙企业的蒸汽酿酒设备，取得乙企业开具的增值税专用发票上注明价款20万元，增值税2.6万元。已知该批白酒的生产成本为1万元/吨，不含增值税平均销售价格为2万元/吨，不含增值税最高销售价格为2.5万元/吨。

（2）移送50吨B类白酒给自设非独立核算门市部，不含增值税售价为1.5万元/吨，门市部对外不含增值税售价为3万元/吨。

续表

(3) 受丙企业委托加工 20 吨粮食白酒，双方约定由丙企业提供原材料，成本为 30 万元，开具增值税专用发票上注明的加工费 8 万元、增值税 1.04 万元。甲酒厂同类产品售价为 2.75 万元 / 吨。

(其他相关资料：白酒消费税税率为 20% 加 0.5 元 /500 克，粮食白酒成本利润率为 10%。)

要求：根据上述资料，按照下列序号回答问题，如有计算需计算出合计数。

(1) 简要说明税务机关应核定白酒消费税最低计税价格的两种情况。

(2) 计算业务 (1) 应缴纳的消费税税额。

(3) 计算业务 (2) 应缴纳的消费税税额。

(4) 说明业务 (3) 的消费税纳税义务人和计税依据。

(5) 计算业务 (3) 应缴纳的消费税税额。

【答案及解析】

(1) 白酒生产企业销售给销售单位的白酒，生产企业消费税计税价格低于销售单位对外销售价格 (不含增值税) 70% 以下的，税务机关应核定消费税最低计税价格。

纳税人将委托加工收回的白酒销售给销售单位，消费税计税价格低于销售单位对外销售价格 (不含增值税) 70% 以下的，也应核定消费税最低计税价格。

(2) 业务 (1) 应缴纳消费税为 $10 \times 2.5 \times 20\%+10 \times 2\ 000 \times 0.5 \div 10\ 000=6$ (万元)。

【解析】纳税人将应税商品用于换取其他商品、抵偿债务、投资入股，应按照同类应税消费品的最高销售价格进行计税。

(3) 业务 (2) 应缴纳消费税为 $3 \times 50 \times 20\%+50 \times 2\ 000 \times 0.5 \div 10\ 000=35$ (万元)。

【解析】纳税人将自产的应税消费品通过自设非独立核算门市部进行销售，应按照门市部对外销售的价格和数量进行征收消费税。

(4) 此业务符合委托加工条件 (委托方提供原料和主要材料，受托方只收取加工费和代垫部分辅料的生产方式)，纳税人是委托方，也就是丙企业。委托加工的计税依据首先是受托方的同类消费品的销售价格，没有同类价格按照组成计税价格计算。

销售额为 $2.75 \times 20=55$ (万元)，数量为 20 吨。

(5) $2.75 \times 20 \times 20\%+20 \times 2\ 000 \times 0.5 \div 10\ 000=13$ (万元)，按照由 (4) 得出的结论进行计算。

【2020 年 • 计算问答题】某涂料生产公司甲为增值税一般纳税人，2022 年 7 月发生如下业务：

(1) 5 日以直接收款方式销售涂料取得不含税销售额 350 万元；以预收货款方式销售涂料取得不含税销售额 200 万元，本月已发出销售涂料的 80%。

(2) 12 日赠送给某医院 20 桶涂料用于装修，将 100 桶涂料用于换取其他厂家的原材料。当月不含税平均销售价 500 元 / 桶，最高不含税销售价 540 元 / 桶。

(3) 15 日委托某涂料厂乙加工涂料，双方约定由甲公司提供原材料，材料成本 80 万元，乙厂开具的增值税专用发票上注明加工费 10 万元 (含代垫辅助材料费用 1 万元)、增值税 1.3 万元。乙厂无同类产品对外销售。

(4) 28 日收回委托乙厂加工的涂料并于本月售出 80%，取得不含税销售额 85 万元。

(其他相关资料：涂料消费税税率 4%)

要求：根据上述资料，按照下列序号回答问题，如有计算需计算出合计数。

(1) 计算业务 (1) 甲公司应缴纳的消费税。

(2) 计算业务 (2) 甲公司应缴纳的消费税。

(3) 计算业务 (3) 由乙厂代收代缴的消费税。

(4) 说明业务 (4) 甲公司是否应缴纳消费税。如应缴纳，计算消费税应纳税额。

【答案及解析】

(1) 业务 (1) 甲公司应缴纳的消费税 $=(350+200 \times 80\%) \times 4\%=20.4$ (万元)。

续表

(2)①应税消费品用于换取生产资料、消费资料、投资入股、抵偿债务的，按照同类应税消费品的最高销售价格计算消费税。 ②将自产应税消费品用于馈赠、赞助、集资、职工福利、奖励的，按照同类应税消费品的平均销售价格计算消费税。 ③业务（2）甲公司应缴纳的消费税 =20×500×4%+100×540×4%=2560（元）。 （3）业务（3）乙厂代收代缴的消费税 =（80+10）÷（1−4%）×4%=3.75（万元）。 （4）需要缴纳消费税，委托方将委托加工的应税消费品收回后，以高于受托方的计税价格出售的，需按照规定申报缴纳消费税，在计税时准予扣除受托方已代收代缴的消费税。 受托方的计税依据 =（80+10）÷（1−4%）×80%=75（万元）< 销售价格 85 万元。 应缴纳的消费税 =85×4%−75×4%=0.4（万元）。

【本章考点子题答案及解析】

[1]【答案：D】选项 A，受托加工高档化妆品的企业代收代缴消费税，不是消费税的纳税人；选项 B，商场零售啤酒不属于消费税的征税范围；选项 C，普通化妆品不属于应征消费税的消费品。

[2]【答案：B】溶剂油原料属于溶剂油征收范围。

[3]【答案：CD】选项 A：变压器油、导热类油等绝缘油类产品不属于润滑油，不征收消费税；选项 B：电动汽车以及沙滩车、雪地车、卡丁车、高尔夫车均不属于小汽车税目征税范围，不征收消费税。

[4]【答案：D】航空煤油的消费税暂缓征收。

[5]【答案：A】电动汽车、体育用鞭炮药引线、销售价格低于 10000 元的手表不属于消费税的征收范围，答案为 A 选项。

[6]【答案：A】（1）纳税人自产的应税消费品，用于连续生产应税消费品的，不纳税；用于其他方面的，于移送使用时纳税。用于其他方面，是指纳税人将自产应税消费品用于生产非应税消费品、在建工程、管理部门、非生产机构、提供劳务、馈赠、赞助、集资、广告、样品、职工福利、奖励等方面。（2）用于产品质量检测的高尔夫球不征消费税，产品质量检测属于生产环节的一道工序。

[7]【答案：B】选项 A：只缴纳消费税；选项 CD：只缴纳增值税。

[8]【答案：BC】选项 B：价外费用是指价外向购买方收取的手续费、补贴、基金、集资费、返还利润等；选项 C：对销售啤酒、黄酒外的其他酒类产品而收取的包装物押金，无论是否返还以及会计上如何核算，均应并入当期销售额征税；选项 D：同时符合以下条件的代垫运输费用不属于价外费用，承运部门的运输费用发票开具给购买方并且纳税人将该项发票转交给购买方。

[9]【答案：ABCD】ABCD 均为价外费用，应在剔除增值税之后作为消费税的计税依据。

[10]【答案：ABCD】选项 ABCD，均应并入白酒销售额计征消费税。

[11]【答案：ABCD】选项 A，生产企业收取的“品牌使用费”是随着应税白酒的销售而向购货方收取的，属于应税白酒销售价款的组成部分，因此，不论企业采取何种方式或以何种名义收取价款，均应并入白酒的销售额中征收消费税；选项 BD，延期付款利息、包装费均属于价外费用，应并入当期销售额征收消费税；选项 C，对销售除啤酒、黄酒外的其他酒类产品而收取的包装物押金，

无论是否返还以及会计上如何核算，均应并入当期销售额征收消费税。

[12]【答案：AC】消费税税目中，啤酒、黄酒、成品油等采用的是从量定额税率。

[13]【答案：AB】销售数量是指纳税人生产、加工和进口应税消费品的数量。具体规定为：（1）销售应税消费品的，为应税消费品的销售数量；（2）自产自用应税消费品的，为应税消费品的移送使用数量；（3）委托加工应税消费品的，为纳税人收回的应税消费品数量；（4）进口的应税消费品，为海关核定的应税消费品进口征税数量。

[14]【答案：CD】卷烟和白酒实行复合计征消费税。啤酒和黄酒实行从量定额征收消费税。

[15]【答案：A】卷烟批发企业之间销售卷烟不缴纳消费税，甲企业应纳消费税 =（150+50）×13 000×11%+250×200=336 000（元）。

[16]【答案：AD】纳税人用于换取生产资料和消费资料，投资入股和抵偿债务等方面的应税消费品，应当以纳税人同类应税消费品的最高销售价格作为计税依据计算消费税，因此选项 B 错误；纳税人自产自用的应税消费品，凡用于连续生产应税消费品以外的其他方面（如职工福利）的，应当纳税，有同类消费品销售价格的，按照纳税人生产的同类消费品的平均销售价格计算纳税，选项 C 错误。

[17]【答案：C】实木地板的应税销售额 =90+5.65÷（1+13%）=95（万元），应缴纳的消费税额 =95×5%=4.75（万元）。

[18]【答案：D】委托加工的应税消费品，当受托方没有同类消费品销售价格的，按照组成计税价格计算代收代缴的消费税，组成计税价格公式为（材料成本 + 加工费）/（1- 比例税率），乙企业当月应代收代缴的消费税为（50+1+5）/（1−5%）×5%=2.95（万元）。

[19]【答案：D】委托加工的应税消费品，按照受托方的同类消费品的销售价格进行计算纳税，没有同类消费品销售价格的，按照组成计税价格进行计算纳税。组成计税价格 =（材料成本 + 加工费）/（1- 比例税率）=（12+1+0.87）÷（1−5%）=14.6（万元）。

[20]【答案：D】将进口化妆品在国内销售的，进口环节需要计算缴纳消费税，计算公式为（关税完税价格 + 关税）/（1- 消费税税率）× 消费税税率，故当月应缴纳进口环节消费税为：（30+0.5+0.5）×（1+20%）/（1−15%）×15%=6.56（万元）。

[21]【答案：AD】选项 BC 没有购买环节已纳消费税扣除的规定。

[22]【答案：A】外购已税珠宝玉石生产的贵重首饰及珠宝玉石属于消费税外购应税消费品抵税规则中 9 项之一，因此应纳消费税税额为 90×10%−50×10%=4 万元。

[23]【答案：B】用于赠送福利院和发放给职工做福利的地板应视同销售处理，计税依据为纳税人当月销售同类地板的加权平均销售价格。该企业当月应缴纳的消费税为（160+113）×5%+（160+113）/（800+500）×（200+300）×5%=18.9（万元）。

[24]【答案：BC】B、C 项，金银首饰、钻石及钻石饰品在零售环节征收缴纳消费税；A、D 项，翡翠、玉石等其他贵重首饰及珠宝玉石在生产销售、委托加工或者进口环节缴纳消费税。

[25]【答案：A】国内汽车生产企业直接销售给消费者的超豪华小汽车，消费税税率按照生产环节税率和零售环节税率加总计算。应缴纳消费税税额 =170×（40%+10%）=85（万元）。

[26]【答案：AB】选项 C：卷烟批发企业的机构所在地，总机构与分支机构不在同一地区的，由总机构申报纳税。选项 D：卷烟消费税在生产和批发两个环节征收后，批发企业在计算纳税时不得扣

除已含的生产环节的消费税税款。

[27]【答案：AD】选项 B、C 适用免税但不退税政策。

[28]【答案：A】A 项，有出口经营权的生产性企业自营出口，依据其实际出口数量免征消费税，不予办理退还消费税；B 项，外贸企业受其他企业（主要是非生产性的商贸企业）委托，代理出口应税消费品不予退（免）税，即不免税也不退税；C、D 项，有出口经营权的外贸企业购进应税消费品直接出口，以及外贸企业受其他外贸企业委托代理出口应税消费品，免税并退税。

[29]【答案及解析】

（1）电动汽车不属于“小汽车”征税范围，不征消费税。

体现的税收政策导向：为扶持以电动汽车为代表的新能源汽车产业，促进汽车行业节能减排。

（2）纳税人用于换取生产资料和消费资料、投资入股、抵偿债务等方面的应税消费品，以纳税人同类应税消费品的最高销售价格作为计税依据计算消费税。

甲企业应缴纳的消费税 =28×80×5%=112（万元）。

（3）①纳税人采取托收承付方式销售的应税消费品，其消费税纳税义务的发生时间为发出应税消费品并办妥托收手续的当天。所以消费税纳税义务发生时间为“本月”，即“2022 年 4 月”。

②甲企业应缴纳的消费税 =11×100×3%=33（万元）。

（4）①丙贸易公司可以享受消费税免税并退税政策。

②应退税额 =11×100×3%=33（万元）。

[30]【答案：A】纳税人自产自用的应税消费品，其纳税义务的发生时间为移送使用的当天，选项 A 正确；选项 BCD 错误：消费税为中央政府收入，入中央库，不入地方库。委托个体工商户时不可让受托方代收代缴。消费税纳税人总分支机构在同一地级市但不同县的，由省级税务机关审批同意后可汇总缴纳消费税。

[31]【答案：ACD】海关代征的消费税为中央固定收入，只入中央库，B 选项错误。

[32]【答案：C】选项 AC，消费税是由税务局征收（进口环节的消费税由海关代征）并纳入中央库（属于中央政府固定收入）的税金；选项 B，在委托加工过程中，如果受托方是个人，由委托方将应税消费品收回后在委托方所在地的税务机关申报纳税；如果受托方是非个人，则由受托方代收消费税并向受托方机构所在地或居住地主管税务机关代缴；选项 D，消费税纳税人的总机构与分支机构不在同一县（市），但在同一省（自治区、直辖市）范围内，经省（自治区、直辖市）财政厅（局）、税务局审批同意，可以由总机构汇总向总机构所在地的主管税务机关申报缴纳消费税。

第 4 章 企业所得税法

本章思维导图

- 第四章 企业所得税法
  - 第一节 纳税义务人、征税对象与税率
    - 考点1 纳税义务人
    - 考点2 所得来源的确定和税率
  - 第二节 应纳税所得额
    - 考点1 收入总额
    - 考点2 不征税收入和免税收入
    - 考点3 税前扣除原则和范围、扣除项目及其标准、企业所得税税前扣除凭证规定（新增）
    - 考点4 不得扣除的项目
    - 考点5 亏损弥补
  - 第三节 资产的税务处理
    - 考点1 固定资产的税务处理
    - 考点2 生物资产、无形资产、长期待摊费用、存货的税务处理
    - 考点3 投资资产的税务处理
    - 考点4 税法规定与会计规定差异的处理
  - 第四节 资产损失的所得税处理
  - 第五节 企业重组的所得税处理
    - 考点1 企业重组的认定和一般性税务处理方法
    - 考点2 企业重组的特殊性税务处理方法
  - 第六节 税收优惠
    - 考点1 免征与减征优惠
    - 考点2 高新技术企业、技术先进型服务企业和创投企业优惠
    - 考点3 小型微利企业优惠
    - 考点4 加计扣除优惠
    - 考点5 加速折旧优惠
    - 考点6 其他优惠政策
  - 第七节 应纳税额的计算
    - 考点1 居民企业应纳税额的计算
    - 考点2 居民企业核定征收应纳税额的计算
    - 考点3 非居民企业应纳税额的计算和核定征收办法
    - 考点4 房地产开发企业所得税预缴税款的处理
  - 第八节 征收管理
    - 考点1 纳税地点、纳税期限和纳税申报
    - 考点2 源泉扣缴
    - 考点3 跨地区经营汇总纳税企业所得税征收管理
    - 考点4 合伙企业所得税的征收管理
    - 考点5 跨境电子商务综合试验区核定征收企业所得税

近三年本章考试题型及分值分布

题型	2022 年	2021 年	2020 年
单选题	3 题 3 分	3 题 3 分	2 题 2 分
多选题	2 题 3 分	2 题 3 分	2 题 3 分
计算问答题		1 题 1 分	1 题 1 分
综合题	1 题 15 分	1 题 15 分	1 题 15 分
合计	6 题 21 分	7 题 22 分	6 题 21 分

第一节 纳税义务人、征税对象与税率

考点1 纳税义务人

【考点母题——万变不离其宗】纳税义务人与征税对象

<table>
<tr><td colspan="4">下列属于企业所得税纳税人的是（ ）。</td></tr>
<tr><td></td><td>类型</td><td>定义</td><td>征税对象</td></tr>
<tr><td rowspan="2">A. 企业、事业单位、社会团体以及其他取得收入的组织（个人独资企业、合伙企业除外）</td><td>居民企业</td><td>登记注册地或实际管理机构在中国境内（具备单一条件即可）依法在中国境内成立，或依照外国（地区）法律成立但实际管理机构在中国境内的企业</td><td>居民企业的征税对象为来源于中国境内、境外的所得</td></tr>
<tr><td>非居民企业</td><td>依照外国（地区）法律成立且实际管理机构不在中国境内，但在中国境内设立机构、场所的，或者在中国境内未设立机构、场所，但有来源于中国境内所得的企业</td><td>非居民企业的征税对象为来源于中国境内的所得以及发生在中国境外但与其在中国境内所设机构、场所有实际联系的所得</td></tr>
</table>

【考点子题——举一反三，真枪实练】

[1]（经典例题•多选题）依据企业所得税法的规定，判定居民企业的标准有（ ）。

A. 登记注册地标准　　B. 所得来源地标准

C. 经营行为实际发生地标准　　D. 实际管理机构所在地标准

考点 2　所得来源的确定和税率

【考点母题——万变不离其宗】所得来源的确定和税率

<table>
<tr><td rowspan="9">所得来源</td><td colspan="3">下列关于企业所得来源地的表述正确的有（　）。</td></tr>
<tr><td colspan="3">A. 销售货物所得，按照交易活动发生地确定</td></tr>
<tr><td colspan="3">B. 提供劳务所得，按照劳务发生地确定</td></tr>
<tr><td colspan="2" rowspan="3">C. 转让财产所得</td><td>a. 不动产转让所得按照不动产所在地确定</td></tr>
<tr><td>b. 动产转让所得按照转让动产的企业或者机构、场所所在地确定</td></tr>
<tr><td>c. 权益性投资资产转让所得按照被投资企业所在地确定</td></tr>
<tr><td colspan="3">D. 股息、红利等权益性投资所得，按照分配所得的企业所在地确定</td></tr>
<tr><td colspan="3">E. 利息所得、租金所得、特许权使用费所得，按照负担、支付所得的企业或者机构、场所所在地确定，或者按照负担、支付所得的个人的住所地确定</td></tr>
<tr><td colspan="3">F. 其他所得，由国务院财政、税务主管部门确定</td></tr>
<tr><td rowspan="2">税率</td><td>基本税率</td><td>25%</td><td>适用于居民企业和在中国境内设有机构、场所且所得与机构、场所有关联的非居民企业</td></tr>
<tr><td>低税率</td><td>20%</td><td>适用于在中国境内未设立机构、场所的，或者虽设立机构、场所但取得的所得与其所设机构、场所没有实际联系的非居民企业（但实际征税时适用 10% 的税率）</td></tr>
</table>

【考点子题——举一反三，真枪实练】

[2]（2019 年 • 多选题）下列关于所得来源地确定方法的表述中，符合企业所得税法规定的有（　）。

A. 股权转让所得按照转出方所在地确定

B. 销售货物所得按照交易活动发生地确定

C. 特许权使用费所得按照收取特许权使用费所得的企业所在地确定

D. 不动产转让所得按照不动产所在地确定

第二节 应纳税所得额

应纳税所得额是企业所得税的计税依据，按照企业所得税法的规定，应纳税所得额为企业每一个纳税年度的收入总额，减除不征税收入、免税收入、各项扣除以及允许弥补的以前年度亏损后的余额。基本公式为：

应纳税所得额 = 收入总额 - 不征税收入 - 免税收入 - 各项扣除 - 允许弥补的以前年度亏损

考点1 收入总额

【考点母题——万变不离其宗】一般收入的确认

企业产生的下列收入中，属于企业所得税一般应税收入的有（ ）。	
A. 销售货物收入	企业销售商品、产品、原材料、包装物、低值易耗品以及其他存货取得的收入
B. 提供劳务收入	企业从事建筑安装、修理修配、交通运输、仓储租赁、金融保险、邮电通信、咨询经纪、文化体育、科学研究、技术服务、教育培训、餐饮住宿、中介代理、卫生保健、社区服务、旅游、娱乐、加工以及其他劳务服务活动取得的收入
C. 转让财产收入	a. 企业转让固定资产、生物资产、无形资产、股权、债权等财产取得的收入 b. 企业转让股权收入，应于转让协议生效且完成股权变更手续时，确认收入的实现。转让股权收入扣除为取得该股权所发生的成本后，为股权转让所得。企业在计算股权转让所得时，不得扣除被投资企业未分配利润等股东留存收益中按该项股权所可能分配的金额
	c. 被清算企业的股东分得的剩余资产的金额，其中相当于被清算企业累计未分配利润和累计盈余公积中按该股东所占股份比例计算的部分，应确认为股息所得；剩余资产减除股息所得后的余额，超过或低于股东投资成本的部分，应确认为股东的投资转让所得或损失
D. 股息、红利等权益性投资收益	a. 企业因权益性投资从被投资方取得的收入；股息、红利等权益性投资收益，除另有规定外，按照被投资方作出利润分配决定的日期确认收入的实现 b. 被投资企业将股权（票）溢价所形成的资本公积转为股本的，不作为投资方企业的股息、红利收入，投资方企业也不得增加该项长期投资的计税其础 c. 对内地企业投资者通过沪港通投资香港联交所上市股票取得的股息、红利所得，计入其收入总额，依法计征企业所得税。其中，内地居民企业连续持有H股满12个月取得的股息、红利所得，依法免征企业所得税

续表

<table>
<tr><td>E. 利息收入</td><td>a. 利息收入包括存款利息、贷款利息、债券利息、欠款利息等收入。利息收入，按照合同约定的债务人应付利息的日期确认收入的实现
b. 企业混合性投资业务，是指兼具权益和债权双重特性的投资业务。符合条件的混合性投资业务，按下列规定进行企业所得税处理：
①对于被投资企业支付的利息，投资企业应于被投资企业应付利息的日期，确认收入的实现并计入当期应纳税所得额；被投资企业应于应付利息的日期，确认利息支出，进行税前扣除。
②对于被投资企业赎回的投资，投资双方应于赎回时将赎价与投资成本之间的差额确认为债务重组损益，分别计入当期应纳税所得额。
c. 境外投资者在境内从事混合性投资业务，满足 a 规定的条件的，可以按照该公告 b 条第①款的规定进行企业所得税处理，但同时符合以下两种情形的除外：
①该境外投资者与境内被投资企业构成关联关系；
②境外投资者所在国家（地区）将该项投资收益认定为权益性投资收益，且不征收企业所得税。
同时符合上述第①项和第②项规定情形的，境内被投资企业向境外投资者支付的利息应视为股息，不得进行税前扣除。</td></tr>
<tr><td>F. 租金收入</td><td>a. 企业提供固定资产、包装物或者其他有形资产的使用权取得的收入。租金收入，按照合同约定的承租人应付租金的日期确认收入的实现
b. 交易合同或协议中规定租赁期限跨年度，且租金提前一次性支付的，根据收入与费用配比原则，出租人可对上述已确认的收入，在租赁期内，分期均匀计入相关年度收入</td></tr>
<tr><td>G. 特许权使用费收入</td><td>企业提供专利权、非专利技术、商标权、著作权以及其他特许权的使用权取得的收入。特许权使用费收入，按照合同约定的特许权使用人应付特许权使用费的日期确认收入的实现</td></tr>
<tr><td>H. 接受捐赠收入</td><td>企业接受的来自其他企业、组织或者个人无偿给予的货币性资产、非货币性资产。接受捐赠收入，按照实际收到捐赠资产的日期确认收入的实现</td></tr>
<tr><td>I. 其他收入</td><td>企业取得的除以上收入外的其他收入，包括企业资产溢余收入、逾期未退包装物押金收入、确实无法偿付的应付款项、已作坏账损失处理后又收回的应收款项、债务重组收入、补贴收入、违约金收入、汇兑收益等</td></tr>
<tr><td colspan="2">【典型例题】某生产企业为增值税一般纳税人，2021 年度的经营情况如下：
（1）当年销售货物实现销售收入 9 500 万元，对应的成本为 6 200 万元。
（2）通过其他业务收入核算转让 5 年以上非独占许可使用权收入 800 万元，与之相应的成本及税费为 130 万元。
（3）取得国债利息收入 200 万元，企业债券利息收入 300 万元。
（4）与境内关联企业签订资产交换协议，以成本 500 万元，不含税售价 800 万元的自产新设备换入等值机床一台。
要求：请确定该企业 2021 年度收入总额、营业收入。
【答案】该企业 2021 年度收入总额 =9 500+800+200+300+800=11 600（万元）
应确认营业收入 =9 500+800+800=11 100（万元）</td></tr>
</table>

【考点子题——举一反三，真枪实练】

[3]（2020年•多选题）企业取得的下列各项收入中，应缴纳企业所得税的有（　）。

A. 接受捐赠收入　　B. 企业资产溢余收入

C. 逾期未退包装物押金收入　　D. 确实无法偿付的应付账款

【考点母题——万变不离其宗】特殊收入的确认

企业产生的下列收入中，属于企业所得税特殊应税收入的有（　）。	
A. 分期收款方式销售货物取得收入	按照合同约定的收款日期确认收入的实现
B. 受托加工制造大型机械设备、船舶、飞机，以及从事建筑、安装、装配工程业务或者提供其他劳务等取得收入	持续时间超过12个月，按照纳税年度内完工进度或者完成的工作量确认收入的实现
C. 采取产品分成方式取得收入	按照企业分得产品的日期确认收入的实现，其收入额按照产品的公允价值确定
D. 非货币性资产交换，以及将货物、财产、劳务用于捐赠、偿债、赞助、集资、广告、样品、职工福利或者利润分配等用途，应当视同销售货物、转让财产或者提供劳务取得收入	
E. 对企业投资者持有2019-2023年发行的铁路债券取得的利息收入	减半征收企业所得税
F. 基于永续债取得的收入	a. 企业发行的永续债，可以适用股息、红利企业所得税政策。发行方和投资方均为居民企业的，永续债利息收入可以适用企业所得税法规定的居民企业之间的股息、红利等权益性投资收益免征企业所得税规定；发行方支付的永续债利息支出不得在企业所得税税前扣除 b. 企业发行符合规定条件的永续债，也可以按照债券利息适用企业所得税政策，即发行方支付的永续债利息支出准予在其企业所得税税前扣除，投资方取得的永续债利息收入依法纳税 上述2所称符合规定条件的永续债，是指符合下列条件中5项（含）以上的永续债： ① 被投资企业对该项投资具有还本义务 ② 有明确约定的利率和付息频率 ③ 有一定的投资期限 ④ 投资方对被投资企业净资产不拥有所有权 ⑤ 投资方不参与被投资企业日常生产经营活动 ⑥ 被投资企业可以赎回，或满足特定条件后可以赎回 ⑦ 被投资企业将该项投资计入负债 ⑧ 该项投资不承担被投资企业股东同等的经营风险 ⑨ 该项投资的清偿顺序位于被投资企业股东持有的股份之前

【考点子题——举一反三，真枪实练】

[4]（经典例题·多选题）下列关于企业所得税特殊应税收入的表述中，正确的有（　）。

A. 企业发行的永续债均按照债券利息适用企业所得税政策

B. 对企业投资者持有 2021 年发行的铁路债券取得的利息收入免征企业所得税

C. 将企业所生产的产品用于职工福利应当视同销售货物

D. 分期收款方式销售货物取得收入，按照合同约定的收款日期确认收入

【考点母题——万变不离其宗】处置资产收入的确认

<table>
<tr><td colspan="3">（1）企业发生下列情形的处置资产，除将资产转移至境外以外，由于资产所有权属在形式和实质上均不发生改变，可作为内部处置资产，不视同销售确认收入的有（　）。</td></tr>
<tr><td colspan="3">A. 将资产用于生产、制造、加工另一产品　B. 改变资产形状、结构或性能
C. 改变资产用途（如自建商品房转为自用或经营）　D. 将资产在总机构及其分支机构之间转移
E. 上述两种或两种以上情形的混合　F. 其他不改变资产所有权属的用途</td></tr>
<tr><td colspan="3">（2）企业将资产移送他人的下列情形，因资产所有权属已发生改变而不属于内部处置资产，应按规定视同销售确定收入的有（　）。</td></tr>
<tr><td colspan="3">A. 用于市场推广或销售　B. 用于交际应酬　C. 用于职工奖励或福利
D. 用于股息分配　E. 用于对外捐赠　F. 其他改变资产所有权属的用途</td></tr>
<tr><td colspan="3">【说明】
1. 企业发生第 2 项规定情形时，属于企业自制的资产，应按企业同类资产同期对外销售价格确定销售收入；属于外购的资产，应按照被移送资产的公允价值确定销售收入。</td></tr>
<tr><td>2. 企业所得税视同销售与增值税视同销售的差异：</td><td>企业所得税</td><td>增值税</td></tr>
<tr><td>① 境内非同一县（市）总分机构之间为了销售移送货物</td><td>否</td><td>是</td></tr>
<tr><td>② 外购的货物用于职工奖励或集体福利</td><td>是</td><td>否</td></tr>
</table>

【考点子题——举一反三，真枪实练】

[5]（2013 年·单选题）企业处置资产的下列情形中，应视同销售确定企业所得税应税收入的是（　）。

A. 将资产用于股息分配　　B. 将资产用于生产另一产品

C. 将资产从总机构转移至分支机构　　D. 将资产用途由自用转为经营性租赁

[6]（2016 年·单选题）企业在境内发生处置资产的下列情形中，应视同销售确认企业所得税应税收入的是（　）。

A. 将资产结构或性能改变　　B. 将资产用于职工奖励或福利

C. 将资产用于加工另一种产品　　D. 将资产在总分支机构之间转移

[7]（2011 年·多选题）根据企业所得税处置资产确认收入的相关规定，下列各项行为

中，应视同销售的有（　）。

A. 将生产的产品用于市场推广

B. 将生产的产品用于职工福利

C. 将资产用于境外分支机构加工另一产品

D. 将资产在总机构及其境内分支机构之间转移

【考点母题——万变不离其宗】非货币性资产投资企业所得税处理

非货币性资产，是指现金、银行存款、应收账款、应收票据以及准备持有至到期的债券投资等货币性资产以外的资产。

下列关于非货币性资产投资企业所得税处理的表述，正确的有（　）。
A. 居民企业以非货币性资产对外投资确认的非货币性资产转让所得，可在不超过5年期限内，分期均匀计入相应年度的应纳税所得额，按规定计算缴纳企业所得税 B. 企业以非货币性资产对外投资，应对非货币性资产进行评估并按评估后的公允价值扣除计税基础后的余额，计算确认非货币性资产转让所得；并于投资协议生效并办理股权登记手续时，确认非货币性资产转让收入的实现 C. 企业以非货币性资产对外投资而取得被投资企业的股权，应以非货币性资产的原计税成本为计税基础，加上每年确认的非货币性资产转让所得，逐年进行调整 D. 被投资企业取得非货币性资产的计税基础，应按非货币性资产的公允价值确定 E. 企业在对外投资5年内转让上述股权或投资收回的，应停止执行递延纳税政策，并就递延期内尚未确认的非货币性资产转让所得，在转让股权或投资收回当年的企业所得税年度汇算清缴时，一次性计算缴纳企业所得税；企业在计算股权转让所得时，可按有关规定将股权的计税基础一次调整到位 F. 企业在对外投资5年内注销的，应停止执行递延纳税政策，并就递延期内尚未确认的非货币性资产转让所得，在注销当年的企业所得税年度汇算清缴时，一次性计算缴纳企业所得税 G. 非货币性资产投资，限于以非货币性资产出资设立新的居民企业，或将非货币性资产注入现存的居民企业

【考点子题——举一反三，真枪实练】

[8]（2018年·单选题）居民企业甲公司以其持有的一项无形资产投资设立乙企业，如不考虑特殊性税务处理，下列关于该投资行为涉及企业所得税处理的表述中，正确的是（　）。

A. 以签订投资协议的当天为纳税申报时间

B. 以该项资产的账面价值作为被投资方的计税基础

C. 以该项资产对外投资确认的转让所得，按6年分期均匀计入相应年度的应纳税所得额

D. 对该项资产进行评估，并按评估后的公允价值扣除计税基础后的余额确认该项资产转让所得

【考点母题——万变不离其宗】企业转让上市公司限售股有关所得税处理

企业转让代个人持有的限售股	（1）下列关于企业转让代个人持有的限售股课征企业所得税的表述，正确的有（ ）。
	A. 企业转让因股权分置改革造成原由个人出资而由企业代持有的限售股取得的收入，应作为企业应税收入计算纳税 B. 限售股转让收入扣除限售股原值和合理税费后的余额为该限售股转让所得 C. 企业未能提供完整、真实的限售股原值凭证，不能准确计算该限售股原值的，主管税务机关一律按该限售股转让收入的 15%，核定为该限售股原值和合理税费 【说明】依照本条规定完成纳税义务后的限售股转让收入余额转付给实际所有人时不再纳税。 D. 依法院判决、裁定等原因，通过证券登记结算公司，企业将其代持的个人限售股直接变更到实际所有人名下的，不视同转让限售股
企业在限售股解禁前转让限售股	（2）企业在限售股解禁前将其持有的限售股转让给其他企业或个人（以下简称受让方），其企业所得税处理方法正确的有（ ）。
	A. 企业应按减持在证券登记结算机构登记的限售股取得的全部收入，计入企业当年度应税收入计算纳税 B. 企业持有的限售股在解禁前已签订协议转让给受让方，但未变更股权登记、仍由企业持有的，企业实际减持该限售股取得的收入，依照规定纳税后，其余额转付给受让方的，受让方不再纳税

【考点子题——举一反三，真枪实练】

[9]（2016 年 • 单选题）某企业转让代个人持有的限售股，取得转让收入 68 万元，但不能提供真实的限售股原值凭证。该企业就限售股转让应缴纳的企业所得税是（ ）万元。

A. 12.75 B. 13.6 C. 14.45 D. 15.3

[10]（经典例题 • 单选题）某企业转让代前三大自然人股东持有的因股权分置改革原因形成的限售股，取得收入 300 万元。但因历史原因，公司未能提供完整、真实的限售股原值凭证，且不能准确计算该部分限售股的原值，故已全额记入投资收益。则该企业就限售股转让应调减应纳税所得额是（ ）万元。

A. 0 B. 45 C. 255 D. 300

【考点母题——万变不离其宗】企业接收政府和股东划入资产的企业所得税处理

企业接收政府划入资产	（1）下列关于企业接收政府划入资产的企业所得税处理，正确的有（ ）。
	A. 县级以上人民政府（包括政府有关部门，下同）将国有资产明确以股权投资方式投入企业，企业应作为国家资本金（包括资本公积）处理。该项资产如为非货币性资产，应按政府确定的接收价值确定计税基础

续表

企业接收政府划入资产	B. 县级以上人民政府将国有资产无偿划入企业，凡指定专门用途并按规定进行管理的，企业可作为不征税收入进行企业所得税处理。其中，该项资产属于非货币性资产的，应按政府确定的接收价值计算不征税收入 C. 县级以上人民政府将国有资产无偿划入企业，属于上述A、B项以外情形的，应按政府确定的接收价值计入当期收入总额计算缴纳企业所得税。政府没有确定接收价值的，按资产的公允价值计算确定应税收入
企业接收股东划入资产	（2）下列关于企业接收股东划入资产的企业所得税处理，正确的有（　）。
	A. 企业接收股东划入资产（包括股东赠与资产、上市公司在股权分置改革过程中接收原非流通股股东和新非流通股股东赠与的资产、股东放弃本企业的股权），凡合同、协议约定作为资本金（包括资本公积）且在会计上已做实际处理的，不计入企业的收入总额，企业应按公允价值确定该项资产的计税基础 B. 企业接收股东划入资产，凡作为收入处理的，应按公允价值计入收入总额，计算缴纳企业所得税，同时按公允价值确定该项资产的计税基础

【考点子题——举一反三，真枪实练】

[11]（经典例题•多选题）下列关于企业接收政府或股东划入资产的企业所得税处理，正确的有（　）。

A. 企业接收股东划入资产，凡合同、协议约定作为资本金（包括资本公积）且在会计上已做实际处理的，不计入企业的收入总额，企业应按公允价值确定该项资产的计税基础

B. 企业接收股东划入资产，凡作为收入处理的，应按资产净值计入收入总额，计算缴纳企业所得税

C. 县级以上人民政府将国有资产无偿划入企业，凡指定专门用途并按规定进行管理的，企业可作为不征税收入进行企业所得税处理

D. 县级以上人民政府将国有非货币性资产明确以股权投资方式投入企业，企业应作为国家资本金（包括资本公积）处理，应按公允价值确定计税基础

【考点母题——万变不离其宗】相关收入实现的确认

特殊销售业务的收入确认	（1）关于下列特殊销售业务收入确认的表述，正确的有（　）。
	A. 销售商品采用托收承付方式的，在办妥托收手续时确认收入 B. 销售商品采取预收款方式的，在发出商品时确认收入 C. 销售商品需要安装和检验的，在购买方接受商品以及安装和检验完毕时确认收入；如果安装程序比较简单，可在发出商品时确认收入 D. 销售商品采用支付手续费方式委托代销的，在收到代销清单时确认收入

续表

<table>
<tr><td>特殊销售业务的收入确认</td><td colspan="2">E. 采用售后回购方式销售商品的，销售的商品按售价确认收入，回购的商品作为购进商品处理。有证据表明不符合销售收入确认条件的，如以销售商品方式进行融资，收到的款项应确认为负债，回购价格大于原售价的，差额应在回购期间确认为利息费用
F. 销售商品以旧换新的，销售商品应当按照销售商品收入确认条件确认收入，回收的商品作为购进商品处理
G. 企业为促进商品销售而在商品价格上给予的价格扣除属于商业折扣，商品销售涉及商业折扣的，应当按照扣除商业折扣后的金额确定销售商品收入金额
H. 债权人为鼓励债务人在规定的期限内付款而向债务人提供的债务扣除属于现金折扣，销售商品涉及现金折扣的，应当按扣除现金折扣前的金额确定销售商品收入金额，现金折扣在实际发生时作为财务费用扣除
I. 企业已经确认销售收入的售出商品发生销售折让和销售退回，应当在发生当期冲减当期销售商品收入
J. 企业以买一赠一等方式组合销售本企业商品的，不属于捐赠，应将总的销售金额按各项商品的公允价值的比例来分摊确认各项的销售收入
K. 企业取得财产（包括各类资产、股权、债权等）转让收入、债务重组收入、接受捐赠收入、无法偿付的应付款收入等，不论是以货币形式还是非货币形式体现，除另有规定外，均应一次性计入确认收入的年度计算缴纳企业所得税
L. 企业取得政府财政资金收入时间的确认
企业按照市场价格销售货物、提供劳务服务等，凡由政府财政部门根据企业销售货物、提供劳务服务的数量、金额的一定比例给予全部或部分资金支付的，应按权责发生制原则确认收入。
除上述情形外，企业取得的各种政府财政资金，如财政补贴、补助、退税、补偿等，按照实际取得收入的时间确认收入。</td></tr>
<tr><td rowspan="7">企业提供劳务的收入确认</td><td colspan="2">（2）下列关于提供劳务业务的收入确认的表述，正确的有（ ）。</td></tr>
<tr><td>A. 安装费</td><td>根据安装完工进度确认收入。安装工作是商品销售附带条件的，安装费在确认商品销售实现时确认收入</td></tr>
<tr><td>B. 宣传媒介的收费</td><td>应在相关的广告或商业行为出现于公众面前时确认收入
广告的制作费，应根据制作广告的完工进度确认收入</td></tr>
<tr><td>C. 软件费</td><td>为特定客户开发软件的收费，应根据开发的完工进度确认收入</td></tr>
<tr><td>D. 服务费</td><td>包含在商品售价内可区分的服务费，在提供服务的期间分期确认收入</td></tr>
<tr><td>E. 艺术表演、招待宴会和其他特殊活动的收费</td><td>在相关活动发生时确认收入</td></tr>
<tr><td>F. 会员费</td><td>申请入会或加入会员，只允许取得会籍，所有其他服务或商品都要另行收费的，在取得该会员费时确认收入</td></tr>
</table>

续表

企业提供劳务的收入确认	G. 特许权费	属于提供设备和其他有形资产的特许权费，在交付资产或转移资产所有权时确认收入；属于提供初始及后续服务的特许权费，在提供服务时确认收入
	H. 劳务费	长期为客户提供重复劳务收取的劳务费，在相关劳务活动发生时确认收入

【考点子题——举一反三，真枪实练】

[12]（经典例题·多选题）根据相关规定，在确认企业所得税收入时，应按完工进度确认收入的有（ ）。

A. 广告制作费　B. 宣传媒介费　C. 软件费　D. 艺术表演费

考点 2 不征税收入和免税收入

【考点母题——万变不离其宗】不征税收入和免税收入

不征税收入	（1）下列属于企业所得税不征税收入的有（ ）。
	A. 财政拨款
	B. 依法收取并纳入财政管理的行政事业性收费、政府性基金
	C. 其他不征税收入，指企业取得的，由国务院财政、税务主管部门规定专项用途并经国务院批准的财政性资金 【说明 1】财政性资金，是企业取得的来源于政府及其有关部门的财政补助、补贴、贷款贴息，以及其他各类财政专项资金，包括直接减免的增值税和即征即退、先征后退、先征后返的各种税收，但不包括企业按规定取得的出口退税款。
	【说明 2】专项用途财政性资金企业所得税处理的具体规定： 1. 企业从县级以上各级人民政府财政部门及其他部门取得的应计入收入总额的财政性资金，凡同时符合以下条件的，可以作为不征税收入，在计算应纳税所得额时从收入总额中减除： ① 企业能够提供规定资金专项用途的资金拨付文件； ② 财政部门或其他拨付资金的政府部门对该资金有专门的资金管理办法或具体管理要求； ③ 企业对该资金以及以该资金发生的支出单独进行核算。 2. 上述不征税收入用于支出所形成的费用，不得在计算应纳税所得额时扣除；企业的不征税收入用于支出所形成的资产，其计算的折旧、摊销不得在计算应纳税所得额时扣除。 3. 专项用途财政性资金作不征税收入处理后，5 年内未支出使用、也未缴回的，计入取得资金第 6 年的应税收入总额。

续表

<table>
<tr><td rowspan="4">免税收入</td><td>（2）下列属于企业所得税免税收入的有（　　）。</td></tr>
<tr><td>A. 国债利息收入
【说明】
1. 国债利息收入时间确认：企业转让国债，应在国债转让收入确认时确认利息收入的实现。
2. 国债利息收入计算。企业到期前转让国债，或者从非发行者投资购买的国债，其持有期间尚未兑付的国债利息收入，按以下公式计算确定：
国债利息收入＝国债金额 ×（适用年利率 ÷365）× 持有天数
上述公式中的“国债金额”，按国债发行面值或发行价格确定；“适用年利率”按国债票面年利率或折合年收益率确定；如企业不同时间多次购买同一品种国债的，“持有天数”可按平均持有天数计算确定。
3. 国债利息收入免税问题：
① 企业从发行者直接投资购买的国债持有至到期，其从发行者取得的国债利息收入，全额免征企业所得税。
② 企业到期前转让国债，或者从非发行者投资购买的国债，其按上述第 2 项计算的国债利息收入，免征企业所得税。
4. 国债转让收入时间确认：
① 企业转让国债应在转让国债合同、协议生效的日期，或者国债移交时确认转让收入的实现。
② 企业投资购买国债，到期兑付的，应在国债发行时约定的应付利息的日期，确认国债转让收入的实现。
5. 国债转让收益（损失）的计算：
企业转让或到期兑付国债取得的价款，减除其购买国债成本，并扣除其持有期间尚未兑付的国债利息收入、交易过程中相关税费后的余额，为企业转让国债收益（损失），应按规定纳税。
6. 国债转让收益（损失）征税问题：
企业转让国债，应作为转让财产，其取得的收益（损失）应作为企业应纳税所得额计算纳税。
7. 通过支付现金方式取得的国债，以买入价和支付的相关税费为成本。
8. 通过支付现金以外的方式取得的国债，以该资产的公允价值和支付的相关税费为成本。
9. 企业在不同时间购买同一品种国债的，其转让时的成本计算方法，可在先进先出法、加权平均法、个别计价法中选用一种。计价方法一经选用，不得随意改变。</td></tr>
<tr><td>B. 符合条件的居民企业之间的股息、红利等权益性收益，是指居民企业直接投资于其他居民企业取得的投资收益</td></tr>
<tr><td>C. 在中国境内设立机构、场所的非居民企业从居民企业取得与该机构、场所有实际联系的股息、红利等权益性投资收益
【说明】该收益不包括连续持有居民企业公开发行并上市流通的股票不足 12 个月取得的投资收益。</td></tr>
</table>

续表

<table>
<tr><td>免税收入</td><td>D. 符合条件的非营利组织的收入
【说明】
1. 符合非营利组织的条件如下：
①依法履行非营利组织登记手续
②从事公益性或者非营利性活动
③取得的收入除用于与该组织有关的、合理的支出外，全部用于登记核定或者章程规定的公益性或者非营利性事业
④财产及其孳生息不用于分配
⑤按照登记核定或者章程规定，该组织注销后的剩余财产用于公益性或者非营利性目的，或者由登记管理机关转赠给予该组织性质、宗旨相同的组织，并向社会公告
⑥投入人对投入该组织的财产不保留或者享有任何财产权利
⑦工作人员工资福利开支控制在规定的比例内，不变相分配该组织的财产
⑧国务院财政、税务主管部门规定的其他条件
2. 符合条件的非营利组织的收入，不包括非营利组织从事营利性活动取得的收入。
3. 非营利组织的下列收入为免税收入：
①接受其他单位或者个人捐赠的收入
②除《企业所得税法》规定的财政拨款以外的其他政府补助收入，但不包括因政府购买服务取得的收入
③按照省级以上民政、财政部门规定收取的会费
④不征税收入和免税收入孳生的银行存款利息收入
⑤财政部、国家税务总局规定的其他收入</td></tr>
</table>

【考点子题——举一反三，真枪实练】

[13]（经典例题•单选题）甲企业2022年获得当地政府财政部门补助的具有专项用途的财政资金600万元，已取得财政部门正式文件，并已从中支出400万元。该笔财政资金和相关支出均计入会计利润中，则根据企业所得税规定，下列关于甲企业应调整的应纳税所得额说法正确的是（　）。

A. 甲企业应调减应纳税所得额600万元 B. 甲企业应调减应纳税所得额400万元

C. 甲企业应调减应纳税所得额200万元 D. 甲企业不需做调整

[14]（2018年•多选题）某民办学校计划按照非营利组织的免税收入认定条件，申请学费收入免征企业所得税。下列各项中，属于非营利组织免税收入认定条件的有（　）。

A. 工作人员工资福利开支控制在规定的比例内

B. 投入人对投入该学校的财产不保留或者享有任何财产权利

C. 依法履行非营利组织登记手续

D. 财产及孳息可以在合理范围内根据确定的标准用于分配

[15]（经典例题•多选题）居民企业取得的下列收入，属于企业所得税免税收入的有（　）。

A. 国债转让收入

B. 金融债券的利息收入

C. 居民企业直接投资于其他居民企业取得的投资收益

D. 持有上市公司流通股票 1 年以上取得的投资收益

考点 3 税前扣除原则和范围、扣除项目及其标准、企业所得税税前扣除凭证规定（新增）

【考点题源】扣除项目的原则和范围

<table>
<tr><td rowspan="5">1. 扣除项目原则</td><td colspan="2">（1）权责发生制原则</td></tr>
<tr><td colspan="2">（2）配比原则</td></tr>
<tr><td colspan="2">（3）相关性原则</td></tr>
<tr><td colspan="2">（4）确定性原则</td></tr>
<tr><td colspan="2">（5）合理性原则</td></tr>
<tr><td rowspan="5">2. 扣除项目范围</td><td>（1）成本</td><td>企业在生产经营活动中发生的销售成本、销货成本、业务支出以及其他耗费</td></tr>
<tr><td>（2）费用</td><td>企业每一个纳税年度为生产、经营商品和提供劳务等所发生的销售（经营）费用、管理费用和财务费用</td></tr>
<tr><td>（3）税金（修改）</td><td>企业按规定缴纳的消费税、城市维护建设税、关税、资源税、土地增值税、房产税、车船税、城镇土地使用税、印花税、契税、教育费附加、地方教育附加等税金及附加</td></tr>
<tr><td>（4）损失</td><td>企业按规定缴纳的消费税、城市维护建设税、关税、资源税、土地增值税、房产税、车船税、城镇土地使用税、印花税、契税、教育费附加、地方教育附加等税金及附加</td></tr>
<tr><td colspan="2">（5）扣除的其他支出，是指除成本、费用、税金、损失外，企业在生产经营活动中发生的与生产经营活动有关的、合理的支出</td></tr>
</table>

【考点子题——举一反三，真枪实练】

[16]（经典例题•单选题）甲企业 2022 年因提供劳务缴纳增值税 500 万元，城市维护建设税 35 万元，还缴纳印花税 10 万元，契税 5 万元，房产税 10 万元和耕地占用税 6 万元。则甲企业当年在缴纳企业所得税时可以税前扣除的税金合计数是（ ）万元。

A. 35　　B. 46　　C. 55　　D. 40

【考点母题——万变不离其宗】扣除项目及其标准

<table>
<tr><td colspan="3">企业发生的下列支出中，可在发生当期直接在企业所得税税前扣除的有（ ）。</td></tr>
<tr><td rowspan="7">A. 工资、薪金支出</td><td colspan="2">a. 企业发生的合理的工资、薪金支出准予据实扣除</td></tr>
<tr><td colspan="2">b. 属于国有性质的企业，其工资、薪金，不得超过政府有关部门给予的限定数额；超过部分，不得计入企业工资、薪金总额，也不得在计算企业应纳税所得额时扣除</td></tr>
<tr><td colspan="2">c. 企业因雇用季节工、临时工、实习生、返聘离退休人员以及接受外部劳务派遣用工所实际发生的费用，应区分为工资、薪金支出和职工福利费支出，并按《企业所得税法》规定在企业所得税税前扣除。其中属于工资、薪金支出的，准予计入企业工资、薪金总额的基数，作为计算其他各项相关费用扣除的依据</td></tr>
<tr><td>d. 上市公司实施股权激励计划</td><td>① 对股权激励计划实行后立即可以行权的，上市公司可以根据实际行权时该股票的公允价格与激励对象实际行权支付价格的差额和数量，计算确定作为当年上市公司工资、薪金支出，依照税法规定进行税前扣除
② 对股权激励计划实行后，需待一定服务年限或者达到规定业绩条件方可行权的，上市公司等待期内会计上计算确认的相关成本费用，不得在对应年度计算缴纳企业所得税时扣除。在股权激励计划可行权后，上市公司方可根据该股票实际行权时的公允价格与当年激励对象实际行权支付价格的差额及数量，计算确定作为当年上市公司工资、薪金支出，依照税法规定进行税前扣除
③ 股票实际行权时的公允价格，以实际行权日该股票的收盘价格确定</td></tr>
<tr><td>e. 企业福利性补贴支出</td><td>列入企业员工工资、薪金制度，固定与工资、薪金一起发放的福利性补贴，符合规定的合理工资、薪金支出条件，可作为企业发生的工资、薪金支出，按规定在税前扣除</td></tr>
<tr><td colspan="2">f. 企业在年度汇算清缴结束前向员工实际支付的已预提汇缴年度工资、薪金，准予在汇缴年度按规定扣除</td></tr>
<tr><td colspan="2">g. 企业接受外部劳务派遣用工所实际发生的费用，应分两种情况按规定在税前扣除：按照协议（合同）约定直接支付给劳务派遣公司的费用，应作为劳务费支出；直接支付给员工个人的费用，应作为工资、薪金支出和职工福利费支出。其中属于工资、薪金支出的费用，准予计入企业工资、薪金总额的基数，作为计算其他各项相关费用扣除的依据</td></tr>
</table>

续表

<table>
<tr><td rowspan="4">B. 职工福利费、工会经费、职工教育经费</td><td>a. 企业发生的职工福利费支出，不超过工资薪金总额 14% 的部分准予扣除</td><td>企业职工福利费，包括：
① 职工食堂、职工浴室、理发室、医务所、托儿所、疗养院等集体福利部门的设备、设施及维修保养费用和福利部门工作人员的工资、薪金、社会保险费、住房公积金、劳务费
② 企业向职工发放的因公外地就医费用、未实行医疗统筹企业职工医疗费用、职工供养直系亲属医疗补贴、供暖费补贴、职工防暑降温费、职工困难补贴、救济费、职工食堂经费补贴、职工交通补贴
③ 按照其他规定发生的其他职工福利费，包括丧葬补助费、抚恤费、安家费、探亲假路费等</td></tr>
<tr><td colspan="2">【典型例题】大丰公司 2022 年度企业所得税汇算清缴时，工资薪金总额为 5 000 万元，其中计入工资、薪金的福利性支出 1 500 万元，包括以下支出：
1. 为职工发放供暖补贴 250 万元。
2. 交通补贴和住房补贴 350 万元。
3. 企业内设的职工食堂发生费用 500 万元。
4. 为高危工作岗位人员提供福利性津贴 400 万元。
其中，第 2 项和第 4 项是根据企业董事会制定的工资、薪金制度按标准定期发放的，且大丰公司依法代扣代缴了个人所得税，符合规定。
【答案及解析】交通补贴、住房补贴和为高危工作岗位人员提供福利性津贴计入工资、薪金中“福利性补贴”。
允许全额扣除的工资、薪金总额 =（5 000−1 500）+400+350=4 250（万元）
职工福利费扣除限额 =4 250 × 14%=595（万元）
职工福利费支出 =250+500=750（万元）
应调增应纳税所得额 =750−595=155（万元）</td></tr>
<tr><td colspan="2">b. 企业拨缴的工会经费，不超过工资、薪金总额 2% 的部分准予扣除</td></tr>
<tr><td colspan="2">c. 除国务院财政、税务主管部门另有规定外，企业发生的职工教育经费支出，不超过工资、薪金总额 8% 的部分，准予在计算企业所得税应纳税所得额时扣除；超过部分，准予在以后纳税年度结转扣除
【说明】
1. 软件生产企业发生的职工教育经费中的职工培训费用全额税前扣除。
2. 核力发电企业为培养核电厂操纵员发生的培养费用全额税前扣除。</td></tr>
<tr><td rowspan="3">C. 社会保险费</td><td colspan="2">a. 企业依照国务院有关主管部门或者省级人民政府规定的范围和标准为职工缴纳的五险一金，准予扣除</td></tr>
<tr><td colspan="2">b. 企业为投资者或者职工支付的补充养老保险费、补充医疗保险费，在国务院财政、税务主管部门规定的范围和标准内，准予扣除</td></tr>
<tr><td colspan="2">c. 企业为投资者或者职工支付的商业保险费，不得扣除。企业依照国家有关规定为特殊工种职工支付的人身安全保险费和符合国务院财政、税务主管部门规定可以扣除的商业保险费准予扣除</td></tr>
</table>

续表

<table>
<tr><td rowspan="5">D. 利息费用</td><td colspan="2">a. 非金融企业向金融企业借款的利息支出、金融企业的各项存款利息支出和同业拆借利息支出、企业经批准发行债券的利息支出可据实扣除</td></tr>
<tr><td colspan="2">b. 非金融企业向非金融企业借款的利息支出，不超过按照金融企业同期同类贷款利率计算的数额的部分可据实扣除，超过部分不许扣除</td></tr>
<tr><td>c. 关联企业利息费用的扣除</td><td>① 在计算应纳税所得额时，企业实际支付给关联方的利息支出，不超过以下规定比例和税法及其实施条例有关规定计算的部分，准予扣除，超过的部分不得在发生当期和以后年度扣除
企业实际支付给关联方的利息支出，除符合下面第②条规定外，其接受关联方债权性投资与其权益性投资比例为：金融企业 5：1；其他企业 2：1
② 企业如果能够按照税法及其实施条例的有关规定提供相关资料，并证明相关交易活动符合独立交易原则的；或者该企业的实际税负不高于境内关联方的，其实际支付给境内关联方的利息支出，在计算应纳税所得额时准予扣除
③ 企业自关联方取得的不符合规定的利息收入应按照有关规定缴纳企业所得税</td></tr>
<tr><td>d. 企业向自然人借款的利息支出在企业所得税税前的扣除</td><td>① 企业向股东或其他与企业有关联关系的自然人借款的利息支出，符合规定的条件，计算企业所得税时准予扣除
② 企业向除①规定以外的内部职工或其他人员借款的利息支出，其借款情况同时符合以下条件的，其利息支出在不超过按照金融企业同期同类贷款利率计算的数额的部分，准予扣除。
条件一：企业与个人之间的借贷是真实、合法、有效的，并且不具有非法集资目的或其他违反法律、法规的行为
条件二：企业与个人之间签订了借款合同</td></tr>
<tr><td colspan="2">【典型例题】甲公司 2022 年度实现会计利润总额 500 万元。当年向银行借入生产用资金 1 000 万元，借用期限 6 个月，支付借款利息 30 万元；经过批准向本企业职工借入生产用资金 200 万元，借用期限 9 个月，支付借款利息 12 万元。要求：计算甲公司 2022 年度的应纳税所得额。
【答案及解析】金融企业年利率 =（30 × 2）÷ 1 000 × 100%=6%
可以税前扣除的职工借款利息 =200 × 6% ÷ 12 × 9=9（万元）
超标准列支 =12−9=3（万元）
应纳税所得额 =500+3=503（万元）</td></tr>
</table>

续表

<table>
<tr><td rowspan="4">E. 借款费用</td><td>a. 企业在生产经营活动中发生的合理的不需要资本化的借款费用，准予扣除</td></tr>
<tr><td>b. 企业为购置、建造固定资产、无形资产和经过 12 个月以上的建造才能达到预定可销售状态的存货发生借款的，在有关资产购置、建造期间发生的合理的借款费用，应予以资本化，作为资本性支出计入有关资产的成本；有关资产交付使用后发生的借款利息，可在发生当期扣除</td></tr>
<tr><td>c. 企业通过发行债券、取得贷款、吸收保户储金等方式融资而发生的合理的费用支出，符合资本化条件的，应计入相关资产成本；不符合资本化条件的，应作为财务费用，准予在企业所得税税前据实扣除</td></tr>
<tr><td>【典型例题】乙企业 2022 年 1 月 1 日向银行借款 1 000 万元用于建造仓库，借款期限 1 年，当年向银行支付了全年的借款利息 60 万元，该厂房于 9 月 30 日竣工结算并投入使用。要求：计算当年税前可扣除的利息费用。
【答案及解析】税前可扣除的利息费用 =60 ÷ 12 × 3=15（万元）</td></tr>
<tr><td>F. 汇兑损失</td><td>除已经计入有关资产成本以及与向所有者进行利润分配相关的部分外，准予扣除</td></tr>
<tr><td rowspan="4">G. 业务招待费</td><td>a. 企业发生的与生产经营活动有关的业务招待费支出，按照发生额的 60% 扣除，但最高不得超过当年销售（营业）收入的 5‰</td></tr>
<tr><td>b. 对从事股权投资业务的企业（包括集团公司总部、创业投资企业等），其从被投资企业所分配的股息、红利以及股权转让收入，可以按规定的比例计算业务招待费扣除限额</td></tr>
<tr><td>【典型例题】某创业投资公司 2022 年从其直接投资的企业分回股息、红利收益 2 000 万元，转让股权取得不含税收入 3 000 万元，出租办公楼取得不含税收入 1 000 万元，发生业务招待费 60 万元。要求：计算应纳税所得额时该创业投资企业当年发生的业务招待费准予扣除的限额。
【答案及解析】扣除限额 1= 销售（营业）收入的 ×5‰ =（2 000+3 000+1 000）×5‰ =30（万元）
扣除限额 2= 实际发生额的 ×60%=60 × 60%=36（万元）
税前准予扣除的业务招待费为 30 万元。</td></tr>
<tr><td>c. 企业在筹建期间，发生的与筹办活动有关的业务招待费支出，可按实际发生额的 60% 计入企业筹办费，并按有关规定在税前扣除</td></tr>
<tr><td rowspan="2">H. 广告费和业务宣传费</td><td>a. 企业发生的符合条件的广告费和业务宣传费支出，除国务院财政、税务主管部门另有规定外，不超过当年销售（营业）收入 15% 的部分，准予扣除；超过部分，准予结转以后纳税年度扣除</td></tr>
<tr><td>b. 对化妆品制造或销售、医药制造和饮料制造（不含酒类制造）企业发生的广告费和业务宣传费支出，不超过当年销售（营业）收入 30% 的部分，准予扣除；超过部分，准予在以后纳税年度结转扣除</td></tr>
</table>

续表

<table>
<tr><td rowspan="4">H. 广告费和业务宣传费</td><td>c. 对签订广告费和业务宣传费分摊协议的关联企业，其中一方发生的不超过当年销售（营业）收入税前扣除限额比例内的广告费和业务宣传费支出可以在本企业扣除，也可以将其中的部分或全部按照分摊协议归集至另一方扣除。另一方在计算本企业广告费和业务宣传费支出企业所得税税前扣除限额时，可将按照上述办法归集至本企业的广告费和业务宣传费不计算在内</td></tr>
<tr><td>d. 企业在筹建期间，发生的广告费和业务宣传费，可按实际发生额计入企业筹办费，并按上述规定在税前扣除</td></tr>
<tr><td>e. 烟草企业的烟草广告费和业务宣传费支出，一律不得在计算应纳税所得额时扣除</td></tr>
<tr><td>【典型案例】丙化妆品厂 2022 年销售收入 5 000 万元，特许权使用费收入 500 万元，营业外收入 200 万元。广告费支出 1 500 万元，业务宣传费 180 万元。
要求：计算广告费和业务宣传费纳税调整额。
【答案及解析】广告费和业务宣传费扣除标准 =（5 000+500）×30%=1 650（万元）
广告费和业务宣传费实际发生额 =1 500+180=1 680（万元）
超标准列支 =1 680−1 650=30（万元），丙化妆品厂应调增应纳税所得额 30 万元</td></tr>
<tr><td>I. 环境保护专项资金</td><td>企业依照法律、行政法规有关规定提取的用于环境保护、生态恢复等方面的专项资金，准予扣除。上述专项资金提取后改变用途的，不得扣除</td></tr>
<tr><td>J. 保险费</td><td>企业参加财产保险，按照规定缴纳的保险费，准予扣除</td></tr>
<tr><td>K. 租赁费</td><td>a. 以经营租赁方式租入固定资产发生的租赁费支出，按照租赁期限均匀扣除
b. 以融资租赁方式租入固定资产发生的租赁费支出，按照规定构成融资租入固定资产价值的部分应当提取折旧费用，分期扣除</td></tr>
<tr><td>L. 劳动保护费</td><td>企业发生的合理的劳动保护支出，准予扣除。企业根据其工作性质和特点，由企业统一制作并要求员工工作时统一着装所发生的工作服饰费用，可以作为企业合理的支出给予税前扣除</td></tr>
<tr><td rowspan="3">M. 公益性捐赠支出</td><td>a. 企业发生的公益性捐赠支出，不超过年度利润总额 12% 的部分，准予扣除。超过年度利润总额 12% 的部分，准予以后 3 年内在计算应纳税所得额时结转扣除
【说明】公益性捐赠是指企业通过公益性社会团体或者县级以上人民政府及其部门，用于《中华人民共和国公益事业捐赠法》规定的公益事业的捐赠。</td></tr>
<tr><td>b. 企业在对公益性捐赠支出计算扣除时，应先扣除以前年度结转的捐赠支出，再扣除当年发生的捐赠支出</td></tr>
<tr><td>c. 自 2019 年 1 月 1 日至 2022 年 12 月 31 日，企业通过公益性社会组织或者县级（含县级）以上人民政府及其组成部门和直属机构，用于目标脱贫地区的扶贫捐赠支出，准予在计算企业所得税应纳税所得额时据实扣除。在政策执行期限内，目标脱贫地区实现脱贫的，可继续适用本政策
【说明】企业同时发生扶贫捐赠支出和其他公益性捐赠支出，在计算公益性捐赠支出年度扣除限额时，符合上述条件的扶贫捐赠支出不计算在内。</td></tr>
</table>

续表

<table>
<tr><td rowspan="2">M. 公益性捐赠支出</td><td colspan="2">d. 纳税人直接向受赠人的捐赠，所得税前不得扣除</td></tr>
<tr><td colspan="2">e. 企业在非货币性资产捐赠过程中发生的运费、保险费、人工费用等相关支出，凡纳入国家机关、公益性社会组织开具的公益捐赠票据记载的数额中的，作为公益性捐赠支出按照规定在税前扣除；上述费用未纳入公益性捐赠票据记载的数额中的，作为企业相关费用按照规定在税前扣除</td></tr>
<tr><td>N. 有关资产的费用</td><td colspan="2">a. 企业转让各类固定资产发生的费用，允许扣除
b. 企业按规定计算的固定资产折旧费、无形资产和递延资产的摊销费，准予扣除</td></tr>
<tr><td>O. 总机构分摊的费用</td><td colspan="2">非居民企业在中国境内设立的机构、场所，就其中国境外总机构发生的与该机构、场所生产经营有关的费用，能够提供总机构出具的费用汇集范围、定额、分配依据和方法等证明文件，并合理分摊的，准予扣除</td></tr>
<tr><td>P. 资产损失</td><td colspan="2">企业当期发生的固定资产和流动资产盘亏、毁损净损失，由其提供清查盘存资料经主管税务机关审核后，准予扣除
【说明】企业因存货盘亏、毁损、报废、被盗等原因不得从增值税销项税额中抵扣的进项税额，可以与存货损失一起在计算应纳税所得额时扣除。</td></tr>
<tr><td colspan="3">Q. 依照有关法律、行政法规和国家有关税法规定准予扣除的其他项目，例如会员费、合理的会议费、差旅费、违约金、诉讼费用等</td></tr>
<tr><td rowspan="5">R. 手续费及佣金支出</td><td>a. 企业发生的与生产经营有关的手续费及佣金支出，不超过以下规定计算限额以内的部分，准予扣除；超过部分，不得扣除</td><td>① 保险企业：财产保险企业按当年全部保费收入扣除退保金等后余额的 18%（含本数，下同）计算限额，在计算应纳税所得额时准予扣除；超过部分，允许结转以后年度扣除
② 其他企业：按与具有合法经营资格中介服务机构或个人（不含交易双方及其雇员、代理人和代表人等）所签订服务协议或合同确认的收入金额的 5% 计算限额</td></tr>
<tr><td colspan="2">b. 企业应与具有合法经营资格的中介服务企业或个人签订代办协议或合同，并按国家有关规定支付手续费及佣金。除委托个人代理外，企业以现金等非转账方式支付的手续费及佣金不得在税前扣除。企业为发行权益性证券支付给有关证券承销机构的手续费及佣金不得在税前扣除</td></tr>
<tr><td colspan="2">c. 企业已计入固定资产、无形资产等相关资产的手续费及佣金支出，应当通过折旧、摊销等方式分期扣除，不得在发生当期直接扣除</td></tr>
<tr><td colspan="2">d. 从事代理服务、主营业务收入为手续费、佣金的企业（如证券、期货、保险代理等企业），其为取得该类收入而实际发生的营业成本（包括手续费及佣金支出），准予在企业所得税税前据实扣除</td></tr>
<tr><td colspan="2">e. 企业支付的手续费及佣金不得直接冲减服务协议或合同金额，并如实入账</td></tr>
</table>

续表

<table>
<tr><td>R. 手续费及佣金支出</td><td colspan="2">f. 电信企业在发展客户、拓展业务等过程中（如委托销售电话入网卡、电话充值卡等），需向经纪人、代办商支付手续费及佣金的，其实际发生的相关手续费及佣金支出，不超过企业当年收入总额 5% 的部分，准予在企业所得税前据实扣除</td></tr>
<tr><td>S. 企业维简费支出</td><td colspan="2">企业实际发生的维简费支出，属于收益性支出的，可作为当期费用税前扣除；属于资本性支出的，应计入有关资产成本，并计提折旧或摊销费用在税前扣除</td></tr>
<tr><td>T. 企业参与政府统一组织的棚户区改造支出</td><td colspan="2">企业参与政府统一组织的工矿（含中央下放煤矿）棚户区改造、林区棚户区改造、垦区危房改造并同时符合一定条件的棚户区改造支出，准予在企业所得税税前扣除</td></tr>
<tr><td rowspan="3">U. 金融企业贷款损失准备金</td><td>a. 准予税前提取贷款损失准备金的贷款资产范围</td><td>①贷款（含抵押、质押、担保、信用等贷款）
②银行卡透支、贴现、信用垫款（含银行承兑汇票垫款、信用证垫款、担保垫款等）、进出口押汇、同业拆出、应收融资租赁款等各项具有贷款特征的风险资产
③由金融企业转贷并承担对外还款责任的国外贷款</td></tr>
<tr><td colspan="2">b. 金融企业的委托贷款、代理贷款、国债投资、应收股利、上交央行准备金以及金融企业剥离的债权和股权、应收财政贴息、央行款项等不承担风险和损失的资产，以及除 a 项列举资产之外的其他风险资产不得提取贷款损失准备金在税前扣除</td></tr>
<tr><td colspan="2">c. 金融企业发生的符合条件的贷款损失，应先冲减已在税前扣除的贷款损失准备金，不足冲减部分可据实在计算当年应纳税所得额时扣除</td></tr>
<tr><td rowspan="2">V. 可转债转为股权投资的税务处理</td><td>a. 购买方的税务处理</td><td>①购买方企业购买可转换债券，在其持有期间按照约定利率取得的利息收入，应当依法申报缴纳企业所得税
②购买方企业可转换债券转换为股票时，将应收未收利息一并转为股票的，该应收未收利息即使会计上未确认收入，税收上也应当作为当期利息收入申报纳税；转换后以该债券购买价、应收未收利息和支付的相关税费为该股票投资成本</td></tr>
<tr><td>b. 发行方的税务处理</td><td>①发行方企业发生的可转换债券的利息，按照规定在税前扣除
②发行方企业按照约定将购买方持有的可转换债券和应付未付利息一并转为股票的，其应付未付利息视同已支付，按照规定在税前扣除</td></tr>
</table>

【考点母题——万变不离其宗】企业所得税税前扣除凭证规定（新增）

企业所得税税前扣除凭证，是指企业（居民企业和非居民企业）在计算企业所得税应纳税所得额时，证明与取得收入有关的、合理的支出实际发生，并据以税前扣除的各类凭证。下列关于企业所得税税前扣除凭证的说法，正确的有（　）。
A. 税前扣除凭证在管理中遵循真实性、合法性、关联性原则

续表

B. 企业发生支出，应取得税前扣除凭证，作为计算企业所得税应纳税所得额时扣除相关支出的依据，税前扣除凭证应在当年度企业所得税法规定的汇算清缴期结束前取得
C. 企业应将与税前扣除凭证相关的资料，包括合同协议、支出依据、付款凭证等留存备查，以证实税前扣除凭证的真实性
D. 税前扣除凭证按照来源分为内部凭证和外部凭证。内部凭证是指企业自制用于成本、费用、损失和其他支出核算的会计原始凭证；外部凭证是指企业发生经营活动和其他事项时，从其他单位、个人取得的用于证明其支出发生的凭证，包括但不限于发票（包括纸质发票和电子发票）、财政票据、完税凭证、收款凭证、分割单等
E. 企业在境内发生的支出项目属于增值税应税项目的，对方为已办理税务登记的增值税纳税人，其支出以发票（包括按照规定由税务机关代开的发票）作为税前扣除凭证；对方为依法无需办理税务登记的单位或者从事小额零星经营业务的个人，其支出以税务机关代开的发票或者收款凭证及内部凭证作为税前扣除凭证，收款凭证应载明收款单位名称、个人姓名及身份证号、支出项目、收款金额等相关信息 【说明】小额零星经营业务的判断标准是个人从事应税项目经营业务的销售额不超过增值税相关政策规定的起征点。
F. 企业在境内发生的支出项目不属于增值税应税项目的，对方为单位的，以对方开具的发票以外的其他外部凭证作为税前扣除凭证；对方为个人的，以内部凭证作为税前扣除凭证
G. 企业从境外购进货物或者劳务发生的支出，以对方开具的发票或者具有发票性质的收款凭证、相关税费缴纳凭证作为税前扣除凭证
H. 企业取得私自印制、伪造、变造、作废、开票方非法取得、虚开、填写不合规发票，以及取得不合规其他外部凭证，不得作为税前扣除凭证
I. 企业应当取得而未取得发票、其他外部凭证或者取得不合规发票、不合规其他外部凭证的，若支出真实且已实际发生，应当在当年度汇算清缴期结束前，要求对方补开、换开发票、其他外部凭证。补开、换开后的发票、其他外部凭证符合规定的，可以作为税前扣除凭证
J. 企业在补开、换开发票、其他外部凭证过程中，因对方注销、撤销、依法被吊销营业执照、被税务机关认定为非正常户等特殊原因无法补开、换开发票、其他外部凭证的，可凭以下资料证实支出真实性后，其支出允许税前扣除：（1）无法补开、换开发票、其他外部凭证原因的证明资料（包括工商注销、机构撤销、列入非正常经营户、破产公告等证明资料）；（2）相关业务活动的合同或者协议；（3）采用非现金方式支付的付款凭证；（4）货物运输的证明资料；（5）货物入库、出库内部凭证；（6）企业会计核算记录以及其他资料。
K. 汇算清缴期结束后，税务机关发现企业应当取得而未取得发票、其他外部凭证或者取得不合规发票、不合规其他外部凭证并且告知企业的，企业应当自被告知之日起 60 日内补开、换开符合规定的发票、其他外部凭证。其中，因对方特殊原因无法补开、换开发票、其他外部凭证的，企业应当按照上述第 J 条的规定，自被告知之日起 60 日内提供可以证实其支出真实性的相关资料
L. 企业在税务机关规定的期限未能补开、换开符合规定的发票、其他外部凭证，并且未能按照上述第 J 条的规定提供相关资料证实其支出真实性的，相应支出不得在发生年度税前扣除。对于上述情形，相应支出不仅不得在发生年度税前扣除，也不得在以后年度追补扣除

续表

M. 除发生上述第 K 条规定的情形外，企业以前年度应当取得而未取得发票、其他外部凭证，且相应支出在该年度没有税前扣除的，在以后年度取得符合规定的发票、其他外部凭证或者按照上述第 J 条的规定提供可以证实其支出真实性的相关资料，相应支出可以追补至该支出发生年度税前扣除，但追补年限不得超过 5 年
N. 企业与其他企业（包括关联企业）、个人在境内共同接受应纳增值税劳务发生的支出，采取分摊方式的，应当按照独立交易原则进行分摊，企业以发票和分割单作为税前扣除凭证，共同接受应税劳务的其他企业以企业开具的分割单作为税前扣除凭证
O. 企业租用（包括企业作为单一承租方租用）办公、生产用房等资产发生的水、电、燃气、冷气、暖气、通讯线路、有线电视、网络等费用，出租方作为应税项目开具发票的，企业以发票作为税前扣除凭证；出租方采取分摊方式的，企业以出租方开具的其他外部凭证作为税前扣除凭证
【说明】关于税前扣除凭证，《企业所得税税前扣除凭证管理办法》提及的“劳务”是一个相对宽泛的概念，原则上包含了所有劳务服务活动，不能等同于增值税相关规定中的“加工、修理修配劳务”。

【考点子题——举一反三，真枪实练】

[17]（经典例题•单选题）某上市公司 2022 年度实发工资 4 000 万元。当年 6 月 6 日，中层以上员工对公司 2 年前授予的股票期权 500 万股实施行权，行权价每股 6 元，当日该公司股票收盘价每股 10 元。则该企业 2022 年所得税前扣除的工资额是（　）万元。

A. 7 000　　B. 6 000　　C. 4 000　　D. 9 000

[18]（经典例题•单选题）依据企业所得税法相关规定，下列保险费用不能在税前扣除的是（　）。

A. 企业依照国家有关规定为特殊工种职工支付的人身安全保险费

B. 企业为所拥有的生产机器设备支付的财产保险费

C. 企业为职工支付的补充养老保险费

D. 企业为投资者支付的养老商业保险费

[19]（经典例题•单选题）甲企业为一般纳税人，2021 年实现会计利润 2 000 万元，企业通过公益性社会团体向规定的公益事业捐赠 400 万元；2022 年实现会计利润 2 500 万元，发生符合企业所得税相关规定的公益捐赠 150 万元，则 2022 年该企业在企业所得税税前可扣除的捐赠费为（　）万元。

A. 160　　B. 150　　C. 310　　D. 300

[20]（经典例题•多选题）企业取得的下列税前扣除凭证，可作为计算企业所得税应纳税所得额时扣除相关支出的依据的有（　）。

A. 填写不规范的发票

B. 交易对方注销无法补开发票，但取得真实的相关业务活动的合同

C. 交易对方被吊销营业执照无法换开发票，但取得股权支付凭证

D. 交易对方撤销无法补开外部凭证，但取得货物入库内部凭证。

考点 4 不得扣除的项目

【考点母题——万变不离其宗】不得扣除的项目

在计算应纳税所得额时，下列支出中，不得在税前扣除的有（　）。

A. 向投资者支付的股息、红利等权益性投资收益款项
B. 企业所得税税款
C. 税收滞纳金，是指纳税人违反税收法规，被税务机关处以的滞纳金
D. 罚金、罚款和被没收财物的损失
E. 超过规定标准的捐赠支出
F. 赞助支出（企业发生的与生产经营活动无关的各种非广告性质支出）
G. 未经核定的准备金支出，是指不符合国务院财政、税务主管部门规定的各项资产减值准备、风险准备等准备金支出
H. 企业之间支付的管理费、企业内营业机构之间支付的租金和特许权使用费，以及非银行企业内营业机构之间支付的利息
I. 与取得收入无关的其他支出

【典型例题 1】甲居民企业 2022 年发生下列业务：
（1）销售产品取得收入 2 000 万元（不含税，下同）。
（2）12 月接受捐赠材料一批，取得捐赠方开具的增值税专用发票上注明价款 10 万元，增值税税额 1.3 万元；企业找一家运输公司将该批材料运回本企业，支付运杂费 0.3 万元。
（3）报废生产线残值收入 60 万元。
（4）取得国债利息收入 2 万元。
（5）收取当年让渡专利使用权的专利实施许可费，取得其他业务收入 10 万元。
（6）全年销售成本 1 000 万元；税金及附加 100 万元。
（7）全年销售费用 500 万元，含广告费 400 万元；全年管理费用 200 万元，含业务招待费 80 万元；全年财务费用 50 万元。
（8）全年营业外支出 40 万元（含通过市政府部门对灾区捐款 20 万元，直接对私立小学捐款 10 万元，违反政府规定被工商局罚款 2 万元）。
要求：根据上述资料，分别回答下列问题。
（1）该企业的会计利润总额；
（2）该企业对国债利息收入的纳税调整额；
（3）该企业对广告费用的纳税调整额；
（4）该企业对业务招待费的纳税调整额；
（5）该企业对营业外支出的纳税调整额；
（6）该企业应纳税所得额和应纳企业所得税税额。
【答案及解析】
（1）该企业的会计利润总额 =2 000+10+1.3+60+10+2−1 000−100−500−200−50−40=193.3（万元）
（2）2 万元国债利息收入属于免税收入，应调减应纳税所得额 2 万元。

续表

（3）以销售（营业）收入（2 000+10）万元为基数计算广告费的税前扣除限额，不能包括营业外收入。 广告费税前扣除限额 =（2 000+10）× 15%=301.5（万元）；广告费超支 =400−301.5=98.5（万元） 调增应纳税所得额 98.5 万元。 （4）实际发生额的 60%=80 × 60%=48（万元）；销售（营业）收入的 5‰ =（2000+10）× 5‰ =10.05（万元） 业务招待费扣除限额为 10.05 万元，超支 69.95 万元，调增应纳税所得额 69.95 万元。 （5）公益性捐赠扣除限额 =193.3 × 12%=23.20（万元）。 该企业除 20 万元公益性捐赠可以全额扣除；直接对私立小学的捐赠不得扣除；行政罚款不得扣营业外支出应调增应纳税所得额 =10+2=12（万元）。 （6）该企业应纳税所得额 =193.3−2+98.5+69.95+12=371.75（万元）该企业应纳所得税额 =371.75 × 25%=92.94（万元）。
【典型例题 2】某制造业工业企业为居民企业（非小微企业），2022 年度发生经营业务如下： 全年取得产品销售收入 5 600 万元，发生产品销售成本 4 000 万元；其他业务收入 800 万元，其他业务成本 694 万元；取得购买国债的利息收入 40 万元；缴纳非增值税销售税金及附加 300 万元；发生的管理费用 760 万元，其中新技术的研究开发费用 60 万元、业务招待费用 70 万元；发生财务费用 200 万元；取得直接投资其他居民企业的权益性收益 34 万元（已在投资方所在地按 15% 的税率缴纳了所得税）；取得营业外收入 100 万元，发生营业外支出 250 万元（其中含公益捐赠 38 万元）。 要求：计算该企业 2022 年应纳的企业所得税。 【答案及解析】 （1）利润总额 =5 600+800+40+34+100−4 000−694−300−760−200−250=370（万元）。 （2）国债利息收入免征企业所得税，应调减应纳税所得额 40 万元。 （3）技术研发费调减应纳税所得额 =60 × 100%=60（万元）。 （4）按实际发生业务招待费的 60% 计算 =70 × 60%=42（万元）； 按销售（营业）收入的 5‰计算 =（5 600+800）× 5‰ =32（万元）； 按照规定税前扣除限额应为 32 万元，实际应调增应纳税所得额 =70−32=38（万元）。 （5）取得直接投资其他居民企业的权益性收益属于免税收入，应调减应纳税所得额 34 万元。 （6）捐赠扣除标准 =370 × 12%=44.4（万元）； 实际捐赠额 38 万元小于扣除标准 44.4 万元，可按实捐数扣除，不做纳税调整。 （7）应纳税所得额 =370−40−60+38−34=274（万元）。 （8）该企业 2022 年应缴纳企业所得税 =274 × 25%=68.5（万元）。

【考点子题——举一反三，真枪实练】

[21]（2019 年 • 单选题）企业发生的下列支出中，在计算企业所得税应纳税所得额时准予扣除的是（　）。

A. 税收滞纳金　　B. 被没收财物的损失

C. 向投资者支付的股息　　D. 因延期交货支付给购买方的违约金

[22]（2012 年 • 单选题）以下各项支出中，可以在计算企业所得税应纳税所得额时扣除的是（　）。

A. 支付给母公司的管理费

B. 按规定缴纳的财产保险费

C. 以现金方式支付给某中介公司的佣金

D. 赴灾区慰问时直接向灾民发放的慰问金

[23]（2012 年 • 多选题）企业发生的下列支出中，在计算企业所得税应纳税所得额时不得扣除的有（ ）。

A. 税收滞纳金

B. 企业所得税税款

C. 计入产品成本的车间水电费用支出

D. 向投资者支付的权益性投资收益款项

考点 5 亏损弥补

【考点母题——万变不离其宗】亏损弥补

下列关于企业亏损弥补的表述，正确的有（ ）。
A. 企业某一纳税年度发生的亏损可以用下一年度的所得弥补，下一年度的所得不足以弥补的，可以逐年延续弥补，但最长不得超过 5 年 【说明】企业在汇总计算缴纳企业所得税时，其境外营业机构的亏损不得抵减境内营业机构的盈利。
B. 自 2018 年 1 月 1 日起，当年具备高新技术企业或科技型中小企业资格的企业，其具备资格年度之前 5 个年度发生的尚未弥补完的亏损，准予结转以后年度弥补，最长结转年限由 5 年延长至 10 年
C. 企业筹办期间不计算为亏损年度，企业自开始生产经营的年度，为开始计算企业损益的年度 【说明】企业从事生产经营之前进行筹办活动期间发生筹办费用支出，不得计算为当期的亏损，企业可以在开始经营之日的当年一次性扣除，也可以按照新税法有关长期待摊费用的处理规定处理，但一经选定，不得改变。
D. 税务机关对企业以前年度纳税情况进行检查时调增的应纳税所得额，凡企业以前年度发生亏损且该亏损属于企业所得税法规定允许弥补的，应允许以调增的应纳税所得额弥补该亏损。弥补该亏损后仍有余额的，按照企业所得税法规定计算缴纳企业所得税
E. 对企业发现以前年度实际发生的、按照税法规定应在企业所得税税前扣除而未扣除或者少扣除的支出，企业作出专项申报及说明后，准予追补至该项目发生年度计算扣除，但追补确认期限不得超过 5 年
F. 对受疫情影响较大的困难行业企业 2020 年度发生的亏损最长结转年限延长至 8 年 困难行业企业，包括交通运输、餐饮、住宿、旅游（指旅行社及相关服务、游览景区管理两类）四大类，具体判断标准按照现行《国民经济行业分类》执行。困难行业企业 2020 年度主营业务收入须占收入总额（剔除不征税收入和投资收益）的 50% 以上。

第三节 资产的税务处理

考点1 固定资产的税务处理

【考点母题——万变不离其宗】固定资产的税务处理

固定资产计税基础	（1）下列关于固定资产计税基础的表述正确的有（　）。
	A. 外购的固定资产，以购买价款和支付的相关税费以及直接归属于使该资产达到预定用途发生的其他支出为计税基础 B. 自行建造的固定资产，以竣工结算前发生的支出为计税基础 C. 融资租入的固定资产，以租赁合同约定的付款总额和承租人在签订租赁合同过程中发生的相关费用为计税基础，租赁合同未约定付款总额的，以该资产的公允价值和承租人在签订租赁合同过程中发生的相关费用为计税基础 D. 盘盈的固定资产，以同类固定资产的重置完全价值为计税基础 E. 通过捐赠、投资、非货币性资产交换、债务重组等方式取得的固定资产，以该资产的公允价值和支付的相关税费为计税基础 F. 改建的固定资产，除已足额提取折旧的固定资产和租入的固定资产以外的其他固定资产，以改建过程中发生的改建支出增加计税基础
固定资产折旧的范围	（2）下列固定资产中，不得计算折旧扣除有（　）。
	A. 房屋、建筑物以外未投入使用的固定资产 B. 以经营租赁方式租入的固定资产　C. 以融资租赁方式租出的固定资产 D. 已足额提取折旧仍继续使用的固定资产 E. 与经营活动无关的固定资产　F. 单独估价作为固定资产入账的土地 G. 其他不得计算折旧扣除的固定资产
固定资产折旧的计提方法	（3）下列关于固定资产折旧计提方法的表述，正确的有（　）。
	A. 企业应当自固定资产投入使用月份的次月起计算折旧；停止使用的固定资产，应当自停止使用月份的次月起停止计算折旧 B. 企业应当根据固定资产的性质和使用情况，合理确定固定资产的预计净残值；固定资产的预计净残值一经确定，不得变更 C. 固定资产按照直线法计算的折旧，准予扣除
固定资产折旧的计提年限	（4）除国务院财政、税务主管部门另有规定外，下列固定资产计算折旧最低年限的表述，正确的有（　）。

续表

固定资产折旧的计提年限	A. 房屋、建筑物为 20 年 B. 飞机、火车、轮船、机器、机械和其他生产设备为 10 年 C. 与生产经营活动有关的器具、工具、家具等为 5 年 D. 飞机、火车、轮船以外的运输工具为 4 年 E. 电子设备为 3 年
固定资产折旧的处理	（5）下列关于固定资产折旧处理的表述，正确的有（ ）。
	A. 企业固定资产会计折旧年限如果短于税法规定的最低折旧年限，其按会计折旧年限计提的折旧高于按税法规定的最低折旧年限计提的折旧部分，应调增当期应纳税所得额 B. 企业固定资产会计折旧年限已期满且会计折旧已提足，但税法规定的最低折旧年限尚未到期且税收折旧尚未足额扣除，其未足额扣除的部分准予在剩余的税收折旧年限继续按规定扣除 C. 企业固定资产会计折旧年限如果长于税法规定的最低折旧年限，其折旧应按会计折旧年限计算扣除，税法另有规定除外 D. 企业按会计规定提取的固定资产减值准备，不得税前扣除，其折旧仍按税法确定的固定资产计税基础计算扣除 E. 企业按税法规定实行加速折旧的，其按加速折旧办法计算的折旧额可全额在税前扣除 F. 石油天然气开采企业在计提油气资产折耗（折旧）时，由于会计与税法规定计算方法不同导致的折耗（折旧）差异，应按税法规定进行纳税调整
固定资产改扩建的税务处理	（6）下列关于固定资产改扩建的税务处理，正确的有（ ）。
	A. 企业对房屋、建筑物固定资产在未足额提取折旧前进行改扩建的，如属于推倒重置的，该资产原值减除提取折旧后的净值，应并入重置后的固定资产计税成本，并在该固定资产投入使用后的次月起，按照税法规定的折旧年限，一并计提折旧 B. 如属于提升功能、增加面积的，该固定资产的改扩建支出，并入该固定资产计税基础，并从改扩建完工投入使用后的次月起，重新按税法规定的该固定资产折旧年限计提折旧，如该改扩建后的固定资产尚可使用的年限低于税法规定的最低年限的，可以按尚可使用的年限计提折旧
企业所得税核定征收改为查账征收后有管资产的税务处理	（7）下列企业所得税核定征收改为查账征收后有关资产的税务处理，正确的有（ ）。
	A. 企业能够提供资产购置发票的，以发票载明金额为计税基础；不能提供资产购置发票的，可以凭购置资产的合同（协议）、资金支付证明、会计核算资料等记载金额，作为计税基础 B. 企业核定征税期间投入使用的资产，改为查账征税后，按照税法规定的折旧、摊销年限，扣除该资产投入使用年限后，就剩余年限继续计提折旧、摊销额并在税前扣除
文物、艺术品资产的税务处理	企业购买的文物、艺术品用于收藏、展示、保值增值的，作为投资资产进行税务处理。 文物、艺术品资产在持有期间，计提的折旧、摊销费用，不得税前扣除

【考点子题——举一反三，真枪实练】

[24]（2015 年 • 单选题）企业发生的下列支出中，可在发生当期直接在企业所得税税前扣除的是（　）。

A. 固定资产改良支出　　B. 租入固定资产的改建支出

C. 固定资产的日常修理支出　　D. 已足额提取折旧的固定资产的改建支出

考点 2 生物资产、无形资产、长期待摊费用、存货的税务处理

【考点母题——万变不离其宗】生物资产、无形资产、长期待摊费用、存货的税务处理

<table>
<tr><td rowspan="6">生物资产</td><td colspan="2">生物资产，是指有生命的动物和植物。生物资产分为消耗性生物资产、生产性生物资产和公益性生物资产。消耗性生物资产，是指为出售而持有的或在将来收获为农产品的生物资产，包括生长中的农田作物、蔬菜、用材林以及存栏待售的牲畜等。生产性生物资产，是指为产出农产品、提供劳务或出租等目的而持有的生物资产，包括经济林、薪炭林、产畜和役畜等。公益性生物资产，是指以防护、环境保护为主要目的的生物资产，包括防风固沙林、水土保持林和水源涵养林等</td></tr>
<tr><td rowspan="2">生产性生物资产的计税基础</td><td>（1）下列关于生产性生物资产计税基础的表述，正确的有（　）。</td></tr>
<tr><td>A. 外购的生产性生物资产，以购买价款和支付的相关税费为计税基础
B. 通过捐赠、投资、非货币性资产交换、债务重组等方式取得的生产性生物资产，以该资产的公允价值和支付的相关税费为计税基础</td></tr>
<tr><td rowspan="3">生产性生物资产的折旧方法和折旧年限</td><td>（2）生产性生物资产按照直线法计算的折旧，准予扣除</td></tr>
<tr><td>（3）下列关于生产性生物资产计算折旧最低年限的表述，正确的有（　）。</td></tr>
<tr><td>A. 林木类生产性生物资产，为 10 年
B. 畜类生产性生物资产，为 3 年</td></tr>
<tr><td rowspan="4">无形资产</td><td rowspan="2">无形资产摊销的范围</td><td>（4）在计算应纳税所得额时，不得计算摊销费用扣除的无形资产有（　）。</td></tr>
<tr><td>A. 自行开发的支出已在计算应纳税所得额时扣除的无形资产
B. 自创商誉　　C. 与经营活动无关的无形资产
【说明】外购商誉的支出，在企业整体转让或者清算时，准予扣除。</td></tr>
<tr><td rowspan="2">无形资产的摊销方法及年限</td><td>（5）无形资产摊销的计算方法是直线法</td></tr>
<tr><td>（6）无形资产摊销的最低年限是 10 年
【说明】作为投资或者受让的无形资产，有关法律规定或者合同约定了使用年限的，可以按照规定或者约定的使用年限分期摊销。</td></tr>
<tr><td rowspan="3">长期待摊费用</td><td colspan="2">（7）企业发生的按照规定摊销的下列支出作为长期待摊费用，准予扣除的有（　）。</td></tr>
<tr><td colspan="2">A. 已足额提取折旧的固定资产的改建支出</td></tr>
<tr><td colspan="2">B. 租入固定资产的改建支出</td></tr>
</table>

续表

长期待摊费用	C. 固定资产的大修理支出 【提示】 1. 固定资产的日常修理的费用，计入当期费用。 2. 固定资产的大修理支出，是指同时符合下列条件的支出： ①修理支出达到取得固定资产时的计税基础 50% 以上。 ②修理后固定资产的使用年限延长 2 年以上。
	D. 其他应当作为长期待摊费用的支出 【提示】其他应当作为长期待摊费用的支出，自支出发生月份的次月起，分期摊销，摊销年限不得低于 3 年。
存货	（8）企业使用或者销售存货的成本计算方法有（　）。
	A. 先进先出法　　B. 加权平均法　　C. 个别计价法

【考点子题——举一反三，真枪实练】

[25]（经典例题•单选题）下列各项中，依据企业所得税法相关规定可计提折旧的生物资产是（　）。

A. 经济林　　B. 防风固沙林　　C. 用材林　　D. 存栏待售牲畜

[26]（2017 年•多选题）下列支出中，可作为长期待摊费用核算的有（　）。

A. 固定资产的大修理支出　　B. 租入固定资产的改建支出

C. 接受捐赠固定资产的改建支出　　D. 已足额提取折旧的固定资产的改建支出

考点 3　投资资产的税务处理

【考点母题——万变不离其宗】投资资产的税务处理

投资资产的成本	（1）下列对投资资产投资成本的确定方法的表述，正确的有（　）。
	A. 通过支付现金方式取得的投资资产，以购买价款为成本 B. 通过支付现金以外的方式取得的投资资产，以该资产的公允价值和支付的相关税费为成本
投资资产成本的扣除方法	（2）下列关于投资资产成本的扣除方法的表述，正确的有（　）。
	A. 企业对外投资期间，投资资产的成本在计算应纳税所得额时不得扣除 B. 企业在转让或者处置投资资产时，投资资产的成本准予扣除
投资企业撤回或减少投资的税务处理	（3）下列关于投资企业撤回或减少投资的税务处理的表述，正确的有（　）。
	A. 投资企业从被投资企业撤回或减少投资，其取得的资产中，相当于初始出资的部分，应确认为投资收回 B. 相当于被投资企业累计未分配利润和累计盈余公积按减少实收资本比例计算的部分，应确认为股息所得 C. 其余部分确认为投资资产转让所得

续表

被投资企业亏损对投资企业影响	（4）下列关于被投资企业亏损对投资企业影响的表述，正确的有（ ）。
	A. 被投资企业发生的经营亏损，由被投资企业按规定结转弥补
	B. 投资企业不得调整减低其投资成本，也不得将其确认为投资损失

【考点子题——举一反三，真枪实练】

[27]（经典例题·单选题）2021年初甲居民企业以实物资产4 000万元直接投资于乙居民企业，取得乙企业40%的股权。2022年10月，甲企业全部撤回投资，取得资产总计6 000万元，投资撤回时乙企业累计未分配利润为3 000万元，累计盈余公积1 000万元。不考虑其他因素，甲企业投资资产转让所得应缴纳的企业所得税为（ ）万元。

A. 200　　B. 105　　C. 100　　D. 50

[28]（经典例题·单选题）A公司2020年撤回对甲企业的股权投资取得100万元，其中含原投资成本68万元，另含相当于被投资公司累计未分配利润和累计盈余公积按减少实收资本比例计算的部分16万元。该公司因撤回投资的应调整的应纳税调整额是（ ）。

A. 调减16万元　　B. 调减68万元　　C. 调增16万元　　D. 调增68万元

考点4 税法规定与会计规定差异的处理

税法规定与会计规定差异的处理，是指企业在财务会计核算中与税法规定不一致的，应当依照税法规定予以调整。即企业在平时进行会计核算时，可以按会计制度的有关规定进行账务处理，但在申报纳税时，对税法规定和会计制度规定有差异的，要按税法规定进行纳税调整。

【考点母题——万变不离其宗】税法规定与会计规定差异的处理

会税差异	（1）下列关于税法规定与会计规定差异的处理方法的表述，正确的有（ ）。
	A. 企业不能提供完整、准确的收入及成本、费用凭证，不能正确计算应纳税所得额的，由税务机关核定其应纳税所得额 B. 企业当年度实际发生的相关成本、费用，由于各种原因未能及时取得该成本、费用的有效凭证，企业在预缴季度所得税时，可暂按账面发生金额进行核算；但在汇算清缴时，应补充提供该成本、费用的有效凭证
清算所得	清算所得，是指企业的全部资产可变现价值或者交易价格减除资产净值、清算费用以及相关税费等后的余额
	（2）下列关于清算所得的所得税处理方法的表述，正确的有（ ）。

续表

清算所得	A. 企业依法清算时，以其清算终了后的清算所得为应纳税所得额，按规定缴纳企业所得税 B. 投资方企业从被清算企业分得的剩余资产，其中相当于从被清算企业累计未分配利润和累计盈余公积中应当分得的部分，应当确认为股息所得 C. 剩余资产减除上述股息所得后的余额，超过或者低于投资成本的部分，应当确认为投资资产转让所得或者损失

第四节　资产损失的所得税处理

资产损失扣除政策

【考点母题——万变不离其宗】资产损失扣除政策

资产损失的定义	指企业在生产经营活动中实际发生的、与取得应税收入有关的资产损失，包括现金损失，存款损失，坏账损失，贷款损失，股权投资损失，固定资产和存货的盘亏、毁损、报废、被盗损失，自然灾害等不可抗力因素造成的损失以及其他损失
资产损失扣除政策	（1）下列有关企业资产损失税前扣除政策，说法正确的有（　）。
	A. 企业清查出的现金短缺减除责任人赔偿后的余额，作为现金损失在计算应纳税所得额时扣除
	B. 企业除贷款类债权外的应收、预付账款符合下列条件之一的，减除可收回金额后确认的无法收回的应收、预付款项，可以作为坏账损失在计算应纳税所得额时扣除： a. 债务人依法宣告破产、关闭、解散、被撤销，或者被依法注销、吊销营业执照，其清算财产不足清偿的 b. 债务人死亡，或者依法被宣告失踪、死亡，其财产或者遗产不足清偿的 c. 债务人逾期 3 年以上未清偿，且有确凿证据证明已无力清偿债务的 d. 与债务人达成债务重组协议或法院批准破产重整计划后，无法追偿的 e. 因自然灾害、战争等不可抗力导致无法收回的 f. 国务院财政、税务主管部门规定的其他条件
	C. 企业的股权投资符合下列条件之一的，减除可收回金额后确认的无法收回的股权投资，可以作为股权投资损失在计算应纳税所得额时扣除： a. 被投资方依法宣告破产、关闭、解散、被撤销，或者被依法注销、吊销营业执照的。 b. 被投资方财务状况严重恶化，累计发生巨额亏损，已连续停止经营 3 年以上，且无重新恢复经营改组计划的 c. 对被投资方不具有控制权，投资期限届满或者投资期限已超过 10 年，且被投资单位因连续 3 年经营亏损导致资不抵债的 d. 被投资方财务状况严重恶化，累计发生巨额亏损，已完成清算或清算期超过 3 年以上的 D. 对企业盘亏的固定资产或存货，以该固定资产的账面净值或存货的成本减除责任人赔偿后的余额，作为固定资产或存货盘亏损失在计算应纳税所得额时扣除 E. 对企业毁损、报废的固定资产或存货，以该固定资产的账面净值或存货的成本减除残值、保险赔款和责任人赔偿后的余额，作为固定资产或存货毁损、报废损失在计算应纳税所得额时扣除

续表

资产损失扣除政策	F. 对企业被盗的固定资产或存货，以该固定资产的账面净值或存货的成本减除保险赔款和责任人赔偿后的余额，作为固定资产或存货被盗损失在计算应纳税所得额时扣除 G. 企业因存货盘亏、毁损、报废、被盗等原因不得从增值税销项税额中抵扣的进项税额，可以与存货损失一起在计算应纳税所得额时扣除 H. 企业在计算应纳税所得额时已经扣除的资产损失，在以后纳税年度全部或者部分收回时，其收回部分应当作为收入计入收回当期的应纳税所得额 I. 企业境内、境外营业机构发生的资产损失应分开核算，对境外营业机构由于发生资产损失而产生的亏损，不得在计算境内应纳税所得额时扣除
资产损失税前扣除管理	（2）下列有关企业资产损失税前扣除管理，说法正确的有（　）。
	A. 准予在企业所得税税前扣除的资产损失，是指企业在实际处置、转让上述资产过程中发生的合理损失（实际资产损失），以及企业虽未实际处置、转让上述资产，但符合条件计算确认的损失（法定资产损失） B. 企业实际资产损失，应当在其实际发生且会计上已做损失处理的年度申报扣除 C. 企业发生的资产损失，应按规定的程序和要求向主管税务机关申报后方能在税前扣除。未经申报的损失，不得在税前扣除 D. 属于法定资产损失，应在申报年度扣除。企业须提供证据资料证明该项资产已符合法定资产损失确认条件

【考点子题——举一反三，真枪实练】

[29]（经典例题•单选题）甲企业为一般纳税人，因管理不善，2022 年公司购买的一批原材料丢失，该原材料的账面价值为 20 万元，已抵扣进项税额。此丢失的原材料由保险公司赔偿 15 万元，税务机关已受理甲企业的资产损失专项申报。该公司原材料增值税税率为 13%，则当年可以在企业所得税税前扣除的损失金额是（　）万元。

A. 7.6　　B. 20　　C. 5　　D. 0

第五节　企业重组的所得税处理

考点1 企业重组的认定和一般性税务处理方法

【考点母题——万变不离其宗】企业重组的认定和一般性税务处理方法

企业重组	企业在日常经营活动以外发生的法律结构或经济结构重大改变的交易，包括企业法律形式改变、债务重组、股权收购、资产收购、合并、分立等 企业法律形式改变，是指企业注册名称、住所以及企业组织形式等的简单改变
对价支付的方式	股权支付：企业重组中购买、换取资产的一方支付的对价中，以本企业或其控股企业的股权、股份作为支付的形式
	非股权支付：以本企业的现金、银行存款、应收款项、本企业或其控股企业股权和股份以外的有价证券、存货、固定资产、其他资产以及承担债务等作为支付的形式
企业法律形式改变	（1）下列关于企业法律形式改变的一般性税务处理的表述中，正确的有（　）。
	A. 企业由法人转变为个人独资企业、合伙企业等非法人组织，或将登记注册地转移至中华人民共和国境外（包括港澳台地区），应视同企业进行清算、分配，股东重新投资成立新企业。企业的全部资产以及股东投资的计税基础均应以公允价值为基础确定 B. 企业发生其他法律形式简单改变的，可直接变更税务登记，除另有规定外，有关企业所得税纳税事项（包括亏损结转、税收优惠等权益和义务）由变更后企业承继，但因住所发生变化而不符合税收优惠条件的除外
企业债务重组	（2）下列关于企业债务重组的一般性税务处理的表述中，正确的有（　）。
	A. 以非货币资产清偿债务，应当分解为转让相关非货币性资产、按非货币性资产公允价值清偿债务两项业务，确认相关资产的所得或损失 B. 发生债权转股权的，应当分解为债务清偿和股权投资两项业务，确认有关债务清偿所得或损失 C. 债务人应当按照支付的债务清偿额低于债务计税基础的差额，确认债务重组所得；债权人应当按照收到的债务清偿额低于债权计税基础的差额，确认债务重组损失
企业股权收购、资产收购重组交易	（3）下列关于企业股权、资产收购重组的一般性税务处理的表述中，正确的有（　）。
	A. 被收购方应确认股权、资产转让所得或损失 B. 收购方取得股权或资产的计税基础应以公允价值为基础确定 C. 被收购企业的相关所得税事项原则上保持不变

续表

企业合并	（4）下列关于企业合并的一般性税务处理的表述中，正确的有（　）。
	A. 合并企业应按公允价值确定接受被合并企业各项资产和负债的计税基础 B. 被合并企业及其股东都应按清算进行所得税处理 C. 被合并企业的亏损不得在合并企业结转弥补
企业分立	（5）下列关于企业分立的一般性税务处理的表述中，正确的有（　）。
	A. 被分立企业对分立出去的资产应按公允价值确认资产转让所得或损失 B. 分立企业应按公允价值确认接受资产的计税基础 C. 被分立企业继续存在时，其股东取得的对价应视同被分立企业分配进行处理 D. 被分立企业不再继续存在时，被分立企业及其股东都应按清算进行所得税处理 E. 企业分立相关企业的亏损不得相互结转弥补

【考点子题——举一反三，真枪实练】

[30]（2017 年 • 多选题）下列关于企业股权收购重组的一般性税务处理的表述中，正确的有（　）。

A. 被收购方应确认股权的转让所得或损失

B. 被收购企业的相关所得税事项原则上保持不变

C. 收购方取得股权的计税基础应以公允价值为基础确定

D. 收购方取得被收购方股权的计税基础以被收购股权的原有计税基础确定

考点 2　企业重组的特殊性税务处理方法

【考点母题——万变不离其宗】特殊性税务处理条件

适用特殊性税务处理的条件	适用特殊性税务处理的企业重组需要同时符合的条件有（　）。
	A. 具有合理的商业目的，且不以减少、免除或者推迟缴纳税款为主要目的 B. 被收购、合并或分立部分的资产或股权比例符合规定的比例（50% 以上） C. 企业重组后的连续 12 个月内不改变重组资产原来的实质性经营活动 D. 重组交易对价中涉及股权支付金额符合规定的比例（不低于其交易支付总额的 85%） E. 企业重组中取得股权支付的原主要股东，在重组后连续 12 个月内，不得转让所取得的股权

【考点题源】特殊性税务处理交易各方对其交易中的股权支付部分的税务处理

1. 企业债务重组	（1）企业债务重组确认的应纳税所得额占该企业当年应纳税所得额 50% 以上，可以在 5 个纳税年度的期间内，均匀计入各年度的应纳税所得额 （2）企业发生债权转股权业务，对债务清偿和股权投资两项业务暂不确认有关债务清偿所得或损失，股权投资的计税基础以原债权的计税基础确定，企业其他相关所得事项保持不变

续表

2. 股权收购	收购企业购买的股权不低于被收购企业全部股权的 50%，且收购企业在该股权收购发生时的股权支付金额不低于其交易支付总额的 85%，可以选择按以下规定处理： （1）被收购企业的股东取得收购企业股权的计税基础，以被收购股权的原有计税基础确定 （2）收购企业取得被收购企业股权的计税基础，以被收购股权的原有计税基础确定 （3）收购企业、被收购企业的原有各项资产和负债的计税基础和其他相关所得税事项保持不变
3. 资产收购	受让企业收购的资产不低于转让企业全部资产的 50%，且受让企业在该资产收购发生时的股权支付金额不低于其交易支付总额的 85%，可以选择按以下规定处理： （1）转让企业取得受让企业股权的计税基础，以被转让资产的原有计税基础确定 （2）受让企业取得转让企业资产的计税基础，以被转让资产的原有计税基础确定
4. 企业合并	企业股东在该企业合并发生时取得的股权支付金额不低于其交易支付总额的 85%，以及同一控制下且不需要支付对价的企业合并，可以选择按以下规定处理： （1）合并企业接受被合并企业资产和负债的计税基础，以被合并企业的原有计税基础确定 （2）被合并企业合并前的相关所得税事项由合并企业承继 （3）可由合并企业弥补的被合并企业亏损的限额 = 被合并企业净资产公允价值 × 截至合并业务发生当年年末国家发行的最长期限的国债利率 （4）被合并企业股东取得合并企业股权的计税基础，以其原持有的被合并企业股权的计税基础确定
5. 企业分立	被分立企业所有股东按原持股比例取得分立企业的股权，分立企业和被分立企业均不改变原来的实质经营活动，且被分立企业股东在该企业分立发生时取得的股权支付金额不低于其交易支付总额的 85%，可以选择按以下规定处理： （1）分立企业接受被分立企业资产和负债的计税基础，以被分立企业的原有计税基础确定 （2）被分立企业已分立出去资产相应的所得税事项由分立企业承继 （3）被分立企业未超过法定弥补期限的亏损额可按分立资产占全部资产的比例进行分配，由分立企业继续弥补
【说明】重组交易非股权支付： 非股权支付对应的资产转让所得或损失 =（被转让资产的公允价值 - 被转让资产的计税基础）×（非股权支付金额 ÷ 被转让资产的公允价值）	

【典型例题 1】甲公司共有股权 1 000 万股，为了将来有更好的发展，将 80% 的股权让乙公司收购，然后成为乙公司的子公司。假定收购日甲公司每股资产的计税基础为 7 元，每股资产的公允价值为 9 元。在收购对价中乙公司以股权形式支付 6 480 万元，以银行存款支付 720 万元。

甲公司取得非股权支付额对应的资产转让所得计算如下：

（7 200−5 600）×（720 ÷ 7 200）=1 600 × 10%=160（万元）。

【典型例题 2 · 综合题改编节选】某摩托车生产企业合并一家小型股份公司，股份公司全部资产公允价值为 5 700 万元、全部负债为 3 200 万元、未超过弥补年限的亏损额为 620 万元。合并时摩托车生产企业给股份公司的股权支付额为 2 300 万元、银行存款 200 万元。该合并业务符合企业重组特殊税务处理的条件且选择此方法执行。（假定当年国家发行的最长期限的国债年利率为 6%）。

续表

企业自行处理：企业所得税 =（应纳税所得额 -620）×25% = 570.19（万元） 要求：指出企业自行计算缴纳税款的错误之处，简单说明理由。 【答案及解析】企业合并符合特殊重组税务处理的条件。被合并企业合并前的亏损可由合并企业在补亏限额内弥补。 可由合并企业弥补被合并企业亏损限额 = 被合并企业净资产公允价值 × 截至合并业务发生当年年末国家发行的最长期限的国债利率 =（5700-3200）×6%=150（万元），企业自行弥补 620 万元亏损是错误的。	
6. 股权划转	对 100% 直接控制的居民企业之间，以及受同一或相同多家居民企业 100% 直接控制的居民企业之间按账面净值划转股权或资产，凡具有合理商业目的、不以减少、免除或者推迟缴纳税款为主要目的，股权或资产划转后连续 12 个月内不改变被划转股权或资产原来实质性经营活动，且划出方企业和划入方企业均未在会计上确认损益的，可以选择按以下规定进行特殊性税务处理： （1）划出方企业和划入方企业均不确认所得 （2）划入方企业取得被划转股权或资产的计税基础，以被划转股权或资产的原账面净值确定 （3）划入方企业取得的被划转资产，应按其原账面净值计算折旧扣除

【考点子题——举一反三，真枪实练】

[31]（经典例题·多选题）根据企业所得税相关规定，下列属于在资产收购时适用特殊性税务处理条件的有（　）。

A. 取得股权支付的原主要股东，在资产收购后连续 12 个月内不得转让所取得的股权

B. 受让企业收购的资产不低于转让企业全部资产的 85%

C. 受让企业在资产收购发生时的股权支付金额不低于其交易支付总额的 50%

D. 资产收购后的连续 12 个月内不改变收购资产原来的实质性经营活动

第六节　税收优惠

考点1 免征与减征优惠

【考点母题——万变不离其宗】免征与减征优惠

从事农、林、牧、渔业项目的所得	（1）企业从事下列农、林、牧、渔业项目，免征企业所得税的有（　）。
	A. 蔬菜、谷物、薯类、油料、豆类、棉花、麻类、糖料、水果、坚果的种植 B. 农作物新品种的选育　　C. 中药材的种植 D. 林木的培育和种植　　E. 牲畜、家禽的饲养 F. 林产品的采集 G. 灌溉、农产品初加工、兽医、农技推广、农机作业和维修等农、林、牧、渔服务业项目 H. 远洋捕捞
	（2）企业从事下列农、林、牧、渔业项目，减半征收企业所得税的有（　）。
	A. 花卉、茶以及其他饮料作物和香料作物的种植　　B. 海水养殖、内陆养殖
国家重点扶持的公共基础设施项目	（3）下列关于国家重点扶持的公共基础设施项目的表述，正确的有（　）。
	A. 国家重点扶持的公共基础设施项目，是指《公共基础设施项目企业所得税优惠目录》规定的港口码头、机场、铁路、公路、城市公共交通、电力、水利等项目 B. 企业从事国家重点扶持的公共基础设施项目的投资经营的所得，自项目取得第一笔生产经营收入所属纳税年度起，第1年至第3年免征企业所得税，第4年至第6年减半征收企业所得税
环境保护、节能节水项目	环境保护、节能节水项目的所得，自项目取得第一笔生产经营收入所属纳税年度起，第1年至第3年免征企业所得税，第4年至第6年减半征收企业所得税

续表

符合条件的技术转让所得	企业所得税法所称符合条件的技术转让所得免征、减征企业所得税，是指一个纳税年度内，居民企业转让技术所有权所得不超过 500 万元的部分，免征企业所得税；超过 500 万元的部分，减半征收企业所得税 【说明 1】技术转让的范围，包括居民企业转让专利技术、计算机软件著作权、集成电路布图设计权、植物新品种、生物医药新品种、5 年（含）以上非独占许可使用权，以及财政部和国家税务总局确定的其他技术。 【说明 2】符合条件的技术转让所得的计算方法： 技术转让所得 = 技术转让收入 - 技术转让成本 - 相关税费 或技术转让所得 = 技术转让收入 - 无形资产摊销费用 - 相关税费 - 应分摊期间费用 【说明 3】 1. 技术转让收入是指当事人履行技术转让合同后获得的价款，不包括销售或转让设备、仪器、零部件、原材料等非技术性收入。不属于与技术转让项目密不可分的技术咨询、技术服务、技术培训等收入，不得计入技术转让收入。 2. 居民企业取得禁止出口和限制出口技术转让所得，不享受技术转让减免企业所得税优惠政策。 3. 居民企业从直接或间接持有股权之和达到 100% 的关联方取得的技术转让所得，不享受技术转让减免企业所得税优惠政策。 4. 享受技术转让所得减免企业所得税优惠的企业，应单独计算技术转让所得，并合理分摊企业的期间费用；没有单独计算的，不得享受技术转让所得企业所得税优惠。 【关联知识点】纳税人提供技术转让、技术开发和与之相关的技术咨询、技术服务，免征增值税。
符合条件的技术转让所得	【典型案例 •2018 年综合题（节选）】某制造企业为增值税一般纳税人，2021 年起被认定为高新技术企业。2022 年度通过其他业务收入核算转让 5 年以上非独占许可使用权收入 700 万元，与之相应的成本及税费为 100 万元。 要求：计算上述业务中转让非独占许可使用权应纳税所得额调整金额。 【答案及解析】转让非独占许可使用权应调减应纳税所得额 =500+（700-100-500）×50%=550（万元） 依据：居民企业转让技术所有权所得不超过 500 万元的部分，免征企业所得税；超过 500 万元的部分，减半征收企业所得税。

【考点子题——举一反三，真枪实练】

[32]（2014 年 • 多选题）下列利息所得中，免征企业所得税的有（　）。

A. 外国政府向中国政府提供贷款取得的利息所得

B. 企业取得的 2009 年以后的年度发行的地方政府债券利息所得

C. 符合条件的居民企业之间的股息红利等权益性投资收益

D. 外国银行的中国分行向中国居民企业提供贷款取得的利息所得

考点 2 高新技术企业、技术先进型服务企业和创投企业优惠

【考点题源】高新技术企业、技术先进型服务企业和创投企业优惠

高新技术企业	国家需要重点扶持的高新技术企业减按 15% 的税率征收企业所得税
	以境内、境外全部生产经营活动有关的研究开发费用总额、总收入、销售收入总额、高新技术产品（服务）收入等指标申请并经认定的高新技术企业，其来源于境外的所得可以享受高新技术企业所得税优惠政策，即对其来源于境外所得可以按照 15% 的优惠税率缴纳企业所得税，在计算境外抵免限额时，可按照 15% 的优惠税率计算境内外应纳税总额
技术先进型服务企业	在全国范围内对经认定的技术先进型服务企业，减按 15% 的税率征收企业所得税
创业投资企业	创业投资企业采取股权投资方式直接投资于初创科技型企业满 2 年的，可以按照其投资额的 70% 在股权持有满 2 年的当年抵扣该创业投资企业的应纳税所得额；当年不足抵扣的，可以在以后纳税年度结转抵扣

考点 3 小型微利企业优惠

【考点题源】小型微利企业优惠

小型微利企业认定	1. 从事国家非限制和禁止行业 2. 同时符合年度应纳税所得额不超过 300 万元、从业人数不超过 300 人、资产总额不超过 5 000 万元三个条件的企业 【说明 1】从业人数，包括与企业建立劳动关系的职工人数和企业接受的劳务派遣用工人数。所称从业人数和资产总额指标，应按企业全年的季度平均值确定。 【说明 2】年度中间开业或者终止经营活动的，以其实际经营期作为一个纳税年度确定上述相关指标。
小型微利企业优惠政策	1. 对小型微利企业年应纳税所得额不超过 100 万元的部分，减按 12.5% 计入应纳税所得额，按 20% 的税率缴纳企业所得税 2. 对小型微利企业年应纳税所得额超过 100 万元但不超过 300 万元的部分，减按 25% 计入应纳税所得额，按 20% 的税率缴纳企业所得税
小型微利企业所得税的征收管理（新增）	1. 符合小型微利企业条件的企业按照相关政策规定享受小型微利企业所得税优惠政策企业设立不具有法人资格分支机构的，应当汇总计算总机构及其各分支机构的从业人数、资产总额、年度应纳税所得额，依据合计数判断是否符合小型微利企业条件 2. 小型微利企业无论按查账征收方式或核定征收方式缴纳企业所得税，均可享受小型微利企业所得税优惠政策 3. 小型微利企业在预缴和汇算清缴企业所得税时，通过填写纳税申报表，即可享受小型微利企业所得税优惠政策

续表

小型微利企业所得税的征收管理（新增）	4. 小型微利企业预缴企业所得税时，资产总额、从业人数、年度应纳税所得额指标，暂按当年度截至本期预缴申报所属期末的情况进行判断 5. 原不符合小型微利企业条件的企业，在年度中间预缴企业所得税时，按照相关政策标准判断符合小型微利企业条件的，应按照截至本期预缴申报所属期末的累计情况，计算减免税额。当年度此前期间如因不符合小型微利企业条件而多预缴的企业所得税税款，可在以后季度应预缴的企业所得税税款中抵减 6. 企业预缴企业所得税时享受了小型微利企业所得税优惠政策，但在汇算清缴时发现不符合相关政策标准的，应当按照规定补缴企业所得税税款 7. 小型微利企业所得税统一实行按季度预缴 按月度预缴企业所得税的企业，在当年度 4 月、7 月、10 月预缴申报时，若按相关政策标准判断符合小型微利企业条件的，下一个预缴申报期起调整为按季度预缴申报，一经调整，当年度内不再变更

【考点子题——举一反三，真枪实练】

[33]（2020 年·单选题）某企业成立于 2021 年 5 月，其财务人员于 2022 年 4 月向聘请的注册会计师咨询可享受企业所得税优惠政策的小型微利企业认定标准。财务人员的下列表述中，符合税法规定的是（ ）。

A. 小型微利企业优惠政策可适用于限制性行业

B. 小型微利企业资产总额指标按企业全年的季度平均值确定

C. 计算小型微利企业从事人数指标时不包括企业接受的劳务派遣人数

D. 年度中间开业的小型微利企业从下一实际经营开始确定相关指标

考点 4 加计扣除优惠

【考点母题——万变不离其宗】加计扣除优惠

（1）下列各项，可以享受企业所得税加计扣除优惠的有（ ）。	
A. 研究开发费（修改 + 新增）	一般企业研究开发费，自 2018 年 1 月 1 日至 2023 年 12 月 31 日，未形成无形资产计入当期损益的，在按照规定据实扣除的基础上，再按照研究开发费用的 75% 加计扣除；形成无形资产的，按照无形资产成本的 175% 摊销 【说明 1】此处一般企业是指除制造业以外的企业，且不属于烟草制造业、住宿和餐饮业、批发和零售业、房地产业、租赁和商务服务业、娱乐业。 【说明 2】现行适用研发费用税前加计扣除比例 75% 的企业，在 2022 年 10 月 1 日至 2022 年 12 月 31 日期间，税前加计扣除比例提高至 100%。（新增）
B. 企业委托境外研究开发费用	企业委托境外的研发费用按照费用实际发生额的 80% 计入委托方的委托境外研发费用，不超过境内符合条件的研发费用 2/3 的部分，可以按规定在企业所得税前加计扣除

续表

C. 制造业企业研究开发费用加计扣除	制造业企业开展研发活动中实际发生的研发费用，未形成无形资产计入当期损益的，在按规定据实扣除的基础上，自2021年1月1日起，再按照实际发生额的100%在税前加计扣除；形成无形资产的，自2021年1月1日起，按照无形资产成本的200%在税前摊销 制造业企业，是指以制造业业务为主营业务，享受优惠当年主营业务收入占收入总额的比例达到50%以上的企业
D. 支持我国基础研究加计扣除（新增）	对企业出资给非营利性科研机构、高等学校和政府性自然科学基金用于基础研究的支出，在计算应纳税所得额时可按实际发生额在税前扣除，并可按100%在税前加计扣除 对非营利性科研机构、高等学校接收企业、个人和其他组织机构基础研究资金收入，免征企业所得税 【说明1】非营利性科研机构、高等学校包括国家设立的科研机构和高等学校、民办非营利性科研机构和高等学校。政府性自然科学基金是指国家和地方政府设立的自然科学基金委员会管理的自然科学基金。 【说明2】基础研究不包括在境外开展的研究，也不包括社会科学、艺术或人文学方面的研究。 【说明3】企业出资基础研究应签订相关协议或合同，协议或合同中需明确资金用于基础研究领域。 【说明4】企业和非营利性科研机构、高等学校和政府性自然科学基金管理单位应将相关资料留存备查，包括企业出资协议、出资合同、相关票据等，出资协议、出资合同和出资票据应包含出资方、接收方、出资用途（注明用于基础研究）、出资金额等信息。
E. 企业预缴申报享受研发费用加计扣除（新增）	a. 企业10月份预缴申报第3季度（按季预缴）或9月份（按月预缴）企业所得税时，可以自主选择就当年前三季度研发费用享受加计扣除优惠政策。 对10月份预缴申报期未选择享受研发费用加计扣除优惠政策的，可以在办理当年度企业所得税汇算清缴时统一享受 b. 企业享受研发费用加计扣除优惠政策采取“真实发生、自行判别、申报享受、相关资料留存备查”办理方式，由企业依据实际发生的研发费用支出，自行计算加计扣除金额，填报《中华人民共和国企业所得税月（季）度预缴纳税申报表（A类）》享受税收优惠，并根据享受加计扣除优惠的研发费用情况（前三季度）填写《研发费用加计扣除优惠明细表》。《研发费用加计扣除优惠明细表》与规定的其他资料一并留存备查 c. 企业在10月份预缴申报时，自行判断本年度符合科技型中小企业条件的，可选择暂按规定享受科技型中小企业研发费用加计扣除优惠政策，年度汇算清缴时再按照取得入库登记编号的情况确定是否可以享受科技型中小企业研发费用加计扣除优惠政策
F. 企业安置残疾人员所支付的工资	企业安置残疾人员所支付工资费用的加计扣除，是指企业安置残疾人员的，在按照支付给残疾职工工资据实扣除的基础上，按照支付给残疾职工工资的100%加计扣除

续表

G. 高新技术企业新购置设备、器具加计扣除（新增）	高新技术企业在 2022 年 10 月 1 日至 2022 年 12 月 31 日期间新购置的设备、器具，允许当年一次性全额在计算应纳税所得额时扣除，并允许在税前实行 100% 加计扣除 凡在 2022 年第四季度内具有高新技术企业资格的企业，均可适用该项政策。企业选择适用该项政策当年不足扣除的，可结转至以后年度按现行有关规定执行
（2）下列各项，属于可以加计扣除的研究开发费的有（　　）。	
A. 人员人工费用	人员人工费用指直接从事研发活动人员的工资薪金、基本养老保险费、基本医疗保险费、失业保险费、工伤保险费、生育保险费和住房公积金，以及外聘研发人员的劳务费用 【说明】 1. 接受劳务派遣的企业按照协议（合同）约定支付给劳务派遣企业，且由劳务派遣企业实际支付给外聘研发人员的工资薪金等费用，属于外聘研发人员的劳务费用。 2. 工资薪金包括按规定可以在税前扣除的对研发人员股权激励的支出。 3. 直接从事研发活动的人员、外聘研发人员同时从事非研发活动的，企业应对其人员活动情况做必要记录，并将其实际发生的相关费用按实际工时占比等合理方法在研发费用和生产经营费用间分配，未分配的不得加计扣除。
B. 直接投入费用	直接投入费用指研发活动直接消耗的材料、燃料和动力费用；用于中间试验和产品试制的模具、工艺装备开发及制造费，不构成固定资产的样品、样机及一般测试手段购置费，试制产品的检验费；用于研发活动的仪器、设备的运行维护、调整、检验、维修等费用，以及通过经营租赁方式租入的用于研发活动的仪器、设备租赁费
C. 折旧费用	折旧费用指用于研发活动的仪器、设备的折旧费
D. 无形资产摊销费用	无形资产摊销费用指用于研发活动的软件、专利权、非专利技术（包括许可证、专有技术、设计和计算方法等）的摊销费用
E. 新产品设计费、新工艺规程制定费、新药研制的临床试验费、勘探开发技术的现场试验费	
F. 其他相关费用	其他相关费用是指与研发活动直接相关的其他费用，如技术图书资料费、资料翻译费、专家咨询费、高新科技研发保险费，研发成果的检索、分析、评议、论证、鉴定、评审、评估、验收费用，知识产权的申请费、注册费、代理费、差旅费、会议费、职工福利费、补充养老保险费、补充医疗保险费 此类费用总额不得超过可加计扣除研发费用总额的 10%

【考点子题——举一反三，真枪实练】

[34]（2020 年 • 多选题）下列关于研发费用加计扣除政策的表述中，符合企业所得税法规定的有（　　）。

A. 企业委托境外机构的研发费用可全额加计扣除

B. 临时聘用且直接参与研发活动临时工的劳务费用可全额加计扣除

C. 委托关联企业开展研发活动发生的费用可按照实际发生额 70% 加计扣除

D. 按规定对研发人员进行股权激励的支出可作为人员人工费用全额加计扣除

考点5 加速折旧优惠

【考点母题——万变不离其宗】加速折旧优惠

可以加速折旧的固定资产	（1）可采用加速折旧方法的固定资产是指（　）。
	A. 由于技术进步，产品更新换代较快的固定资产 B. 常年处于强震动、高腐蚀状态的固定资产
	（2）适用加速折旧的固定资产折旧方法有（　）。
	A. 采用缩短折旧年限方法，最低折旧年限不得低于规定折旧年限的60% B. 采用加速折旧方法，可使用双倍余额递减法或者年数总和法
生物药品制造等六个行业、 轻工、纺织、机械、汽车四个领域重点行业的加速折旧	（3）下列关于固定资产加速折旧税收优惠的表述，正确的有（　）。
	A. 对生物药品制造业，专用设备制造业，铁路、船舶、航空航天和其他运输设备制造业，计算机、通信和其他电子设备制造业，仪器仪表制造业，信息传输、软件和信息技术服务业等六个行业的企业2014年1月1日后新购进的固定资产，可缩短折旧年限或采取加速折旧的方法 【说明1】对上述六个行业的小型微利企业2014年1月1日后新购进的研发和生产经营共用的仪器、设备，单位价值不超过100万元的，允许一次性计入当期成本费用在计算应纳税所得额时扣除，不再分年度计算折旧；单位价值超过100万元的，可缩短折旧年限或采取加速折旧的方法。 【说明2】对所有行业企业2014年1月1日后新购进的专门用于研发的仪器、设备，单位价值不超过100万元的，允许一次性计入当期成本费用在计算应纳税所得额时扣除，不再分年度计算折旧；单位价值超过100万元的，可缩短折旧年限或采取加速折旧的方法。 【说明3】对所有行业企业持有的单位价值不超过5000元的固定资产，允许一次性计入当期成本费用在计算应纳税所得额时扣除，不再分年度计算折旧。 B. 对轻工、纺织、机械、汽车四个领域重点行业（以下简称四个领域重点行业）企业2015年1月1日后新购进的固定资产（包括自行建造，下同），允许缩短折旧年限或采取加速折旧方法 【说明】对四个领域重点行业小型微利企业2015年1月1日后新购进的研发和生产经营共用的仪器、设备，单位价值不超过100万元（含）的，允许在计算应纳税所得额时一次性全额扣除；单位价值超过100万元的，允许缩短折旧年限或采取加速折旧方法。
设备、器具等固定资产一次性扣除规定	企业在2018年1月1日至2023年12月31日期间新购进的设备、器具（指除房屋、建筑物以外的固定资产），单位价值不超过500万元的，允许一次性计入当期成本费用在计算应纳税所得额时扣除，不再分年度计算折旧；单位价值超过500万元的，仍按《实施条例》《财政部国家税务总局关于完善固定资产加速折旧企业所得税政策的通知》（财税〔2014〕75号）和《财政部国家税务总局关于进一步完善固定资产加速折旧企业所得税政策的通知》（财税〔2015〕106号）等相关规定执行

续表

支持制造业企业加快技术改造和设备更新	自 2019 年 1 月 1 日起，固定资产加速折旧优惠的行业范围，扩大至全部制造业领域
中小微企业设备器具所得税税前的扣除（新增）	（4）下列关于中小微企业设备器具所得税税前扣除的表述，正确的有（　）。
	A. 中小微企业在 2022 年 1 月 1 日至 2022 年 12 月 31 日期间新购置的设备、器具，单位价值在 500 万元以上的，按照单位价值的一定比例自愿选择在企业所得税税前扣除。其中，企业所得税法实施条例规定最低折旧年限为 3 年的设备器具，单位价值的 100% 可在当年一次性税前扣除；最低折旧年限为 4 年、5 年、10 年的，单位价值的 50% 可在当年一次性税前扣除，其余 50% 按规定在剩余年度计算折旧进行税前扣除 B. 企业选择适用上述政策当年不足扣除形成的亏损，可在以后 5 个纳税年度结转弥补，享受其他延长亏损结转年限政策的企业可按现行规定执行 C. 中小微企业可按季（月）在预缴申报时享受上述政策。公告发布前企业在 2022 年已购置的设备、器具，可在本公告发布后的预缴申报、年度汇算清缴时享受 D. 中小微企业可根据自身生产经营核算需要自行选择享受上述政策，当年度未选择享受的，以后年度不得再变更享受 【说明 1】中小微企业是指从事国家非限制和禁止行业，且符合以下条件的企业：（1）信息传输业、建筑业、租赁和商务服务业：从业人员 2000 人以下，或营业收入 10 亿元以下或资产总额 12 亿元以下；（2）房地产开发经营：营业收入 20 亿元以下或资产总额 1 亿元以下；（3）其他行业：从业人员 1000 人以下或营业收入 4 亿元以下。 【说明 2】设备、器具，是指除房屋、建筑物以外的固定资产；从业人数，包括与企业建立劳动关系的职工人数和企业接受的劳务派遣用工人数。从业人数和资产总额指标，应按企业全年的季度平均值确定。

考点 6　其他优惠政策

【考点题源】其他优惠政策

减计收入优惠	企业综合利用资源，生产符合国家产业政策规定的产品所取得的收入，可以在计算应纳税所得额时减计收入
	【说明】综合利用资源，是指企业以《资源综合利用企业所得税优惠目录》规定的资源作为主要原材料，生产国家非限制和禁止并符合国家和行业相关标准的产品取得的收入，减按 90% 计入收入总额。
税额抵免优惠	企业购置并实际使用《环境保护专用设备企业所得税优惠目录》《节能节水专用设备企业所得税优惠目录》和《安全生产专用设备企业所得税优惠目录》规定的环境保护、节能节水、安全生产等专用设备的，该专用设备的投资额的 10% 可以从企业当年的应纳税额中抵免；当年不足抵免的，可以在以后 5 个纳税年度结转抵免
	【说明】享受规定的税额抵免企业所得税优惠的企业，应当实际购置并自身实际投入使用前款规定的专用设备；企业购置上述专用设备在 5 年内转让、出租的，应当停止享受企业所得税优惠，并补缴已经抵免的企业所得税税款。

续表

民族自治地方的优惠	民族自治地方的自治机关对本民族自治地方的企业应缴纳的企业所得税中属于地方 分享的部分，可以决定减征或者免征。自治州、自治县决定减征或者免征的，须报省、自治区、直辖市人民政府批准；对民族自治地方内国家限制和禁止行业的企业不得减征或者免征企业所得税
非居民企业优惠	非居民企业减按10%的税率征收企业所得税 非居民企业取得下列所得免征企业所得税： 1. 外国政府向中国政府提供贷款取得的利息所得 2. 国际金融组织向中国政府和居民企业提供优惠贷款取得的利息所得 3. 经国务院批准的其他所得
软件产业和集成电路产业	1. 国家鼓励的集成电路线宽小于28纳米（含），且经营期在15年以上的集成电路生产企业或项目，第一年至第十年免征企业所得税；国家鼓励的集成电路线宽小于65纳米（含），且经营期在15年以上的集成电路生产企业或项目，第一年至第五年免征企业所得税，第六年至第十年按照25%的法定税率减半征收企业所得税；国家鼓励的集成电路线宽小于130纳米（含），且经营期在10年以上的集成电路生产企业或项目，第一年至第二年免征企业所得税，第三年至第五年按照25%的法定税率减半征收企业所得税 2. 国家鼓励的线宽小于130纳米（含）的集成电路生产企业，属于国家鼓励的集成电路生产企业清单年度之前5个纳税年度发生的尚未弥补完的亏损，准予向以后年度结转，总结转年限最长不得超过10年 3. 国家鼓励的集成电路设计、装备、材料、封装、测试企业和软件企业，自获利年度起，第一年至第二年免征企业所得税，第三年至第五年按照25%的法定税率减半征收企业所得税 4. 国家鼓励的重点集成电路设计企业和软件企业，自获利年度起，第一年至第五年免征企业所得税，接续年度减按10%的税率征收企业所得税 5. 符合原有政策条件且在2019年（含）之前已经进入优惠期的企业或项目，2020年（含）起可按原有政策规定继续享受至期满为止，如也符合上述第1条至第4条规定，可享受相关优惠，其中定期减免税优惠，可按规定计算优惠期，并就剩余期限享受优惠至期满为止。2019年（含）之前尚未进入优惠期的企业或项目，2020年（含）起不再执行原有政策
证券投资基金	1. 对证券投资基金从证券市场中取得的收入，包括买卖股票、债券的差价收入，股权的股息、红利收入，债券的利息收入及其他收入，暂不征收企业所得税 2. 对投资者从证券投资基金分配中取得的收入，暂不征收企业所得税 3. 对证券投资基金管理人运用基金买卖股票、债券的差价收入，暂不征收企业所得税
节能服务公司	对符合条件的节能服务公司实施合同能源管理项目，符合企业所得税税法有关规定的，自项目取得第一笔生产经营收入所属纳税年度起，享受“三免三减半”的企业所得税优惠政策
电网企业电网新建项目	居民企业从事符合规定条件和标准的电网（输变电设施）的新建项目，可依法享受“三免三减半”的企业所得税优惠政策

续表

基础设施 REITs（新增）	1. 设立基础设施 REITs 前，原始权益人向项目公司划转基础设施资产相应取得项目公司股权，适用特殊性税务处理，即项目公司取得基础设施资产的计税基础，以基础设施资产的原计税基础确定；原始权益人取得项目公司股权的计税基础，以基础设施资产的原计税基础确定。原始权益人和项目公司不确认所得，不征收企业所得税 2. 基础设施 REITs 设立阶段，原始权益人向基础设施 REITs 转让项目公司股权实现的资产转让评估增值，当期可暂不缴纳企业所得税，允许递延至基础设施 REITs 完成募资并支付股权转让价款后缴纳。其中，对原始权益人按照战略配售要求自持的基础设施 REITs 份额对应的资产转让评估增值，允许递延至实际转让时缴纳企业所得税。原始权益人通过二级市场认购（增持）该基础设施 REITs 份额，按照先进先出原则认定优先处置战略配售份额 【说明】对基础设施 REITs 运营、分配等环节涉及的税收，按现行税收法律法规的规定执行。适用范围为证监会、发展改革委根据有关规定组织开展的基础设施 REITs 试点项目。上述规定自 2021 年 1 月 1 日起实施。
海南自贸港企业所得税优惠	1. 2020 年 1 月 1 日至 2024 年 12 月 31 日，对注册在海南自由贸易港并实质性运营的鼓励类产业企业，减按 15% 的税率征收企业所得税 鼓励类产业企业，是指以海南自由贸易港鼓励类产业目录中规定的产业项目为主营业务，且其主营业务收入占企业收入总额 60% 以上的企业。所称实质性运营，是指企业的实际管理机构设在海南自由贸易港，并对企业生产经营、人员、账务、财产等实施实质性全面管理和控制。对不符合实质性运营的企业，不得享受优惠 2. 对在海南自由贸易港设立的旅游业、现代服务业、高新技术产业企业新增境外直接投资取得的所得，免征企业所得税 新增境外直接投资所得应当符合以下条件： （1）从境外新设分支机构取得的营业利润；或从持股比例超过 20%（含）的境外子公司分回的，与新增境外直接投资相对应的股息所得 （2）被投资国（地区）的企业所得税法定税率不低于 5% 3. 对在海南自由贸易港设立的企业，新购置（含自建、自行开发）固定资产或无形资产，单位价值不超过 500 万元（含）的，允许一次性计入当期成本费用在计算应纳税所得额时扣除，不再分年度计算折旧和摊销；新购置（含自建、自行开发）固定资产或无形资产，单位价值超过 500 万元的，可以缩短折旧、摊销年限或采取加速折旧、摊销的方法
西部大开发的税收优惠	1. 对设在西部地区国家鼓励类产业企业，在 2021 年 1 月 1 日至 2030 年 12 月 31 日期间，减按 15% 的税率征收企业所得税 【说明】国家鼓励类产业企业，是指以《西部地区鼓励类产业目录》（2005 年版）中规定的 产业项目为主营业务，其主营业务收入占企业收入总额 60% 以上的企业。 2. 对在西部地区新办交通、电力、水利、邮政、广播电视企业，上述项目业务收入占企业收入总额 60% 以上的，可以享受企业所得税如下优惠政策：内资企业自开始生产经营之日起，享受企业所得税“两免三减半”税收优惠

【考点子题——举一反三，真枪实练】

[35]（2018年·单选题）非居民企业取得的下列所得中，应当计算缴纳企业所得税的是（　）。

A. 国际金融组织向中国政府提供优惠贷款取得利息所得

B. 国际金融组织向中国居民企业提供优惠贷款取得利息所得

C. 外国政府向中国政府提供贷款取得利息所得

D. 外国金融机构向中国居民企业提供商业贷款取得利息所得

第七节　应纳税额的计算

考点 1　居民企业应纳税额的计算

【考点题源】居民企业应纳税额的计算

直接计算法	在直接计算法下，企业每一纳税年度的收入总额减除不征税收入、免税收入、各项扣除以及允许弥补的以前年度亏损后的余额为应纳税所得额。计算公式： 应纳税所得额 = 收入总额 − 不征税收入 − 免税收入 − 各项扣除金额 − 允许弥补的以前年度亏损
间接计算法	在间接计算法下，是在会计利润总额的基础上加或减按照税法规定调整的项目金额后，即为应纳税所得额。计算公式为： 应纳税所得额 = 会计利润总额 +/− 纳税调整项目金额 纳税调整项目金额包括两方面的内容：一是税收规定范围与会计规定不一致的应予以调整的金额；二是税法规定扣除标准与会计规定不一致的应予以调整的金额

【典型例题 1】某企业为居民企业，2022 年发生经营业务如下：

（1）取得产品销售收入 4 000 万元。

（2）应结转产品销售成本 2 600 万元。

（3）发生销售费用 770 万元（其中广告费 650 万元）；管理费用 480 万元（其中业务招待费 25 万元）；财务费用 60 万元。

（4）销售税金 160 万元（含增值税 120 万元）。

（5）营业外收入 80 万元，营业外支出 50 万元（含通过公益性社会团体向贫困山区捐款 30 万元，支付税收滞纳金 6 万元）。

（6）计入成本、费用中的实发工资总额 200 万元、拨缴职工工会经费 5 万元、发生职工福利费 31 万元、发生职工教育经费 7 万元。

要求：计算该企业 2022 年度实际应纳的企业所得税。

【答案】（1）会计利润总额 =4 000+80−2 600−770−480−60−40−50=80（万元）。

（2）广告费和业务宣传费调增应纳税所得额 =650−4 000 × 15%=650−600=50（万元）。

（3）业务招待费调增应纳税所得额 =25−25 × 60%=25−15=10（万元）；

4 000 × 5‰ =20（万元）＞ 25 × 60%=15（万元）。

（4）捐赠支出应调增应纳税所得额 =30−80 × 12%=20.4（万元）。

（5）工会经费应调增应纳税所得额 =5−200 × 2%=1（万元）。

（6）职工福利费应调应纳税增所得额 =31−200 × 14%=3（万元）。

（7）职工教育经费扣除限额 =200 × 8%=16（万元）；

实际发生额小于扣除限额，不作纳税调整。

（8）应纳税所得额 =80+50+10+20.4+6+1+3=170.4（万元）。

续表

（9）2022 年应缴企业所得税 =170.4×25%=42.6（万元）。

【典型例题 2】某大企业为居民企业（非制造业），2022 年度发生经营业务如下：

全年取得产品销售收入 5 600 万元，发生产品销售成本 4 000 万元；其他业务收入 800 万元，其他业务成本 694 万元；取得购买国债的利息收入 40 万元；缴纳非增值税销售税金及附加 300 万元；发生的管理费用 760 万元，其中新技术的研究开发费用 60 万元、业务招待费用 70 万元；发生财务费用 200 万元；取得直接投资其他居民企业的权益性收益 34 万元（已在投资方所在地按 15% 的税率缴纳了所得税）；取得营业外收入 100 万元，发生营业外支出 250 万元（其中含公益捐赠 38 万元）。

要求：计算该企业 2022 年应纳的企业所得税。

已知：研究开发费用按 75% 加计扣除。

【答案】（1）利润总额 =5 600+800+40+34+100−4 000−694−300−760−200−250=370（万元）。

（2）国债利息收入免征企业所得税，应调减应纳税所得额 40 万元。

（3）技术开发费调减应纳税所得额 =60×75%=45（万元）。

（4）按实际发生业务招待费的 60% 计算 =70×60%=42（万元）；

按销售（营业）收入的 5‰计算 =（5600+800）×5‰ =32（万元）；

按照规定税前扣除限额应为 32 万元，实际应调增应纳税所得额 =70−32=38（万元）。

（5）取得直接投资其他居民企业的权益性收益属于免税收入，应调减应纳税所得额 34 万元。

（6）捐赠扣除标准 =370×12%=44.4（万元）；

实际捐赠额 38 万元小于扣除标准 44.4 万元，可按实捐数扣除，不做纳税调整。

（7）应纳税所得额 =370−40−45+38−34=289（万元）。

（8）该企业 2022 年应缴纳企业所得税 =289×25%=72.25（万元）。

【典型例题 3】某科技型制造业中小企业，职工 90 人，资产总额 2800 万元。2022 年度生产经营业务如下：

（1）取得产品销售收入 3000 万元、国债利息收入 20 万元；

（2）与产品销售收入配比的成本 2100 万元；

（3）发生销售费用 252 万元、管理费用 390 万元（其中业务招待费 28 万元、新产品研发费用 120 万元）；

（4）向非金融企业借款 200 万元，支付年利息费用 18 万元（注：金融企业同期同类借款年利息率为 6%）；

（5）企业所得税税前准许扣除的税金及附加 32 万元；

（6）10 月购进符合《环境保护专用设备企业所得税优惠目录》的专用设备，取得增值税专用发票注明金额 30 万元、增值税进项税额 5.1 万元，该设备当月投入使用；

（7）计入成本、费用中的实发工资总额 200 万元、拨缴职工工会经费 4 万元、发生职工福利费 35 万元、发生职工教育经费 10 万元。

要求：计算该企业 2022 年度应纳的企业所得税。

【答案及解析】

（1）会计利润总额 =3 000+20−2 100−252−390−18−32=228（万元）。

（2）国债利息收入免征企业所得税，应调减应纳税所得额 20 万元。

（3）业务招待费应调增应纳税所得额 =28−15=13（万元）；

28×60%=16.8(万元)>3 000×5‰ =15（万元）。

续表

（4）新产品研发费用应调减应纳税所得额 =120 × 100%=120（万元）。
（5）利息费用支出应调增应纳税所得额 =18−200 × 6%=6（万元）。
（6）工会经费应调增应纳税所得额 =4−200 × 2%=0（万元）。
（7）职工福利费应调增应纳税所得额 =35−200 × 14%=7（万元）。
（8）职工教育经费扣除限额 =200 × 8%=16（万元）；
职工教育经费实际发生额小于扣除限额，不用作纳税调整。
（9）应纳税所得额 =228−20+13−120+6+7=114（万元）；
（10）该企业 2022 年度应缴企业所得税 =(114−14) × 25% × 20% × 50%+14 × 50% × 20%−30 × 10%=2.5+1.4−3=0.9（万元）。

【2019 年•综合题，已修改】位于市区的医药行业上市公司甲为增值税一般纳税人。2022 年甲企业实现营业收入 100 000 万元、投资收益 5 100 万元；发生营业成本 55 000 万元、税金及附加 4 200 万元、管理费用 5 600 万元、销售费用 26 000 万元、财务费用 2 200 万元、营业外支出 800 万元。甲企业自行计算会计利润为 11 300 万元。
2023 年 2 月甲企业进行 2022 年所得税汇算清缴时聘请了某会计师事务所进行审核，发现如下事项：
（1）5 月接受母公司捐赠的原材料用于生产应税药品，取得增值税专用发票，注明价款 1 000 万元、税款 130 万元，进项税额已抵扣，企业将 1 130 万元计入资本公积，赠与双方无协议约定。
（2）6 月采用支付手续费方式委托乙公司销售药品，不含税价格为 3 000 万元，成本为 2 500 万元，药品已经发出；截至 12 月 31 日未收到代销清单，甲企业未对该业务进行增值税和企业所得税相应处理。
（3）投资收益中包含直接投资居民企业分回的股息 4 000 万元、转让成本法核算的非上市公司股权的收益 1 100 万元。
（4）9 月对甲企业 50 名高管授予限制性股票，约定服务期满 1 年后每人可按 6 元 / 股购买 1 000 股股票，授予日股票公允价格为 10 元 / 股。12 月 31 日甲企业照企业会计准则进行如下会计处理：
借：管理费用　　500 000
　贷：资本公积　　500 000
（5）成本费用中含实际发放员工工资 25 000 万元；另根据合同约定支付给劳务派遣公司 800 万元，由其发放派遣人员工资。
（6）成本费用中含发生职工福利费 1 000 元、职工教育经费 2 200 万元、拨缴工会经费 400 万元，工会经费取得相关收据。
（7）境内自行研发产生的研发费用为 2 400 万元；委托关联企业进行研发，支付研发费用 2 000 万元，已经收到关联企业关于研发费用支出明细报告。
（8）发生广告费和业务宣传费 22 000 万元，业务招待费 600 万元。
（其他相关资料：2022 年各月月末“应交税费应交增值税”科目均无借方余额。）
要求：（1）回答业务（1）中计入资本公积的处理是否正确并说明理由。
（2）业务（2）中企业增值税和所得税处理是否正确并说明理由。
（3）计算业务（2）应调整的增值税应纳税额、城市维护建设税额、教育费附加及地方教育附加。
（4）计算业务（3）应调整的企业所得税应纳税所得额。
（5）计算业务（4）应调整的企业所得税应纳税所得额。
（6）回答支付给劳务派遣公司的费用能否计入企业的工资薪金总额基数并说明理由。

续表

（7）计算职工福利费、职工教育经费、工会经费应调整的企业所得税应纳税所得额。 （8）回答委托研发产生的研发费用能否加计扣除，并计算研发费用应调整的企业所得税应纳税所得额。 （9）计算广告和业务宣传费应调整的企业所得税应纳税所得额。 （10）计算业务招待费应调整的企业所得税应纳税所得额。 （11）计算调整后的会计利润（不考虑税收滞纳金）。 （12）计算应缴纳的企业所得税额。 【答案及解析】 处理错误；理由：企业接收股东划入资产（包括股东赠与资产、上市公司在股权分置改革过程中接收原非流通股股东和新非流通股股东赠与的资产、股东放弃本企业的股权），凡合同、协议约定作为资本金（包括资本公积）且在会计上已做实际处理的，不计入企业的收入总额，企业应按公允价值确定该项资产的计税基础。因双方无协议约定，不应计入资本公积，应计入营业外收入。 （2）企业增值税处理错误；理由：委托其他纳税人代销货物，为收到代销单位的代销清单或者收到全部或者部分货款的当天。未收到代销清单及货款的，为发出代销货物满 180 天的当天。本题 6 月发出代销货物，已满 180 天，增值税纳税义务已发生。 所得税处理正确；理由：销售商品采用支付手续费方式委托代销的，在收到代销清单时确认收入。 （3）调整增值税应纳税额 =3 000 × 13%=390（万元），调整城市维护建设税额、教育费附加及地方教育附加 =390 ×（7%+3%+2%）=46.8（万元）。 （4）业务（3）调减应纳税所得额 4 000 万元。 【解析】符合条件的居民企业之间的股息、红利等权益性投资收入，免征企业所得税。 （5）未到行权日计入管理费用的股权激励不允许扣除，调增应纳税所得额 50 万元。 （6）企业按照合同约定直接支付给劳务派遣公司的费用，应作为劳务费支出，不能计入企业工资薪金总额的基数。 （7）职工福利费限额 =25 000 × 14%=3 500（万元），未超过限额，不需要调整。 职工教育经费 =25 000 × 8%=2 000（万元），超过限额，调增应纳税所得额 2 200−2 000=200 万元。 工会经费 =25 000 × 2%=500（万元），未超过限额，不需要调整。 需要调整的应纳税所得额 =200（万元）。 （8）能扣除； 应调减应纳税所得额 =（2 400+2 000 × 80%）× 100%=4 000（万元）。 （9）广告费和业务宣传费限额 =100 000 × 30%=30 000（万元），未超过限额，不需要调整。 （10）业务招待费限额 1=100 000 × 5‰=500（万元）；业务招待费限额 2=600 × 60%=360（万元）； 600−360=240（万元），超过限额应调增 240 万元。 （11）会计利润 =11 300+1 130-46.8=12 383.2（万元）。 （12）应纳税所得额 =12 383.2−4 000+50+200-4 000+240=4 873.2（万元）； 应纳税额 =4 873.2 × 25%=1 218.3（万元）。

考点 2 居民企业核定征收应纳税额的计算

【考点母题——万变不离其宗】居民企业核定征收应纳税额的计算

核定征收企业所得税的范围	（1）下列居民企业纳税人，适用核定征收企业所得税的有（　）。

续表

核定征收企业所得税的范围	A. 依照法律、行政法规的规定可以不设置账簿的 B. 依照法律、行政法规的规定应当设置但未设置账簿的 C. 擅自销毁账簿或者拒不提供纳税资料的 D. 虽设置账簿，但账目混乱或者成本资料、收入凭证、费用凭证残缺不全，难以查账的 E. 发生纳税义务，未按照规定的期限办理纳税申报，经税务机关责令限期申报，逾期仍不申报的 F. 申报的计税依据明显偏低，又无正当理由的 【说明】专门从事股权（股票）投资业务的企业，不得核定征收企业所得税。对依法按核定应税所得率方式核定征收企业所得税的企业，取得的转让股权（股票）收入等转让财产收入，应全额计入应税收入额。对综合试验区内的跨境电商企业核定征收企业所得税。
（2）下列情形，属于应该核定应税所得率的有（　）。	
核定征收的办法	A. 能正确核算（查实）收入总额，但不能正确核算（查实）成本费用总额的 B. 能正确核算（查实）成本费用总额，但不能正确核算（查实）收入总额的 C. 通过合理方法，能计算和推定纳税人收入总额或成本费用总额的 【说明 1】采用应税所得率方式核定征收企业所得税的，应纳所得税额计算公式如下： 应纳所得税额 = 应纳税所得额 × 适用税率 应纳税所得额 = 应税收入额 × 应税所得率 或：应纳税所得额 = 成本（费用）支出额 ÷（1− 应税所得率）× 应税所得率 【说明 2】纳税人的生产经营范围、主营业务发生重大变化，或者应纳税所得额或应纳税额增减变化达到 20% 的，应及时向税务机关申报调整已确定的应纳税额或应税所得率。

【考点子题——举一反三，真枪实练】

[36]（2011 年 • 单选题已改编）某小微批发兼零售的居民企业，2021 年度自行申报营业收入总额 350 万元，成本费用总额 370 万元，当年亏损 20 万元。经税务机关审核，该企业申报的收入总额无法核实，成本费用核算正确。假定对该企业采取核定征收企业所得税，应税所得率为 8%，该居民企业 2021 年度应缴纳企业所得税（　）万元。

A. 0　　B. 0.8　　C. 3.22　　D. 6.44

考点 3　非居民企业应纳税额的计算和核定征收办法

【考点题源】非居民企业和扣缴企业应纳税所得额的计算

非居民企业应纳税所得额的计算	1. 股息、红利等权益性投资收益和利息、租金、特许权使用费所得，以收入全额为应纳税所得额 2. 转让财产所得，以收入全额减除财产净值后的余额为应纳税所得额 3. 股权转让所得，股权转让收入减除股权净值后的余额为应纳税所得额
扣缴企业所得税应纳税额计算	扣缴企业所得税应纳税额 = 应纳税所得额 × 实际征收率 1. 扣缴义务人扣缴企业所得税的，应当按照扣缴义务发生之日人民币汇率中间价折合成人民币，计算非居民企业应纳税所得额 2. 扣缴义务发生之日为相关款项实际支付或者到期应支付之日

【考点母题——万变不离其宗】非居民企业核定征收所得税的办法

非居民企业所得税核定征收	非居民企业因会计账簿不健全，资料残缺难以查账，或者其他原因不能准确计算并据实申报其应纳税所得额的，税务机关有权采取的核定征收办法有（　）。
	A. 按收入总额核定应纳税所得额：适用于能够正确核算收入或通过合理方法推定收入总额，但不能正确核算成本费用的非居民企业。计算公式如下： 应纳税所得额 = 收入总额 × 经税务机关核定的利润率
	B. 按成本费用核定应纳税所得额：适用于能够正确核算成本费用，但不能正确核算收入总额的非居民企业。计算公式如下： 应纳税所得额 = 成本费用总额 ÷（1- 经税务机关核定的利润率）× 经税务机关核定的利润率
	C. 按经费支出换算收入核定应纳税所得额：适用于能够正确核算经费支出总额，但不能正确核算收入总额和成本费用的非居民企业。计算公式如下： 应纳税所得额 = 经费支出总额 ÷（1- 经税务机关核定的利润率）× 经税务机关核定的利润率

【考点子题——举一反三，真枪实练】

[37]（2019年•单选题）在中国境内未设立机构、场所的非居民企业，计算企业所得税应纳税所得额所用的下列方法中，符合税法规定的是（　）。

A. 股息所得以收入全额为应纳税所得额

B. 财产转让所得以转让收入全额为应纳税所得额

C. 租金所得以租金收入减去房屋折旧为应纳税所得额

D. 特许权使用费所得以收入减去特许权摊销费用为应纳税所得额

考点4 房地产开发企业所得税预缴税款的处理

【考点题源】房地产开发企业所得税预缴税款的处理

房地产开发企业按当年实际利润据实分季（或月）预缴企业所得税的，对开发、建造的住宅、商业用房以及其他建筑物、附着物、配套设施等开发产品，在未完工前采取预售方式销售取得的预售收入，按照规定的预计利润率分季（或月）计算出预计利润额，计入利润总额预缴，开发产品完工、结算计税成本后按照实际利润再行调整

房地产开发企业预缴各税种如下：

预缴税种		预缴税款的计算方法与计算公式
增值税（一般纳税人）	一般计税方法	预缴税款 = 房地产预售收入 ÷（1+9%）× 3%
	简易计税方法	预缴税款 = 房地产预售收入 ÷（1+5%）× 3%
城建税、教育费附加及地方教育附加		预缴税费合计 = 预缴增值税 ×（城建税税率 +3%+2%）
企业所得税		预缴税款 = 房地产预售收入 × 预计利润率 × 税率

第八节　征收管理

纳税地点、纳税期限和纳税申报

【考点母题——万变不离其宗】纳税地点、纳税期限和纳税申报

纳税地点	（1）下列有关企业所得税纳税地点表述正确的有（　）。
	A. 除税收法律、行政法规另有规定外，居民企业以企业登记注册地为纳税地点；但登记注册地在境外的，以实际管理机构所在地为纳税地点 B. 居民企业在中国境内设立不具有法人资格的营业机构的，应当汇总计算并缴纳企业所得税。企业汇总计算并缴纳企业所得税时，应当统一核算应纳税所得额，具体办法由国务院财政、税务主管部门另行制定 C. 非居民企业在中国境内设立机构、场所的，应当就其所设机构、场所取得的来源于中国境内的所得，以及发生在中国境外但与其所设机构、场所有实际联系的所得，以机构、场所所在地为纳税地点。非居民企业在中国境内设立两个或者两个以上机构、场所的，经税务机关审核批准，可以选择由其主要机构、场所汇总缴纳企业所得税 D. 非居民企业在中国境内未设立机构、场所的，或者虽设立机构、场所但取得的所得与其所设机构、场所没有实际联系的所得，以扣缴义务人所在地为纳税地点
纳税期限	（2）下列有关企业所得税纳税期限表述正确的有（　）。
	A. 企业所得税按年计征，分月或者分季预缴，年终汇算清缴，多退少补 B. 企业在一个纳税年度的中间开业，或者由于合并、关闭等原因终止经营活动，使该纳税年度的实际经营期不足 12 个月的，应当以其实际经营期为 1 个纳税年度 C. 企业清算时，应当以清算期间作为 1 个纳税年度 D. 企业自年度终了之日起 5 个月内，向税务机关报送年度企业所得税纳税申报表，并汇算清缴，结清应缴应退税款 E. 企业在年度中间终止经营活动的，应当自实际经营终止之日起 60 日内，向税务机关办理当期企业所得税汇算清缴
纳税申报	按月或按季预缴的，应当自月份或者季度终了之日起 15 日内，向税务机关报送预缴企业所得税纳税申报表，预缴税款

【考点子题——举一反三，真枪实练】

[38]（经典例题•多选题）下列有关企业所得税的征收管理，表述不正确的有（　）。

A. 除税收法律、行政法规另有规定外，居民企业以实际管理机构所在地为纳税地点

B. 非居民企业在中国境内设立两个或者两个以上机构、场所的，由每个机构、场所分别缴纳企业所得税

C. 企业清算时，应当以清算期间作为1个纳税年度

D. 自年度终了之日起5个月内，向税务机关报送年度企业所得税纳税申报表，并汇算清缴，结清应缴应退税款

考点2 源泉扣缴

【考点母题——万变不离其宗】源泉扣缴

源泉扣缴的扣缴义务人	下列有关企业所得税源泉扣缴的扣缴义务人表述正确的有（　）。
	A. 对非居民企业在中国境内未设立机构、场所的，或者虽设立机构、场所但取得的所得与其所设机构、场所没有实际联系的所得应缴纳的所得税，实行源泉扣缴，以支付人为扣缴义务人 B. 对非居民企业在中国境内取得工程作业和劳务所得应缴纳的所得税，税务机关可以指定工程价款或者劳务费的支付人为扣缴义务人
源泉扣缴的扣缴方法	扣缴义务人每次代扣的税款，应当自代扣之日起7日内缴入国库，并向所在地的税务机关报送扣缴企业所得税报告表

考点3 跨地区经营汇总纳税企业所得税征收管理

【考点题源】基本原则和适用范围

基本原则	属于中央与地方共享范围的跨省市总分机构企业缴纳的企业所得税，按照统一规范、兼顾总机构和分支机构所在地利益的原则，实行“统一计算、分级管理、就地预缴、汇总清算、财政调库”的处理办法，总分机构统一计算的当期应纳税额的地方分享部分中，25%由总机构所在地分享，50%由各分支机构所在地分享，25%按一定比例在各地间进行分配
适用范围	1. 跨省市总分机构企业是指跨省（自治区、直辖市和计划单列市，下同）设立不具有法人资格分支机构的居民企业 2. 总机构和具有主体生产经营职能的二级分支机构就地预缴企业所得税 3. 按照现行财政体制的规定，国有邮政企业、中国工商银行股份有限公司、中国农业银行股份有限公司、中国银行股份有限公司、中国建设银行股份有限公司等企业，总分机构缴纳的企业所得税（包括滞纳金、罚款收入）为中央收入，全额上缴中央国库，不实行本办法

续表

分支机构分摊预缴税款	1. 总机构在每月或每季终了之日起 10 日内，按照上年度各省市分支机构的营业收入、职工薪酬和资产总额三个因素，将统一计算的企业当期应纳税额的 50% 在各分支机构之间进行分摊（总机构所在省市同时设有分支机构的，同样按三个因素分摊），各分支机构根据分摊税款就地办理缴库，所缴纳税款收入由中央与分支机构所在地按 60：40 分享。分摊时三个因素权重依次为 0.35、0.35 和 0.3 当年新设立的分支机构第 2 年起参与分摊；当年撤销的分支机构自办理注销税务登记之日起不参与分摊 2. 各分支机构分摊预缴额按下列公式计算： 某分支机构分摊税款 = 所有分支机构分摊税款总额 × 该分支机构分摊比例 其中： 所有分支机构分摊税款总额 = 汇总纳税企业当期应纳所得税额 ×50% 该分支机构分摊比例 =（该分支机构营业收入 / 各分支机构营业收入之和）×0.35+（该分支机构职工薪酬 / 各分支机构职工薪酬之和）×0.35+（该分支机构资产总额 / 各分支机构资产总额之和）×0.30 以上公式中，分支机构仅指需要参与就地预缴的分支机构
总机构就地预缴税款	总机构应将统一计算的企业当期应纳税额的 25%，就地办理缴库，所缴纳税款收入由中央与总机构所在地按 60：40 分享
总机构预缴中央国库税款	总机构应将统一计算的企业当期应纳税额的剩余 25%，就地全额缴入中央国库，所缴纳税款收入 60% 为中央收入，40% 由财政部定期向各省市分配

【考点子题——举一反三，真枪实练】

[39]（经典例题•多选题）某公司总机构设在我国某大城市，还设有独立的专营投资的分支机构以及甲、乙两省省城设的二级分支机构。2022 年第一季度共应预缴企业所得税 3 000 万元。其专营投资的分支机构取得经营收入、职工工资、资产总额分别为 25 000 万元、300 万元和 15 000 万元；该公司三项因素的合计数分别为 120 000 万元、1 500 万元和 60 000 万元。则专营投资分支机构第一季度预缴企业所得税额是（　）万元。

A. 300　　B. 1 500　　C. 326.85　　D. 1 000

考点 4　合伙企业所得税的征收管理

【考点题源】合伙企业所得税的征收管理

合伙企业以每一个合伙人为纳税义务人	1. 合伙企业合伙人是自然人的，缴纳个人所得税 2. 合伙人是法人和其他组织的，缴纳企业所得税
合伙企业生产经营所得和其他所得采取先分后税的原则	具体应纳税所得额的计算按照《关于个人独资企业和合伙企业投资者征收个人所得税的规定》及《财政部国家税务总局关于调整个体工商户个人独资企业和合伙企业个人所得税税前扣除标准有关问题的通知》的有关规定执行

续表

合伙企业的合伙人确定应纳税所得额的原则	1. 合伙企业的合伙人以合伙企业的生产经营所得和其他所得，按照合伙协议约定的分配比例确定应纳税所得额 2. 合伙协议未约定或者约定不明确的，以全部生产经营所得和其他所得，按照合伙人协商决定的分配比例确定应纳税所得额 3. 协商不成的，以全部生产经营所得和其他所得，按照合伙人实缴出资比例确定应纳税所得额 4. 无法确定出资比例的，以全部生产经营所得和其他所得，按照合伙人数量平均计算每个合伙人的应纳税所得额
亏损抵减	合伙企业的合伙人是法人和其他组织的，合伙人在计算其缴纳企业所得税时，不得用合伙企业的亏损抵减其盈利

考点5 跨境电子商务综合试验区核定征收企业所得税

【考点题源】跨境电子商务综合试验区核定征收企业所得税

综试区内的跨境电商企业，试行核定征收企业所得税的条件	1. 在综试区注册，并在注册地跨境电子商务线上综合服务平台登记出口货物日期、名称、计量单位、数量、单价、金额的 2. 出口货物通过综试区所在地海关办理电子商务出口申报手续的 3. 出口货物未取得有效进货凭证，其增值税、消费税享受免税政策的
综试区内核定征收的跨境电商企业应准确核算收入总额，并采用应税所得率方式核定征收企业所得税，应税所得率统一按照4%确定	
综试区内实行核定征收的跨境电商企业符合小型微利企业优惠政策条件的，可享受小型微利企业所得税优惠政策；其取得的收入属于《中华人民共和国企业所得税法》规定的免税收入的，可享受免税收入优惠政策	

各年度综合题集锦（已改编）

（2017年·综合题）位于某市的一家机械制造企业，2022年度会计自行核算取得主营收入68 000万元，其他收入6 000万元，营业外收入4 500万元，投资收益1 500万元，应扣除主营业务成本42 000万元，其他业务成本3 500万元，营业外支出3 200万元，税金及附加6 100万元，管理费用6 500万元，销售费用13 000万元，财务费用3 100万元，当年实现利润总额2 600万元，拟申报的企业应纳税所得额与利润总额相等，全年已预缴企业所得税240万元。2023年2月经聘请的会计师事务所进行审核，发现该企业2022年度自行核算存在以下问题：

（1）一栋闲置生产车间未申报缴纳房产税和城镇土地使用税，该生产车间占地面积1 000平方米，原值650万元，已提取折旧420万元，车间余值230万元。

（2）2022年12月8日购置办公楼一栋，支付不含增值税的金额2 200万元，增值税11万元并办妥权属证明，当月已经提取折旧费20万元，但未缴纳契税。

（3）营业外支出中包含通过非营利的社会团体向灾区捐款360万元，已经取得该团体开具的合法票据。

（4）扣除的成本和管理费用中包含了实发工资总额5 600万元，职工福利费920万元，拨缴的工会经费120万元，职工教育经费468万元。

（5）销售费用和管理费用中包含全年发生的广告费11 300万元，业务招待费660万元。

（6）财务费用中含向非居民企业借款支付的6个月利息费用130万元，借款金额为3 200万元，当年同期同类银行贷款年利息率为6%。

（7）管理费用中含新产品研究开发费用345万元。

（8）投资收益中含取得的国债利息收入70万元，直接投资居民企业的股息收入150万元。

（9）其他业务收入中含技术转让收入2 300万元，与收入对应的成本和税费共计1 400万元。

（其他相关资料：该企业计算房产原值扣除比例为20%，契税4%，城镇土地使用税税额是30元/平方米）

要求：根据上述资料，不考虑其他因素，按照下列序号回答问题，如有计算需计算出合计数。

（1）分别计算该企业2022年度应补缴的城镇土地使用税和房产税。

（2）计算该企业12月购置办公楼应缴纳的契税。

（3）计算该企业2022年度的利润总额、向贫困山区捐款应调整的应纳税所得额。

（4）计算工会经费，职工福利费和职工教育经费应调整的应纳税所得额。

（5）分别计算广告费用、业务招待费应调整的应纳税所得额。

（6）计算向非居民借款支付利息费用应调整的应纳税所得额。

（7）计算新产品研究开发费用应调整的应纳税所得额。

（8）说明国债利息收入、投资居民企业的股息收入应调整的应纳税所得额。

（9）计算该企业技术转让收入应缴纳的企业所得税。

（10）计算该企业2022年度应补缴的企业所得税。

【答案】

（1）应补缴的城镇土地使用税=1 000×30÷10 000=3（万元）；

应补缴的房产税=650×（1−20%）×1.2%=6.24（万元）。

（2）12月购置办公楼应缴纳的契税=2 200×4%=88（万元）。

（3）2021年度的利润总额=68 000+6 000+4 500+1 500−42 000−3 500−3 200−6 100−6 500−13 000−3 100−3−6.24+20=2 610.76（万元）；

公益性捐赠扣除限额=2 610.76×12%=313.29（万元），实际捐赠额360万元，应调

增应纳税所得额 =360−313.29=46.71（万元）。

（4）职工福利费扣除限额 =5 600×14%=784（万元），实际发生 920 万元，纳税调增 136 万元；

职工工会经费扣除限额 =5 600×2%=112（万元），实际发生 120 万元，纳税调增 8 万元；

职工教育经费扣除限额 =5 600×8%=448（万元），实际发生额 468 万元，纳税调增 20 万元；

所以“三项经费”应调增应纳税所得额 =136+8+20=164（万元）。

（5）广告费扣除限额 =（68 000+6 000）×15%=11 100（万元），应调增应纳税所得额 =11 300−11 100=200（万元）；

业务招待费的 60%：660×60%=396（万元），业务招待费扣除限额：（68 000+6 000）×5‰ =370（万元），因此业务招待费税前扣除限额为 370 万元，实际发生额为 660 万元，应调增应纳税所得额 =660−370=290（万元）。

（6）非金融企业向非金融企业借款的利息支出：不超过按照金融企业同期同类贷款利率计算的数额的部分可扣除，超过部分不得扣除。

向非居民企业借款支付利息费用扣除限额 =3 200×6%/12×6=96（万元），实际发生额 130 万元，应调增应纳税所得额 =130−96=34（万元）。

（7）该企业新产品研究开发费用应调整的应纳税所得额：

制造业企业开展研发活动中实际发生的研发费用未形成无形资产的，加计 100% 税前扣除。应调减应纳税所得额 345（万元）。

（8）该企业国债利息收入、投资居民企业的股息收入应调整的应纳税所得额：

国债利息收入和符合条件的居民企业之间的股息、红利等权益性投资收益属于免税收入。

应调减应纳税所得额 =70+150=220（万元）。

（9）该企业技术转让收入应缴纳的企业所得税：

一个纳税年度内，居民企业转让技术所有权所得不超过 500 万元的部分，免征企业所得税；超过 500 万元的部分，减半征收企业所得税。

技术转让所得 =2 300−1 400=900（万元）。

应缴纳的企业所得税 =（900−500）×25%×50%=50（万元）。

（10）该企业 2022 年度应补缴的企业所得税：

应纳税所得额 =2 610.76+46.71+164+200+290+34−345−220−［500+（900−500）×50%］=2 080.47（万元），

应纳企业所得税 =2 080.47×25%=520.12 万元），

应补缴企业所得税 =520.12−240=280.12（万元）。

（2018 年 • 综合题）某家电制造企业为增值税一般纳税人，自 2021 年起被认定为高新技术企业。其 2022 年度的生产经营情况如下：

（1）当年销售货物实现销售收入 8 000 万元，对应的成本为 5 100 万元。

（2）12 月购入专门用于研发的新设备，取得增值税普通发票上注明的金额为 600 万元，当月投入使用。会计上作为固定资产核算并按照 5 年计提折旧。

（3）通过其他业务收入核算转让 5 年以上非独占许可使用权收入 700 万元，与之相应的成本及税费为 100 万元。

（4）当年发生管理费用 800 万元，其中含新产品研究开发费用 300 万元（已独立核算管理且未形成无形资产）、业务招待费 80 万元。

（5）当年发生销售费用 1 800 万元，其中含广告费 1575 万元。

（6）当年发生财务费用 200 万元。

（7）取得国债利息收入 150 万元，企业债券利息收入 180 万元。

（8）全年计入成本、费用的实发合理工资总额 400 万元（含残疾职工工资 50 万元），实际发生职工福利费 120 万元，职工教育经费 33 万元，拨缴工会经费 18 万元。

（9）当年发生营业外支出共计 130 万元，其中违约金 5 万元，税收滞纳金 7 万元，补缴高管个人所得税 15 万元。

（10）当年税金及附加科目共列支 200 万元。

（其他相关资料：各扣除项目均已取有效凭证，相关优惠已办理必要手续。）

要求：根据上述资料，不考虑其他因素，按照下列顺序计算回答问题，如有计算需计算出合计数。

（1）判断 12 月购进新设备的成本能否一次性税前列支并说明理由。

（2）计算当年的会计利润。

（3）计算业务（3）中转让非独占许可使用权应纳税所得额调整金额。

（4）计算业务（4）中研究开发费及业务招待费应纳税所得额调整金额。

（5）计算业务（5）中广告费应纳税所得额调整金额。

（6）计算业务（7）涉及的应纳税所得额调整金额。

（7）计算业务（8）中工资、职工福利费、工会经费、职工教育经费应纳税所得额调整金额。

（8）计算业务（9）涉及的应纳税所得额调整金额。

（9）计算当年该企业的企业所得税应纳税所得额。

（10）计算当年该企业应缴纳的企业所得税。

【答案】

（1）企业在2018年1月1日至2023年12月31日期间新购进的设备、器具，单位价值不超过500万元的，允许一次性计入当期成本费用在计算应纳税所得额时扣除，不再分年度计算折旧。本题中购进设备单价超过500万元，不能一次性税前列支。

（2）当年的会计利润=8 000−5 100+700−100−800−1 800−200+150+180−130−200=700（万元）。

（3）转让非独占许可使用权应调减应纳税所得=500+(700−100−500)×50%=550（万元）。

（4）研究开发费应调减应纳税所得额=300×100%=300（万元）；

业务招待费扣除限额1=80×60%=48（万元）>业务招待费扣除限额2=8 700×5=43.5（万元），因此，业务招待费应调增应纳税所得额=80−43.5=36.5（万元）。

（5）广告费扣除限额8 700×15%=1305（万元），应调增应纳税所得额1 575−1 305=270（万元）。

（6）取得的国债利息收入免征企业所得税，应调减应纳税所得额150（万元）。

（7）支付给残疾人的工资可以加计扣除100%，工资调减应纳税所得额50（万元）；

职工福利费扣除限额400×14%=56（万元），应调增应纳税所得额120−56=64（万元）；

职工教育经费扣除限额400×8%=32（万元），应调增应纳所得额33−32=1（万元）；

工会经费扣除额400×2%=8（万元），应调增应纳税所得额18−8=10（万元）。

（8）企业缴纳的税收滞纳金7万元和补缴高管的个人所得税15万元不得在企业所得税税前列支，因此调增应纳税所得额22万元。

（9）企业所得税应纳税所得额=700−550−300+36.5+270−50+64+1+10−150+22=53.5（万元）。

（10）应缴纳的企业所得税=53.5×15%=8.03（万元）。

（2020年•综合题）某饮料生产企业甲为增值税一般纳税人，使用企业所得税税率25%。2022年度实现营业收入80 000万元，自行核算的2022年度会计利润为5 600万元，2023年5月经聘请的会计师事务所审核后，发现如下事项：

（1）2月收到市政府支持产业发展拨付的财政激励资金500万元，会计处理全额计入营业外收入，企业将其计入企业所得税不征税收入，经审核符合税法相关规定。

（2）3月转让持有的部分国债，取得收入1285万元，其中包含持有期间尚未兑付的利息收入20万元。该部分国债按照先进先出法确定的取得成本为1 240万元。

（3）5月接受百分之百控股母公司乙无偿划转的一台设备。该设备原值3 000万元，已按税法规定计提折旧500万元，其市场公允价值为2 200万元。该业务符合特殊性重组条件，企业选择采用特殊性税务处理。

（4）6 月购置一台生产线支付的不含税价格为 400 万元，会计核算按照使用期限 5 年、预计净残值率 5% 计提了累计折旧，企业选择一次性在企业所得税前进行扣除。

（5）发生广告费和业务宣传费用 7 300 万元，其中 300 万元用于冠名的真人秀于 2023 年 2 月制作完成并播放，企业所得税汇算清缴结束前尚未取得相关发票。

（6）成本费用中含发放的合理职工工资 6 000 万元，发生的职工福利费 900 万元、职工教育经费 500 万元，取得工会经费代收凭据注明的拨缴工会经费 100 万元。

（7）发生业务招待费 800 万元。

（8）12 月 1 日签订两项借款合同，向非关联供货商借款 1 000 万元，向银行借款 4 000 万元，未计提印花税。甲企业于 2023 年 3 月 1 日补缴印花税税款及滞纳金，借款合同印花税税率为 0.05‰。

（9）企业从 2017 年以来经税务机关审核后的应纳税所得额数据如下：

年份	2017 年	2018 年	2019 年	2020 年	2021 年	2022 年
应纳税所得额（万元）	-4 000	-2 000	-600	1 200	1 800	3 000

要求：根据上述资料，按照下列顺序计算回答问题，如有计算需计算出合计数。

（1）回答税法关于财政性资金计入企业所得税不征税收入的相关条件。

（2）计算业务（1）应调整的企业所得税应纳税所得额。

（3）回答企业转让不同时间购买的同一品种国债时，税法规定转让成本的确定方法。

（4）计算业务（2）应调整的企业所得税应纳税所得额。

（5）业务（3）符合特殊性税务重组，请确认甲公司接受无偿划转设备的计税基础。

（6）计算业务（4）应调整的企业所得税应纳税所得额。

（7）计算业务（5）应调整的企业所得税应纳税所得额。

（8）计算业务（6）应调整的企业所得税应纳税所得额。

（9）计算业务（7）业务招待费应调整的企业所得税应纳税所得额。

（10）计算业务（8）应调整的企业所得税应纳税所得额。

（11）计算 2022 年企业所得税前可弥补的亏损额。

（12）计算 2022 年甲企业应缴纳的企业所得税。

【答案】

（1）财政性资金计入企业所得税不征税收入应同时满足下列条件：

① 企业能够提供规定资金专项用途的资金拨付文件；

② 财政部门或其他拨付资金的政府部门对该资金有专门的资金管理办法或具体管理要求；

③ 企业对该资金以及以该资金发生的支出单独进行核算。

（2）应调减应纳税所得额 500 万元。

（3）企业在不同时间购买同一品种国债的，其转让时的成本计算方法，可在先进先出法、加权平均法、个别计价法中选用一种。计价方法一经选用，不得随意改变。

（4）转让未到期国债，持有期间尚未兑付的国债利息收入，免征企业所得税；应调减应纳税所得额 20 万元。

（5）接受无偿划转设备的计税基础为划出方资产净值 =3 000−500=2 500 万元。

（6）400−400×（1−5%）÷（5×12）×6=400−38=362（万元），应调减应纳税所得额 362 万元。

（7）广告费和业务宣传费限额：80 000×30%=24 000（万元），未超限额；但未播放的部分不能扣除，应调增企业所得税应纳税所得额 300 万元。

（8）职工福利费限额：6 000×14%=840（万元），应调增应纳税所得额 60 万元；
职工教育经费限额：6 000×8%=480（万元），应调增应纳税所得额 20 万元；
职工工会经费：6 000×2%=120（万元），无需调增应纳税所得额；
合计应调增应纳税所得额：60+20=80（万元）。

（9）业务招待费扣除限额 1=80 000×0.5%=400（万元）
业务招待费扣除限额 2=800×60%=480（万元）
应调增 =800−400=400（万元）。

（10）金融机构借款合同缴纳印花税，非金融机构借款不用缴纳印花税；
应补缴的印花税 =4 000×0.05‰ =0.2（万元），应调减应纳税所得额 0.2 万元。

（11）2022 年企业所得税前可弥补的亏损额 =（1 200+1 800+3 000）−（4 000+2 000）−600=-600（万元），可以弥补亏损为 600 万元。

（12）应纳税额 =（5 600−500−20−362+300+80+400−0.2−600）×25%=4 897.8×25%=1 224.45（万元）。

（例题•综合题）某制造业企业为增值税一般纳税人，自 2020 年起被认定为高新技术企业。2022 年实现营业收入 17 000 万元、投资收益 180 万元、其他收益 2 800 万元、资产处置损益 600 万元；发生营业成本 3 600 万元、税金及附加 440 万元、管理费用 5 800 万元、销售费用 4 900 万元、财务费用 200 万元、营业外支出 800 万元。2022 年度该企业自行计算的会计利润为 4 840 万元，企业已预缴企业所得税 450 万元。

2023 年 2 月该企业进行 2022 年企业所得税汇算清缴时，聘请了某会计师事务所进行审核，发现如下事项：

（1）1月1日租入一间办公室，双方签订的合同中注明租期三年，不含增值税年租金10万元，当月一次性支付三年租金30万元，全额计入管理费用，该合同未计算缴纳印花税。

（2）5月3日依照法院裁定将其代员工持有的面值200万元的限售股，通过证券登记结算公司变更到实际持有人名下，企业未就该事项确认收入。

（3）12月20日购置门面房作为顾客体验店，取得增值税专用发票注明价款1 000万元、增值税90万元，尚未办理房屋权属登记，未缴纳契税。

（4）其他收益中含增值税进项税额加计抵减额800万元，企业将其计入不征税收入。

（5）“资产处置损益”中含专利技术转让所得480万元，经审核符合技术转让所得优惠条件。

（6）成本费用中含实际发放的合理工资总额2 500万元、发生职工福利费400万元、职工教育经费300万元、拨缴的工会经费40万元，工会经费取得合法票据。

（7）全年投入750万元用于研发新产品，其中525万元形成无形资产，于7月1日取得专利证书并投入使用，该无形资产摊销期限为10年，当年未计提累计摊销。其余225万元支出计入了管理费用。

（8）期间费用中含广告费和业务宣传费2 000万元，业务招待费100万元。

（9）结转上年度未扣除的广告费500万元。

（其他相关资料：当地契税税率为5%，财产租赁合同印花税税率为1‰，研发费用加计扣除比例为100%，各扣除项目均在汇算清缴期取得有效凭证。）

要求：根据上述资料，按照顺序计算回答问题，如有计算需计算出合计数。

（1）计算业务（1）应缴纳的印花税及应调整的企业所得税应纳税所得额；租赁费应调整的企业所得税应纳税所得额。

（2）判断业务（2）企业未确认收入的处理是否正确并说明理由。

（3）计算业务（3）应缴纳的契税，并计算该门面房作为固定资产进行税务处理时应确定的计税基础。

（4）判断业务（4）企业将其作为不征税收入是否正确并说明理由。

（5）回答技术转让享受减免企业所得税优惠的条件；计算业务（5）应调整的企业所得税应纳税所得额。

（6）计算职工福利费、职工教育经费、工会经费应调整的企业所得税应纳税所得额。

（7）计算业务（7）应调整的企业所得税应纳税所得额。

（8）计算业务招待费应调整的企业所得税应纳税所得额。

（9）计算广告费和业务宣传费应调整的企业所得税应纳税所得额。

（10）计算该企业2022年度应补缴的企业所得税。

【答案及解析】

(1)①财产租赁合同印花税的计税依据为租金总额，应缴纳印花税 =10×3×1‰ =0.03(万元)，应调减应纳税所得额 0.03 万元。

②经营性租赁发生的租入固定资产的租赁费支出，根据租赁期限均匀扣除，租赁费应调增应纳税所得额 =30-10=20(万元)。

合计调增应纳税所得额 =20-0.03=19.97(万元)。

(2)①正确。

②理由：依法院判决、裁定等原因，通过证券登记结算公司，企业将其代持的个人限售股直接变更到实际所有人名下的，不视同转让限售股。

(3)①应缴纳契税 =1 000×5%=50(万元)。

②企业外购的固定资产，以购买价款和支付的相关税费以及直接归属于使该资产达到预定用途发生的其他支出为计税基础。一般纳税人外购不动产作为固定资产进项税额可以作抵扣，90 万元进项税不计入固定资产计税基础。该门面房作为固定资产的计税基础 =1 000+50=1050(万元)。

(4)①不正确。

②理由：凡同时符合以下条件的，可以作为不征税收入，在计算应纳税所得额时从收入总额中减除：

a. 企业能够提供规定资金专项用途的资金拨付文件；

b. 财政部门或其他拨付资金的政府部门对该资金有专门的资金管理办法或具体管理要求；

c. 企业对该资金以及以该资金发生的支出单独进行核算。

因此，增值税加计抵减优惠部分不符合不征税收入的条件，应按规定缴纳企业所得税。

(5)①享受减免企业所得税优惠的技术转让应符合以下条件：

a. 享受优惠的技术转让主体是企业所得税法规定的居民企业；

b. 技术转让属于财政部、国家税务总局规定的范围；

c. 境内技术转让经省级以上科技部门认定；

d. 向境外转让技术经省级以上商务部门认定；

e. 国务院税务主管部门规定的其他条件。

②本题中企业转让专利技术取得所得 480 万元，不超过 500 万元，可全部免征企业所得税。应调减应纳税所得额 480 万元。

(6)①职工福利费扣除限额 =2 500×14%=350(万元)<实际发生额 400 万元，调增应纳税所得额 =400-350=50(万元)。

②职工教育经费扣除限额 =2 500×8%=200(万元)<实际发生额 300 万元，调增应

纳税所得额 =300−200=100（万元）。

③工会经费扣除限额 =2 500×2%=50（万元）＞实际发生额 40 万元，无须纳税调整。

合计调增应纳税所得额 =50+100=150（万元）。

（7）制造业企业的研究开发费，未形成无形资产计入当期损益的，在按规定据实扣除的基础上，按照研究开发费用的 100% 加计扣除；形成无形资产的，按照无形资产成本的 200% 摊销。

525 万元形成无形资产，7 月 1 日投入使用，应从当月起计提摊销费用。当年应补提 6 个月的摊销费用 =525×200%÷10×6/12=52.5（万元）。

225 万元研发费计入管理费用，应调减应纳税所得额 =225×100%=225（万元）。

合计调减应纳税所得额 =52.5+225=277.5（万元）。

（8）企业发生的与生产经营活动有关的业务招待费支出，按照实际发生额的 60% 扣除，但最高不得超过当年销售（营业）收入的 5‰。业务招待费支出扣除限额 1=100×60%=60（万元）＜扣除限额 2=1 7000×5‰ =85（万元），应调增应纳税所得额 =100−60=40（万元）。

（9）企业发生的符合条件的广告费和业务宣传费支出，除另有规定外，不超过当年销售（营业）收入 15% 的部分，准予扣除；超过部分，准予结转以后纳税年度扣除。

广告费和业务宣传费扣除限额 =17 000×15%=2 550（万元）＞待扣除金额 =2 000+500=2 500（万元），应调减应纳税所得额 500 万元。

（10）该企业当年应纳税所得额 =4 840+19.97（问题 1 调增额）−480（问题 5 调减额）+150（问题 6 调增额）−277.5（问题 7 调减额）+40（问题 8 调增额）−500（问题 9 调减额）=3 792.47（万元）。

对经认定的高新技术企业，减按 15% 的税率征收企业所得税。当年应补缴企业所得税 =3 792.47×15%−450（预缴）=118.87（万元）。

［本章考点子题答案及解析］

［1］【答案：AD】居民企业的判定标准有登记注册地或实际管理机构所在地标准，没有所得来源地和经营行为实际发生地标准。

［2］【答案：BD】选项 A，权益性投资资产转让所得按照被投资企业所在地确定所得来源地；选项 C，特许权使用费所得按照负担、支付所得的企业或者机构、场所所在地确定，或者按照负担、支付所得的个人的住所地确定所得来源地。

［3］【答案：ABCD】选项 A，接受捐赠收入；选项 BCD，其他收入，包括企业资产溢余收入、逾期未退包装物押金收入、确实无法偿付的应付款项。

［4］【答案：CD】选项 A，企业发行的永续债，可以适用股息、红利企业所得税政策；企业发行符合规

定条件的永续债，也可以按照债券利息适用企业所得税政策；选项 B，对企业投资者持有 2019-2023 年发行的铁路债券取得的利息收入，减半征收企业所得税。

[5] 【答案：A】企业所得税的视同销售判定标准主要是关注是否转移资产的所有权。

[6] 【答案：B】企业所得税的视同销售条件为所有权的转移，只有 B 选项涉及到了所有权的转移，故答案为 B 选项。

[7] 【答案：ABC】企业将资产移送他人的下列情形，因资产所有权属已发生改变而不属于内部处置资产，应按规定视同销售确定收入：①用于市场推广或销售；②用于交际应酬；③用于职工奖励或福利；④用于股息分配；⑤用于对外捐赠；⑥其他改变资产所有权属的用途。

[8] 【答案：D】选项 A，企业以非货币性资产对外投资，应于投资协议生效并办理股权登记手续时，确认非货币性资产转让收入的实现；选项 B，以非货币性资产的公允价值作为被投资企业的计税基础；选项 C，以非货币性资产对外投资确认的非货币性资产转让所得，可在不超过 5 年期限内，分期均匀计入相应年度的应纳税所得额，按规定计算缴纳企业所得税。

[9] 【答案：C】企业未能提供完整真实的限售股原值凭证，不能准确计算该限售股原值的，主管税务机关按照收入的 15% 作为原值和合理费用，故应纳税额 =68×（1-15%）×25%=14.45（万元）。

[10] 【答案：B】应调减应纳税所得额 =300×15%=45（万元）。

[11] 【答案：AC】选项 B：企业接收股东划入资产，凡作为收入处理的，应按公允价值计入收入总额，计算缴纳企业所得税，同时按公允价值确定该项资产的计税基础；选项 D：县级以上人民政府将国有资产明确以股权投资方式投入企业，企业应作为国家资本金（包括资本公积）处理。该项资产如为非货币性资产，应按政府确定的接收价值确定计税基础。

[12] 【答案：AC】选项 B：应在相关的广告或商业行为出现于公众面前时确认收入；选项 D：在相关活动发生时确认收入。

[13] 【答案：C】企业取得的，由国务院财政、税务主管部门规定专项用途并经国务院批准的财政性资金属于不征税收入，不征税收入用于支出所形成的费用，不得在计算应纳税所得额时扣除；企业的不征税收入用于支出所形成的资产，其计算的折旧、摊销不得在计算应纳税所得额时扣除。甲企业应调减应纳税所得额 =600-400=200（万元）。

[14] 【答案：ABC】符合非盈利组织的条件如下：

（1）依法履行非营利组织登记手续。

（2）从事公益性或者非营利性活动。

（3）取得的收入除用于与该组织有关的、合理的支出外，全部用于登记核定或者章程规定的公益性或者非营利性事业。

（4）财产及其孳生息不用于分配。

（5）按照登记核定或者章程规定，该组织注销后的剩余财产用于公益性或者非营利性目的，或者由登记管理机关转赠给予该组织性质、宗旨相同的组织，并向社会公告。

（6）投入人对投入该组织的财产不保留或者享有任何财产权利。

（7）工作人员工资福利开支控制在规定的比例内，不变相分配该组织的财产。

（8）国务院财政、税务主管部门规定的其他条件。

由以上条件可知，选项 D 错误，其余选项正确。

[15] 【答案：CD】选项 A、B 属于企业所得税应税收入，选项 C、D 属于企业所得税免税收入。

[16]【答案：C】契税、车辆购置税、进口关税、耕地占用税、按规定不得抵扣的增值税，计入相关成本，可以在以后各期分摊扣除，不允许当期一次性扣除。税前扣除的税金 =35+10+10=55（万元）。

[17]【答案：B】2022 年所得税前扣除的工资 =4 000+500×（10−6）=6 000（万元）。

[18]【答案：D】选项 D，企业为投资者或者职工支付的商业保险费，不得扣除。

[19]【答案：D】企业发生的公益性捐赠支出，不超过年度利润总额 12% 的部分，准予扣除。超过年度利润总额 12% 的部分，准予以后 3 年内在计算应纳税所得额时结转扣除。企业在对公益性捐赠支出计算扣除时，应先扣除以前年度结转的捐赠支出，再扣除当年发生的捐赠支出。2021 年捐赠支出扣除限额 =2 000×12%=240（万元）。实际发生捐赠支出 400 万元，因此 160 万元将结转到下一年扣除。2022 年捐赠支出扣除限额 =2 500×12%=300（万元），实际发生捐赠支出 150 万元，上年结转 160 万元。2022 年可扣除捐赠支出 =300（万元）。

[20]【答案：BCD】企业取得私自印制、伪造、变造、作废、开票方非法取得、虚开、填写不合规发票，以及取得不合规其他外部凭证，不得作为税前扣除凭证，选项 A 不正确；企业在补开、换开发票、其他外部凭证过程中，因对方注销、撤销、依法被吊销营业执照、被税务机关认定为非正常户等特殊原因无法补开、换开发票、其他外部凭证的，可凭以下资料证实支出真实性后，其支出允许税前扣除：（1）无法补开、换开发票、其他外部凭证原因的证明资料（包括工商注销、机构撤销、列入非正常经营户、破产公告等证明资料）；（2）相关业务活动的合同或者协议；（3）采用非现金方式支付的付款凭证；（4）货物运输的证明资料；（5）货物入库、出库内部凭证；（6）企业会计核算记录以及其他资料。选项 BCD 正确。

[21]【答案：D】在计算应纳税所得额时，下列支出不得扣除：（1）向投资者支付的股息、红利等权益性投资收益款项；（2）企业所得税税款；（3）税收滞纳金；（4）罚金、罚款和被没收财物的损失；（5）超过规定标准的捐赠支出；（6）赞助支出；（7）未经核定的准备金支出；（8）企业之间支付的管理费、企业内营业机构之间支付的租金和特许权使用费，以及非银行企业内营业机构之间支付的利息；（9）与取得收入无关的其他支出；选项 ABC 项均属于计算应纳税所得额时不得扣除的支出。

[22]【答案：B】选项 A，企业之间支付的管理费不得在计算企业所得税应纳税所得额时扣除；选项 C，除委托个人代理外，企业以现金等非转账方式支付的手续费及佣金不得在所得税前扣除；选项 D，企业通过公益性社会团体或者县级（含县级）以上人民政府及其部门发生的公益性捐赠支出，不超过年度利润总额 12% 的部分，准予扣除，纳税人直接的捐赠支出，不得在税前扣除。

[23]【答案：ABD】选项 ABD，税收滞纳金、企业所得税税款、向投资者支付的权益性投资收益款项均不得在企业所得税税前扣除；选项 C，计入产品成本的车间水电费用支出可以在产品销售以后结转入主营业务成本从而在税前扣除。

[24]【答案：C】选项 A，以改良支出增加固定资产的计税基础，在规定的期限内计提折旧扣除；选项 BD，要作为长期待摊费用，在规定的期限内摊销扣除。

[25]【答案：A】生物资产分为消耗性生物资产、生产性生物资产和公益性生物资产。其中生产性生物资产可计提折旧。生产性生物资产，是指为产出农产品、提供劳务或出租等目的而持有的生物资产，包括经济林、薪炭林、产畜和役畜等。

[26]【答案：ABD】长期待摊费用包括：①已足额提取折旧的固定资产的改建支出；②租入固定资产的改建支出；③固定资产的大修理支出。

[27]【答案：C】甲企业应确认的股息所得 =（3 000+1 000）×40%=1 600（万元）；甲企业应确认的投资资产转让所得 =6 000−4 000−1 600=400（万元）；应纳企业所得税 =400×25%=100（万元）。

[28]【答案：A】撤资时，相当于被投资公司累计未分配利润和累计盈余公积按减少实收资本比例计算的部分，免税。应调减应纳税所得额 =16（万元）。

[29]【答案：A】税前可以扣除的损失为净损失，即企业发生的损失减除责任人赔偿和保险赔款后的余额。税前扣除的损失金额 =20−15+20×13%=7.6（万元）。

[30]【答案：ABC】企业股权收购、资产收购重组交易，相关交易的处理：①被收购方应确认股权、资产转让所得或损失；②收购方取得股权或资产的计税基础应以公允价值为基础确定；③被收购企业的相关所得税事项原则上保持不变。

[31]【答案：AD】选项 B，应该为受让企业收购资产不低于转让企业全部资产的 50%；选项 C，受让企业在资产收购发生时的股权支付金额不低于其交易支付总额的 85%。

[32]【答案：ABC】选项 ABC，目前免征企业所得税。

[33]【答案：B】选项 A，小型微利企业优惠政策适用于从事国家非限制和禁止行业；选项 C，从业人数，包括与企业建立劳动关系的职工人数和企业接受的劳务派遣用工人数；选项 D，年度中间开业或者终止经营活动的，以其实际经营期作为一个纳税年度确定上述相关指标。

[34]【答案：BD】选项 A，企业委托境外的研发费用按照费用实际发生额的 80% 计入委托方的委托境外研发费用，不超过境内符合条件的研发费用 2/3 的部分，可以按规定在企业所得税前加计扣除；选项 C，企业委托外部机构或个人开展研发活动发生的费用，可按规定税前扣除；加计扣除时按照研发活动发生费用的 80% 作为加计扣除基数，其中所称的“研发活动发生费用”是指委托方实际支付给受托方的费用。

[35]【答案：D】选项 ABC，为非居民企业取得的免税所得。

[36]【答案：B】利用核定征收公式，计算得到应纳税所得额 =370÷（1−8%）×8%，应纳企业所得税 =370÷（1−8%）×8%×12.5%×20%=0.8（万元）。

[37]【答案：A】选项 ACD，股息、红利等权益性投资收益和利息、租金、特许权使用费所得，以收入全额为应纳税所得额；选项 B，转让财产所得，以收入全额减除财产净值后的余额为应纳税所得额。

[38]【答案：AB】选项 A，除税收法律、行政法规另有规定外，居民企业以企业登记注册地为纳税地点；但登记注册地在境外的，以实际管理机构所在地为纳税地点；选项 B，非居民企业在中国境内设立两个或者两个以上机构、场所的，经税务机关审核批准，可以选择由其主要机构、场所汇总缴纳企业所得税。

[39]【答案：C】专营投资分支机构第一季度的分摊比例 =0.35×（25 000/120 000）+0.35×（300/1 500）+0.3×（15 000/60 000）=21.79%；专营投资分支机构第一季度预缴企业所得税 =3 000×50%×21.79%=326.85（万元）。

第5章 个人所得税法

本章思维导图

第五章个人所得税法

- 第一节 纳税义务人与征税范围
  - 考点1 纳税义务人
  - 考点2 征税范围
  - 考点3 所得来源地的确定
- 第二节 税率、应纳税所得额的确定与应纳税额的计算
  - 考点1 税率
  - 考点2 应纳税所得额的规定—每次收入的确定
  - 考点3 应纳税所得额和费用减除标准
  - 考点4 居民个人综合所得应纳税额的计算
  - 考点5 全员全额扣缴申报纳税（预缴税款）
  - 考点6 非居民个人取得工资、薪金所得、劳务报酬所得、稿酬所得和特许权使用费所得应纳税额的计算
  - 考点7 经营所得应纳税额的计算
  - 考点8 个体工商户应纳税额的计算
  - 考点9 个人独资企业和合伙企业应纳税额的计算
  - 考点10 财产租赁所得应纳税额的计算
  - 考点11 财产转让所得应纳税额的计算
  - 考点12 利息、股息、红利所得和偶然所得应纳税额的计算
- 第三节 税收优惠
  - 考点1 免征个人所得税的优惠
  - 考点2 减征个人所得税的优惠
- 第四节 境外所得的税额扣除
- 第五节 应纳税额计算中的特殊问题处理
  - 考点1-考点41
- 第六节 征收管理
  - 考点1 自行申报纳税
  - 考点2 办理2020年度个人所得税综合所得汇算清缴事项的规定
  - 考点3 专项附加扣除的操作办法
  - 考点4 反避税和自然人纳税识别号的规定

近三年本章考试题型及分值分布

题型	2022 年	2021 年	2020 年
单选题	3 题 3 分	3 题 3 分	2 题 2 分
多选题	2 题 3 分	2 题 3 分	1 题 1.5 分
计算问答题	1 题 5 分	1 题 5 分	1 题 6 分
合计	6 题 11 分	6 题 11 分	4 题 9.5 分

第一节　纳税义务人与征税范围

考点 1　纳税义务人

【考点母题——万变不离其宗】纳税义务人

（1）个人所得税的纳税义务人有（　）。		
A. 中国公民　B. 个体工商业户　C. 个人独资企业、合伙企业投资者 D. 在中国有所得的外籍人员（包括无国籍人员）　E. 香港、澳门、台湾同胞		
根据住所和居住时间分类	A. 居民个人	a. 居民个人负有无限纳税义务。其所取得的应纳税所得，无论是来源于中国境内还是中国境外，都要在中国缴纳个人所得税 b. 根据《个人所得税法》规定，居民个人是指在中国境内有住所，或者无住所而一个纳税年度在中国境内居住累计满 183 天的个人 【说明】居民个人主要有以下两类：①在中国境内定居的中国公民和外国侨民。但不包括虽具有中国国籍，却并没有在中国大陆定居，而是侨居海外的华侨和居住在香港、澳门、台湾的同胞。②从公历 1 月 1 日起至 12 月 31 日止，在中国境内累计居住满 183 天的外国人、海外侨胞和香港、澳门、台湾同胞。 【居民个人举例】外籍人员汤姆从 2019 年 10 月起到中国境内的公司任职，在 2020 年纳税年度内，虽然曾多次离境回国，但由于该外籍个人在我国境内的居住停留时间累计达 206 天，已经超过了一个纳税年度内在境内累计居住满 183 天的标准。因此，该纳税义务人应为居民个人。
根据住所和居住时间分类	B. 非居民个人	a. 非居民个人，是指不符合居民个人判定标准（条件）的纳税义务人。非居民个人承担有限纳税义务，即仅就其来源于中国境内的所得，向中国缴纳个人所得税 b. 非居民个人是“在中国境内无住所又不居住，或者无住所而一个纳税年度内在境内居住累计不满 183 天的个人” 【说明】自 2019 年 1 月 1 日起，无住所个人一个纳税年度内在中国境内累计居住天数，按照个人在中国境内累计停留的天数计算。在中国境内停留的当天满 24 小时的，计入中国境内居住天数，在中国境内停留的当天不足 24 小时的，不计入中国境内居住天数。

【考点子题——举一反三，真枪实练】

［1］（经典例题·多选题）下列在中国境内无住所的个人，属于居民个人的有（　）。

A. 甲，一个纳税年度内在中国境内居住满 200 天

B. 乙，在中国境内连续居住不超过 90 天

C. 丙，一个纳税年度内在中国境内居住 300 天；其间出境 3 次，累计 60 天

D. 丁，两个纳税年度期间在中国境内居住 280 天，每年居住 140 天

考点 2 征税范围

【考点母题——万变不离其宗】征税范围

<table>
<tr><td rowspan="2">征税范围：
9 类所得</td><td>（1）下列各项个人所得，应当缴纳个人所得税的有（ ）。</td></tr>
<tr><td>A. 工资、薪金所得　B. 劳务报酬所得　C. 稿酬所得
D. 特许权使用费所得　E. 经营所得　F. 利息、股息、红利所得
G. 财产租赁所得　H. 财产转让所得　I. 偶然所得</td></tr>
<tr><td rowspan="2">综合所得：
4 项所得</td><td>（2）下列各项居民个人取得的所得，应计入综合所得的有（ ）。</td></tr>
<tr><td>A. 工资、薪金所得　B. 劳务报酬所得　C. 稿酬所得　D. 特许权使用费所得
【说明】综合所得按月、按次预扣预缴；年终合并汇算清缴。</td></tr>
</table>

【考点母题——万变不离其宗】工资、薪金所得

<table>
<tr><td rowspan="3">工资、薪金所得的范围</td><td>（1）下列所得，属于“工资、薪金”所得范围的有（ ）。</td></tr>
<tr><td>A. 属于非独立个人劳动所得的工资、薪金
【说明】非独立个人劳动，是指个人所从事的是由他人指定、安排并接受管理的劳动，工作或服务于公司、工厂、行政事业单位的人员（私营企业主除外）均为非独立劳动者。</td></tr>
<tr><td>B. 奖金、年终加薪、劳动分红、津贴、补贴
【说明】
1. 年终加薪、劳动分红不分种类和取得情况，一律按工资、薪金所得课税。
2. 公司职工取得的用于购买企业国有股权的劳动分红，按“工资、薪金所得”项目计征个人所得税。
3. 出租汽车经营单位对出租车驾驶员采取单车承包或承租方式运营，出租车驾驶员从事客货营运取得的收入，以及退休人员再任职收入（退休工资免税），股票期权的行权等，按工资、薪金所得征税。</td></tr>
</table>

续表

个人取得的津贴、补贴，不计入工资、薪金所得的项目	（2）下列个人取得的津贴、补贴，不计入工资、薪金所得的项目的有（　）。
	A. 独生子女补贴 B. 执行公务员工资制度未纳入基本工资总额的补贴、津贴差额和家属成员的副食品补贴 C. 托儿补助费 D. 差旅费津贴、误餐补助 【说明】误餐补助是指按照财政部规定，个人因公在城区、郊区工作，不能在工作单位或返回就餐的，根据实际误餐顿数，按规定的标准领取的误餐费。单位以误餐补助名义发给职工的补助、津贴不能包括在内。 E. 外国来华留学生领取的生活津贴费、奖学金
关于个人取得公务交通、通信补贴收入的征税问题	个人因公务用车和通信制度改革而取得的公务用车、通信补贴收入，扣除一定标准的公务费用后，按照“工资、薪金所得”项目计征个人所得税。按月发放的，并入当月“工资、薪金所得”计征个人所得税；不按月发放的，分解到所属月份并与该月份“工资、薪金所得”合并后计征个人所得税

【考点子题——举一反三，真枪实练】

[2]（经典例题•单选题）下列所得，属于“工资、薪金”所得范围的有（　）。

A. 教师甲利用业余时间在某歌厅演唱取得的演出收入

B. 业务员乙出差取得的差旅费津贴

C. 期刊编辑丙在本单位期刊上发表论文取得的报酬

D. 会计师丁在其他公司担任独立董事取得的董事费

【考点母题——万变不离其宗】劳务报酬所得

定义	指个人独立从事各种非雇用的各种劳务所取得的所得
劳务报酬所得项目：27 项	下列各项，属于“劳务报酬”所得范围的有（　）。
	1. 设计　2. 装潢　3. 安装　4. 制图　5. 化验　6. 测试　7. 医疗　8. 法律 9. 会计　10. 咨询　11. 讲学 12. 翻译，指受托从事中、外语言或文字的翻译（包括笔译和口译的业务） 13. 审稿，指对文字作品或图形作品进行审查、核对的业务 14. 书画，指按客户要求，或自行从事书法、绘画、题词等业务 15. 雕刻，指代客镌刻图章、牌匾、碑、玉器、雕塑等业务 16. 影视　17. 录音　18. 录像　19. 演出　20. 表演　21. 广告　22. 展览 23. 技术服务　24. 介绍服务　25. 经纪服务　26. 代办服务 27. 其他劳务，指上述列举的 26 项劳务项目之外的各种劳务
【说明】 1. 个人由于担任董事职务所取得的董事费收入，属于劳务报酬所得性质，按照“劳务报酬所得”项目征收个人所得税，但仅适用于个人担任公司董事、监事，且不在公司任职、受雇的情形。个人在公司（包括关联公司）任职、受雇，同时兼任董事、监事的，应将董事费、监事费与个人工资收入合并，统一按工资、薪金所得项目缴纳个人所得税。	

续表

2. 对营销业绩突出的非雇员以培训班、研讨会、工作考察等名义组织旅游活动，通过免收差旅费、旅游费对个人实行的营销业绩奖励（包括实物、有价证券等），应根据所发生费用的全额作为该营销人员当期的劳务收入，按照“劳务报酬所得”项目征收个人所得税，并由提供上述费用的企业和单位代扣代缴。

【考点子题——举一反三，真枪实练】

[3]（经典例题·多选题）下列各项，属于“劳务报酬”所得的有（　）。

A. 外部董事甲取得的董事费收入

B. 英语教师乙兼职做翻译取得的收入

C. 律师丙为某上市公司培训法律课程取得的收入

D. 报社记者丁为本报撰写人物访谈取得的收入

[4]（经典例题·多选题）下列各项，按照“劳务报酬”所得项目预扣预缴个人所得税的有（　）。

A. 公司职工取得的用于购买企业国有股权的劳动分红

B. 退休人员再任职收入

C. 高校教师在上市公司担任独立董事

D. 对营销业绩突出的非雇员以工作考察名义给予免费旅游奖励

【考点母题——万变不离其宗】稿酬与特许权使用费所得

稿酬所得	指个人因其作品以图书、报刊形式出版、发表而取得的所得
	【说明】不以图书、报刊形式出版、发表的翻译、审稿、书画所得归为劳务报酬所得。
特许权使用费所得	指个人提供专利权、商标权、著作权、非专利技术以及其他特许权的使用权取得的所得
	下列各项，属于“特许权使用费”所得范围的有（　）。
	A. 专利权（提供使用权和转让专利权）　B. 商标权　C. 著作权 D. 个人提供或转让商标权、著作权、专有技术或技术秘密、技术诀窍取得的所得

【考点子题——举一反三，真枪实练】

[5]（经典例题·单选题）下列各项，属于“稿酬”所得的是（　）。

A. 报社记者为本报撰稿取得的收入

B. 受聘在学术论坛上提供同声传译取得的收入

C. 提供著作权使用权取得的收入

D. 将法文作品翻译出版取得的收入

[6]（经典例题·多选题）下列各项，属于“特许权使用费”所得的是（　）。

A. 杂志编辑为本单位杂志撰稿取得的所得

B. 转让专利权取得的所得

C. 提供著作权使用权取得的所得

D. 作家公开拍卖书写作品手稿的毛笔取得的收入

【考点母题——万变不离其宗】经营所得

下列各项，属于经营所得范围的有（　）。
A. 个体工商户从事生产、经营活动取得的所得，个人独资企业投资人、合伙企业的个人合伙人来源于境内注册的个人独资企业、合伙企业生产、经营的所得 B. 个人依法从事办学、医疗、咨询以及其他有偿服务活动取得的所得 C. 个人对企业、事业单位承包经营、承租经营以及转包、转租取得的所得 D. 个人从事其他生产、经营活动取得的所得 例如，个人因从事彩票代销业务而取得的所得；从事个体出租车运营的出租车驾驶员取得的收入，都应按照“经营所得”项目计征个人所得税。“从事个体出租车运营”，指出租车属个人所有，但挂靠出租汽车经营单位或企事业单位，驾驶员向挂靠单位缴纳管理费的，或出租汽车经营单位将出租车所有权转移给驾驶员的。 【说明】 1. 个体工商户和从事生产、经营的个人，取得与生产、经营活动无关的其他各项应税所得，应分别按照其他应税项目的有关规定，计算征收个人所得税。例如对外投资取得的股息所得，应按“股息、利息、红利”税目的规定单独计征个人所得税。 2. 个人独资企业、合伙企业的个人投资者以企业资金为本人、家庭成员及其相关人员支付与企业生产经营无关的消费性支出及购买汽车、住房等财产性支出，视为企业对个人投资者利润分配，并入投资者个人的生产经营所得，依照“经营所得”项目计征个人所得税。

【考点子题——举一反三，真枪实练】

[7]（经典例题•多选题）下列各项，应按“经营所得”项目征收个人所得税的有（　）。

A. 年终加薪、劳动分红

B. 企业为股东购买车辆并将车辆所有权办到股东个人名下

C. 个人因从事彩票代销业务而取得的所得

D. 从事个体出租车运营的出租车驾驶员取得的所得

【考点母题——万变不离其宗】利息、股息、红利，财产租赁以及财产转让所得

利息	（1）下列有关“利息”所得说法正确的有（　）。
	A. 个人拥有债权而取得的利息，包括存款利息、贷款利息和各种债券的利息 B. 个人取得的利息所得，除储蓄存款利息、国债和国家发行的金融债券利息外，应当依法缴纳个人所得税

续表

股息、红利	（2）下列有关“股息、红利”所得说法正确的有（　）。 A. 纳税年度内个人投资者从其投资企业（个人独资企业、合伙企业除外）借款，在该纳税年度终了后既不归还又未用于企业生产经营的，其未归还的借款可视为企业对个人投资者的红利分配，依照“股息、红利”所得计征个人所得税 B. 除个人独资企业、合伙企业以外的其他企业的个人投资者，以企业资金为本人、家庭成员及其相关人员支付与企业生产经营无关的消费性支出及购买汽车、住房等财产性支出，视为企业对个人投资者的红利分配，依照“股息、红利”所得计征个人所得税 【说明】企业的上述支出不允许在所得税前扣除。 C. 企业为股东购买车辆并将车辆所有权办到股东个人名下，其实质为企业对股东进行了红利性质的实物分配，应按照“股息、红利所得”项目征收个人所得税。考虑到该股东个人名下的车辆同时也为企业经营使用的实际情况，允许合理减除部分所得；减除的具体数额由主管税务机关根据车辆的实际使用情况合理确定
财产租赁	是指个人出租不动产、机器设备、车船以及其他财产取得的所得 【说明】个人取得的财产转租收入，属于“财产租赁所得”的征税范围，由财产转租人缴纳个人所得税。
财产转让	个人转让有价证券、股权、合伙企业中的财产份额、不动产、机器设备、车船以及其他财产取得的所得 【说明】 1. 对个人取得的各项财产转让所得，除股票转让所得外，都征收个人所得税。对上市公司股票转让所得暂不征收个人所得税。 2. 量化资产股份转让 集体所有制企业在改制为股份合作制企业时，对职工个人以股份形式取得的拥有所有权的企业量化资产，暂缓征收个人所得税；待个人将股份转让时，就其转让收入额，减除个人取得该股份时实际支付的费用支出和合理转让费用后的余额，按“财产转让所得”项目计征个人所得税。

【考点子题——举一反三，真枪实练】

[8]（经典例题•多选题）下列各项，应按照“利息、股息、红利”所得项目征收个人所得税的有（　）。

A. 个人购买上市公司股票分得的股息

B. 个人独资企业的个人投资者以企业资金为本人购买小汽车

C. 有限公司的个人股东以企业资金为本人购买小汽车

D. 公司职工取得的用于购买企业国有股权的劳动分红

[9]（经典例题•多选题）下列各项，应按“财产转让所得”项目征收个人所得税的有（　）。

A. 个人转让股权取得的所得　　B. 个人转让住房取得的所得

C. 个人转让小说手稿原件取得的所得　　D. 个人转让收藏的已故画家画作取得的所得

【考点母题——万变不离其宗】偶然所得

偶然所得，是指个人得奖、中奖、中彩以及其他偶然性质的所得。
下列各项个人所得，按照“偶然所得”税目征收个人所得税的有（　）。
A. 企业向个人支付不竞争款项 B. 企业对累积消费达到一定额度的顾客给予的额外抽奖 C. 个人为单位或其他个人担保取得的收入 D. 个人房产所有人将房屋产权无偿赠与他人的，受赠人因无偿受赠房屋取得的受赠所得 【说明】受赠人为法定继承人、遗嘱继承人、受遗赠人的，不缴个人所得税。

【考点子题——举一反三，真枪实练】

［10］（2014 年 • 多选题）张某在足球世界杯期间参加下列活动所获得收益中，应当缴纳个人所得税的有（　）。

A. 参加某电商的秒杀活动，以 500 元购得原价 2 000 元的足球鞋一双

B. 参加某商场全场 5 折活动，以 250 元购得原价 500 元衬衫一件

C. 参加某电台举办世界杯竞猜活动，获得价值 6 000 元的赴巴西机票一张

D. 参加某体育场世界杯抽奖活动，抽得市价 5 000 元球衣一套

［11］（2019 年 • 多选题）居民个人取得的下列收入中，按照“劳务报酬”项目预扣预缴个人所得税的有（　）。

A. 保险营销员取得的佣金收入

B. 公司职工取得的用于购买企业国有股权的劳动分红

C. 企业对非雇员以免费旅游形式给予的营销业绩奖励

D. 仅担任董事而不在该公司任职的个人取得的董事费

考点 3　所得来源地的确定

【考点母题——万变不离其宗】所得来源地的确定

下列所得，不论支付地点是否在中国境内，均应确认为来源于中国境内的所得的有（　）。
A. 因任职、受雇、履约等而在中国境内提供劳务取得的所得 B. 将财产出租给承租人在中国境内使用而取得的所得 C. 转让中国境内的不动产等财产或者在中国境内转让其他财产取得的所得 D. 许可各种特许权在中国境内使用而取得的所得 E. 从中国境内企业、事业单位、其他组织以及居民个人取得的利息、股息、红利所得

【考点子题——举一反三，真枪实练】

［12］（经典例题 • 多选题）下列个人取得的所得中，应确定为来源于中国境内所得的是（　）。

A. 迈克在上海一家外资企业任职取得的工资、薪金

B. 张某将位于天津的住房出租给韩国游客取得的租金

C. 李某将自己的一项技术许可境内一家泰国公司使用取得的使用费

D. 王某在越南开办中文学校教当地人学习汉语取得的学费

第二节　税率、应纳税所得额的确定与应纳税额的计算

考点 1　税率

表 5-1　综合所得个人所得税税率表

级数	全年应纳税所得额	税率（%）
1	不超过 36 000 元的	3
2	超过 36 000 元至 144 000 元的部分	10
3	超过 144 000 元至 300 000 元的部分	20
4	超过 300 000 元至 420 000 元的部分	25
5	超过 420 000 元至 660 000 元的部分	30
6	超过 660 000 元至 960 000 元的部分	35
7	超过 960 000 元的部分	45

注 1：本表所称全年应纳税所得额是指依照税法的规定，居民个人取得综合所得以每一纳税年度收入额减除费用六万元以及专项扣除、专项附加扣除和依法确定的其他扣除后的余额。

注 2：非居民个人取得工资、薪金所得，劳务报酬所得，稿酬所得和特许权使用费所得，依照本表按月换算后计算应纳税额。

表 5-2　经营所得个人所得税税率表

级数	全年应纳税所得额	税率（%）
1	不超过 30 000 元的	5
2	超过 30 000 元至 90 000 元的部分	10
3	超过 90 000 元至 300 000 元的部分	20
4	超过 300 000 元至 500 000 元的部分	30
5	超过 500 000 元的部分	35

注：本表所称全年应纳税所得额是指依照本法第六条的规定，以每一纳税年度的收入总额减除成本、费用以及损失后的余额。

利息、股息、红利所得，财产租赁所得，财产转让所得和偶然所得，适用税率为 20% 的比例税率。

【考点子题——举一反三，真枪实练】

[13]（经典例题·多选题）下列各项中，适用5%～35%的五级超额累进税率计征个人所得税的有（　）。

A. 个体工商户的生产经营所得

B. 个人独资企业的生产经营所得

C. 个人对企事业单位的承包经营所得（对经营成果拥有所有权）

D. 合伙企业自然人合伙人取得的生产经营所得

考点2 应纳税所得额的规定—每次收入的确定

【考点母题——万变不离其宗】每次收入的确定

<table>
<tr><td rowspan="2">按年计征</td><td colspan="2">（1）下列有关个人所得税“按年计征”说法正确的有（　）。</td></tr>
<tr><td colspan="2">A. 经营所得
B. 居民个人取得的综合所得（预扣预缴制）</td></tr>
<tr><td>按月计征</td><td colspan="2">非居民个人取得的工资、薪金所得</td></tr>
<tr><td rowspan="7">按次计征</td><td colspan="2">（2）下列有关个人所得税“按次计征”说法正确的有（　）。</td></tr>
<tr><td rowspan="2">A. 非居民个人取得劳务报酬所得、稿酬所得、特许权使用费所得</td><td>a. 属于一次性收入的，以取得该项收入为一次</td></tr>
<tr><td>b. 属于同一事项连续取得收入的，以1个月内取得的收入为一</td></tr>
<tr><td colspan="2">【说明1】稿酬所得，以每次出版、发表取得的收入为一次，不论出版单位是预付还是分笔支付稿酬，或者加印该作品后再付稿酬，均应合并其稿酬所得按一次计征个人所得税。具体又可细分为：
①同一作品再版取得的所得，应视作另一次稿酬所得计征个人所得税
②同一作品先在报刊上连载，然后再出版，或先出版，再在报刊上连载的，应视为两次稿酬所得征税。即连载作为一次，出版作为另一次
③同一作品在报刊上连载取得收入的，以连载完成后取得的所有收入合并为一次，计征个人所得税
④同一作品在出版和发表时，以预付稿酬或分次支付稿酬等形式取得的稿酬收入，应合并计算为一次。
⑤同一作品出版、发表后，因添加印数而追加稿酬的，应与以前出版、发表时取得的稿酬合并计算为一次，计征个人所得税
⑥在两处或两处以上出版、发表或再版同一作品而取得稿酬所得，则可分别就各处取得的所得或再版所得按分次所得计征个人所得税
⑦作者去世后，对取得其遗作稿酬的个人，按稿酬所得征收个人所得税
【说明2】特许权使用费所得，以某项使用权的一次转让所取得的收入为一次。如果该次转让取得的收入是分笔支付的，则应将各笔收入相加为一次的收入，计征个人所得税。</td></tr>
<tr><td colspan="2">B. 财产租赁所得，以1个月内取得的收入为一次</td></tr>
<tr><td colspan="2">C. 利息、股息、红利所得，以支付利息、股息、红利时取得的收入为一次</td></tr>
<tr><td colspan="2">D. 偶然所得，以每次收入为一次</td></tr>
</table>

【考点子题——举一反三，真枪实练】

[14]（经典例题·多选题）非居民纳税人取得稿酬所得，以每次出版、发表取得的收入为一次。下列关于取得稿酬的“次数”的表述，正确的有（ ）。

A. 同一作品再版取得的所得，应视作同一次稿酬所得计征个人所得税

B. 同一作品先在报刊上连载，然后再出版，应视为一次稿酬所得征税

C. 同一作品在报刊上连载取得收入的，以连载完成后取得的所有收入合并为一次

D. 同一作品出版后，因添加印数而追加稿酬的，应与以前出版时取得的稿酬合并计算为一次

[15]（2018年·单选题）个人取得的下列所得中，适用按年征收个人所得税的是（ ）。

A. 经营家庭旅馆取得的所得

B. 将房产以年租的方式取得的租金所得

C. 转让房产取得的所得

D. 转让持有期满一年的股票取得的所得

考点3 应纳税所得额和费用减除标准

【考点母题——万变不离其宗】应纳税所得额和费用减除标准

<table>
<tr><td rowspan="7">居民个人取得综合所得</td><td colspan="2">（1）居民个人取得综合所得，在计算应纳税所得额时可以从每年收入额中减除或扣除的费用有（ ）。</td></tr>
<tr><td colspan="2">A. 费用60 000元</td></tr>
<tr><td>B. 专项扣除</td><td>a. 基本养老保险 b. 基本医疗保险
c. 失业保险 d. 住房公积金</td></tr>
<tr><td>C. 专项附加扣除</td><td>a. 子女教育 b. 继续教育 c. 大病医疗
d. 住房贷款利息 e. 住房租金 f. 赡养老人
g. 3岁以下婴幼儿照护</td></tr>
<tr><td>D. 依法确定的其他扣除</td><td>a. 个人缴付符合国家规定的企业年金、职业年金
b. 个人购买符合国家规定的商业健康保险
c. 个人购买符合国家规定的税收递延型商业养老保险</td></tr>
<tr><td colspan="2">【说明】专项扣除、专项附加扣除和依法确定的其他扣除，以居民个人一个纳税年度的应纳税所得额为限额；一个纳税年度扣除不完的，不结转以后年度扣除。</td></tr>
<tr></tr>
<tr><td rowspan="3">非居民个人的工资、薪金所得，劳务报酬所得，稿酬所得，特许权使用费所得</td><td colspan="2">（2）下列关于非居民个人应纳税所得额的表述，正确的有（ ）。</td></tr>
<tr><td colspan="2">A. 非居民个人的工资、薪金所得，以每月收入额减除费用5 000元后的余额为应纳税所得额</td></tr>
<tr><td colspan="2">B. 劳务报酬所得、稿酬所得、特许权使用费所得，以每次收入额为应纳税所得额</td></tr>
</table>

续表

经营所得	（3）下列关于经营所得应纳税所得额的表述正确的有（ ）。 A. 经营所得，以每一纳税年度的收入总额减除成本、费用以及损失后的余额，为应纳税所得额 B. 取得经营所得的个人，没有综合所得的，计算其每一纳税年度的应纳税所得额时，应当减除费用60 000元、专项扣除、专项附加扣除以及依法确定的其他扣除 【说明】专项附加扣除在办理汇算清缴时减除。 C. 对个体工商户业主、个人独资企业和合伙企业自然人投资者的生产经营所得依法计征个人所得税时，个体工商户业主、个人独资企业和合伙企业自然人投资者本人的费用扣除标准统一确定为60 000元/年（5 000元/月） D. 对企事业单位的承包经营、承租经营所得，以每一纳税年度的收入总额，减除必要费用（按年减除60 000元）后的余额，为应纳税所得额
财产租赁所得	每次收入不超过4 000元的，减除费用800元；4 000元以上的，减除20%的费用，其余额为应纳税所得额
财产转让所得	以转让财产的收入额减除财产原值和合理费用后的余额，为应纳税所得额
利息、股息、红利所得和偶然所得	以每次收入额为应纳税所得额
个人所得税应纳税所得额	（4）下列有关个人所得税应纳税所得额的其他规定，说法正确的有（ ）。 A. 劳务报酬所得、稿酬所得、特许权使用费所得以收入减除20%的费用后的余额为收入额。稿酬所得的收入额减按70%计算。个人兼有不同的劳务报酬所得，应当分别减除费用，计算缴纳个人所得税 B. 个人将其所得对教育、扶贫、济困等公益慈善事业进行捐赠，捐赠额未超过纳税人申报的应纳税所得额30%的部分，可以从其应纳税所得额中扣除；国务院规定对公益慈善事业捐赠实行全额税前扣除的，从其规定 C. 居民个人从中国境外取得的所得，可以从其应纳税额中抵免已在境外缴纳的个人所得税税额，但抵免额不得超过该纳税人境外所得依照本法规定计算的应纳税额

【考点子题——举一反三，真枪实练】

[16]（经典例题•多选题）以下属于个人所得税专项扣除的项目有（ ）。

A. 基本医疗保险　B. 基本养老保险　C. 失业保险　D. 大病医疗

【考点母题——万变不离其宗】专项附加扣除

下列各项，属于专项附加扣除的有（ ）。

续表

A. 子女教育	a. 纳税人年满 3 岁的子女接受学前教育和学历教育的相关支出，按照每个子女每月 1 000 元（每年 12 000 元）的标准定额扣除 b. 学前教育包括年满 3 岁至小学入学前教育；学历教育包括义务教育（小学、初中教育）、高中阶段教育（普通高中、中等职业、技工教育）、高等教育（大学专科、大学本科、硕士研究生、博士研究生教育） c. 父母可以选择由其中一方按扣除标准的 100% 扣除，也可以选择由双方分别按扣除标准的 50% 扣除，具体扣除方式在一个纳税年度内不能变更
B. 继续教育	a. 纳税人在中国境内接受学历（学位）继续教育的支出，在学历（学位）教育期间按照每月 400 元（每年 4 800 元）定额扣除。同一学历（学位）继续教育的扣除期限不能超过 48 个月（4 年） b. 纳税人接受技能人员职业资格继续教育、专业技术人员职业资格继续教育支出，在取得相关证书的当年，按照 3600 元定额扣除 c. 个人接受本科及以下学历（学位）继续教育，符合税法规定扣除条件的，可以选择由其父母扣除，也可以选择由本人扣除
C. 大病医疗	a. 在一个纳税年度内，纳税人发生的与基本医保相关的医药费用支出，扣除医保报销后个人负担（指医保目录范围内的自付部分）累计超过 15 000 元的部分，由纳税人在办理年度汇算清缴时，在 80 000 元限额内据实扣除 b. 纳税人发生的医药费用支出可以选择由本人或者其配偶扣除；未成年子女发生的医药费用支出可以选择由其父母一方扣除
D. 住房贷款利息	a. 纳税人本人或配偶，单独或共同使用商业银行或住房公积金个人住房贷款，为本人或其配偶购买中国境内住房，发生的首套住房贷款利息支出，在实际发生贷款利息的年度，按照每月 1 000 元（每年 12 000 元）的标准定额扣除，扣除期限最长不超过 240 个月（20 年）。纳税人只能享受一套首套住房贷款利息扣除 b. 经夫妻双方约定，可以选择由其中一方扣除，具体扣除方式在确定后，一个纳税年度内不得变更 c. 夫妻双方婚前分别购买住房发生的首套住房贷款，其贷款利息支出，婚后可以选择其中一套购买的住房，由购买方按扣除标准的 100% 扣除，也可以由夫妻双方对各自购买的住房分别按扣除标准的 50% 扣除，具体扣除方式在一个纳税年度内不能变更
E. 住房租金	a. 直辖市、省会（首府）城市、计划单列市以及国务院确定的其他城市，扣除标准为每月 1 500 元（每年 18 000 元） b. 市辖区户籍人口超过 100 万的城市，扣除标准为每月 1 100 元（每年 13 200 元） c. 市辖区户籍人口不超过 100 万的城市，扣除标准为每月 800 元（每年 9 600 元） d. 纳税人及其配偶在一个纳税年度内不得同时分别享受住房贷款利息专项附加扣除和住房租金专项附加扣除
F. 赡养老人	a. 纳税人为独生子女的，按照每月 2 000 元（每年 24 000 元）的标准定额扣除；纳税人为非独生子女的，由其与兄弟姐妹分摊每月 2 000 元（每年 24 000 元）的扣除额度，每人分摊的额度最高不得超过每月 1 000 元（每年 12 000 元）。可以由赡养人均摊或者约定分摊，也可以由被赡养人指定分摊。约定或者指定分摊的须签订书面分摊协议，指定分摊优于约定分摊。具体分摊方式和额度在一个纳税年度内不得变更 b. 被赡养人是指年满 60 岁的父母，以及子女均已去世的年满 60 岁的祖父母、外祖父母

续表

G. 3岁以下婴幼儿照护（新增）	a. 纳税人照护3岁以下婴幼儿子女的相关支出，按照每个婴幼儿每月1 000元的标准定额扣除 b. 父母可以选择由其中一方按扣除标准的100%扣除，也可以选择由双方分别按扣除标准的50%扣除，具体扣除方式在一个纳税年度内不能变更

【考点子题——举一反三，真枪实练】

[17]（经典例题•多选题）下列关于个人所得税专项附加扣除时限的表述中，符合税法规定的是（　）。

A. 住房贷款利息，扣除时限最长不得超过120个月

B. 同一学历继续教育，扣除时限最长不得超过24个月

C. 技能人员职业资格继续教育，扣除时间为取得相关证书的当年

D. 纳税人发生的大病医疗医药费用支出可以选择由本人或者其配偶扣除

[18]（经典例题•多选题）当子女处于下列情形时，纳税人可以享受"子女教育"个人所得税专项附加扣除的有（　）。

A. 进入博士后流动站　　B. 5岁但未进入幼儿园

C. 就读在职研究生　　D. 就读全日制大学本科

[19]（经典例题•单选题）居民个人李某及其兄弟姐妹共3人，李某的父母均年满60岁，并且李某同时承担赡养祖父母的责任。根据个人所得税的规定，2021年李某申报缴纳个人所得税时，最多可以扣除的赡养老人支出是（　）元。

A. 12 000　　B. 24 000　　C. 48 000　　D. 40 000

[20]（经典例题•单选题）居民个人孙某于2019年6月结合使用住房公积金贷款和商业贷款在北京购买首套自住房，每月共偿还贷款8 900元；居民个人李某于2020年12月使用商业贷款在上海购买首套自住房，每月偿还贷款9 500元。2021年12月孙某和李某结婚，则2022年孙某和李某申报缴纳个人所得税时，一共可以扣除的住房贷款利息支出是（　）元。

A. 12 000　　B. 24 000　　C. 48 000　　D. 6 000

考点4 居民个人综合所得应纳税额的计算

【考点题源】居民个人综合所得应纳税额的计算

居民个人综合所得	工资、薪金所得全额计入收入额；而劳务报酬所得、特许权使用费所得的收入额为实际取得劳务报酬、特许权使用费收入的80%；此外，稿酬所得的收入额在扣除20%费用基础上，再减按70%计算，即稿酬所得的收入额为实际取得稿酬收入的56%

续表

<table>
<tr><td rowspan="3">居民个人综合所得</td><td>【公式 1】居民个人的综合所得，以每一纳税年度的收入额减除费用六万元以及专项扣除、专项附加扣除和依法确定的其他扣除后的余额，为应纳税所得额。
居民个人综合所得应纳税额的计算公式为：
应纳税额 = Σ（每一级数的全年应纳税所得额 × 对应级数的适用税率）
= Σ［每一级数（全年收入额 -60 000- 专项扣除 - 享受的专项附加扣除 - 享受的其他扣除）× 对应级数的适用税率］</td></tr>
<tr><td>【公式 2】速算扣除数法
应纳税额 = 全年应纳税所得额 × 适用税率 - 速算扣除数
=（全年收入额 -60 000- 专项扣除 - 享受的专项附加扣除 - 享受的其他扣除）× 适用税率 - 速算扣除数</td></tr>
<tr><td>【典型例题 1】假定某居民个人纳税人 2022 年扣除“三险一金”后共取得含税工资收入 12 万元，除住房贷款专项附加扣除外，该纳税人不享受其余专项附加扣除和税法规定的其他扣除。计算其当年应纳个人所得税税额。
（1）全年应纳税所得额 =120 000−60 000−12 000=48 000（元）
（2）应纳税额 =48 000 × 10%−2 520=2 280（元）
【典型例题 2】假定某居民个人纳税人为独生子女，2022 年交完社保和住房公积金后共取得税前工资收入 20 万元，劳务报酬 1 万元，稿酬 1 万元。该纳税人有两个小孩且均由其扣除子女教育专项附加，纳税人的父母健在且均已年满 60 岁。计算其当年应纳个人所得税税额。
（1）全年应纳税所得额 =200 000+10 000 ×（1−20%）+10 000 × 70% ×（1−20%）− 60 000−12 000 × 2−24 000=213 600−108 000=105 600（元）
（2）应纳税额 =105 600 × 10%−2 520=8 040（元）</td></tr>
</table>

表 5-3　综合所得个人所得税税率表（含速算扣除数）

级数	全年应纳税所得额	税率（%）	速算扣除数
1	不超过 36 000 元的	3	0
2	超过 36 000 元至 144 000 元的部分	10	2 520
3	超过 144 000 元至 300 000 元的部分	20	16 920
4	超过 300 000 元至 420 000 元的部分	25	31 920
5	超过 420 000 元至 660 000 元的部分	30	52 920
6	超过 660 000 元至 960 000 元的部分	35	85 920
7	超过 960 000 元的部分	45	181 920

【考点子题——举一反三，真枪实练】

[21]（经典例题·单选题）假定某居民个人纳税人为独生子女，2022 年交完社保和住房公积金后共取得税前工资收入 30 万元，特许权使用费所得 1 万元，稿酬 2 万元。该纳税人有两个小孩且均由其扣除子女教育专项附加，纳税人的父母健在且均已年满 60

岁，每月偿还贷款 9 500 元（首套住房贷款）。则该居民个人当年应纳个人所得税税额是（　）元。

A. 20 000　B. 22 920　C. 31 500　D. 30 400

考点 5 全员全额扣缴申报纳税（预缴税款）

【考点题源】全员全额扣缴申报纳税（预缴税款）

全员全额扣缴申报，是指扣缴义务人应当在代扣税款的次月 15 日内，向主管税务机关报送其支付所得的所有个人的有关信息、支付所得数额、扣除事项和数额、扣缴税款的具体数额和总额以及其他相关涉税信息资料。这种方法，有利于控制税源、防止漏税和逃税。

<table>
<tr><td rowspan="2">1. 扣缴义务人和代扣预扣税款的范围</td><td colspan="2">（1）扣缴义务人，是指向个人支付所得的单位或者个人</td></tr>
<tr><td>（2）实行个人所得税全员全额扣缴申报的应税所得</td><td>①工资、薪金所得　②劳务报酬所得
③稿酬所得　④特许权使用费所得
⑤利息、股息、红利所得　⑥财产租赁所得
⑦财产转让所得　⑧偶然所得</td></tr>
<tr><td>2. 居民个人取得工资、薪金所得的扣缴办法</td><td colspan="2">（1）扣缴义务人向居民个人支付工资、薪金所得时，应当按照累计预扣法计算预扣税款，并按月办理扣缴申报，预扣预缴税率表同 5-3
计算公式：
本期应预扣预缴税额 =（累计预扣预缴应纳税所得额 × 预扣率 − 速算扣除数）− 累计减免税额 − 累计已预扣预缴税额
累计预扣预缴应纳税所得额 = 累计收入 − 累计免税收入 − 累计减除费用 − 累计专项扣除 − 累计专项附加扣除 − 累计依法确定的其他扣除
其中：累计减除费用，按照 5 000 元 / 月乘以纳税人当年截至本月在本单位的任职受雇月份数计算。
【典型例题】某居民个人 2020 年每月取得工资收入 10 000 元，每月缴纳社保费用和住房公积金 1 500 元，该居民个人全年均享受住房贷款利息专项附加扣除，请计算该居民个人的工资、薪金扣缴义务人 2020 年每月代扣代缴的税款金额。
1 月：
累计预扣预缴应纳税所得额 =10 000−5 000−1 500−1 000=2 500（元）
本期应预扣预缴税额 =2 500 × 3%−0=75（元）
2 月：
累计预扣预缴应纳税所得额 = =20 000−10 000−3 000−2 000=5 000（元）
本期应预扣预缴税额 =（5 000 × 3%−0）− 累计减免税额 − 累计已预扣预缴税额 =150−75=75（元）
12 月：
累计预扣预缴应纳税所得额 =120 000−60 000−18 000−12 000=30 000（元）
本期应预扣预缴税额 =（30 000 × 3%−0）− 累计减免税额 − 累计已预扣预缴税额 =900−75 × 11=75（元）</td></tr>
</table>

续表

<table>
<tr><td rowspan="3">2. 居民个人取得工资、薪金所得的扣缴办法</td><td colspan="2">（2）自2020年7月1日起，对一个纳税年度内首次取得工资、薪金所得的居民个人，扣缴义务人在预扣预缴个人所得税时，可按照5 000元/月乘以纳税人当年截至本月月份数计算累计减除费用
例如：大学生小李2020年7月毕业后进入某公司工作，公司发放7月份工资、计算当期应预扣预缴的个人所得税时，可减除费用35 000元（7个月 ×5 000元/月）。</td></tr>
<tr><td>（3）自2021年1月1日起，扣缴义务人在预扣预缴本年度工资、薪金所得个人所得税时，累计减除费用自1月份起直接按照全年6万元计算扣除。即，在纳税人累计收入不超过6万元的月份，暂不预扣预缴个人所得税；在其累计收入超过6万元的当月及年内后续月份，再预扣预缴个人所得税</td><td>居民个人应同时满足三个条件：
①上一纳税年度1-12月均在同一单位任职且预扣预缴申报了工资、薪金所得个人所得税
②上一纳税年度1-12月的累计工资、薪金收入（包括全年一次性奖金等各类工资、薪金所得，且不扣减任何费用及免税收入）不超过6万元
③本纳税年度自1月起，仍在该单位任职受雇并取得工资、薪金所得</td></tr>
<tr><td colspan="2">【典型例题1】小张为A单位员工，2021年1-12月在A单位取得工资、薪金50 000元，单位为其办理了2020年1-12月的工资、薪金所得个人所得税全员全额明细申报。2022年，A单位1月给其发放10 000元工资，2-12月每月发放4 000元工资。在不考虑“三险一金”等各项扣除情况下，按照原预扣预缴方法，小张1月需预缴个人所得税（10 000-5 000）×3%=150元，其他月份无需预缴个人所得税；全年算账，因其年收入不足6万元，故通过汇算清缴可退税150元。采用本公告规定的新预扣预缴方法后，小张自1月份起即可直接扣除全年累计减除费用6万元而无需预缴税款，年度终了也就不用办理汇算清缴。
【典型例题2】小周为A单位员工，2021年1-12月在A单位取得工资、薪金50 000元，单位为其办理了2021年1-12月的工资、薪金所得个人所得税全员全额明细申报。2022年，A单位每月给其发放工资8 000元、个人按国家标准缴付“三险一金”2 000元。在不考虑其他扣除情况下，按照原预扣预缴方法，小周每月需预缴个人所得税30元。采用本公告规定的新预扣预缴方法后，1-7月份，小周因其累计收入（8 000×7个月=56 000元）不足6万元而无需缴税；从8月份起，小张累计收入超过6万元，每月需要预扣预缴的税款计算如下：
8月预扣预缴税款=（8 000×8-2 000×8-60 000)×3%-0=0（元）
9月预扣预缴税款=（8 000×9-2 000×9-60 000）×3%-0=0（元）
10月预扣预缴税款=（8 000×10-2 000×10-60 000）×3%-0=0（元）
11月预扣预缴税款=（8 000×11-2 000×11-60 000）×3%-0=180（元）
12月预扣预缴税款=（8 000×12-2 000×12-60 000）×3%-180=180（元）</td></tr>
</table>

续表

<table>
<tr>
<td rowspan="2">3. 居民个人取得劳务报酬所得、稿酬所得、特许权使用费所得的扣缴办法</td>
<td>扣缴义务人向居民个人支付劳务报酬所得、稿酬所得、特许权使用费所得时，应当按次或者按月预扣预缴税款：
（1）劳务报酬所得、稿酬所得、特许权使用费所得以收入减除费用后的余额为收入额；其中，稿酬所得的收入额减按 70% 计算
（2）减除费用：预扣预缴税款时，劳务报酬所得、稿酬所得、特许权使用费所得每次收入不超过 4 000 元的，减除费用按 800 元计算；每次收入 4 000 元以上的，减除费用按收入的 20% 计算
（3）应纳税所得额：劳务报酬所得、稿酬所得、特许权使用费所得，以每次收入额为预扣预缴应纳税所得额，计算应预扣预缴税额。劳务报酬所得适用居民个人劳务报酬所得预扣预缴率表（见表 5-4），稿酬所得、特许权使用费所得适用 20% 的比例预扣率
表 5-4　居民个人劳务报酬所得预扣预缴率表
<table>
<tr><th>级数</th><th>预扣预缴应纳税所得额</th><th>预扣率（%）</th><th>速算扣除数</th></tr>
<tr><td>1</td><td>不超过 20 000 元的</td><td>20</td><td>0</td></tr>
<tr><td>2</td><td>超过 20 000 元至 50 000 元的部分</td><td>30</td><td>2 000</td></tr>
<tr><td>3</td><td>超过 50 000 元的部分</td><td>40</td><td>7 000</td></tr>
</table>
（4）预扣预缴税额计算公式：
劳务报酬所得应预扣预缴税额 = 预扣预缴应纳税所得额 × 预扣率 − 速算扣除数
稿酬所得、特许权使用费所得应预扣预缴税额 = 预扣预缴应纳税所得额 ×20%</td>
</tr>
<tr>
<td>【典型例题 1】
歌星刘某一次取得表演收入 40 000 元，扣除 20% 的费用后，应纳税所得额为 32 000 元。请计算其应预扣预缴个人所得税税额。
【解析】应预扣预缴税额 = 预扣预缴应纳税所得额 ×（1−20%）× 预扣率 − 速算扣除数
=40 000×(1−20%)×30%−2 000=7 600（元）。
【典型例题 2】
某作家为居民个人，2022 年 3 月取得一次未扣除个人所得税的稿酬收入 20 000 元，请计算其应预扣预缴的个人所得税税额。
【解析】应预扣预缴税额 = 预扣预缴应纳税所得额 × 预扣率 ×（1−30%）
=20 000×（1−20%）×20%×（1−30%）=2 240（元）。</td>
</tr>
<tr>
<td>4. 非居民个人取得工资、薪金所得，劳务报酬所得，稿酬所得和特许权使用费所得，有扣缴义务人的，由扣缴义务人按月或者按次代扣代缴税款，不办理汇算清缴：</td>
<td>（1）非居民个人的工资、薪金所得，以每月收入额减除费用 5 000 元后的余额为应纳税所得额
（2）劳务报酬所得、稿酬所得、特许权使用费所得，以每次收入额为应纳税所得额，适用非居民个人工资、薪金所得，劳务报酬所得，稿酬所得，特许权使用费所得适用税率表计算应纳税额。劳务报酬所得、稿酬所得、特许权使用费所得以收入减除 20% 的费用后的余额为收入额；其中，稿酬所得的收入额减按 70% 计算
（3）税款扣缴计算公式：
非居民个人工资、薪金所得，劳务报酬所得，稿酬所得，特许权使用费所得应纳税额 = 应纳税所得额 × 税率 − 速算扣除数</td>
</tr>
</table>

续表

<table>
<tr><td colspan="2">5. 扣缴义务人支付利息、股息、红利所得，财产租赁所得，财产转让所得或者偶然所得时，应当依法按次或者按月代扣代缴税款</td></tr>
<tr><td colspan="2">6. 纳税人需要享受税收协定待遇的，应当在取得应税所得时主动向扣缴义务人提出，并提交相关信息、资料，扣缴义务人代扣代缴税款时按照享受税收协定待遇有关办法办理</td></tr>
<tr><td>7. 扣缴义务人责任与义务</td><td>（1）支付工资、薪金所得的扣缴义务人应当于年度终了后两个月内，向纳税人提供其个人所得和已扣缴税款等信息。纳税人年度中间需要提供上述信息的，扣缴义务人应当提供。纳税人取得除工资、薪金所得以外的其他所得，扣缴义务人应当在扣缴税款后，及时向纳税人提供其个人所得和已扣缴税款等信息
（2）扣缴义务人应当按照纳税人提供的信息计算税款、办理扣缴申报，不得擅自更改纳税人提供的信息
（3）扣缴义务人对纳税人提供的《个人所得税专项附加扣除信息表》，应当按照规定妥善保存备查
（4）扣缴义务人应当依法对纳税人报送的专项附加扣除等相关涉税信息和资料保密
（5）对扣缴义务人按照规定扣缴的税款，按年付给2%的手续费。不包括税务机关、司法机关等查补或者责令补扣的税款。扣缴义务人领取的扣缴手续费可用于提升办税能力、奖励办税人员
（6）扣缴义务人依法履行代扣代缴义务，纳税人不得拒绝。纳税人拒绝的，扣缴义务人应当及时报告税务机关</td></tr>
</table>

【考点子题——举一反三，真枪实练】

[22]（经典例题·单选题）某居民个人（独生女）2022年1月工资、薪金收入15 000元，其中含单位应为其扣缴的基本养老保险300元、基本医疗保险200元、失业保险30元；单位当月代扣欠缴供暖费1 200元；该职员还要赡养其超过60岁的父母及供其女儿读初中（对子女教育和赡养老人专项附加扣除选择在单位预扣预缴其税款时扣除），其当月工资、薪金的累计预扣预缴应纳税所得额是（　）元。已知：子女教育费用由该人100%扣除。

A. 5 080　　B. 4 080　　C. 6 470　　D. 5 450

[23]（2014年·单选题）某高校教师王某于2023年4月以独立顾问的身份任职于某公司，共取得30万元的报酬。王某试用期间取得的报酬收入应预缴纳的个人所得税为（　）元。

A. 89 000　　B. 113 000　　C. 80 000　　D. 10 000

考点6 非居民个人取得工资、薪金所得、劳务报酬所得、稿酬所得和特许权使用费所得应纳税额的计算

【考点题源】非居民个人取得工资、薪金所得，劳务报酬所得，稿酬所得和特许权使用费所得应纳税额的计算

非居民个人应纳税额	（1）同居民个人取得的劳务报酬所得、稿酬所得和特许权使用费所得一样，非居民个人取得的这些项目的所得同样适用劳务报酬所得、稿酬所得、特许权使用费所得以收入减除20%的费用后的余额为收入额、稿酬所得的收入额减按70%计算的规定
	（2）非居民个人的工资、薪金所得，以每月收入额减除费用5 000元后的余额为应纳税所得额；劳务报酬所得、稿酬所得、特许权使用费所得，以每次收入额为应纳税所得额
	【典型例题】假定某外商投资企业中工作的美国专家（假设为非居民纳税人），2022年2月取得由该企业发放的含税工资收入10 400元人民币，此外还从别处取得劳务报酬5000元人民币。请计算当月其应纳个人所得税税额。 （1）该非居民个人当月工资、薪金所得应纳税额 =（10 400−5 000）×10%−210=330（元） （2）该非居民个人当月劳务报酬所得应纳税额 =5 000×（1−20%）×10%−210=190（元）

第5章

表5-5 非居民个人工资、薪金所得，劳务报酬所得，稿酬所得，特许权使用费所得和按月换算后的综合所得税适用税率表

级数	应纳税所得额	税率（%）	速算扣除数
1	不超过3 000元的	3	0
2	超过3 000元至12 000元的部分	10	210
3	超过12 000元至25 000元的部分	20	1 410
4	超过25 000元至35 000元的部分	25	2 660
5	超过35 000元至55 000元的部分	30	4 410
6	超过55 000元至80 000元的部分	35	7 160
7	超过80 000元的部分	45	15 160

【考点子题——举一反三，真枪实练】

［24］（经典例题•单选题）假定在北京的某外商投资企业中工作的外籍人员（假设为非居民纳税人），2023年4月取得由该企业发放的含税工资收入20 000元人民币，此外在我国某杂志发表文章，获得稿酬3 000元。则该外籍人员当月应纳个人所得税税额是（　）元。

A. 1 926　　B. 1 590　　C. 1 640.4　　D. 335

考点 7　经营所得应纳税额的计算

【考点题源】经营所得应纳税额的计算

经营所得应纳税额的计算公式为：

应纳税额 = 全年应纳税所得额 × 适用税率 - 速算扣除数

或应纳税额 =（全年收入总额 - 成本、费用以及损失）× 适用税率 - 速算扣除数

经营所得适用税率表如下：

表 5-6　经营所得个人所得税税率表（含速算扣除数）

级数	全年应纳税所得额	税率（%）	速算扣除数（元）
1	不超过 30 000 元的	5	0
2	超过 30 000 元至 90 000 元的部分	10	1 500
3	超过 90 000 元至 300 000 元的部分	20	10 500
4	超过 300 000 元至 500 000 元的部分	30	40 500
5	超过 500 000 元的部分	35	65 500

自 2021 年 1 月 1 日至 2022 年 12 月 31 日，对个体工商户年应纳税所得额不超过 100 万元的部分，在现行优惠政策基础上，减半征收个人所得税。个体工商户不区分征收方式，均可享受。

减免税额 =（个体工商户经营所得应纳税所得额不超过 100 万元部分的应纳税额 - 其他政策减免税额 × 个体工商户经营所得应纳税所得额不超过 100 万元部分 ÷ 经营所得应纳税所得额）×（1-50%）

【考点子题——举一反三，真枪实练】

[25]（2018 年 • 单选题）个人取得的下列所得中，适用按年征收个人所得税的是（　）。

A. 经营家庭旅馆取得的所得　　B. 将房产以年租的方式取得的租金所得

C. 转让股票取得的所得　　D. 转让存托凭证取得的所得

考点 8　个体工商户应纳税额的计算

【考点母题——万变不离其宗】个体工商户应纳税额的计算

个体工商户应纳税所得额的计算，以权责发生制为原则。

续表

<table>
<tr><td rowspan="3">计税基本规定</td><td colspan="2">（1）下列关于个体工商户应纳税所得额的计税规定，说法正确的有（　）。</td></tr>
<tr><td>A. 个体工商户的生产、经营所得，以每一纳税年度的收入总额，减除成本、费用、税金、损失、其他支出以及允许弥补的以前年度亏损后的余额，为应纳税所得额</td><td>a. 收入，个体工商户从事生产经营以及与生产经营有关的活动（以下简称生产经营）取得的货币形式和非货币形式的各项收入
【说明】
1. 收入包括销售货物收入、提供劳务收入、转让财产收入、利息收入、租金收入、接受捐赠收入、其他收入。
2. 其他收入包括个体工商户资产溢余收入、逾期一年以上的未退包装物押金收入、确实无法偿付的应付款项、已作坏账损失处理后又收回的应收款项、债务重组收入、补贴收入、违约金收入、汇兑收益等。
b. 成本，是指在生产经营活动中发生的销售成本、销货成本、业务支出以及其他耗费
c. 费用，是指在生产经营活动中发生的销售费用、管理费用和财务费用，已经计入成本的有关费用除外
d. 税金，是指在生产经营活动中发生的除个人所得税和允许抵扣的增值税以外的各项税金及其附加
e. 损失，是指在生产经营活动中发生的固定资产和存货的盘亏、毁损、报废损失，转让财产损失，坏账损失，自然灾害等不可抗力因素造成的损失以及其他损失
【说明】个体工商户发生的损失，减除责任人赔偿和保险赔款后的余额，参照财政部、国家税务总局有关企业资产损失税前扣除的规定扣除。个体工商户已经作为损失处理的资产，在以后纳税年度又全部收回或者部分收回时，应当计入收回当期的收入。
f. 其他支出，是指除成本、费用、税金、损失外，个体工商户在生产经营活动中发生的与生产经营活动有关的、合理的支出</td></tr>
<tr><td colspan="2">B. 个体工商户发生的支出应当区分收益性支出和资本性支出。收益性支出在发生当期直接扣除；资本性支出应当分期扣除或者计入有关资产成本，不得在发生当期直接扣除
C. 个体工商户不得扣除的支出包括：个人所得税税款；税收滞纳金；罚金、罚款和被没收财物的损失；不符合扣除规定的捐赠支出；赞助支出；用于个人和家庭的支出；与取得生产经营收入无关的其他支出
D. 个体工商户生产经营活动中，应当分别核算生产经营费用和个人、家庭费用。对于因生产经营与个人、家庭生活混用难以分清的费用，其40%视为与生产经营有关的费用，准予扣除
E. 个体工商户纳税年度发生的亏损，准予向以后年度结转，用以后年度的生产经营所得弥补，但结转年限最长不得超过五年
F. 个体工商户使用或者销售存货，按照规定计算的存货成本，准予在计算应纳税所得额时扣除
G. 个体工商户转让资产，该项资产的净值，准予在计算应纳税所得额时扣除
H. 个体工商户与企业联营而分得的利润，按利息、股息、红利所得项目征收个人所得税
I. 个体工商户和从事生产、经营的个人，取得与生产、经营活动无关的各项应税所得，应按规定分别计算征收个人所得税</td></tr>
</table>

续表

<table>
<tr><td rowspan="9">扣除项目及标准</td><td colspan="2">（2）下列关于个体工商户应纳税所得额的扣除项目，说法正确的有（　）。</td></tr>
<tr><td>A. 个体工商户实际支付给从业人员的、合理的工资、薪金支出，准予扣除</td><td>a. 个体工商户业主的费用扣除标准，确定为 60 000 元 / 年
b. 个体工商户业主的工资、薪金支出不得税前扣除</td></tr>
<tr><td>B. 个体工商户按照国务院有关主管部门或者省级人民政府规定的范围和标准为其业主和从业人员缴纳的基本养老保险费、基本医疗保险费、失业保险费、生育保险费、工伤保险费和住房公积金，准予扣除</td><td>a. 个体工商户为从业人员缴纳的补充养老保险费、补充医疗保险费，分别在不超过从业人员工资总额 5% 标准内的部分据实扣除；超过部分，不得扣除
b. 个体工商户业主本人缴纳的补充养老保险费、补充医疗保险费，以当地（地级市）上年度社会平均工资的 3 倍为计算基数，分别在不超过该计算基数 5% 标准内的部分据实扣除；超过部分，不得扣除</td></tr>
<tr><td colspan="2">C. 除个体工商户依照国家有关规定为特殊工种从业人员支付的人身安全保险费和财政部、国家税务总局规定可以扣除的其他商业保险费外，个体工商户业主本人或者为从业人员支付的商业保险费，不得扣除</td></tr>
<tr><td colspan="2">D. 个体工商户在生产经营活动中发生的合理的不需要资本化的借款费用，准予扣除</td></tr>
<tr><td colspan="2">E. 个体工商户在生产经营活动中发生的利息支出，包括向金融企业借款的利息支出；向非金融企业和个人借款的利息支出，不超过按照金融企业同期同类贷款利率计算的数额的部分，准予扣除
F. 个体工商户在货币交易中，以及纳税年度终了时将人民币以外的货币性资产、负债按照期末即期人民币汇率中间价折算为人民币时产生的汇兑损失，除已经计入有关资产成本部分外，准予扣除</td></tr>
<tr><td>G. 个体工商户向当地工会组织拨缴的工会经费、实际发生的职工福利费支出、职工教育经费支出分别在工资、薪金总额的 2%、14%、2.5% 的标准内据实扣除</td><td>a. 职工教育经费的实际发生数额超出规定比例当期不能扣除的数额，准予在以后纳税年度结转扣除
b. 个体工商户业主本人向当地工会组织缴纳的工会经费、实际发生的职工福利费支出、职工教育经费支出，以当地（地级市）上年度社会平均工资的 3 倍为计算基数，在本条第一款规定比例内据实扣除</td></tr>
<tr><td colspan="2">H. 个体工商户发生的与生产经营活动有关的业务招待费，按照实际发生额的 60% 扣除，但最高不得超过当年销售（营业）收入的 5‰。业主自申请营业执照之日起至开始生产经营之日止所发生的业务招待费，按照实际发生额的 60% 计入个体工商户的开办费</td></tr>
<tr><td colspan="2">I. 个体工商户每一纳税年度发生的与其生产经营活动直接相关的广告费和业务宣传费不超过当年销售（营业）收入 15% 的部分，可以据实扣除；超过部分，准予在以后纳税年度结转扣除
J. 个体工商户代其从业人员或者他人负担的税款，不得税前扣除
K. 个体工商户按照规定缴纳的摊位费、行政性收费、协会会费等，按实际发生数额扣除
L. 个体工商户根据生产经营活动的需要租入固定资产支付的租赁费，按照以下方法扣除：以经营租赁方式租入固定资产发生的租赁费支出，按照租赁期限均匀扣除；以融资租赁方式租入固定资产发生的租赁费支出，按照规定构成融资租入固定资产价值的部分应当提取折旧费用，分期扣除
M. 个体工商户参加财产保险，按照规定缴纳的保险费，准予扣除</td></tr>
</table>

续表

扣除项目及标准	N. 个体工商户发生的合理的劳动保护支出，准予扣除 O. 个体工商户自申请营业执照之日起至开始生产经营之日止所发生符合本办法规定的费用，除为取得固定资产、无形资产的支出，以及应计入资产价值的汇兑损益、利息支出外，作为开办费，个体工商户可以选择在开始生产经营的当年一次性扣除，也可自生产经营月份起在不短于3年期限内摊销扣除，但一经选定，不得改变 P. 个体工商户通过公益性社会团体或者县级以上人民政府及其部门，用于《中华人民共和国公益事业捐赠法》规定的公益事业的捐赠，捐赠额不超过其应纳税所得额30%的部分可以据实扣除。 财政部、国家税务总局规定可以全额在税前扣除的捐赠支出项目，按有关规定执行 Q. 个体工商户研究开发新产品、新技术、新工艺所发生的开发费用，以及研究开发新产品、新技术而购置单台价值在10万元以下的测试仪器和试验性装置的购置费准予直接扣除；单台价值在10万元以上（含10万元）的测试仪器和试验性装置，按固定资产管理，不得在当期直接扣除
【典型例题】某个体工商户从事运输业务，账证健全，2022年12月取得经营收入为320 000元，准许扣除的当月成本、费用（不含业主工资）及相关税金共计250 600元。1~11月累计应纳税所得额88 400元（未扣除业主费用减除标准），1~11月累计已预缴个人所得税10 200元。除经营所得外，业主本人没有其他收入，且2022年全年均享受赡养老人一项专项附加扣除。不考虑专项扣除和符合税法规定的其他扣除，请计算该个体工商户就2022年度汇算清缴时应申请的个人所得税退税额。 纳税人取得经营所得，按年计算个人所得税，由纳税人在月度或季度终了后15日内，向经营管理所在地主管税务机关办理预缴纳税申报；在取得所得的次年3月31日前，向经营管理所在地主管税务机关办理汇算清缴。因此，按照税收法律、法规和文件规定，先计算全年应纳税所得额，再计算全年应纳税额。并根据全年应纳税额和当年已预缴税额计算出当年度应补（退）税额。 （1）全年应纳税所得额=320 000−250 600+88 400−60 000−24 000=73 800（元） （2）全年应缴纳个人所得税=（73 800×10%−1 500）×50%=2 940（元） （3）该个体工商户2022年度应申请的个人所得税退税额=10 200−29 40=7 260（元）	

【考点子题——举一反三，真枪实练】

[26]（2015年•单选题）个体工商户发生的下列支出中，允许在个人所得税税前扣除的是（　）。

A. 用于家庭的支出　　B. 非广告性质赞助支出

C. 已缴纳的增值税税款　　D. 生产经营过程中发生的财产转让损失

[27]（2014年•单选题）张某为熟食加工个体户，2022年取得生产经营收入20万元，生产经营成本为18万元（含购买一辆非经营用小汽车支出8万元）；另取得个人文物拍卖收入30万元，不能提供原值凭证，该文物经文物部门认定为海外回流文物。下列关于张某2022年个人所得税纳税事项的表述中，正确的是（　）。（不考虑专项扣除和专项附加扣除）

A. 小汽车支出可以在税前扣除

B. 生产经营所得应纳个人所得税的计税依据为4万元

C. 文物拍卖所得按文物拍卖收入额的3%缴纳个人所得税

D. 文物拍卖所得应并入生产经营所得一并缴纳个人所得税

考点 9　个人独资企业和合伙企业应纳税额的计算

【考点母题——万变不离其宗】个人独资企业和合伙企业应纳税额的计算

<table>
<tr><td rowspan="2">查账征税</td><td colspan="2">（1）下列有关个人独资企业和合伙企业查账征税，说法正确的有（　　）。</td></tr>
<tr><td colspan="2">A. 个人独资企业和合伙企业投资者的生产经营所得依法计征个人所得税时，个人独资企业和合伙企业投资者本人的费用扣除标准统一确定为 60 000 元 / 年，即 5 000 元 / 月。投资者的工资不得在税前扣除
B. 投资者及其家庭发生的生活费用不允许在税前扣除。投资者及其家庭发生的生活费用与企业生产经营费用混合在一起，并且难以划分的，全部视为投资者个人及其家庭发生的生活费用，不允许在税前扣除
C. 企业生产经营和投资者及其家庭生活共用的固定资产，难以划分的，由主管税务机关根据企业的生产经营类型、规模等具体情况，核定准予在税前扣除的折旧费用的数额或比例
D. 企业向其从业人员实际支付的合理的工资、薪金支出，允许在税前据实扣除
E. 企业拨缴的工会经费、发生的职工福利费、职工教育经费支出分别在工资、薪金总额 2%、14%、2.5% 的标准内据实扣除
F. 每一纳税年度发生的广告费和业务宣传费用不超过当年销售（营业）收入 15% 的部分，可据实扣除；超过部分，准予在以后纳税年度结转扣除
G. 每一纳税年度发生的与其生产经营业务直接相关的业务招待费支出，按照发生额的 60% 扣除，但最高不得超过当年销售（营业）收入的 5‰
H. 企业计提的各种准备金不得扣除
I. 投资者兴办两个或两个以上企业的，根据前述规定准予扣除的个人费用，由投资者选择在其中一个企业的生产经营所得中扣除
J. 企业的年度亏损，允许用本企业下一年度的生产经营所得弥补，下一年度所得不足弥补的，允许逐年延续弥补，但最长不得超过 5 年
【说明】投资者兴办两个或两个以上企业的，企业的年度经营亏损不能跨企业弥补。
K. 投资者来源于中国境外的生产经营所得，已在境外缴纳所得税的，可以按照个人所得税法的有关规定计算扣除已在境外缴纳的所得税
L. 持有股权、股票、合伙企业财产份额等权益性投资的个人独资企业、合伙企业，一律适用查账征收方式计征个人所得税（新增）</td></tr>
<tr><td rowspan="3">核定征收</td><td colspan="2">（2）下列有关个人独资企业和合伙企业核定征收，说法正确的有（　　）。</td></tr>
<tr><td>A. 有情形之一的，主管税务机关应采取核定征收方式征收个人所得税</td><td>a. 企业依照国家有关规定应当设置但未设置账簿的
b. 企业虽设置账簿，但账目混乱或者成本资料、收入凭证、费用凭证残缺不全，难以查账的
c. 纳税人发生纳税义务，未按照规定的期限办理纳税申报，经税务机关责令限期申报，逾期仍不申报的</td></tr>
<tr><td>B. 实行核定应税所得率征收方式的，应纳所得税额的计算公式</td><td>应纳所得税额 = 应纳税所得额 × 适用税率
应纳税所得额 = 收入总额 × 应税所得率
或应纳税所得额 = 成本费用支出额 ÷（1- 应税所得率）× 应税所得率</td></tr>
</table>

续表

<table>
<tr><td rowspan="2">核定征收</td><td>应税所得率应按规定的标准执行（见表 5-7）：

表 5-7　个人所得税核定征收应税所得率表
<table><tr><th>行业</th><th>应税所得率（%）</th></tr><tr><td>工业、交通运输业、商业</td><td>5~20</td></tr><tr><td>建筑业、房地产开发业</td><td>7~20</td></tr><tr><td>饮食服务业</td><td>7~25</td></tr><tr><td>娱乐业</td><td>20~40</td></tr><tr><td>其他行业</td><td>10~30</td></tr></table>
企业经营多业的，无论其经营项目是否单独核算，均应根据其主营项目确定其适用的应税所得率。</td></tr>
<tr><td>C. 实行核定征收的投资者，不能享受个人所得税的优惠政策
D. 实行查账征收方式的个人独资企业和合伙企业改为核定征收方式后，在查账征收方式下认定的年度经营亏损未弥补完的部分，不得再继续弥补
E. 取得经营所得的个人，没有综合所得的，计算其每一纳税年度的应纳税所得额时，应当减除费用 60 000 元、专项扣除、专项附加扣除以及依法确定的其他扣除，专项附加扣除在办理汇算清缴时减除
F. 自 2022 年 1 月 1 日起，持有股权、股票、合伙企业财产份额等权益性投资的个人独资企业、合伙企业（简称独资合伙企业），一律适用查账征收方式计征个人所得税。独资合伙企业应自持有上述权益性投资之日起 30 日内，主动向税务机关报送持有权益性投资的情况</td></tr>
<tr><td colspan="2">【说明】
1. 个人独资企业和合伙企业对外投资分回的利息或者股息、红利，不并入企业的收入，而应单独作为投资者个人取得的利息、股息、红利所得，按“利息、股息、红利所得”应税项目计算缴纳个人所得税。
2. 残疾人员投资兴办或参与投资兴办个人独资企业和合伙企业的，残疾人员取得的经营所得，符合各省、自治区、直辖市人民政府规定的减征个人所得税条件的，经本人申请、主管税务机关审核批准，可按各省、自治区、直辖市人民政府规定减征的范围和幅度，减征个人所得税。
3. 企业进行清算时，投资者应当在注销工商登记之前，向主管税务机关结清有关税务事宜。企业的清算所得应当视为年度生产经营所得，由投资者依法缴纳个人所得税。
4. 企业在纳税年度的中间开业，或者由于合并、关闭等原因，使该纳税年度的实际经营期不足 12 个月的，应当以其实际经营期为一个纳税年度。</td></tr>
</table>

【考点子题——举一反三，真枪实练】

[28]（经典例题•单选题）下列有关个人独资企业和合伙企业核定征收，说法正确的是（　）。

A. 企业虽设置账簿，但账目混乱不全，难以查账，主管税务机关应采取核定征收方式征收个人所得税

B. 实行查账征收方式的个人独资企业改为核定征收方式后，在查账征收方式下认定的年度经营亏损未弥补完的部分，可以再继续弥补

C. 实行核定征收的投资者，依然可享受个人所得税的优惠政策

D. 企业经营多业的，根据不同经营项目单独确定各项目适用的应税所得率

考点 10　财产租赁所得应纳税额的计算

【考点母题——万变不离其宗】财产租赁所得应纳税额的计算

<table>
<tr><td rowspan="6">应纳税所得额</td><td colspan="2">（1）下列有关财产租赁所得应纳税额的扣除项目，说法正确的有（　）。</td></tr>
<tr><td colspan="2">A. 财产租赁所得一般以个人每次取得的收入，定额或定率减除规定费用后的余额为应纳税所得额。每次收入不超过 4 000 元，定额减除费用 800 元；每次收入在 4 000 元以上，定率减除 20% 的费用
B. 财产租赁所得以 1 个月内取得的收入为一次</td></tr>
<tr><td>C. 财产租赁应纳税所得额的扣除项目：</td><td>a. 纳税人在出租财产过程中缴纳的税金和教育费附加，可持完税（缴款）凭证，从其财产租赁收入中扣除
b. 除了规定费用和有关税、费外，还准予扣除能够提供有效、准确凭证，证明由纳税人负担的该出租财产实际开支的修缮费用。允许扣除的修缮费用，以每次 800 元为限。一次扣除不完的，准予在下一次继续扣除，直到扣完为止</td></tr>
<tr><td colspan="2">D. 个人出租财产取得的财产租赁收入，在计算缴纳个人所得税时，应依次扣除以下费用：
a. 财产租赁过程中缴纳的税金和国家能源交通重点建设基金、国家预算调节基金、教育费附加
b. 由纳税人负担的该出租财产实际开支的修缮费用
c. 税法规定的费用扣除标准</td></tr>
<tr><td colspan="2">E. 应纳税所得额的计算公式为：
每次（月）收入不超过 4 000 元的：
应纳税所得额 = 每次（月）收入额 − 准予扣除项目 − 修缮费用（800 元为限）−800 元
每次（月）收入超过 4 000 元的：
应纳税所得额 =［每次（月）收入额 − 准予扣除项目 − 修缮费用（800 元为限）］×（1−20%）</td></tr>
<tr></tr>
<tr><td rowspan="2">个人房屋转租应纳税额</td><td colspan="2">A. 个人将承租房屋转租取得的租金收入，属于个人所得税应税所得，应按“财产租赁所得”项目计算缴纳个人所得税</td></tr>
<tr><td colspan="2">B. 有关财产租赁所得个人所得税前扣除税费的扣除次序为：
a. 财产租赁过程中缴纳的税费
b. 向出租方支付的租金
c. 由纳税人负担的租赁财产实际开支的修缮费用
d. 税法规定的费用扣除标准</td></tr>
</table>

续表

应纳税额的计算方法	A. 财产租赁所得适用 20% 的比例税率 B. 但对个人按市场价格出租的居民住房取得的所得，自 2001 年 1 月 1 日起暂减按 10% 的税率征收个人所得税 C. 其应纳税额的计算公式为：应纳税额 = 应纳税所得额 × 适用税率

【典型例题】刘某于 2023 年 1 月将其自有的面积为 150 平方米的普通住房按市场价出租给张某居住。刘某每月取得租金收入 4 500 元，全年租金收入 54 000 元。计算刘某全年租金收入应缴纳的个人所得税（不考虑其他税费）。
财产租赁收入以每月内取得的收入为一次，按市场价出租给个人居住适用 10% 的税率，因此，刘某每月及全年应纳税额为：
（1）每月应纳税额 =4 500 ×（1−20%）×10%=360（元）
（2）全年应纳税额 =360 × 12=4 320（元）
本例每月租金收入 4 500 元，免征增值税。如果对租金收入计征增值税，则城市维护建设税、房产税和教育费附加等，还应将其从税前的收入中先扣除后再计算应缴纳的个人所得税。
假定上例中，当年 2 月因下水道堵塞找人修理，发生修理费用 1 000 元，有维修部门的正式收据，则 2 月和 3 月的应纳税额为：
（1）2 月应纳税额 =（4 500−800）×（1−20%）×10%=296（元）
（2）3 月应纳税额 =（4 500−200）×（1−20%）×10%=344（元）

【说明】在实际征税过程中，有时会出现财产租赁所得的纳税人不明确的情况。对此，在确定财产租赁所得纳税人时，应以产权凭证为依据。无产权凭证的，由主管税务机关根据实际情况确定纳税人。如果产权所有人死亡，在未办理产权继承手续期间，该财产出租且有租金收入的，以领取租金收入的个人为纳税人。

【考点子题——举一反三，真枪实练】

[29]（经典例题•计算问答题）王先生于 2022 年 1 月将其自有的面积为 90 平方米的普通住房按市场价出租给张某居住。王先生每月取得租金收入 7 500 元，全年租金收入 90 000 元。其中 2 月份发生房屋修缮费用 1 500 元，有维修部门的正式收据。计算王先生全年租金收入应缴纳的个人所得税（不考虑其他税费）。

考点 11 财产转让所得应纳税额的计算

【考点题源】一般情况下财产转让所得应纳税额的计算

财产转让所得应纳税额的计算公式为：
应纳税额 = 应纳税所得额 × 适用税率 =（收入总额 − 财产原值 − 合理税费）× 20%

个人住房转让所得应纳税额的计算	转让收入	1. 以实际成交价格为转让收入 2. 纳税人申报的住房成交价格明显低于市场价格且无正当理由的，征收机关依法有权根据有关信息核定其转让收入，但必须保证各税种计税价格一致

续表

<table>
<tr><td rowspan="4">个人住房转让所得应纳税额的计算</td><td>房屋原值</td><td>1. 商品房：购置该房屋时实际支付的房价款及缴纳的相关税费
2. 自建住房：实际发生的建造费用及建造和取得产权时实际缴纳的相关税费</td></tr>
<tr><td>税金</td><td>实际缴纳的城市维护建设税、教育费附加、土地增值税、印花税等税金</td></tr>
<tr><td>合理费用</td><td>税人按照规定实际支付的住房装修费用、住房贷款利息、手续费、公证费等费用</td></tr>
<tr><td>个人转让离婚析产房屋的征税问题</td><td>1. 通过离婚析产的方式分割房屋产权是夫妻双方对共同共有财产的处置，个人因离婚办理房屋产权过户手续，不征收个人所得税（分割环节）
2. 个人转让离婚析产房屋所取得的收入，允许以扣除其相应的财产原值和合理费用后的余额，按照规定的税率缴纳个人所得税；其相应的财产原值，为房屋初次购置全部原值和相关税费之和乘以转让者占房屋所有权的比例（再转让）
3. 个人转让离婚析产房屋所取得的收入，符合家庭生活自用五年以上唯一住房的，可以申请免征个人所得税，其购置时间按照个人购买住房以取得的房屋产权证或契税完税证明上注明的时间作为其购买房屋的时间执行
【说明】对于纳税人申报时，同时出具房屋产权证和契税完税证明且二者所注明的时间不一致的，按照“孰先”的原则确定购买房屋的时间。</td></tr>
<tr><td colspan="3">【典型例题】某个人建房一幢，造价 360 000 元，支付其他费用 50 000 元。该个人建成后将房屋出售，售价 600 000 元，在售房过程中按规定支付交易费等相关税费 35 000 元，其应纳个人所得税税额的计算过程为：
（1）应纳税所得额 = 财产转让收入 − 财产原值 − 合理费用 =600 000−（360 000+50 000）−35 000=155 000（元）
（2）应纳税额 =155 000 × 20%=31 000（元）</td></tr>
</table>

【考点母题——万变不离其宗】个人转让股权应纳税额的计算

<table>
<tr><td rowspan="2">定义</td><td>（1）股权转让是指个人将股权转让给其他个人或法人的行为。下列属于股权转让行为的有（　）。</td></tr>
<tr><td>A. 出售股权　　B. 公司回购股权
C. 发行人首次公开发行新股时，被投资企业股东将其持有的股份以公开发行方式一并向投资者发售
D. 股权被司法或行政机关强制过户　　E. 以股权对外投资或进行其他非货币性交易
F. 以股权抵偿债务
【说明】个人股权转让所得计征个人所得税时，以股权转让方为纳税人，以受让方为扣缴义务人。</td></tr>
<tr><td rowspan="2">收入的确认</td><td>（2）下列关于股权转让收入确认方法的表述，正确的有（　）。</td></tr>
<tr><td>A. 股权转让收入，是指转让方因股权转让而获得的现金、实物、有价证券和其他形式的经济利益
B. 转让方取得与股权转让相关的各种款项，包括违约金、补偿金以及其他名目的款项、资产、权益等，均应当并入股权转让收入
C. 纳税人按照合同约定，在满足约定条件后取得的后续收入，应当作为股权转让收入
D. 股权转让收入应当按照公平交易原则确定</td></tr>
</table>

续表

<table>
<tr><td rowspan="6">收入的确认</td><td>（3）下列属于主管税务机关可以核定股权转让收入的情形的有（　）。</td></tr>
<tr><td>A. 申报的股权转让收入明显偏低且无正当理由的
B. 未按照规定期限办理纳税申报，经税务机关责令限期申报，逾期仍不申报的
C. 转让方无法提供或拒不提供股权转让收入的有关资料
D. 其他应核定股权转让收入的情形</td></tr>
<tr><td>（4）下列情形，应视为股权转让收入明显偏低的有（　）。</td></tr>
<tr><td>A. 申报的股权转让收入低于股权对应的净资产份额的
B. 申报的股权转让收入低于初始投资成本或低于取得该股权所支付的价款及相关税费的
C. 申报的股权转让收入低于相同或类似条件下同一企业同一股东或其他股东股权转让收入的
D. 申报的股权转让收入低于相同或类似条件下同类行业的企业股权转让收入的
E. 不具合理性的无偿让渡股权或股份</td></tr>
<tr><td>（5）下列情形股权转让收入明显偏低，视为有正当理由的有（　）。</td></tr>
<tr><td>A. 可出具有效文件证明被投资企业因国家政策调整，生产经营受到重大影响，导致低价转让股权
B. 继承或将股权转让给能提供具有法律效力身份关系证明的配偶、父母、子女、祖父母、外祖父母、孙子女、外孙子女、兄弟姐妹以及对转让人承担直接抚养或赡养义务的抚养人或赡养人
C. 相关法律、政府文件或企业章程规定，并有相关资料充分证明转让价格合理且真实的本企业员工持有的不能对外转让股权的内部转让</td></tr>
<tr><td></td><td>【说明】主管税务机关应依次按照下列方法核定股权转让收入：
1. 净资产核定法：股权转让收入按照每股净资产或股权对应的净资产份额核定。
2. 类比法：
① 参照相同或类似条件下同一企业同一股东或其他股东股权转让收入核定。
② 参照相同或类似条件下同类行业企业股权转让收入核定。</td></tr>
<tr><td rowspan="2">股权原值的确认</td><td>（6）下列关于股权原值的确认方法的表述，正确的有（　）。</td></tr>
<tr><td>A. 以现金出资方式取得的股权，按照实际支付的价款与取得股权直接相关的合理税费之和确认股权原值
B. 以非货币性资产出资方式取得的股权，按照税务机关认可或核定的投资入股时非货币性资产价格与取得股权直接相关的合理税费之和确认股权原值
C. 通过无偿让渡方式取得股权，具备“继承或将股权转让给其能提供具有法律效力身份关系证明的配偶、父母、子女、祖父母、外祖父母、孙子女、外孙子女、兄弟姐妹以及对转让人承担直接抚养或者赡养义务的抚养人或者赡养人”情形的，按取得股权发生的合理税费与原持有人的股权原值之和确认股权原值
D. 被投资企业以资本公积、盈余公积、未分配利润转增股本，个人股东已依法缴纳个人所得税的，以转增额和相关税费之和确认其新转增股本的股权原值
【说明】
1. 股权转让人已被主管税务机关核定股权转让收入并依法征收个人所得税的，该股权受让人的股权原值以取得股权时发生的合理税费与股权转让人被主管税务机关核定的股权转让收入之和确认。</td></tr>
</table>

续表

股权原值的确认	2. 个人转让股权未提供完整、准确的股权原值凭证，不能正确计算股权原值的，由主管税务机关核定其股权原值 3. 对个人多次取得同一被投资企业股权的，转让部分股权时，采用“加权平均法”确定股权原值
个人转让债券	A. 个人转让债券类债权，采用“加权平均法”确定其应予减除的财产原值和合理费用。即以纳税人购进的同一种类债券买入价和买进过程中缴纳的税费总和，除以纳税人购进的该种类债券数量之和，乘以纳税人卖出的该种类债券数量，再加上卖出的该种类债券过程中缴纳的税费 B. 公式为：一次卖出某一种类债券允许扣除的买入价和费用 = 纳税人购进的该种类债券买入价和买进过程中交纳的税费总和 ÷ 纳税人购进的该种类债券总数量 × 一次卖出的该种类债券的数量 + 卖出该种类债券过程中缴纳的税费
房屋赠与个人所得税的计算	（7）以下情形的房屋产权无偿赠与，对当事双方不征收个人所得税的有（　）。
	A. 房屋产权所有人将房屋产权无偿赠与配偶、父母、子女、祖父母、外祖父母、孙子女、外孙子女、兄弟姐妹 B. 房屋产权所有人将房屋产权无偿赠与对其承担直接抚养或者赡养义务的抚养人或者赡养人 C. 房屋产权所有人死亡，依法取得房屋产权的法定继承人、遗嘱继承人或者受遗赠人
	【说明】除上述情形以外，房屋产权所有人将房屋产权无偿赠与他人的，受赠人因无偿受赠房屋取得的受赠所得，按照“偶然所得”项目缴纳个人所得税，税率为 20%。

【考点子题——举一反三，真枪实练】

[30]（2016 年 • 单选题）某内地个人投资者于 2022 年 6 月通过沪港通投资在香港联交所上市的 H 股股票，取得股票转让差价所得和股息红利所得。下列有关对该投资者股票投资所得计征个人所得税的表述中，正确的是（　）。

A. 股票转让差价所得免予征收个人所得税

B. 股票转让差价所得按照 10% 的税率征收个人所得税

C. 股息红利所得由 H 股公司按照 10% 的税率代扣代缴个人所得税

D. 取得的股息红利由中国证券登记结算有限责任公司按照 20% 的税率代扣代缴个人所得税

[31]（2018 年 • 多选题）个人转让股权的下列情形中，税务机关可以核定股权转让收入的有（　）。

A. 因遭遇火灾而无法提供股权转让收入的相关资料

B. 转让方拒不向税务机关提供股权转让收入的有关资料

C. 申报的股权转让收入明显偏低但有正当理由

D. 未按规定期限申报纳税，且超过税务部门责令申报期限仍未申报

[32]（2012 年 • 多选题）某国有企业职工王某，在企业改制为股份制企业过程中以 23 000

元的成本取得了价值30 000元拥有所有权的量化股份。3个月后，获得了企业分配的股息3 000元。此后，王某以40 000元的价格将股份转让。假如不考虑转让过程中的税费，以下有关王某个人所得税计征的表述中，正确的有（　）。

A. 王某取得量化股份时暂缓计征个人所得税

B. 对王某取得的3 000元股息，应按“利息、股息、红利所得”计征个人所得税

C. 对王某转让量化股份取得的收入应以17 000元为计税依据，按“财产转让所得”计征个人所得税

D. 对王某取得的量化股份价值与支付成本的差额7 000元，应在取得当月与当月工资薪金合并，按“工资、薪金所得”计征个人所得税

考点12 利息、股息、红利所得和偶然所得应纳税额的计算

【考点题源】利息、股息、红利所得和偶然所得应纳税额的计算

利息、股息、红利所得和偶然所得应纳税额的计算公式为：
应纳税额 = 应纳税所得额 × 适用税率 = 每次收入额 × 20%

【考点子题——举一反三，真枪实练】

[33]（经典例题·多选题）以下项目按照“利息、股息、红利所得”征收个人所得税的有（　）。

A. 个人取得的企业债券利息

B. 个人独资企业的投资者以企业资金为本人购买住房

C. 股份有限公司的个人股东以企业资金为本人购买汽车

D. 公司职工取得的用于购买企业国有股权的劳动分红

[34]（经典例题·单选题）居民个人张某2022年1月购入公开发行的公司债券1 000份，每份买价5元，共支付相关税费500元。当年5月将该债券卖出500份，每份债券的卖价为7元，另外支付可抵扣的相关税费350元。6月获得持有债券的利息收入600元。基于上述行为，张某应缴纳的个人所得税是（　）元。

A. 200　　B. 80　　C. 120　　D. 150

第三节　税收优惠

考点 1　免征个人所得税的优惠

【考点母题——万变不离其宗】免征个人所得税的优惠（31 项）

下列各项中，属于免征个人所得税项目的有（　）。	
1. 省级人民政府、国务院部委和中国人民解放军军以上单位，以及外国组织颁发（颁布）的科学、教育、技术、文化、卫生、体育、环境保护等方面的奖金（奖学金）	
2. 国债和国家发行的金融债券利息	（1）国债利息，是指个人持有中华人民共和国财政部发行的债券而取得的利息所得和 2012 年及以后年度发行的地方政府债券（以省、自治区、直辖市和计划单列市政府为发行和偿还主体）取得的利息所得 （2）国家发行的金融债券利息，是指个人持有经国务院批准发行的金融债券而取得的利息所得
3. 按照国家统一规定发给的补贴、津贴	指按照国务院规定发给的政府特殊津贴、院士津贴，以及国务院规定免予缴纳个人所得税的其他补贴、津贴
4. 福利费、抚恤金、救济金	（1）福利费，是指根据国家有关规定，从企业、事业单位、国家机关、社会团体提留的福利费或者工会经费中支付给个人的生活补助费 （2）救济金，是指各级人民政府民政部门支付给个人的生活困难补助费
5. 保险赔款	
6. 军人的转业费、复员费	
7. 按照国家统一规定发给干部、职工的安家费、退职费、退休费、离休费、离休生活补助费	
8. 依照我国有关法律规定应予免税的各国驻华使馆、领事馆的外交代表、领事官员和其他人员的所得 【说明】在国际组织驻华机构和外国政府驻华使领馆中工作的外籍雇员，暂不征收个人所得税。	
9. 中国政府参加的国际公约以及签订的协议中规定免税的所得	
10. 对乡、镇（含乡、镇）以上人民政府或经县（含县）以上人民政府主管部门批准成立的有机构、有章程的见义勇为基金或者类似性质组织，奖励见义勇为者的奖金或奖品，经主管税务机关核准，免征个人所得税	
11. 企业和个人按照省级以上人民政府规定的比例缴付的住房公积金、医疗保险金、基本养老保险金、失业保险金	（1）超过规定的比例缴付的部分并入个人当期的工资、薪金收入，计征个人所得税 （2）个人领取原提存的住房公积金、医疗保险金、基本养老保险金时，免予征收个人所得税 （3）对按照国家或省级地方政府规定的比例缴付的住房公积金、医疗保险金、基本养老保险金和失业保险金存入银行个人账户所取得的利息收入，免征个人所得税

续表

<table>
<tr><td colspan="2">12. 居民储蓄存款利息，以及对个人取得的教育储蓄存款利息所得以及国务院财政部门确定的其他专项储蓄存款或者储蓄性专项基金存款的利息所得</td></tr>
<tr><td colspan="2">13. 储蓄机构内从事代扣代缴工作的办税人员取得的扣缴利息税手续费所得</td></tr>
<tr><td colspan="2">14. 生育妇女按照县级以上人民政府根据国家有关规定制定的生育保险办法，取得的生育津贴、生育医疗费或其他属于生育保险性质的津贴、补贴，免征个人所得税</td></tr>
<tr><td>15. 对工伤职工及其近亲属按照《工伤保险条例》规定取得的工伤保险待遇</td><td>工伤保险待遇，包括工伤职工按照该条例规定取得的一次性伤残补助金、伤残津贴、一次性工伤医疗补助金、一次性伤残就业补助金、工伤医疗待遇、住院伙食补助费、外地就医交通食宿费用、工伤康复费用、辅助器具费用、生活护理费等，以及职工因工死亡，其近亲属按照该条例规定取得的丧葬补助金、供养亲属抚恤金和一次性工亡补助金等</td></tr>
<tr><td colspan="2">16. 对个体工商户或个人，以及个人独资企业和合伙企业从事种植业、养殖业、饲养业和捕捞业（以下简称“四业”），取得的“四业”所得</td></tr>
<tr><td colspan="2">17. 个人举报、协查各种违法、犯罪行为而获得的奖金</td></tr>
<tr><td colspan="2">18. 个人办理代扣代缴税款手续，按规定取得的扣缴手续费</td></tr>
<tr><td colspan="2">19. 个人转让自用达5年以上并且是唯一的家庭居住用房取得的所得</td></tr>
<tr><td>20. 对达到离休、退休年龄，但确因工作需要，适当延长离休、退休年龄的高级专家，其在延长离休、退休期间的工资、薪金所得，视同退休工资、离休工资</td><td>延长离休退休年龄的高级专家是指：
（1）享受国家发放的政府特殊津贴的专家、学者
（2）中国科学院、中国工程院院士
高级专家延长离休、退休期间取得的工资、薪金所得，其免征个人所得税政策口径按下列标准执行：
①对高级专家从其劳动人事关系所在单位取得的，单位按国家有关规定向职工统一发放的工资、薪金、奖金、津贴、补贴等收入，视同离休、退休工资，免征个人所得税
②除上述第①项所述收入以外各种名目的津补贴收入等，以及高级专家从其劳动人事关系所在单位之外的其他地方取得的培训费、讲课费、顾问费、稿酬等各种收入，依法计征个人所得税</td></tr>
<tr><td colspan="2">21. 外籍个人从外商投资企业取得的股息、红利所得</td></tr>
<tr><td>22. 凡符合右侧条件之一的外籍专家取得的工资、薪金所得：</td><td>（1）根据世界银行专项贷款协议由世界银行直接派往我国工作的外国专家。
（2）联合国组织直接派往我国工作的专家
（3）为联合国援助项目来华工作的专家
（4）援助国派往我国专为该国无偿援助项目工作的专家，除工资、薪金外，其取得的生活津贴也免税
（5）根据两国政府签订文化交流项目来华工作2年以内的文教专家，其工资、薪金所得由该国负担的。此外，外国来华文教专家，在我国服务期间，由我方发工资、薪金，并对其住房、使用汽车、医疗实行免费“三包”，可只就工资、薪金所得按照税法规定征收个人所得税；对我方免费提供的住房、使用汽车、医疗，可免予计算纳税
（6）根据我国大专院校国际交流项目来华工作2年以内的文教专家，其工资、薪金所得由该国负担的
（7）通过民间科研协定来华工作的专家，其工资、薪金所得由该国政府机构负担的</td></tr>
</table>

续表

<table>
<tr><td colspan="2">23. 对被拆迁人按照国家有关城镇房屋拆迁管理办法规定的标准取得的拆迁补偿款（含因棚户区改造而取得的拆迁补偿款），免征个人所得税</td></tr>
<tr><td colspan="2">24. 对个人投资者从投保基金公司取得的行政和解金</td></tr>
<tr><td colspan="2">25. 对个人转让上市公司股票取得的所得暂免征收个人所得税。自 2008 年 10 月 9 日起，对证券市场个人投资者取得的证券交易结算资金利息所得，暂免征收个人所得税，即证券市场个人投资者的证券交易结算资金在 2008 年 10 月 9 日后（含 10 月 9 日）孳生的利息所得，暂免征收个人所得税</td></tr>
<tr><td>26. 个人从公开发行和转让市场取得上市公司股票的股息红利</td><td>（1）持股期限超过 1 年的，股息红利所得暂免征收个人所得税
（2）持股期限在 1 个月以内（含 1 个月）的，其股息红利所得全额计入应纳税所得额
（3）持股期限在 1 个月以上至 1 年（含 1 年）的，暂减按 50% 计入应纳税所得额
上述所得统一适用 20% 的税率计征个人所得税。本规定自 2015 年 9 月 8 日起施行
自 2019 年 7 月 1 日起至 2024 年 6 月 30 日止，全国中小企业股份转让系统挂牌公司股息、红利差别化个人所得税政策也按上述政策执行</td></tr>
<tr><td>27. 个人取得的下列中奖所得：</td><td>（1）单张有奖发票奖金所得不超过 800 元（含 800 元）的，暂免征收个人所得税；个人取得单张有奖发票奖金所得超过 800 元的，应全额按照个人所得税法规定的“偶然所得”项目征收个人所得税
（2）购买社会福利有奖募捐奖券、体育彩票一次中奖收入不超过 10 000 元的暂免征收个人所得税，对一次中奖收入超过 10 000 元的，应按税法规定全额征税</td></tr>
<tr><td colspan="2">28. 乡镇企业的职工和农民取得的青苗补偿费</td></tr>
<tr><td colspan="2">29. 对由亚洲开发银行支付给我国公民或国民（包括为亚行执行任务的专家）的薪金和津贴，凡经亚洲开发银行确认这些人员为亚洲开发银行雇员或执行项目专家的，其取得的符合我国税法规定的有关薪金和津贴等报酬</td></tr>
<tr><td colspan="2">30. 对法律援助人员按照《中华人民共和国法律援助法》规定获得的法律援助补贴，免征个人所得税（新增）</td></tr>
<tr><td colspan="2">31. 2020 年 1 月 1 日起至 2023 年 12 月 31 日止：
（1）对参加新冠肺炎疫情防治工作的医务人员和防疫工作者按照政府规定标准取得的临时性工作补助和奖金，免征个人所得税。政府规定标准包括各级政府规定的补助和奖金标准
对省级及省级以上人民政府规定的对参与疫情防控人员的临时性工作补助和奖金，比照执行
（2）单位发给个人用于预防新型冠状病毒感染的肺炎的药品、医疗用品和防护用品等实物（不包括现金），不计入工资、薪金收入，免征个人所得税</td></tr>
<tr><td colspan="2">32. 经国务院财政部门批准免税的所得</td></tr>
</table>

【考点子题——举一反三，真枪实练】

[35]（2017 年 • 单选题）国内某大学教授取得的下列所得中，免予征收个人所得税的是（　）。

A. 因任某高校兼职教授取得的课酬

B. 按规定领取原提存的住房公积金

C. 被学校评为校级优秀教师获得的奖金

D. 因拥有持有期不足1年的某上市公司股票取得的股息

[36]（2020年•单选题）个人取得的下列利息收入中，应缴纳个人所得税的是（ ）。

A. 财政部发行国债的利息 B. 个人教育储蓄存款的利息

C. 企业发行公司债券的利息 D. 国家发行金融债券的利息

[37]（经典例题•单选题）下列项目，不得享受个人所得税免税优惠的有（ ）。

A. 军人的转业费 B. 购买体育彩票一次中奖收入50 000元

C. 个人取得的保险赔款 D. 个人取得的买卖股票的差价收入

考点2 减征个人所得税的优惠

【考点母题——万变不离其宗】减征个人所得税的优惠

<table>
<tr><td colspan="2">下列有关减征个人所得税的说法，正确的有（ ）。</td></tr>
<tr><td colspan="2">A. 个人投资者持有2019—2023年发行的铁路债券取得的利息收入，减按50%计入应纳税所得额计算征收个人所得税</td></tr>
<tr><td colspan="2">B. 自2019年1月1日起至2023年12月31日，一个纳税年度内在船航行时间累计满183天的远洋船员，其取得的工资、薪金收入减按50%计入应纳税所得额，依法缴纳个人所得税</td></tr>
<tr><td colspan="2">C. 自2021年1月1日至2022年12月31日，对个体工商户年应纳税所得额不超过100万元的部分，在现行优惠政策基础上，减半征收个人所得税。个体工商户不区分征收方式，均可享受</td></tr>
<tr><td>D. 有右侧情形之一的，可以减征个人所得税，具体幅度和期限，由省、自治区、直辖市人民政府规定，并报同级人民代表大会常务委员会备案：</td><td>a. 残疾、孤老人员和烈属的所得
b. 因自然灾害遭受重大损失的
c. 国务院可以规定其他减税情形，报全国人民代表大会常务委员会备案</td></tr>
</table>

【考点子题——举一反三，真枪实练】

[38]（经典例题•多选题）下列项目，可以减征个人所得税的有（ ）。

A. 残疾、孤老人员所得

B. 烈属的所得

C. 持有2019—2023年发行的铁路债券取得的利息收入

D. 外籍个人从外商投资企业取得的股息、红利所得

第四节　境外所得的税额扣除

考点1　境外所得的税额扣除

【考点母题——万变不离其宗】境外所得的税额扣除

抵免原则	（1）下列有关境外所得抵免原则说法正确的有（　）。
	A. 基本原则：居民个人从中国境外取得的所得，可以从其应纳税额中抵免已在境外缴纳的个人所得税税额，但抵免额不得超过该纳税人境外所得依照本法规定计算的应纳税额 B. 已在境外缴纳的个人所得税税额，是指居民个人来源于中国境外的所得，依照该所得来源国家（地区）的法律应当缴纳并且实际已经缴纳的所得税税额 C. 纳税人境外所得依照规定计算的应纳税额，是居民个人抵免已在境外缴纳的综合所得、经营所得以及其他所得的所得税税额的限额（简称抵免限额）。除国务院财政、税务主管部门另有规定外，来源于中国境外一个国家（地区）的综合所得抵免限额、经营所得抵免限额以及其他所得抵免限额之和，为来源于该国家（地区）所得的抵免限额 D. 居民个人在中国境外一个国家（地区）实际已经缴纳的个人所得税税额，低于依照前款规定计算出的来源于该国家（地区）所得的抵免限额的，应当在中国缴纳差额部分的税款；超过来源于该国家（地区）所得的抵免限额的，其超过部分不得在本纳税年度的应纳税额中抵免，但是可以在以后纳税年度来源于该国家（地区）所得的抵免限额的余额中补扣，补扣期限最长不得超过五年 E. 居民个人申请抵免已在境外缴纳的个人所得税税额，应当提供境外税务机关出具的税款所属年度的有关纳税凭证
境外来源所得	（2）下列所得，属于来源于中国境外的所得的有（　）。
	A. 因任职、受雇、履约等在中国境外提供劳务取得的所得 B. 中国境外企业以及其他组织支付且负担的稿酬所得 C. 许可各种特许权在中国境外使用而取得的所得 D. 在中国境外从事生产、经营活动而取得的与生产、经营活动相关的所得 E. 从中国境外企业、其他组织以及非居民个人取得的利息、股息、红利所得 F. 将财产出租给承租人在中国境外使用而取得的所得 G. 转让中国境外的不动产、转让对中国境外企业以及其他组织投资形成的股票、股权以及其他权益性资产（以下称权益性资产）或者在中国境外转让其他财产取得的所得 【说明】转让对中国境外企业以及其他组织投资形成的权益性资产，该权益性资产被转让前三年（连续36个公历月份）内的任一时间，被投资企业或其他组织的资产公允价值50%以上直接或间接来自位于中国境内的不动产的，取得的所得为来源于中国境内的所得。 H. 中国境外企业、其他组织以及非居民个人支付且负担的偶然所得

续表

分项计算当期境外所得应纳税额	（3）下列关于居民个人计算当期境内和境外所得应纳税额的方法正确的有（　　）。
	A. 居民个人来源于中国境外的综合所得，应当与境内综合所得合并计算应纳税额 B. 居民个人来源于中国境外的经营所得，应当与境内经营所得合并计算应纳税额 【说明】居民个人来源于境外的经营所得，按照《个人所得税法》及其《实施条例》的有关规定计算的亏损，不得抵减其境内或他国（地区）的应纳税所得额，但可以用来源于同一国家（地区）以后年度的经营所得按中国税法规定弥补。 C. 居民个人来源于中国境外的利息、股息、红利所得，财产租赁所得，财产转让所得和偶然所得（以下称其他分类所得），不与境内所得合并，应当分别单独计算应纳税额
分来源国计算境外所得抵免限额	（4）下列关于境外所得抵免限额说法正确的有（　　）。
	A. 居民个人在一个纳税年度内来源于中国境外的所得，应区分来源国即依照所得来源国家（地区）税收法律规定在中国境外已缴纳的所得税税额允许在抵免限额内从其该纳税年度应纳税额中抵免
	B. 居民个人来源于一国（地区）的综合所得、经营所得以及其他分类所得项目的应纳税额为其抵免限额，按照下列公式计算： （1）来源于一国（地区）综合所得的抵免限额 = 中国境内和境外综合所得依照规定计算的综合所得应纳税额 × 来源于该国（地区）的综合所得收入额 ÷ 中国境内和境外综合所得收入额合计 （2）来源于一国（地区）经营所得的抵免限额 = 中国境内和境外经营所得依规定计算的经营所得应纳税额 × 来源于该国（地区）的经营所得应纳税所得额 ÷ 中国境内和境外经营所得应纳税所得额合计 （3）来源于一国（地区）其他分类所得的抵免限额 = 该国（地区）的其他分类所得依照规定计算的应纳税额 （4）来源于一国（地区）所得的抵免限额 = 来源于该国（地区）综合所得抵免限额 + 来源于该国（地区）经营所得抵免限额 + 来源于该国（地区）其他分类所得抵免限额
	【典型例题】居民个人王某 2022 年取得境内工资收入 135 000 元，单位代扣“三险一金”15 000 元。王某还从境外甲国获得劳务报酬收入折合人民币 50 000 元、稿酬收入折合人民币 20 000 元和利息收入折合人民币 10 000 元。并分别就这三项收入在甲国缴纳税款 10 000 元、1 000 元和 2 000 元。假设除居民个人年度费用扣除标准 60 000 元、专项扣除 15 000 元和某专项附加扣除 12 000 元外，不考虑其他费用扣除和境内预缴税额。因此王某 2022 年来源于甲国的所得抵免限额计算过程如下： （1）王某 2022 年境内、外全部综合所得收入额 =135 000+50 000 ×（1−20%）+20 000 ×（1−20%）× 70%=186 200（元） （2）王某 2022 年境内、外全部综合所得应纳税额 =（186 200−60 000−15 000−12 000）× 10%−2 520=7 400（元） （3）王某 2022 年来源于甲国综合所得抵免限额 =7 400 ×（40 000+11 200）÷（135 000+400 00+11 200）=2 034.8（元） （4）王某 2022 年来源于甲国其他分类所得抵免限额 =10 000 × 20%=2 000（元） （5）王某 2022 年来源于甲国所得的抵免限额 =2 034.80+2 000=4 034.8（元）

续表

<table>
<tr><td rowspan="3">可抵免的境外所得税税额的确定</td><td>可抵免的境外所得税税额，是指居民个人取得境外所得，依照该所得来源国（地区）税法应当缴纳且实际已经缴纳的所得税性质的税额</td></tr>
<tr><td>（5）下列境外所得税额，不能抵免的有（　　）。</td></tr>
<tr><td>A. 按照境外所得税法律属于错缴或错征的境外所得税税额
B. 按照与我国政府签订的避免双重征税协定以及内地与香港、澳门签订的避免双重征税安排（以下统称税收协定）规定不应征收的境外所得税税额
C. 因少缴或迟缴境外所得税而追加的利息、滞纳金或罚款
D. 境外所得税纳税人或者其利害关系人从境外征税主体得到实际返还或补偿的境外所得税税款
E. 按照我国《个人所得税法》及其《实施条例》规定，已经免税的境外所得负担的境外所得税税款</td></tr>
<tr><td>享受协定待遇的规定</td><td>居民个人从与我国签订税收协定的国家（地区）取得的所得，按照该国（地区）税收法律享受免税或减税待遇，且该免税或减税的数额按照税收协定饶让条款规定应视同已缴税额在中国的应纳税额中抵免的，该免税或减税数额可作为居民个人实际缴纳的境外所得税税额按规定申报税收抵免</td></tr>
<tr><td rowspan="2">征收管理</td><td>（6）下列关于居民个人境外所得税收征管的表述，正确的有（　　）。</td></tr>
<tr><td>A. 居民个人从中国境外取得所得的，应当在取得所得的次年3月1日至6月30日内申报纳税（申报时间）
B. 居民个人取得境外所得，应当向中国境内任职、受雇单位所在地主管税务机关办理纳税申报；在中国境内没有任职、受雇单位的，向户籍所在地或中国境内经常居住地主管税务机关办理纳税申报；户籍所在地与中国境内经常居住地不一致的，选择其中一地主管税务机关办理纳税申报；在中国境内没有户籍的，向中国境内经常居住地主管税务机关办理纳税申报（申报地点）
C. 居民个人取得境外所得的境外纳税年度与公历年度不一致的，取得境外所得的境外纳税年度最后一日所在的公历年度，为境外所得对应的我国纳税年度（年度判定规则）
D. 居民个人已申报境外所得、未进行税收抵免，在以后纳税年度取得纳税凭证并申报境外所得税收抵免的，可以追溯至该境外所得所属纳税年度进行抵免，但追溯年度不得超过五年。自取得该项境外所得的五个年度内，境外征税主体出具的税款所属纳税年度纳税凭证载明的实际缴纳税额发生变化的，按实际缴纳税额重新计算并办理补退税，不加收税收滞纳金，不退还利息（追溯抵免）
E. 居民个人被境内企业、单位、其他组织（以下称派出单位）派往境外工作，取得的工资、薪金所得或者劳务报酬所得，由派出单位或者其他境内单位支付或负担的，派出单位或者其他境内单位应按照《个人所得税法》及其《实施条例》规定预扣预缴税款（预扣预缴）
【说明】居民个人被派出单位派往境外工作，取得的工资、薪金所得或者劳务报酬所得，由境外单位支付或负担的，如果境外单位为境外任职、受雇的中方机构（以下称中方机构）的，可以由境外任职、受雇的中方机构预扣税款，并委托派出单位向主管税务机关申报纳税。中方机构未预扣税款的或者境外单位不是中方机构的，派出单位应当于次年2月28日前向其主管税务机关报送外派人员情况，包括：外派人员的姓名、身份证件类型及身份证件号码、职务、派往国家和地区、境外工作单位名称和地址、派遣期限、境内外收入及缴税情况等。</td></tr>
</table>

【考点子题——举一反三，真枪实练】

[39]（经典例题•多选题）下列所得，不论支付地点是否在中国境外，均为来源于中国境外的所得（　）。

A. 因任职、受雇、履约等而在中国境外提供劳务取得的所得

B. 将财产出租给承租人在中国境外使用而取得的所得

C. 转让中国境外的建筑物取得的所得

D. 从中国境外的公司取得的利息、股息、红利所得

[40]（经典例题•多选题）个人取得的下列所得中，应确定为来源于中国境外所得的是（　）。

A. 在境外媒体发表文章由境内总机构支付的稿酬所得

B. 拥有的专利在境外使用而取得的所得

C. 从境外上市公司取得的股息所得

D. 将境内房产转让给外国人取得的所得

[41]（经典例题•单选题）假定某中国居民个人2022年5月转让美国一套私有住房取得400万元（折合人民币，下同），该住房的买价和转让时发生的费用共计350万元，已被扣缴个人所得税5万元；同月还从英国取得股息所得20万元，已被扣缴个人所得税1万元。经核查境外完税凭证无误，依照现行税法规定，该居民个人在我国应补缴个人所得税为（　）万元。（以上货币均为人民币）

A. 6　　B. 8　　C. 5　　D. 10

[42]（经典例题•单选题）2022年中国居民个人张三在A国转让股权应纳税所得额40 000元，按A国税法规定缴纳了个人所得税6 500元；在A国还取得偶然所得10 000元，按A国税法规定缴纳了个人所得税3 000元。张三当年在国内外没有其他所得项目，则张三在我国2022年可以抵免的境外个人所得税为（　）元。（以上货币均为人民币）

A. 10 000　　B. 9 500　　C. 6 500　　D. 3 000

第五节　应纳税额计算中的特殊问题处理

考点1　关于全年一次性奖金、中央企业负责人年度绩效薪金延期兑现收入和任期奖励的规定

【考点母题——万变不离其宗】关于全年一次性奖金、中央企业负责人年度绩效薪金延期兑现收入和任期奖励的规定

全年一次性奖金计税方法	（1）下列各项，属于全年一次性奖金的有（　）。
	A. 年终加薪
	B. 实行年薪制和绩效工资办法的单位根据考核情况兑现的年薪和绩效工资
	（2）下列有关全年一次性奖金计税方法，说法正确的有（　）。
	A. 居民个人取得全年一次性奖金，在2023年12月31日前，可选择不并入当年综合所得（当然也可选择并入），将居民个人取得的全年一次性奖金，除以12个月，按其商数依照按月换算后的综合所得税率表确定适用税率和速算扣除数，由扣缴义务人发放时代扣代缴 B. 在一个纳税年度内，对每一个纳税人，该计税办法只允许采用一次 C. 居民个人取得除全年一次性奖金以外的其他各种名目奖金，如半年奖、季度奖、加班奖、先进奖、考勤奖等，一律与当月工资、薪金收入合并，按税法规定缴纳个人所得税
	【典型例题】假定中国居民个人李某2022年在我国境内1~12月每月的税后工资为5 200元，12月31日又一次性领取年终含税奖金60 000元。请计算李某取得年终奖金应缴纳的个人所得税。 （1）年终奖金适用的税率和速算扣除数为： 按12个月分摊后，每月的奖金=60 000÷12=5 000（元），根据工资、薪金七级超额累进税率的规定，适用的税率和速算扣除数分别为10%、210元。 （2）年终奖应缴纳个人所得税为： 应纳税额=年终奖金收入×适用的税率－速算扣除数=60 000×10%−210=6 000−210=5 790（元）

续表

	《国资委管理的中央企业名单》中的下列人员，在2023年12月31日前，中央企业负责人任期结束后取得的绩效薪金40%部分和任期奖励，参照居民个人取得全年一次性奖金的计税规定执行
中央企业负责人取得年度绩效薪金延期兑现收入和任期奖励的规定	（3）下列属于中央企业负责人的有（　）。
	A. 国有独资企业和未设董事会的国有独资公司的总经理（总裁）、副总经理（副总裁）、总会计师 B. 设董事会的国有独资公司（国资委确定的董事会试点企业除外）的董事长、副董事长、董事、总经理（总裁）、副总经理（副总裁）、总会计师 C. 国有控股公司国有股权代表出任的董事长、副董事长、董事、总经理（总裁），列入国资委党委管理的副总经理（副总裁）、总会计师 D. 国有独资企业、国有独资公司和国有控股公司党委（党组）书记、副书记、常委（党组成员）、纪委书记（纪检组长） 【说明】在任期内，其取得绩效薪金的60%，发放时并入工资、薪金所得。

【考点子题——举一反三，真枪实练】

[43]（2014年•单选题）张某就职于境内某网络公司。2022年12月公司拟对其发放全年一次性奖金60 000元。若采取单独计算的方式，计算全年一次性奖金缴纳的个人所得税是（　）。

A. 5 790　　B. 6 530　　C. 7 350　　D. 8 530

考点2 雇主为雇员承担全年一次性奖金部分税款有关个人所得税的计算方法

【考点题源】雇主为雇员承担全年一次性奖金部分税款有关个人所得税的计算方法

1. 雇主为雇员负担全年一次性奖金部分个人所得税款，属于雇员又额外增加了收入，应将雇主负担的这部分税款并入雇员的全年一次性奖金，换算为应纳税所得额后，按照规定方法计征个人所得税	
2. 将不含税全年一次性奖金换算为应纳税所得额的计算方法	（1）雇主为雇员定额负担税款的计算公式： 应纳税所得额 = 雇员取得的全年一次性奖金 + 雇主替雇员定额负担的税款 （2）雇主为雇员按一定比例负担税款的计算公式： ①查找不含税全年一次性奖金的适用税率和速算扣除数。 未含雇主负担税款的全年一次性奖金收入 ÷12，根据其商数找出不含税级距对应的适用税率A和速算扣除数A。 ②计算含税全年一次性奖金。 应纳税所得额 =（未含雇主负担税款的全年一次性奖金收入 - 不含税级距的速算扣除数A× 雇主负担比例）÷（1- 不含税级距的适用税率A× 雇主负担比例）
3. 对上述应纳税所得额，扣缴义务人应扣缴税款的计算方法	将应纳税所得额 ÷12，根据其商数找出对应的适用税率A和速算扣除数B，据以计算税款。计算公式为： 应纳税额 = 应纳税所得额 × 适用税率A- 速算扣除数B 实际缴纳税额 = 应纳税额 - 雇主为雇员负担的税额

续表

4. 雇主为雇员负担的个人所得税款，应属于个人工资、薪金的一部分。凡单独作为企业管理费列支的，在计算企业所得税时不得税前扣除
【典型例题】某企业职工李某，2022 年度每月工资收入 15 000 元，2022 年 12 月发放全年一次性奖金 60 000 元。假设：该公司为李某负担全年一次性奖的个人所得税 1 000 元，其余在支付奖金时向李某扣缴。 （1）应纳税所得额 = 雇员取得的全年一次性奖金 + 雇主替雇员定额负担的税款 =60 000+1 000=61 000（元） （2）查找税率及速算扣扣除数：61 000 ÷ 12=5 083.33，适用税率为 10% 和速算扣除数为 210。 （3）应纳税额 = 应纳税所得额 × 适用税率 − 速算扣除数 =61 000 × 10%−210=5 890（元） 李某实际缴纳税额 = 应纳税额 − 雇主为雇员负担的税额 =5 890−1 000=4 890（元）

考点 3　关于重点群体创业就业有关个人所得税的规定

【考点题源】关于重点群体创业就业有关个人所得税的规定

1. 自 2019 年 1 月 1 日至 2025 年 12 月 31 日，对建档立卡贫困人口、持《就业创业证》（注明“自主创业税收政策”或“毕业年度内自主创业税收政策”）或《就业失业登记证》（注明“自主创业税收政策”）的人员从事个体经营的，在 3 年（36 个月，下同）内按每户每年 12 000 元为限额依次扣减其当年实际应缴纳的增值税、城市维护建设税、教育费附加、地方教育附加和个人所得税。限额标准最高可上浮 20%，各省、自治区、直辖市人民政府可根据本地区实际情况在此幅度内确定具体限额标准
2. 纳税人年度应缴纳税款小于上述扣减限额的，以其实际缴纳的税款为限；大于上述扣减限额的，以上述扣减限额为限
3. 上述税收优惠政策在 2021 年 12 月 31 日未享受满 3 年的，可继续享受至 3 年期满为止

考点 4　关于自主择业的军队转业干部和随军家属就业，以及自主就业退役士兵创业就业有关个人所得税的规定

【考点题源】关于自主择业的军队转业干部和随军家属就业，以及自主就业退役士兵创业就业有关个人所得税的规定

1. 2019 年 1 月 1 日至 2021 年 12 月 31 日，对从事个体经营的军队转业干部和随军家属，自领取税务登记证之日起，3 年内免征个人所得税
2. 自主择业的军队转业干部必须持有师以上部队颁发的转业证件；随军家属必须有师以上政治机关出具的可以表明其身份的证明，但税务部门应进行相应的审查认定
3. 每一位随军家属只能享受一次上述免税政策

考点5 关于廉租住房、公租房、居民换购住房的个人所得税规定

【考点题源】关于廉租住房、公租房的个人所得税规定

廉租住房、公租房	1. 对个人按规定取得的廉租住房货币补贴，免征个人所得税；对于所在单位以廉租住房名义发放的不符合规定的补贴，应征收个人所得税 2. 个人捐赠住房作为廉租住房、公租房的，捐赠额未超过其申报的应纳税所得额30%的部分，准予从其应纳税所得额中扣除
居民换购住房（新增）	1. 自2022年10月1日至2023年12月31日，对出售自有住房并在现住房出售后1年内在市场重新购买住房的纳税人，对其出售现住房已缴纳的个人所得税予以退税优惠。其中，新购住房金额大于或等于现住房转让金额的，全部退还已缴纳的个人所得税；新购住房金额小于现住房转让金额的，按新购住房金额占现住房转让金额的比例退还出售现住房已缴纳的个人所得税
	2. 纳税人换购住房个人所得税退税额的计算公式为： 新购住房金额大于或等于现住房转让金额的，退税金额＝现住房转让时缴纳的个人所得税； 新购住房金额小于现住房转让金额的，退税金额＝（新购住房金额÷现住房转让金额）×现住房转让时缴纳的个人所得税 【说明】现住房转让金额和新购住房金额与核定计税价格不一致的，以核定计税价格为准。 现住房转让金额和新购住房金额均不含增值税 现住房转让金额为该房屋转让的市场成交价格
	3. 享受上述优惠政策的纳税人须同时满足以下条件： （1）纳税人出售和重新购买的住房应在同一城市范围内。同一城市范围是指同一直辖市、副省级城市、地级市（地区、州、盟）所辖全部行政区划范围。 （2）出售自有住房的纳税人与新购住房之间须直接相关，应为新购住房产权人或产权人之一。对于出售多人共有住房或新购住房为多人共有的，应按照纳税人所占产权份额确定该纳税人现住房转让金额或新购住房金额
	4. 出售现住房的时间，以纳税人出售住房时个人所得税完税时间为准
	5. 纳税人申请享受居民换购住房个人所得税退税政策的，应当依法缴纳现住房转让时涉及的个人所得税，并完成不动产权属变更登记；新购住房为二手房的，应当依法缴纳契税并完成不动产权属变更登记；新购住房为新房的，应当按照当地住房城乡建设部门要求完成房屋交易合同备案
	6. 纳税人享受居民换购住房个人所得税退税政策的，应当向征收现住房转让所得个人所得税的主管税务机关提出申请，填报《居民换购住房个人所得税退税申请表》，并应提供下列资料：（1）纳税人身份证件；（2）现住房的房屋交易合同；（3）新购住房为二手房的，提供房屋交易合同、不动产权证书及其复印件；（4）新购住房为新房的，提供经住房城乡建设部门备案（网签）的房屋交易合同及其复印件

第5章

续表

居民换购住房（新增）	7. 税务机关运用住房城乡建设部门共享的房屋交易合同备案等信息开展退税审核。经审核符合退税条件的，按照规定办理退税；经审核不符合退税条件的，依法不予退税
	8. 纳税人因新购住房的房屋交易合同解除、撤销或无效等原因导致不再符合退税政策享受条件的，应当在合同解除、撤销或无效等情形发生的次月 15 日内向主管税务机关主动缴回已退税款
个人捐赠住房作为廉租住房、公租房的，捐赠额未超过其申报的应纳税所得额 30% 的部分，准予从其应纳税所得额中扣除	

考点 6　关于国际组织驻华机构、外国政府驻华使领馆和驻华新闻机构雇员个人所得税的规定

【考点母题——万变不离其宗】关于国际组织驻华机构、外国政府驻华使领馆和驻华新闻机构雇员个人所得税的规定

根据个人所得税的规定，下列说法正确的有（　）。
A. 对于在国际组织驻华机构、外国政府驻华使领馆中工作的中方雇员和在外国驻华新闻机构的中外籍雇员，均应按照《中华人民共和国个人所得税法》规定缴纳个人所得税
B. 对于仅在国际组织驻华机构和外国政府驻华使领馆中工作的外籍雇员，暂不征收个人所得税
C. 在中国境内，若国际驻华机构和外国政府驻华使领馆中工作的外交人员、外籍雇员在该机构或使领馆之外，从事非公务活动所取得的收入，应缴纳个人所得税

考点 7　在外商投资企业、外国企业和外国驻华机构工作的中方人员取得工资、薪金所得

【考点母题——万变不离其宗】在外商投资企业、外国企业和外国驻华机构工作的中方人员取得工资、薪金所得

根据个人所得税的规定，下列说法正确的有（　）。
A. 在外商投资企业、外国企业和外国驻华机构工作的中方人员取得的工资、薪金收入，凡是由雇用单位和派遣单位分别支付的，支付单位应按税法规定代扣代缴个人所得税 B. 由雇用单位在支付工资、薪金时，按税法规定减除费用，计算扣缴个人所得税；派遣单位支付的工资、薪金不再减除费用，以支付金额直接确定适用税率，计算扣缴个人所得税 C. 对外商投资企业、外国企业和外国驻华机构发放给中方工作人员的工资、薪金所得，应全额征税。但对可以提供有效合同或有关凭证，能够证明其工资、薪金所得的一部分按照有关规定上缴派遣（介绍）单位的，可扣除其实际上缴的部分，按其余额计征个人所得税

续表

<table>
<tr><td>【典型例题】王某为一外商投资企业雇用的中方人员，假定 2022 年 1 月，该外商投资企业支付给王某的薪金为 7 500 元，同月，王某还收到其所在的派遣单位发给的扣完“三险一金”后的工资 3 900 元。请问：当月该外商投资企业、派遣单位应如何扣缴个人所得税？（不考虑王某应享受的专项附加扣除和依法确定的其他扣除）
1 月外商投资企业应为王某扣缴的个人所得税为：扣缴税额 =（每月收入额 −5 000）× 适用税率 − 速算扣除数 =（7 500−5 000）×3%−0=75（元）
1 月派遣单位应为王某扣缴的个人所得税为：扣缴税额 = 每月收入额 × 适用税率 − 速算扣除数 =3 900×3%−0=117（元）</td></tr>
</table>

考点 8 关于非居民个人和无住所居民个人有关个人所得税的政策

【考点母题——万变不离其宗】无住所个人（非高管）所得来源地的确定和收入额计算

<table>
<tr><td rowspan="2">工资、薪金所得来源地的确定</td><td colspan="5">下列有关无住所个人工资、薪金所得来源地的确定，说法正确的有（　）。</td></tr>
<tr><td colspan="5">A. 个人取得归属于中国境内（以下称境内）工作期间的工资、薪金所得为来源于境内的工资、薪金所得
B. 境内工作期间按照个人在境内工作天数计算，包括其在境内的实际工作日以及境内工作期间在境内、境外享受的公休假、个人休假、接受培训的天数
C. 在境内、境外单位同时担任职务或者仅在境外单位任职的个人，在境内停留当天不足 24 小时的，按照半天计算境内工作天数
D. 无住所个人在境内、境外单位同时担任职务或者仅在境外单位任职，且当期同时在境内、境外工作的，按照工资、薪金所属境内、境外工作天数占当期公历天数的比例计算确定来源于境内、境外工资、薪金所得的收入额。境外工作天数按照当期公历天数减去当期境内工作天数计算</td></tr>
<tr><td rowspan="6">非居民个人收入额的计算（非高管）</td><td rowspan="2">境内居住时间</td><td colspan="2">境内所得</td><td colspan="2">境外所得</td></tr>
<tr><td>境内支付</td><td>境外支付（非境内负担）</td><td>境内支付</td><td>境外支付</td></tr>
<tr><td>累计不超过 90 天</td><td>交税（a）</td><td>免税</td><td colspan="2" rowspan="2">不承担纳税义务</td></tr>
<tr><td>累计超过 90 天不满 183 天</td><td colspan="2">交税（b）</td></tr>
<tr><td colspan="5">（a）公式：
$$当月工资薪金收入 = 当月境内外工资薪金总额 \times \frac{当月境内支付工资薪金数额}{当月境内外工资薪金总额} \times \frac{当月工资薪金所属工作期间境内工作天数}{当月工资薪金所属工作期间公历天数}$$</td></tr>
<tr><td colspan="5">（b）公式：
$$当月工资薪金收入额 = 当月境内外工资薪金总额 \times \frac{当月工资薪金所属工作期间境内工作天数}{当月工资薪金所属工作期间公历天数}$$</td></tr>
</table>

续表

<table>
<tr><td rowspan="7">无住所居民个人收入额的计算（非高管）</td><td rowspan="2">境内居住时间</td><td colspan="2">境内所得</td><td colspan="2">境外所得</td></tr>
<tr><td>境内支付</td><td>境外支付</td><td>境内支付</td><td>境外支付</td></tr>
<tr><td>累计满 183 天的年度连续不满 6 年</td><td colspan="3">交税（c）</td><td>免税</td></tr>
<tr><td>累计满 183 天的年度连续满 6 年</td><td colspan="4">交税</td></tr>
<tr><td colspan="5">（c）公式：
$$当月工资薪金收入额 = 当月境内外工资薪金总额 \times \frac{当月境外支付工资薪金数额}{当月境内外工资薪金总额} \times \frac{当月工资薪金所属工作期间境外工作天数}{当月工资薪金所属工作期间公历天数}$$</td></tr>
<tr><td colspan="5">【说明】无住所个人一个纳税年度在中国境内累计居住满 183 天的，如果此前 6 年在中国境内每年累计居住天数都满 183 天而且没有任何一年单次离境超过 30 天，该纳税年度来源于中国境内、境外所得应当缴纳个人所得税；如果此前 6 年的任一年在中国境内累计居住天数不满 183 天或者单次离境超过 30 天，该纳税年度来源于中国境外且由境外单位或者个人支付的所得，免予缴纳个人所得税。</td></tr>
</table>

【考点题源】董事、监事及高层管理人员取得报酬所得来源地的规定和收入额计算

<table>
<tr><td colspan="6">对于担任境内居民企业的董事、监事及高层管理职务的个人（以下统称高管人员），无论是否在境内履行职务，取得由境内居民企业支付或者负担的董事费、监事费、工资、薪金或者其他类似报酬（以下统称高管人员报酬，包含数月奖金和股权激励），属于来源于境内的所得</td></tr>
<tr><td rowspan="4">非居民个人高管</td><td rowspan="2">境内居住时间</td><td colspan="2">境内所得</td><td colspan="2">境外所得</td></tr>
<tr><td>境内支付</td><td>境外支付</td><td>境内支付</td><td>境外支付</td></tr>
<tr><td>累计不超过 90 天</td><td>交税</td><td>免税</td><td>交税</td><td rowspan="2">不承担纳税义务</td></tr>
<tr><td>累计超过 90 天不满 183 天</td><td colspan="3">交税（c）</td></tr>
<tr><td>无住所居民个人高管</td><td colspan="5">工资、薪金收入额按照“无住所居民个人收入额的计算（非高管）”规定计算纳税</td></tr>
</table>

【考点题源】数月奖金、股权激励以及稿酬所得来源地的规定

<table>
<tr><td>数月奖金以及股权激励</td><td>（1）无住所个人取得的数月奖金或者股权激励所得按照前述“无住所个人（非高管）所得来源地”的规定确定所得来源地的，无住所个人在境内履职或者执行职务时收到的数月奖金或者股权激励所得，归属于境外工作期间的部分，为来源于境外的工资、薪金所得
（2）无住所个人停止在境内履约或者执行职务离境后收到的数月奖金或者股权激励所得，对属于境内工作期间的部分，为来源于境内的工资、薪金所得</td></tr>
<tr><td>稿酬</td><td>由境内企业、事业单位、其他组织支付或者负担的稿酬所得，为来源于境内的所得</td></tr>
</table>

【考点题源】关于无住所个人税款计算

1. 无住所居民个人税款	(1) 无住所居民个人取得综合所得，年度终了后，应按年计算个人所得税；有扣缴义务人的，由扣缴义务人按月或者按次预扣预缴税款；需要办理汇算清缴的，按照规定办理汇算清缴，年度综合所得应纳税额计算公式如下： 年度综合所得应纳税额 =（年度工资、薪金收入额 + 年度劳务报酬收入额 + 年度稿酬收入额 + 年度特许权使用费收入额 − 减除费用 − 专项扣除 − 专项附加扣除 − 依法确定的其他扣除）× 适用税率 − 速算扣除数 (2) 无住所居民个人为外籍个人的，2022 年 1 月 1 日前计算工资、薪金收入额时，已经按规定减除住房补贴、子女教育费、语言训练费等八项津补贴的，不能同时享受专项附加扣除。 (3) 年度工资、薪金，劳务报酬，稿酬，特许权使用费收入额分别按年度内每月工资、薪金以及每次劳务报酬、稿酬、特许权使用费收入额合计数额计算
2. 非居民个人税款	(1) 非居民个人当月取得工资、薪金所得，以按照前述规定计算的当月收入额，减去税法规定的减除费用后的余额，为应纳税所得额，适用按月换算后的综合所得税率表计算应纳税额 (2) 非居民个人一个月内取得数月奖金，单独按照前述规定计算当月收入额，不与当月其他工资、薪金合并，按 6 个月分摊计税，不减除费用，适用月度税率表计算应纳税额，在一个公历年度内，对每一个非居民个人，该计税办法只允许适用一次。计算公式如下： 当月数月奖金应纳税额 =［(数月奖金收入额 ÷6) × 适用税率 − 速算扣除数］×6 (3) 非居民个人一个月内取得股权激励所得，单独按照前述规定计算当月收入额，不与当月其他工资、薪金合并，按 6 个月分摊计税（一个公历年度内的股权激励所得应合并计算），不减除费用，适用月度税率表计算应纳税额，计算公式如下： 当月股权激励所得应纳税额 =［(本公历年度内股权激励所得合计额 ÷6) × 适用税率 − 速算扣除数］×6− 本公历年度内股权激励所得已纳税额 (4) 非居民个人取得来源于境内的劳务报酬所得、稿酬所得、特许权使用费所得，以税法规定的每次收入额为应纳税所得额，适用月度税率表计算应纳税额

【考点母题——万变不离其宗】关于无住所个人适用税收协定

下列有关无住所个人适用税收协定的说法，正确的有（　）。	
A. 关于无住所个人适用受雇所得条款的规定	a. 无住所个人享受境外受雇所得协定待遇 境外受雇所得协定待遇，是指按照税收协定受雇所得条款规定，对方税收居民个人在境外从事受雇活动取得的受雇所得，可不缴纳个人所得税。无住所个人为对方税收居民个人，其取得的工资、薪金所得可享受境外受雇所得协定待遇的，可不缴纳个人所得税。工资、薪金收入额计算适用前述公式（b）
	b. 无住所个人享受境内受雇所得协定待遇 所称境内受雇所得协定待遇，是指按照税收协定受雇所得条款规定，在税收协定规定的期间内境内停留天数不超过 183 天的对方税收居民个人，在境内从事受雇活动取得受雇所得，不是由境内居民雇主支付或者代其支付的，也不是由雇主在境内常设机构负担的，可不缴纳个人所得税。无住所个人为对方税收居民个人，其取得的工资、薪金所得可享受境内受雇所得协定待遇的，可不缴纳个人所得税。工资、薪金收入额计算适用前述公式（a）

续表

B. 关于无住所个人适用独立个人劳务或者营业利润条款的规定	a. 独立个人劳务或者营业利润协定待遇，是指按照税收协定独立个人劳务或者营业利润条款规定，对方税收居民个人取得的独立个人劳务所得或者营业利润符合税收协定规定条件的，可不缴纳个人所得税 b. 无住所居民个人为对方税收居民个人，其取得的劳务报酬所得、稿酬所得可享受独立个人劳务或者营业利润协定待遇的，在预扣预缴和汇算清缴时，可不缴纳个人所得税 c. 非居民个人为对方税收居民个人，其取得的劳务报酬所得、稿酬所得可享受独立个人劳务或者营业利润协定待遇的，在取得所得时可不缴纳个人所得税
C. 关于无住所个人适用董事费条款的规定	对方税收居民个人为高管人员，该个人适用的税收协定未纳入董事费条款，或者虽然纳入董事费条款但该个人不适用董事费条款，且该个人取得的高管人员报酬可享受税收协定受雇所得、独立个人劳务或者营业利润条款规定待遇的，该个人取得的高管人员报酬可分别按照以上A、B项规定执行
D. 关于无住所个人适用特许权使用费或者技术服务费条款的规定	a. 特许权使用费或者技术服务费协定待遇，是指按照税收协定特许权使用费或者技术服务费条款规定，对方税收居民个人取得符合规定的特许权使用费或者技术服务费，可按照税收协定规定的计税所得额和征税比例计算纳税 b. 无住所居民个人为对方税收居民个人，其取得的特许权使用费所得、稿酬所得或者劳务报酬所得可享受特许权使用费或者技术服务费协定待遇的，可不纳入综合所得，在取得当月按照税收协定规定的计税所得额和征税比例计算应纳税额，并预扣预缴税款

考点9 对个人因解除劳动合同取得经济补偿金的征税方法

【考点母题——万变不离其宗】对个人因解除劳动合同取得经济补偿金的征税方法

下列有关个人因解除劳动合同取得经济补偿金的征税方法，说法正确的有（ ）。
A. 企业依照国家有关法律规定宣告破产，企业职工从该破产企业取得的一次性安置费收入，免征个人所得税
B. 个人因与用人单位解除劳动关系而取得的一次性补偿收入（包括用人单位发放的经济补偿金、生活补助费和其他补助费用），其收入在当地上年职工平均工资3倍数额以内的部分，免征个人所得税；超过3倍数额的部分，不并入当年综合所得，单独适用综合所得税率表（见表5-3），计算纳税。个人在解除劳动合同后又再次任职、受雇的，已纳税的一次性补偿收入不再与再次任职、受雇的工资、薪金所得合并计算补缴个人所得税
C. 个人领取一次性补偿收入时按照国家和地方政府规定的比例实际缴纳的住房公积金、医疗保险费、基本养老保险费、失业保险费，可以在计征其一次性补偿收入的个人所得税时予以扣除
【典型例题】2022年2月，某单位为减员增效与在单位工作了8年的李某解除劳动关系，李某取得一次性补偿收入23万元，当地上年职工平均工资70 000元，则李某该项收入应纳的个人所得税是多少？ （1）计算免征额=70 000×3=210 000（元） （2）应纳税所得额=230 000-210 000=20 000（元） （3）应纳税额=20 000×3%=600（元）

考点10 关于企业减员增效和行政事业单位、社会团体在机构改革过程中实行内部退养办法人员取得收入的征税问题

【考点题源】关于企业减员增效和行政事业单位、社会团体在机构改革过程中实行内部退养办法人员取得收入的征税问题

实行内部退养的个人在其办理内部退养手续后至法定离退休年龄之间从原任职单位取得的工资、薪金，不属于离退休工资，应按“工资、薪金所得”项目计征个人所得税

考点11 个人提前退休取得补贴收入征收个人所得税的规定

【考点题源】个人提前退休取得补贴收入征收个人所得税的规定

个人提前退休取得一次性补贴收入征收个人所得税按以下规定执行：个人办理提前退休手续而取得的一次性补贴收入，应按照办理提前退休手续至法定离退休年龄之间实际年度数平均分摊，确定适用税率和速算扣除数，单独适用综合所得税率表（见表5-3），计算纳税。计算公式：

应纳税额={〔（一次性补贴收入 ÷ 办理提前退休手续至法定退休年龄的实际年度数）－费用扣除标准〕× 适用税率－速算扣除数}× 办理提前退休手续至法定退休年龄的实际年度数

【典型例题】某甲因身体原因，符合“30年以上工龄可申请提前退休”的条件。2022年12月办理提前退休手续（距正常退休提前3年），取得单位按照统一标准发放的一次性补贴收入60 000元。

（1）将一次性补贴收入按办理提前退休手续至法定离退休年龄之间的实际年度数平均分摊：60 000÷3=20 000（元）

（2）由于该平均数20 000元小于60 000元基本费用扣除标准，该项按照统一标准发放的提前退休一次性补贴收入不必缴纳个人所得税。

【考点子题——举一反三，真枪实练】

[44]（2012年·单选题）某国有企业职工张某，于2022年2月因健康原因办理了提前退休手续（至法定退休年龄尚有2年），取得单位按照统一标准支付的一次性补贴15万元。则张某2022年2月应缴纳的个人所得税合计为（　）元。

A. 300　　B. 600　　C. 900　　D. 1 500

考点12 企业年金、职业年金个人所得税的规定

【考点母题——万变不离其宗】企业年金、职业年金个人所得税的规定

下列有关企业年金、职业年金个人所得税的规定，说法正确的有（　）。

续表

A. 企业和事业单位（以下统称单位）根据国家有关政策规定的办法和标准，为在本单位任职或者受雇的全体职工缴付的企业年金或职业年金单位缴费部分，在计入个人账户时，个人暂不缴纳个人所得税 B. 个人根据国家有关政策规定缴付的年金个人缴费部分，在不超过本人缴费工资计税基数的 4% 标准内的部分，暂从个人当期的应纳税所得额中扣除 C. 超过上述 A 项和 B 项规定的标准缴付的年金单位缴费和个人缴费部分，应并入个人当期的工资、薪金所得，依法计征个人所得税 【说明】 1. 企业年金个人缴费工资计税基数为本人上一年度月平均工资。月平均工资按国家统计局规定列入工资总额统计的项目计算。月平均工资超过职工工作地所在设区城市上一年度职工月平均工资 300% 以上的部分，不计入个人缴费工资计税基数。 2. 职业年金个人缴费工资计税基数为职工岗位工资和薪级工资之和。职工岗位工资和薪级工资之和超过职工工作地所在设区城市上一年度职工月平均工资 300% 以上的部分，不计入个人缴费工资计税基数。 D. 年金基金投资运营收益分配计入个人账户时，个人暂不缴纳个人所得税 E. 个人达到国家规定的退休年龄，领取的企业年金、职业年金，符合规定的，不并入综合所得，全额单独计算应纳税款

【考点子题——举一反三，真枪实练】

［45］（经典例题•单选题）下列关于年金的个人所得税的处理中，正确的是（　）。

A. 个人按本人缴费工资计税基数的 5% 缴纳的年金，在计算个人所得税时可全额扣除

B. 个人按本人缴费工资计税基数缴纳的年金，在计算个人所得税时不得扣除

C. 按年缴纳年金的企业缴费部分，应按照全年一次性奖金的计税方法缴纳个人所得税

D. 企业根据国家有关政策规定的办法和标准，为本单位全体职工缴付的企业年金单位缴费部分，在计入个人账户时，暂不缴纳个人所得税

考点 13　办理补充养老保险退保和提供担保的征税方法

【考点题源】办理补充养老保险退保和提供担保的征税方法

1. 单位为职工个人购买商业性补充养老保险等，在办理投保手续时应作为个人所得税的“工资、薪金所得”项目，按税法规定缴纳个人所得税；因各种原因退保，个人未取得实际收入的，已缴纳的个人所得税应予以退回
2. 个人为单位或他人提供担保获得收入，按照“偶然所得”项目计算缴纳个人所得税

考点14 关于商业健康保险的个人所得税规定

【考点题源】关于商业健康保险的个人所得税规定

1. 对个人购买符合规定的商业健康保险产品的支出，允许在当年（月）计算应纳税所得额时予以税前扣除，扣除限额为2 400元/年（200元/月）。单位统一为员工购买符合规定的商业健康保险产品的支出，应分别计入员工个人工资、薪金，视同个人购买，按上述限额予以扣除
2. 用商业健康保险税收优惠政策的纳税人，是指取得工资、薪金所得，连续性劳务报酬所得的个人，以及取得个体工商户生产经营所得、对企事业单位的承包承租经营所得的个体工商户业主、个人独资企业投资者、合伙企业合伙人和承包承租经营者

考点15 个人兼职和退休人员再任职取得收入个人所得税的征税方法

【考点题源】个人兼职和退休人员再任职取得收入个人所得税的征税方法

个人兼职取得的收入应按照“劳务报酬所得”应税项目缴纳个人所得税；退休人员再任职取得的收入，在减除按个人所得税法规定的费用扣除标准后，按“工资、薪金所得”应税项目缴纳个人所得税。

【考点子题——举一反三，真枪实练】

[46]（2019年·单选题）下列收入免征个人所得税的是（　）。

A. 退休人员再任职取得的收入

B. 提前退休人员取得的一次性补贴收入

C. 员工从破产企业取得的一次性安置费

D. 在境内累计居住不超过90天的非居民个人，获得归属于境内工作期间并由境内雇主支付的工资、薪金所得

考点16 个人养老金有关个人所得税政策（新增）

1. 自2022年1月1日起，对个人养老金实施递延纳税优惠政策

在缴费环节，个人向个人养老金资金账户的缴费，按照12 000元/年的限额标准，在综合所得或经营所得中据实扣除；在投资环节，计入个人养老金资金账户的投资收益暂不征收个人所得税；在领取环节，个人领取的个人养老金，不并入综合所得，单独按照3%的税率计算缴纳个人所得税，其缴纳的税款计入“工资、薪金所得”项目

续表

2. 个人缴费享受税前扣除优惠时，以个人养老金信息管理服务平台出具的扣除凭证为扣税凭据 取得工资薪金所得、按累计预扣法预扣预缴个人所得税劳务报酬所得的，其缴费可以选择在当年预扣预缴或次年汇算清缴时在限额标准内据实扣除。选择在当年预扣预缴的，应及时将相关凭证提供给扣缴单位。扣缴单位应按照税法有关要求，为纳税人办理税前扣除有关事项 取得其他劳务报酬、稿酬、特许权使用费等所得或经营所得的，其缴费在次年汇算清缴时在限额标准内据实扣除 个人按规定领取个人养老金时，由开立个人养老金资金账户所在市的商业银行机构代扣代缴其应缴的个人所得税
3. 本税收政策自 2022 年 1 月 1 日起在个人养老金先行城市实施

考点 17　企业向个人支付不竞争款项征收个人所得税的规定

【考点题源】企业向个人支付不竞争款项征收个人所得税的规定

1. 不竞争款项是指资产购买方企业与资产出售方企业自然人股东之间在资产购买交易中，通过签订保密和不竞争协议等方式，约定资产出售方企业自然人股东在交易完成后一定期限内，承诺不从事有市场竞争的相关业务，并负有相关技术资料的保密义务，资产购买方企业则在约定期限内，按一定方式向资产出售方企业自然人股东所支付的款项
2. 鉴于资产购买方企业向个人支付的不竞争款项，属于个人因偶然因素取得的一次性所得，为此，资产出售方企业自然人股东取得的所得，应按照“偶然所得”项目计算缴纳个人所得税，税款由资产购买方企业在向资产出售方企业自然人股东支付不竞争款项时代扣代缴

【考点子题——举一反三，真枪实练】

[47]（经典例题•单选题）居民个人李某为甲公司核心技术人员，其将所获得的一项专利权转让给乙公司。根据协议约定，李某在 5 年内不得从事与乙企业有市场竞争的相关业务，为此另外支付李某 30 万元。则李某就此 30 万元需要缴纳的个人所得税是（　）万元。

A. 0　　B. 4.8　　C. 5　　D. 6

考点 18　企业促销展业赠送礼品个人所得税的规定

【考点母题——万变不离其宗】企业促销展业赠送礼品个人所得税的规定

（1）企业在销售商品（产品）和提供服务过程中向个人赠送礼品，不征收个人所得税的情形有（　）。
A. 企业通过价格折扣、折让方式向个人销售商品（产品）和提供服务 B. 企业在向个人销售商品（产品）和提供服务的同时给予赠品，如通信企业对个人购买手机赠话费、入网费，或者购话费赠手机等 C. 企业对累积消费达到一定额度的个人按消费积分反馈礼品

续表

(2)企业向个人赠送礼品，取得所得的个人应依法缴纳个人所得税，税款由赠送礼品的企业代扣代缴的情形有（　）。
A. 企业在业务宣传、广告等活动中，随机向本单位以外的个人赠送礼品（包括网络红包，下同），以及企业在年会、座谈会、庆典以及其他活动中向本单位以外的个人赠送礼品，对个人取得的礼品所得，按照“偶然所得”项目，全额适用20%的税率缴纳个人所得税 【说明】企业赠送的具有价格折扣或折让性质的消费券、代金券、抵用券、优惠券等礼品除外。 B. 企业对累积消费达到一定额度的顾客，给予额外抽奖机会，个人的获奖所得，按照“偶然所得”项目，全额适用20%的税率缴纳个人所得税

考点19 企业资金为个人购房的个人所得税征税方法

【考点母题——万变不离其宗】企业资金为个人购房的个人所得税征税方法

个人取得房屋或其他财产，不论所有权人是否将财产无偿或有偿交付企业使用，其实质均为企业对个人进行了实物性质的分配，应依法计征个人所得税的情形有（　）。
A. 企业出资购买房屋及其他财产，将所有权登记为投资者个人、投资者家庭成员或企业其他人员的 B. 企业投资者个人、投资者家庭成员或企业其他人员向企业借款用于购买房屋及其他财产，将所有权登记为投资者、投资者家庭成员或企业其他人员，且借款年度终了后未归还借款的
【说明】对个人独资企业、合伙企业的个人投资者或其家庭成员取得的上述所得，视为企业对个人投资者的利润分配，按照“经营所得”项目计征个人所得税；对除个人独资企业、合伙企业以外其他企业的个人投资者或其家庭成员取得的上述所得，视为企业对个人投资者的红利分配，按照“利息、股息、红利”所得项目计征个人所得税；对企业其他人员取得的上述所得，按照“工资、薪金”所得项目计征个人所得税。

考点20 个人取得拍卖收入征收的个人所得税规定

【考点题源】个人取得拍卖收入征收的个人所得税规定

1. 个人通过拍卖市场拍卖个人财产，对其取得所得按以下规定征税：	(1)作者将自己的文字作品手稿原件或复印件拍卖取得的所得，应以其转让收入额减除800元（转让收入额4 000元以下）或者20%（转让收入额4 000元以上）后的余额为应纳税所得额，按照“特许权使用费”所得项目适用20%税率缴纳个人所得税 (2)个人拍卖除文字作品原稿及复印件外的其他财产，应以其转让收入额减除财产原值和合理费用后的余额为应纳税所得额，按照“财产转让所得”项目适用20%税率缴纳个人所得税
2. 对个人财产拍卖所得征收个人所得税时，以该项财产最终拍卖成交价格为其转让收入额	
3. 个人财产拍卖所得适用“财产转让所得”项目计算应纳税所得额时，纳税人凭合法有效凭证（税务机关监制的正式发票、相关境外交易单据或海关报关单据、完税证明等），从其转让收入额中减除相应的财产原值、拍卖财产过程中缴纳的税金及有关合理费用	

续表

4. 纳税人如不能提供合法、完整、准确的财产原值凭证，不能正确计算财产原值的，按转让收入额的 3% 征收率计算缴纳个人所得税；拍卖品为经文物部门认定是海外回流文物的，按转让收入额的 2% 征收率计算缴纳个人所得税

考点 21　个人以非货币资产投资的个人所得税规定

【考点母题——万变不离其宗】个人以非货币资产投资的个人所得税规定

下列有关个人以非货币资产投资的个人所得税的规定，说法正确的有（　）。
A. 个人以非货币性资产投资，属于个人转让非货币性资产和投资同时发生。对个人转让非货币性资产的所得，应按照“财产转让所得”项目，依法计算缴纳个人所得税
B. 个人以非货币性资产投资，应按评估后的公允价值确认非货币性资产转让收入。非货币性资产转让收入减除该资产原值及合理税费后的余额为应纳税所得额
C. 个人以非货币性资产投资，应于非货币性资产转让、取得被投资企业股权时，确认非货币性资产转让收入的实现。纳税人一次性缴税有困难的，可合理确定分期缴纳计划并报主管税务机关备案后，自发生上述应税行为之日起不超过 5 个公历年度内（含）分期缴纳个人所得税
D. 个人以非货币性资产投资交易过程中取得现金补价的，现金部分应优先用于缴税；现金不足以缴纳的部分，可分期缴纳。个人在分期缴税期间转让其持有的上述全部或部分股权，并取得现金收入的，该现金收入应优先用于缴纳尚未缴清的税款
E. 非货币性资产投资个人所得税以发生非货币性资产投资行为并取得被投资企业股权的个人为纳税人。纳税人以不动产投资的，以不动产所在地税务机关为主管税务机关；纳税人以其持有的企业股权对外投资的，以该企业所在地税务机关为主管税务机关；纳税人以其他非货币资产投资的，以被投资企业所在地税务机关为主管税务机关

考点 22　个人终止投资经营收回款项征收个人所得税的规定

【考点题源】个人终止投资经营收回款项征收个人所得税的规定

1. 个人因各种原因终止投资、联营、经营合作等行为，从被投资企业或合作项目、被投资企业的其他投资者以及合作项目的经营合作人取得股权转让收入、违约金、补偿金、赔偿金及以其他名目收回的款项等，均属于个人所得税应税收入，应按照“财产转让所得”项目适用的规定计算缴纳个人所得税
2. 应纳税所得额的计算公式如下： 应纳税所得额 = 个人取得的股权转让收入、违约金、补偿金、赔偿金及以其他名目收回款项合计数 − 原实际出资额（投入额）及相关税费 应纳税额 = 应纳税所得额 ×20%

考点23 关于创业投资企业个人合伙人和天使投资个人有关个人所得税的规定

【考点题源】关于创业投资企业个人合伙人和天使投资个人有关个人所得税的规定

1. 合伙创投企业采取股权投资方式直接投资于初创科技型企业满2年（24个月）的，合伙创投企业的个人合伙人可以按照对初创科技型企业投资额的70%抵扣个人合伙人从合伙创投企业分得的经营所得；当年不足抵扣的，可以在以后纳税年度结转抵扣
2. 天使投资个人采取股权投资方式直接投资于初创科技型企业满2年的，可以按照投资额的70%抵扣转让该初创科技型企业股权取得的应纳税所得额；当期不足抵扣的，可以在以后取得转让该初创科技型企业股权的应纳税所得额时结转抵扣
3. 天使投资个人投资多个初创科技型企业的，对其中办理注销清算的初创科技型企业，天使投资个人对其投资额的70%尚未抵扣完的，可自注销清算之日起36个月内抵扣天使投资个人转让其他初创科技型企业股权取得的应纳税所得额

考点24 关于创业投资企业个人合伙人所得税政策的规定

【考点题源】关于创业投资企业个人合伙人所得税政策的规定

1. 创投企业可以选择按单一投资基金核算或者按创投企业年度所得整体核算两种方式之一，对其个人合伙人来源于创投企业的所得计算个人所得税应纳税额
2. 创投企业选择按单一投资基金核算的，其个人合伙人从该基金应分得的股权转让所得和股息红利所得，按照20%税率计算缴纳个人所得税。 创投企业选择按年度所得整体核算的，其个人合伙人应从创投企业取得的所得，按照“经营所得”项目，适用5%-35%的超额累进税率计算缴纳个人所得税
3. 创投企业选择按单一投资基金核算或按创投企业年度所得整体核算后，3年内不能变更

考点25 个人因购买和处置债权取得所得征收个人所得税的方法

【考点题源】个人因购买和处置债权取得所得征收个人所得税的方法

1. 个人通过招标、竞拍或其他方式购置债权以后，通过相关司法或行政程序主张债权而取得的所得，应按照“财产转让所得”项目缴纳个人所得税
2. 个人通过上述方式取得“打包”债权，只处置部分债权的，其应纳税所得额按以下方式确定： （1）以每次处置部分债权的所得，作为一次财产转让所得征税 （2）其应税收入按照个人取得的货币资产和非货币资产的评估价值或市场价值的合计数确定 （3）所处置债权成本费用（即财产原值），按下列公式计算： 当次处置债权成本费用＝个人购置“打包”债权实际支出×当次处置债权账面价值（或拍卖机构公布价值）÷“打包”债权账面价值（或拍卖机构公布价值） （4）个人购买和处置债权过程中发生的拍卖招标手续费、诉讼费、审计评估费以及缴纳的税金等合理税费，在计算个人所得税时允许扣除

【典型例题】某甲 3 月支付 300 万元从 A 企业购入“打包”债权，账面价值共计 500 万元，其中：X 企业 100 万元，Y 企业 160 万元，Z 企业 240 万元。10 月甲与 Y 企业达成协议，收回 Y 债务人的 100 万元，相支付关税费 1 万元，其他债务豁免。
要求：计算某甲应缴纳的个人所得税。
某甲应缴纳的个人所得税 =（100−300×160÷500−1）×20%=0.6（万元）

考点 26　纳税人收回转让的股权征收个人所得税的规定

【考点题源】纳税人收回转让的股权征收个人所得税的规定

纳税人收回转让的股权征收个人所得税的规定
1. 股权转让合同履行完毕、股权已作变更登记，且所得已经实现的，转让人取得的股权转让收入应当依法缴纳个人所得税。转让行为结束后，当事人双方签订并执行解除原股权转让合同、退回股权的协议，是另一次股权转让行为，对前次转让行为征收的个人所得税款不予退回
2. 股权转让合同未履行完毕，因执行仲裁委员会作出的解除股权转让合同及补充协议的裁决、停止执行原股权转让合同，并原价收回已转让股权的，由于其股权转让行为尚未完成、收入未完全实现，随着股权转让关系的解除，股权收益不复存在，根据有关规定，以及从行政行为合理性原则出发，纳税人不应缴纳个人所得税

考点 27　关于企业改组改制过程中个人取得的量化资产征税问题

【考点题源】关于企业改组改制过程中个人取得的量化资产征税问题

关于企业改组改制过程中个人取得的量化资产征税问题
1. 对职工个人以股份形式取得的量化资产仅作为分红依据，不拥有所有权的企业量化资产，不征收个人所得税
2. 对职工个人以股份形式取得的拥有所有权的企业量化资产，暂缓征收个人所得税；待个人将股份转让时，就其转让收入额，减除个人取得该股份时实际支付的费用支出和合理转让费用后的余额，按“财产转让所得”项目计征个人所得税
3. 对职工个人以股份形式取得的企业量化资产参与企业分配而获得的股息、红利，应按“利息、股息、红利”项目征收个人所得税

考点 28　个人投资者收购企业股权后将原盈余积累转增股本征收个人所得税的规定

【考点母题——万变不离其宗】个人投资者收购企业股权后将原盈余积累转增股本征收个人所得税的规定

个人投资者收购企业股权后将原盈余积累转增股本征收个人所得税的规定正确的有（　）。

续表

A. 新股东以不低于净资产价格收购股权的，企业原盈余积累已全部计入股权交易价格，新股东取得盈余积累转增股本的部分，不征收个人所得税 B. 新股东以低于净资产价格收购股权的，企业原盈余积累中，对于股权收购价格减去原股本的差额部分已经计入股权交易价格，新股东取得盈余积累转增股本的部分，不征收个人所得税；对于股权收购价格低于原所有者权益的差额部分未计入股权交易价格，新股东取得盈余积累转增股本的部分，应按照“利息、股息、红利所得”项目征收个人所得税 【说明】新股东以低于净资产价格收购企业股权后转增股本，应按照下列顺序进行，即：先转增应税的盈余积累部分，然后再转增免税的盈余积累部分。

【考点子题——举一反三，真枪实练】

[48]（经典例题•计算题）A 企业原账面资产总额 5 000 万元，负债 2 000 万元，所有者权益 3 000 万元，其中：实收资本（股本）500 万元，资本公积、盈余公积、未分配利润等盈余积累合计 2 500 万元。如果多名自然人投资者（新股东）向 A 企业原股东购买该企业 100% 股权，股权收购价 2 600 万元，新股东收购企业后，A 企业将资本公积、盈余公积、未分配利润等盈余积累 2 500 万元向新股东转增实收资本。

问题和要求：请计算新股东应该缴纳的个人所得税。

考点 29 企业转增股本个人所得税规定

【考点母题——万变不离其宗】企业转增股本个人所得税规定

下列关于企业转增股本个人所得税规定，正确的有（　　）。
A. 股份制企业用资本公积金转增股本不属于股息、红利性质的分配，对个人取得的转增股本数额，不作为个人所得，不征收个人所得税 【说明】不征税“资本公积金”是指股份制企业股票溢价发行收入所形成的资本公积金。将此转增股本由个人取得的数额，不作为应税所得征收个人所得税。而与此不相符合的其他资本公积金分配个人所得部分，应当依法征收个人所得税。
B. 股份制企业用盈余公积金派发红股属于股息、红利性质的分配，对个人取得的红股数额，应作为个人所得征税
C. 中小高新技术企业（未上市或未在新三板挂牌交易的）以未分配利润、盈余公积、资本公积向个人股东转增股本时，个人股东一次缴纳个人所得税确有困难的，可根据实际情况自行制定分期缴税计划，在不超过 5 个公历年度内（含）分期缴纳，并将有关资料报主管税务机关备案 【说明】个人股东获得转增的股本，应按照“利息、股息、红利所得”项目，适用 20% 税率征收个人所得税。
D. 非上市及未在全国中小企业股份转让系统挂牌的其他企业转增股本，应及时代扣代缴个人所得税

续表

E. 上市公司、上市中小高新技术企业及在新三板挂牌的中小高新技术企业向个人股东转增股本（不含以股票发行溢价形成的资本公积转增股本），股东应纳的个人所得税按照现行有关股息红利差别化个人所得税政策执行。即：（1）持股期限超过 1 年的，股息红利所得暂免征收个人所得税；（2）持股期限在 1 个月以内（含）的，其股息红利所得全额计入应纳税所得额；（3）持股期限在 1 个月以上至 1 年（含）的，暂减按 50% 计入应纳税所得额。 【说明】企业向个人转增股本，有 3 种不同情况的征税规则：一是个人取得上市（含新三板，下同）企业转增的股本（不含以股票发行溢价形成的资本公积转增股本），执行股息红利差别化税收政策；二是个人取得非上市或没有在新三板挂牌交易的中小高新技术企业转增股本，并符合上述第 C 项中所述条件的，可在 5 年内分期纳税；三是个人从非上市其他企业转增股本，应一次性按"利息、股息、红利所得"计缴税款。

考点 30　沪港股票市场、深港股票市场交易互联互通机制试点个人所得税的规定

【考点题源】沪港股票市场、深港股票市场交易互联互通机制试点个人所得税的规定

<table>
<tr><td colspan="2">1. 内地个人投资者通过沪港通、深港通投资香港联交所上市股票的转让差价所得。对内地个人投资者通过沪港通、深港通投资香港联交所上市股票取得的转让差价所得，自 2019 年 12 月 5 日起至 2023 年 12 月 31 日止，暂免征收个人所得税</td></tr>
<tr><td>2. 内地个人投资者通过沪港通投资香港联交所上市股票的股息红利所得税</td><td>（1）对内地个人投资者通过沪港通、深港通投资香港联交所上市 H 股取得的股息红利，H 股公司应向中国证券登记结算有限责任公司（以下简称中国结算）提出申请，由中国结算向 H 股公司提供内地个人投资者名册，H 股公司按照 20% 的税率代扣个人所得税。内地个人投资者通过沪港通、深港通投资香港联交所上市的非 H 股取得的股息红利，由中国结算按照 20% 的税率代扣个人所得税。个人投资者在国外已缴纳的预提税，可持有效扣税凭证到中国结算的主管税务机关申请税收抵免
（2）对内地证券投资基金通过沪港通、深港通投资香港联交所上市股票取得的股息红利所得，按照上述规定计征个人所得税（20%）</td></tr>
<tr><td colspan="2">3. 对香港市场个人投资者投资上交所、深交所上市 A 股取得的转让差价所得，暂免征收所得税</td></tr>
<tr><td colspan="2">4. 对香港市场个人投资者投资上交所、深交所上市 A 股取得的股息红利所得，在香港中央结算有限公司（以下简称香港结算）不具备向中国结算提供投资者的身份及持股时间等明细数据的条件之前，暂不执行按持股时间实行差别化征税政策，由上市公司按照 10% 的税率代扣所得税，并向其主管税务机关办理扣缴申报。对于香港个人投资者中属于其他国家税收居民且其所在国与中国签订的税收协定规定股息红利所得税税率低于 10% 的，可以自行或委托代扣代缴义务人，向上市公司主管税务机关提出享受税收协定待遇的申请，主管税务机关审核后，应按已征税款和根据税收协定税率计算的应纳税款的差额予以退税</td></tr>
<tr><td colspan="2">5. 交易型开放式基金（ETF）纳入内地与香港股票市场交易互联互通机制后，适用现行内地与香港基金互认有关税收政策。中国证券登记结算有限责任公司负责代扣代缴内地投资者从香港基金分配取得收益的个人所得税（新增）</td></tr>
</table>

考点31 个人转让新三板挂牌公司股票有关个人所得税政策

【考点题源】个人转让全国中小企业股份转让系统（以下简称新三板）挂牌公司股票有关个人所得税政策

1. 对个人转让新三板挂牌公司非原始股取得的所得，暂免征收个人所得税 【说明】非原始股是指个人在新三板挂牌公司挂牌后取得的股票，以及由上述股票孳生的送、转股。
2. 对个人转让新三板挂牌公司原始股取得的所得，按照“财产转让所得”，适用20%的比例税率征收个人所得税 【说明】原始股是指个人在新三板挂牌公司挂牌前取得的股票，以及在该公司挂牌前和挂牌后由上述股票孳生的送、转股。
3. 自2019年9月1日（含）起，个人转让新三板挂牌公司原始股的个人所得税，以股票托管的证券机构为扣缴义务人，由股票托管的证券机构所在地主管税务机关负责征收管理

考点32 个人股票期权所得个人所得税的征税方法

【考点母题——万变不离其宗】个人股票期权所得个人所得税的征税方法

股票期权所得性质的确认及其具体征税规定	下列关于个人股票期权所得个人所得税的征税方法正确的有（　）。
	A. 员工接受实施股票期权计划企业授予的股票期权时，除另有规定外，一般不作为应税所得征税 B. 员工行权时，其从企业取得股票的实际购买价（施权价）低于购买日公平市场价（股票当日的收盘价）的差额，是因员工在企业的表现和业绩情况而取得的与任职、受雇有关的所得，应按“工资、薪金所得”适用的规定计算缴纳个人所得税 【说明】对因特殊情况，员工在行权日之前将股票期权转让的，以股票期权的转让净收入，作为工资、薪金所得征收个人所得税。股票期权的转让净收入，一般是指股票期权转让收入。如果员工以折价购入方式取得股票期权的，可以股票期权转让收入扣除折价购入股票期权时实际支付的价款后的余额，作为股票期权的转让净收入。 员工行权日所在期间的工资、薪金所得，应按下列公式计算工资、薪金应纳税所得额： 股票期权形式的工资、薪金应纳税所得额 =（行权股票的每股市场价 − 员工取得该股票期权支付的每股施权价）× 股票数量 公式中“员工取得该股票期权支付的每股施权价”，一般是指员工行使股票期权购买股票实际支付的每股价格。如果员工以折价购入方式取得股票期权的，上述施权价可包括员工折价购入股票期权时实际支付的价格。 C. 员工将行权后的股票再转让时获得的高于购买日公平市场价的差额，是因个人在证券二级市场上转让股票等有价证券而获得的所得，应按照“财产转让所得”适用的征免规定计算缴纳个人所得税 D. 员工因拥有股权而参与企业税后利润分配取得的所得，应按照“利息、股息、红利所得”适用的规定计算缴纳个人所得税

【考点题源】个人股票期权所得应纳税款的计算

<table>
<tr><td rowspan="1">应纳税款的计算</td><td>（1）认购股票所得（行权所得）的税款计算。员工因参加股票期权计划而从中国境内取得的所得，按规定应按工资、薪金所得计算纳税的，在 2023 年 12 月 31 日前，对该股票期权形式的工资、薪金所得不并入当年综合所得，全额单独适用综合所得税率表计算纳税。计算公式为：
应纳税额 = 股权激励收入 × 适用税率 − 速算扣除数
居民个人一个纳税年度内取得两次以上（含两次）股权激励的，应合并按上述规定计算纳税
（2）转让股票（销售）取得所得的税款计算。对于员工转让股票等有价证券取得的所得，应按现行税法和政策规定征免个人所得税。即：个人将行权后的境内上市公司股票再行转让而取得的所得，暂不征收个人所得税；个人转让境外上市公司的股票而取得的所得，应按税法的规定计算应纳税所得额和应纳税额，依法缴纳税款
（3）参与税后利润分配取得所得的税款计算。员工因拥有股权参与税后利润分配而取得的股息、红利所得，除依照有关规定可以免税或减税的外，应全额按规定税率计算纳税</td></tr>
<tr><td colspan="2">凡取得股票期权的员工在行权日不实际买卖股票，而按行权日股票期权所指定股票的市场价与施权价之间的差额，直接从授权企业取得价差收益的，该项价差收益应作为员工取得的股票期权形式的工资、薪金所得，按照上述有关规定计算缴纳个人所得税</td></tr>
</table>

考点 33　股票增值权所得和限制性股票所得的个人所得税规定

【考点题源】股票增值权所得和限制性股票所得的个人所得税规定

<table>
<tr><td colspan="2">1. 对于个人从上市公司（含境内、外上市公司，下同）取得的股票增值权所得和限制性股票所得，由上市公司或其境内机构按照“工资、薪金所得”项目和股票期权所得个人所得税计税方法，计算征收个人所得税</td></tr>
<tr><td colspan="2">2. 被授权人股票增值权应纳税所得额计算公式为：
股票增值权某次行权应纳税所得额 =（行权日股票价格 − 授权日股票价格）× 行权股票份数</td></tr>
<tr><td colspan="2">3. 限制性股票应纳税所得额，按照个人所得税法及其实施条例等有关规定，原则上应在限制性股票所有权归属于被激励对象时确认其限制性股票所得的应纳税所得额。即：上市公司实施限制性股票计划时，应以被激励对象限制性股票在中国证券登记结算公司（境外为证券登记托管机构）进行股票登记日期的股票市价（当日收盘价）和本批次解禁股票当日市价（当日收盘价）的平均价格乘以本批次解禁股票份数，减去被激励对象本批次解禁股份数所对应的为获取限制性股票实际支付资金数额，其差额为应纳税所得额。被激励对象限制性股票应纳税所得额计算公式为：
应纳税所得额 =（股票登记日股票市价 + 本批次解禁股票当日市价）÷ 2 × 本批次解禁股票份数 − 被激励对象实际支付的资金总额 ×（本批次解禁股票份数 ÷ 被激励对象获取的限制性股票总份数）</td></tr>
<tr><td>4. 股权激励所得应纳税额的计算</td><td>个人在纳税年度内取得股票期权、股票增值权所得和限制性股票所得的，在 2023 年 12 月 31 日前，上市公司应将该部分收入不并入当年综合所得，全额单独适用综合所得税率表，按照下列公式和要求计算扣缴其个人所得税：
应纳税额 = 股权激励收入 × 适用税率 − 速算扣除数
居民个人一个纳税年度内取得两次以上（含两次）股权激励的，应合并按上述公式计税。</td></tr>
</table>

续表

5. 纳税义务发生时间	（1）股票增值权个人所得税纳税义务发生时间为上市公司向被授权人兑现股票增值权所得的日期 （2）限制性股票个人所得税纳税义务发生时间为每一批次限制性股票解禁的日期

考点 34 完善股权激励和技术入股有关个人所得税的规定

【考点题源】完善股权激励和技术入股有关个人所得税的规定

1. 对符合条件的非上市公司股票期权、股权期权、限制性股票和股权奖励实行递延纳税政策	非上市公司授予本公司员工的股票期权、股权期权、限制性股票和股权奖励，符合规定条件的，经向主管税务机关备案，可实行递延纳税政策，即员工在取得股权激励时可暂不纳税，递延至转让该股权时纳税；股权转让时，按照股权转让收入减除股权取得成本以及合理税费后的差额，适用“财产转让所得”项目，按照 20% 的税率计算缴纳个人所得税 股权转让时，股票（权）期权取得成本按行权价确定，限制性股票取得成本按实际出资额确定，股权奖励取得成本为零
2. 对上市公司股票期权、限制性股票和股权奖励适当延长纳税期限	上市公司授予个人的股票期权、限制性股票和股权奖励，经向主管税务机关备案，个人可自股票期权行权、限制性股票解禁或取得股权奖励之日起，在不超过 12 个月的期限内缴纳个人所得税
3. 对技术成果投资入股实施选择性税收优惠政策	（1）个人以技术成果投资入股到境内居民企业，被投资企业支付的对价全部为股票（权）的，可选择继续按现行有关税收政策执行，也可选择适用递延纳税优惠政策 （2）选择技术成果投资入股递延纳税政策的，经向主管税务机关备案，投资入股当期可暂不纳税，允许递延至转让股权时，按股权转让收入减去技术成果原值和合理税费后的差额计算缴纳所得税

【考点子题——举一反三，真枪实练】

[49]（经典例题•多选题）某境内非上市公司 2019 年 6 月对员工实施股权期权的股权激励，李四（为居民个人）于 2021 年 6 月行权时，以 200 万元的价格购买该公司 2% 的股权（评估其市场价格 500 万元），李四于 2022 年 7 月以 750 万元的价格转让上述股权。假设该次股权激励符合递延纳税条件，不考虑其他税费，以下表述正确的有（ ）。

A. 李四行权时可暂不缴纳个人所得税，但该非上市公司需在行权当月末向税务机关报送备案表

B. 李四在转让股权时，应计算行权时所得，按照工资、薪金所得计税

C. 李四在转让股权时，应计算行权时所得，按照财产转让所得计税

D. 李四在转让股权时应纳个人所得税 110 万元

促进科技成果转化取得股权奖励有关个人所得税的规定

【考点母题——万变不离其宗】促进科技成果转化取得股权奖励有关个人所得税的规定

下列关于促进科技成果转化取得股权奖励个人所得税的表述正确的有（　）。
A. 科研机构、高等学校转化职务科技成果以股份或出资比例等股权形式给予科技人员个人奖励，经主管税务机关审核后，暂不征收个人所得税
B. 在获奖人按股份、出资比例获得分红时，对其所得按“利息、股息、红利所得”应税项目征收个人所得税
C. 获奖人转让股权、出资比例，对其所得按“财产转让所得”应税项目征收个人所得税，财产原值为零
D. 享受上述优惠政策的科技人员必须是科研机构和高等学校的在编正式职工
E. 个人获得股权奖励时，按照“工资、薪金所得”项目，在 2021 年 12 月 31 日前，该部分收入不并入当年综合所得，全额单独适用综合所得税率表计算扣缴其个人所得税

考点 36　科技人员取得职务科技成果转化现金奖励有关个人所得税政策

【考点题源】科技人员取得职务科技成果转化现金奖励有关个人所得税政策

1. 依法批准设立的非营利性研究开发机构和高等学校（以下简称非营利性科研机构和高校）根据《中华人民共和国促进科技成果转化法》规定，从职务科技成果转化收入中给予科技人员的现金奖励，可减按 50% 计入科技人员当月“工资、薪金所得”，依法缴纳个人所得税
2. 非营利性科研机构和高校包括国家设立的科研机构和高校、民办非营利性科研机构和高校

考点 37　证券投资基金个人所得税的规定

【考点母题——万变不离其宗】证券投资基金个人所得税的规定

下列有关证券投资基金个人所得税的规定，说法正确的有（　）。
A. 对个人投资者买卖基金单位获得的差价收入，在对个人买卖股票的差价收入未恢复征收个人所得税以前，暂不征收个人所得税
B. 对投资者从基金分配中获得的股票的股息、红利收入以及企业债券的利息收入，由上市公司和发行债券的企业在向基金派发股息、红利、利息时代扣代缴 20% 的个人所得税，基金向个人投资者分配股息、红利、利息时，不再代扣代缴个人所得税
C. 对投资者从基金分配中获得的国债利息、储蓄存款利息以及买卖股票价差收入，在国债利息收入、个人储蓄存款利息收入以及个人买卖股票差价收入未恢复征收所得税以前，暂不征收所得税

续表

D. 对个人投资者从基金分配中获得的企业债券差价收入，应按税法规定对个人投资者征收个人所得税，税款由基金在分配时依法代扣代缴

考点 38 内地与香港基金互认涉及的个人所得税规定

【考点题源】内地与香港基金互认涉及的个人所得税规定

1. 内地投资者通过基金互认买卖香港基金份额的个人所得税规定	（1）对内地个人投资者通过基金互认买卖香港基金份额取得的转让差价所得，自 2019 年 12 月 5 日起至 2022 年 12 月 31 日止，暂免征收个人所得税 （2）内地个人投资者通过基金互认从香港基金分配取得的收益，由该香港基金在内地的代理人按照 20% 的税率代扣代缴个人所得税
2. 香港市场投资者通过基金互认买卖内地基金份额的个人所得税规定	（1）对香港市场个人投资者通过基金互认买卖内地基金份额取得的转让差价所得，暂免征收所得税 （2）对香港市场个人投资者通过基金互认从内地基金分配取得的收益，由内地上市公司向该内地基金分配股息红利时，对香港市场个人投资者按照 10% 的税率代扣所得税；或发行债券的企业向该内地基金分配利息时，对香港市场个人投资者按照 7% 的税率代扣所得税，并由内地上市公司或发行债券的企业向其主管税务机关办理扣缴申报。该内地基金向投资者分配收益时，不再扣缴所得税

第5章

考点 39 律师事务所从业人员取得收入征收个人所得税的有关规定

【考点母题——万变不离其宗】律师事务所从业人员取得收入征收个人所得税的有关规定

下列有关律师事务所从业人员取得收入征收个人所得税的有关规定，说法正确的有（ ）。	
A. 律师个人出资兴办的独资和合伙性质的律师事务所的年度经营所得，比照“经营所得”应税项目征收个人所得税。在计算其经营所得时，出资律师本人的工资、薪金不得扣除	
B. 合伙制律师事务所应将年度经营所得全额作为基数，按出资比例或者事先约定的比例计算各合伙人应分配的所得，据以征收个人所得税	
C. 律师个人出资兴办的律师事务所，凡有右列情形之一的，主管税务机关有权核定出资律师个人的应纳税额	a. 依照法律、行政法规的规定可以不设置账簿的 b. 依照法律、行政法规的规定应当设置账簿但未设置的 c. 擅自销毁账簿或者拒不提供纳税资料的 d. 虽设置账簿，但账目混乱或者成本资料、收入凭证、费用凭证残缺不全，难以查账的 e. 发生纳税义务，未按照规定的期限办理纳税申报，经税务机关责令限期申报，逾期仍不申报的 f. 纳税人申报的计税依据明显偏低，又无正当理由的
D. 律师事务所支付给雇员（包括律师及行政辅助人员，但不包括律师事务所的投资者）的所得，按“工资、薪金所得”应税项目征收个人所得税	

续表

E. 作为律师事务所雇员的律师与律师事务所按规定的比例对收入分成，律师事务所不负担律师办理案件支出的费用（如交通费、资料费、通讯费及聘请人员等费用），律师当月的分成收入按前述第二款的规定扣除办理案件支出的费用后，余额与律师事务所发给的工资合并，按“工资、薪金所得”应税项目计征个人所得税 【说明】律师从其分成收入中扣除办理案件支出费用的标准，在律师当月分成收入的 30% 比例内确定。
F. 兼职律师从律师事务所取得工资、薪金性质的所得，律师事务所在代扣代缴其个人所得税时，不再减除个人所得税法规定的费用扣除标准，以收入全额（取得分成收入的为扣除办理案件支出费用后的余额）直接确定适用税率，计算扣缴个人所得税。兼职律师应于次月 7 日内自行向主管税务机关申报两处或两处以上取得的工资、薪金所得，合并计算缴纳个人所得税
G. 律师以个人名义再聘请其他人员为其工作而支付的报酬，应由该律师按“劳务报酬所得”应税项目负责代扣代缴个人所得税
H. 律师从接受法律事务服务的当事人处取得的法律顾问费或其他酬金，均按“劳务报酬所得”应税项目征收个人所得税，税款由支付报酬的单位或个人代扣代缴

考点 40 保险营销员、证券经纪人佣金收入的政策

【考点题源】保险营销员、证券经纪人佣金收入的政策

A. 保险营销员、证券经纪人取得的佣金收入，属于劳务报酬所得，以不含增值税的收入减除 20% 的费用后的余额为收入额，收入额减去展业成本以及附加税费后，并入当年综合所得，计算缴纳个人所得税。保险营销员、证券经纪人展业成本按照收入额的 25% 计算
B. 扣缴义务人向保险营销员、证券经纪人支付佣金收入时，应按照相关规定的累计预扣法计算预扣税款，其具体计算公式为： 本期应预扣预缴税额 =（累计预扣预缴应纳税所得额 × 预扣率 − 速算扣除数）− 累计减免税额 − 累计已预扣预缴税额 累计预扣预缴应纳税所得额 = 累计收入额 − 累计减除费用 − 累计其他扣除 【说明】收入额按照不含税增值税的收入减除 20% 的费用后的余额计算；累计减除费用按照 5 000 元 / 月乘以纳税人当年截至本月在本单位的从业月份数计算；其他扣除按照展业成本、附加税费和依法确定的其他扣除之和计算，展业成本按照收入额的 25% 计算。

【考点子题——举一反三，真枪实练】

[50]（经典例题·计算题）某甲是某保险公司营销员，2022 年 1–2 月共取得不含增值税保险营销佣金收入 55 000 元，1 月的佣金收入已由保险公司累计预扣个人所得税 320 元。不考虑附加税费，请问保险公司 2 月预扣预缴某甲的个人所得税多少元？

考点41 关于公益慈善事业捐赠个人所得税政策

【考点母题——万变不离其宗】关于公益慈善事业捐赠个人所得税政策

限额扣除	1. 个人通过中华人民共和国境内公益性社会组织、县级以上人民政府及其部门等国家机关，向教育、扶贫、济困等公益慈善事业的捐赠（以下简称公益捐赠），发生的公益捐赠支出，可以按照个人所得税法有关规定在计算应纳税所得额时扣除	
	个人发生的公益捐赠支出金额	（1）下列关于个人发生的公益捐赠支出金额的确定方法的表述，正确的有（　）。
		A. 捐赠货币性资产的，按照实际捐赠金额确定 B. 捐赠股权、房产的，按照个人持有股权、房产的财产原值确定 C. 捐赠除股权、房产以外的其他非货币性资产的，按照非货币性资产的市场价格确定
	居民个人扣除公益捐赠支出的方法	（2）下列关于居民个人扣除公益捐赠支出的方法的表述，正确的有（　）。
		A. 居民个人发生的公益捐赠支出可以在财产租赁所得、财产转让所得、利息股息红利所得、偶然所得（统称分类所得）、综合所得或者经营所得中扣除。在当期一个所得项目扣除不完的公益捐赠支出，可以按规定在其他所得项目中继续扣除 B. 居民个人发生的公益捐赠支出，在综合所得、经营所得中扣除的，扣除限额分别为当年综合所得、当年经营所得应纳税所得额的30%；在分类所得中扣除的，扣除限额为当月分类所得应纳税所得额的30% C. 居民个人根据各项所得的收入、公益捐赠支出、适用税率等情况，自行决定在综合所得、分类所得、经营所得中扣除的公益捐赠支出的顺序
	居民个人在综合所得中扣除公益捐赠支出的处理方法	（3）下列关于居民个人在综合所得中扣除公益捐赠支出的处理方法的表述，正确的有（　）。
		A. 居民个人取得工资、薪金所得的，可以选择在预扣预缴时扣除，也可以选择在年度汇算清缴时扣除 B. 居民个人取得劳务报酬所得、稿酬所得、特许权使用费所得的，预扣预缴时不扣除公益捐赠支出，统一在汇算清缴时扣除 C. 居民个人取得全年一次性奖金、股权激励等所得，且按规定采取不并入综合所得而单独计税方式处理的，公益捐赠支出扣除比照分类所得的扣除规定处理

续表

<table>
<tr><td rowspan="5">限额扣除</td><td rowspan="2">居民个人发生的公益捐赠支出，可在捐赠当月取得的分类所得中扣除。当月分类所得应扣除未扣除的公益捐赠支出，可以按照规定追补扣除</td><td>（4）下列关于居民个人当月在分类所得中未扣完的捐赠支出的表述，正确的有（　）。</td></tr>
<tr><td>A. 扣缴义务人已经代扣但尚未解缴税款的，居民个人可以向扣缴义务人提出追补扣除申请，退还已扣税款
B. 扣缴义务人已经代扣且解缴税款的，居民个人可以在公益捐赠之日起 90 日内提请扣缴义务人向征收税款的税务机关办理更正申报追补扣除，税务机关和扣缴义务人应当予以办理
C. 居民个人自行申报纳税的，可以在公益捐赠之日起 90 日内向主管税务机关办理更正申报追补扣除
居民个人捐赠当月有多项多次分类所得的，应先在其中一项一次分类所得中扣除。已经在分类所得中扣除的公益捐赠支出，不再调整到其他所得中扣除</td></tr>
<tr><td rowspan="2">在经营所得中扣除公益捐赠支出的方法</td><td>（5）下列关于在经营所得中扣除公益捐赠支出的方法的表述，正确的有（　）。</td></tr>
<tr><td>A. 个体工商户发生的公益捐赠支出，在其经营所得中扣除
B. 个人独资企业、合伙企业发生的公益捐赠支出，其个人投资者应当按照捐赠年度合伙企业的分配比例（个人独资企业分配比例为百分之百），计算归属于每一个人投资者的公益捐赠支出，个人投资者应将其归属的个人独资企业、合伙企业公益捐赠支出和本人需要在经营所得扣除的其他公益捐赠支出合并，在其经营所得中扣除
C. 在经营所得中扣除公益捐赠支出的，可以选择在预缴税款时扣除，也可以选择在汇算清缴时扣除
D. 经营所得采取核定征收方式的，不扣除公益捐赠支出</td></tr>
<tr><td colspan="2">非居民个人发生的公益捐赠支出，未超过其在公益捐赠支出发生的当月应纳税所得额 30% 的部分，可以从其应纳税所得额中扣除。扣除不完的公益捐赠支出，可以在经营所得中继续扣除</td></tr>
<tr><td rowspan="7">全额扣除（新增）</td><td colspan="2">（6）个人发生下列公益捐赠，税前可全额扣除的有（　）</td></tr>
<tr><td colspan="2">A. 对公益性青少年活动场所的捐赠</td></tr>
<tr><td colspan="2">B. 对老年服务机构的捐赠</td></tr>
<tr><td colspan="2">C. 对农村义务教育的捐赠</td></tr>
<tr><td colspan="2">D. 对红十字事业的捐赠</td></tr>
<tr><td colspan="2">E. 对非关联的科研机构和高等学校用于研发的捐赠</td></tr>
<tr><td colspan="2">F. 对其他特定事项的捐赠
【说明】个人对于地震灾区、新冠肺炎疫情、重大体育赛事等临时性事件的捐赠，税法中也有可税前全额扣除的规定。这些规定大都具有临时、应急的特点。</td></tr>
</table>

续表

全额扣除（新增）	G. 对特定公益组织的捐赠 【说明】对个人向中华健康快车基金会、孙冶方经济科学基金会、中华慈善总会、中国法律援助基金会、中华见义勇为基金会、宋庆龄基金会、中国福利会、中国残疾人福利基金会、中国扶贫基金会、中国煤矿尘肺病治疗基金会、中华环境保护基金会、中国老龄事业发展基金会、中国华文教育基金会、中国绿化基金会、中国妇女发展基金会、中国关心下一代健康体育基金会、中国生物多样性保护基金会、中国儿童少年基金会、中国光彩事业基金会、中国医药卫生事业发展基金会、中国教育发展基金会 等单位的公益性捐赠，准予在个人所得税税前全额扣除。

【考点子题——举一反三，真枪实练】

[51]（经典例题•计算题）2022年8月，张某取得股权转让所得100 000元，通过政府相关部门将其中35 000元捐赠给贫困地区。

要求：计算张某上述所得应缴纳的个人所得税。

第六节 征收管理

自行申报纳税

【考点母题——万变不离其宗】自行申报纳税

纳税人应当依法办理纳税申报的情形	（1）下列情形，纳税人应当依法办理纳税申报的有（ ）。 A. 取得综合所得需要办理汇算清缴　B. 取得应税所得没有扣缴义务人 C. 取得应税所得，扣缴义务人未扣缴税款　D. 取得境外所得 E. 因移居境外注销中国户籍 F. 非居民个人在中国境内从两处以上取得工资、薪金所得
取得综合所得需要办理汇算清缴的纳税申报	（2）取得综合所得且符合下列情形之一的纳税人，应当依法办理汇算清缴的有（ ）。 A. 从两处以上取得综合所得，且综合所得年收入额减除专项扣除后的余额超过 6 万元 B. 取得劳务报酬所得、稿酬所得、特许权使用费所得中一项或者多项所得，且综合所得年收入额减除专项扣除的余额超过 6 万元 C. 纳税年度内预缴税额低于应纳税额 D. 纳税人申请退税
取得经营所得的纳税申报	（3）下列情形取得经营所得，应办理纳税申报的有（ ）。 A. 个体工商户从事生产、经营活动取得的所得，个人独资企业投资人、合伙企业的个人合伙人来源于境内注册的个人独资企业、合伙企业生产、经营的所得 B. 个人依法从事办学、医疗、咨询以及其他有偿服务活动取得的所得 C. 个人对企业、事业单位承包经营、承租经营以及转包、转租取得的所得 D. 个人从事其他生产、经营活动取得的所得
取得应税所得，扣缴义务人未扣缴税款的纳税申报	纳税人取得应税所得，扣缴义务人未扣缴税款的，应当区别以下情形办理纳税申报： A. 居民个人取得综合所得的，且符合前述第（2）项所述情形的，应当依法办理汇算清缴 B. 非居民个人取得工资、薪金所得，劳务报酬所得，稿酬所得，特许权使用费所得的，应当在取得所得的次年 6 月 30 日前，向扣缴义务人所在地主管税务机关办理纳税申报。有两个以上扣缴义务人均未扣缴税款的，选择向其中一处扣缴义务人所在地主管税务机关办理纳税申报。非居民个人在次年 6 月 30 日前离境（临时离境除外）的，应当在离境前办理纳税申报 C. 纳税人取得利息、股息、红利所得，财产租赁所得，财产转让所得和偶然所得的，应当在取得所得的次年 6 月 30 日前，按相关规定向主管税务机关办理纳税申报 D. 纳税人取得应税所得没有扣缴义务人的，应当在取得所得的次月 15 日内向税务机关报送纳税申报表，并缴纳税款

【考点子题——举一反三，真枪实练】

[52]（2015年•多选题）下列中国公民应进行个人所得税纳税申报的有（　）。

A. 从境外取得所得的赵某

B. 取得应税所得没有扣缴义务人的钱某

C. 取得综合所得需要办理汇算清缴的孙某

D. 因移居境外注销中国户籍的李某

[53]（2011年•多选题）下列个人应按税法规定的期限申报个人所得税的有（　）。

A. 从境内两处取得工资的非居民个人

B. 取得应税所得，扣缴义务人未扣缴税款的居民个人

C. 从法国获得特许权使用费收入的居民个人

D. 因移居境外注销中国户籍的个人

考点2 办理2020年度个人所得税综合所得汇算清缴事项的规定

【考点题源】办理2020年度个人所得税综合所得汇算清缴事项的规定

1. 2020年度汇算的内容	2020年度终了后，居民个人需要汇总2020年1月1日至12月31日取得的工资、薪金，劳务报酬，稿酬，特许权使用费等四项所得（以下称综合所得）的收入额，减除费用6万元以及专项扣除、专项附加扣除、依法确定的其他扣除和符合条件的公益慈善事业捐赠（以下简称捐赠）后，适用综合所得个人所得税税率并减去速算扣除数，计算本年度最终应纳税额，再减去2020年度已预缴税额，得出本年度应退或应补税额，向税务机关申报并办理退税或补税。具体计算公式如下： 2020年度汇算应退或应补税额=[（综合所得收入额-60 000元-“三险一金”等专项扣除-子女教育等专项附加扣除-依法确定的其他扣除-捐赠）×适用税率-速算扣除数]-2020年已预缴税额
2. 无需办理年度汇算的纳税人	依据税法规定，纳税人在2020年度已依法预缴个人所得税且符合下列情形之一的，无需办理年度汇算： （1）纳税人年度汇算需补税但年度综合所得收入不超过12万元的 （2）纳税人年度汇算需补税金额不超过400元的（该项优惠政策适用至2023年底） （3）纳税人已预缴税额与年度应纳税额一致或者不申请年度汇算退税的
3. 需要办理年度汇算的纳税人	（1）已预缴税额大于年度应纳税额且申请退税的 （2）综合所得收入全年超过12万元且需要补税金额超过400元的
4. 可享受的税前扣除	（1）纳税人及其配偶、未成年子女在2020年度发生的，符合条件的大病医疗支出 （2）纳税人在2020年度未申报享受或未足额享受的子女教育、继续教育、住房贷款利息或住房租金、赡养老人专项附加扣除，以及减除费用、专项扣除、依法确定的其他扣除 （3）纳税人在2020年度发生的符合条件的捐赠支出

续表

5. 办理时间	纳税人办理 2020 年度汇算的时间为 2021 年 3 月 1 日至 6 月 30 日。在中国境内无住所的纳税人在 2021 年 3 月 1 日前离境的，可以在离境前办理年度汇算
6. 办理方式	（1）自行办理年度汇算 （2）通过取得工资、薪金或连续性取得劳务报酬所得的扣缴义务人代为办理 （3）委托涉税专业服务机构或其他单位及个人（以下称受托人）办理，受托人需与纳税人签订授权书
7. 办理渠道	网上税务局（包括手机个人所得税 APP）、邮寄方式或到办税服务厅办理
8. 典型例题	（1）某居民个人 2020 年 1 月领取工资 1 万元、个人缴付“三险一金”2 000 元，假设没有专项附加扣除，预缴个人所得税 90 元；2020 年其他月份每月工资为 4 000 元，无需预缴个人所得税 从 2020 年全年来看，因该居民个人纳税人 2020 年年收入额不足 6 万元无须缴税，因此预缴的 90 元税款可以申请退还 （2）某居民个人纳税人 2020 年每月工资 1 万元、个人缴付“三险一金”2 000 元，有两个上小学的孩子，按规定可以每月享受 2 000 元（全年 24 000 元）的子女教育专项附加扣除。但因其在预缴环节未填报，使得计算个人所得税时未减除子女教育专项附加扣除，其 2020 年全年预缴个人所得税 1 080 元 该居民纳税人在年度汇算时填报了相关信息后可补充扣除 24 000 元，扣除后全年应纳个人所得税 360 元，按规定其可以申请退税 720 元 （3）某居民纳税人于 2020 年 8 月底退休，退休前每月工资 1 万元、个人缴付“三险一金”2 000 元，退休后领取基本养老金。假设没有专项附加扣除，2020 年 1−8 月该居民纳税人预缴个人所得税 720 元；后 4 个月基本养老金按规定免征个人所得税。从 2020 年全年来看，该居民纳税人仅扣除了 4 万元减除费用（8×5 000 元 / 月），未充分扣除 6 万元减除费用。2020 年度汇算足额扣除后，该纳税人可申请退税 600 元 （4）某居民个人纳税人 2020 年每月固定从一处取得劳务报酬 1 万元，适用 20% 预扣率后预缴个人所得税 1 600 元，全年共 19 200 元；2020 年全年算账，当年取得劳务报酬共 12 万元，减除 6 万元费用（不考虑其他扣除）后，适用 3% 的综合所得税税率，2020 年度应纳税款 1 080 元。因此，可申请 18 120 元退税

考点 3　专项附加扣除的操作办法

【考点题源】专项附加扣除的操作办法

1. 享受扣除及办理时间	（1）子女教育。学前教育阶段，为子女年满 3 周岁当月至小学入学前一月。学历教 育，为子女接受全日制学历教育入学的当月至全日制学历教育结束的当月
	（2）继续教育。学历（学位）继续教育，为在中国境内接受学历（学位）继续教育入学的当月至学历（学位）继续教育结束的当月，同一学历（学位）继续教育的扣除期限最长不得超过 48 个月。技能人员职业资格继续教育、专业技术人员职业资格继续教育，为取得相关证书的当年
	（3）大病医疗。为医疗保障信息系统记录的医药费用实际支出的当年

续表

1. 享受扣除及办理时间	（4）住房贷款利息。为贷款合同约定开始还款的当月至贷款全部归还或贷款合同终止的当月，扣除期限最长不得超过240个月
	（5）住房租金。为租赁合同（协议）约定的房屋租赁期开始的当月至租赁期结束的当月。提前终止合同（协议）的，以实际租赁期限为准
	（6）赡养老人。为被赡养人年满60周岁的当月至赡养义务终止的年末
	（7）3岁以下婴幼儿照护。为婴幼儿出生的当月至年满3周岁的前一个月
	【说明】 （1）享受子女教育、继续教育、住房贷款利息或者住房租金、赡养老人、3岁以下婴 幼儿照护专项附加扣除的纳税人，自符合条件开始，可以向支付工资、薪金所得的扣缴 义务人提供上述专项附加扣除有关信息，由扣缴义务人在预扣预缴税款时，按其在本单 位本年可享受的累计扣除额办理扣除；也可以在次年3月1日至6月30日内，向汇缴地 主管税务机关办理汇算清缴申报时扣除 享受大病医疗专项附加扣除的纳税人，由其在次年3月1日至6月30日内，自行向 汇缴地主管税务机关办理汇算清缴申报时扣除 （2）扣缴义务人办理工资、薪金所得预扣预缴税款时，应当根据纳税人报送的《扣除信息表》为纳税人办理专项附加扣除 （3）纳税人未取得工资、薪金所得，仅取得劳务报酬所得、稿酬所得、特许权使用费 所得需要享受专项附加扣除的，应当在次年3月1日至6月30日内，自行向汇缴地主管 税务机关报送《扣除信息表》，并在办理汇算清缴申报时扣除 （4）一个纳税年度内，纳税人在扣缴义务人预扣预缴税款环节未享受或未足额享受专项附加扣除的，可以在当年内向支付工资、薪金的扣缴义务人申请在剩余月份发放工资、薪金时补充扣除，也可以在次年3月1日至6月30日内，向汇缴地主管税务机关办理汇算清缴时申报扣除
2. 报送信息及留存备查资料	纳税人选择在扣缴义务人发放工资、薪金所得时享受专项附加扣除的，首次享受 时应当填写并向扣缴义务人报送《扣除信息表》；纳税年度中间相关信息发生变化的，纳税人应当更新《扣除信息表》相应栏次，并及时报送给扣缴义务人 更换工作单位的纳税人，需要由新任职、受雇扣缴义务人办理专项附加扣除的，应当在入职的当月，填写并向扣缴义务人报送《扣除信息表》 纳税人享受3岁以下婴幼儿照护专项附加扣除，纳税人需要留存备查资料包括：子女的出生医学证明等资料
3. 信息报送方式	纳税人可以通过远程办税端、电子或者纸质报表等方式，向扣缴义务人或者主管税务机关报送个人专项附加扣除信息

考点 4　反避税和自然人纳税识别号的规定

【考点题源】反避税和自然人纳税识别号的规定

1. 有下列情形之一的，税务机关有权按照合理方法进行纳税调整：	(1)个人与其关联方之间的业务往来不符合独立交易原则而减少本人或者其关联方应纳税额，且无正当理由
	(2)居民个人控制的，或者居民个人和居民企业共同控制的设立在实际税负明显偏低的国家（地区）的企业，无合理经营需要，对应当归属于居民个人的利润不作分配或者减少分配
	(3)个人实施其他不具有合理商业目的的安排而获取不当税收利益
2. 补税及加征利息	(1)税务机关依照前述规定情形作出纳税调整，需要补征税款的，应当补征税款，并依法加收利息 (2)依法加征的利息，应当按照税款所属纳税申报期最后一日中国人民银行公布的与补税期间同期的人民币贷款基准利率计算，自税款纳税申报期满次日起至补缴税款期限届满之日止按日加收
3. 自然人纳税识别号	(1)自然人纳税人识别号，是自然人纳税人办理各类涉税事项的唯一代码标识 (2)有中国公民身份号码的，以其中国公民身份号码作为纳税人识别号；没有中国公民身份号码的，由税务机关赋予其纳税人识别号

【考点子题——举一反三，真枪实练】

[54]（2019 年·计算题）居民个人张某为独生子女，父母均已年满 65 周岁，其独生子（满 6 岁）就读于某小学。2022 年张某收入及部分支出如下：

（1）每月从单位领取扣除社保费用和住房公积金后的工资 10 000 元，截至 11 月底累计已预扣预缴个人所得税款 330 元。

（2）取得年终奖 60 000 元，选择单独计税。

（3）利用业余时间为某公司设计图纸取得劳务报酬 20 000 元。

（4）每月按首套住房贷款利率偿还房贷 5 000 元。

（其他相关资料：以上专项附加扣除均由张某 100% 扣除）

要求：根据上述资料，按照下列序号回答问题，如有计算需计算出合计数。

（1）计算 2022 年 12 月张某取得的工资应预扣预缴的个人所得税额。

（2）计算张某取得的年终奖应缴纳的个人所得税额。

（3）计算张某取得的劳务报酬应预扣预缴的个人所得税额。

（4）计算张某取得的 2022 年综合所得应缴纳的个人所得税额。

（5）计算张某就 2022 年综合所得向主管税务机关办理汇算清缴时，应补缴的税款或申请的应退税额。

【本章考点子题答案及解析】

[1]【答案：AC】居民个人是指在中国境内有住所，或者无住所而一个纳税年度在中国境内居住累计满183天的个人。

[2]【答案：C】选项A，属于个人独立从事非雇用的劳务所取得的所得，应作为“劳务报酬”所得；选项B，差旅费津贴属于不计入工资、薪金所得的项目；选项C，在本单位期刊发表论文属于从事非独立的个人劳动所得，应列入“工资、薪金”所得；选项D，属于独立从事非雇用的劳务，应作为“劳务报酬”所得。

[3]【答案：ABC】劳务报酬所得是指个人独立从事各种非雇用的各种劳务所取得的所得，因此选项ABC均为劳务报酬所得；选项D，应属于工资、薪金所得。

[4]【答案：CD】选项AB，应按照“工资、薪金”所得项目预扣预缴个人所得税。

[5]【答案：D】选项A，属于工资、薪金所得；选项B，属于劳务报酬所得；选项C，属于特许权使用费所得。

[6]【答案：BC】选项A，属于工资、薪金所得；选项D，属于财产转让所得。

[7]【答案：CD】选项A，属于工资、薪金所得；选项B，属于股息红利所得。

[8]【答案：AC】选项B应按照“经营所得”项目征收个人所得税；选项D，公司职工取得的用于购买企业国有股权的劳动分红，按“工资、薪金所得”项目计征个人所得税。

[9]【答案：ABD】选项C，属于特许权使用费所得。

[10]【答案：CD】选项AB，企业通过价格折扣、折让方式向个人销售商品和提供服务，不征收个人所得税；选项AB皆为企业的营销方式，消费者均付出了一定的代价，故不算为偶然所得；选项CD，按照“偶然所得”项目征收个人所得税。

[11]【答案：ACD】选项B，劳动分红按照工资、薪金所得项目预扣预缴个人所得税。

[12]【答案：ABC】以下所得为来源于中国境内的所得：(1)因任职、受雇、履约等在中国境内提供劳务取得的所得；(2)将财产出租给承租人在中国境内使用而取得的所得；(3)转让中国境内的不动产等财产或者在中国境内转让其他财产取得的所得；(4)许可各种特许权在中国境内使用而取得的所得；(5)从中国境内企业、事业单位、其他组织及居民个人取得的利息、股息、红利所得；选项D，是在境外取得的学费，不属于来源于中国境内的所得。

[13]【答案：ABCD】个体工商户的生产经营所得、个人独资企业的生产经营所得、个人对企事业单位的承包经营所得（对经营成果拥有所有权）、合伙企业自然人合伙人取得的生产经营所得，均适用经营所得的五级超额累进税率。

[14]【答案：CD】①同一作品再版取得的所得，应视作另一次稿酬所得计征个人所得税。②同一作品先在报刊上连载，然后再出版，或先出版，再在报刊上连载的，应视为两次稿酬所得征税。即连载作为一次，出版作为另一次。③同一作品在报刊上连载取得收入的，以连载完成后取得的所有收入合并为一次，计征个人所得税。④同一作品在出版和发表时，以预付稿酬或分次支付稿酬等形式取得的稿酬收入，应合并计算为一次。⑤同一作品出版、发表后，因添加印数而追加稿酬的，应与以前出版、发表时取得的稿酬合并计算为一次，计征个人所得税。⑥在两处或两处以上出版、发表或再版同一作品而取得稿酬所得，则可分别各处取得的所得或再版所得按分次所得计征个人所得税。

[15]【答案: A】选项 A，按年计征；选项 BCD，按次计征。

[16]【答案】ABC】选项 ABC，属于个人所得税专项扣除的项目；选项 D，属于个人所得税专项附加扣除的项目。

[17]【答案: CD】选项 A，住房贷款利息，扣除时限最长不得超过 240 个月；选项 B，同一学历继续教育，扣除时限最长不得超过 48 个月。

[18]【答案: BD】选项 A，进入博士后流动站从事工作，不能按照“子女教育”项目扣除；选项 C，子女就读在职研究生，应由子女本人按照“继续教育”专项附加项目扣除。

[19]【答案: A】纳税人为非独生子女的，由其与兄弟姐妹分摊每月 2 000 元（每年 24 000 元）的扣除额度，每人分摊的额度最高不得超过每月 1 000 元（每年 12 000 元）。被赡养人是指年满 60 岁的父母，以及子女均已去世的年满 60 岁的祖父母、外祖父母。

[20]【答案: A】在实际发生贷款利息的年度，按照每月 1 000 元（每年 12 000 元）的标准定额扣除。夫妻双方婚前分别购买住房发生的首套住房贷款，其贷款利息支出，婚后可以选择其中一套购买的住房，由购买方按扣除标准的 100% 扣除，也可以由夫妻双方对各自购买的住房分别按扣除标准的 50% 扣除，具体扣除方式在一个纳税年度内不能变更。

第
5
章

[21]【答案: B】（1）全年应纳税所得额 =300 000+10 000×（1−20%）+20 000×70%×（1−20%）−60 000−12 000×2−24 000−12 000=199 200（元），（2）应纳税额 =199 200×20%−16 920=22 920（元）。

[22]【答案: C】累计预扣预缴应纳税所得额 =15 000−5 000−（300+200+30）−2 000−1 000 =6 470（元）。

[23]【答案: A】对于劳务报酬所得预扣预缴应纳税所得额的计算，每次收入大于 4 000 元的，按收入的 80% 计算应纳税所得额，适用预扣率为 40%，速算扣除数为 7 000，故本次应预扣预缴个人所得税为 300 000×0.8×40%−7 000=89 000 元。

[24]【答案: C】（1）该非居民个人当月工资、薪金所得应纳税额 =（20 000−5 000）×20%−1 410=1 590（元）；（2）该非居民个人当月劳务报酬所得应纳税额 =3 000×（1−20%）×70%×3%=50.4（元）；合计 =1 590+50.4=1 640.4（元）。

[25]【答案: A】经营所得按年度计税，财产转让所得与财产租赁所得按次计税，故选择选项 A。

[26]【答案: D】个体工商户下列支出不得扣除：（1）个人所得税税款；（2）税收滞纳金；（3）罚金、罚款和被没收财物的损失；（4）不符合扣除规定的捐赠支出；（5）赞助支出（选项 B）；（6）用于个人和家庭的支出（选项 A）；（7）与取得生产经营收入无关的其他支出；（8）国家税务总局规定不准扣除的支出。

[27]【答案: B】选项 A，投资者及其家庭发生的生活费用不允许在税前扣除；选项 B，个体工商户生产经营所得应纳个人所得税的计税依据 =20−18+8−6=4（万元）；选项 C，拍卖品为经文物部门认定是海外回流文物的，按转让收入额的 2% 征收率计算缴纳个人所得税；选项 D，文物拍卖应单独按照“财产转让所得”计算缴纳个人所得税，不并入个体工商户生产经营所得计税。

[28]【答案: A】选项 B，实行查账征税方式的个人独资企业和合伙企业改为核定征税方式后，在查账征税方式下认定的年度经营亏损未弥补完的部分，不得再继续弥补；选项 C，实行核定征税的投资者，不能享受个人所得税的优惠政策；选项 D，企业经营多业的，无论其经营项目是否单独核算，均应根据其主营项目确定其适用的应税所得率。

[29]【答案】财产租赁所得以每月内取得的收入为一次，按市场价出租给个人居住适用 10% 的税率，因此，王先生每月及全年应纳税额为：

（1）无修缮费情形下每月应纳税额 =7 500×（1−20%）×10%=600（元）

2 月份应纳税额 =（7 500−800）×（1−20%）×10%=536（元）

3 月份应纳税额 =（7 500−700）×（1−20%）×10%=544（元）

（2）全年应纳税额 =600×10+536+544=7 080（元）。

[30]【答案：A】股票转让差价暂免征收个人所得税，答案为选项 A。内地个人投资者通过沪港通交易市场投资 H 股取得股息红利时，H 股向我国证券登记结算公司申请，H 公司按照 20% 税率代扣个人所得税。

[31]【答案：ABD】以下四项只要有一项符合的，税务机关便可以核定股权转让收入：（1）申报的股权转让收入明显偏低且无正当理由的；（2）未按照规定期限办理纳税申报，经税务机关责令限期申报，逾期仍不申报的；（3）转让方无法提供或拒不提供股权转让收入的有关资料；（4）其他应核定股权转让收入的情形。

[32]【答案：ABC】选项 AD，对职工个人以股份形式取得的拥有所有权的企业量化资产，暂缓征收个人所得税；选项 B，对职工个人以股份形式取得的企业量化资产参与企业分配而获得的股息、红利所得按“利息、股息、红利”项目征收个人所得税；选项 C，待个人将股份转让时，就其转让收入额，减除个人取得该股份时实际支付的费用支出和合理转让费用后的余额，按“财产转让所得”项目计征个人所得税，所以个人转让股权时，应缴纳个人所得税的财产转让所得 =40 000−23 000=17 000（元）。

[33]【答案：AC】选项 B，应按照“经营所得”项目征税；选项 D，应按照“工资、薪金所得”项目征收个人所得税。

[34]【答案：A】卖出债券允许扣除的买入价和费用 =500×5+500×1/2+350=3 100（元），转让债券应缴纳的个人所得税 =（500×7−3 100）×20%=80（元）。债券利息收入应缴纳的个人所得税 =600×20%=120（元），合计 =80+120=200（元）。

[35]【答案：B】个人兼职取得的收入应按照“劳务报酬所得”应税项目缴纳个人所得税，选项 A 错误；专项扣除，包括居民个人按照国家规定的范围和标准缴纳的基本养老保险、基本医疗保险、失业保险等社会保险费和住房公积金等，选项 B 正确；省级人民政府、国务院部委和中国人民解放军军以上单位，以及外国组织颁发（颁布）的科学、教育、技术、文化、卫生、体育、环境保护等方面的奖金（奖学金），征个人所得税，所以校级奖金不属于免税范围，选项 C 错误；个人从公开发行和转让市场取得的上市公司股票，持股期限超过 1 年的，股息红利所得暂免征收个人所得税。个人从公开发行和转让市场取得的上市公司股票，持股期限在 1 个月以内（含 1 个月）的，其股息红利所得全额计入应纳税所得额；持股期限在 1 个月以上至 1 年（含 1 年）的，暂减按 50% 计入应纳税所得额；上述所得统一适用 20% 的税率计征个人所得税，选项 D 错误。

[36]【答案：C】选项 AD，国债和国家发行的金融债券利息免征个人所得税；选项 B，居民储蓄存款利息，以及对个人取得的教育储蓄存款利息所得以及国务院财政部门确定的其他专项储蓄存款或者储蓄性专项基金存款的利息所得免征个人所得税。

[37]【答案：B】选项 B，购买社会福利有奖募捐奖券、体育彩票一次中奖收入不超过 10 000 元的免税，

对一次中奖收入超过 10 000 元的，应按税法规定全额征税；选项 ACD 是免税的。

[38] 【答案：ABC】选项 C，个人投资者持有 2019–2023 年发行的铁路债券取得的利息收入，减按 50% 计入应纳税所得额计算征收个人所得税；选项 D，外籍个人从外商投资企业取得的股息、红利所得免税。

[39] 【答案：ABCD】根据规定，以上所得，均为来源于中国境外的所得。

[40] 【答案：BC】中国境外企业以及其他组织支付且负担的稿酬所得属于境外所得，选项 A 属于境内所得；选项 D，将境内房产转让给外国人取得的所得也属于境内所得。

[41] 【答案：B】该纳税人上述来源于两国的所得应分国计算抵免限额：

（1）来自美国所得的抵免限额 =（400−350）×20%=10（万元）。

（2）来自英国所得的抵免限额 =20×20%=4（万元）。

由于该纳税人在美国和英国已被扣缴的所得税均不超过各自计算的抵免限额，故来自美国和英国的允许抵免额分别为 5 万元和 1 万元。应补缴个人所得税 =10+4−6=8（万元）。

[42] 【答案：B】转让股权应纳税额 =40 000×20%=8 000（元）

偶然所得按我国税法计算的应纳税额 =10 000×20%=2 000（元）

张三 A 国所得的抵免限额 =8 000+2 000=10 000（元）> 6 500+3 000=9 500（元）

张三可以抵免的境外个人所得税 =9 500（元）。

[43] 【答案：A】居民取得的全年一次性奖金，在 2023 年 12 月 31 日之前，可以选择并入当年综合所得计算纳税，也可选择不并入当年综合所得。若不并入综合所得而单独计算，则为 60 000/12=5 000，按照 5 000 找到月税率表的税率与速算扣除数，税率为 10%，速算扣除数为 210 元，年终个人所得税为 60 000×10%−210=5 790（元）。

[44] 【答案：C】个人因办理提前退休手续而取得的一次性补贴收入，应按照办理提前退休手续至法定退休年龄之间实际年度数平均分摊计算个人所得税。张某取得的一次性补贴应纳税额 =〔（一次性补贴收入 ÷ 办理提前退休手续至法定退休年龄的实际年度数）− 费用扣除标准〕× 适用税率 − 速算扣除数｝× 办理提前退休手续至法定退休年龄的实际年度数 =［150 000÷2−60 000］×3%×2= 900（元）。

[45] 【答案：D】选项 AB，个人根据国家有关政策规定缴付的年金个人缴费部分，在不超过本人缴费工资计税基数的 4% 标准内的部分，暂从个人当期的应纳税所得额中扣除；选项 CD，企业和事业单位根据国家有关政策规定的办法和标准，为在本单位任职或者受雇的全体职工缴付的年金单位缴费部分，在计入个人账户时，个人暂不缴纳个人所得税。

[46] 【答案：C】企业依照国家有关法律规定宣告破产，企业职工从该破产企业取得的一次性安置费收入，免征个人所得税。

[47] 【答案：D】此 30 万元属于偶然所得中企业向个人支付不竞争款项，因此需要缴纳的个人所得税 =30×20%=6（万元）。

[48] 【答案】新股东以 2 600 万元取得原企业 100% 的股权，包括股本 500 万元和盈余积累 2 100 万元。实际上相当于以 2 100 万元购买了原股东 2 500 万元的盈余积累，即 2 500 万元盈余积累中，有 2 100 万元计入了股权交易价格，剩余 400 万元未计入股权交易价格。A 企业把原来的盈余积累 2 500 万元转成股本，新股东以低于净资产价格收购企业股权后转增股本，先转增应税的盈余积

累 400 万元。也就是：新股东的股权收购价格低于原所有者权益的差额部分，按照“利息、股息、红利所得”征收个人所得税。

应纳税额 =400×20%=80（万元）。

[49]【答案：CD】由于该股权激励符合递延纳税条件，李四在 2021 年 6 月行权时可暂不纳税，递延至转让该股权时纳税，但该非上市公司需要在行权的次月（2021 年 7 月）15 日内，向主管税务机关报送《非上市公司股权激励个人所得税递延的税备案表》。2022 年 7 月转让股权时，李四应纳个人所得税 =（股权转让收入 − 股权原值）× 税率 =（750−200）×20% =110（万元）。

[50]【答案】累计收入额 =55 000×（1−20%）=44 000（元）

展业成本 = 44 000×25%= 11 000（元）

累计预扣预缴应纳税所得额 =44 000−（5 000+5 000）−11 000 = 23 000（元）

累计应预扣预缴税额 = 23 000×3% = 690（元）

2 月应预扣预缴税额 =690−320 = 370（元）

[51]【答案】捐赠允许扣除的限额 =100 000×30%=30 000（元）

应缴纳的个人所得税 =（100 000−30 000）×20%=14 000（元）

[52]【答案：ABCD】有下列情形之一的，纳税人应当依法办理纳税申报：（1）取得综合所得需要办理汇算清缴；（2）取得应税所得没有扣缴义务人；（3）取得应税所得，扣缴义务人未扣缴税款；（4）取得境外所得；（5）因移居境外注销中国户籍；（6）非居民个人在中国境内从两处以上取得工资、薪金所得；（7）国务院规定的其他情形。

[53]【答案：ABCD】有下列情形之一的，纳税人应当依法办理纳税申报：（1）取得综合所得需要办理汇算清缴；（2）取得应税所得没有扣缴义务人；（3）取得应税所得，扣缴义务人未扣缴税款；（4）取得境外所得；（5）因移居境外注销中国户籍；（6）非居民个人在中国境内从两处以上取得工资、薪金所得；（7）国务院规定的其他情形。

[54]【答案】（1）2022 年 12 月张某取得的工资应预扣预缴的个人所得税额 =（10 000×12−5 000×12−1 000×12−2 000×12−1 000×12）×3%−330=30（元）。

（2）60 000÷ 12=5 000（元），适用按月换算后的综合所得税率表，税率为 10%，速算扣除数为 210，张某取得的年终奖应缴纳的个人所得税额 =60 000×10%−210=5 790（元）。

（3）张某取得的劳务报酬所得应预扣预缴的个人所得税额 =20 000×（1−20%）×20%=3 200（元）。

（4）张某取得的 2022 年综合所得应缴纳的个人所得税额 = [10 000×12+20 000×（1−20%）−5 000×12−2 000×12−1 000×12−1 000×12] ×3%=840（元）。

（5）840−330−30−3 200=-2720（元），张某就 2022 年综合所得向主管税务机关办理汇算清缴时申请的应退税额为 2 720 元。

居民个人办理年度综合所得汇算清缴时，应当依法计算劳务报酬所得的收入额，并入年度综合所得计算应纳税款，税款多退少补。

第 6 章　城市维护建设税法和烟叶税法

本章思维导图

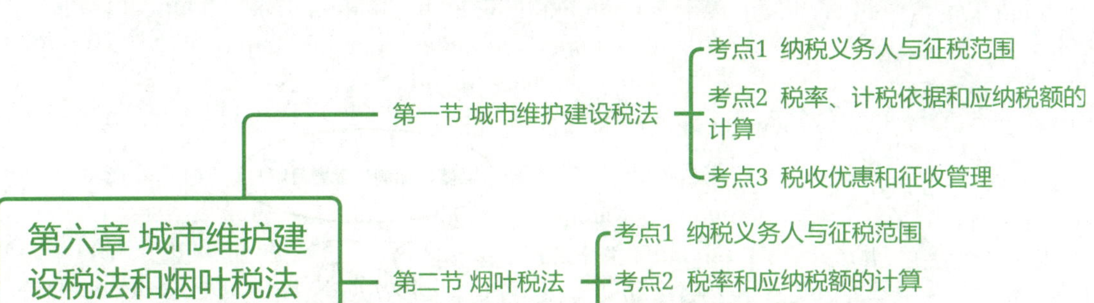

近三年本章考试题型及分值分布

题型	2022 年	2021 年	2020 年
单选题		1 题 1 分	1 题 1 分
多选题		1 题 1.5 分	1 题 1.5 分
综合题	1 题 1 分	1 题 1 分	1 题 1 分
合计	1 题 1 分	3 题 3.5 分	3 题 3.5 分

扫码畅听增值课

第一节 城市维护建设税法

考点1 纳税义务人与征税范围

【考点题源】纳税义务人与征税范围

1. 城市维护建设税概念	城市维护建设税是对缴纳增值税、消费税的单位和个人征收的一种附加税
2. 城市维护建设税纳税义务人	（1）在中国境内缴纳增值税、消费税的单位和个人，为城市维护建设税的纳税人，应当依照规定缴纳城市维护建设税 （2）对进口货物或者境外单位和个人向境内销售劳务、服务、无形资产缴纳的增值税、消费税税额，不征收城市维护建设税 （3）采用委托代征、代扣代缴、代收代缴、预缴、补缴等方式缴纳两税的，应当同时缴纳城市维护建设税
3. 城市维护建设税扣缴义务人	负有增值税、消费税扣缴义务的单位和个人，在扣缴增值税、消费税的同时扣缴城市维护建设税

【考点子题——举一反三，真枪实练】

[1]（经典子题·单选题）下列关于城市维护建设税的说法，正确的是（ ）。

A. 只要缴纳增值税就应缴纳城建税

B. 只有同时缴纳增值税、消费税的纳税人才能成为城建税的纳税人

C. 只要退还增值税、消费税就退还城建税

D. 城市维护建设税的纳税人是在中国境内缴纳增值税、消费税的单位和个人

考点 2　税率、计税依据和应纳税额的计算

【考点题源】税率

档次	纳税人所在地	税率
1	市区	7%
2	县城、镇	5%
3	不在市区、县城或者镇	1%

【考点子题——举一反三，真枪实练】

[2]（经典子题•单选题）位于市区的甲公司提供主要材料，委托位于县城的乙公司加工烟丝，乙公司代收甲公司消费税的同时代收城市维护建设税，其适用的城市维护建设税税率是（　）。

A. 1%　　B. 5%　　C. 7%　　D. 3%

【考点母题】计税依据（修改）

下列关于城市维护建设税计税依据的说法，正确的有（　）。
A. 城市维护建设税的计税依据，是指纳税人实际缴纳的增值税、消费税税额
B. 城市维护建设税的计税依据应当按照规定扣除期末留抵退税退还的增值税税额 【说明】 1. 依法实际缴纳的两税税额，是指纳税人依照增值税、消费税相关法律法规和税收政策规定计算的应当缴纳的两税税额（不含因进口货物或境外单位和个人向境内销售劳务、服务、无形资产缴纳的两税税额），加上增值税免抵税额，扣除直接减免的两税税额和期末留抵退税退还的增值税税额后的金额。 2. 直接减免的两税税额，是指依照增值税、消费税相关法律法规和税收政策规定，直 接减征或免征的两税税额，不包括实行先征后返、先征后退、即征即退办法退还的两税税额。 3. 具体计算公式：. （1）城市维护建设税计税依据 = 依法实际缴纳的增值税税额 + 依法实际缴纳的消费税税额 （2）依法实际缴纳的增值税税额 = 纳税人依照增值税相关法律法规和税收政策规定计算应当缴纳的增值税税额 + 增值税免抵税额 − 直接减免的增值税税额 − 留抵退税额 （3）依法实际缴纳的消费税税额 = 纳税人依照消费税相关法律法规和税收政策规定计算应当缴纳的消费税税额 − 直接减免的消费税税额
C. 纳税人违反增值税、消费税有关税法而加收的滞纳金和罚款，是税务机关对纳税人违法行为的经济制裁，不作为城市维护建设税的计税依据；但纳税人在被查补增值税、消费税和被处以罚款时，应同时对其偷漏的城市维护建设税进行补税、征收滞纳金、并处罚款

续表

D. 对增值税免抵税额征收的城市维护建设税，纳税人应在税务机关核准免抵税额的下一个纳税申报期内向主管税务机关申报缴纳
E. 纳税人自收到留抵退税额之日起，应当在以后纳税申报期从城市维护建设税计税依据中扣除 【说明】留抵退税额仅允许在按照增值税一般计税方法确定的城市维护建设税计税依据中扣除。当期未扣除完的余额，在以后纳税申报期按规定继续扣除。
F. 对于增值税小规模纳税人更正、查补此前按照一般计税方法确定的城市维护建设税计税依据，允许扣除尚未扣除完的留抵退税额

【考点子题——举一反三，真枪实练】

[3]（2016年•单选题）企业缴纳的下列税额中，应作为城市维护建设税计税依据的是（　）。

A. 关税税额　　B. 消费税税额

C. 房产税税额　　D. 城镇土地使用税额

[4]（2012年•多选题）下列各项中，应作为城市维护建设税计税依据的有（　）。

A. 纳税人被查补的增值税、消费税税额

B. 纳税人应缴纳的增值税、消费税税额

C. 经税务局审批的当期免抵增值税税额

D. 缴纳的进口产品增值税税额和消费税税额

【考点题源】应纳税额的计算

计算公式：应纳税额 = 纳税人实际缴纳的增值税、消费税税额 × 适用税率

【典型例题1】某企业位于某市区，该企业2022年9月实际缴纳增值税500 000元，缴纳消费税400 000元。计算该企业应纳的城市维护建设税税额。

应纳城市维护建设税税额 =（实际缴纳的增值税 + 实际缴纳的消费税）× 适用税率 =（500 000+400 000）×7%=900 000×7%=63 000（元）。

【典型例题2】位于某市区的甲企业，2022年10月申报期，享受直接减免增值税优惠（不包含先征后退、即征即退，下同）后申报缴纳增值税60万元，9月已核准增值税免抵税额10万元（其中涉及出口货物6万元，涉及增值税零税率应税服务4万元），9月收到增值税留抵退税额6万元。计算该企业10月应申报缴纳的城市维护建设税。

甲企业10月应纳城市维护建设税 =（60+6+4−6）×7%=4.48（万元）。

【典型例题3】位于某县城的乙企业，2022年9月收到增值税留抵退税200万元；10月申报缴纳增值税120万元（其中按照一般计税方法计算的税额100万元，按照简易计税方法计算的税额20万元）；11月申报期该企业申报缴纳增值税200万元，均为按照一般计税方法产生的税额。分别计算该企业10月、11月应申报缴纳的城市维护

建设税。

乙企业 10 月应纳城市维护建设税 =（100−100）×5%+20×5%=1（万元）

乙企业 11 月应纳城市维护建设税 =（200−100）×5%=5（万元）。

【考点子题——举一反三，真枪实练】

[5]（2019 年 • 单选题）位于某县城的甲企业 2022 年 7 月缴纳增值税 80 万元，其中含进口环节增值税 20 万元；缴纳消费税 40 万元，其中含进口环节消费税 20 万元。甲企业当月应缴纳的城市维护建设税为（　）万元。

A. 2　　B. 8　　C. 4　　D. 6

[6]（2015 年 • 单选题）位于市区的甲企业 2022 年 7 月销售产品缴纳增值税和消费税共计 50 万元，被税务机关查补增值税 15 万元并处罚款 5 万元，甲企业 7 月应缴纳的城市维护建设税为（　）万元。

A. 25　　B. 4.9　　C. 3.5　　D. 4.55

[7]（2011 年 • 单选题）位于某市的甲地板厂为外商投资企业，2022 年 8 月份购进一批木材，取得增值税发票注明不含税价格 800 000 元，当月委托位于县城的乙工厂加工成实木地板，支付不含税加工费 150 000 元。乙工厂 11 月份交付 50% 实木地板，12 月份完工交付剩余部分。已知实木地板消费税税率为 5%，11 月乙工厂应代收代缴城市维护建设税（　）。

A. 1 250 元　　B. 1 750 元　　C. 2 500 元　　D. 3 500 元

考点 3　税收优惠和征收管理

【考点母题——万变不离其宗】税收优惠（新增）

根据国民经济和社会发展的需要，国务院对重大公共基础设施建设、特殊产业和群体以及重大突发事件应对等情形可以规定减征或者免征城市维护建设税，报全国人民代表大会常务委员会备案。

下列关于城市维护建设税税收优惠的说法，正确的有（　）。
A. 对黄金交易所会员单位通过黄金交易所销售且发生实物交割的标准黄金，免征城市维护建设税
B. 对上海期货交易所会员和客户通过上海期货交易所销售且发生实物交割并已出库的标准黄金，免征城市维护建设税
C. 对国家重大水利工程建设基金免征城市维护建设税
D. 自 2019 年 1 月 1 日至 2021 年 12 月 31 日，实施扶持自主就业退役士兵创业就业城市维护建设税减免

续表

E.	自2019年1月1日至2025年12月31日，实施支持和促进重点群体创业就业城市维护建设税减免
F.	2022年1月1日至2024年12月31日，由省、自治区、直辖市人民政府根据本地区实际情况，以及宏观调控需要确定，对增值税小规模纳税人、小型微利企业和个体工商户可以在50%的税额幅度内减征城市维护建设税

【考点子题——举一反三，真枪实练】

[8]（2011年•多选题）下列各项中，符合城市维护建设税征收管理规定的有（ ）。

A. 海关对进口产品代征增值税时，应同时代征城市维护建设税

B. 对出口产品退还消费税的，不退还已经缴纳的城市维护建设税

C. 对出口产品退还增值税的，不退还已经缴纳的城市维护建设税

D. 纳税人延迟缴纳增值税而加收滞纳金，不作为城市维护建设税的计税依据

[9]（2014年•单选题）位于县城的甲企业2022年5月实际缴纳增值税350万元（其中包括进口环节增值税50万元）、消费税530万元（其中包括由位于市区的乙企业代收代缴的消费税30万元）。则甲企业本月应向所在县城税务机关缴纳的城市维护建设税为（ ）万元。

A. 40　　B. 41.5　　C. 42.50　　D. 44.00

【考点题源】征收管理（修改）

1. 纳税义务发生时间	（1）城市维护建设税的纳税义务发生时间与两税的纳税义务发生时间一致，分别在缴纳两税的同一缴纳地点、同一缴纳期限内，一并缴纳对应的城市维护建设税 （2）由于《城市维护建设税法》规定对进口货物或者境外单位和个人向境内销售劳务、服务、无形资产缴纳的两税税额，不征收城市维护建设税。因此，上述的代扣代缴，不含因境外单位和个人向境内销售劳务、服务、无形资产代扣代缴增值税情形
2. 退税环节	（1）在退税环节，因纳税人多缴发生的两税退税，同时退还已缴纳的城市维护建设税。但是，两税实行先征后返、先征后退、即征即退的，除另有规定外，不予退还随两税附征的城市维护建设税 （2）对出口产品退还增值税、消费税的，不退还已缴纳的城市维护建设税 【典型例题】位于某市区的丙企业，由于申报错误未享受优惠政策，2022年12月申报期，申请退还了多缴的增值税和消费税共200万元，同时当月享受增值税即征即退税款100万元。计算该企业12月应退税的城市维护建设税。 应退城市维护建设税 =200×7%=14（万元）。

【考点子题——举一反三，真枪实练】

[10]（2014年•多选题）下列关于城市维护建设税计税依据的表述中，正确的有（ ）。

A. 免征增值税时应同时免征城市维护建设税

B. 对出口产品退还增值税的，不退还已缴纳的城市维护建设税

C. 纳税人被查补消费税时应同时对查补的消费税补缴城市维护建设税

D. 纳税人违反增值税有关税法被加收的滞纳金应计入城市维护建设税的计税依据

[11]（经典子题·多选题）机构所在地在甲市的某建筑企业是增值税一般纳税人，采用一般计税方法。2022 年 12 月在乙县取得含税建筑收入 65.4 万元（无分包），则该企业在建筑服务发生地乙县（　）。

A. 预缴增值税 1.2 万元　　B. 缴纳城建税 0.06 万元

C. 缴纳教育费附加 0.036 万元　　D. 缴纳地方教育附加 0.036 万元

[12]（经典子题·多选题）下列情况中，不需要缴纳城建税的有（　）。

A. 某中外合作企业 2022 年 3 月缴纳的罚款

B. 某外商投资企业 2022 年 1 月缴纳的增值税滞纳金

C. 某民营企业 2022 年 2 月进口货物由海关代征的消费税

D. 某生产企业 2022 年 4 月直接被免征的增值税

[13]（经典子题·多选题）下列情形中，不缴纳城建税的有（　）。

A. 某个人缴纳的车船税

B. 某企业进口货物被海关代征的增值税

C. 某企业销售古旧图书直接免征的增值税

D. 某生产企业出口货物出口退还的增值税

第二节 烟叶税法

考点 1 纳税义务人与征税范围

【考点题源】纳税义务人与征税范围

1. 纳税义务人	在中华人民共和国境内，依照《中华人民共和国烟草专卖法》的规定收购烟叶的单位为烟叶税的纳税人
2. 征税范围	烟叶税的征税范围包括晾晒烟叶、烤烟叶
3. 计税依据	烟叶税的计税依据为纳税人收购烟叶实际支付的价款总额

考点 2 税率和应纳税额的计算

【考点题源】税率和应纳税额的计算

1. 税率	烟叶税实行比例税率，税率为 20% 提示：烟叶税实行全国统一的税率，主要是考虑烟叶属于特殊的专卖品，其税率不宜存在地区间的差异，否则会形成各地之间的不公平竞争，不利于烟叶种植的统一规划和烟叶市场、烟叶收购价格的统一
2. 应纳税额的计算	烟叶税的应纳税额按照纳税人收购烟叶实际支付的价款总额乘以税率计算，计算公式为： 应纳税额 = 实际支付价款 × 税率 纳税人收购烟叶实际支付的价款总额包括纳税人支付给烟叶生产销售单位和个人的烟叶收购价款和价外补贴。其中，价外补贴统一按烟叶收购价款的 10% 计算 实际支付价款 = 收购金额 ×（1+10%） 【典型例题】某烟草公司系增值税一般纳税人，2022 年 8 月收购烟叶 100 000 千克，烟叶收购价格 10 元 / 千克，总计 1 000 000 元，货款已全部支付。请计算该烟草公司 8 月收购烟叶应缴纳的烟叶税。 应缴纳烟叶税 =1 000 000×（1+10%）×20%=220 000（元）

【考点子题——举一反三，真枪实练】

[14]（2017 年・单选题）某烟草公司 2022 年 8 月 8 日支付烟叶收购价款 88 万元，另向烟农支付了价外补贴 10 万元。该烟草公司 8 月收购烟叶应缴纳的烟叶税为（ ）万元。

A. 17.6　　B. 19.36　　C. 21.56　　D. 19.6

[15]（经典子题 • 单选题）某烟草公司（增值税一般纳税人）2023 年 1 月收购烟叶，支付烟叶生产者收购价款 60 000 元，并支付了价外补贴 8 000 元，则其应纳烟叶税（ ）元。

A. 12 000　B. 10 600　C. 13 200　D. 13 600

考点 3 征收管理

【考点题源】征收管理

1. 纳税义务发生时间	烟叶税的纳税义务发生时间为纳税人收购烟叶的当日。收购烟叶的当日是指纳税人向烟叶销售者付讫收购烟叶款项或者开具收购烟叶凭据的当日
2. 纳税地点	纳税人收购烟叶，应当向烟叶收购地的主管税务机关申报缴纳烟叶税
3. 纳税期限	烟叶税按月计征，纳税人应当于纳税义务发生月终了之日起十五日内申报并缴纳税款

【考点子题——举一反三，真枪实练】

[16]（2015 年 • 单选题）甲县某烟草公司去相邻的乙县收购烟叶，2022 年 8 月 9 日支付烟叶收购价款 80 万元，另对烟农支付了价外补贴。下列纳税事项的表述中，正确的是（ ）。

A. 烟草公司应在 8 月 23 日申报缴纳烟叶税

B. 烟草公司 8 月收购烟叶应缴纳烟叶税 17.6 万元

C. 烟草公司应向甲县主管税务机关申报缴纳烟叶税

D. 烟草公司收购烟叶的纳税义务发生时间是 8 月 10 日

[17]（2019 年 • 多选题）2022 年 7 月，甲市某烟草公司向乙县某烟叶种植户收购了一批烟叶，收购价款 100 万元、价外补贴 10 万元。下列关于该笔烟叶交易涉及烟叶税征收管理的表述中，符合税法规定的有（ ）。

A. 纳税人为烟草公司　B. 应向甲市主管税务机关申报纳税

C. 应纳税额为 22 万元　D. 应在次月 15 日内申报纳税

[18]（经典子题 • 单选题）纳税人收购烟叶，下列关于其烟叶税纳税地点的表述正确的是（ ）。

A. 应当向烟叶收购地的主管税务机关申报纳税

B. 应当向机构所在地的主管税务机关申报纳税

C. 应当向烟叶收购地的主管税务机关预缴税款，再向机构所在地的主管税务机关申报纳税

D. 纳税人可以选择向机构所在地或烟叶收购地的主管税务机关申报纳税

[19]（经典子题•单选题）A县Y烟草公司去相邻的B县收购烟叶，2022年11月19日支付烟叶收购价款200万元，另对烟农支付了价外补贴，下列纳税事项的表述中，正确的是（　）。

A. 烟草公司应在2022年12月20日前申报缴纳烟叶税

B. 烟草公司收购烟叶的纳税义务发生时间是11月20日

C. 烟草公司11月收购烟叶应缴纳烟叶税40万元

D. 烟草公司应向B县主管税务机关申报缴纳烟叶税

[20]（经典子题•多选题）以下关于烟叶税的表述不正确的有（　）。

A. 收购烟叶的单位和个人为烟叶税的纳税人

B. 烟叶税的征税对象包括生烟叶、熟烟叶、烤烟叶

C. 烟叶税实行比例税率，税率为20%

D. 纳税人应当自纳税义务发生之日起15日内申报纳税

第三节　教育费附加和地方教育附加

考点 1　教育费附加和地方教育附加

【考点题源】教育费附加和地方教育附加

1. 教育费附加和地方教育附加的征收范围及计征依据	教育费附加和地方教育附加对缴纳增值税、消费税的单位和个人征收，以其实际缴纳的增值税、消费税税款为计征依据，分别与增值税、消费税同时缴纳 【说明】教育费附加、地方教育附加计征依据与城市维护建设税计税依据一致。
2. 教育费附加和地方教育附加计征比率	现行教育费附加征收比率为 3%，地方教育附加征收率从 2010 年起统一为 2%
3. 教育费附加和地方教育附加的计算	教育费附加和地方教育附加的计算公式为： 应纳教育费附加或地方教育附加 = 实际缴纳的增值税、消费税 × 征收比率（3% 或 2%） 【典型例题】某企业 2023 年 3 月实际缴纳增值税 300 000 元，缴纳消费税 300 000 元。计算该企业应缴纳的教育费附加和地方教育附加。 应纳教育费附加 =（实际缴纳的增值税 + 实际缴纳的消费税）× 征收比率 =（300 000+300 000）×3%=600 000×3%=18 000（元） 应纳地方教育附加 =（实际缴纳的增值税 + 实际缴纳的消费税）× 征收比率 =（300 000+300 000）×2%=600 000×2%=12 000（元）
4. 教育费附加和地方教育附加的减免规定	（1）对海关进口的产品征收的增值税、消费税，不征收教育费附加 （2）对由于减免增值税、消费税而发生退税的，可同时退还已征收的教育费附加。但对出口产品退还增值税、消费税的，不退还已征的教育费附加 （3）对国家重大水利工程建设基金免征教育费附加 （4）自 2016 年 2 月 1 日起，按月纳税的月销售额或营业额不超过 10 万元（按季度纳税的季度销售额或营业额不超过 30 万元）的缴纳义务人，免征教育费附加、地方教育附加 （5）自 2022 年 1 月 1 日至 2024 年 12 月 31 日，由省、自治区、直辖市人民政府根据本地区实际情况，以及宏观调控需要确定，对增值税小规模纳税人、小型微利企业和个体工商户可以在 50% 的税额幅度内减征教育费附加、地方教育附加（新增）

【考点子题——举一反三，真枪实练】

[21]（经典子题·计算问答题）坐落在市区的某日化厂为增值税一般纳税人，2022 年 12 月进口一批高档香水精，支付成交价格 85 万元，运抵我国境内输入地点起卸前的运费及保险费共计 5 万元，日化厂缴纳进口环节税金后，海关开具了海关进口增值税专用缴款书；日化厂当月领用该批进口高档香水精的 80% 用于生产高档化妆品。本月从国内购进材料取得增值税专用发票，注明价款 120 万元、增值税 15.6 万元，销售高档化妆品取得不含税销售额 500 万元。该日化厂本月应向税务机关缴纳的增值税、消费税、城建税、教育费附加和地方教育附加合计为多少万元？

已知：本月取得的增值税抵扣凭证在本月申报抵扣，关税税率为 50%，消费税税率为 15%。

[22]（经典子题·计算问答题）某县的 A 卷烟厂（增值税一般纳税人）2022 年 12 月主要经营活动和缴纳税金的情况如下：

（1）进口一批烟丝被海关征收关税 60 000 元、增值税 80 000 元、消费税 100 000 元；

（2）受位于某镇的 B 卷烟厂（系增值税一般纳税人）委托，加工烟丝一批，B 卷烟厂提供烟叶成本 70 000 元，A 卷烟厂向 B 卷烟厂收取代垫辅料费 8 000 元（不含增值税）和加工费 10 000 元（含增值税），A 卷烟厂无同类烟丝的市场价格；

（3）因生产经营活动向税务机关缴纳消费税 40 000 元、增值税 30 000 元；

（4）因税务检查被查补消费税 10 000 元、增值税 5 000 元，被处以罚款 8 000 元，并加收滞纳金 600 元。

已知，烟丝消费税税率为 30%，要求计算：

（1）A 卷烟厂应代收代缴 B 卷烟厂的城建税、教育费附加和地方教育附加合计数额；

（2）A 卷烟厂自身业务应缴纳的城建税、教育费附加和地方教育附加合计数额。

[23]（经典子题·计算问答题）机构所在地在 A 县的大宇食品厂是增值税一般纳税人，2022 年 12 月在 A 县取得含税销售收入 100 万元，当月发生进项税额 3 万元（已取得增值税专用发票），将位于 B 市的一处办公用房（为 2016 年 5 月 1 日后取得）出租，收取含税月租金 20 万元。

已知：本月取得的增值税抵扣凭证在本月申报抵扣。

请计算：

（1）大宇食品厂在 B 市应预缴的增值税；

（2）大宇食品厂在 A 县应缴纳的增值税；

（3）大宇食品厂在 B 市应缴纳的城建税及两个附加合计金额；

（4）大宇食品厂在 A 县应缴纳的城建税及两个附加合计金额。

【本章考点子题答案及解析】

[1]【答案：D】选项 A，进口环节海关代征的增值税、消费税不缴纳城建税；选项 B，并不是同时缴纳增值税、消费税的单位和个人才能成为城建税的纳税人，只要缴纳增值税和消费税中任何一种税都会涉及缴纳城建税；选项 C，出口退还增值税、消费税但不退还城建税。

[2]【答案：B】委托加工应税消费品，受托方代收城建税的税率按受托方所在地适用税率执行。本题受托方位于县城，适用 5% 的城建税税率。

[3]【答案：B】城建税的计税依据是实际缴纳的增值税消费税（海关代征的增值税与消费税除外），故选项 B 正确。

[4]【答案：AC】城市维护建设税的计税依据是纳税人实际缴纳的“两税”税额，所以选项 A 正确，选项 B 错误；城市维护建设税有“进口不征、出口不退”的特点，所以选项 C 正确，选项 D 错误。

[5]【答案：C】城市维护建设税以纳税人实际缴纳的增值税、消费税为计税依据，城建税具有进口不征、出口不退的规则。甲企业当月应缴纳的城市维护建设税 =（80−20+40−20）×5%=4（万元）。

[6]【答案：D】城市维护建设税的计税依据包括实际缴纳的增值税、消费税和被税务机关处罚时补缴的增值税、消费税，不包括有关的罚款和滞纳金。甲企业 7 月应缴纳的城市维护建设税 =（50+15）×7%=4.55（万元）。

[7]【答案：A】乙工厂在县城适用城建税税率为 5%，因实木地板为消费税征税范围，应将消费税组入计税价格再计算消费税税额，最后根据应纳消费税税额计算城建税税额，应代收代缴城建税 =（150 000+800 000）×50%÷（1−5%）×5%×5%=1250（元）。

[8]【答案：BCD】选项 A，城建税在进口环节不存在征收问题，在出口环节不存在退税问题。选项 BC，对出口产品退还增值税、消费税的，不退还已经缴纳的城市维护建设税。

[9]【答案：A】城建税的计税依据是实际缴纳的增值税与消费税的税额。城建税进口不征、出口不退，对进口环节缴纳的增值税和消费税不纳入城建税的计算依据中。被代收代缴的消费税，应由受托方在受托方所在地代收代缴城建税。甲企业本月应向所在县城税务机关缴纳的城市维护建设税 =（350−50+530−30）×5%=40（万元）。

[10]【答案：ABC】选项 D，纳税人违反增值税有关税法而加收的滞纳金和罚款，是税务机关对纳税人违法行为的经济制裁，不作为城建税的计税依据，故正确选项为 ABC。

[11]【答案：ABC】该企业跨地区提供建筑服务。应预缴增值税和就地缴纳城建税、教育费附加和地方教育附加如下。

在乙县预缴增值税 =65.4 ÷（1+9%）×2% = 1.2（万元）

应在乙县缴纳城建税 =1.2×5% = 0. 06（万元）

应在乙县缴纳教育费附加 =1.2×3% = 0.036（万元）

应在乙县缴纳地方教育附加 =1.2×2% = 0.024（万元）。

[12]【答案：ABCD】选项 AB，城建税的计税依据不包括罚款和滞纳金；选项 C，进口环节海关代征的消费税不附征城建税；选项 D，直接减免增值税、消费税的，城建税随增值税、消费税减免而减免。

[13]【答案：ABC】选项 A，城建税的纳税人是实际缴纳增值税、消费税的单位和个人，只缴纳车船税

的个人，不缴纳城建税；选项 B，进口环节，海关代征的增值税不附征城建税；选项 C，城建税随增值税、消费税减免而减免；选项 D，城建税在进口环节不存在征收问题，在出口环节不存在退税问题，即退还增值税但不退还已纳城建税。

[14]【答案：B】应缴纳的烟叶税 =88×（1+10%）×20%=19.36（万元）。

[15]【答案：C】该烟草公司应纳烟叶税 = 60 000×（1+10%）×20%= 13 200（元）。

[16]【答案：B】本题的考核点是烟叶税应纳税额的计算、纳税义务发生时间和纳税地点。选项 AD，纳税人应当自纳税义务发生月终了之日起 15 日内申报并缴纳税款。该烟草公司收购烟叶的纳税义务发生时间为收购烟叶的当天（8 月 9 日），那么应于 9 月 15 日前申报缴纳烟叶税；选项 B，考生应准确掌握烟叶税的计算公式，即应纳烟叶税税额 = 烟叶收购金额（收购价款和价外补贴）× 烟叶税税率 =80×（1+10%）×20%=17.6（万元）；选项 C，纳税人收购烟叶应当向烟叶收购地（乙县）的主管税务机关申报纳税。

[17]【答案：ACD】选项 B，纳税人应当向烟叶收购地的主管税务机关申报缴纳烟叶税。

[18]【答案：A】纳税人收购烟叶，应当向烟草收购地的主管税务机关申报纳税。

[19]【答案：D】选项 AB，按照规定，烟叶税按月计征，纳税人应当于纳税义务发生月终了之日起 15 日内申报并缴纳税款。该烟草公司收购烟叶的纳税义务发生时间为收购烟叶的当天（11 月 19 日），那么应于 12 月 15 日前（含当天）申报缴纳烟叶税；选项 D，纳税人收购烟叶应当向烟叶收购地（B 县）的主管税务机关申报纳税；选项 C，纳税人收购烟叶实际支付的价款总额包括纳税人支付给烟叶生产销售单位和个人的烟叶收购价款和价外补贴。其中，价外补贴统一按烟叶收购价款的 10% 计算。其应纳烟叶税 =200×（1 + 10%）×20% = 44（万元）。

[20]【答案：ABD】选项 A，在我国境内收购烟叶的单位为烟叶税的纳税人，不包括个人；选项 B，烟叶税的征税范围包括晾晒烟叶、烤烟叶；选项 D，烟叶税按月计征，纳税人应当于纳税义务发生月终了之日起 15 日内申报并缴纳税款。

[21]【答案及解析】

进口高档香水精应纳关税 =（85 + 5）×50% = 90×50% = 45（万元）

进口高档香水精应纳消费税 =（90+45）÷（1−15%）×15% = 23. 82（万元）

进口高档香水精应纳增值税 =（90 + 45 +23. 82）×13% = 20. 65（万元）

用外购高档化妆品连续生产高档化妆品，可以按生产领用量抵扣外购高档化妆品的已纳消费税。

应向税务机关缴纳的增值税 = 500×13%−20. 65−15.6 = 28. 75（万元）

应向税务机关缴纳的消费税 = 500×15%−23.82×80% = 55.94（万元）

应向税务机关缴纳的增值税、消费税、城建税、教育费附加和地方教育附加合计 =（28.75 + 55.94）×（1+7% + 3% + 2%）= 94. 85（万元）。

[22]【答案及解析】

（1）A 卷烟厂应代收代缴 B 卷烟厂的城建税、教育费附加和地方教育附加合计数额 = [70 000 + 8 000 + 10 000 ÷（1 + 13%）] ÷（1−30%）×30%×（5% + 3% + 2%）= 37 221.24 ×（5% + 3% + 2%）= 3 722. 12（元）。

（2）A 卷烟厂自身业务应缴纳的城建税、教育费附加和地方教育附加合计数额 =（40 000 +30 000 + 10 000 + 5 000）×（5% + 3%+2%）= 8 500（元）。

[23]【答案及解析】

（1）大宇食品厂出租办公房适用一般计税方法。应在 B 市（不动产所在地）预缴出租办公用房的增值税 =20÷（1+9%）×3%=0.55（万元）。

（2）大宇食品厂在 A 县（机构所在地）缴纳增值税 = 100÷（1+13%）×13% −3+20÷（1+9%）×9%−0.55 =9.61（万元）。

（3）大宇食品厂在 B 市应缴纳的城建税及附加合计 =0.55×（7% + 3% + 2%）= 0.07（万元）。

（4）大宇食品厂在 A 县应缴纳的城建税及附加合计 =9.61×（5% + 3%+2%）= 0.96（万元）。

第 7 章　关税法和船舶吨税法

本章思维导图

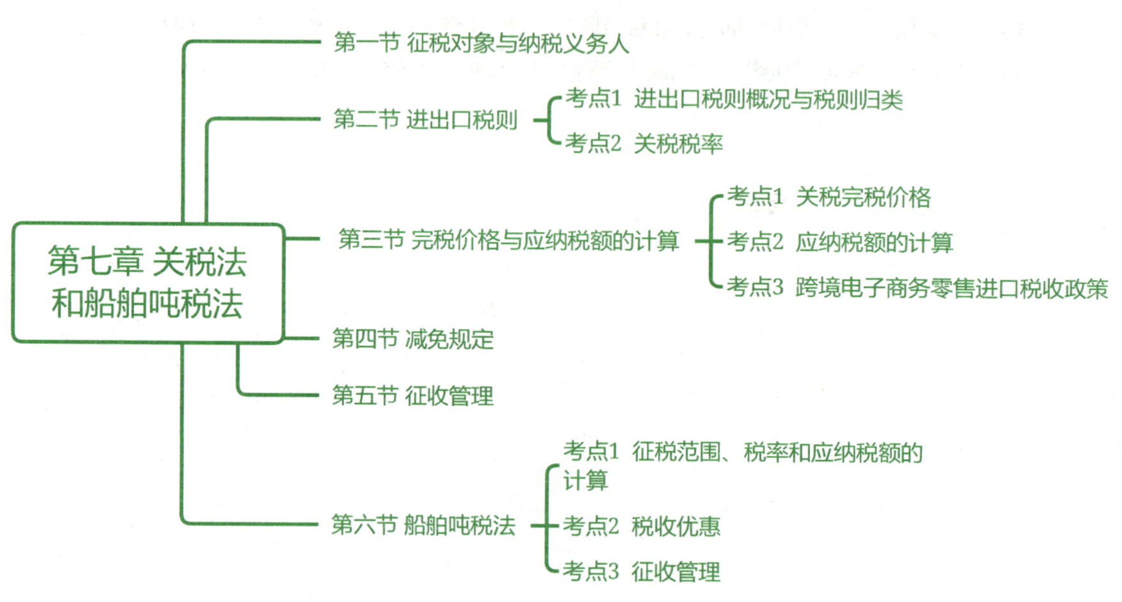

近三年本章考试题型及分值分布

题型	2022 年	2021 年	2020 年
单选题	1 题 1 分	1 题 1 分	2 题 2 分
多选题	1 题 1.5 分	1 题 1.5 分	1 题 1.5 分
综合题			
合计	3 题 3.5 分	2 题 2.5 分	3 题 3.5 分

第一节　征税对象与纳税义务人

考点 1　征税对象与纳税义务人

【考点题源】征税对象与纳税义务人

1. 征税对象	准允进出境的货物和物品 一是进出境货物和物品是指有形货品，无形的产品一般不能成为关税征税对象 二是关税的征税对象必须是进出境的货品
2. 纳税义务人	进口货物的收货人，出口货物的发货人，进出境物品的所有人（包括推定为所有人的人）

第二节　进出口税则

考点 1　进出口税则概况与税则归类

【考点题源】进出口税则概况与税则归类

1. 进出口税则概况	进出口税则，又称关税税则，是指一国制订和公布的按进出境商品的不同类别排列的关税税率表。关税税则主要由两部分构成：关税税率表和适用关税税率表的说明及规则。关税税率表是海关税则的主要内容，分为商品分类目录和税率栏目两部分。关税税则是一国的关税政策的具体体现
2. 税则归类	税则归类，就是按照税则的规定，将每项具体进出口商品按其特性在税则中找出其最适合的某一个税号，即“对号入座”，以便确定其适用的税率，计算关税

考点 2　关税税率

【考点题源】进口关税税率

1. 进口货物税率形式	（1）最惠国税率适用原产于与我国共同适用最惠国待遇条款的 WTO 成员或地区的进口货物，或原产于与我国签订有相互给予最惠国待遇条款的双边贸易协定的国家或地区进口的货物，以及原产于我国境内的进口货物 （2）协定税率适用原产于我国签订的含有关税优惠条款的区域性贸易协定的国家或地区的进口货物 （3）特惠税率适用原产于与我国签订含有特殊优惠关税协定的国家或地区的进口货物 （4）普通税率适用于原产于上述国家或地区以外的其他国家或地区的进口货物，以及原产地不明的进口货物。按照普通税率征税的进口货物，经国务院关税税则委员会特别批准，可以适用最惠国税率 （5）暂定税率是在海关进出口税则规定的进口优惠税率和出口税率的基础上，对进口的某些重要的工农业生产原材料和机电产品关键部件（但只限于从与中国订有关税互惠协议的国家和地区进口的货物）以及出口的特定货物实施的更为优惠的关税税率。这种税率一般按照年度制订，并且随时可以根据需要恢复按照法定税率征税 （6）配额税率是指对实行关税配额管理的进口货物，关税配额内的，适用关税配额税率；关税配额外的，按不同情况分别适用于最惠国税率、协定税率、特惠税率或普通税率 【提示】适用最惠国税率、协定税率、特惠税率的国家或者地区名单，由国务院关税税则委员会决定，报国务院批准后执行。

续表

2. 进口货物税率适用规则	（1）暂定税率优先适用于优惠税率或最惠国税率，适用最惠国税率的进口货物有暂定税率的，应当适用暂定税率；当最惠国税率低于或者等于协定税率时，协定有规定的，按相关协定的规定执行；协定无规定的，两者从低适用。适用协定税率、特惠税率的进口货物有暂定税率的，应从低适用税率 （2）按照国家规定实行关税配额管理的进口货物，关税配额内的，适用关税配额税率，关税配额外的，按其适用税率的规定执行 （3）适用普通税率的进口货物，不适用暂定税率；经国务院关税税则委员会特别批准，可以适用最惠国税率 （4）对进口货物采取反倾销、反补贴、保障措施的，其税率的适用按照《中华人民共和国反倾销法》、《中华人民共和国反补贴法》、《中华人民共和国保障措施条例》的有关规定执行
3. 进境物品税率	除另有规定外，我国对准予应税进口的旅客行李物品，个人邮寄物品以及其他个人自用物品，均由海关按照《中华人民共和国进境物品进口税税率表》的规定征收进口关税、代征进口环节增值税和消费税等进口税

【考点题源】出口关税税率

国家仅对少数资源性产品及易于竞相杀价、盲目进口、需要规范出口秩序的半制成品征收出口关税。现行税则对 107 项出口商品征收出口关税，适用出口税率或出口暂定税率。

【考点子题——举一反三，真枪实练】

[1]（2016 年 • 单选题）下列机构中，有权决定征收特别关税的货物、适用国别、税率、期限和征收办法的是（ ）。

A. 商务部　　　　B. 财政部

C. 海关总署　　　D. 国务院关税税则委员会

【考点题源】税率的适用

1. 进出口货物，应当适用海关接受该货物申报进口或者出口之日实施的税率
2. 进口货物到达前，经海关核准先行申报的，应当适用装载该货物的运输工具申报进境之日实施的税率
3. 进口转关运输货物，应当适用指运地海关接受该货物申报进口之日实施的税率；货物运抵指运地前，经海关核准先行申报的，应当适用装载该货物的运输工具抵达指运地之日实施的税率
4. 出口转关运输货物，应当适用启运地海关接受该货物申报出口之日实施的税率
5. 经海关批准，实行集中申报的进出口货物，应当适用每次货物进出口时海关接受该货物申报之日实施的税率
6. 因超过规定期限未申报而由海关依法变卖的进口货物，其税款计征应当适用装载该货物的运输工具申报进境之日实施的税率

续表

<table>
<tr><td colspan="2">7. 因纳税义务人违反规定需要追征税款的进出口货物，应当适用违反规定的行为发生之日实施的税率；行为发生之日不能确定的，适用海关发现该行为之日实施的税率</td></tr>
<tr><td>8. 已申报进境并放行的保税货物、减免税货物、租赁货物或者已申报进出境并放行的暂时进出境货物，有下列情形之一需缴纳税款的，应当适用海关接受纳税义务人再次填写报关单申报办理纳税及有关手续之日实施的税率</td><td>（1）保税货物经批准不复运出境的
（2）保税仓储货物转入国内市场销售的
（3）减免税货物经批准转让或者移作他用的
（4）可暂不缴纳税款的暂时进出境货物，经批准不复运出境或者进境的
（5）租赁进口货物，分期缴纳税款的</td></tr>
<tr><td colspan="2">9. 补征和退还进出口货物关税，应当按照前述规定确定适用的税率</td></tr>
</table>

【考点子题——举一反三，真枪实练】

[2]（经典例题·多选题）下列各项关于关税税率适用的表述中，正确的有（　）。

A. 出口货物，按海关接受该货物申报出口之日实施的税率

B. 进口货物到达前，经海关核准先行申报的，应当适用装载该货物的运输工具申报进境之日实施的税率

C. 经海关批准，实行集中申报的进出口货物，应当适用每次货物进出口时海关接受该货物申报之日实施的税率

D. 违反规定需要追征税款的进口货物，行为发生之日不能确定的，适用申报进口之日实施的税率

第三节　完税价格与应纳税额的计算

考点 1　关税完税价格

进口货物的完税价格包括货物的货价、货物运抵我国境内输入地点起卸前的运输及其相关费用、保险费。

【考点题源】一般进口货物的完税价格

<table>
<tr><td colspan="3">（1）进口货物完税价格的确定方法有（　）。</td></tr>
<tr><td rowspan="4">A. 成交价格估价方法</td><td rowspan="4">进口货物的成交价格应当符合的条件</td><td>（2）下列属于进口货物成交价格应当符合的条件的有（　）。</td></tr>
<tr><td>A. 对买方处置或者使用进口货物不予限制，但是法律、行政法规规定实施的限制、对货物销售地域的限制和对货物价格无实质性影响的限制除外
【提示】有下列情形之一的，应当视为对买方处置或者使用进口货物进行了限制：进口货物只能用于展示或者免费赠送的；进口货物只能销售给指定第三方的；进口货物加工为成品后只能销售给卖方或者指定第三方的；其他经海关审查，认定买方对进口货物的处置或者使用受到限制的。</td></tr>
<tr><td>B. 进口货物的价格不得受到使该货物成交价格无法确定的条件或者因素的影响
【提示】有下列情形之一的，应当视为进口货物的价格受到了使该货物成交价格无法确定的条件或者因素的影响：进口货物的价格是以买方向卖方购买一定数量的其他货物为条件而确定的；进口货物的价格是以买方向卖方销售其他货物为条件而确定的；其他经海关审查，认定货物的价格受到使该货物成交价格无法确定的条件或者因素影响的。</td></tr>
<tr><td>C. 卖方不得直接或者间接获得因买方销售、处置或者使用进口货物而产生的任何收益，或者虽然有收益但是能够按照《完税价格办法》的规定做出调整</td></tr>
</table>

续表

A. 成交价格估价方法	进口货物的成交价格应当符合的条件	D. 买卖双方之间没有特殊关系，或者虽然有特殊关系但是按照规定未对成交价格产生影响 【提示】有下列情形之一的，应当认为买卖双方存在特殊关系：买卖双方为同一家族成员的；买卖双方互为商业上的高级职员或者董事的；一方直接或者间接地受另一方控制的；买卖双方都直接或者间接地受第三方控制的；买卖双方共同直接或者间接地控制第三方的；一方直接或者间接地拥有、控制或者持有对方 5% 以上（含 5%）公开发行的有表决权的股票或者股份的；一方是另一方的雇员、高级职员或者董事的；买卖双方是同一合伙企业成员的。买卖双方在经营上相互有联系，一方是另一方的独家代理、独家经销或者独家受让人，如果符合前款的规定，也应当视为存在特殊关系。需要注意的是，买卖双方之间存在特殊关系，但是纳税义务人能证明其成交价格与同时或者大约同时发生的下列任何一款价格相近的，应当视为特殊关系未对进口货物的成交价格产生影响：向境内无特殊关系的买方出售的相同或者类似进口货物的成交价格；按照倒扣价格估价方法所确定的相同或者类似进口货物的完税价格；按照计算价格估价方法所确定的相同或者类似进口货物的完税价格。
	应计入完税价格的调整项目	（3）下列应计入完税价格的调整项目的有（　）。
		A. 由买方负担的除购货佣金以外的佣金和经纪费 【提示】“购货佣金”指买方为购买进口货物向自己的采购代理人支付的劳务费用。“经纪费”指买方为购买进口货物向代表买卖双方利益的经纪人支付的劳务费用。
		B. 由买方负担的与该货物视为一体的容器费用
		C. 由买方负担的包装材料费用和包装劳务费用
		D. 与进口货物的生产和向中华人民共和国境内销售有关的，由买方以免费或者以低于成本的方式提供，并且可以按适当比例分摊的下列货物或者服务的价值：进口货物包含的材料、部件、零件和类似货物；在生产进口货物过程中使用的工具、模具和类似货物；在生产进口货物过程中消耗的材料；在境外进行的为生产进口货物所需的工程设计、技术研发、工艺及制图等相关服务
	应计入完税价格的调整项目	E. 与该货物有关并作为卖方向我国销售该货物的一项条件，应当由买方向卖方或者有关方直接或间接支付的特许权使用费 【提示】“特许权使用费”是指进口货物的买方为取得知识产权权利人及权利人有效授权人关于专利权、商标权、专有技术、著作权、分销权或者销售权的许可或者转让而支付的费用。
		F. 卖方直接或间接从买方对该货物进口后转售、处置或使用所得中获得的收益
	不计入完税价格的调整项目	（4）下列进口货物的价款中单独列明的税收、费用，不计入完税价格调整项目的有（　）。

续表

<table>
<tr><td rowspan="6">A. 成交价格估价方法</td><td rowspan="6">不计入完税价格的调整项目</td><td>A. 厂房、机械或者设备等货物进口后发生的建设、安装、装配、维修或者技术援助费用，但是保修费用除外</td></tr>
<tr><td>B. 进口货物运抵中华人民共和国境内输入地点起卸后发生的运输及其相关费用、保险费</td></tr>
<tr><td>C. 进口关税、进口环节海关代征税及其他国内税</td></tr>
<tr><td>D. 为在境内复制进口货物而支付的费用</td></tr>
<tr><td>E. 境内外技术培训及境外考察费用</td></tr>
<tr><td>F. 同时符合下列条件的利息费用：利息费用是买方为购买进口货物而融资所产生的；有书面的融资协议的；利息费用单独列明的；纳税义务人可以证明有关利率不高于在融资当时当地此类交易通常应当具有的利率水平，且没有融资安排的相同或者类似进口货物的价格与进口货物的实付、应付价格非常接近的</td></tr>
<tr><td rowspan="8">B. 进口货物海关估价方法</td><td colspan="2">（5）进口货物的成交价格不符合规定条件或者成交价格不能确定的，海关与纳税义务人进行价格磋商后，依次以下列方法审查确定该货物的完税价格（　）。</td></tr>
<tr><td colspan="2">A. 相同货物成交价格估价方法
【提示】相同货物成交价格估价方法是海关以与进口货物同时或者大约同时向中华人民共和国境内销售的相同货物的成交价格为基础，审查确定进口货物的完税价格的估价方法。</td></tr>
<tr><td colspan="2">B. 类似货物成交价格估价方法
【提示】类似货物成交价格估价方法，是指海关以与进口货物同时或者大约同时向中华人民共和国境内销售的类似货物的成交价格为基础，审查确定进口货物的完税价格的估价方法。</td></tr>
<tr><td colspan="2">C. 倒扣价格估价方法
【提示】倒扣价格估价方法，是指海关以进口货物、相同或者类似进口货物在境内的销售价格为基础，扣除境内发生的有关费用后，审查确定进口货物完税价格的估价方法。</td></tr>
<tr><td rowspan="4">D. 计算价格估价方法</td><td>（6）计算价格估价方法，是海关以下列各项的总和为基础，审查确定进口货物完税价格的估价方法（　）。</td></tr>
<tr><td>A. 生产该货物所使用的料件成本和加工费用</td></tr>
<tr><td>B. 向境内销售同等级或者同种类货物通常的利润和一般费用（包括直接费用和间接费用）</td></tr>
<tr><td>C. 该货物运抵境内输入地点起卸前的运输及相关费用、保险费</td></tr>
<tr><td rowspan="2">B. 进口货物海关估价方法</td><td rowspan="2">E. 合理估价方法</td><td>（7）海关在采用合理方法确定进口货物的完税价格时，不得使用以下价格（　）。</td></tr>
<tr><td>A. 境内生产的货物在境内的销售价格
B. 可供选择的价格中较高的价格
C. 货物在出口地市场的销售价格
D. 以计算价格估价方法规定之外的价值或者费用计算的相同或者类似货物的价格
E. 出口到第三国或者地区的货物的销售价格
F. 最低限价或者武断、虚构的价格</td></tr>
</table>

【考点子题——举一反三，真枪实练】

[3]（2011 年 • 多选题）下列各项中，应当计入进口货物关税完税价格的有（　）。

A. 由买方负担的购货佣金

B. 由买方负担的境外包装材料费用

C. 由买方负担的境外包装劳务费用

D. 由买方负担的与进口货物视为一体的容器费用

[4]（2015 年 • 多选题）下列税费中，不计入进口货物关税完税价格的有（　）。

A. 进口货物运抵我国境内输入地点起卸后发生的保险费

B. 进口货物运抵我国境内输入地点起卸前发生的保险费

C. 报关时海关代征的增值税和消费税

D. 由买方负担的包装材料费用

【考点题源】进口货物完税价格中的运输及相关费用、保险费的计算

1. 进口货物的运输及其相关费用，应当按照由买方实际支付或者应当支付的费用计算。如果进口货物的运输及其相关费用无法确定的，海关应当按照该货物进口同期的正常运输成本审查确定
2. 运输工具作为进口货物，利用自身动力进境的，海关在审查确定完税价格时，不再另行计入运输及其相关费用
3. 进口货物的保险费，应当按照实际支付的费用计算。如果进口货物的保险费无法确定或者未实际发生，海关应当按照"货价加运费"两者总额的 3‰。计算保险费，其计算公式如下： 保险费 =（货价 + 运费）× 3‰
4. 邮运进口的货物，应当以邮费作为运输及其相关费用、保险费

【考点子题——举一反三，真枪实练】

[5]（2019 年 • 单选题）某进出口公司 2022 年 7 月进口化妆品一批，购买价 34 万元，该公司另支付入关前运费 3 万元，保险费无法确定。化妆品关税税率为 30%，该公司应缴纳的关税为（　）万元。

A. 10.20　　B. 10.23　　C. 11.10　　D. 11.13

【考点题源】特殊进口货物的完税价格

特殊进口货物	完税价格的确定方法
运往境外修理的货物，并在规定期限内复运进境	以境外修理费和物料费为基础审查确定完税价格

第7章

续表

<table>
<tr><td>运往境外加工的货物，并在规定期限内复运进境</td><td colspan="2">以境外加工费、料件费、复运进境的运输及相关费用、保险费为基础审查确定完税价格</td></tr>
<tr><td>暂时进境的货物</td><td colspan="2">按一般进口货物完税价格的确定方法，审查确定完税价格</td></tr>
<tr><td rowspan="3">租赁方式进口的货物</td><td>租金方式支付</td><td>租赁期内以海关审定的租金作为完税价格，利息应当计入</td></tr>
<tr><td>留购的租赁货物</td><td>海关审定的留购价格作为完税价格</td></tr>
<tr><td>承租人申请一次性缴纳税款</td><td>可以选择按“进口货物海关估价办法”确定完税价格或者按海关审定的租金总额作为完税价格</td></tr>
<tr><td>留购的进口货样</td><td colspan="2">海关审定的留购价格作为完税价格</td></tr>
<tr><td rowspan="2">予以补税的减免税货物</td><td colspan="2">由海关监管使用的减免税进口货物，在监管年限内转让或者移作他用需要补税的，应当以海关审定的该货物原进口时的价格，扣除折旧部分价值作为完税价格：
完税价格 = 海关审定的该货物原进口时的价格 × [1 − 补税时实际已进口的时间（月）÷（监管年限 × 12）]</td></tr>
<tr><td colspan="2">【提示】特定地区、特定企业、特定用途的特定减免税进口货物，应接受海关监管。监管年限依次为：船舶、飞机 8 年；机动车辆 6 年；其他货物 3 年。</td></tr>
<tr><td>不存在成交价格的进口货物</td><td colspan="2">易货贸易、寄售、捐赠、赠送等不存在成交价格的进口货物，由海关与纳税人磋商后，以“进口货物海关估价办法”估定完税价格</td></tr>
<tr><td>进口软件介质</td><td colspan="2">符合条件的进口软件介质，以介质本身的价值或者成本为基础审定完税价格
【提示】含有美术、摄影、声音、图像、影视、游戏、电子出版物的介质不适用该规定。</td></tr>
</table>

【考点子题——举一反三，真枪实练】

[6]（2009 年 • 单选题）某企业 2023 年 5 月将一台账面余值 55 万元的进口设备运往境外修理，当月在海关规定的期限内复运进境。经海关审定的境外修理费 4 万元、料件费 6 万元。假定该设备的进口关税税率为 30%，则该企业应缴纳的关税为（　）万元。

A. 1.8　　B. 3　　C. 16.5　　D. 19.5

[7]（2013 年 • 多选题）下列关于特殊进口货物关税完税价格确定的表述中，符合我国关税规定的有（　）。

A. 某高校转让 2 年前免税进口的检测设备，以原入境到岸价作为完税价格

B. 某外商在境内参展时直接出售给顾客的参展化妆品，以海关审定留购价作为完税价格

C. 某医院接受香港赛马会无偿捐赠的救护车辆，以一般进口货物估价办法估定完税价格

D. 某石油企业以支付租金方式从境外承租的海上钻井平台，以海关审定的租金作为完税价格

【考点题源】出口货物的完税价格

<table>
<tr><td>1. 以成交价格为基础的完税价格。
出口货物的完税价格，由海关以该货物的成交价格为基础审查确定，并且应当包括货物运至我国境内输出地点装载前的运输及其相关费用、保险费</td><td>出口货物的成交价格，是指该货物出口销售时，卖方为出口该货物应当向买方直接收取和间接收取的价款总额。下列税收、费用不计入出口货物的完税价格：
（1）出口关税
（2）在货物价款中单独列明的货物运至我国境内输出地点装载后的运输及其相关费用、保险费</td></tr>
<tr><td rowspan="4">2. 出口货物海关估价方法。
出口货物的成交价格不能确定时，海关经了解有关情况，并且与纳税义务人进行价格磋商后，依次以下列价格审查确定该货物的完税价格</td><td>（1）同时或者大约同时向同一国家或者地区出口的相同货物的成交价格</td></tr>
<tr><td>（2）同时或者大约同时向同一国家或者地区出口的类似货物的成交价格</td></tr>
<tr><td>（3）根据境内生产相同或者类似货物的成本、利润和一般费用（包括直接费用和间接费用）、境内发生的运输及其相关费用、保险费计算所得的价格</td></tr>
<tr><td>（4）按照合理方法估定的价格</td></tr>
</table>

【考点子题——举一反三，真枪实练】

[8]（2018年·多选题）下列各项税费中，应计入出口货物完税价格的有（ ）。

A. 货物运至我国境内输出地点装载前的保险费

B. 货物运至我国境内输出地点装载前的运输费用

C. 货物出口关税

D. 货价中单独列明的货物运至我国境内输出地点装载后的运输费用

[9]（2017年·单选题）下列出口货物成交价格包含的税收和费用中，应计入出口货物关税完税价格的是（ ）。

A. 出口关税税额

B. 货物运至我国境内输出地点装载后的保险费用

C. 货物运至我国境内输出地点装载前的运输费用

D. 我国离境口岸至境外口岸之间的运输费

[10]（2010年·单选题）下列各项中，应计入出口货物完税价格的是（ ）。

A. 出口关税税额

B. 单独列明的支付给境外的佣金

C. 货物在我国境内输出地点装载后的运输费用

D. 货物运至我国境内输出地点装载前的保险费

[11](2015年•单选题)下列税费中，应计入进口货物关税完税价格的是( )。

A. 单独核算的境外技术培训费用

B. 报关时海关代征的增值税和消费税

C. 由买方单独支付的入关后的运输费用

D. 进口货物运抵我国境内输入地点起卸前的保险费

[12](2014年•多选题)下列税费中，应计入进口货物关税完税价格的有( )。

A. 进口环节缴纳的消费税

B. 单独支付的境内技术培训费

C. 由买方负担的境外包装材料费用

D. 由买方负担的与该货物视为一体的容器费用

考点2 应纳税额的计算

【考点题源】应纳税额的计算

从价税应纳税额的计算	关税税额 = 应税进(出)口货物数量 × 单位完税价格 × 税率
从量税应纳税额的计算	关税税额 = 应税进(出)口货物数量 × 单位货物税额
复合税应纳税额的计算	关税税额 = 应税进(出)口货物数量 × 单位货物税额 + 应税进(出)口货物数量 × 单位完税价格 × 税率
滑准税应纳税额的计算	关税税额 = 应税进(出)口货物数量 × 单位完税价格 × 滑准税税率

【典型例题】某商场于2023年2月进口一批高档美容修饰类化妆品。该批货物在国外的买价120万元，货物运抵我国入关前发生的运输费、保险费和其他费用分别为10万元、6万元、4万元。货物报关后，该商场按规定缴纳了进口环节的增值税和消费税并取得了海关开具的缴款书。将化妆品从海关运往商场所在地取得增值税专用发票，注明运输费用5万元、增值税进项税额0.45万元，该批化妆品当月在国内全部销售，取得不含税销售额520万元(假定化妆品进口关税税率20%，增值税税率13%，消费税税率15%)。

要求：计算该批化妆品进口环节应缴纳的关税、增值税、消费税和国内销售环节应缴纳的增值税。

(1)关税完税价格 =120+10+6+4=140(万元)

(2)应缴纳进口关税 =140×20%=28(万元)

(3)进口环节的组成计税价格 =(140+28)÷(1−15%)=197.65(万元)

(4)进口环节应缴纳增值税 =197.65×13%=25.69(万元)

(5)进口环节应缴纳消费税 =197.65×15%=29.65(万元)

(6)国内销售环节应缴纳增值税 =520×13%−0.45−25.69=41.46(万元)

第7章

【考点子题——举一反三，真枪实练】

[13]（2014年•单选题）我国某公司2022年6月从国内甲港口出口一批锌锭到国外，货物成交价格170万元（不含出口关税），其中包括货物运抵甲港口装载前的运输费10万元、单独列明支付给境外的佣金12万元。甲港口到国外目的地港口之间的运输保险费20万元。锌锭出口关税税率为20%。该公司出口锌锭应缴纳的出口关税为（　）。

A. 25.6万元　　B. 29.6万元　　C. 31.6万元　　D. 34万元

考点3 跨境电子商务零售进口税收政策

【考点题源】跨境电子商务零售进口税收政策

纳税人和扣缴义务人	跨境电子商务零售进口商品按照货物征收关税和进口环节增值税、消费税，购买跨境电子商务零售进口商品的个人作为纳税义务人，实际交易价格（包括货物零售价格、运费和保险费）作为完税价格，电子商务企业、电子商务交易平台企业或物流企业可作为代收代缴义务人
适用范围	跨境电子商务零售进口税收政策适用于从其他国家或地区进口的、《跨境电子商务零售进口商品清单》范围内的以下商品： （1）所有通过与海关联网的电子商务交易平台交易，能够实现交易、支付、物流电子信息"三单"比对的跨境电子商务零售进口商品 （2）未通过与海关联网的电子商务交易平台交易，但快递、邮政企业能够统一提供交易、支付、物流等电子信息，并承诺承担相应法律责任进境的跨境电子商务零售进口商品 不属于跨境电子商务零售进口的个人物品以及无法提供交易、支付、物流等电子信息的跨境电子商务零售进口商品，按现行规定执行
计征限额	跨境电子商务零售进口商品的单次交易限值为人民币5 000元，个人年度交易限值为人民币26 000元。在限值以内进口的跨境电子商务零售进口商品，关税税率暂设为0%；进口环节增值税、消费税取消免征税额，暂按法定应纳税额的70%征收。完税价格超过5 000元单次交易限值但低于26 000元年度交易限值，且订单下仅一件商品时，可以自跨境电商零售渠道进口，按照货物税率全额征收关税和进口环节增值税、消费税，交易额计入年度交易总额，但年度交易总额超过年度交易限值的，应按一般贸易管理
计征规定	跨境电子商务零售进口商品自海关放行之日起30日内退货的，可申请退税，并相应调整个人年度交易总额 跨境电子商务零售进口商品购买人（订购人）的身份信息应进行认证；未进行认证的，购买人（订购人）身份信息应与付款人一致

【考点子题——举一反三，真枪实练】

[14]（2017年•多选题）跨境电子商务零售进口商品按照货物征收关税，下列企业可以作为代收代缴义务人的有（　）。

A. 电子商务交易平台企业　　B. 商品生产企业

C. 电子商务企业　　D. 海关

第四节　减免规定

考点 1　减免规定

【考点题源】减免规定

1. 法定减免税	（1）关税税额在人民币 50 元以下的一票货物，可免征关税 （2）无商业价值的广告品和货样，可免征关税 （3）外国政府、国际组织无偿赠送的物资，可免征关税 （4）进出境运输工具装载的途中必需的燃料、物料和饮食用品，可予免税 （5）在海关放行前损失的货物，可免征关税 （6）在海关放行前遭受损坏的货物，可以根据海关认定的受损程度减征关税 （7）我国缔结或者参加的国际条约规定减征、免征关税的货物、物品，按照规定予以减免关税 （8）法律规定减征、免征关税的其他货物、物品
2. 特定减免税	（1）科教用品 （2）残疾人专用品 （3）慈善捐赠物资 （4）重大技术装备

续表

3. 暂时免税	（1）在展览会、交易会、会议及类似活动中展示或者使用的货物 （2）文化、体育交流活动中使用的表演、比赛用品 （3）进行新闻报道或者摄制电影、电视节目使用的仪器、设备及用品 （4）开展科研、教学、医疗活动使用的仪器、设备及用品 （5）在上述第 1 项至第 4 项所列活动中使用的交通工具及特种车辆 （6）货样 （7）供安装、调试、检测设备时使用的仪器、工具 （8）盛装货物的容器 （9）其他用于非商业目的的货物
4. 临时减免税	临时减免税是指以上法定和特定减免税以外的其他减免税，即由国务院根据《海关法》对某个单位、某类商品、某个项目或某批进出口货物的特殊情况，给予特别照顾，一案一批，专文下达的减免税。一般有单位、品种、期限、金额或数量等限制，不能比照执行

【考点子题——举一反三，真枪实练】

[15]（2019 年 • 多选题）下列进口的货物或物品中，免征关税的有（　）。

A. 无商业价值的广告品　　B. 外国政府无偿援助的物资

C. 国际组织无偿赠送的货物　　D. 在海关放行前损失的货物

第五节　征收管理

考点 1　征收管理

【考点题源】征收管理

关税缴纳	1. 进口货物的纳税义务人应当自运输工具申报进境之日起 14 日内，出口货物的纳税义务人除海关特准的以外，应当在货物运抵海关监管区后、装货的 24 小时以前，向货物的进出境地海关申报，海关根据税则归类和完税价格计算应缴纳的关税和进口环节代征税，并填发税款缴款书 2. 纳税义务人应当自海关填发税款缴款书之日起 15 日内，向指定银行缴纳税款。如关税缴款期限届满日遇星期六、星期日等休息日或者法定节假日，则关税缴纳期限顺延至休息日或者法定节假日之后的第一个工作日 3. 关税纳税义务人因不可抗力或者在国家税收政策调整的情形下，不能按期缴纳税款的，经依法提供税款担保后，可以延期缴纳税款，但最长不得超过 6 个月
关税的强制执行（两类）	1. 征收关税滞纳金。滞纳金自关税缴纳期限届满滞纳之日起，至纳税义务人缴纳关税之日止，按滞纳税款万分之五的比例按日征收，休息日或法定节假日不予扣除。具体计算公式为： 关税滞纳金金额 = 滞纳关税税额 × 滞纳金征收比率 × 滞纳天数 2. 强制征收。如纳税义务人自缴纳税款期限届满之日起 3 个月仍未缴纳税款，经直属海关关长或者其授权的隶属海关关长批准，海关可以采取强制扣缴、变价抵缴等强制措施
关税退还	海关多征的税款，海关发现后应当立即退还；纳税义务人发现多缴税款的，自缴纳税款之日起 1 年内，可以以书面形式要求海关退还多缴的税款并加算银行同期活期存款利息；海关应当自受理退税申请之日起 30 日内查实并通知纳税义务人办理退还手续。 有下列情形之一的，纳税义务人自缴纳税款之日起 1 年内，可以申请退还关税，并应当以书面形式向海关说明理由，提供原缴款凭证及相关资料： 1. 已征进口关税的货物，因品质或者规格原因，原状退货复运出境的 2. 已征出口关税的货物，因品质或者规格原因，原状退货复运进境，并已重新缴纳因出口而退还的国内环节有关税收的 3. 已征出口关税的货物，因故未装运出口，申报退关的 如果属于其他原因且不能以原状复运进境或者出境，不能退税
关税补征和追征	海关法根据短征关税的原因，将海关征收原短征关税的行为分为补征和追征两种。 1. 关税补征，是非因纳税人违反海关规定造成的少征或漏征关税，关税补征期为缴纳税款或货物放行之日起 1 年内 2. 关税追征，是因纳税人违反海关规定造成少征或漏征关税，关税追征期为缴纳税款或货物放行之日起 3 年内，并从应缴纳税款之日起按日加收少征或者漏征税款万分之五的滞纳金

续表

关税纳税争议的处理	纳税义务人自海关填发税款缴款书之日起60日内，向原征税海关的上一级海关提出复议申请。逾期申请复议的，海关不予受理。海关行政复议机关应当自受理复议申请之日起60日内做出复议决定，并以复议决定书的形式正式答复纳税义务人；纳税义务人对海关复议决定仍然不服的，可以自收到复议决定书之日起15日内，向人民法院提起诉讼

【考点子题——举一反三，真枪实练】

[16]（2016年·多选题）下列措施中属于《海关法》赋予海关可以采取的强制措施有（　）。

A. 变价抵缴　　B. 强制扣缴　　C. 补征税额　　D. 征收关税滞纳金

第六节　船舶吨税法

考点 1　征税范围、税率和应纳税额的计算

【考点题源】征税范围、税率和应纳税额的计算

<table>
<tr><td>1. 征税范围</td><td>自中华人民共和国境外港口进入境内港口的船舶（以下简称应税船舶），应当缴纳船舶吨税（以下简称“吨税”）。吨税的税目、税率依照《吨税税目、税率表》执行</td></tr>
<tr><td>2. 税率</td><td>
表 7-1　吨税税目、税率表
<table>
<tr><td rowspan="3">税目
（按船舶净吨位划分）</td><td colspan="6">税率（元 / 净吨）</td><td rowspan="3">备　注</td></tr>
<tr><td colspan="3">普通税率
（按执照期限划分）</td><td colspan="3">优惠税率
（按执照期限划分）</td></tr>
<tr><td>1 年</td><td>90 日</td><td>30 日</td><td>1 年</td><td>90 日</td><td>30 日</td></tr>
<tr><td>不超过 2 000 净吨</td><td>12.6</td><td>4.2</td><td>2.1</td><td>9.0</td><td>3.0</td><td>1.5</td><td rowspan="4">拖船按照发动机功率每千瓦折合净吨位 0.67 吨。无法提供净吨位证明文件的游艇，按照发动机功率每千瓦折合净吨位 0.05 吨。拖船和非机动驳船分别按相同净吨位船舶税率的 50% 计征税款。</td></tr>
<tr><td>超过 2 000 净吨，但不超过 10 000 净吨</td><td>24.0</td><td>8.0</td><td>4.0</td><td>17.4</td><td>5.8</td><td>2.9</td></tr>
<tr><td>超过 10 000 净吨，但不超过 50 000 净吨</td><td>27.6</td><td>9.2</td><td>4.6</td><td>19.8</td><td>6.6</td><td>3.3</td></tr>
<tr><td>超过 50 000 净吨</td><td>31.8</td><td>10.6</td><td>5.3</td><td>22.8</td><td>7.6</td><td>3.8</td></tr>
</table>
注：拖船，是指专门用于拖（推）动运输船舶的专业作业船舶
</td></tr>
<tr><td>3. 应纳税额的计算</td><td>吨税按照船舶净吨位和吨税执照期限征收。净吨位，是指由船籍国（地区）政府授权签发的船舶吨位证明书上标明的净吨位；吨税执照期限，是指按照公历年、日计算的期间。应税船舶负责人在每次申报纳税时，可以按照《吨税税目、税率表》选择申领一种期限的吨税执照。吨税的应纳税额按照船舶净吨位乘以适用税率计算，计算公式为：
应纳税额 = 船舶净吨位 × 定额税率
吨税由海关负责征收。海关征收吨税应当制发缴款凭证。应税船舶负责人缴纳吨税或者提供担保后，海关按照其申领的执照期限填发吨税执照</td></tr>
</table>

续表

3. 应纳税额的计算	应税船舶在进入港口办理入境手续时，应当向海关申报纳税领取吨税执照，或者交验吨税执照（或者申请核验吨税执照电子信息）。应税船舶在离开港口办理出境手续时，应当交验吨税执照（或者申请核验吨税执照电子信息）。 应税船舶负责人申领吨税执照时，应当向海关提供下列文件： 1. 船舶国籍证书或者海事部门签发的船舶国籍证书收存证明 2. 船舶吨位证明 应税船舶因不可抗力在未设立海关地点停泊的，船舶负责人应当立即向附近海关报告，并在不可抗力原因消除后，依照本法规定向海关申报纳税
【典型例题】B 国某运输公司一艘货轮驶入我国某港口，该货轮净吨位为 30 000 吨，货轮负责人已向我国海关领取了吨税执照，在港口停留期限为 30 天，B 国已与我国签订有相互给予船舶税费最惠国待遇条款。请计算该货轮负责人应向我国海关缴纳的船舶吨税。 （1）根据船舶吨税的相关规定，该货轮应享受优惠税率，每净吨位为 3.3 元。 （2）应缴纳船舶吨税 =30 000 × 3.3=99 000(元)。	

考点 2 税收优惠

【考点题源】税收优惠

直接免征	1. 应纳税额在人民币 50 元以下的船舶 2. 自境外以购买、受赠、继承等方式取得船舶所有权的初次进口到港的空载船舶 3. 吨税执照期满后 24 小时内不上下客货的船舶 4. 非机动船舶（不包括非机动驳船）。非机动船舶，是指自身没有动力装置，依靠外力驱动的船舶。非机动驳船，是指在船舶登记机关登记为驳船的非机动船舶 5. 捕捞、养殖渔船。捕捞、养殖渔船，是指在中华人民共和国渔业船舶管理部门登记为捕捞船或者养殖船的船舶 6. 避难、防疫隔离、修理、改造、终止运营或者拆解，并不上下客货的船舶 7. 军队、武装警察部队专用或者征用的船舶 8. 警用船舶 9. 依照法律规定应当予以免税的外国驻华使领馆、国际组织驻华代表机构及其有关人员的船舶 10. 国务院规定的其他船舶。本条免税规定，由国务院报全国人民代表大会常务委员会备案
延期优惠	1. 避难、防疫隔离、修理，并不上下客货 2. 军队、武装警察部队征用 符合直接免税第 5 项至第 9 项以及延期优惠政策的船舶，应当提供海事部门、渔业船舶管理部门或者出入境检验检疫部门等部门、机构出具的具有法律效力的证明文件或者使用关系证明文件，申明免税或者延长吨税执照期限的依据和理由

【考点子题——举一反三，真枪实练】

[17]（2018 年•单选题）下列从境外进入我国港口的船舶中，免征船舶吨税的是（ ）。

A. 养殖渔船　　B. 非机动驳船

C. 拖船　　D. 吨税执照期满后 24 小时内上下客货的船舶

[18]（2011 年 • 单选题）下列各项中，关于船舶吨税的表述不正确的有（ ）。

A. 拖船按照发动机功率每千瓦折合净吨位 0.67 吨

B. 非机动驳船按相同净吨位船舶税率的 80% 计征税款

C. 无法提供净吨位证明文件的游艇，按照发动机功率每千瓦折合净吨位 0.05 吨

D. 拖船按相同净吨位船舶税率的 50% 计征税款

考点 3 征收管理

【考点题源】征收管理

<table>
<tr><td colspan="2">1. 吨税纳税义务发生时间为应税船舶进入港口的当日</td></tr>
<tr><td colspan="2">2. 应税船舶负责人应当自海关填发吨税缴款凭证之日起 15 日内缴清税款。未按期缴清税款的，自滞纳税款之日起至缴清税款之日止，按日加收滞纳税款万分之五的税款滞纳金</td></tr>
<tr><td>3. 应税船舶到达港口前，经海关核准先行申报并办结出入境手续的，应税船舶负责人应当向海关提供与其依法履行吨税缴纳义务相适应的担保；应税船舶到达港口后，依照规定向海关申报纳税</td><td>下列财产、权利可以用于担保：
（1）人民币、可自由兑换货币
（2）汇票、本票、支票、债券、存单
（3）银行、非银行金融机构的保函
（4）海关依法认可的其他财产、权利</td></tr>
<tr><td colspan="2">4. 应税船舶在吨税执照期限内，因修理、改造导致净吨位变化的，吨税执照继续有效。应税船舶办理出入境手续时，应当提供船舶经过修理、改造的证明文件</td></tr>
<tr><td colspan="2">5. 应税船舶在吨税执照期限内，因税目税率调整或者船籍改变而导致适用税率变化的，吨税执照继续有效
因船籍改变而导致适用税率变化的，应税船舶在办理出入境手续时，应当提供船籍改变的证明文件</td></tr>
<tr><td colspan="2">6. 吨税执照在期满前毁损或者遗失的，应当向原发照海关书面申请核发吨税执照副本，不再补税</td></tr>
<tr><td colspan="2">7. 海关发现少征或者漏征税款的，应当自应税船舶应当缴纳税款之日起 1 年内，补征税款。但因应税船舶违反规定造成少征或者漏征税款的，海关可以自应当缴纳税款之日起 3 年内追征税款，并自应当缴纳税款之日起按日加征少征或者漏征税款万分之五的税款滞纳金
海关发现多征税款的，应当在 24 小时内通知应税船舶办理退还手续，并加算银行同期活期存款利息
应税船舶发现多缴税款的，可以自缴纳税款之日起 3 年内以书面形式要求海关退还多缴的税款并加算银行同期活期存款利息；海关应当自受理退税申请之日起 30 日内查实并通知应税船舶办理退还手续
应税船舶应当自收到退税通知之日起 3 个月内办理有关退还手续</td></tr>
<tr><td colspan="2">8. 应税船舶有下列行为之一的，由海关责令限期改正，处 2 000 元以上 30 000 元以下的罚款；不缴或者少缴应纳税款的，处不缴或者少缴税款 50% 以上 5 倍以下的罚款，但罚款不得低于 2 000 元：
（1）未按照规定申报纳税、领取吨税执照
（2）未按照规定交验吨税执照（或者申请核验吨税执照电子信息）以及提供其他证明文件</td></tr>
</table>

【本章考点子题答案及解析】

[1]　【答案：D】国务院关税税则委员会有权决定征收特别关税的货物、适用国别、税率、期限和征收办法，海关总署为政策的实施机构，选项D正确。

[2]　【答案：ABC】选项D，因纳税义务人违反规定需要追征税款的进出口货物，应当适用违反规定的行为发生之日实施的税率；行为发生之日不能确定的，适用海关发现该行为之日实施的税率。

[3]　【答案：BCD】选项A，由买方负担的除购货佣金以外的佣金和经纪费要计入关税完税价格，购货佣金不计入关税完税价格。

[4]　【答案：AC】应计入完税价格的调整项目的有：（1）由买方负担的除购货佣金以外的佣金和经纪费；（2）由买方负担的与该货物视为一体的容器费用；（3）由买方负担的包装材料费用和包装劳务费用；（4）与进口货物的生产和向中华人民共和国境内销售有关的，由买方以免费或者以低于成本的方式提供，并且可以按适当比例分摊的下列货物或者服务的价值：进口货物包含的材料、部件、零件和类似货物；在生产进口货物过程中使用的工具、模具和类似货物；在生产进口货物过程中消耗的材料；在境外进行的为生产进口货物所需的工程设计、技术研发、工艺及制图等相关服务；（5）与该货物有关并作为卖方向我国销售该货物的一项条件，应当由买方向卖方或者有关方直接或间接支付的特许权使用费；（6）卖方直接或间接从买方对该货物进口后转售、处置或使用所得中获得的收益。

不计入完税价格调整项目的有：（1）厂房、机械或者设备等货物进口后发生的建设、安装、装配、维修或者技术援助费用，但是保修费用除外；（2）进口货物运抵中华人民共和国境内输入地点起卸后发生的运输及其相关费用、保险费（选项A）；（3）进口关税、进口环节海关代征税及其他国内税（选项C）；（4）为在境内复制进口货物而支付的费用；（5）境内外技术培训及境外考察费用；（6）符合条件的为进口货物而融资产生的利息费用。

[5]　【答案：D】进口货物的完税价格包括货物的货价、货物运抵我国境内输入地点起卸前的运输及其相关费用、保险费，进口货物的保险费无法确定或者未实际发生，海关应当按照“货价加运费”两者总额的3‰计算保险费，因此，该公司应交纳的关税为［34+3+（34+3）×3‰］×30%=11.13（万元），选项D正确。

[6]　【答案：B】运往境外修理的机械器具、运输工具或其他货物，出境时已向海关报明，并在海关规定期限内复运进境的，应当以境外修理费和物料费为基础审查确定完税价格，因此该企业应缴纳的关税=（4+6）×30%=3（万元），选项B正确。

[7]　【答案：BCD】选项A，由海关监管使用的减免税进口货物，在监管年限内转让或移作他用需要补税的，应当以海关审定的该货物原进口时的价格，扣除折旧部分价值作为完税价格。

[8]　【答案：AB】出口货物的完税价格，由海关以该货物向境外销售的成交价格为基础审查确定，并且应当包括货物运至中华人民共和国境内输出地点装载前的运输及其相关费用、保险费。不包括出口关税，以及在货物价款中单独列明的货物运至我国境内输出地点装载后的运输及其相关费用、保险费，选项AB正确。

[9]　【答案：C】出口货物的完税价格，由海关以该货物的成交价格为基础审查确定，并且应当包括货物运至我国境内输出地点装载前的运输及其相关费用、保险费，选项C正确。

[10]　【答案：D】出口货物的完税价格包括货物的货价、货物运至中华人民共和国境内输出地点装载前

的运输及其相关费用、保险费，不包括出口关税，以及在货物价款中单独列明的货物运至我国境内输出地点装载后的运输及其相关费用、保险费，选项 D 正确。

[11]【答案: D】进口货物的价款中单独列明的下列税收、费用，不计入关税完税价格:（1）厂房、机械、设备等货物进口后发生的建设、安装、装配、维修或者技术援助费用（保修费用除外）;（2）进口货物运抵境内输入地点起卸后发生的运输及其相关费用、保险费（选项 C）;（3）进口关税、进口环节海关代征税及其他国内税（选项 B）;（4）为在境内复制进口货物而支付的费用;（5）境内外技术培训及境外考察费用（选项 A）;（6）符合条件的为进口货物而融资产生的利息费用。

[12]【答案: CD】进口货物的完税价格包括货物的货价、货物运抵我国境内输入地点起卸前的运输及其有关费用、保险费。下列费用或者价值未包括在进口货物的实付或者应付价格中，应当计入完税价格:（1）买方负担的中介费用和经纪费;（2）买方负担的包装材料和包装劳务费用（选项 C），与该货物视为一体的容器费用（选项 D）;（3）买方负担的其他相关费用;（4）与进口货物有关的且构成进口条件的特许权使用费;（5）卖方直接或间接从买方对该货物进口后转售、处置或使用所得中获得的收益。

[13]【答案: C】出口货物的完税价格应当包括运至中华人民共和国境内输出地点装载前运输费以及其相关费用、保险费，故运抵至甲港口装载前的运输费 10 万元不可扣除，支付给境外的佣金可以扣除，故出口关税为（170−12）×20%=31.6（万元），选项 C 正确。

[14]【答案: AC】跨境电子商务零售进口商品按照货物征收关税和进口环节增值税、消费税，购买跨境电子商务零售进口商品的个人作为纳税义务人，实际交易价格（包括货物零售价格、运费和保险费）作为完税价格，电子商务企业、电子商务交易平台企业或物流企业可作为代收代缴义务人，选项 AC 正确。

[15]【答案: ABCD】选项 ABCD，均免征关税。

[16]【答案: ABD】《海关法》赋予海关对滞纳关税的纳税义务人强制执行的权利，强制措施主要有两类:（1）征收关税滞纳金;（2）强制征收：海关可以采取强制扣缴、变价抵缴等强制措施，选项 ABD 正确。

[17]【答案: A】捕捞、养殖渔船免征船舶吨税，选项 A 正确；选项 BC，非机动驳船与拖船减半征收；选项 D，吨税执照期满后 24 小时内不上下客货的船舶免征船舶吨税。

[18]【答案: B】非机动驳船按相同净吨位船舶税率的 50% 计征税款，选项 B 错误。

第 8 章　资源税法和环境保护税法

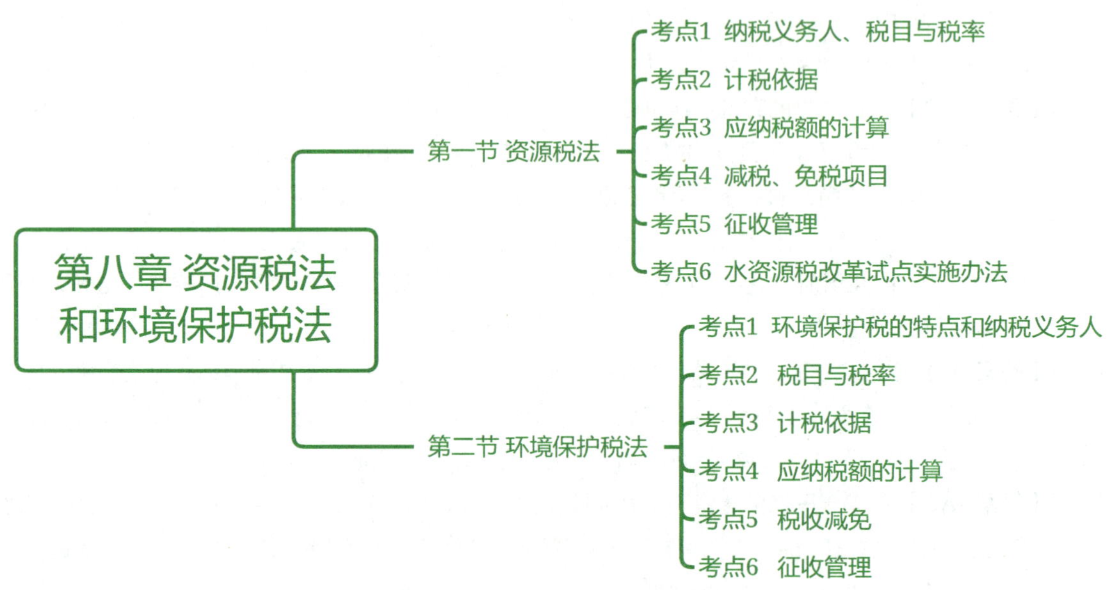

近三年本章考试题型及分值分布

题型	2022 年	2021 年	2020 年
单选题	2 题 2 分	1 题 1 分	1 题 1 分
多选题	1 题 1.5 分	1 题 1.5 分	1 题 1.5 分
计算问答题	1 题 5 分		
合计	4 题 8.5 分	2 题 2.5 分	2 题 2.5 分

扫码畅听增值课

第一节　资源税法

考点 1　纳税义务人、税目与税率

【考点题源】纳税义务人、税目与税率

<table>
<tr><td colspan="2">资源税的纳税义务人是指在中华人民共和国领域及管辖的其他海域开发应税资源的单位和个人
【说明】
1. 资源税规定仅对在中国境内开采或生产应税产品的单位和个人征收，因此，进口的矿产品和盐不征收资源税。由于对进口应税产品不征收资源税，相应的，对出口应税产品也不免征或退还已纳资源税。
2. 纳税人自用应税产品，如果属于应当缴纳资源税的情形，应按规定缴纳资源税。例如：纳税人以应税产品用于非货币性资产交换、捐赠、偿债、赞助、集资、投资、广告、样品、职工福利、利润分配或者连续生产非应税产品等。纳税人开采或者生产应税产品自用于连续生产应税产品的，不缴纳资源税。</td></tr>
<tr><td colspan="2">税目（5 大类，164 个子目）（表 8-1 附后）</td></tr>
<tr><td>1. 能源矿产</td><td>（1）原油
（2）天然气、页岩气、天然气水合物
（3）煤
（4）煤成（层）气　（5）铀、钍
（6）油页岩、油砂、天然沥青、石煤　（7）地热</td></tr>
<tr><td>2. 金属矿产</td><td>（1）黑色金属，包括铁、锰、铬、钒、钛
（2）有色金属，包括铜、铅、锌、金、银、稀土等</td></tr>
<tr><td>3. 非金属矿产</td><td>（1）矿物类，包括高岭土；石灰岩；磷；石墨；萤石、硫铁矿、自然硫、其他黏土等
（2）岩石类，包括大理岩、花岗岩、白云岩、石英岩、砂岩、辉绿岩、安山岩、闪长岩、板岩、玄武岩、砂石（天然砂、卵石、机制砂石）等
（3）宝玉石类，包括宝石、玉石、宝石级金刚石、玛瑙、黄玉、碧玺</td></tr>
<tr><td>4. 水气矿产</td><td>（1）二氧化碳气、硫化氢气、氦气、氡气　（2）矿泉水</td></tr>
<tr><td>5. 盐</td><td>（1）钠盐、钾盐、镁盐、锂盐　（2）天然卤水　（3）海盐</td></tr>
<tr><td colspan="2">上述各税目征税时有的对原矿征税，有的对选矿征税，具体适用的征税对象按照《资源税税目税率表》的规定执行，主要包括以下三类：按原矿征税、按选矿征税、按原矿或者选矿征税。</td></tr>
<tr><td>税率</td><td>适用范围</td></tr>
</table>

续表

比例税率	绝大部分应税产品
固定税率（每立方米税额）	地热、石灰岩、其他粘土、砂石、矿泉水、天然卤水 【说明】上述6种应税产品，既可适用比例税率，也可适用定额税率。
【说明】纳税人开采或者生产不同税目应税产品的，以及纳税人开采或者生产同一税目下适用不同税率的应税产品的，应当分别核算不同税目应税产品的销售额或者销售数量；未分别核算或者不能准确提供不同税目应税产品的销售额或者销售数量的，从高适用税率。	

【考点子题——举一反三，真枪实练】

[1]（2016年•多选题）企业生产或开采的下列资源产品中，应当征收资源税的有（ ）。

A. 人造石油　　B. 进口的天然气

C. 深水油气田开采的天然气　　D. 充填开采置换出来的煤炭

[2]（2010年•多选题）下列各项中，应征资源税的有（ ）。

A. 开采的大理石　　B. 进口的原油

C. 开采的煤层气　　D. 生产用于出口的卤水

[3]（2009年•多选题）下列各项中，属于资源税纳税义务人的有（ ）。

A. 进口盐的外贸企业　　B. 开采原煤的私营企业

C. 生产盐的外商投资企业　　D. 中外合作开采原油的企业

考点2 计税依据

【考点母题——万变不离其宗】计税依据

<table>
<tr><td rowspan="5">从价定率征收</td><td colspan="2">（1）下列有关资源税从价定率征收的计税依据，说法正确的有（ ）。</td></tr>
<tr><td colspan="2">A. 从价定率征收的计税依据为销售额，销售额按照纳税人销售应税产品向购买方收取的全部价款确定，不包括增值税税款</td></tr>
<tr><td colspan="2">B. 凡取得增值税发票或者其他合法有效凭据的相关运杂费用，准于从销售额中扣除
【说明】相关运杂费用是指应税产品从坑口或者洗选（加工）地到车站，码头或者购买方指定地点的运输费用、建设基金以及随运销产生的装卸、仓储、港杂费用</td></tr>
<tr><td rowspan="2">特殊情形下销售额的确定</td><td>（2）纳税人申报的应税产品销售额明显偏低且无正当理由的，或有自用应税产品行为而无销售额的，主管税务机关确定其应税产品销售额的方法和顺序是（ ）。</td></tr>
<tr><td>A. 按纳税人最近时期同类产品的平均销售价格确定
B. 按其他纳税人最近时期同类产品的平均销售价格确定
C. 按后续加工非应税产品销售价格，减去后续加工环节的成本利润后确定
D. 按应税产品组成计税价格确定：
组成计税价格＝成本×（1+成本利润率）÷（1−资源税税率）
【说明】公式中的成本利润率由省、自治区、直辖市税务机关确定。
E. 按其他合理方法确定</td></tr>
</table>

续表

从价定率征收	特殊情形下销售额的确定	（3）下列有关外购应税产品购进金额、购进数量的扣减的规定，说法正确的有（　）。
		A. 纳税人外购应税产品与自采应税产品混合销售或者混合加工为应税产品销售的，在计算应税产品销售额或者销售数量时，准予扣减外购应税产品的购进金额或者购进数量；当期不足扣减的，可结转下期扣减。纳税人应当准确核算外购应税产品的购进金额或者购进数量，未准确核算的，一并计算缴纳资源税 B. 纳税人核算并扣减当期外购应税产品购进金额、购进数量，应当依据外购应税产品的增值税发票、海关进口增值税专用缴款书或者其他合法有效凭据 C. 纳税人以外购原矿与自采原矿混合为原矿销售，或者以外购选矿产品与自产选矿产品混合为选矿产品销售的，在计算应税产品销售额或者销售数量时，直接扣减外购原矿或者外购选矿产品的购进金额或者购进数量 D. 纳税人以外购原矿与自采原矿混合洗选加工为选矿产品销售的，在计算应税产品销售额或者销售数量时，按照下列方法进行扣减 准予扣减的外购应税产品购进金额（数量）= 外购原矿购进金额（数量）×（本地区原矿适用税率 ÷ 本地区选矿产品适用税率）
		【典型例题】某煤炭企业将外购 100 万元原煤与自采 200 万元原煤混合洗选加工为选煤销售。选煤销售额为 450 万元。当地原煤税率为 3%，选煤税率为 2%，在计算应税产品销售额时，准予扣减的外购应税产品购进金额 = 外购原矿购进金额（数量）×（本地区原矿适用税率 ÷ 本地区选矿产品适用税率）=100×（3% ÷ 2%）=150（万元）。
从量定额征收	【说明】 1. 实行从量定额征收的以应税产品的销售数量为计税依据。 2. 销售数量，包括纳税人开采或者生产应税产品的实际销售数量和自用于应当缴纳资源税情形的应税产品数量。	

【考点子题——举一反三，真枪实练】

[4]（2010 年 • 单选题）纳税人开采应税矿产品销售的，其计算缴纳资源税采用的数量为（　）。

A. 开采数量　　B. 实际产量　　C. 计划产量　　D. 销售数量

考点 3　应纳税额的计算

【考点题源】应纳税额的计算

从价定率方式	计算公式为：应纳税额 = 销售额 × 适用税率 【说明】应税产品的销售额，按照纳税人销售应税产品向购买方收取的全部价款确定，不包括增值税税款。

续表

从价定率方式	【典型例题 1】某油田 2022 年 10 月销售原油 20 000 吨，开具增值税专用发票取得销售额 10 000 万元、增值税税额 1300 万元，按《资源税税目税率表》的规定，其适用的税率为 6%。请计算该油田 10 月应缴纳的资源税。 销售原油应纳税额 =10 000 × 6%=600（万元）
	【典型例题 2】某石化公司为增值税一般纳税人，2022 年 10 月发生以下业务： （1）从国外某石油公司进口原油 50 000 吨，支付不含税价款折合人民币 9 000 万元，其中包含包装费及保险费折合人民币 10 万元。 （2）开采原油 10 000 吨，并将开采的原油对外销售 6 000 吨，取得不含税销售额 2 340 万元；另外支付运输费用 7.02 万元，取得增值税专用发票。 （3）用开采的原油 2 000 吨加工生产汽油 1 300 吨。 要求：计算该石化公司当月应纳资源税。 解析： （1）由于资源税仅对在中国境内开采或生产应税产品的单位和个人征收，因此业务（1）中该石化公司进口原油无需缴纳资源税。 （2）业务（2）应缴纳的资源税 =2 340 × 6%=140.4（万元） （3）每吨原油的不含税销售价格 =2 340−6 000=0.39（万元） 业务（3）应缴纳的资源税 =0. 39 × 2 000 × 6%=46.8（万元） （4）该石化公司当月应纳资源税 =140.4 +46.8 =187.2（万元）。
从量定额方式	应纳税额 = 课税数量 × 单位税额 代扣代缴应纳税额 = 收购未税矿产品的数量 × 适用的单位税额 【典型例题 3】某砂石开采企业 2023 年 3 月销售砂石 3 000 立方米，资源税税率为 2 元 / 立方米。请计算该企业 3 月应纳资源税税额。 销售砂石应纳税额 = 课税数量 × 单位税额 =3 000 × 2=6 000（元）

【考点子题——举一反三，真枪实练】

［5］（经典子题•单选题）某原油开采企业为增值税一般纳税人（非小微企业），2022 年 11 月共计开采原油 5 000 吨，当月销售原油 3 000 吨，取得销售收入（不含增值税）200 万元，同时还向购买方收取保险费 5 万元、包装费 3 万元；另外收取符合规定的运输费 1 万元（取得增值税专用发票）。已知原油的资源税税率为 6%，则该企业 11 月缴纳的资源税为（　）万元。

A. 12.48　　B. 12.42　　C. 12.54　　D. 12.50

［6］（经典子题•单选题）某天然气开采企业为增值税一般纳税人（非小微企业），2022 年 9 月销售天然气 100 万立方米，取得不含增值税收入 200 万元，同时向购买方收取包装费 10 万元、违约金 5 万元，另外收取符合规定的运输费 1 万元（取得增值税专用发票）。已知天然气的资源税税率为 6%，该企业 2022 年 9 月销售天然气应缴纳的资源税为（　）万元。

A. 12.37　　B. 12.80　　C. 12.83　　D. 12.90

[7]（2021 年 • 单选题）某煤炭开采企业为增值税一般纳税人（非小微企业），，2022 年 6 月销售原煤向购买方收取全部价款 500 万元，其中销售额 450 万元、从坑口到购买方指定地点的运输费用 40 万元、装卸费用 10 万元，均已取得合法有效凭证。另将外购原煤与自采原煤混合销售取得销售额 460 万元，外购原煤增值税专用发票注明金额 200 万元。上述价款均不含增值税，当地原煤资源税税率 8%。该企业当月应缴纳资源税（　）。

A. 57.6 万元　　B. 72.8 万元　　C. 76.8 万元　　D. 56.8 万元

考点 4　减税、免税项目

【考点母题——万变不离其宗】减税、免税项目

（1）下列各项关于资源税减免税规定的表述中，正确的有（　）。
A. 免征资源税情形包括： 1. 开采原油以及油田范围内运输原油过程中用于加热的原油、天然气 2. 煤炭开采企业因安全生产需要抽采的煤成（层）气
B. 从低丰度油气田开采的原油、天然气减征 20% 资源税 【说明】陆上低丰度油田是指每平方公里原油可采储量丰度低于 25 万立方米的油田；陆上低丰度气田是指每平方公里天然气可采储量丰度低于 2.5 亿立方米的气田。海上低丰度油田是指每平方公里原油可开采储量丰度低于 60 万立方米的油田；海上低丰度气田是指每平方公里天然气可开采储量丰度低于 6 亿立方米的气田。
C. 高含硫天然气、三次采油和从深水油气田开采的原油、天然气，减征 30% 资源税 【说明】高含硫天然气是指硫化氢含量在每立方米 30 克以上的天然气。三次采油是指二次采油后继续以聚合物驱、复合驱、泡沫驱、二氧化碳驱、气水交替驱、微生物驱等方式进行采油。深水油气田是指水深超过 300 米的油气田。
D. 稠油、高凝油减征 40% 资源税 【说明】稠油指地层原油黏度大于或等于 50 毫帕 / 秒，或原油密度大于或等于 0.92 克 / 立方厘米的原油。高凝油是指凝固点高于 40℃的原油。
E. 从衰竭期矿山开采的矿产品，减征 30% 资源税 【说明】衰竭期矿山是指设计开采年限超过 15 年，且剩余可采储量下降到原设计可采储量的 20% 以下或者剩余开采年限不超过 5 年的矿山，衰竭期矿山以开采企业下属的单个矿山为单位确定。
（2）可由省、自治区、直辖市人民政府决定的减税或者免税的情形有（　）。
A. 纳税人开采或者生产应税产品过程中，因意外事故或者自然灾害等原因遭受重大损失的 B. 纳税人开采共伴生矿、低品位矿、尾矿 C. 自 2022 年 1 月 1 日至 2024 年 12 月 31 日，由省、自治区、直辖市人民政府根据本地区实际情况，以及宏观调控需要确定，对增值税小规模纳税人、小型微利企业和个体工商户可以在 50% 的税额幅度内减征资源税
（3）其他减税、免税的情形有（　）。

续表

A. 对青藏铁路公司及其所属单位运营期间自采自用的砂、石等材料免征资源税 B. 自2018年4月1日至2023年12月31日，对页岩气资源税按6%的规定税率减征30% C. 自2019年1月1日至2021年12月31日，对增值税小规模纳税人可以在50%的税额幅度内减征资源税 D. 自2014年12月1日至2023年8月31日对充填开采置换出来的煤炭，资源税减征50% 【说明】 1. 纳税人开采或者生产同一应税产品，其中既有享受减免税政策的，又有不享受减免税政策的，按照免税、减税项目的产量占比等方法分别核算确定免税、减税项目的销售额或者销售数量。 2. 纳税人开采或者生产同一应税产品，同时符合两项或者两项以上减征资源税优惠政策的，除另有规定以外，只能选择其中一项执行。

【考点子题——举一反三，真枪实练】

[8]（2018年•单选题）下列关于矿产资源享受资源税减征优惠的说法中，正确的是（ ）。

A. 从低丰度油田开采的原油减征40%资源税

B. 稠油、高凝油减征40%资源税

C. 从衰竭期矿山开采的矿产品，减征20%资源税

D. 高含硫天然气减征20%资源税

[9]（2011年•多选题）下列各项关于资源税减免税规定的表述中，正确的有（ ）。

A. 对出口的应税产品免征或退还资源税

B. 对进口的应税产品不征收资源税

C. 开采原油过程中用于加热的原油免征资源税

D. 开采应税产品过程中因自然灾害有重大损失的可由省级政府减征资源税

考点5 征收管理

【考点母题——万变不离其宗】征收管理

下列关于资源税征收管理的表述中，正确的有（ ）。	
纳税义务发生时间	A. 纳税人销售应税产品，纳税义务发生时间为收讫销售款或者取得索取销售款凭据的当日 B. 自用应税产品的，纳税义务发生时间为移送应税产品的当日
纳税期限	C. 资源税按月或者按季申报缴纳；不能按固定期限计算缴纳的，可以按次申报缴纳 D. 纳税人按月或者按季申报缴纳的，应当自月度或者季度终了之日起15日内，向税务机关办理纳税申报并缴纳税款
纳税地点	E. 纳税人应当向矿产品开采地或者海盐生产地税务机关申报缴纳资源税，海上开采的原油和天然气资源税由海洋石油税务管理机构征收管理

【考点子题——举一反三，真枪实练】

[10]（2012 年 • 多选题）下列关于资源税征收管理的表述中，正确的有（　）。

A. 纳税人销售应税产品，纳税义务发生时间为收讫销售款或者取得索取销售款凭据的当日

B. 自用应税产品的，纳税义务发生时间为移送应税产品的当日

C. 资源税纳税义务人的纳税地点为应税产品的开采地或生产地

D. 海上开采的原油和天然气资源税由海洋石油税务管理机构征收管理

考点 6　水资源税改革试点实施办法

财政部、国家税务总局、水利部 2019 年 11 月 28 日发布《扩大水资源税改革试点实施办法》，自 12 月 1 日起，北京、天津、山西、内蒙古、河南、山东、四川、陕西、宁夏 9 个省区市纳入水资源税改革试点，由征收水资源费改为征收水资源税。

【考点母题——万变不离其宗】水资源税改革试点实施办法

<table>
<tr><td rowspan="3">纳税义务人</td><td colspan="3">除规定情形外，水资源税的纳税人为直接取用地表水、地下水的单位和个人，包括直接从江、河、湖泊（含水库）和地下取用水资源的单位和个人。</td></tr>
<tr><td colspan="3">（1）不缴纳水资源税的情形有（　）。</td></tr>
<tr><td colspan="3">A. 农村集体经济组织及其成员从本集体经济组织的水塘、水库中取用水的
B. 家庭生活和零星散养、圈养畜禽饮用等少量取用水的
C. 水利工程管理单位为配置或者调度水资源取水的
D. 为保障矿井等地下工程施工安全和生产安全必须进行临时应急取用（排）水的
E. 为消除对公共安全或者公共利益的危害临时应急取水的
F. 为农业抗旱和维护生态与环境必须临时应急取水的</td></tr>
<tr><td rowspan="11">税率</td><td colspan="3">表 8-2　试点省份水资源税最低平均税额表　单位：元 / 立方米</td></tr>
<tr><td>省（区、市）</td><td>地表水最低平均税额</td><td>地下水最低平均税额</td></tr>
<tr><td>北京</td><td>1.6</td><td>4</td></tr>
<tr><td>天津</td><td>0.8</td><td>4</td></tr>
<tr><td>山西</td><td>0.5</td><td>2</td></tr>
<tr><td>内蒙古</td><td>0.5</td><td>2</td></tr>
<tr><td>山东</td><td>0.4</td><td>1.5</td></tr>
<tr><td>河南</td><td>0.4</td><td>1.5</td></tr>
<tr><td>四川</td><td>0.1</td><td>0.2</td></tr>
<tr><td>陕西</td><td>0.3</td><td>0.7</td></tr>
<tr><td>宁夏</td><td>0.3</td><td>0.7</td></tr>
</table>

续表

应纳税额的计算	水资源税实行从量计征。对一般取用水按照实际取用水量征税，对采矿和工程建设疏干排水按照排水量征税；对水力发电和火力发电贯流式（不含循环式）冷却取用水按照实际发电量征税。计算公式如下： 一般取用水应纳税额 = 实际取用水量 × 适用税额 疏干排水应纳税额 = 实际取用水量 × 适用税额 水力发电和火力发电贯流式（不含循环式）冷却取用水应纳税额 = 实际发电量 × 适用税额
税收减免	（2）下列情形中，予以免征水资源税的有（　）。
	A. 规定限额内的农业生产取用水 B. 取用污水处理再生水 C. 除接入城镇公共供水管网以外，军队、武警部队通过其他方式取用水的 D. 抽水蓄能发电取用水 E. 采油排水经分离净化后在封闭管道回注的
征收管理	（3）下列关于水资源税征收管理的表述中，正确的有（　）。
	A. 水资源税的纳税义务发生时间为纳税人取用水资源的当日 B. 除农业生产取用水外，水资源税按季或者按月征收，由主管税务机关根据实际情况确定。对超过规定限额的农业生产取用水水资源税可按年征收。不能按固定期限计算纳税的，可以按次申报纳税 C. 纳税人应当自纳税期满或者纳税义务发生之日起 15 日内申报纳税 D. 水资源税由生产经营所在地的主管税务机关征收管理，跨省（区、市）调度的水资源，由调入区域所在地的税务机关征收水资源税。在试点省份内取用水，其纳税地点需要调整的，由省级财政、税务部门决定

【考点子题——举一反三，真枪实练】

[11]（经典子题•多选题）按照水资源税政策，下列情形中可享受免征水资源税优惠的有（　）。

A. 取用污水处理再生水

B. 抽水蓄能发电取用水

C. 农村集体经济组织从本集体经济组织的水塘中取用水

D. 为农业抗旱必须临时应急取水

第二节　环境保护税法

环境保护税是对在我国领域以及管辖的其他海域直接向环境排放应税污染物的企事业单位和其他生产经营者征收的一种税。是我国第一部促进生态文明建设的单行税法。

考点 1　环境保护税的特点和纳税义务人

【考点母题——万变不离其宗】环境保护税的特点和纳税义务人

环境保护税的特点	（1）下列属于环境保护税的特点的有（　　）。
	A. 属于调节型税种　　B. 渊源是排污收费制度　　C. 属于综合型环境税 D. 属于直接排放税　　E. 对大气污染物、水污染物规定了幅度定额税率 F. 采用税务与生态环境部门紧密配合的征收方式 G. 收入纳入一般预算收入，全部划归地方
纳税义务人	环境保护税的纳税义务人是在中国领域和中国管辖的其他海域直接向环境排放应税污染物的企业事业单位和其他生产经营者 【说明】应税污染物，是指《环境保护税法》所附《环境保护税税目税额表》《应税污染物和当量值表》所规定的大气污染物、水污染物、固体废物和噪声。
	（2）有下列情形之一的，不属于直接向环境排放污染物，不缴纳相应污染物的环境保护税（　　）。
	A. 企业事业单位和其他生产经营者向依法设立的污水集中处理、生活垃圾集中处理场所排放应税污染物的 B. 企业事业单位和其他生产经营者在符合国家和地方环境保护标准的设施、场所贮存或者处置固体废物的 C. 达到省级人民政府确定的规模标准并且有污染物排放口的畜禽养殖场，应当依法缴纳环境保护税，但依法对畜禽养殖废弃物进行综合利用和无害化处理的

【考点子题——举一反三，真枪实练】

[12]（经典子题•多选题）下列各项中，属于环境保护税纳税义务人的有（　　）。

A. 直接向河流排放污水的甲造纸企业

B. 向依法设立的生活垃圾集中处理场所排放固体废物的乙企业

C. 未经处理排放污水的丙养猪场

D. 排放大气污染物的丁化工厂

考点 2 税目与税率

【考点题源】税目、税率（大气污染物、水污染物、固体废物和噪声）

税目		计税依据	税额（定额税率）（表 8-3 附后）	
1. 大气污染物	二氧化硫、氮氧化物、一氧化碳、氯气、氯化氢、氟化物等	污染物排放量折合的污染当量数	1.2 元 ~12 元	【说明】具体适用税额确定与调整由省、自治区、直辖市人民政府在规定的税额幅度内提出；报同级人大常委员会决定；报全国人大常委会和国务院备案。
2. 水污染物	总汞、总镉、悬浮物、动植物油、氟化物、甲醛、苯等	污染物排放量折合的污染当量数	1.4 元 ~14 元	
3. 固体废物	煤矸石、尾矿、危险废物、冶炼渣、粉煤灰、炉渣、其他固体废物（含半固态、液态废物）	固体废物的排放量（吨）	5 元 ~25 元	
4. 噪声	目前只包括工业噪声	超标的分贝数（月）	350 元 ~11 200 元 【说明】噪声税额：声源一个月内超标不足 15 天，减半计税。	

【考点子题——举一反三，真枪实练】

[13]（2018 年 • 多选题）下列污染物中，属于环境保护税征收范围的有（　）。

A. 建筑噪声　　B. 二氧化硫　　C. 煤矸石　　D. 氮氧化物

[14]（2018 年 • 单选题）下列情形中，属于直接向环境排放污染物从而应缴纳环境保护税的是（　）。

A. 企业在符合国家和地方环境保护标准的场所处置固体废物的

B. 事业单位向依法设立的生活垃圾集中处理场所排放应税污染物的

C. 企业向依法设立的污水集中处理场所排放应税污染物的

D. 依法设立的城乡污水集中处理场所超过国家和地方规定的排放标准排放应税污染物

考点 3 计税依据

【考点母题——万变不离其宗】计税依据确定的基本方法

应税污染物的计税依据	（1）下列关于应税污染物计税依据的表述，正确的有（　）。
	A. 应税大气污染物按照污染物排放量折合的污染当量数确定 B. 应税水污染物按照污染物排放量折合的污染当量数确定 C. 应税固体废物按照固体废物的排放量确定 D. 应税噪声按照超过国家规定标准的分贝数确定

续表

应税大气污染物、水污染物按照污染物排放量折合的污染当量数确定计税依据	计算公式为： 应税大气污染物、水污染物的污染当量数 = 该污染物的排放量 ÷ 该污染物的污染当量值
	【说明】污染当量，是指根据污染物或者污染排放活动对环境的有害程度以及处理的技术经济性，衡量不同污染物对环境污染的综合性指标或者计量单位。 例如：A 企业 5 月向水体直接排放第一类水污染物总汞 20 千克，根据第一类水污染物污染当量值表，总汞的污染当量值为 0.0 005（千克），则： 污染当量数 =20 ÷ 0.0 005=40 000
	（2）以当期应税大气污染物、水污染物的产生量作为污染物的排放量的情形有（　）。
	A. 未依法安装使用污染物自动监测设备或者未将污染物自动监测设备与环境保护主管部门的监控设备联网 B. 损毁或者擅自移动、改变污染物自动监测设备 C. 篡改、伪造污染物监测数据 D. 通过暗管、渗井、渗坑、灌注或者稀释排放以及不正常运行防治污染设施等方式违法排放应税污染物 E. 进行虚假纳税申报
应税固体废物按照固体废物的排放量确定计税依据	固体废物的排放量为当期应税固体废物的产生量减去当期应税固体废物的贮存量、处置量、综合利用量的余额。 计算公式为： 固体废物的排放量 = 当期固体废物的产生量 − 当期固体废物的综合利用量 − 当期固体废物的贮存量 − 当期固体废物的处置量
	（3）以当期应税固体废物的产生量作为固体废物的排放量的情形有（　）。
	A. 非法倾倒应税固体废物　　B. 进行虚假纳税申报
应税噪声按照超过国家规定标准的分贝数确定计税依据	工业噪声按超过国家规定标准的分贝数确定每月税额，超过国家规定标准的分贝数是指实际产生的工业噪声与国家规定的工业噪声排放标准限值之间的差值
（4）应税大气污染物、水污染物、固体废物的排放量和噪声分贝数的计算方法和顺序是（　）。	
A. 纳税人安装使用符合国家规定和监测规范的污染物自动监测设备的，按照污染物自动监测数据计算 B. 纳税人未安装使用污染物自动监测设备的，按照监测机构出具的符合国家有关规定和监测规范的监测数据计算 C. 因排放污染物种类多等原因不具备监测条件的，按照国务院生态环境主管部门规定的排污系数、物料衡算方法计算 D. 不能按照上述第一项至第三项规定的方法计算的，按照省、自治区、直辖市人民政府生态环境主管部门规定的抽样测算的方法核定计算	

【考点子题——举一反三，真枪实练】

[15]（2019 年 • 单选题）下列应税污染物中，在确定计税依据时只对超过规定标准的部分

征收环境保护税的是（　）。

A. 固体废物　　B. 工业噪声　　C. 水污染物　　D. 大气污染物

[16]（2019 年 • 多选题）下列应税污染物中，按照污染物排放量折合的污染当量数作为环境保护税计税依据的有（　）。

A. 噪声　　B. 煤矸石　　C. 水污染物　　D. 大气污染物

考点 4 应纳税额的计算

【考点题源】应纳税额的计算

大气污染物	应税大气污染物应纳税额为污染当量数乘以具体适用税额。计算公式为： 大气污染物的应纳税额 = 污染当量数 × 适用税额 【典型例题】某企业 2023 年 3 月向大气直接排放二氧化硫、氟化物各 100 千克，一氧化碳 200 千克、氯化氢 80 千克，假设当地大气污染物每污染当量税额 1.2 元，该企业只有一个排放口。其应纳税额计算如下： 第一步：计算各污染物的污染当量数。 污染当量数 = 该污染物的排放量 ÷ 该污染物的污染当量值 据此计算各污染物的污染当量数为： 二氧化硫污染当量数 =100 ÷ 0.95=105.26 氟化物污染当量数 =100 ÷ 0.87=114.94 一氧化碳污染当量数 =200 ÷ 16.7=11.98 氯化氢污染当量数 =80 ÷ 10.75=7.44 第二步：按污染当量数排序。 氟化物污染当量数（114.94）> 二氧化硫污染当量数（105.26）> 一氧化碳污染当量数（11.98）> 氯化氢污染当量数（7.44） 【说明】应税大气污染物的每一排放口或者没有排放口，按照污染当量数从大到小排序：对前三项污染物征收环境保护税。 该企业只有一个排放口，排序选取计税前三项污染物为：氟化物、二氧化硫、一氧化碳。 第三步：计算应纳税额。 应纳税额 =（114.94+105.26+11.98）× 1.2=278.62（元）	
水污染物	1. 适用监测数据法的应纳税额的计算	适用监测数据法的水污染物（包括第一类水污染物和第二类水污染物）的应纳税额为污染当量数乘以具体适用税额。计算公式为： 水污染物的应纳税额 = 污染当量数 × 适用税额 【典型例题】甲化工厂是环境保护税纳税人，该厂仅有 1 个污水排放口且直接向河流排放污水，已安装使用符合国家规定和监测规范的污染物自动监测设备。检测数据显示，该排放口 2023 年 2 月共排放污水 6 万吨（折合 6 万立方米），应税污染物为六价铬，浓度为六价铬 0.5 毫克 / 升。请计算该化工厂 2 月份应缴纳的环境保护税（该厂所在省的水污染物税率为 2.8 元 / 污染当量，六价铬的污染当量值为 0.02 千克）。 计算过程如下： （1）计算污染当量数： 六价铬污染当量数 = 排放总量 × 浓度值 ÷ 当量值 =60 000 000 × 0.5 ÷ 1 000 000 ÷ 0.02=1 500 （2）应纳税额 =1 500 × 2.8=4 200（元）

续表

<table>
<tr>
<td rowspan="1">水污染物</td>
<td>2. 适用抽样测算法的应纳税额的计算</td>
<td>适用抽样测算法的情形，纳税人按照环境保护税法所规定的当量值计算污染当量数。
（1）规模化禽畜养殖业排放的水污染物应纳税额
禽畜养殖业的水污染物应纳税额为污染当量数乘以具体适用税额。其污染当量数以禽畜养殖数量除以污染当量值计算。即：
污染当量数 = 禽畜养殖数量 ÷ 污染当量值
【典型例题】某养殖场，2023 年 2 月养牛存栏量为 500 头，污染当量值为 0.1 头，假设当地水污染物适用税额为每污染当量 2.8 元，当月应纳环境保护税税额计算如下：
水污染物当量数 =500 ÷ 0.1=5 000
应纳税额 =5 000 × 2.8=14 000（元）
（2）小型企业和第三产业排放的水污染物应纳税额
小型企业和第三产业的水污染物应纳税额为污染当量数乘以具体适用税额。其污染当量数以污水排放量（吨）除以污染当量值（吨）计算。计算公式为：
应纳税额 = 污水排放量（吨）÷ 污染当量值（吨）× 适用税额
【典型例题】某餐饮公司，通过安装水流量计测得 2023 年 2 月排放污水量为 60 吨，污染当量值为 0.5 吨。假设当地水污染物适用税额为每污染当量 2.8 元，当月应纳环境保护税税额计算如下：
水污染物当量数 =60 ÷ 0.5=120
应纳税额 =120 × 2.8=336（元）
（3）医院排放的水污染物应纳税额
医院排放的水污染物应纳税额为污染当量数乘以具体适用税额。其污染当量数以病床数或者污水排放量除以相应的污染当量值计算。计算公式为：
应纳税额 = 医院床位数 ÷ 污染当量值 × 适用税额
应纳税额 = 污水排放量 ÷ 污染当量值 × 适用税额
【典型例题】某县医院，床位 56 张，每月按时消毒，无法计量月污水排放量，污染当量值为 0.14 床，假设当地水污染物适用税额为每污染当量 2.8 元，当月应纳环境保护税税额计算如下：
水污染物当量数 =56 ÷ 0.14=400
应纳税额 =400 × 2.8=1 120（元）</td>
</tr>
<tr>
<td>固体废物</td>
<td colspan="2">固体废物的应纳税额为固体废物排放量乘以具体适用税额，其排放量为当期应税固体废物的产生量减去当期应税固体废物的贮存量、处置量、综合利用量的余额。计算公式为：
固体废物的应纳税额 =（当期固体废物的产生量 − 当期固体废物的综合利用量 − 当期固体废物的贮存量 − 当期固体废物的处置量）× 适用税额
【典型例题】假设某企业 2023 年 3 月产生尾矿 1 000 吨，其中综合利用的尾矿 300 吨（符合国家相关规定），在符合国家和地方环境保护标准的设施贮存 300 吨。请计算该企业当月尾矿应缴纳的环境保护税。
环境保护税应纳税额 =（1 000−300−300）× 15=6 000（元）</td>
</tr>
</table>

续表

噪声	应税噪声的应纳税额为超过国家规定标准的分贝数对应的具体适用税额。 【典型例题】假设某工业企业只有一个生产场所，只在昼间生产，边界处声环境功能区类型为1类，生产时产生噪声为63分贝，《工业企业厂界环境噪声排放标准》规定1类功能区昼间的噪声排放限值为55分贝，当月超标天数为20天。请计算该企业当月噪声污染应缴纳的环境保护税。 超标分贝数：63−55=8（分贝） 根据《环境保护税税目税额表》，可得出该企业当月噪声污染应缴纳环境保护税1 400元。

【考点子题——举一反三，真枪实练】

[17]（经典子题•单选题）某企业2023年3月生产尾矿1 000吨，其中综合利用的尾矿600吨（符合国家相关规定），在符合国家和地方环境保护标准的设施贮存200吨。已知尾矿环保税适用税额为每吨15元，该企业当月尾矿应缴纳的环境保护税（　）元。

A. 15 000　　B. 9 000　　C. 6 000　　D. 3 000

考点5 税收减免

【考点母题——万变不离其宗】税收减免

暂免征税	（1）下列选项中，暂免征收环境保护税的有（　）。
	A. 农业生产（不包括规模化养殖）排放应税污染物 B. 机动车、铁路机车、非道路移动机械、船舶和航空器等流动污染源排放应税污染物 C. 依法设立的城乡污水集中处理、生活垃圾集中处理场所排放相应应税污染物，不超过国家和地方规定的排放标准 D. 纳税人综合利用的固体废物，符合国家和地方环境保护标准
减征税额	（2）下列选项中，有关减征环境保护税的说法，正确的有（　）。
	A. 纳税人排放应税大气污染物或者水污染物的浓度值低于国家和地方规定的污染物排放标准30%的，减按75%征收环境保护税 B. 纳税人排放应税大气污染物或者水污染物的浓度值低于国家和地方规定的污染物排放标准50%的，减按50%征收环境保护税

第8章

【考点子题——举一反三，真枪实练】

[18]（经典子题·多选题）下列选项中，暂免征收环境保护税的有（　）。

A. 规模化养殖排放应税污染物

B. 船舶和航空器等流动污染源排放应税污染物

C. 学校直接向环境排放污水

D. 纳税人综合利用的固体废物，符合国家和地方环境保护标准

考点 6　征收管理

【考点母题——万变不离其宗】征收管理

征管方式	环境保护税采用“企业申报、税务征收、环保协同、信息共享”的征管方式
数据传递和比对	1. 生态环境主管部门应当将排污单位的排污许可、污染物排放数据、环境违法和受行政处罚情况等环境保护相关信息，定期交送税务机关 2. 税务机关应当将纳税人的纳税申报、税款入库、减免税额、欠缴税款以及风险疑点等环境保护税涉税信息，定期交送生态环境主管部门 3. 税务机关应当将纳税人的纳税申报数据资料与生态环境主管部门交送的相关数据资料进行比对。纳税人申报的污染物排放数据与生态环境主管部门交送的相关数据不一致的，按照生态环境主管部门交送的数据确定应税污染物的计税依据
复核	税务机关发现纳税人的纳税申报数据资料异常或者纳税人未按照规定期限办理纳税申报的，可以提请生态环境主管部门进行复核，生态环境主管部门应当自收到税务机关的数据资料之日起 15 日内向税务机关出具复核意见。税务机关应当按照生态环境主管部门复核的数据资料调整纳税人的应纳税额
纳税时间	环境保护税纳税义务发生时间为纳税人排放应税污染物的当日。环境保护税按月计算，按季申报缴纳。不能按固定期限计算缴纳的，可以按次申报缴纳
纳税地点	下列有关环境保护税纳税地点，说法正确的有（　）。
	A. 纳税人应当向应税污染物排放地的税务机关申报缴纳环境保护税 【说明】应税污染物排放地是指应税大气污染物、水污染物排放口所在地；应税固体废物产生地；应税噪声产生地。 B. 纳税人跨区域排放应税污染物，税务机关对税收征收管辖有争议的，由争议各方按照有利于征收管理的原则协商解决 C. 纳税人从事海洋工程向中华人民共和国管辖海域排放应税大气污染物、水污染物或者固体废物，申报缴纳环境保护税的具体办法，由国务院税务主管部门会同国务院海洋主管部门规定

【本章考点子题答案及解析】

[1]【答案：CD】人造石油不属于资源税的征收范围，选项 A 错误；进口应税产品不符合“境内开采”，不征收资源税，B 选项错误。

[2] 【答案：ACD】资源税进口不征、出口不退，因此选项 B 错误。

[3] 【答案：BCD】进口不属于开采使用行为，因此，选项 A 错误。

[4] 【答案：D】纳税人开采或者生产应税产品销售的，以销售数量为计税依据。

[5] 【答案：B】原油属于从价定率计算资源税的应税产品，本题中的保险费和包装费均为价外费用。该企业 11 月缴纳的资源税 =［200+（5+3）÷（1+13%）］×6%=12.42（万元）。

[6] 【答案：C】天然气属于从价定率计算资源税的应税产品，本题中的违约金和包装费均为价外费用。应纳资源税 =［200+（10+5）÷（1+9%）］×6%=12.83（万元）。

[7] 【答案：D】（1）计入销售额中的相关运杂费用，凡取得增值税发票或者其他合法有效凭据的，准予从销售额中扣除；（2）纳税人外购应税产品与自采应税产品混合销售或者混合加工为应税产品销售的，在计算应税产品销售额或者销售数量时，准予扣减外购应税产品的购进金额或者购进数量；（3）该企业当月应缴纳资源税 =（500−40−10）×8%+（460−200）×8%=56.8（万元）。

[8] 【答案：B】从低丰度油田开采的原油减征 20% 资源税，从衰竭期矿山开采的矿产品，减征 30% 资源税，高含硫天然气减征 30% 资源税。选项 ACD 错误，选项 B 正确。

[9] 【答案：BCD】进口应税产品不征资源税，出口应税产品也不免征或退还已纳资源税，所以选项 A 错误，选项 B 正确；开采原油过程中加热的原油免税，所以选项 C 正确；纳税人开采或者生产应税产品过程中，因意外事故或者自然灾害等原因遭受重大损失的，由省、自治区、直辖市人民政府酌情决定减税或者免税，所以选项 D 正确。

[10] 【答案：ABCD】ABCD 四个选项对资源税征收管理的表述都正确。

[11] 【答案：AB】下列情形，予以免征或者减征水资源税：（1）规定限额内的农业生产取用水，免征水资源税；（2）取用污水处理再生水，免征水资源税；（3）除接入城镇公共供水管网以外，军队、武警部队通过其他方式取用水的，免征水资源税；（4）抽水蓄能发电取用水，免征水资源税；（5）采油排水经分离净化后在封闭管道回注的，免征水资源税。选项 CD 为不征税情形，不属于减免优惠。

[12] 【答案：ACD】企业事业单位和其他生产经营者向依法设立的污水集中处理、生活垃圾集中处理场所排放应税污染物，不属于直接向环境排放污染物，不缴纳相应污染物的环境保护税。

[13] 【答案：BCD】环境保护税中的噪声只对工业噪声按照不同的分贝量进行征税，不对建筑噪声和交通噪声进行征税。故选项 A 错误，选项 BD 为大气污染物，选项 C 为固体废物，均为正确选项。

[14] 【答案：D】依法设立的城乡污水集中处理、生活垃圾集中处理场所排放相应应税污染物，不超过国家和地方规定标准的免征，超过的应征收，故选择选项 D。选项 ABC 为免征环境保户税的情形。

[15] 【答案：B】选项 A，应税固体废物按照固体废物的排放量确定；选项 B，应税噪声按照超过国家规定标准的分贝数确定；选项 C，应税水污染物按照污染物排放量折合的污染当量数确定；选项 D，应税大气污染物按照污染物排放量折合的污染当量数确定。

[16] 【答案：CD】选项 A，应税噪声按照超过国家规定标准的分贝数确定；选项 B，应税固体废物按照固体废物的排放量确定；选项 C，应税水污染物按照污染物排放量折合的污染当量数确定；选项 D，应税大气污染物按照污染物排放量折合的污染当量数确定。

[17] 【答案：D】固体废物的计税依据需要用减法计算：固体废物排放量 = 当期固体废物的产生量 − 当

期固体废物的综合利用量 - 当期固体废物的贮存量 - 当期固体废物的处置量

尾矿排放量 =1 000−600−200=200（吨）

尾矿环境保护税应纳税额 =200 × 15=3 000（元）。

[18]【答案：BD】选项 A，农业生产（不包括规模化养殖）排放应税污染物的，暂予免征环境保护税；选项 C，需要缴纳环境保护税。

附表：

表 8-1　资源税税目税率表

<table>
<tr><th>序号</th><th colspan="3">税　目</th><th>征税对象</th><th>税率</th></tr>
<tr><td>1</td><td rowspan="7">能源矿产</td><td colspan="2">原油</td><td>原矿</td><td>6%</td></tr>
<tr><td>2</td><td colspan="2">天然气、页岩气、天然气水合物</td><td>原矿</td><td>6%</td></tr>
<tr><td>3</td><td colspan="2">煤</td><td>原矿或者选矿</td><td>2%~10%</td></tr>
<tr><td>4</td><td colspan="2">煤成（层）气</td><td>原矿</td><td>1%~2%</td></tr>
<tr><td>5</td><td colspan="2">铀、钍</td><td>原矿</td><td>4%</td></tr>
<tr><td>6</td><td colspan="2">油页岩、油砂、天然沥青、石煤</td><td>原矿或者选矿</td><td>1%~4%</td></tr>
<tr><td>7</td><td colspan="2">地热</td><td>原矿</td><td>1%~20%或者每立方米1~30元</td></tr>
<tr><td>8</td><td rowspan="10">金属矿产</td><td>黑色金属</td><td>铁、锰、铬、钒、钛</td><td>原矿或者选矿</td><td>1%~9%</td></tr>
<tr><td>9</td><td rowspan="9">有色金属</td><td>铜、铅、锌、锡、镍、锑、镁、钴、铋、汞</td><td>原矿或者选矿</td><td>2%~10%</td></tr>
<tr><td>10</td><td>铝土矿</td><td>原矿或者选矿</td><td>2%~9%</td></tr>
<tr><td>11</td><td>钨</td><td>选矿</td><td>6.5%</td></tr>
<tr><td>12</td><td>钼</td><td>选矿</td><td>8%</td></tr>
<tr><td>13</td><td>金、银</td><td>原矿或者选矿</td><td>2%~6%</td></tr>
<tr><td>14</td><td>铂、钯、钌、锇、铱、铑</td><td>原矿或者选矿</td><td>5%~10%</td></tr>
<tr><td>15</td><td>轻稀土</td><td>选矿</td><td>7%~12%</td></tr>
<tr><td>16</td><td>中重稀土</td><td>选矿</td><td>20%</td></tr>
<tr><td>17</td><td>铍、锂、锆、锶、铷、铯、铌、钽、锗、镓、铟、铊、铪、铼、镉、硒、碲</td><td>原矿或者选矿</td><td>2%~10%</td></tr>
<tr><td>18</td><td rowspan="3">非金属矿产</td><td></td><td>高岭土</td><td>原矿或者选矿</td><td>1%~6%</td></tr>
<tr><td>19</td><td></td><td>石灰岩</td><td>原矿或者选矿</td><td>1%~6%或者每吨（或者每立方米）1~10元</td></tr>
<tr><td>20</td><td></td><td>磷</td><td>原矿或者选矿</td><td>3%~8%</td></tr>
</table>

续表

<table>
<tr><th>序号</th><th colspan="3">税　　目</th><th>征税对象</th><th>税率</th></tr>
<tr><td>21</td><td rowspan="9">非金属矿产</td><td rowspan="5">矿物类</td><td>石墨</td><td>原矿或者选矿</td><td>3%~12%</td></tr>
<tr><td>22</td><td>萤石、硫铁矿、自然硫</td><td>原矿或者选矿</td><td>1%~8%</td></tr>
<tr><td>23</td><td>天然石英砂、脉石英、粉石英、水晶、工业用金刚石、冰洲石、蓝晶石、硅线石（矽线石）、长石、滑石、刚玉、菱镁矿、颜料矿物、天然碱、芒硝、钠硝石、明矾石、砷、硼、碘、溴、膨润土、硅藻土、陶瓷土、耐火粘土、铁矾土、凹凸棒石粘土、海泡石粘土、伊利石粘土、累托石粘土</td><td>原矿或者选矿</td><td>1%~12%</td></tr>
<tr><td>24</td><td>叶蜡石、硅灰石、透辉石、珍珠岩、云母、沸石、重晶石、毒重石、方解石、蛭石、透闪石、工业用电气石、白垩、石棉、蓝石棉、红柱石、石榴子石、石膏</td><td>原矿或者选矿</td><td>2%~12%</td></tr>
<tr><td>25</td><td>其他粘土（铸型用粘土、砖瓦用粘土、陶粒用粘土、水泥配料用粘土、水泥配料用红土、水泥配料用黄土、水泥配料用泥岩、保温材料用粘土）</td><td>原矿或者选矿</td><td>1%~5% 或者每吨（或者每立方米）0.1~5 元</td></tr>
<tr><td>26</td><td rowspan="2">岩石类</td><td>大理岩、花岗岩、白云岩、石英岩、砂岩、辉绿岩、安山岩、闪长岩、板岩、玄武岩、片麻岩、角闪岩、页岩、浮石、凝灰岩、黑曜岩、霞石正长岩、蛇纹岩、麦饭石、泥灰岩、含钾岩石、含钾砂页岩、天然油石、橄榄岩、松脂岩、粗面岩、辉长岩、辉石岩、正长岩、火山灰、火山渣、泥炭</td><td>原矿或者选矿</td><td>1%~10%</td></tr>
<tr><td>27</td><td>砂石</td><td>原矿或者选矿</td><td>1%~5% 或者每吨（或者每立方米）0.1~5 元</td></tr>
<tr><td>28</td><td>宝玉石类</td><td>宝石、玉石、宝石级金刚石、玛瑙、黄玉、碧玺</td><td>原矿或者选矿</td><td>4%~20%</td></tr>
<tr><td>29</td><td colspan="2">二氧化碳气、硫化氢气、氦气、氡气</td><td>原矿</td><td>2%~5%</td></tr>
</table>

续表

序号	税目		征税对象	税率
30	水气矿产	矿泉水	原矿	1%~20%或者每立方米1~30元
31	盐	钠盐、钾盐、镁盐、锂盐	选矿	3%~15%
32		天然卤水	原矿	3%~15%或者每吨（或者每立方米）1~10元
33		海盐		2%~5%

表 8-3　环境保护税税目税额表

税目		计税单位	税额	备注
大气污染物		每污染当量	1.2 元至 12 元	
水污染物		每污染当量	1.4 元至 14 元	
固体废物	煤矸石	每吨	5 元	
	尾矿	每吨	15 元	
	危险废物	每吨	1 000 元	
	冶炼渣、粉煤灰、炉渣、其他固体废物（含半固态、液态废物）	每吨	25 元	

续表

税目		计税单位	税额	备注
噪声	工业噪声	超标 1~3 分贝	每月 350 元	一个单位边界上有多处噪声超标，根据最高一处超标声级计算应纳税额；当沿边界长度超过 100 米有两处以上噪声超标，按照两个单位计算应纳税额。 一个单位有不同地点作业场所的，应当分别计算应纳税额，合并计征。 昼、夜均超标的环境噪声，昼、夜分别计算应纳税额，累计计征。 声源一个月内超标不足 15 天的，减半计算应纳税额。 夜间频繁突发和夜间偶然突发厂界超标噪声，按等效声级和峰值噪声两种指标中超标分贝值高的一项计算应纳税额。
		超标 4~6 分贝	每月 700 元	
		超标 7~9 分贝	每月 1 400 元	
		超标 10~12 分贝	每月 2 800 元	
		超标 13~15 分贝	每月 5 600 元	
		超标 16 分贝以上	每月 11 200 元	

表 8-4 大气污染物污染当量值

污染物	污染当量值（千克）	污染物	污染当量值（千克）
1. 二氧化硫	0.95	23. 二甲苯	0.27
2. 氮氧化物	0.95	24. 苯并（a）芘	0.000002
3. 一氧化碳	16.7	25. 甲醛	0.09
4. 氯气	0.34	26. 乙醛	0.45
5. 氯化氢	10.75	27. 丙烯醛	0.06
6. 氟化物	0.87	28. 甲醇	0.67
7. 氰化氢	0.005	29. 酚类	0.35
8. 硫酸雾	0.6	30. 沥青烟	0.19
9. 铬酸雾	0.0007	31. 苯胺类	0.21
10. 汞及其化合物	0.0001	32. 氯苯类	0.72
11. 一般性粉尘	4	33. 硝基苯	0.17
12. 石棉尘	0.53	34. 丙烯睛	0.22
13. 玻璃棉尘	2.13	35. 氯乙烯	0.55
14. 碳黑尘	0.59	36. 光气	0.04

续表

污染物	污染当量值（千克）	污染物	污染当量值（千克）
15. 铅及其化合物	0.02	37. 硫化氢	0.29
16. 镉及其化合物	0.03	38. 氨	9.09
17. 铍及其化合物	0.0004	39. 三甲胺	0.32
18. 镍及其化合物	0.13	40. 甲硫醇	0.04
19. 锡及其化合物	0.27	41. 甲硫醚	0.28
20. 烟尘	2.18	42. 二甲二硫	0.28
21. 苯	0.05	43. 苯乙烯	25
22. 甲苯	0.18	44. 二硫化碳	20

表 8-5 第一类水污染物污染当量值

污染物	污染当量值（千克）
1. 总汞	0.0005
2. 总镉	0.005
3. 总铬	0.04
4. 六价铬	0.02
5. 总砷	0.02
6. 总铅	0.025
7. 总镍	0.025
8. 苯并（a）芘	0.0000003
9. 总铍	0.01
10. 总银	0.02

表 8-6 第二类水污染物污染当量值

污染物	污染当量值（千克）
11. 悬浮物（SS）	4
12. 生化需氧量（BOD5）	0.5
13. 化学需氧量（CODcr）	1
14. 总有机碳（TOC）	0.49
15. 石油类	0.1

续表

污染物	污染当量值（千克）
16. 动植物油	0.16
17. 挥发酚	0.08
18. 总氰化物	0.05
19. 硫化物	0.125
20. 氨氮	0.8
21. 氟化物	0.5
22. 甲醛	0.125
23. 苯胺类	0.2
24. 硝基苯类	0.2
25. 阴离子表面活性剂（LAS）	0.2
26. 总铜	0.1
27. 总锌	0.2
28. 总锰	0.2
29. 彩色显影剂（CD−2）	0.2
30. 总磷	0.25
31. 元素磷（以 P 计）	0.05
32. 有机磷农药（以 P 计）	0.05
33. 乐果	0.05
34. 甲基对硫磷	0.05
35. 马拉硫磷	0.05
36. 对硫磷	0.05
37. 五氯酚及五氯酚钠（以五氯酚计）	0.25
38. 三氯甲烷	0.04
39. 可吸附有机卤化物（AOX）（以 C1 计）	0.25
40. 四氯化碳	0.04
41. 三氯乙烯	0.04
42. 四氯乙烯	0.04
43. 苯	0.02
44. 甲苯	0.02

续表

污染物	污染当量值（千克）
45. 乙苯	0.02
46. 邻－二甲苯	0.02
47. 对－二甲苯	0.02
48. 间－二甲苯	0.02
49. 氯苯	0.02
50. 邻二氯苯	0.02
51. 对二氯苯	0.02
52. 对硝基氯苯	0.02
53. 2，4－二硝基氯苯	0.02
54. 苯酚	0.02
55. 间－甲酚	0.02
56. 2，4－二氯酚	0.02
57. 2，4，6－三氯酚	0.02
58. 邻苯二甲酸二丁酯	002
59. 邻苯二甲酸二辛酯	0.02
60. 丙烯腈	0.125
61. 总硒	0.02

【说明】

1. 第一、第二类污染物的分类依据为《污水综合排放标准》（GB8978－1996）。
2. 同一排放口中的化学需氧量、生化需氧量和总有机碳，只征收一项。

表8－7 PH值、色度、大肠菌群数、余氯量污染当量值

污染物		污染当量值	备注
1. PH值	（1）0－1，13－14 （2）1－2，12－13 （3）2－3，11－12 （4）3－4，10－11 （5）4－5，9－10 （6）5－6	0.06吨污水 0.125吨污水 0.25吨污水 0.5吨污水 1吨污水 5吨污水	PH值5－6指大于等于5，小于6；PH值9－10指大于9，小于等于10，其余类推。
2. 色度		5吨水·倍	

续表

3. 大肠菌群数（超标）	3.3 吨污水	大肠菌群数和余氯量只征收一项
4. 余氯量（用氯消毒的医院废水）	3.3 吨污水	

表 8-8　禽畜养殖业、小型企业和第三产业水污染物污染当量值

类型		污染当量值
禽畜养殖场	1. 牛	0.1 头
	2. 猪	1 头
	3. 鸡、鸭等家禽	30 羽
4. 小型企业		1.8 吨污水
5. 饮食娱乐服务业		0.5 吨污水
6. 医院	消毒	0.14 床
		2.8 吨污水
	不消毒	0.07 床
		1.4 吨污水

【说明】

1. 本表仅适用于计算无法进行实际监测或物料衡算的禽畜养殖业、小型企业和第三产业等小型排污者的污染当量数。
2. 仅对存栏规模大于 50 头牛，500 头猪，5 000 羽鸡、鸭等的禽畜养殖场征收。
3. 医院病床数大于 20 张的按本表计算污染当量。

第9章 城镇土地使用税法和耕地占用税法

本章思维导图

- 第九章 城镇土地使用税法和耕地占用税法
  - 第一节 城镇土地使用税法
    - 考点1 纳税义务人与征税范围
    - 考点2 税率、计税依据和应纳税额的计算
    - 考点3 税收优惠
    - 考点4 征收管理
  - 第二节 耕地占用税法
    - 考点1 纳税人与征税范围
    - 考点2 税率、计税依据和应纳税额的计算
    - 考点3 税收优惠和征收管理

近三年本章考试题型及分值分布

题型	2022年	2021年	2020年
单选题	2题2分	2题2分	1题1分
多选题	1题1.5分	1题1.5分	
合计	3题3.5分	3题3.5分	1题1分

扫码畅听增值课

第一节　城镇土地使用税法

城镇土地使用税是以国有土地为征税对象，对拥有土地使用权的单位和个人征收的一种税。

考点 1　纳税义务人与征税范围

【考点母题——万变不离其宗】纳税义务人

下列主体中，属于城镇土地使用税纳税义务人的有（　）。
A. 拥有土地使用权的单位和个人 B. 拥有土地使用权的单位和个人不在土地所在地的，其土地的实际使用人和代管人为纳税人 C. 土地使用权未确定或权属纠纷未解决的，其实际使用人为纳税人 D. 土地使用权共有的，共有各方都是纳税人，由共有各方分别纳税 【说明】几个人或几个单位共同拥有一块土地的使用权，这块土地的城镇土地使用税的纳税人应是对这块土地拥有使用权的每一个人或每一个单位。他们应以其实际使用的土地面积占总面积的比例，分别计算缴纳土地使用税。例如，某城市的甲与乙共同拥有一块土地的使用权，这块土地面积为 1 500 平方米，甲实际使用 1/3，乙实际使用 2/3，则甲应是其所占的 500 平方米（1 500 × 1/3）土地的城镇土地使用税的纳税人，乙是其所占的 1 000 平方米（1 500 × 2/3）土地的城镇土地使用税的纳税人。 E. 在城镇土地使用税征税范围内，承租集体所有建设用地的，直接从集体经济组织承租土地的单位和个人为纳税人

【考点子题——举一反三，真枪实练】

［1］（经典子题 • 多选题）下列属于城镇土地使用税纳税人的有（　）。

A. 直接从集体经济组织承租集体所有建设用地的单位

B. 在城市郊区拥有土地使用权的个人

C. 土地使用权未确定或权属纠纷未解决的实际使用人

D. 建立在城市、县城、建制镇和工矿区以外的工矿企业

【考点题源】征税范围

1. 城镇土地使用税的征税范围，包括在城市、县城、建制镇和工矿区内的国家所有和集体所有的土地

续表

2. 城市、县城、建制镇和工矿区的确认标准	(1)城市是指经国务院批准设立的市 (2)县城是指县人民政府所在地 (3)建制镇是指经省、自治区、直辖市人民政府批准设立的建制镇 (4)工矿区是指工商业比较发达，人口比较集中，符合国务院规定的建制镇标准，但尚未设立建制镇的大中型工矿企业所在地，工矿区须经省、自治区、直辖市人民政府批准
3. 建立在城市、县城、建制镇和工矿区以外的工矿企业不需要缴纳城镇土地使用税	

【考点子题——举一反三，真枪实练】

[2]（经典子题•单选题）下列不属于城镇土地使用税纳税人的是（　）。

A. 位于市区拥有土地使用权的外商投资企业

B. 土地使用权未确定或权属纠纷未解决时的实际使用人

C. 在城市郊区占有土地使用权的个体工商户

D. 城市、县城、建制镇和工矿区外的工矿企业

考点 2 税率、计税依据和应纳税额的计算

【考点题源】税率

1. 城镇土地使用税采用定额税率，即采用有幅度的差别税额，每个幅度税额的差距规定为 20 倍。按大、中、小城市和县城、建制镇、工矿区分别规定每平方米城镇土地使用税年应纳税额。具体标准如下：

级别	人口（人）	每平方米税额（元）
大城市	50 万以上	1.5~30
中等城市	20 万 -50 万	1.2~24
小城市	20 万以下	0.9~18
县城、建制镇、工矿区		0.6~12

2. 经济落后地区，城镇土地使用税的适用税额标准可适当降低，但降低额不得超过上述规定最低税额的 30%。经济发达地区的适用税额标准可以适当提高，但须报财政部批准

【考点子题——举一反三，真枪实练】

[3]（经典子题•多选题）下列关于城镇土地使用税税率的说法中，正确的有（　）。

A. 经济落后地区城镇土地使用税的适用税额标准可以适当降低，但须报财政部批准

B. 经济发达地区城镇土地使用税的适用税额标准可以适当提高，但须报财政部批准

C. 经济发达地区城镇土地使用税的适用税额标准可以适当提高，但上调额不得超过最高税额的 30%

D. 经济落后地区城镇土地使用税的适用税额标准可以适当降低，但降低额不得超过最低税额的 30%

【考点题源】计税依据和应纳税额的计算方法

计税依据	纳税人实际占用的土地面积按下列办法确定： 1. 由省、自治区、直辖市人民政府确定的单位组织测定土地面积的，以测定的面积为准 2. 尚未组织测量，但纳税人持有政府部门核发的土地使用证书的，以证书确认的土地面积为准 3. 尚未核发土地使用证书的，应由纳税人据实申报土地面积，据以纳税，待核发土地使用证以后再作调整 4. 对在城镇土地使用税征税范围内单独建造的地下建筑用地，按规定征收城镇土地使用税。其中，已取得地下土地使用权证的，按土地使用权证确认的土地面积计算应征税款；未取得地下土地使用权证或地下土地使用权证上未标明土地面积的，按地下建筑垂直投影面积计算应征税款。地下建筑用地暂按应征税款的 50% 征收城镇土地使用税
应纳税额的计算	全年应纳税额 = 实际占用应税土地面积（平方米）× 适用税额

【考点子题——举一反三，真枪实练】

[4]（2017 年 • 单选题）某企业 2022 年度拥有位于市郊的一宗地块，其地上面积为 1 万平方米，单独建造的地下建筑面积为 4 千平方米（已取得地下土地使用权证）。该市规定的城镇土地使用税税率为 2 元 / 平方米。则该企业 2022 年度就此地块应缴纳的城镇土地使用税为（　）万元。

A. 0.8　　B. 2　　C. 2.4　　D. 2.8

[5]（2021 年 • 单选题）某企业在市区拥有一块土地，尚未经相关部门组织测定土地面积，也未核发土地使用证书。下列关于该企业履行城镇土地使用税纳税义务的表述中，符合税法规定的是（　）。

A. 免予履行纳税义务

B. 待有关部门测定完土地面积后再履行纳税义务

C. 待政府核发证书确认土地面积后再履行纳税义务

D. 按纳税人申报土地面积据以纳税，待核发土地使用证后再作调整

考点 3 税收优惠

【考点母题——万变不离其宗】税收优惠

<table>
<tr><td rowspan="10">法定免缴城镇土地使用税的优惠</td><td>（1）下列土地中，属于法定免缴城镇土地使用税的有（　　）。</td></tr>
<tr><td>A. 国家机关、人民团体、军队自用的土地
【说明】指单位本身的办公用地和公务用地。如国家机关、人民团体的办公楼用地，军队的训练场用地等。</td></tr>
<tr><td>B. 由国家财政部门拨付事业经费的单位自用的土地
【说明】如学校的教学楼、操场、食堂等占用的土地。</td></tr>
<tr><td>C. 非营利性医疗机构、疾病控制机构和妇幼保健机构等卫生机构和非营利性科研机构自用的土地</td></tr>
<tr><td>D. 国家拨付事业经费和企业办的各类学校、托儿所、幼儿园自用的土地</td></tr>
<tr><td>E. 宗教寺庙、公园、名胜古迹自用的土地
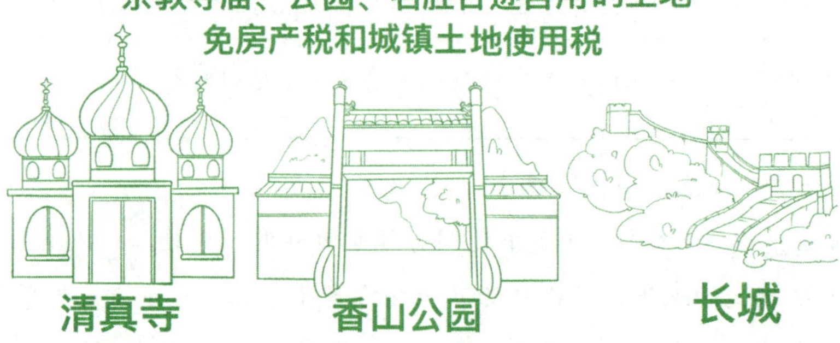

【说明】宗教寺庙自用的土地，是指举行宗教仪式等的用地和寺庙内的宗教人员生活用地。公园、名胜古迹自用的土地，是指供公共参观游览的用地及其管理单位的办公用地。以上单位的生产、经营用地和其他用地，不属于免税范围，应按规定缴纳城镇土地使用税，如公园、名胜古迹中附设的营业单位如影剧院、饮食部、茶社、照相馆等使用的土地。</td></tr>
<tr><td>F. 市政街道、广场、绿化地带等公共用地</td></tr>
<tr><td>G. 改造安置住房建设用地
【说明】在商品住房等开发项目中配套建造安置住房的，依据政府部门出具的相关材料、房屋征收（拆迁）补偿协议或棚户区改造合同（协议），按改造安置住房建筑面积占总建筑面积的比例免征城镇土地使用税。</td></tr>
<tr><td>H. 直接用于农、林、牧、渔业的生产用地
【说明】指直接从事于种植养殖、饲养的专业用地，不包括农副产品加工场地和生活办公用地。</td></tr>
<tr><td>I. 经批准开山填海整治的土地和改造的废弃土地
【说明】从使用的月份起免缴城镇土地使用税 5~10 年。</td></tr>
</table>

续表

法定免缴城镇土地使用税的优惠	J. 免税单位无偿使用纳税单位的土地（如公安、海关等单位使用铁路、民航等单位的土地） 【说明】纳税单位无偿使用免税单位的土地，纳税单位应照章缴纳城镇土地使用税。纳税单位与免税单位共同使用、共有使用权土地上的多层建筑，对纳税单位可按其占用的建筑面积占建筑总面积的比例计征城镇土地使用税。
	（2）下列关于城镇土地使用税暂免征收的规定，正确的有（　）。
	A. 对石油天然气生产建设中用于地质勘探、钻井、井下作业、油气田地面工程等施工临时用地，暂免征收城镇土地使用税 B. 对盐场的盐滩、盐矿的矿井用地，暂免征收城镇土地使用税 C. 对企业的铁路专用线、公路等用地，在厂区以外、与社会公用地段未加隔离的，暂免征收城镇土地使用税 D. 对企业厂区以外的公共绿化用地和向社会开放的公园用地，暂免征收城镇土地使用税 E. 自 2020 年 1 月 1 日起至 2022 年 12 月 31 日止，对物流企业自有的（包括自用和出租）或承租的大宗商品仓储设施用地，减按所属土地等级适用税额标准的 50% 计征城镇土地使用税。物流企业的办公、生活区用地及其他非直接从事大宗商品仓储的用地，不属于优惠范围，应按规定征收城镇土地使用税
省、自治区、直辖市税务局确定的城镇土地使用税减免优惠	（3）下列土地中，属于省、自治区、直辖市税务局确定的城镇土地使用税减免优惠的有（　）。
	A. 个人所有的居住房屋及院落用地
	B. 房产管理部门在房租调整改革前经租的居民住房用地
	C. 免税单位职工家属的宿舍用地
	D. 集体和个人办的各类学校、医院、托儿所、幼儿园用地

【考点子题——举一反三，真枪实练】

[6]（2018 年·多选题）下列土地中，属于法定免缴城镇土地使用税的有（　）。

A. 个人所有的居住房屋用地　　B. 免税单位无偿使用纳税单位的土地

C. 名胜古迹自用土地　　D. 国家财政部门拨付事业经费的学校用地

[7]（经典子题·多选题）下列土地中，免征城镇土地使用税的有（　）。

A. 营利性医疗机构自用的土地

B. 公园内附设照相馆使用的土地

C. 商品住房开发项目中配套建造的安置住房所使用的土地

D. 公安部门无偿使用铁路企业的应税土地

[8]（2010 年·单选题）甲企业生产经营用地分布于某市的三个地域，第一块土地的土地使用权属于某免税单位，无偿使用，面积 6 000 平方米；第二块土地的土地使用权属于甲企业，面积 30 000 平方米，其中企业办的小学 5 000 平方米，幼儿园 3 000

平方米；第三块土地的土地使用权属于甲企业与乙企业共同拥有，面积10 000平方米，实际使用面积各50%。假定甲企业所在地城镇土地使用税单位税额每平方米8元，则甲企业全年应缴纳的城镇土地使用税为（　）元。

A. 216 000　　B. 224 000　　C. 264 000　　D. 328 000

[9]（经典子题•单选题）某物流企业2022年占地5万平方米，其中3万平方米为大宗商品仓储设施占地，该设施70%自用，30%出租；另外2万平方米为该企业管理服务设施占地。该企业所在地城镇土地使用税的单位税额每平方米15元，则该企业应缴纳的城镇土地使用税为（　）万元。

A. 75　　B. 45.75　　C. 52.5　　D. 67.5

征收管理

【考点母题——万变不离其宗】征收管理

纳税义务发生时间	（1）下列各项中，符合城镇土地使用税有关纳税义务发生时间规定的有（　）。
	A. 纳税人购置新建商品房，自房屋交付使用之次月起，缴纳城镇土地使用税 B. 纳税人购置存量房，自办理房屋权属转移、变更登记手续，房地产权属登记机关签发房屋权属证书之次月起，缴纳城镇土地使用税 C. 纳税人出租、出借房产，自交付出租、出借房产之次月起，缴纳城镇土地使用税 D. 以出让或转让方式有偿取得土地使用权的，应由受让方从合同约定交付土地时间的次月起缴纳城镇土地使用税；合同未约定交付时间的，由受让方从合同签订的次月起缴纳城镇土地使用税 E. 纳税人新征用的耕地，自批准征用之日起满1年时开始缴纳城镇土地使用税 F. 纳税人新征用的非耕地，自批准征用次月起缴纳城镇土地使用税 G. 自2009年1月1日起，纳税人因土地的权利发生变化而依法终止城镇土地使用税纳税义务的，其应纳税款的计算应截止到土地权利发生变化的当月末
纳税期限	城镇土地使用税实行按年计算、分期缴纳的征收方法，具体纳税期限由省、自治区、直辖市人民政府确定
纳税地点	（2）下列各项中，符合城镇土地使用税纳税地点规定的有（　）。
	A. 城镇土地使用税在土地所在地缴纳 B. 纳税人使用的土地不属于同一省、自治区、直辖市管辖的，由纳税人分别向土地所在地的税务机关缴纳城镇土地使用税 C. 在同一省、自治区、直辖市管辖范围内，纳税人跨地区使用的土地，其纳税地点由各省、自治区、直辖市税务局确定
纳税申报	城镇土地使用税的纳税人应按照规定及时办理纳税申报，并如实填写《财产和行为税纳税申报表》

【考点子题——举一反三，真枪实练】

[10]（经典子题·多选题）下列各项中，符合城镇土地使用税有关纳税义务发生时间规定的有（　）。

A. 纳税人新征用的耕地，自批准征用之月起缴纳城镇土地使用税

B. 纳税人出租房产，自交付出租房产之次月起缴纳城镇土地使用税

C. 纳税人新征用的非耕地，自批准征用之月起缴纳城镇土地使用税

D. 纳税人购置新建商品房，自房屋交付使用之次月起缴纳城镇土地使用税

[11]（2019 年·多选题）下列关于城镇土地使用税纳税义务发生时间的表述中，符合税法规定的有（　）。

A. 纳税人出租房产，自交付出租房产之次月起纳税

B. 纳税人出借房产，自交付出借房产之次月起纳税

C. 纳税人新征用的耕地，自批准征用之次月起纳税

D. 纳税人购置新建商品房，自房屋交付使用之次月起纳税

[12]（经典子题·单选题）某国家机关有甲乙两栋办公楼，甲办公楼占地 6 000 平方米，乙办公楼占地 3 000 平方米。该国家机关 2022 年 4 月将乙办公楼出租并交付给承租人。当地城镇土地使用税的税额为每平方米 20 元，该机关 2022 年应缴纳城镇土地使用税（　）元。

A. 15 000　　B. 40 000　　C. 60 000　　D. 45 000

[13]（经典子题·单选题）某私营企业 2022 年年初实际占用面积 2 万平方米，其中企业自办职工学校占地 0.3 万平方米，无偿向某部队提供训练用地 0.5 万平方米。2022 年 5 月为扩大生产，经有关部门批准，新征用耕地 0.7 万平方米。该企业所在地区城镇土地使用税额为每平方米 20 元。该企业 2022 年应缴纳城镇土地使用税为（　）万元。

A. 27　　B. 40　　C. 24　　D. 0

第 9 章

第二节 耕地占用税法

耕地占用税是对占用耕地建房或从事其他非农业建设的单位和个人，就其实际占用的耕地面积征收的一种税，它属于对特定土地资源占用课税。

纳税人与征税范围

【考点母题——万变不离其宗】纳税人与征税范围

（1）下列属于耕地占用税纳税义务人的有（　）。

A. 在中华人民共和国境内占用耕地建设建筑物、构筑物或者从事非农业建设的单位和个人
B. 经批准占用耕地的，农用地转用审批文件中标明的建设用地人为纳税人
C. 农用地转用审批文件中未标明建设用地人的，用地申请人为纳税人
【说明】用地申请人为各级人民政府的，由同级土地储备中心、自然资源主管部门或政府委托的其他部门、单位履行耕地占用税申报纳税义务。
D. 未经批准占用耕地的，实际用地人为纳税人

（2）根据耕地占用税有关规定，下列各项土地中属于耕地的有（　）。

A. 园地，包括果园、茶园、橡胶园、其他园地
B. 林地，包括乔木林地、竹林地、红树林地、森林沼泽、灌木林地、灌丛沼泽、其他林地，不包括城镇村庄范围内的绿化林木用地，铁路、公路征地范围内的林木用地，以及河流、沟渠的护堤林用地
C. 草地，包括天然牧草地、沼泽草地、人工牧草地，以及用于农业生产并已由相关行政主管部门发放使用权证的草地
D. 农田水利用地，包括农田排灌沟渠及相应附属设施用地
E. 养殖水面，包括人工开挖或者天然形成的用于水产养殖的河流水面、湖泊水面、水库水面、坑塘水面及相应附属设施用地
F. 渔业水域滩涂，包括专门用于种植或者养殖水生动植物的海水潮浸地带和滩地，以及用于种植芦苇并定期进行人工养护管理的苇田

【说明】

1. 建设直接为农业生产服务的生产设施占用上述农用土地的，不征收耕地占用税。直接为农业生产服务的生产设施，是指直接为农业生产服务而建设的建筑物和构筑物。
2. 耕地占用税的征税范围包括纳税人占用耕地建设建筑物、构筑物或者从事非农业建设的国家所有和集体所有的耕地。

【考点子题——举一反三，真枪实练】

[14]（经典子题·多选题）根据耕地占用税有关规定，下列各项需要缴纳耕地占用税的有（　）。

A. 占用耕地建设农田水利设施　　B. 占用人工牧草地建造工厂

C. 占用茶园进行房地产开发　　D. 占用河流水面进行水产养殖

考点 2　税率、计税依据和应纳税额的计算

【考点题源】税率、计税依据和应纳税额的计算

<table>
<tr><td rowspan="3">税率</td><td>1. 耕地占用税在税率设计上采用了地区差别定额税率
（1）人均耕地不超过 1 亩的地区（以县、自治县、不设区的市、市辖区为单位，下同），每平方米为 10~50 元
（2）人均耕地超过 1 亩但不超过 2 亩的地区，每平方米为 8~40 元
（3）人均耕地超过 2 亩但不超过 3 亩的地区，每平方米为 6~30 元
（4）人均耕地超过 3 亩以上的地区，每平方米为 5~25 元</td></tr>
<tr><td>2. 各省、自治区、直辖市耕地占用税适用税额的平均水平，不得低于本法所附《各省、自治区、直辖市耕地占用税平均税额表》规定的平均税额
各省、自治区、直辖市耕地占用税平均税额　　单位：元
<table>
<tr><th>地区</th><th>每平方米平均税额</th></tr>
<tr><td>上海</td><td>45</td></tr>
<tr><td>北京</td><td>40</td></tr>
<tr><td>天津</td><td>35</td></tr>
<tr><td>江苏、浙江、福建、广东</td><td>30</td></tr>
<tr><td>辽宁、湖北、湖南</td><td>25</td></tr>
<tr><td>河北、安徽、江西、山东、河南、重庆、四川</td><td>22.5</td></tr>
<tr><td>广西、海南、贵州、云南、陕西</td><td>20</td></tr>
<tr><td>山西、吉林、黑龙江</td><td>17.5</td></tr>
<tr><td>内蒙古、西藏、甘肃、青海、宁夏、新疆</td><td>12.5</td></tr>
</table></td></tr>
<tr><td>3. 在人均耕地低于 0.5 亩的地区，省、自治区、直辖市可以根据当地经济发展情况，适当提高耕地占用税的适用税额，但提高的部分不得超过确定的适用税额的 50%。占用基本农田的，应当按照适用税额加按 150% 征收</td></tr>
</table>

续表

计税依据	1. 耕地占用税以纳税人实际占用的属于耕地占用税征税范围的土地（以下简称“应税土地”）面积为计税依据，按应税土地当地适用税额计税，实行一次性征收 2. 实际占用的耕地面积，包括经批准占用的耕地面积和未经批准占用的耕地面积 3. 临时占用耕地，应当依照规定缴纳耕地占用税。纳税人在批准临时占用耕地的期限内恢复所占用耕地原状的，全额退还已经缴纳的耕地占用税。临时占用耕地是指经自然资源主管部门批准，在一般不超过2年内临时使用耕地并且没有修建永久性建筑物的行为。依法复垦应由自然资源主管部门会同有关行业管理部门认定并出具验收合格确认书 【说明1】纳税人因建设项目施工或者地质勘查临时占用耕地，应当依照规定缴纳耕地占用税。纳税人在批准临时占用耕地期满之日起1年内依法复垦，恢复种植条件的，全额退还已经缴纳的耕地占用税。 【说明2】因挖损、采矿塌陷、压占、污染等损毁耕地属于税法所称的非农建设，应依照税法规定缴纳耕地占用税；自自然资源、农业农村等相关部门认定损毁耕地之日起3年内依法复垦或修复，恢复种植条件的，应按规定办理退税。
税额计算	1. 应纳税额为纳税人实际占用的应税土地面积（平方米）乘以适用税额。其计算公式为： 应纳税额 = 应税土地面积 × 适用税额 2. 加按150%征收耕地占用税的计算公式为： 应纳税额 = 应税土地面积 × 适用税额 ×150%

【考点子题——举一反三，真枪实练】

[15]（2010年·单选题）经济特区、经济技术开发区和经济发达、人均耕地低于0.5亩的地区，耕地占用税的适用税额可以适当提高，但提高幅度最多不得超过规定税额的一定比例。这一比例是（　）。

A. 20%　　B. 30%　　C. 50%　　D. 100%

考点3 税收优惠和征收管理

【考点母题——万变不离其宗】税收优惠

免征耕地占用税	（1）下列占用耕地的情形中，属于免征耕地占用税的有（　）。
	A. 军事设施占用耕地
	B. 学校、幼儿园、社会福利机构、医疗机构占用耕地 【说明】学校包括大学、中学、小学、职业教育学校、特殊教育学校和技工院校。学校内经营性场所和教职工住房占用耕地的，按照当地适用税额缴纳耕地占用税。
	C. 农村烈士遗属、因公牺牲军人遗属、残疾军人以及符合农村最低生活保障条件的农村居民，在规定用地标准以内新建自用住宅占用耕地

续表

<table>
<tr><td rowspan="4">减征耕地占用税</td><td>（2）下列关于减征耕地占用税的说法正确的有（　）。</td></tr>
<tr><td>A. 铁路线路、公路线路、飞机场跑道、停机坪、港口、航道、水利工程占用耕地，减按每平方米2元的税额征收耕地占用税</td></tr>
<tr><td>B. 农村居民在规定用地标准以内占用耕地新建自用住宅，按照当地适用税额减半征收耕地占用税</td></tr>
<tr><td>C. 农村居民经批准搬迁，新建自用住宅占用耕地不超过原宅基地面积的部分，免征耕地占用税</td></tr>
<tr><td colspan="2">【说明】免征或者减征耕地占用税后，纳税人改变原占地用途，不再属于免征或者减征耕地占用税情形的，应自改变用途之日30日内申报补缴税款，补缴税款按改变用途的实际占用耕地面积和改变用途时当地适用税额计算。</td></tr>
</table>

【考点子题——举一反三，真枪实练】

[16]（2014年•单选题）下列耕地占用的情形中，属于免征耕地占用税的是（　）。

A. 医院占用耕地　　B. 建厂房占用鱼塘

C. 高尔夫球场占用耕地　　D. 商品房建设占用林地

[17]（2018年•单选题）下列单位占用的耕地中，应减征耕地占用税的是（　）。

A. 幼儿园　　B. 养老院

C. 港口　　D. 省政府批准成立的技工学校

[18]（经典子题•单选题）由于村里宅基地制度改革，村民李某经批准搬迁，其原有宅基地120平方米，经批准新建自用住宅占用耕地150平方米，而李某实际占用耕地160平方米。该地区耕地占用税适用税额为15元/平方米。则该村民应缴纳耕地占用税为（　）元。

A. 375　　B. 750　　C. 450　　D. 225

[19]（经典子题•单选题）村民张某2021年起承包耕地面积3 000平方米。2022年将其中经批准的在规定用地标准范围内的300平方米耕地用于新建住宅，其余耕地仍和去年一样使用，即700平方米用于种植药材，2 000平方米用于种植水稻。当地耕地占用税税率为25元/平方米，张某应缴纳的耕地占用税为（　）元。

A. 3 750　　B. 7 500　　C. 12 500　　D. 25 000

[20]（2021年•多选题）下列项目占用耕地，需要缴纳耕地占用税的有（　）。

A. 运煤专用铁路　　B. 城区内机动车道

C. 学校教职工住房　　D. 军用侦察观测站

【考点母题——万变不离其宗】征收管理

纳税义务发生时间	下列各项中，符合耕地占用税有关纳税义务发生时间规定的有（　）。
	A. 耕地占用税的纳税义务发生时间为纳税人收到自然资源主管部门办理占用耕地手续的书面通知的当日 【说明】纳税人应当自纳税义务发生之日起 30 日内申报缴纳耕地占用税。 B. 纳税人改变原占地用途，需要补缴耕地占用税的，其纳税义务发生时间为改变用途当日 【说明】经批准改变用途的，纳税义务发生时间为纳税人收到批准文件的当日；未经批准改变用途的，纳税义务发生时间为自然资源主管部门认定纳税人改变原占地用途的当日。 C. 未经批准占用耕地的，耕地占用税纳税义务发生时间为自然资源主管部门认定的纳税人实际占用耕地的当日 D. 因挖损、采矿塌陷、压占、污染等损毁耕地的纳税义务发生时间为自然资源、农业农村等相关部门认定损毁耕地的当日 【说明】在农用地转用环节，用地申请人能证明建设用地符合税法规定的免税情形的，免征用地申请人的耕地占用税；在供地环节，建设用地人使用耕地用途符合税法规定的免税情形的，由用地申请人和建设用地人共同申请，按退税管理的规定退还用地申请人已经缴纳的耕地占用税。
纳税申报	纳税人占用耕地，应当在耕地所在地申报纳税。纳税人应按照规定及时办理纳税申报，并如实填写《财产和行为税纳税申报表》

【考点子题——举一反三，真枪实练】

[21]（经典子题•多选题）下列关于耕地占用税的表述中，正确的有（　）。

A. 未经批准纳税人改变原占地用途，纳税义务发生时间为自然资源主管部门认定纳税人改变原占地用途的当日

B. 获准占用耕地的单位或者个人，应当在收到自然资源主管部门的书面通知之日起 60 日内缴纳耕地占用税

C. 纳税人因建设项目施工在批准临时占用耕地期满之日起 2 年内依法复垦，恢复种植条件的，全额退还已经缴纳的耕地占用税

D. 因挖损、采矿塌陷、压占、污染等损毁耕地应依照税法规定缴纳耕地占用税；自自然资源、农业农村等相关部门认定损毁耕地之日起 3 年内依照复垦或修复，恢复种植条件的，应按规定办理退税

【本章考点子题答案及解析】

[1]【答案：ABC】选项 ABC，符合城镇土地使用税纳税义务人的范围；选项 D，建立在城市、县城、建制镇和工矿区以外的工矿企业不是城镇土地使用税的纳税人。

[2]【答案：D】建立在城市、县城、建制镇和工矿区以外的工矿企业不需要缴纳城镇土地使用税。

[3]【答案：BD】选项 AD，经济落后地区，城镇土地使用税的适用税额标准可适当降低，但降低额不得超过规定最低税额的 30%；选项 BC，经济发达地区的适用税额标准可以适当提高，但须报财政部批准。

[4]【答案：C】对在城镇土地使用税征税范围内单独建造的地下建筑用地，按规定征收城镇土地使用税。其中，已取得地下土地使用权证的，按土地使用权证确认的土地面积计算应征税款；未取得地下土地使用权证或地下土地使用权证上未标明土地面积的，按地下建筑垂直投影面积计算应征税款。对上述地下建筑用地暂按应征税款的 50% 征收城镇土地使用税。应纳城镇土地使用税 =1×2+0.4×2×50% =2.4（万元），选项 C 正确。

[5]【答案：D】根据城镇土地使用税法，尚未核发土地使用证书的，应由纳税人申报土地面积，据以纳税，待核发土地使用证以后再作调整。因此，选项 D 正确。

[6]【答案：BCD】个人所有的居住房屋用地不属于法定免缴土地使用税的情形。

[7]【答案：CD】选项 A，对于非营利性医疗机构、疾病控制机构和妇幼保健机构等卫生机构自用的土地，免征城镇土地使用税；选项 B，公园自用的土地是免征城镇土地使用税的，但是公园中附设的影剧院、饮食部、茶社、照相馆等使用的土地不免税；选项 C，在商品住房等开发项目中配套建造安置住房的，依据政府部门出具的相关材料、房屋征收（拆迁）补偿协议或棚户区改造合同（协议），按改造安置住房建筑面积占总建筑面积的比例免征城镇土地使用税。选项 D，免税单位无偿使用纳税单位的土地，免征城镇土地使用税，纳税人单位无偿使用免税单位的土地，纳税人单位应照章缴纳城镇土地使用税。

[8]【答案：C】纳税单位无偿使用免税单位的土地照章纳税；企业办的学校、托儿所、幼儿园，其用地能与企业其他用地明确区分的，免征城镇土地使用税。土地使用权共有的，共有各方都是纳税人。城镇土地使用税税额 =6 000×8+（30 000−5 000−3 000）×8+10 000×50%×8=264 000（元）。

[9]【答案：C】自 2020 年 1 月 1 日起至 2022 年 12 月 31 日止，对物流企业自有的（包括自用和出租）或承租的大宗商品仓储设施用地，减按所属土地等级适用税额标准的 50% 计征城镇土地使用税。物流企业的办公、生活区用地及其他非直接从事大宗商品仓储的用地，不属于优惠范围。应缴纳城镇土地使用税 =3×15×50%+2×15=52.5（万元）。

[10]【答案：BD】选项 A，纳税人新征用的耕地，自批准征用之日起满 1 年时开始缴纳城镇土地使用税。选项 C，纳税人新征用的非耕地，自批准征用次月起缴纳城镇土地使用税。

[11]【答案：ABD】选项 AB，纳税人出租、出借房产，自交付出租、出借房产之次月起，缴纳城镇土地使用税；选项 C，纳税人新征用的耕地，自批准征用之日起满 1 年时开始缴纳城镇土地使用税；选项 D，纳税人购置新建商品房，自房屋交付使用之次月起，缴纳城镇土地使用税。

[12]【答案：B】国家机关自用的甲办公楼免税，出租的乙办公楼在租期内纳税，应缴纳城镇土地使用税 =3 000×20×8÷12=40 000（元）。

[13]【答案：C】纳税人新征用的耕地，自批准征用之日起满 1 年时开始缴纳城镇土地使用税。应缴纳城镇土地使用税 =（2−0.3−0.5）×20=24（万元）。

[14]【答案：BC】选项 A，建设直接为农业生产服务的生产设施占用上述农用土地的，不征收耕地占用税；选择 D，占用河流水面进行水产养殖属于从事农业生产，不征收耕地占用税。

[15]【答案：C】经济特区、经济技术开发区和经济发达、人均耕地特别少的地区，耕地占用税的适用税额可以适当提高，但最多不得超过规定税额的 50%。

[16]【答案：A】下列各项免征耕地占用税：(1)军事设施占用耕地；(2)学校、幼儿园、养老院、医院占用耕地。(3)农村烈士遗属、因公牺牲军人遗属、残疾军人以及符合农村最低生活保障条件的农村居民，在规定用地标准以内新建自用住宅，免征耕地占用税。选项 BCD，均不属于免税范围，应照章征收耕地占用税。

[17]【答案：C】铁路线路、公路线路、飞机场跑道、停机坪、港口、航道、水利工程占用耕地，减按每平方米 2 元的税额征收耕地占用税，故选项 C 正确。选项 ABD，皆为免税情形。

[18]【答案：A】农村居民在规定用地标准以内占用耕地新建自用住宅，按照当地适用税额减半征收耕地占用税；其中农村居民经批准搬迁，新建自用住宅占用耕地不超过原宅基地面积的部分，免征耕地占用税。应缴纳耕地占用税 =(150−120)×15×50%+(160−150)×15=375(元)。

[19]【答案：A】农村居民在规定用地标准内占用耕地新建自用住宅，按照当地适用税额减半征收耕地占用税，故张某应缴纳税额 =300×25×50%=3750(元)。

[20]【答案：ABC】选项 AB，铁路线路、公路线路减按每平方米 2 元的税额征收耕地占用税；选项 C，学校内经营性场所和教职工住房占用耕地的，按照当地适用税额缴纳耕地占用税；选项 D，军用侦察观测站属于免征耕地占用税的情形。

[21]【答案：AD】选项 B，耕地占用税的纳税义务发生时间为纳税人收到自然资源主管部门办理占用耕地手续的书面通知的当日。纳税人应当自纳税义务发生之日起 30 日内申报缴纳耕地占用税；选项 C，纳税人在批准临时占用耕地期满之日起 1 年内依法复垦，恢复种植条件的，全额退还已经缴纳的耕地占用税。

第 10 章　房产税法、契税法和土地增值税法

本章思维导图

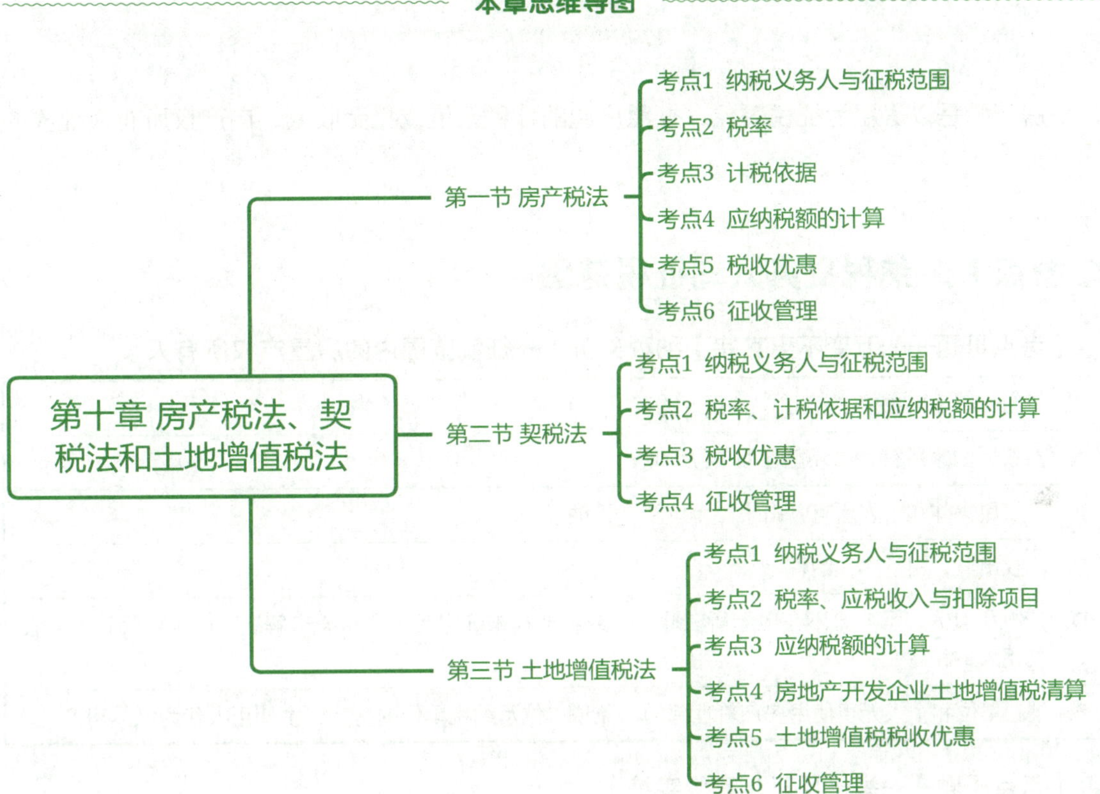

近三年本章考试题型及分值分布

题型	2022 年	2021 年	2020 年
单选题	2 题 2 分	2 题 2 分	3 题 3 分
多选题	1 题 1.5 分	1 题 1.5 分	1 题 1.5 分
计算问答题	1 题 5 分		1 题 6 分
综合题		1 题 1.5 分	
合计	4 题 8.5 分	4 题 5 分	5 题 10.5 分

扫码畅听增值课

第一节　房产税法

房产税是以房屋为征税对象，按照房屋的计税余值或租金收入，向产权所有人征收的一种财产税。

考点1　纳税义务人与征税范围

【考点母题——万变不离其宗】纳税义务人—征税范围内的房屋产权所有人

以下关于房产税纳税人的表述中，正确的有（　）。
A. 产权属国家所有，由经营管理单位纳税
B. 产权属集体和个人所有，由集体单位和个人纳税
C. 产权出典，由承典人纳税
D. 产权所有人、承典人不在房屋所在地的，或者产权未确定及租典纠纷未解决，由房产代管人或者使用人纳税
E. 纳税单位和个人无租使用房产管理部门、免税单位及纳税单位的房产，由使用人代为缴纳房产税

【考点子题——举一反三，真枪实练】

[1]（2012年·多选题）以下关于房产税纳税人的表述中，正确的有（　）。

A. 外籍个人不缴纳房产税

B. 房屋产权出典的，承典人为纳税人

C. 房屋产权属于集体所有的，集体单位为纳税人

D. 房屋产权未确定及租典纠纷未解决的，代管人或使用人为纳税人

【考点题源】征税范围

征税范围的确定依据	1. 房产税以房产为征税对象 【说明】房产，是指有屋面和围护结构（有墙或两边有柱），能够遮风避雨。
	2. 房产税的征税范围为城市、县城、建制镇和工矿区，但不包括农村
	3. 房地产开发企业建造的商品房，在出售前，不征收房产税；但对出售前房地产开发企业已使用或出租、出借的商品房应按规定征收房产税

【考点子题——举一反三，真枪实练】

[2]（2014 年 • 单选题）下列房屋及建筑物中，属于房产税征税范围的是（　）。

A. 农村的居住用房　　　　B. 建在室外的露天游泳池

C. 个人拥有的市区经营性用房　　　　D. 尚未使用或出租而待售的商品房

税率

【考点题源】税率——比例税率

从价计征（自用）	1. 按房产原值一次减除 10%~30% 后的余值计征，税率为 1.2%
从租计征（出租）	2. 按房产出租的租金收入计征，税率为 12%
	3. 自 2008 年 3 月 1 日起，对个人出租住房，不区分用途，按 4% 的税率征收房产税
	4. 对企事业单位、社会团体以及其他组织按市场价格向个人、专业化规模化住房租赁企业出租住房的，减按 4% 的税率征收房产税

【考点题源】个人出租住房涉及的税种和税率

增值税	按照 5% 的征收率减按 1.5% 计算应纳税额；月租金收入未超过 15 万元，免征增值税
城建税、教育费附加、地方教育附加	随增值税征收，7%，5%，1%；3%；2%
个人所得税	按“财产租赁所得”项目，按 10%的税率征收
房产税	租金收入的 4% 的税率征收

【考点子题——举一反三，真枪实练】

[3]（经典子题 • 多选题）下列有关房产税税率说法正确的有（　）。

A. 个体户所拥有的用于水果生意的门店房，适用 1.2% 的房产税税率

B. 企业所拥有的用于经营的办公楼，适用 1.2% 的房产税税率

C. 公司将自有住房按市场价格向个人出租用于居住，适用 4% 的房产税税率

D. 个人出租住房用于饭店经营，适用 12% 的房产税税率

考点 3　计税依据

【考点题源】从价计征

按房产的原值扣除一定比例后的余值计征，房产税计税余值 = 房产原值 ×【1-（10%~30%）】

续表

1. 房产原值	(1)房产原值是指纳税人按照会计制度规定，在会计核算账簿“固定资产”科目中记载的房屋原价 (2)对按照房产原值计税的房产，无论会计上如何核算，房产原值均应包含地价，包括为取得土地使用权支付的价款、开发土地发生的成本费用等。宗地容积率低于0.5的，按房产建筑面积的2倍计算土地面积并据此确定计入房产原值的地价
2. 不可分割的房屋附属设备或一般不单独计价的配套设施	(1)凡以房屋为载体，不可随意移动的附属设备和配套设施，如给排水、采暖、消防、中央空调、电气及智能化楼宇设备等，无论在会计核算中是否单独记账与核算，都应计入房产原值，计征房产税 (2)对于更换房屋附属设备和配套设施的，在将其价值计入房产原值时，可扣减原来相应设备和设施的价值；对附属设备和配套设施中易损坏、需要经常更换的零配件，更新后不再计入房产原值 (3)纳税人对原有房屋进行改建、扩建的，要相应增加房屋的原值
3. 投资联营的房产	(1)对于以房产投资联营，投资者参与投资利润分红，共担风险的，按房产余值作为计税依据计征房产税 (2)对以房产投资，收取固定收入，不承担联营风险的，实际是以联营名义取得房产租金，由出租方按租金收入计缴房产税
4. 融资租赁房产	由承租人自融资租赁合同约定开始日的次月起依照房产余值缴纳房产税。合同未约定开始日的，由承租人自合同签订的次月起依照房产余值缴纳房产税
5. 居民住宅区内业主共有的经营性房产	(1)对居民住宅区内业主共有的经营性房产，由实际经营(包括自营和出租)的使用人或代管人缴纳房产税 (2)自营的，依照房产原值减除100%后的余值计征；没有房产原值或不能将业主共有房产与其他房产的原值准确划分开的，由房产所在地税务机关参照同类房产核定房产原值 (3)出租的，依照租金收入计征
6. 具备房屋功能的地下建筑	(1)凡在房产税征收范围内的具备房屋功能的地下建筑，包括与地上房屋相连的地下建筑以及完全建在地面以下的建筑、地下人防设施等，均应当依照有关规定征收房产税 (2)自用的完全建在地面以下的建筑，按以下方式计税： ①工业用途房产，以房屋原价的50%~60%作为应税房产原值。 应纳房产税的税额=应税房产原价×(50%~60%)×[1-(10%~30%)]×1.2% ②商业和其他用途房产，以房屋原价的70%~80%作为应税房产原值。 应纳房产税的税额=应税房产原价×(70%~80%)×[1-(10%~30%)]×1.2% (3)对于与地上房屋相连的地下建筑，如房屋的地下室、地下停车场、商场的地下部分等，应将地下部分与地上房屋视为一个整体，按照地上房屋建筑的有关规定计算征收房产税

【考点子题——举一反三，真枪实练】

[4](2017年·单选题)某企业2022年3月投资1 500万元取得5万平方米的土地使用

权，用于建造面积为 3 万平方米的厂房，建筑成本为 2 000 万元，2022 年底竣工验收并投入使用。对该厂房征收房产税时，确定的房产原值是（　）万元。

A. 2 900　　B. 3 500　　C. 3 800　　D. 5 000

[5]（2011 年 • 单选题）下列各项中，应作为融资租赁房屋房产税计税依据是（　）。

A. 房产售价　　B. 房产余值　　C. 房产原值　　D. 房产租金

【考点题源】从租计征

以房产租金收入计征	1. 租金收入，是房屋产权所有人出租房产使用权所得的报酬，包括货币收入和实物收入
	2. 如果是以劳务或者其他形式为报酬抵付房租收入的，应根据当地同类房产的租金水平，确定一个标准租金额从租计征
	3. 对出租房产，租赁双方签订的租赁合同约定有免收租金期限的，免收租金期间由产权所有人按照房产原值缴纳房产税
	4. 出租的地下建筑，按照出租地上房屋建筑的有关规定计算征收房产税

【考点子题——举一反三，真枪实练】

[6]（2019 年 • 单选题）下列情形中，应该从价计征房产税的是（　）。

A. 单位出租地下人防设施的

B. 以劳务为报酬抵付房租的

C. 个人出租房屋用于生产经营的

D. 以居民住宅区内业主共有的经营性房产进行自营的

[7]（2015 年 • 多选题）下列项目中，应以房产租金作为计税依据征收房产税的有（　）。

A. 以融资租赁方式租入的房屋

B. 以经营租赁方式租出的房屋

C. 居民住宅区内业主自营的共有经营性房屋

D. 以收取固定收入、不承担联营风险方式投资的房屋

考点 4　应纳税额的计算

【考点题源】应纳税额的计算

从价计征	从价计征是按房产的原值减除一定比例后的余值计征，其计算公式为： 应纳税额 = 应税房产原值 ×（1− 扣除比例）× 1.2%【1.2% 为年税率】
从租计征	从租计征是按房产的租金收入计征，其计算公式为： 应纳税额 = 租金收入 × 12%（或 4%）

【考点子题——举一反三，真枪实练】

[8] （经典子题•单选题）某工业企业2021年底自建的厂房竣工，2022年开始使用，该厂房原值为8 000万元，其中用于储存物资的非独立地下室为800万元，假设房产原值的减除比例为30%，该企业2022年应缴纳房产税为（　）万元。

A. 67.2　　B. 59.14　　C. 61.6　　D. 53.76

[9] （2013年•单选题）甲公司2022年年初房产原值为8 000万元，3月与乙公司签订租赁合同，约定自2022年4月起将其中原值500万元房产租赁给乙公司，租期3年，月租金2万元，2022年4～6月为免租使用期间。甲公司所在地计算房产税余值减除比例为30%，甲公司2022年度应缴纳的房产税为（　）万元。

A. 65.49　　B. 67.26　　C. 66.21　　D. 66.54

[10]（经典子题•单选题）某企业于2021年年底购置一间厂房，于当月办理权属变更登记手续同时取得厂房的权属证书，该企业支付不含增值税买价2 000万元，其中含地价款1 000万元。已知该厂房建筑面积为2 500平方米，所占用土地面积为6 000平方米。当地规定房产原值扣除比例为20%。则2022年该厂房应缴纳的房产税为（　）万元。

A. 16.9　　B. 17.6　　C. 19.2　　D. 18.1

[11]（经典子题•单选题）某上市公司2021年以5 000万元购得一处高档会所，然后加以改建，支出500万元在后院新建一露天泳池，支出500万元新增中央空调系统，拆除200万元的照明设施，再支付500万元安装智能照明和楼宇声控系统，会所于2021年底改建完毕并对外营业。当地规定计算房产余值扣除比例为30%，2022年该会所应缴纳房产税（　）万元。

A. 42　　B. 48.72　　C. 50.4　　D. 54.6

考点5 税收优惠

【考点母题——万变不离其宗】税收优惠

（1）下列房产或租金收入中，属于免缴房产税的有（　）。
A. 国家机关、人民团体、军队自用的房产 【说明】上述免税单位的出租房产以及非自身业务使用的生产、营业用房，不属于免税范围。 B. 由国家财政部门拨付事业经费的单位，如学校、医疗卫生单位、托儿所、幼儿园、敬老院、文化、体育、艺术这些实行全额或差额预算管理的事业单位所有的，本身业务范围内使用的房产 【说明】由国家财政部门拨付事业经费的单位，其经费来源试行自收自支后，应征收房产税。 C. 宗教寺庙、公园、名胜古迹自用的房产

续表

【说明】指举行宗教仪式等的房屋和宗教人员使用的生活用房。

D. 对非营利性医疗机构、疾病控制机构和妇幼保健机构等卫生机构自用的房产

E. 企业办的各类学校、医院、托儿所、幼儿园自用的房产

F. 对按政府规定价格出租的公有住房和廉租住房

【说明】企业和自收自支事业单位向职工出租的单位自有住房，房管部门向居民出租的公有住房。

G. 经营公租房的租金收入

【说明】公共租赁住房经营管理单位应单独核算公共租赁住房租金收入，未单独核算的，不得享受免征房产税优惠政策。

H. 个人所有的非营业用房，主要是指居民住房

【说明】对个人拥有的营业用房或者出租的房产，不属于免税房产。

I. 纳税单位和免税单位共同使用的房屋，按各自的部分分别征收或免征房产税

J. 房地产开发企业建造的商品房，在出售前不征收房产税。但出售前房地产开发企业已经使用或者出租、出借的商品房，应按规定征收房产税

K. 自 2004 年 7 月 1 日起，纳税人因房屋大修导致连续停用半年以上的，在房屋大修期间免征房产税

L. 经有关部门鉴定并停止使用的、损坏不堪居住的房屋和危险房屋免征房产税

M. 凡是在基建工地为基建工地服务的各种工棚、材料棚、休息棚、办公室、食堂、茶炉房、汽车房等临时性房屋，无论是施工企业自行建造还是基建单位出资建造，交施工企业使用的，在施工期间，一律免征房产税。但是，如果在基建工程结束后，施工企业将这种临时性房屋交还或者低价转让给基建单位的，应当从基建单位接收的次月起，依照规定缴纳房产税

N. 为推进国有经营性文化事业单位转企改制，对由财政部门拨付事业经费的文化事业单位转制为企业的，自转制注册之日起 5 年内对其自用房产免征房产税。2018 年 12 月 31 日之前已完成转制的企业，自 2019 年 1 月 1 日起，对其自用房产可继续免征 5 年房产税

O. 自 2019 年 6 月 1 日至 2025 年 12 月 31 日，为社区提供养老、托育、家政等服务的机构自用或通过承租、无偿使用等方式取得并用于提供社区养老、托育、家政服务的房产免征房产税

P. 自 2018 年 1 月 1 日至 2023 年 12 月 31 日，对纳税人及其全资子公司从事大型民用客机发动机、中大功率民用涡轴涡桨发动机研制项目自用的科研、生产、办公房产，免征房产税

【考点子题——举一反三，真枪实练】

[12]（经典子题·多选题）下列各项中，符合房产税法有关规定的有（　）。

A. 对按政府规定价格出租的公有住房和廉租住房，暂免征收房产税

B. 损坏不堪使用的房屋和危险房屋，经有关部门鉴定，在停止使用后免征房产税

C. 在基建工地为基建工地服务的各种工棚等临时性房屋，在施工期间免征房产税

D. 因房屋大修导致连续停用半年以上的，在房屋大修期间免征房产税

[13]（经典子题•多选题）下列房产中，可以免征房产税的有（ ）。

A. 单独建在地下的建筑物

B. 高校学生公寓

C. 宗教寺庙自用的房产

D. 从事大型民用客机发动机研制项目自用的办公房产

[14]（经典子题•单选题）某养老服务类企业2021年年底购进两栋楼，每栋楼原值5 000万元，2022年投入使用。其中一栋用于日常公司办公，另一栋用于提供社区养老服务，当地政府规定的减除幅度为30%，该公司2022年应缴纳的房产税为（ ）万元。

A. 21.2　　B. 42　　C. 30　　D. 44.4

考点6 征收管理

【考点母题——万变不离其宗】征收管理

	下列各项中，符合房产税有关纳税义务发生时间规定的有（ ）。
纳税义务发生时间	A. 纳税人将原有房产用于生产经营，从生产经营之月起缴纳房产税 【说明】纳税人因房屋大修导致连续停用半年以上的，在房屋大修期间免征房产税。大修理后作投入本单位经营使用。 B. 纳税人自行新建房屋用于生产经营，从建成之次月起缴纳房产税 C. 纳税人委托施工企业建设的房屋，从办理验收手续之次月起缴纳房产税 D. 纳税人购置新建商品房，自房屋交付使用之次月起缴纳房产税 E. 纳税人购置存量房，自办理房屋权属转移、变更登记手续，房地产权属登记机关签发房屋权属证书之次月起，缴纳房产税 F. 纳税人出租、出借房产，自交付出租、出借房产之次月起，缴纳房产税 G. 房地产开发企业自用、出租、出借本企业建造的商品房，自房屋使用或交付之次月起，缴纳房产税 H. 纳税人因房产的实物或权利状态发生变化而依法终止房产税纳税义务的，其应纳税款的计算应截止到房产的实物或权利状态发生变化的当月末
纳税期限	房产税实行按年计算、分期缴纳的征收方法，具体纳税期限由省、自治区、直辖市人民政府确定
纳税地点	房产税在房产所在地缴纳。房产不在同一地方的纳税人，应按房产的坐落地点分别向房产所在地的税务机关纳税

【考点子题——举一反三，真枪实练】

[15]（2018年•多选题）下列关于房产税纳税义务发生时间的表述中，正确的有（ ）。

A. 纳税人自行新建房屋用于生产经营，从建成之月起缴纳房产税

B. 纳税人将原有房产用于生产经营，从生产经营之月起缴纳房产税

C. 纳税人出租房产，自交付出租房产之次月起缴纳房产税

D. 房地产开发企业自用本企业建造的商品房，自房屋使用之次月起缴纳房产税

[16]（经典子题 • 单选题）甲公司拥有一栋建筑物原值 300 万元。2022 年 2 月委托施工单位对此建筑物进行改扩建，6 月底完工办理验收手续，房产原值增加 100 万元，并在此建筑物上安装新的采暖设施，价值 50 万元，并单独作为固定资产核算。甲公司所在地区政府规定房产余值的扣除比例为 30%，2022 年度甲公司应缴纳房产税（　）万元。

A. 2.15　　B. 4.67　　C. 3.15　　D. 2.89

[17]（经典子题 • 单选题）甲公司 2022 年年初拥有办公楼价值 3 000 万元，2022 年 4 月 3 日甲公司将办公楼转让给乙公司，甲公司所在地区政府规定房产余值的扣除比例为 20%，2022 年度甲公司应缴纳房产税（　）万元。

A. 5.2　　B. 7.6　　C. 9.6　　D. 6.9

[18]（经典子题 • 单选题）某公司 2021 年购进一处房产，2022 年 4 月 28 日用于投资联营（收取固定收入，不承担联营风险），投资期 3 年，当年取得固定不含税收入 160 万元。该房产原值 3 000 万元，当地政府规定的减除幅度为 30%，该公司 2022 年应缴纳的房产税为（　）万元。

A. 21.2　　B. 27.6　　C. 29.7　　D. 44.4

第二节 契税法

契税是以在中华人民共和国境内转移土地、房屋权属为征税对象，向承受权属的单位和个人征收的一种财产税。

 纳税义务人与征税范围

【考点母题——万变不离其宗】纳税义务人和征税范围

<table>
<tr><td colspan="2">契税的纳税义务人是境内转移土地、房屋权属，承受的单位和个人。</td></tr>
<tr><td colspan="2">（1）下列行为中，应当缴纳契税的有（　）。</td></tr>
<tr><td colspan="2">A. 国有土地使用权出让</td></tr>
<tr><td colspan="2">B. 土地使用权的转让
【说明】包括买卖、赠与、互换，不包括土地承包经营权和土地经营权的转移。</td></tr>
<tr><td rowspan="2">C. 房屋买卖</td><td>（2）以下情形，视同买卖房屋的有（　）。</td></tr>
<tr><td>A. 以作价投资（入股）、偿还债务等应交付经济利益的方式转移土地、房屋权属的，参照土地使用权出让、出售或者房屋买卖确定契税适用税率，计税依据等
B. 以划转、奖励等没有价格的方式转移土地、房屋权属的，参照土地使用权或者房屋赠与确定契税适用税率、计税依据等
【说明】以自有房产作股投入本人独资经营的企业，不征契税。</td></tr>
<tr><td>D. 房屋赠与</td><td>a. 房屋的赠与是指房屋产权所有人将房屋无偿转让给他人所有

b. 以获奖方式取得房屋产权，实质上是接受赠与房产的行为，需缴纳契税</td></tr>
<tr><td>E. 房屋互换</td><td>a. 房屋互换是指房屋所有者之间互相交换房屋的行为
b. 支付差价方缴纳契税</td></tr>
</table>

续表

【说明】下列情形发生土地、房屋权属转移的，承受方应当依法缴纳契税： 1. 因共有不动产份额变化的 2. 因共有人增加或者减少的 3. 因人民法院、仲裁委员会的生效法律文书或者监察机关出具的监察文书发生土地、房屋权属转移的

【考点子题——举一反三，真枪实练】

[19]（2015 年·多选题）下列行为中，应缴纳契税的有（　）。

A. 个人将自有房产无偿赠与法定继承人

B. 企业以自有房产等价交换另一企业的房产

C. 个人以自有房产投入本人独资经营的企业

D. 企业以自有房产投资于另一企业并取得相应的股权

[20]（经典子题·单选题）下列房产转让的情形中，产权承受方免予缴纳契税的是（　）。

A. 将房产赠与非法定继承人

B. 以获奖方式承受土地、房屋权属

C. 以自有房产投资入股本人独资经营的企业

D. 以金银首饰换入房屋

考点 2　税率、计税依据和应纳税额的计算

【考点题源】税率和计税依据

税率	3%-5% 的幅度比例税率	
计税依据	1. 税务机关核定契税的计税依据为不含增值税价格	
	2. 土地使用权出让、出售、房屋买卖	（1）承受方计征契税的成交价格不含增值税；实际取得增值税发票的，成交价格以发票上注明的不含税价格确定 （2）计税依据为土地、房屋权属转移合同确定的成交价格
	3. 土地使用权互换、房屋互换	（1）契税计税依据为不含增值税价格的差额 （2）互换价格相等的，互换双方计税依据为零；互换价格不相等的，以其差额为计税依据，由支付差额的一方缴纳契税 （3）纳税人申报的成交价格、互换价格差额明显偏低且无正当理由的，由税务机关依照《税收征收管理法》的规定核定（新增）
	4. 土地使用权赠与、房屋赠与	由税务机关参照土地使用权出售、房屋买卖的市场价格核定

续表

<table>
<tr><td rowspan="7">计税依据</td><td>5. 以划拨方式取得的土地使用权，经批准改为出让方式重新取得该土地使用权的</td><td>由该土地使用权人以补缴的土地出让价款为计税依据缴纳契税</td></tr>
<tr><td>6. 先以划拨方式取得土地使用权，后经批准转让房地产，划拨土地性质改为出让的</td><td>承受方应分别以补缴的土地出让价款和房地产权属转移合同确定的成交价格为计税依据缴纳契税</td></tr>
<tr><td>7. 先以划拨方式取得土地使用权，后经批准转让房地产，划拨土地性质未发生改变的</td><td>承受方应以房地产权属转移合同确定的成交价格为计税依据缴纳契税</td></tr>
<tr><td>8. 土地使用权及所附建筑物、构筑物等（包括在建的房屋、其他建筑物、构筑物和其他附着物）转让的</td><td>计税依据为承受方应交付的总价款</td></tr>
<tr><td>9. 土地使用权出让的</td><td>计税依据包括土地出让金、土地补偿费、安置补助费、地上附着物和青苗补偿费、征收补偿费、城市基础设施配套费、实物配建房屋等应交付的货币以及实物、其他经济利益对应的价款</td></tr>
<tr><td>10. 房屋附属设施（包括停车位、机动车库、非机动车库、顶层阁楼、储藏室及其他房屋附属设施）与房屋为同一不动产单元的</td><td>计税依据为承受方应交付的总价款，并适用与房屋相同的税率；房屋附属设施与房屋为不同不动产单元的，计税依据为转移合同确定的成交价格，并按当地确定的适用税率计税</td></tr>
<tr><td>11. 承受已装修房屋的</td><td>应将包括装修费用在内的费用计入承受方应交付的总价款</td></tr>
</table>

【考点子题——举一反三，真枪实练】

[21]（经典子题•多选题）A企业2023年3月以自有房产对B企业进行投资并取得了相应的股权，办理了产权过户手续，经有关部门评估，该房产的现值为4 500万元。当月C企业以股权方式购买该房产并办理了过户手续，支付的股份价值为6 000万元，下列各企业计缴契税的处理中，正确的有（　）。

A. C企业按6 000万元作为计税依据计缴契税

B. B企业向C企业出售房屋需要缴纳契税

C. A企业以房产投资的行为需要缴纳契税

D. B企业按房产现值4 500万元作为计税依据计缴契税

[22]（2017年•单选题）赠与房屋时，计算应纳契税的计税依据是（　）。

A. 房屋原值　　B. 摊余价值　　C. 市场价格　　D. 协议价格

[23]（2016 年·单选题）甲企业 2023 年 3 月因无力偿还乙企业已到期的债务 3 000 万元，经双方协商甲企业同意以自有房产偿还债务，该房产的原值 5 000 万元，净值 2 000 万元，评估现值 9 000 万元，乙企业支付了差价款 6 000 万元，双方办理了产权过户手续，则乙企业计缴契税的计税依据是（　）万元。

A. 2 000　　B. 5 000　　C. 6 000　　D. 9 000

【考点题源】应纳税额的计算

应纳税额的计算公式为：应纳税额 = 计税依据 × 税率
【经典例题】居民甲有两套住房，将一套出售给居民乙，成交价格为 120 万元；将另一套两室住房与居民丙交换成两套一室住房，并支付给丙换房差价款 30 万元。试计算甲、乙、丙相关行为应缴纳的契税（假定税率为 4%）。 （1）甲应缴纳契税 =300 000 × 4%=12 000（元） （2）乙应缴纳契税 =1 200 000 × 4%=48 000（元） （3）丙无须缴纳契税。

【考点子题——举一反三，真枪实练】

[24]（经典子题·单选题）居民甲 2022 年购置了一套价值 100 万元的新住房，同时对原有的两套住房处理如下：一套出售给居民乙，成交价格 50 万元；另一套市场价格 80 万元的住房与居民丙进行等价交换。假定当地省政府规定的契税税率为 4%，则居民甲 2022 年应缴纳的契税为（　）万元。

A. 4　　B. 6　　C. 7.2　　D. 9.2

[25]（经典子题·多选题）2023 年 2 月，刘某将价值为 120 万元、100 万元的两套房产分别赠与其儿子和对其承担直接赡养义务的好友林某，当地契税税率为 4%，下列关于该赠与行为缴纳税款的表述中，正确的是（　）。

A. 林某应就受赠房产缴纳契税 4 万元

B. 刘某儿子应就受赠房产缴纳契税 4.8 万元

C. 刘某应就赠与林某房产缴纳契税

D. 刘某应就赠与儿子房产缴纳契税

考点 3 税收优惠

【考点题源】税收优惠

<table>
<tr><td rowspan="2">免征契税一般规定</td><td>下列方式获取的土地、房屋权属中，可以免征契税的有（　）。</td></tr>
<tr><td>A. 国家机关、事业单位、社会团体、军事单位承受土地、房屋权属用于办公、教学、医疗、科研、军事设施
B. 非营利性的学校、医疗机构、社会福利机构承受土地、房屋权属用于办公、教学、医疗、科研、养老、救助
C. 承受荒山、荒地、荒滩土地使用权用于农、林、牧、渔业生产
D. 婚姻关系存续期间夫妻之间变更土地、房屋权属
E. 夫妻因离婚分割共同财产发生土地、房屋权属变更的，免征契税
F. 法定继承人通过继承承受土地、房屋权属
G. 依照法律规定应当予以免税的外国驻华使馆、领事馆和国际组织驻华代表机构承受土地、房屋权属
H. 城镇职工按规定第一次购买公有住房
I. 外国银行分行按照《中华人民共和国外资银行管理条例》等相关规定改制为外商独资银行（或其分行），改制后的外商独资银行（或其分行）承受原外国银行分行的房屋权属
J. 军队离退休干部住房由国家投资建设，军队和地方共同承担建房任务，其中军队承建部分完工后应逐步移交地方政府管理。免征军建离退休干部住房及附属用房移交地方政府管理所涉及的契税
K. 对信达、华融、长城和东方资产管理公司接受相关国有银行不良债权，借款方以土地使用权、房屋所有权抵充贷款本息的
L. 对信达、华融、长城和东方资产管理公司按财政部核定的资本金数额，接收国有商业银行的资产，在办理过户手续时，免征契税
M. 对被撤销的金融机构在清算过程中催收债权时，接收债务方土地使用权、房屋所有权所发生的权属转移免征契税
N. 金融租赁公司开展售后回租业务，承受承租人房屋、土地权属的，照章征税。对售后回租合同期满，承租人回购原房屋、土地权属的，免征契税
O. 经济适用住房经营管理单位回购经济适用住房继续作为经济适用住房房源
P. 棚户区改造中，经营管理单位回购已分配的改造安置住房继续作为改造安置房源
Q. 进行股份合作制改革后的农村集体经济组织承受原集体经济组织的土地、房屋权属
R. 易地扶贫搬迁贫困人口按规定取得的安置住房
S. 2021 年 1 月 1 日至 2023 年 12 月 31 日，公租房经营管理单位购买住房作为公租房
T. 2021 年 1 月 1 日至 2023 年 12 月 31 日，饮水工程运营管理单位为建设饮水工程而承受土地使用权
U. 2019 年 6 月 1 日至 2025 年 12 月 31 日，为社区提供养老、托育、家政服务的机构，承受房屋、土地用于提供社区养老、托育、家政服务</td></tr>
</table>

第 10 章

续表

省、自治区、直辖市可以决定免征或减征契税	A. 因土地、房屋被县级以上人民政府征收、征用、占用，重新承受土地、房屋权属 B. 因不可抗力灭失住房，重新承受房屋权属
个人购买经济适用住房、改造安置住房（新增）	A. 对个人购买经济适用住房，在法定税率基础上减半征收契税 B. 个人首次购买 90 平方米以下改造安置住房，按 1% 的税率计征契税；购买超过 90 平方米，但符合普通住房标准的改造安置住房，按法定税率减半计征契税。个人因房屋被征收而取得货币补偿并用于购买改造安置住房，或因房屋被征收而进行房屋产权调换并取得改造安置住房，按有关规定减免契税
个人购买家庭唯一住房	面积为 90 平方米及以下的，减按 1% 的税率征收契税；面积为 90 平方米以上的，减按 1.5% 的税率征收契税 【说明】对个人购买家庭第二套改善性住房，面积为 90 平方米及以下的，减按 1% 的税率征收契税；面积为 90 平方米以上的，减按 2% 的税率征收契税（不适用于北上广深）。
2021 年 1 月 1 日至 2023 年 12 月 31 日，支持企事业单位改制重组	A. 企业改制 【说明】企业按照规定整体改制，包括非公司制企业改制为有限责任公司或股份有限公司，有限责任公司变更为股份有限公司，股份有限公司变更为有限责任公司，原企业投资主体存续并在改制（变更）后的公司中所持股权（股份）比例超过 75%，且改制（变更）后公司承继原企业权利、义务的，对改制（变更）后公司承受原企业土地、房屋权属，免征契税。
	B. 事业单位改制 【说明】事业单位按照国家有关规定改制为企业，原投资主体存续并在改制后企业中出资（股权、股份）比例超过 50% 的，对改制后企业承受原事业单位土地、房屋权属，免征契税。
	C. 公司合并 【说明】两个或两个以上的公司，依照法律规定、合同约定，合并为一个公司，且原投资主体存续的，对合并后公司承受原合并各方土地、房屋权属，免征契税。
	D. 公司分立 【说明】公司依照法律规定、合同约定分立为两个或两个以上与原公司投资主体相同的公司，对分立后公司承受原公司土地、房屋权属，免征契税。
	E. 企业破产 【说明】企业依照有关法律法规规定实施破产，债权人（包括破产企业职工）承受破产企业抵偿债务的土地、房屋权属，免征契税；对非债权人承受破产企业土地、房屋权属，凡按照《劳动法》等法律法规政策妥善安置原企业全部职工规定，与原企业全部职工签订服务年限不少于三年的劳动用工合同的，对其承受所购企业土地、房屋权属，免征契税；与原企业超过 30% 的职工签订服务年限不少于三年的劳动用工合同的，减半征收契税。

续表

<table>
<tr><td rowspan="4">2021年1月1日至2023年12月31日，支持企事业单位改制重组</td><td>F. 资产划转
【说明】
1. 对承受县级以上人民政府或国有资产管理部门按规定进行行政性调整、划转国有土地、房屋权属的单位，免征契税。
2. 同一投资主体内部所属企业之间土地、房屋权属的划转，包括母公司与其全资子公司之间，同一公司所属全资子公司之间，同一自然人与其设立的个人独资企业、一人有限公司之间土地、房屋权属的划转，免征契税。
3. 母公司以土地、房屋权属向其全资子公司增资，视同划转，免征契税。</td></tr>
<tr><td>G. 债权转股权
【说明】经国务院批准实施债权转股权的企业，对债权转股权后新设立的公司承受原企业的土地、房屋权属，免征契税。</td></tr>
<tr><td>H. 划拨用地出让或作价出资
【说明】以出让方式或国家作价出资（入股）方式承受原改制重组企业、事业单位划拨用地的，不属上述规定的免税范围，对承受方应按规定征收契税。</td></tr>
<tr><td>I. 公司股权（股份）转让
【说明】在股权（股份）转让中，单位、个人承受公司股权（股份），公司土地、房屋权属不发生转移，不征收契税。</td></tr>
</table>

【考点子题——举一反三，真枪实练】

［26］（经典子题•多选题）下列方式获取的房屋权属中，可以免征契税的有（ ）。

A. 以实物交换取得的房屋权属

B. 因受赠取得的房屋权属

C. 婚姻关系存续期间夫妻之间变更房屋权属

D. 学校承受用于教学科研的办公楼

［27］（2012年•单选题）下列关于契税优惠政策的表述中，正确的是（ ）。

A. 某居民投资购买了一宗用于建造幼儿园的土地，可以免征契税

B. 某退休林场工人到某山区购买了一片荒丘用于开荒造林，应减半缴纳契税

C. 某居民购买一套92平方米家庭唯一普通住房，应减按1%优惠税率缴纳契税

D. 某居民购买一套86平方米的普通住房作为家庭唯一住房，可减按1%税率缴纳契税

考点 4 征收管理

【考点题源】征收管理

纳税义务发生时间	1. 契税的纳税义务发生时间，为纳税人签订土地、房屋权属转移合同的当日，或者纳税人取得其他具有土地、房屋权属转移合同性质凭证的当日 （1）因人民法院、仲裁委员会的生效法律文书或者监察机关出具的监察文书等发生土地、房屋权属转移的，纳税义务发生时间为法律文书等生效当日 （2）因改变土地、房屋用途等情形应当缴纳已经减征、免征契税的，纳税义务发生时间为改变有关土地、房屋用途等情形的当日 （3）因改变土地性质、容积率等土地使用条件需补缴土地出让价款，应当缴纳契税的，纳税义务发生时间为改变土地使用条件当日 2. 发生上述情形，按规定不再需要办理土地、房屋权属登记的，纳税人应自纳税义务发生之日起 90 日内申报缴纳契税
纳税期限	纳税人应当在依法办理土地、房屋权属登记手续前申报缴纳契税
纳税地点	契税在土地、房屋所在地的税务征收机关缴纳
纳税申报资料	1. 契税纳税人依法纳税申报时，应填报相关表格，并根据具体情形提交下列资料： （1）纳税人身份证件 （2）土地、房屋权属转移合同或其他具有土地、房屋权属转移合同性质的凭证 （3）交付经济利益方式转移土地、房屋权属的，提交土地、房屋权属转移相关价款支付凭证，其中，土地使用权出让为财政票据，土地使用权出售、互换和房屋买卖、互换为增值税发票 （4）因人民法院、仲裁委员会的生效法律文书或者监察机关出具的监察文书等因素发生土地、房屋权属转移的，提交生效法律文书或监察文书等 2. 符合减免税条件的，应按规定附送有关资料或将资料留存备查
纳税凭证、纳税信息和退税	1. 具有土地、房屋权属转移合同性质的凭证包括契约、协议、合约、单据、确认书以及其他凭证 2. 不动产登记机构在办理土地、房屋权属登记时，应当依法查验土地、房屋的契税完税、减免税、不征税等涉税凭证或者有关信息 3. 税务机关应当与相关部门建立契税涉税信息共享和工作配合机制。具体转移土地、房屋权属有关的信息包括：自然资源部门的土地出让、转让、征收补偿、不动产权属登记等信息，住房城乡建设部门的房屋交易等信息，民政部门的婚姻登记、社会组织登记等信息，公安部门的户籍人口基本信息 4. 纳税人缴纳契税后发生下列情形，可依照有关法律法规申请退税： （1）因人民法院判决或者仲裁委员会裁决导致土地、房屋权属转移行为无效、被撤销或者被解除，且土地、房屋权属变更至原权利人的 （2）在出让土地使用权交付时，因容积率调整或实际交付面积小于合同约定面积需退还土地出让价款的 （3）在新建商品房交付时，因实际交付面积小于合同约定面积需返还房价款的

第10章

【考点子题——举一反三，真枪实练】

[28]（经典子题·单选题）下列关于契税征收管理的表述中，正确的是（　）。

A. 纳税义务发生时间为纳税人签订土地、房屋权属转移合同的次日

B. 纳税人应当在依法办理土地、房屋权属登记手续后申报缴纳契税

C. 契税在土地、房屋所在地的税务征收机关缴纳

D. 契税在纳税人所在地的税务征收机关缴纳

第三节　土地增值税法

土地增值税是对有偿转让国有土地使用权及地上建筑物和其他附着物产权，取得增值收入的单位和个人征收的一种税。

纳税义务人与征税范围

【考点母题——万变不离其宗】纳税义务人与征税范围

<table>
<tr><td rowspan="3">纳税义务人</td><td>（1）土地增值税纳税义务人包括（　）。</td></tr>
<tr><td>A. 各类企业、事业单位、国家机关和社会团体及其他组织
B. 个体经营者和其他个人</td></tr>
<tr><td>【说明】纳税主体的特点：
1. 不论法人与自然人；2. 不论经济性质；3. 不论内资与外资企业、中国公民与外籍个人；4. 不论行业与部门。</td></tr>
<tr><td rowspan="5">征税范围</td><td>（2）下列行为中，属于土地增值税征收范围的有（　）。</td></tr>
<tr><td>A. 转让国有土地使用权
【说明】指土地使用者通过出让方式，向政府缴纳了土地出让金，有偿受让土地使用权后，仅对土地进行通水、通电、通路和平整地面等土地开发，不进行房产开发，然后直接将空地出售出去。</td></tr>
<tr><td>B. 地上的建筑物及其附着物连同国有土地使用权一并转让</td></tr>
<tr><td>C. 存量房地产的买卖</td></tr>
<tr><td>D. 房地产的交换
【说明】对个人之间互换自有居住用房地产的，经当地税务机关核实，可以免征土地增值税。</td></tr>
<tr><td rowspan="3">不征税范围</td><td>（3）下列行为中，不属于土地增值税征收范围的有（　）。</td></tr>
<tr><td>A. 房地产的继承</td></tr>
<tr><td>B. 房地产的赠与
【说明】赠与仅指以下两种情况：
1. 房产所有人、土地使用权所有人将房屋产权、土地使用权赠与直系亲属或承担直接赡养义务人的。
2. 房产所有人、土地使用权所有人通过中国境内非营利的社会团体、国家机关将房屋产权、土地使用权赠与教育、民政和其他社会福利、公益事业的。</td></tr>
</table>

续表

不征税范围	C. 房地产的出租
	D. 处于抵押期间的房地产 【说明】待抵押期满后，对于以房地产抵债而发生房地产权属转让的，应征收土地增值税。
	E. 一方出地，一方出资金形式的双方合作建房，建成后按比例分房自用 【说明】建成后转让的，应征收土地增值税。
	F. 房地产的代建行为 【说明】收取代建费，并未发生产权转移。
	G. 房地产的重新评估

【考点子题——举一反三，真枪实练】

[29]（2014 年 • 单选题）下列情形中，应当计算缴纳土地增值税的是（　）。

A. 工业企业向房地产开发企业转让国有土地使用权

B. 居民甲某将自有住房赠与儿子

C. 双方合作建房，建成后按比例分房自用

D. 个人之间互换自有居住用房地产，并经核实

[30]（2016 年 • 单选题）下列房地产交易行为中，应当计算缴纳土地增值税的是（　）。

A. 房地产公司出租高档住宅

B. 非营利的慈善组织将合作建造的房屋转让

C. 县城居民之间互换自有居住用房屋，经税务机关核实

D. 房地产开发企业代客户进行房地产开发，开发完成后向客户收取代建收入

[31]（经典子题 • 多选题）2016 年 3 月，钱某支付 80 万元购置一套 50 平方米住房；2022 年 8 月钱某将该房作价 130 万元，与孙某价值 150 万元的住房进行交换，钱某支付孙某差价 20 万元。当地契税税率 4%，下列关于钱某在房产交换行为中应负纳税义务的表述中，正确的有（　）。

A. 钱某免缴土地增值税　　B. 钱某应缴纳契税 0.8 万元

C. 钱某应缴纳增值税 2.5 万元　　D. 钱某应缴纳契税 0.4 万元

考点 2 税率、应税收入与扣除项目

【考点题源】税率

土地增值税实行四级超率累进税率：
1. 增值额未超过扣除项目金额 50% 的部分，税率为 30%
2. 增值额超过扣除项目金额 50%、未超过扣除项目金额 100% 的部分，税率为 40%
3. 增值额超过扣除项目金额 100%、未超过扣除项目金额 200% 的部分，税率为 50%
4. 增值额超过扣除项目金额 200% 的部分，税率为 60%

续表

土地增值税四级超率累进税率表　　单位：%

级数	增值额与扣除项目金额的比率	税率	速算扣除系数
1	不超过 50% 的部分	30	0
2	超过 50%~100% 的部分	40	5
3	超过 100%~200% 的部分	50	15
4	超过 200% 的部分	60	35

【考点题源】应税收入

应税收入	1. 货币收入	
	2. 实物收入	指纳税人转让房地产而取得的各种实物形态的收入，如钢材、水泥等建材，房屋、土地等不动产等。按照取得收入时的市场价格折算成货币收入
	3. 其他收入	指纳税人转让房地产而取得的无形资产收入或具有财产价值的权利，如专利权、商标权、著作权、专有技术使用权、土地使用权、商誉权等。其价值需要进行专门的评估

【考点母题——万变不离其宗】扣除项目

下列项目中，在计算土地增值税时准予从房地产转让收入额中扣除的部分有（　）。	
A. 取得土地使用权所支付的金额	a. 纳税人为取得土地使用权所支付的地价款 b. 纳税人在取得土地使用权时按国家统一规定缴纳的有关费用
B. 房地产开发成本	a. 土地征用及拆迁补偿费 b. 前期工程费。包括规划、设计、项目可行性研究和水文、地质、勘察、测绘、“三通一平”等支出 c. 建筑安装工程费　d. 基础设施费　e. 公共配套设施费 【说明】包括不能有偿转让的开发小区内公共配套设施发生的支出。 f. 开发间接费用
C. 房地产开发费用	a. 能够按转让房地产项目计算分摊利息支出，并能提供金融机构的贷款证明的，允许扣除的房地产开发费用为： 利息 +（取得土地使用权所支付的金额 + 房地产开发成本）× 5% 以内 b. 不能按转让房地产项目计算分摊利息支出或不能提供金融机构贷款证明的，其允许扣除的房地产开发费用为： （取得土地使用权所支付的金额 + 房地产开发成本）× 10% 以内 【说明】 1. 房地产开发企业既向金融机构借款，又有其他借款的，其房地产开发费用计算扣除时不能同时适用上述 a、b 项所述两种办法。 2. 全部使用自有资金，没有利息支出的，按照方法 b 扣除。 3. 利息最高不能超过按商业银行同类同期贷款利率计算的金额；利息的上浮幅度按国家的有关规定执行，超过上浮幅度的部分不允许扣除；对于超过贷款期限的利息部分和加罚的利息不允许扣除。 4. 土地增值税清算时，已经计入房地产开发成本的利息支出，应调整至财务费用中计算扣除。

续表

D. 与转让房地产有关的税金	a. 非房地产开发企业在转让房地产时缴纳的城市维护建设税、教育费附加、印花税 b. 房地产开发企业在转让新建商品房时缴纳的印花税列入管理费用中，故在此不允许单独再扣除。可扣除城市维护建设税、教育费附加 c. “营改增”后，房地产开发企业实际缴纳的城市维护建设税、教育费附加，凡能够按清算项目准确计算的，允许据实扣除；凡不能按清算项目准确计算的，则按该清算项目预缴增值税时实际缴纳的城市维护建设税和教育费附加扣除
E. 其他扣除项目	对从事房地产开发的纳税人可按取得土地使用权所支付的金额和房地产开发成本规定计算的金额之和，加计 20% 的扣除。（A+B）×20% 【说明】 1. 此项扣除项目仅针对房地产开发企业转让新建房。 2. 土地使用权未经开发直接转让，不得加计扣除。
F. 旧房及建筑物的评估价格、地价款或出让金、税费	a. 按房屋及建筑物的评估价格、取得土地使用权所支付的地价款或出让金、按国家统一规定缴纳的有关费用和转让环节缴纳的税金作为扣除项目金额计征土地增值税 b. 旧房及建筑物的评估价格 = 重置成本价 × 成新度折扣率 c. 对取得土地使用权时未支付地价款或不能提供已支付的地价款凭据的，在计征土地增值税时不允许扣除 d. 凡不能取得评估价格，但能提供购房发票的，经当地税务部门确认，可按发票所载金额并从购买年度起至转让年度止每年加计 5% 计算扣除。计算扣除项目时“每年”按购房发票所载日期起至售房发票开具之日止，每满 12 个月计 1 年；超过 1 年，未满 12 个月但超过 6 个月的，可以视同为 1 年。对纳税人购房时缴纳的契税，凡能提供契税完税凭证的，准予作为“与转让房地产有关的税金”予以扣除，但不作为加计 5% 的基数 e. 对于转让旧房及建筑物，既没有评估价格，又不能提供购房发票的，地方税务机关实行核定征收

【总结】

转让新房产	转让旧房产
取得土地使用权所支付的金额 房地产开发成本 房地产开发费用 与转让房地产有关的税金 其他扣除项目（仅适用于房地产开发企业）	房屋及建筑物的评估价格、取得土地使用权所支付的地价款或出让金、按国家统一规定缴纳的有关费用和转让环节缴纳的税金

【考点子题——举一反三，真枪实练】

[32]（2013 年 • 多选题）下列项目中非房地产开发企业转让新建房可以扣除的有（　）。

A. 取得土地使用权所支付的金额　　B. 房地产开发成本

C. 房地产开发费用　　D. 与转让房地产有关的税金

[33]（经典子题 • 多选题）纳税人转让旧房产，计算其土地增值税增值额时准予扣除的项目有（　）。

A. 建造旧房产的重置成本

B. 旧房产的评估价格

C. 取得的土地使用权，但不能提供已支付地价款的凭据

D. 转让环节缴纳的各种税费

考点 3　应纳税额的计算

【考点母题——万变不离其宗】增值额的确定

增值额确定	下列有关增值额的确定，说法正确的有（　）。
	A. 增值额为纳税人转让房地产所取得的收入减除规定的扣除项目金额后的余额
	B. 隐瞒、虚报房地产成交价格，应由评估机构参照同类房地产的市场交易价格进行评估
	C. 提供扣除项目金额不实的，应由评估机构按照房屋重置成本价乘以成新度折扣率计算的房屋成本价和取得土地使用权时的基准地价进行评估
	D. 纳税人申报的转让房地产的实际成交价低于房地产评估机构评定的交易价，纳税人又不能提供凭据或无正当理由的，由税务机关参照房地产评估价格确定转让房地产的收入

【考点题源】应纳税额的计算

应纳税额计算	应纳税额 = 土地增值额 × 适用税率 - 扣除项目金额 × 速算扣除系数 1. 增值额未超过扣除项目金额 50% 时，计算公式为： 土地增值税税额 = 增值额 ×30% 2. 增值额超过扣除项目金额 50%，未超过 100% 时，计算公式为： 土地增值税税额 = 增值额 ×40%- 扣除项目金额 ×5% 3. 增值额超过扣除项目金额 100%，未超过 200% 时，计算公式为： 土地增值税税额 = 增值额 ×50%- 扣除项目金额 ×15% 4. 增值额超过扣除项目金额 200% 时，计算公式为： 土地增值税税额 = 增值额 ×60%- 扣除项目金额 ×35% 【典型例题】假定某房地产开发公司转让商品房一栋，取得收入总额为 1 000 万元，应扣除的购买土地的金额、开发成本的金额、开发费用的金额、相关税金的金额、其他扣除金额合计为 400 万元。请计算该房地产开发公司应缴纳的土地增值税。 （1）先计算增值额： 增值额 =1 000-400=600（万元） （2）再计算增值额与扣除项目金额的比率： 增值额与扣除项目金额的比率 =600 ÷ 400 × 100%=150% 根据上述计算方法，增值额超过扣除项目金额 100%，未超过 200% 时，其适用的计算公式为： 土地增值税税额 = 增值额 ×50%- 扣除项目金额 ×15% （3）最后计算该房地产开发公司应缴纳的土地增值税： 应缴纳土地增值税 =600 × 50%-400 × 15%=240（万元）

【考点子题——举一反三，真枪实练】

[34]（经典子题·单选题）2022年某房地产开发公司销售其新建商品房一幢，取得不含增值税销售收入7 000万元，已知该公司支付与商品房相关的土地使用权费及开发成本合计为2 500万元；房地产开发公司能够按转让该商品房计算分摊利息支出，并能提供金融机构的贷款证明，利息支出总额是400；该商品房所在地的省政府规定计征土地增值税时房地产开发费用扣除比例为5%；销售商品房缴纳的增值税600万元，城建税及教育费附加70万元，不考虑地方教育附加。该公司销售该商品房应缴纳的土地增值税为（　）万元。

A. 1 856.55　　B. 1 182.25　　C. 4 970.65　　D. 2 761.51

[35]（经典子题·单选题）位于县城的某商贸公司为一般增值税纳税人，2019年12月销售一栋旧办公楼，取得收入1 000万元，缴纳印花税0.5万元，因无法取得评估价格，公司提供了购房发票，该办公楼购于2016年1月，价款为600万元，缴纳契税18万元。该办公楼适用于简易计税办法，该省允许地方教育费附加在税金及附加中扣除。该公司销售办公楼计算土地增值税时，可扣除项目金额的合计数为（　）万元。

A. 639.6　　B. 640.1　　C. 740.4　　D. 763.7

考点4 房地产开发企业土地增值税清算

【考点母题——万变不离其宗】土地增值税清算单位、条件和时间

清算单位	（1）房地产开发公司进行土地增值税清算时，关于清算单位说法正确的有（　）。
	A. 以国家有关部门审批的房地产开发项目作为清算单位 B. 分期开发的项目，以分期项目为单位清算 C. 普通住宅和非普通住宅项目应分开进行清算
清算条件	（2）下列情形中，纳税人应当进行土地增值税清算的有（　）。
	A. 房地产开发项目全部竣工、完成销售的 B. 整体转让未竣工决算房地产开发项目的 C. 直接转让土地使用权的
	（3）下列情形中，主管税务机关可要求纳税人进行土地增值税清算的有（　）。
	A. 已竣工验收的房地产开发项目，已转让的房地产建筑面积占整个项目可售建筑面积的比例在85%以上；或该比例虽未超过85%，但剩余的可售建筑面积已经出租或自用 B. 取得销售（预售）许可证满3年仍未销售完毕的 C. 纳税人申请注销税务登记但未办理土地增值税清算手续的
清算时间	在满足条件之日起或接到主管税务机关下发的清算通知之日起90日内到主管税务机关办理清算手续

【考点子题——举一反三，真枪实练】

[36]（2018年•单选题）下列情形中，纳税人应当进行土地增值税清算的是（　）。

A. 取得销售许可证满1年仍未销售完毕的

B. 转让未竣工决算房地产开发项目50%股权的

C. 直接转让土地使用权的

D. 房地产开发项目尚未竣工但已销售面积达到50%的

[37]（2010年•单选题）对房地产开发公司进行土地增值税清算时，可作为清算单位的是（　）。

A. 规划申报项目　B. 审批备案项目　C. 商业推广项目　D. 设计建筑项目

【考点题源】土地增值税清算应税收入的确认

1. 一般情形下销售房地产应税收入	（1）已全额开具商品房销售发票的，按照发票所载金额确认收入 （2）未开具发票或未全额开具发票的，以交易双方签订的销售合同所载的售房金额及其他收益确认收入 （3）销售合同所载商品房面积与有关部门实际测量面积不一致，在清算前已发生补、退房款的，应在计算土地增值税时予以调整 （4）房地产开发项目销售行为跨越“营改增”前后： 土地增值税清算应税收入＝“营改增”前转让房地产取得的收入＋“营改增”后转让房地产取得的不含增值税收入
2. 视同销售房地产应税收入	房地产开发企业将开发产品用于职工福利、奖励、对外投资、分配给股东或投资人、抵偿债务、换取其他单位和个人的非货币性资产等，发生所有权转移时应视同销售房地产，其收入按下列方法和顺序确认： （1）按本企业在同一地区、同一年度销售的同类房地产的平均价格确定 （2）由主管税务机关参照当地当年、同类房地产的市场价格或评估价值确定
3. 自用或出租	房地产开发企业将开发的部分房地产转为企业自用或用于出租等商业用途时，如果产权未发生转移，不征收土地增值税，在税款清算时不列收入，不扣除相应的成本和费用

【考点子题——举一反三，真枪实练】

[38]（经典子题•单选题）某房地产开发企业为增值税一般纳税人，营改增之前转让商品房项目的部分房产，取得转让收入6 000万元；营改增之后继续转让此商品房项目的部分房产，取得含税转让收入5 000万元，此时该项目已达到土地增值税清算条件，并且房地产公司对此项目采用简易征税办法缴纳增值税。则房地产公司土地增值税清算时应确认的收入是（　）万元。

A. 10 563.1　B. 11 293.1　C. 11 572.2　D. 10 761.9

【考点题源】土地增值税清算的扣除项目

1. 一般规定	（1）扣除取得土地使用权所支付的金额、房地产开发成本、费用及与转让房地产有关税金，须提供合法有效凭证；不能提供合法有效凭证的，不予扣除 （2）前期工程费、建筑安装工程费、基础设施费、开发间接费用的凭证或资料不符合清算要求或不实的，税务机关可结合房屋结构、用途、区位等因素，核定上述四项开发成本的单位面积金额标准，并据以计算扣除
2. 公共设施	（1）房地产开发企业开发建造的与清算项目配套的居委会和派出所用房、会所、停车场（库）、物业管理场所、变电站、热力站、水厂、文体场馆、学校、幼儿园、托儿所、医院、邮电通信等公共设施，按以下原则处理： ①建成后产权属于全体业主所有的，其成本、费用可以扣除 ②建成后无偿移交给政府、公用事业单位用于非营利性社会公共事业的，其成本、费用可以扣除 ③建成后有偿转让的，应计算收入，并准予扣除成本、费用
3. 装修费用	（1）房地产开发企业销售已装修的房屋，其装修费用可以计入房地产开发成本 （2）房地产开发企业的预提费用，除另有规定外，不得扣除
4. 费用分摊	属于多个房地产项目共同的成本费用，应按清算项目可售建筑面积占多个项目可售总建筑面积的比例或其他合理的方法，计算确定清算项目的扣除金额
5. 质量保证金	房地产开发企业在工程竣工验收后，根据合同约定，扣留建筑安装施工企业一定比例的工程款，作为开发项目的质量保证金 （1）在计算土地增值税时，建筑安装施工企业就质量保证金对房地产开发企业开具发票的，按发票所载金额予以扣除 （2）未开具发票的，扣留的质保金不得计算扣除
6. 土地闲置费	（1）房地产开发企业逾期开发缴纳的土地闲置费不得扣除
7. 拆迁安置费	（1）房地产企业用建造的该项目房地产安置回迁户的，安置用房视同销售处理，按本企业在同一地区、同一年度销售的同类房地产的平均价格确定；或由主管税务机关参照当地当年、同类房地产的市场价格或评估价值确定，同时将此确认为房地产开发项目的拆迁补偿费。房地产开发企业支付给回迁户的补差价款，计入拆迁补偿费；回迁户支付给房地产开发企业的补差价款，应抵减本项目拆迁补偿费 （2）开发企业采取异地安置，异地安置的房屋属于自行开发建造的，房屋价值计入本项目的拆迁补偿费；异地安置的房屋属于购入的，以实际支付的购房支出计入拆迁补偿费 （3）货币安置拆迁的，房地产开发企业凭合法有效凭据计入拆迁补偿费

【考点子题——举一反三，真枪实练】

［39］（经典子题•多选题）清算土地增值税时，房地产开发企业开发建造的与清算项目配套的会所等公共设施，其成本费用可以扣除的情形有（　）。

A. 建成后开发企业转为自用的　　B. 建成后开发企业用于出租的

C. 建成后无偿移交给政府的　　D. 建成后产权属于全体业主的

［40］（经典子题•单选题）房地产开发企业进行土地增值税清算时，下列各项中，允许在

计算增值额时扣除的是（ ）。

A. 加罚的利息

B. 逾期开发缴纳的土地闲置费

C. 未取得建筑施工企业开具的发票，而扣留的质保金

D. 精装修房屋的装修费

【考点题源】土地增值税清算的其他事项

核定征收	房地产开发企业有下列情形之一的，税务机关可以参照与其开发规模和收入水平相近的当地企业的土地增值税税负情况，按不低于预征率的征收率核定征收土地增值税： 1. 依照法律、行政法规的规定应当设置但未设置账簿的 2. 擅自销毁账簿或者拒不提供纳税资料的 3. 虽设置账簿，但账目混乱或者成本资料、收入凭证、费用凭证残缺不全，难以确定转让收入或扣除项目金额的 4. 符合土地增值税清算条件，未按照规定的期限办理清算手续，经税务机关责令限期清算，逾期仍不清算的 5. 申报的计税依据明显偏低，又无正当理由的 【说明】为了规范核定工作，核定征收率原则上不得低于 5%，各省级税务机关要结合本地实际，区分不同房地产类型制定核定征收率。
清算后再转让房地产的处理	在土地增值税清算时未转让的房地产，清算后销售或有偿转让的，纳税人应按规定进行土地增值税的纳税申报，扣除项目金额按清算时的单位建筑面积成本费用乘以销售或转让面积计算 单位建筑面积成本费用 = 清算时的扣除项目总金额 ÷ 清算的总建筑面积
土地增值税清算后应补缴的土地增值税加收滞纳金	纳税人按规定预缴土地增值税后，清算补缴的土地增值税，在主管税务机关规定的期限内补缴的，不加收滞纳金

【考点子题——举一反三，真枪实练】

[41]（经典子题•单选题）某房地产开发企业为增值税一般纳税人，2021 年 2 月，已竣工验收的某商品房项目，商品房总建筑面积为 5 000 平方米，已转让的建筑面积占整个项目可售建筑面积的比例为 90%。因达到土地增值税清算条件，房地产开发企业进行了土地增值税清算；进行土地增值税清算时，不含税销售收入为 1 亿元，可扣除项目总金额为 6 000 万元。2022 年 6 月，房地产公司将该项目剩余商品房全部卖出，不含税销售收入为 1 500 万元，则房地产公司再次进行土地增值税清算时应确认的土地增值额是（ ）万元。

A. 10 563.1　　B. 11 293.1　　C. 11 572.2　　D. 833.33

考点5 土地增值税税收优惠

【考点母题——万变不离其宗】土地增值税税收优惠

下列情形中，可以享受免征土地增值税税收优惠政策的有（ ）。
A. 纳税人建造普通标准住宅出售，增值额未超过扣除项目金额20% 【说明】 1. 增值额超过扣除项目金额20%的，应就其全部增值额按规定计税。 2. 对于纳税人既建造普通标准住宅，又建造其他房地产开发的，应分别核算增值额。不分别核算增值额或不能准确核算增值额的，其建造的普通标准住宅不能适用这一免税规定。
B. 企事业单位、社会团体以及其他组织转让旧房作为改造安置住房或公共租赁住房房源，且增值额未超过扣除项目金额20%
C. 因国家建设需要依法征用、收回的房地产
D. 因城市实施规划、国家建设的需要而搬迁，由纳税人自行转让的原房地产
E. 自2008年11月1日，个人销售住房
F. 企业改制重组有关土地增值税政策（2021年1月1日至2023年12月31日） a. 企业按照《中华人民共和国公司法》有关规定整体改制，包括非公司制企业改制为有限责任公司或股份有限公司，有限责任公司变更为股份有限公司，股份有限公司变更为有限责任公司，对改制前的企业将国有土地使用权、地上的建筑物及其附着物（以下称房地产）转移、变更到改制后的企业，暂不征土地增值税 【说明】整体改制是指不改变原企业的投资主体，并承继原企业权利、义务的行为 b. 按照法律规定或者合同约定，两个或两个以上企业合并为一个企业，且原企业投资主体存续的，对原企业将房地产转移、变更到合并后的企业，暂不征土地增值税 c. 按照法律规定或者合同约定，企业分设为两个或两个以上与原企业投资主体相同的企业，对原企业将房地产转移、变更到分立后的企业，暂不征土地增值税 d. 单位、个人在改制重组时以房地产作价入股进行投资，对其将房地产转移、变更到被投资的企业，暂不征土地增值税 e. 上述改制重组有关土地增值税政策不适用于房地产转移任意一方为房地产开发企业的情形

【考点子题——举一反三，真枪实练】

[42]（2013年•单选题）下列情形中，可以享受免征土地增值税税收优惠政策的是（ ）。

A. 企业间互换办公用房

B. 企业转让一栋房产给政府机关用于办公

C. 房地产开发企业将建造的商品房作价入股某酒店

D. 居民因省政府批准的文化园项目建设需要而自行转让房地产

[43]（经典子题•多选题）下列情形中，可以享受免征土地增值税税收优惠政策的有（ ）。

A. 国家机关转让自用房产

B. 国外企业将境内办公楼用于抵债

C. 纳税人建造普通标准住宅出售，增值额未超过扣除项目金额的 20%

D. 因国家建设需要而被依法征用的房产

考点 6　征收管理

【考点题源】征收管理

预征管理	1. 对于纳税人预售房地产所取得的收入，凡当地税务机关规定预征土地增值税的，纳税人应当到主管税务机关办理纳税申报，并按规定比例预交税款，待办理决算后，多退少补；凡当地税务机关规定不预征土地增值税的，也应在取得收入时先到税务机关登记或备案 2. 除保障性住房外，东部地区省份预征率不得低于 2%，中部和东北地区省份不得低于 1.5%，西部地区省份不得低于 1%
纳税地点	土地增值税的纳税人应向房地产所在地主管税务机关办理纳税申报，并在税务机关核定的期限内缴纳土地增值税。纳税人转让的房地产坐落在两个或两个以上地区的，应按房地产所在地分别申报纳税 在实际工作中，纳税地点的确定又可分为以下两种情况： 1. 纳税人是法人的。当转让的房地产坐落地与其机构所在地或经营所在地一致时，则在办理税务登记的原管辖税务机关申报纳税即可；如果转让的房地产坐落地与其机构所在地或经营所在地不一致时，则应在房地产坐落地所管辖的税务机关申报纳税 2. 纳税人是自然人的。当转让的房地产坐落地与其居住所在地一致时，则在住所所在地税务机关申报纳税；当转让的房地产坐落地与其居住所在地不一致时，则在房地产坐落地的税务机关申报纳税
纳税申报	1. 土地增值税的纳税人应在转让房地产合同签订后的 7 日内，到房地产所在地主管税务机关办理纳税申报 2. 纳税人因经常发生房地产转让而难以在每次转让后申报的，经税务机关审核同意后，可以定期进行纳税申报，具体期限由税务机关根据相关规定确定

【考点子题——举一反三，真枪实练】

[44]（2012 年 • 多选题）下列关于土地增值税纳税地点的表述中，正确的有（　）。

A. 土地增值税的纳税人应该向其房地产所在地的主管税务机关办理纳税申报

B. 自然人纳税人转让的房地产坐落地与其居住所在地不一致的，应在房地产坐落地税务机关申报纳税

C. 法人纳税人转让的房地产坐落地与其机构所在地一致的，应在办理税务登记的原管辖税务机关申报纳税

D. 法人纳税人转让的房地产坐落地与其机构所在地不一致的，应在房地产的坐落地所管辖的税务机关申报纳税

[45]（经典子题 • 多选题）下列关于土地增值税征收管理的表述中，正确的有（　）。

A. 纳税人签订房地产转让合同后7日内进行土地增值税纳税申报

B. 土地增值税的纳税人应向房地产所在地主管税务机关办理纳税申报

C. 除保障性住房外，东部地区省份预征率不得低于1%

D. 除保障性住房外，中部地区省份预征率不得低于2%

[46]（2019年•计算问答题）某房地产开发企业是增值税一般纳税人，拟对其开发的位于市区的一房地产项目进行土地增值税清算，该项目相关信息如下：

（1）2016年1月以9 000万元竞得国有土地一宗，并按规定缴纳契税。

（2）该项目2016年开工建设，《建筑工程施工许可证》注明的开工日期为2月25日，2018年12月底竣工；发生房地产开发成本6 000万元；开发费用3 400万元。

（3）该项目所属幼儿园建成后已无偿移交政府，归属于幼儿园的开发成本600万元。

（4）2019年4月，该项目销售完毕，取得含税收入36 750万元。

（其他资料：契税税率为4%，利息支出无法提供金融机构证明，当地省政府规定的房地产开发费用的扣除比例为10%，企业对该项目选择简易计税方法计缴增值税。）

要求：根据上述材料，按照下列序号回答问题，如有计算需计算出合计数。

（1）说明该项目选择简易计税方法计征增值税的理由。

（2）计算该项目应缴纳的增值税。

（3）计算土地增值税时允许扣除的城市维护建设税、教育费附加和地方教育费附加。

（4）计算土地增值税时允许扣除的开发费用。

（5）计算土地增值税时允许扣除项目金额合计数。

（6）计算该房地产开发项目应缴纳的土地增值税。

[47]（2020年•计算问答题）某房地产开发公司是增值税一般纳税人，2020年5月，拟对其开发的位于市区的写字楼项目进行土地增值税清算。该项目资料如下：

（1）2016年1月以8 000万元竞得国有土地一宗，并按规定缴纳契税。

（2）2016年3月开始动工建设，发生房地产开发成本15 000万元，其中包括装修费用4 000万元。

（3）发生利息支出3 000万元，但不能提供金融机构贷款证明。

（4）2020年3月，该项目全部销售完毕，共计取得含税销售收入42 000万元。

（5）该项目已预缴土地增值税450万元。

（其他相关资料：契税税率为5%，利息支出不能提供金融机构贷款证明，当地省政府规定的房地产开发费用的扣除比例为10%，计算土地增值税允许扣除的有关税金及附加共计240万元，该公司对项目选择简易计税方法计缴增值税。）

要求：根据上述资料，按照下列序号回答问题，如有计算需计算出合计数。

（1）说明该项目应进行土地增值税清算的原因。

（2）计算土地增值税时允许扣除的取得土地使用权支付的金额。

（3）计算该项目应缴纳的增值税额。

（4）计算该土地增值税时允许扣除的开发费用。

（5）计算土地增值税时允许扣除项目金额的合计数。

（6）计算该房地产开发项目应补缴的土地增值税。

［本章考点子题答案及解析］

[1]【答案：BCD】选项 A，自 2009 年 1 月 1 日起，外商投资企业、外国企业和组织以及外籍个人，依照《中华人民共和国房产税暂行条例》缴纳房产税。

[2]【答案：C】选项 A，房产税的征税范围不包括农村；选项 B，建在室外的露天泳游池不属于房产，不征收房产税；选项 D，房地产开发企业建造的商品房，在出售前，不征收房产税；但对出售前房地产开发企业已使用或出租、出借的商品房应按规定征收房产税。

[3]【答案：ABC】选项 AB，自用经营性房屋适用 1.2% 的房产税税率，从价计征房产税；选项 C，对企事业单位、社会团体以及其他组织按市场价格向个人出租用于居住的住房，减按 4% 的税率征收房产税；选项 D，对个人出租住房，不区分用途，按 4% 的税率征收房产税。

[4]【答案：B】自 2010 年 12 月 21 日起，对按照房产原值计税的房产，无论会计上如何核算，房产原值均应包含地价，包括为取得土地使用权支付的价款、开发土地发生的成本费用等。宗地容积率大于 0.5，按照地价全额计入房产原值，所以确定的房产税的房产原值 =1 500（为取得土地使用权支付的价款）+2 000（开发土地发生的成本费用）=3 500（万元）。

[5]【答案：B】根据规定，融资租赁的房产，由承租人自融资租赁合同约定开始日的次月起依照房产余值缴纳房产税。

[6]【答案：D】选项 ABC，均为从租计征。

[7]【答案：BD】选项 AC，应以房产余值计征房产税。

[8]【答案：A】对于与地上房屋相连的地下建筑，应将地下部分与地上房屋视为一个整体，按照地上房屋建筑的有关规定计算征收房产税。只有单独建造的地下建筑，才按照房产原值的一定比例计算应税房产原值，应纳房产税 =8 000×（1−30%）×1.2%=67.2（万元）。

[9]【答案：D】对出租房产，租赁双方签订的租赁合同约定有免收租金期限的，免收租金期间由产权所有人按照房产原值缴纳房产税。甲公司应缴纳的房产税为 8 000×（1−30%）×1.2%×1÷2+7 500×（1−30%）×1.2%×1/2+2×6×12%=66.54（万元）。

[10]【答案：B】宗地容积率为建筑面积 ÷ 总占地面积 =2 500/6 000=0.42，小于 0.5，宗地容积率低于 0.5 的，按房产建筑面积的 2 倍计算土地面积并据此确定计入房产原值的地价。计征房产税的房产原值 =（2 000−1 000）+1 000×（2 500×2÷6 000）=1 833.3（万元）。2020 年该厂房应缴纳的房产税 =1 833.3×（1−20%）×1.2%=17.6（万元）。

[11]【答案：B】露天泳池不属于房产税的征税对象；纳税人对原有房屋进行改建、扩建的，要相应增

第 10 章

加房屋的原值，支出500万元新增中央空调系统需要缴纳房产税；对更换房屋附属设备和配套设施的，在将其价值计入房产原值时，可扣减原来相应设备和设施的价值，因此支付500万元安装智能照明和楼宇声控系统在计入房产原值的同时，可扣减拆除200万元的照明设施的价值。2020年该会所应缴纳房产税 =［5 000+500+（500−200）］×（1−30%）×1.2%=48.72（万元）。

［12］【答案：ABCD】以上选项均属于房产税税收优惠项目。

［13］【答案：BCD】选项A，单独建在地下的建筑物不属于免税项目。

［14］【答案：B】自2019年6月1日至2025年12月31日，为社区提供养老、托育、家政等服务的机构自用或通过承租、无偿使用等方式取得并用于提供社区养老、托育、家政服务的房产免征房产税。该公司应缴纳的房产税 =5 000×（1−30%）×1.2%=42（万元）。

［15］【答案：BCD】纳税人自行新建房屋用于生产经营，从建成之日的次月起缴纳房产税，故选项A错误，选项BCD为正确选项。

［16］【答案：C】纳税人委托施工企业建设的房屋，从办理验收手续之次月起缴纳房产税。甲公司应缴纳房产税 =300×（1−30%）×1.2%×6÷12+（300+100+50）×（1−30%）×1.2%×6÷12=3.15（万元）。

［17］【答案：C】纳税人因房产的实物或权利状态发生变化而依法终止房产税纳税义务的，其应纳税款的计算应截止到房产的实物或权利状态发生变化的当月末。甲公司4月3日转让办公楼，房产税应计算到4月底。2022年度甲公司应缴纳房产税 =3 000×（1−20%）×1.2%×4÷12=9.6（万元）。

［18］【答案：B】2022年应缴纳的房产税 =160×12%+3 000×（1−30%）×4÷12×1.2%=27.6（万元）。

［19］【答案：AD】根据契税征税范围的规定，选项BC均不需要缴纳契税。

［20］【答案：C】以自有房产作股投入本人独资经营的企业，免纳契税。因为以自有的房地产投入本人独资经营的企业，产权所有人和使用权使用人未发生变化，不需办理房产变更手续，也不办理契税手续。

［21］【答案：AD】契税的纳税义务人为承受土地、房屋权属的单位与个人，且以房产进行投资、入股，由产权承受方缴纳契税，选项BC不正确。

［22］【答案：C】土地使用权赠与、房屋赠与，由征收机关参照土地使用权出售、房屋买卖的市场价格核定，选项C正确。

［23］【答案：D】将房产抵偿债务，应按照房产的折价款作为计税依据，即9000万元，故答案为选项D。

［24］【答案：A】契税受让方为纳税人，房屋互换价格相等，免征契税；因此，应缴纳的契税 =100×4%=4（万元）。

［25］【答案：AB】法定继承不缴纳契税，但是赠与法定继承人也应该缴纳契税；非法定继承应按规定缴纳契税，故刘某儿子应就受赠房产缴纳契税 =120×4%=4.8（万元）；林某应就受赠房产缴纳契税 =100×4%=4（万元）。

［26］【答案：CD】婚姻关系存续期间夫妻之间变更土地、房屋权属，免征契税，选项C正确；非盈利性的学校、医疗机构、社会福利机构承受土地、房屋用于办公、教学、医疗、科研、养老、救助，免征契税，选项D正确。

［27］【答案：D】选项A，需要缴纳契税；选项B，承受荒山、荒地、荒沟、荒丘、荒滩土地使用权，并

用于农、林、牧、渔业生产的，免征契税；选项 C，对个人购买家庭唯一住房（家庭成员范围包括购房人、配偶以及未成年子女），面积为 90 平方米及以下的，减按 1% 的税率征收契税；面积为 90 平方米以上的，减按 1.5% 的税率征收契税。

[28]【答案：C】选项 A，纳税义务发生时间为纳税人签订土地、房屋权属转移合同的当日；选项 B，纳税人应当在依法办理土地、房屋权属登记手续前申报缴纳契税；选项 D，契税在土地、房屋所在地的税务征收机关缴纳。

[29]【答案：A】选项 B，房产所有人、土地使用权所有人将房屋产权、土地使用权赠与直系亲属或承担直接赡养义务人的不征收土地增值税；选项 C，双方合作建房，建成后按比例分房自用的，暂免征收土地增值税；选项 D，个人之间互换自有居住用房地产，并经税务机关核实的，暂不征收土地增值税。故答案为选项 A。

[30]【答案：B】土地增值税的计税关键是产权的转移，选项 B 发生了房屋、土地权属的转移，选项 AD 没有，因此选项 B 要计算缴纳土地增值税。选项 C，个人互换自有住房，经当地税务机关核实，免征土地增值税。

[31]【答案：AB】居民个人互换房产，免征土地增值税；个人将购买超过 2 年（含 2 年）的普通住房对外销售的，免征增值税；对于房屋作价交换的，由支付差价方按房屋交换差价缴纳契税，钱某应缴纳契税 =20×4%=0.8（万元）。

[32]【答案：ABCD】非房地产开发企业转让新建房可以扣除的有：（1）取得土地使用权所支付的金额；（2）房地产开发成本；（3）房地产开发费用；（4）与转让房地产有关的税金。

[33]【答案：BD】选项 A，转让旧房产可以扣除的有房屋及建筑物的评估价格、取得土地使用权所支付的地价款或出让金、按国家统一规定缴纳的有关费用和转让环节缴纳的税金；选项 C，对取得土地使用权时未支付地价款或不能提供已支付的地价款凭据的，在计征土地增值税时不允许扣除。

[34]【答案：B】扣除项目金额 =2 500+400+2 500×5%+70+2 500×20%=3 595（万元）

土地增值额 =7 000−3 595=3 405（万元）

增值率 =3 405÷3 595×100%=94.71%，确定适用税率为 40%、速算扣除系数为 5%。

应纳土地增值税 =3 405×40%−3 595×5%=1 182.25（万元）。

[35]【答案：C】可扣除项目金额的合计 =600×（1+5%×4）+18+0.5+（1 000−600）÷（1+5%）×5%×（5%+3%+2%）=740.4（万元）。

[36]【答案：C】纳税人应进行土地增值税清算的三种情况：（1）房地产开发项目全部竣工、完成销售的。（2）整体转让未竣工决算房地产开发项目的。（3）直接转让土地使用权的。根据以上情况可知选项 C 正确。

[37]【答案：B】土地增值税以国家有关部门审批的房地产开发项目为单位进行清算。

[38]【答案：D】房地产开发项目销售行为跨越“营改增”前后：土地增值税清算应税收入 =“营改增”前转让房地产取得的收入 +“营改增”后转让房地产取得的不含增值税收入。应确认的收入 =6 000+5 000÷（1+5%）=10 761.9（万元）。

[39]【答案：CD】选项 AB，产权没有转移，不交土地增值税；选项 C，建成后无偿移交给政府、公用事业单位用于非营利性社会公共事业的，其成本、费用可以扣除；选项 D，建成后产权属于全体业主的，成本费用可以扣除。

[40]【答案: D】房地产开发企业销售已装修的房屋，其装修费用可以计入房地产开发成本。其他项目均不得扣除。

[41]【答案: D】在土地增值税清算时未转让的房地产，清算后销售或有偿转让的，纳税人应按规定进行土地增值税的纳税申报，扣除项目金额按清算时的单位建筑面积成本费用乘以销售或转让面积计算。应确认的土地增值额 =1 500−6 000÷（5 000×90%）×500=833.33（万元）。

[42]【答案: D】选项 ABC，都要征收土地增值税，不享有免征土地增值税的税收优惠政策。

[43]【答案: CD】选项 AB，中外资企业、行政事业单位、中外籍个人等转让土地使用权、地上建筑物及其他附着物并取得收入，需要缴纳土地增值税。

[44]【答案: ABCD】选项 ABCD，全部符合土地增值税纳税地点要求。

[45]【答案: AB】选项 CD，除保障性住房外，东部地区省份预征率不得低于 2%，中部和东北地区省份不得低于 1.5%，西部地区省份不得低于 1%。

[46]【答案】

（1）房地产开发企业的一般纳税人销售自行开发的房地产老项目使用简易计税方法。房地产老项目是指《建筑工程施工许可证》注明合同开工日期在 2016 年 4 月 30 日前的建筑工程项目。

（2）应缴纳的增值税额 =36 750÷（1+5%）×5%=1 750（万元）

（3）城市维护建设税、教育费附加和地方教育费附加 =1 750×（7%+3%+2%）=210（万元）

（4）开发费用 =［6 000+9 000×（1+4%）］×10%=1 536（万元）

（5）允许扣除项目金额合计数 =9 000×（1+4%）+6 000+1 536+210+［9 000×（1+4%）+6 000］×20%=20 178（万元）

（6）增值额 =36 750÷（1+5%）−20 178=14 822（万元）

增值率 =14 822÷20 178×100%=73.46%

应缴纳的土地增值税 =14 822×40%−20 178×5%=4 919.9（万元）。

[47]【答案】

（1）房地产开发项目全部竣工、完成销售的，纳税人应进行土地增值税清算。

（2）允许扣除的取得土地使用权支付的金额 =8 000+8 000×5%=8 400（万元）

（3）应缴纳的增值税额 =42 000÷（1+5%）×5%=2 000（万元）

（4）允许扣除的开发费用 =（15 000+8 400）×10%=2 340（万元）

（5）允许扣除项目金额的合计数 =8 400+15 000+2 340+2 000×(7%+3%+2%)+（15 000+8 400）×20%=30 660（万元）

（6）应缴纳土地增值税税额的计算:

增值额 =42 000÷（1+5%）−30 660=9 340（万元）

增值率 =9 340÷30 660×100%=30.46%，适用税率 30%

应补缴土地增值税额 =9 340×30%−450=2 352（万元）。

第 11 章　车辆购置税法、车船税法和印花税法

本章思维导图

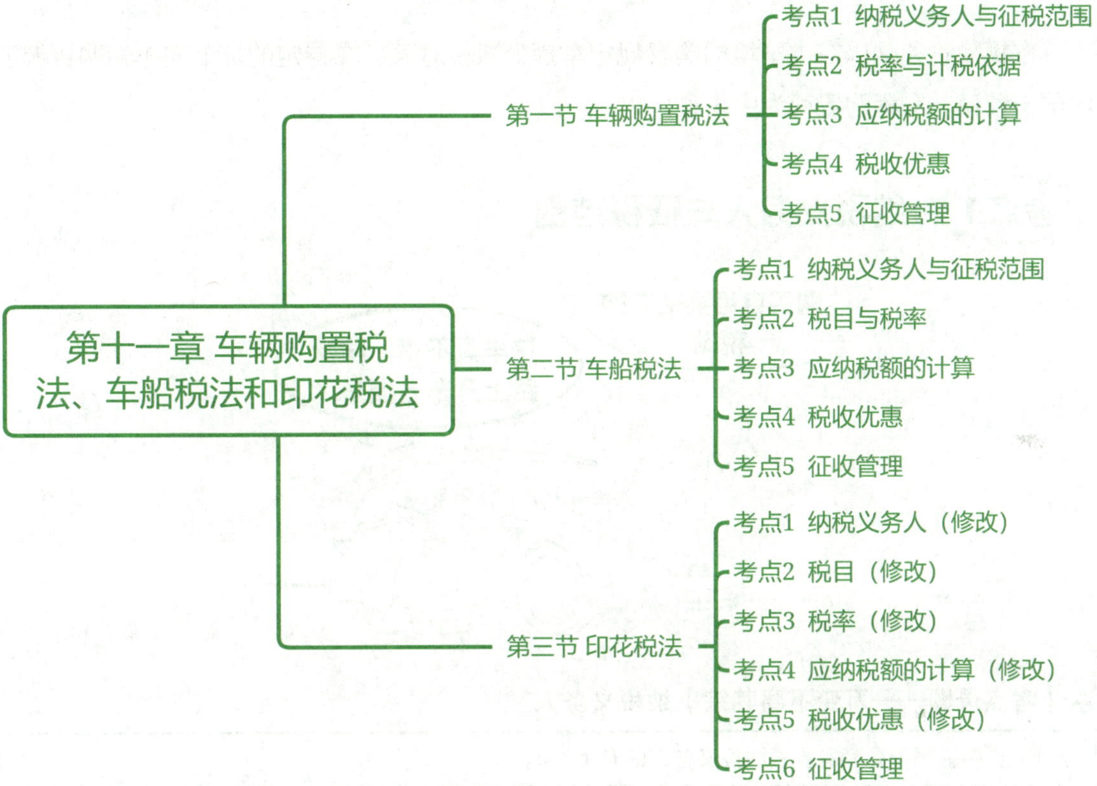

- 第十一章 车辆购置税法、车船税法和印花税法
  - 第一节 车辆购置税法
    - 考点1 纳税义务人与征税范围
    - 考点2 税率与计税依据
    - 考点3 应纳税额的计算
    - 考点4 税收优惠
    - 考点5 征收管理
  - 第二节 车船税法
    - 考点1 纳税义务人与征税范围
    - 考点2 税目与税率
    - 考点3 应纳税额的计算
    - 考点4 税收优惠
    - 考点5 征收管理
  - 第三节 印花税法
    - 考点1 纳税义务人（修改）
    - 考点2 税目（修改）
    - 考点3 税率（修改）
    - 考点4 应纳税额的计算（修改）
    - 考点5 税收优惠（修改）
    - 考点6 征收管理

近三年本章考试题型及分值分布

题型	2022 年	2021 年	2020 年
单选题	2 题 2 分	2 题 2 分	2 题 2 分
多选题	1 题 1.5 分	1 题 1.5 分	1 题 1.5 分
综合题		1 题 2 分	2 题 2 分
合计	3 题 3.5 分	4 题 5.5 分	5 题 5.5 分

扫码畅听增值课

第一节　车辆购置税法

车辆购置税是以在中国境内购置规定车辆为课税对象、在特定的环节向车辆购置者征收的一种税。车辆购置税为中央税。

考点1 纳税义务人与征税范围

【考点母题——万变不离其宗】纳税义务人

下列人员中，属于车辆购置税纳税义务人的有（　）。
A. 应税车辆的购买并自用者　B. 应税车辆的进口并自用者　C. 应税车辆的自产并自用者 D. 应税车辆的受赠并自用者　E. 应税车辆的获奖并自用者 F. 其他方式取得并自用应税车辆的单位或个人
【说明】车辆购置税实行一次性征收。

【考点子题——举一反三，真枪实练】

[1]（2018年•单选题）下列人员中，属于车辆购置税纳税义务人的是（　）。

A. 应税车辆的捐赠者　　B. 应税车辆的获奖者

C. 应税车辆的出口者　　D. 应税车辆的销售者

【考点母题——万变不离其宗】征税范围

下列车辆中，应缴纳车辆购置税的有（　）。
A. 汽车

续表

B. 有轨电车
C. 汽车挂车
D. 排气量超过 150 毫升的摩托车
【说明】 1. 地铁、轻轨等城市轨道交通车辆，装载机、平地机、挖掘机、推土机等轮式专用机械车，以及起重机（吊车）、叉车、电动摩托车，不属于应税车辆。 2. 纳税人进口自用应税车辆，是指纳税人直接从境外进口或者委托代理进口自用的应税车辆，不包括在境内购买的进口车辆。 3. 购置已征车辆购置税的车辆，不再征收车辆购置税。

【考点子题——举一反三，真枪实练】

[2]（经典子题•多选题）纳税人购买使用下列车辆的，应缴纳车辆购置税的有（　）。

A. 电动摩托车　　B. 推土机　　C. 厢式货车　　D. 有轨电车

[3]（2012 年•多选题）下列各项中，属于车辆购置税应税行为的有（　）。

A. 受赠使用应税车辆　　B. 进口使用应税车辆

C. 经销商经销应税车辆　　D. 债务人以应税车辆抵债

考点 2　税率与计税依据

【考点题源】税率与计税依据

税率	车辆购置税实行统一比例税率，税率为 10%。
1. 购买	（1）纳税人购置应税车辆，以发票电子信息中的不含增值税价作为计税依据 （2）应税车辆存在多条发票电子信息或没有发票电子信息的，纳税人按照购置应税车辆实际支付给销售方的全部价款（不包括增值税税款）申报纳税
2. 进口	纳税人进口自用应税车辆的计税价格，为关税完税价格加上关税和消费税
3. 自产自用	（1）纳税人自产自用应税车辆的计税价格，按照纳税人生产的同类应税车辆（即车辆配置序列号相同的车辆）的销售价格确定，不包括增值税税款 （2）没有同类应税车辆销售价格的，按照组成计税价格确定。公式如下： 组成计税价格 = 成本 ×（1+ 成本利润率） （3）属于应征消费税的应税车辆，其组成计税价格中应加计消费税税额
4. 受赠、获奖或者其他方式	纳税人以受赠、获奖或者其他方式取得自用应税车辆的计税价格，按照购置应税车辆时相关凭证载明的价格确定，不包括增值税税款 【说明】 1. 购置应税车辆时相关凭证，是指原车辆所有人购置或者以其他方式取得应税车辆时载明价格的凭证。无法提供相关凭证的，参照同类应税车辆市场平均交易价格确定其计税价格。 2. 原车辆所有人为车辆生产或者销售企业，未开具机动车销售统一发票的，按照车辆生产或者销售同类应税车辆的销售价格确定应税车辆的计税价格。无同类应税车辆销售价格的，按照组成计税价格确定应税车辆的计税价格。

【考点子题——举一反三，真枪实练】

[4]（2016 年•单选题）某企业 2023 年 3 月进口载货汽车 1 辆；4 月在国内市场购置载货汽车 2 辆，支付全部价款和价外费用为 75 万元（不含增值税），另支付车辆购置税 7.5 万元、车辆牌照费 0.1 万元，代办保险费 2 万元；5 月受赠小汽车 1 辆。上述车辆全部为企业自用。下列关于该企业计缴车辆购置税计税依据的表述中，正确的是（ ）。

A. 国内购置载货汽车的计税依据为 77 万元

B. 国内购置载货汽车的计税依据为 84.5 万元

C. 进口载货汽车的计税依据为关税完税价格加关税

D. 受赠小汽车的计税依据为同类小汽车的市场价格加增值税

[5]（经典子题•多选题）某机关 2022 年 4 月购车一辆，随购车支付的下列款项中，应并入计税依据征收车辆购置税的有（ ）。

A. 控购费 B. 增值税税款 C. 零部件价款 D. 车辆装饰费

考点 3 应纳税额的计算

【考点题源】应纳税额的计算

<table>
<tr><td colspan="2">车辆购置税实行从价定率的方法计算应纳税额，计算公式为：
应纳税额 = 计税依据 × 税率</td></tr>
<tr><td>1. 购买</td><td>【典型例题】宋某 2023 年 1 月从 4S 店购买一辆小汽车供自己使用，支付了含增值税税款在内的款项 232 780 元，取得“机动车销售统一发票”。请计算宋某应纳车辆购置税。
（1）计税依据 =232 780 ÷（1+13%）=206 000（元）
（2）应纳税额 =206 000 × 10%=20 600（元）</td></tr>
<tr><td>2. 进口</td><td>纳税人进口自用的应税车辆应纳税额的计算公式为：
应纳税额 =（关税完税价格 + 关税 + 消费税）× 税率
【典型例题】某外贸进出口公司 2022 年 6 月从国外进口 10 辆某公司生产的某型号小轿车。该公司报关进口这批小轿车时，经报关地海关对有关报关资料的审查，确定关税完税价格为每辆 185 000 元人民币，海关按关税政策规定每辆征收了关税 46 200 元，并按消费税、增值税有关规定分别代征了每辆小轿车的进口消费税 40 800 元和增值税 35 360 元。由于联系业务需要，该公司将一辆小轿车留在本单位使用。根据以上资料，计算应纳车辆购置税。
计税依据 =185 000+46 200+40 800=272 000（元）
应纳税额 =272 000 × 10%=27 200（元）</td></tr>
</table>

续表

3. 其他	（1）纳税人自产自用应税车辆的计税价格，按照纳税人生产同类应税车辆的销售价格确定，不包括增值税税额 （2）纳税人以受赠、获奖或者其他方式取得自用应税车辆的计税价格，按照购置应税车辆时相关凭证载明的价格确定，不包括增值税税款 【典型例题】某客车制造厂将自产的一辆某型号的客车，用于本厂后勤服务，该厂在办理车辆上牌落籍前，出具该车的发票，注明金额为 80 000 元。计算该车应纳车辆购置税。 应纳税额 =80 000 × 10%=8 000（元）
4. 已经办理免税、减税手续的车辆因转让、改变用途等原因不再属于免税、减税范围	（1）发生转让行为的，受让人为车辆购置税纳税人；未发生转让行为的，车辆所有人为车辆购置税纳税人 （2）纳税义务发生时间为车辆转让或者用途改变等情形发生之日 （3）应纳税额计算公式为： 应纳税额 = 初次办理纳税申报时确定的计税价格 ×（1- 使用年限 ×10%）×10%- 已纳税额 【注意】应纳税额不得为负数。 （4）使用年限的计算方法是，自纳税人初次办理纳税申报之日起，至不再属于免税、减税范围的情形发生之日止。使用年限取整计算，不满一年的不计算在内

【考点子题——举一反三，真枪实练】

[6]（经典子题 • 单选题）甲企业 2023 年 3 月购入两辆小轿车自用，其中一辆是从 4S 店购买的未上牌照新车，不含税价格为 15 万元；另一辆是从乙企业购买的已使用 2 年的小轿车（可提供完税凭证），不含税价格为 12 万元。甲企业当年应缴纳的车辆购置税为（　）万元。

A. 2.7　　B. 1.5　　C. 1.2　　D. 2.5

[7]（经典子题 • 单选题）甲汽车贸易公司 2023 年 5 月进口 10 辆小轿车，海关审定的关税完税价格为每辆 30 万元。其中当月销售 7 辆，取得不含税收入 280 万元；赠送给合作单位 2 辆；公司自用 1 辆。甲汽车贸易公司当年应缴纳的车辆购置税为（　）万元。（小轿车关税税率为 20%，消费税税率为 9%）

A. 39.6　　B. 11.88　　C. 3.96　　D. 28

[8]（经典子题 • 单选题）某公司购置一辆市场价格 25 万元的国产车自用，购置时因符合免税条件而未缴纳车辆购置税。购置使用 4 年后，免税条件消失。若当前同类型新车销售价格是 16 万元，国产车辆预计使用年限为 10 年，则该公司就该车应缴纳的车辆购置税为（　）万元。

A. 0.96　　B. 1.5　　C. 1.6　　D. 2.5

考点4 税收优惠

【考点母题——万变不离其宗】税收优惠

下列车辆中，属于车辆购置税法定减免税范围的有（ ）。
A. 外国驻华使馆、领事馆和国际组织驻华机构及其外交人员自用车辆
B. 中国人民解放军和中国人民武装警察部队列入装备订货计划的车辆
C. 城市公交企业购置的公共汽电车辆 【说明】包括公共汽车、无轨电车和有轨电车。
D. 悬挂应急救援专用号牌的国家综合性消防救援车辆
E. 设有固定装置的非运输专业作业车辆 【说明】2021年1月1日起，免征车辆购置税的设有固定装置的非运输专用作业车辆，通过发布《免征车辆购置税的设有固定装置的非运输专用作业车辆目录》实施管理。
F. 防汛部门和森林消防部门用于指挥、检查、调度、报汛（警）、联络的由指定厂家生产的设有固定装置的指定型号的车辆
G. 回国服务的在外留学人员用现汇购买1辆个人自用的国产小汽车
H. 长期来华定居专家进口1辆自用的小汽车
I. 对购置日期在2023年1月1日至2023年12月31日期间内的新能源汽车，免征车辆购置税 【说明】免征车辆购置税的新能源汽车是指纯电动汽车、插电式混合动力（含增程式）汽车、燃料电池汽车。对免征车辆购置税的新能源汽车，通过发布《免征车辆购置税的新能源汽车车型目录》实施管理。
J. 北京2022年冬奥会和冬残奥会组织委员会新购置的车辆免征车辆购置税
K. 中国妇女发展基金会“母亲健康快车”项目的流动医疗车免征车辆购置税
L. 原公安现役部队和原武警黄金、森林、水电部队改制后换发地方机动车牌证的车辆（公安消防、武警森林部队执行灭火救援任务的车辆除外），一次性免征车辆购置税
M. 对购置日期在2022年6月1日至2022年12月31日期间内且单车价格（不含增值税）不超过30万元的2.0升及以下排量乘用车，减半征收车辆购置税（新增）

【考点子题——举一反三，真枪实练】

[9]（经典子题•多选题）下列免征车辆购置税的有（ ）。

A. 救护车　　B. 汽车半挂车　　C. 挖掘机　　D. 公交车

考点 5　征收管理

【考点题源】征收管理

纳税时间	1. 车辆购置税的纳税义务发生时间为纳税人购置应税车辆的当日，以纳税人购置应税车辆所取得的车辆相关凭证上注明的时间为准 （1）购买自用应税车辆的为购买之日，即车辆相关价格凭证的开具日期 （2）进口自用应税车辆的为进口之日，即《海关进口增值税专用缴款书》或者其他有效凭证的开具日期 （3）自产、受赠、获奖或者以其他方式取得并自用应税车辆的为取得之日，即合同、法律文书或者其他有效凭证的生效或者开具日期 2. 纳税人应当自纳税义务发生之日起 60 日内申报缴纳车辆购置税 3. 纳税人应当在向公安机关交通管理部门办理车辆注册登记前，缴纳车辆购置税
纳税地点	1. 需要办理车辆登记注册手续的纳税人，向车辆登记地的主管税务机关申报纳税 2. 不需要办理车辆登记注册手续的纳税人，单位纳税人向其机构所在地的主管税务机关申报纳税，个人纳税人向其户籍所在地或者经常居住地的主管税务机关申报纳税 3. 车辆购置税实行一车一申报制度
车辆购置税的退税制度	1. 已征车辆购置税的车辆退回车辆生产或销售企业，纳税人申请退还车辆购置税的，应退税额计算公式如下： 应退税额 = 已纳税额 ×（1– 使用年限 ×10%） 2. 应退税额不得为负数。使用年限是指自纳税人缴纳税款之日起，至申请退税之日止

【考点子题——举一反三，真枪实练】

[10]（经典子题•单选题）李某于 2021 年 3 月购买一辆小轿车自用，缴纳车辆购置税 3 万元。使用 1 年后，因车辆出现重大质量问题被销售企业召回，李某可以申请退还的车辆购置税为（　）万元。

A. 2.7　　B. 3　　C. 0.3　　D. 0

第二节 车船税法

车船税，是在中华人民共和国境内的车辆、船舶的所有人或者管理人按照车船税法应缴纳的一种税。

纳税义务人与征税范围

【考点题源】纳税义务人与征税范围

纳税义务人	纳税义务人是指在中国境内，车辆、船舶（以下简称车船）的所有人或者管理人
征税范围	征税范围是指在中华人民共和国境内属于车船税法所附《车船税税目税额表》规定的车辆、船舶 车辆、船舶是指： 1. 依法应当在车船管理部门登记的机动车辆和船舶 2. 依法不需要在车船管理部门登记、在单位内部场所行驶或者作业的机动车辆和船舶 3. 境内单位和个人租入外国籍船舶的，不征收车船税。境内单位和个人将船舶出租到境外的，应依法征收车船税

【考点子题——举一反三，真枪实练】

[11]（经典子题·单选题）下列各项中，不需要缴纳车船税的是（　）。

A. 境内企业出租给境外公司使用的已在车船管理部门登记的船舶

B. 境内企业租入的外籍船舶

C. 不需要在车船管理部门登记的单位内部场所行驶的机动车

D. 已在车船管理部门登记的船舶

第11章

[12]（2021年·多选题）某交通运输企业的下列车船，属于车船税征税范围的有（　）。

A. 租入的外国籍船舶　　B. 购置的节能汽车

C. 出租给境外某公司的自有船舶　　D. 购置的纯电动乘用车

考点 2 税目与税率

【考点题源】税目与税率

车船税税目税额表

税目		计税单位	年基准税额（元）	备注
乘用车按发动机气缸容量（排气量）分档	1.0 升（含）以下	每辆	60-360	核定载客人数 9 人（含）以下
	1.0 升以上至 1.6 升（含）		300-540	
	1.6 升以上至 2.0 升（含）		360-660	
	2.0 升以上至 2.5 升（含）		660-1 200	
	2.5 升以上至 3.0 升（含）		1 200-2 400	
	3.0 升以上至 4.0 升（含）		2 400-3 600	
	4.0 升以上的		3 600-5 400	
商用车	客车	每辆	480-1 440	核定载客人数 9 人（包括电车）以上
	货车	整备质量每吨	16-120	1. 包括半挂牵引车、挂车、客货两用汽车、三轮汽车和低速载货汽车等。 2. 挂车按照货车税额的 50% 计算
其他车辆	专用作业车	整备质量每吨	16-120	不包括拖拉机
	轮式专用机械车	整备质量每吨	16-120	
摩托车		每辆	36-180	

续表

<table>
<tr><td rowspan="9">船舶</td><td rowspan="4">机动船舶</td><td rowspan="4">净吨位每吨</td><td colspan="2">净吨位≤ 200 吨，每吨 3 元</td><td rowspan="9">1. 拖船、非机动驳船分别按照机动船舶税额的 50% 计算
2. 拖船按照发动机功率每 1 千瓦折合净吨位 0.67 吨计算征收车船税</td></tr>
<tr><td colspan="2">200 吨 < 净吨位≤ 2 000 吨，每吨 4 元</td></tr>
<tr><td colspan="2">2 000 吨 < 净吨位≤ 10 000 吨，每吨 5 元</td></tr>
<tr><td colspan="2">10 000 吨 < 净吨位，每吨 6 元</td></tr>
<tr><td rowspan="5">游艇</td><td rowspan="5">艇身长度每米</td><td rowspan="4">游艇</td><td>艇身≤ 10 米，每米 600 元</td></tr>
<tr><td>10 米 < 艇身≤ 18 米，每米 900 元</td></tr>
<tr><td>18 米 < 艇身≤ 30 米，每米 1 300 元</td></tr>
<tr><td>30 米 < 艇身，每米 2 000 元</td></tr>
<tr><td colspan="2">辅助动力帆艇，每米 600 元</td></tr>
<tr><td colspan="6">1. 车船税实行定额税率，即对征税的车辆规定单位固定税额。</td></tr>
<tr><td colspan="6">2. 车船税法及其实施条例涉及的整备质量、净吨位、艇身长度等计税单位，有尾数的一律按照含尾数的计税单位据实计算车船税应纳税额。计算得出的应纳税额小数点后超过两位的可四舍五入保留两位小数。</td></tr>
<tr><td colspan="6">3. 纯电动乘用车和燃料电池乘用车不属于车船税征税范围，对其不征车船税。</td></tr>
</table>

【考点子题——举一反三，真枪实练】

[13]（2016 年 • 单选题）下列关于车船税计税单位确认的表述中，正确的是（　）。

A. 商用货车按“每辆”作为计税单位

B. 摩托车按“排气量”作为计税单位

C. 游艇按“净吨位每吨”作为计税单位

D. 专用作业车按“整备质量每吨”作为计税单位

[14]（2019 年 • 多选题）下列车船中，属于车船税征税范围的有（　）。

A. 拖拉机　　B. 节能汽车　　C. 非机动驳船　　D. 纯电动乘用车

应纳税额的计算

【考点题源】应纳税额的计算

1. 购置新车船	购置当年的应纳税额自纳税义务发生的当月起按月计算。计算公式： 应纳税额 =（年应纳税额 ÷12）× 应纳税月份数 应纳税月份数 =12- 纳税义务发生时间（取月份）+1
2. 已完税的盗抢、报废、灭失车船	在一个纳税年度内，已完税的车船被盗抢、报废、灭失的，纳税人可以凭有关管理机关出具的证明和完税证明，向纳税所在地的主管税务机关申请退还自被盗抢、报废、灭失月份起至该纳税年度终了期间的税款
3. 失而复得车船	已办理退税的被盗抢车船，失而复得的，纳税人应当从公安机关出具相关证明的当月起计算缴纳车船税
4. 退货车船	已缴纳车船税的车船，因质量原因，车船被退回生产企业或者经销商的，纳税人可以向纳税所在地的主管税务机关申请退还自退货月份起至该纳税年度终了期间的税款。退货月份以退货发票所载日期的当月为准
5. 转让过户车船	已缴纳车船税的车船在同一纳税年度内办理转让过户的，不另纳税，也不退税
【典型例题】某运输公司拥有载货汽车 30 辆（货车整备质量全部为 10 吨）；乘人大客车 20 辆；小客车 10 辆。计算该公司应纳车船税。 （注：载货汽车每吨年税额 80 元，乘人大客车每辆年税额 800 元，小客车每辆年税额 700 元） （1）载货汽车应纳税额 =30×10×80=24 000（元） （2）乘人汽车应纳税额 =20×800+10×700=23 000（元） 全年应纳车船税税额 =24 000+23 000=47 000（元）	

【考点子题——举一反三，真枪实练】

[15]（经典子题•单选题）某机械制造厂 2022 年拥有货车 3 辆，每辆货车的整备质量均为 1.499 吨；挂车 1 部，其整备质量为 1.2 吨；小汽车 2 辆。已知货车车船税税率为整备质量每吨年基准税额 16 元，小汽车车船税税率为每辆年基准税额 360 元。该厂 2022 年度应纳车船税为（　）元。

A. 441.6　　B. 792　　C. 801.55　　D. 811.2

[16]（经典子题•单选题）某船运公司 2022 年度拥有旧机动船 5 艘，每艘净吨位 1 500 吨；拥有拖船 4 艘，每艘发动机功率 3 000 千瓦。2022 年 7 月购置新机动船 6 艘，每艘净吨位 3000 吨。该公司船舶适用的车船税年税额为：净吨位 201~2 000 吨的，每吨 4 元；净吨位 2 001~10 000 吨的，每吨 5 元，该公司 2022 年度应缴纳的车船税为（　）元。

A. 87 000　　B. 95 100　　C. 105 000　　D. 123 000

[17]（经典子题•单选题）某公司 2022 年 2 月 1 日购入一载货商用车，当月办理机动车

第11章

辆权属证书，并办理车船税完税手续。此车整备质量为10吨，每吨年税额96元。该车于6月1日被盗，经公安机关确认后，该公司遂向税务局申请退税，但在办理退税手续期间，此车又于9月1日被追回并取得公安机关证明。则该公司就该车2022年实际应缴纳的车船税为（　）元。

A. 240　　B. 480　　C. 640　　D. 880

税收优惠

【考点母题——万变不离其宗】税收优惠

（1）下列车船中，属于法定减免车船税的有（　）。	
A. 依法应当予以免税的外国驻华使领馆、国际组织驻华代表机构及其有关人员的车船	
B. 军队、武装警察部队专用的车船免税	指按照规定在军队、武装警察部队车船管理部门登记，并领取军队、武警牌照的车船
C. 新能源车船免税	免征车船税的新能源汽车是指纯电动商用车、插电式（含增程式）混合动力汽车、燃料电池商用车
D. 警用车船免税	指公安机关、国家安全机关、监狱、劳动教养管理机关和人民法院、人民检察院领取警用牌照的车辆和执行警务的专用船舶
E. 捕捞、养殖渔船免税 指在渔业船舶登记管理部门登记为捕捞船或者养殖船的船舶	
F. 国家综合性消防救援车辆、船舶	悬挂应急救援专用号牌的国家综合性消防救援车辆和国家综合性消防救援专用船舶免征车船税（新增）
G. 节能汽车，减半征收车船税	a. 减半征收车船税的节能乘用车应同时符合以下标准：①获得许可在中国境内销售的排量为1.6升以下（含1.6升）的燃用汽油、柴油的乘用车（含非插电式混合动力、双燃料和两用燃料乘用车）②综合工况燃料消耗量应符合相关标准 b. 减半征收车船税的节能商用车应同时符合以下标准：①获得许可在中国境内销售的燃用天然气、汽油、柴油的轻型和重型商用车（含非插电式混合动力、双燃料和两用燃料轻型和重型商用车）②燃用汽油、柴油的轻型和重型商用车综合工况燃料消耗量应符合相关标准
H. 省、自治区、直辖市人民政府根据当地实际情况，可以对公共交通车船、农村居民拥有并主要在农村地区使用的摩托车、三轮汽车和低速载货汽车定期减征或者免征车船税	
（2）下列各项中，符合车船税特定减免规定的是（　）。	
A. 经批准临时入境的外国车船和香港特别行政区、澳门特别行政区、台湾地区的车船，不征收车船税	

【考点子题——举一反三，真枪实练】

[18]（2018年•单选题）下列车船中，免征车船税的是（　）。

A. 辅助动力帆艇　B. 武警专用车船　C. 半挂牵引车　D. 客货两用汽车

【小结】

车辆	车辆购置税	车船税
专用机械车	不属于征税范围	交税（不包含拖拉机）
专用作业车	免税	交税
救护车、消防车（挂应急号牌）	免税	交税（悬挂应急救援专用号牌的国家综合性消防救援车辆和国家综合性消防救援专用船舶免税）
警车	交税	免税
纯电动乘用车、燃料电池乘用车	免税	不属于征税范围
纯电动商用车、插电式（含增程式）混合动力汽车、燃料电池商用车	免税	免税
节能汽车	交税	减半征税

考点 5　征收管理

【考点题源】征收管理

纳税期限	车船税纳税义务发生时间为取得车船所有权或者管理权的当月。以购买车船的发票或其他证明文件所载日期的当月为准
纳税地点	1. 扣缴义务人代收代缴车船税的，纳税地点为扣缴义务人所在地 2. 纳税人自行申报缴纳车船税的，纳税地点为车船登记地的主管税务机关所在地 3. 依法不需要办理登记的车船，纳税地点为车船所有人或者管理人主管税务机关所在地
纳税申报	1. 按年申报，分月计算，一次性缴纳 2. 对于依法不需要购买机动车交通事故责任强制保险的车辆，纳税人应当向主管税务机关申报缴纳车船税 3. 从事机动车第三者责任强制保险业务的保险机构为机动车车船税的扣缴义务人，应当在收取保险费时依法代收车船税，并出具代收税款凭证

【考点子题——举一反三，真枪实练】

[19]（经典子题·多选题）下列各项中，符合车船税有关征收管理规定的有（　）。

A. 车船税的纳税地点为车船的登记地或者车船税扣缴义务人所在地

B. 车船税按年申报，分月计算，一次性缴纳

C. 纳税人在购买机动车交强险时缴纳车船税的，不再向地方税务机关申报纳税

D. 已办理退税的被盗抢车船失而复得的，纳税人应当从公安机关出具相关证明的当月起计算缴纳车船税

第三节　印花税法

印花税是以经济活动和经济交往中，书立、领受应税凭证的行为为征税对象征收的一种税。印花税因其采用在应税凭证上粘贴印花税票的方法缴纳税款而得名。

考点1　纳税义务人（修改）

【考点题源】纳税义务人

在中国境内书立应税凭证、进行证券交易的单位和个人，为印花税的纳税人	
1. 纳税人	（1）书立应税凭证的纳税人，为对应税凭证有直接权利义务关系的单位和个人 （2）采用委托贷款方式书立的借款合同纳税人，为受托人和借款人，不包括委托人 （3）按买卖合同或者产权转移书据税目缴纳印花税的拍卖成交确认书纳税人，为拍卖标的的产权人和买受人，不包括拍卖人 （4）证券交易印花税对证券交易的出让方征收，不对受让方征收
2. 在境外书立在境内使用的应税凭证	在中华人民共和国境外书立在境内使用的应税凭证，应当按规定缴纳印花税。包括以下几种情形： （1）应税凭证的标的为不动产的，该不动产在境内 （2）应税凭证的标的为股权的，该股权为中国居民企业的股权 （3）应税凭证的标的为动产或者商标专用权、著作权、专利权、专有技术使用权的，其销售方或者购买方在境内，但不包括境外单位或者个人向境内单位或者个人销售完全在境外使用的动产或者商标专用权、著作权、专利权、专有技术使用权 （4）应税凭证的标的为服务的，其提供方或者接受方在境内，但不包括境外单位或者个人向境内单位或者个人提供完全在境外发生的服务
3. 不属于印花税征收范围	（1）人民法院的生效法律文书，仲裁机构的仲裁文书，监察机关的监察文书 （2）县级以上人民政府及其所属部门按照行政管理权限征收、收回或者补偿安置房地产书立的合同、协议或者行政类文书 （3）总公司与分公司、分公司与分公司之间书立的作为执行计划使用的凭证

【考点子题——举一反三，真枪实练】

［20］（经典子题·多选题）孙某将自有住房无偿赠与非法定继承人王某，已向税务机关提交经审核并签字盖章的“个人无偿赠与不动产登记表”。下列有关孙某赠房涉及税收的表述中，正确的有（　）。

A. 孙某应缴纳契税　　B. 王某应缴纳契税

C. 孙某应缴纳印花税　　D. 王某应缴纳印花税

[21]（经典子题 • 多选题）甲企业与乙银行签订一份借款合同，丙企业是该合同担保人，丁企业是资产鉴定人，则该合同印花税纳税人有（　）。

A. 甲企业　　B. 乙银行　　C. 丙企业　　D. 丁企业

考点 2　税目（修改）

【考点母题——万变不离其宗】税目

下列关于印花税税目的表述，正确的有（　）。
A. 列入税目的就要征税，未列入税目的就不征税
B. 企业之间书立的确定买卖关系、明确买卖双方权利义务的订单、要货单等单据，且未另外书立买卖合同的，应当缴纳印花税
C. 发电厂与电网之间、电网与电网之间书立的购售电合同，应当按买卖合同税目缴纳印花税

【考点子题——举一反三，真枪实练】

[22]（2016 年 • 多选题）电网公司甲在 2023 年 4 月与发电厂乙签订了供用电合同 1 份，与保险公司丙签订了财产保险合同 1 份，直接与用户签订了供电合同若干份，另与房地产开发公司丁签订了 1 份购房合同。下列关于甲公司计缴印花税的表述中，正确的有（　）。

A. 与丙签订的保险合同按财产保险合同缴纳印花税

B. 与用户签订的供电合同按买卖合同缴纳印花说

C. 与乙签订的购销电合同按买卖合同缴纳印花税

D. 与丁签订的购房合同按产权转移书据缴纳印花税

[23]（2017 年 • 多选题）下列合同中，按照印花税产权转移书据税目计征印花税的有（　）。

A. 土地使用权出让合同　　B. 非专利技术转让合同

C. 土地使用权转让合同　　D. 版权转移书据

[24]（2015 年 • 单选题）下列合同中，应按“买卖合同”税目征收印花税的是（　）。

A. 企业之间签订的土地使用权转让合同

B. 发电厂与电网之间签订的购售电合同

C. 银行与工商企业之间签订的融资租赁合同

D. 开发商与个人之间签订的商品房销售合同

考点3 税率（修改）

【考点题源】税率

0.05‰	借款合同、融资租赁合同
0.3‰	（1）买卖合同、建设工程合同、技术合同、承揽合同、运输合同 （2）商标专用权、著作权、专利权、专有技术使用权转让书据
0.5‰	土地使用权出让合同、土地使用权、房屋等建筑物和构筑物所有权转让书据（不包括土地承包经营权和土地经营权转移）、股权转让书据（不包括应缴纳证券交易印花税的）
1‰	（1）租赁合同、仓储合同、保管合同、财产保险合同（不包括再保险合同） （2）证券交易
0.25‰	营业账簿

考点4 应纳税额的计算（修改）

【考点题源】应纳税额的计算方法

印花税的应纳税额按照计税依据乘以适用税率计算

应纳税额 = 计税依据 × 适用税率

【典型例题】某企业某年12月开业，当年发生以下有关业务事项：与其他企业订立转移专用技术使用权书据1份，所载不含增值税金额100万元；订立产品买卖合同1份，所载不含增值税金额200万元；与银行订立借款合同1份，所载不含增值税金额400万元。计算该企业上述内容应缴纳的印花税税额。

（1）企业订立产权转移书据应纳税额：

应纳税额 =1 000 000 ×0.3‰ =300（元）

（2）企业订立买卖合同应纳税额：

应纳税额 =2 000 000×0.3‰ =600（元）

（3）企业订立借款合同应纳税额：

应纳税额 =4 000 000 ×0.05‰ =200（元）

（4）当年企业应纳印花税税额：

应纳印花税税额 =300+600+200 = 1 100（元）

【考点母题——万变不离其宗】计税依据的具体规定

印花税的计税依据为各种应税凭证上所记载的计税金额。下列关于计税依据的具体规定，正确的有（ ）。
A. 应税合同的计税依据，为合同所列的金额，不包括列明的增值税税款

续表

B. 应税产权转移书据的计税依据，为产权转移书据所列的金额，不包括列明的增值税税款
C. 应税营业账簿的计税依据，为账簿记载的实收资本（股本）、资本公积合计金额
D. 证券交易的计税依据，为成交金额

【考点母题——万变不离其宗】计税依据的特殊规定

下列关于计税依据的特殊规定，正确的有（　）。
A. 应税合同、产权转移书据未列明金额的，印花税的计税依据按照实际结算的金额确定
B. 证券交易无转让价格的，按照办理过户登记手续时该证券前一个交易日收盘价计算确定计税依据；无收盘价的，按照证券面值计算确定计税依据
C. 同一应税合同、应税产权转移书据中涉及两方以上纳税人，且未列明纳税人各自涉及金额的，以纳税人平均分摊的应税凭证所列金额（不包括列明的增值税税款）确定计税依据
D. 应税合同、应税产权转移书据所列的金额与实际结算金额不一致，不变更应税凭证所列金额的，以所列金额为计税依据；变更应税凭证所列金额的，以变更后的所列金额为计税依据
E. 纳税人因应税凭证列明的增值税税款计算错误导致应税凭证的计税依据减少或者增加的，纳税人应当按规定调整应税凭证列明的增值税税款，重新确定应税凭证计税依据。已缴纳印花税的应税凭证，调整后计税依据增加的，纳税人应当就增加部分的金额补缴印花税；调整后计税依据减少的，纳税人可以就减少部分的金额向税务机关申请退还或者抵缴印花税
F. 纳税人转让股权的印花税计税依据，按照产权转移书据所列的金额（不包括列明的认缴后尚未实际出资权益部分）确定
G. 应税凭证金额为人民币以外的货币的，应当按照凭证书立当日的人民币汇率中间价折合人民币确定计税依据
H. 境内的货物多式联运，采用在起运地统一结算全程运费的，以全程运费作为运输合同的计税依据，由起运地运费结算双方缴纳印花税；采用分程结算运费的，以分程的运费作为计税依据，分别由办理运费结算的各方缴纳印花税
I. 未履行的应税合同、产权转移书据，已缴纳的印花税不予退还及抵缴税款
M. 纳税人多贴的印花税票，不予退税及抵缴税款

【考点子题——举一反三，真枪实练】

[25]（2019 年 • 单选题）甲企业与运输公司签订货物运输合同，记载货物价款 100 万元、装卸费 15 万元、运输费 20 万元。甲企业按“运输合同”税目计算缴纳印花税的计税依据为（　）万元（合同金额均不含增值税）。

A. 20　　B. 100　　C. 120　　D. 135

[26]（2011 年 • 单选题）某中学委托一服装厂加工校服，合同约定布料由学校提供，价值 50 万元，学校另支付加工费 10 万元，下列各项关于计算印花税的表述中，正确的是（　）（合同金额均不含增值税）。

A. 学校应以 50 万元的计税依据，按买卖合同的税率计算印花税

B. 服装厂应以 50 万元的计税依据，按买卖合同的税率计算印花税

C. 服装厂应以 10 万元加工费为计税依据，按承揽合同的税率计算印花税

D. 服装厂和学校均以 60 万元为计税依据，按照承揽合同的税率计算印花税

[27]（经典子题·单选题）甲企业将本公司的办公楼向银行抵押贷款，从银行取得贷款 800 万元，与银行签订借款合同。由于甲企业经营不善，到期无法偿还到期本金，按借款合同约定，将办公楼所有权转移给银行。双方签订产权转移合同，该办公楼市价为 1 000 万元，银行另支付甲企业 200 万元差价。针对上述业务，甲企业应缴纳的印花税税额为（　）元。（买卖合同印花税税率为 0.3‰，借款合同印花税税率为 0.05‰，产权转移书据印花税税率为 0.5‰；合同金额均不含增值税）

A. 500　　B. 400　　C. 5 400　　D. 7 400

[28]（2012 年·单选题）甲汽车轮胎厂与乙汽车制造厂签订了一份货物交换合同，甲以价值 65 万元的轮胎交换乙的两辆汽车，同时甲再支付给乙 3 万元差价。对此项交易，甲应缴纳的印花税税额为（　）元。（买卖合同印花税税率为 0.3‰；以上合同金额均不含增值税）

A. 195　　B. 390　　C. 399　　D. 408

[29]（经典子题·单选题）下列凭证中，属于印花税征收范围的是（　）。

A. 仲裁文书

B. 监察机关的监察文书

C. 总公司与分公司之间书立的作为执行计划使用的凭证

D. 货物运输合同

[30]（经典子题·单选题）甲建筑工程公司具备建筑业施工资质，2023 年总承包一项工程，建设工程合同记载总承包额 9000 万元。之后将总承包额的三分之一即 3 000 万元分包给某建筑施工公司。甲建筑工程公司应缴纳印花税税额为（　）万元。（建设工程合同印花税税率为 0.3‰，以上合同金额均不含增值税）

A. 2.7　　B. 3.6　　C. 0.9　　D. 2

考点 5　税收优惠（修改）

【考点母题——万变不离其宗】税收优惠

下列凭证中，免征或者暂免征收印花税的有（　）。
A. 应税凭证的副本或者抄本

续表

B. 依照法律规定应当予以免税的外国驻华使馆、领事馆和国际组织驻华代表机构为获得馆舍书立的应税凭证
C. 中国人民解放军、中国人民武装警察部队书立的应税凭证
D. 农民、家庭农场、农民专业合作社、农村集体经济组织、村民委员会购买农业生产资料或者销售农产品书立的买卖合同和农业保险合同
E. 无息或者贴息借款合同、国际金融组织向中国提供优惠贷款书立的借款合同
F. 财产所有权人将财产赠与政府、学校、社会福利机构、慈善组织书立的产权转移书据
G. 非营利性医疗卫生机构采购药品或者卫生材料书立的买卖合同
H. 个人与电子商务经营者订立的电子订单，享受印花税免税优惠的电子商务经营者，具体范围按《中华人民共和国电子商务法》有关规定执行
I. 对铁路、公路、航运、水路承运快件行李、包裹开具的托运单据，暂免贴印花
J. 各类发行单位之间，以及发行单位与订阅单位或个人之间书立的征订凭证，暂免征印花税
K. 军事物资运输。凡附有军事运输命令或使用专用的军事物资运费结算凭证，免纳印花税
L. 抢险救灾物资运输。凡附有县级以上（含县级）人民政府抢险救灾物资运输证明文件的运费结算凭证，免纳印花税
M. 对资产公司收购、承接和处置不良资产，免征购销合同和产权转移书据应缴纳的印花税
N. 对经国务院和省级人民政府决定或批准进行的国有（含国有控股）企业改组改制而发生的上市公司国有股权无偿转让行为，暂不征收证券（股票）交易印花税
O. 股权分置改革过程中因非流通股股东向流通股股东支付对价而发生的股权转让，暂免征收印花税
P. 对发电厂与电网之间、电网与电网之间（国家电网公司系统、南方电网公司系统内部各级电网互供电量除外）签订的购售电合同按购销合同征收印花税
Q. 对廉租住房、经济适用住房经营管理单位与廉租住房、经济适用住房相关的印花税以及廉租住房承租人、经济适用住房购买人涉及的印花税予以免征
R. 对个人出租、承租住房签订的租赁合同，免征印花税。对个人销售或购买住房暂免征收印花税
S. 对改造安置住房经营管理单位、开发商与改造安置住房相关的印花税以及购买安置住房的个人涉及的印花税予以免征
T. 在融资性售后回租业务中，对承租人、出租人因出售租赁资产及购回租赁资产所签订的合同，不征收印花税
U. 对与高校学生签订的高校学生公寓租赁合同，免征印花税
V. 公租房经营管理单位免征建设、管理公租房涉及的印花税
W. 2022 年 1 月 1 日至 2024 年 12 月 31 日，由省、自治区、直辖市人民政府根据本地区实际情况，以及宏观调控需要确定，对增值税小规模纳税人、小型微利企业和个体工商户可以在 50% 的税额幅度内减征资源税、城市维护建设税、房产税、城镇土地使用税、印花税（不含证券交易印花税）、耕地占用税和教育费附加、地方教育附加

续表

X. 对应税凭证适用印花税减免优惠的，书立该应税凭证的纳税人均可享受印花税减免政策，明确特定纳税人适用印花税减免优惠的除外
Y. 企业改制过程中有关印花税优惠： a. 实行公司制改造的企业在改制过程中成立的新企业（重新办理法人登记的），其新启用的资金账簿记载的资金或因企业建立资本纽带关系而增加的资金，凡原已贴花的部分可不再贴花，未贴花的部分和以后新增加的资金按规定贴花 b. 以合并或分立方式成立的新企业，其新启用的资金账簿记载的资金，凡原已贴花的部分可不再贴花，未贴花的部分和以后新增加的资金按规定贴花 c. 企业改制前签订但尚未履行完的各类应税合同，改制后需要变更执行主体的，对仅改变执行主体、其余条款未作变动且改制前已贴花的，不再贴花 d. 企业因改制签订的产权转移书据免予贴花

【考点子题——举一反三，真枪实练】

[31]（2013年·多选题）下列合同中，免征印花税的有（　）。

A. 贴息贷款合同　　B. 仓储保管合同

C. 个人出租住房　　D. 建设工程勘察合同

考点6 征收管理

【考点题源】征收管理

1. 申报地点	（1）纳税人为单位的，应当向其机构所在地的主管税务机关申报缴纳印花税；纳税人为个人的，应当向应税凭证书立地或者纳税人居住地的主管税务机关申报缴纳印花税 【说明】不动产产权发生转移的，纳税人应当向不动产所在地的主管税务机关申报缴纳印花税。 （2）纳税人为境外单位或者个人，在境内有代理人的，以其境内代理人为扣缴义务人，向境内代理人机构所在地（居住地）主管税务机关申报解缴税款。在境内没有代理人的，由纳税人自行申报缴纳印花税，境外单位或者个人可以向资产交付地、境内服务提供方或者接受方所在地（居住地）、书立应税凭证境内书立人所在地（居住地）主管税务机关申报缴纳；涉及不动产产权转移的，应当向不动产所在地主管税务机关申报缴纳 【说明】证券登记结算机构为证券交易印花税的扣缴义务人，应当向其机构所在地的主管税务机关申报解缴税款以及银行结算的利息。
2. 纳税义务发生时间	（1）印花税的纳税义务发生时间为纳税人书立应税凭证或者完成证券交易的当日 【说明】证券交易印花税扣缴义务发生时间为证券交易完成的当日。 （2）应税合同、产权转移书据未列明金额，在后续实际结算时确定金额的，纳税人应当于书立应税合同、产权转移书据的首个纳税申报期申报应税合同、产权转移书据书立情况，在实际结算后下一个纳税申报期，以实际结算金额计算申报缴纳印花税 （3）印花税按季、按年或者按次计征。实行按季、按年计征的，纳税人应当自季度、年度终了之日起十五日内申报缴纳税款；实行按次计征的，纳税人应当自纳税义务发生之日起十五日内申报缴纳税款

续表

2. 纳税义务发生时间	（4）证券交易印花税按周解缴。证券交易印花税扣缴义务人应当自每周终了之日起五日内申报解缴税款以及银行结算的利息

【考点子题——举一反三，真枪实练】

[32]（经典子题·多选题）下列关于印花税纳税义务发生时间的表述，正确的有（　）。

A. 印花税的纳税义务发生时间为纳税人书立应税凭证或者完成证券交易的当日

B. 证券交易印花税扣缴义务发生时间为证券交易完成的当日

C. 证券交易印花税按周解缴

D. 实行按次计征的，纳税人应当自纳税义务发生之日起三日内申报缴纳税款

[本章考点子题答案及解析]

[1]【答案：B】车辆购置税的纳税人是指在我国境内购置汽车、有轨电车、汽车挂车、排气量超过 150 毫升的摩托车的单位或个人。其中购置是指购买、进口、自产、受赠、获奖或者其他方式取得并自用应税车辆的行为。故选项 B 正确。

[2]【答案：CD】车辆购置税征税范围包括汽车、有轨电车、汽车挂车、排气量超过 150 毫升的摩托车。地铁、轻轨等城市轨道交通车辆，装载机、平地机、挖掘机、推土机等轮式专用机械车，以及起重机（吊车）、叉车、电动摩托车，不属于应税车辆。故选项 CD 正确。

[3]【答案：AB】车辆购置税的纳税人是指境内购置应税车辆的单位和个人。其中购置是指购买使用行为、进口使用行为、受赠使用行为、自产自用行为、获奖使用行为以及以拍卖、抵债、走私、罚没等方式取得并使用的行为，这些行为都属于车辆购置税的应税行为。所以选项 CD 不属于车辆购置税的应税行为。

[4]【答案：C】车辆购置税的计税依据中不包含车辆购置税、车辆牌照费和保险费，故国内购置载货汽车的计税依据为 75 万元。受赠小汽车计税依据是购置车辆时相关凭证载明的价格，无法提供相关凭证的，参照同类应税车辆市场平均交易价格确定其计税价格，均不包含增值税。故选项 ABD 错误，答案为选项 C。

[5]【答案：CD】购买者支付的控购费，是政府部门的行政性收费，不属于销售者的价外费用范围，不应并入计税价格计税，所以不能选择选项 A。销售单位开给购买者的各种发票金额中包含增值税税款，因此，计算车辆购置税时，应换算为不含增值税的计税价格，所以不能选择选项 B。正确答案是选项 CD。

控购费是为了严格控制社会集团购买力，合理使用资金，厉行节约，反对浪费，勤俭建国，清廉从政，根据国家有关规定对国家机关、社会团体、企业事业（私营企业除外）购买力进行控制，控购费是支付给控购办，并没有支付给销售方，不计入车辆购置税的计税依据。

[6]【答案：B】车辆购置税采用一次课征制，购买已经缴纳过车辆购置税的已使用车辆不用再次缴纳车辆购置税。甲企业应纳车辆购置税 =15 × 10%=1.5（万元）。

[7]【答案：C】甲公司应纳车辆购置税 =（30+30 × 20%）÷（1-9%）× 10%=3.96（万元）。

[8]【答案：B】免税条件消失的车辆，其应纳税额＝初次办理纳税申报时确定的计税价格 ×（1–使用年限 ×10%）×10%– 已纳税额；该公司就该车应缴纳的车辆购置税 =25×（1–4×10%）×10%=1.5（万元）。

[9]【答案：AD】选项 B，汽车挂车减半征收，选项 C，不属于征税范围。

[10]【答案：A】李某可以申请退还的车辆购置税 =3×（1–1×10%）=2.7（万元）。

[11]【答案：B】境内单位和个人租入外国籍船舶的，不征收车船税。

[12]【答案：BC】选项 AC，境内单位和个人租入外国籍船舶的，不征收车船税。境内单位和个人将船舶出租到境外的，应依法征收车船税；选项 B，属于车船税征税范围，但对符合标准的节能汽车减半征收车船税；选项 D，纯电动乘用车和燃料电池乘用车不属于车船税征税范围，不征收车船税。

[13]【答案：D】商用货车按照“整备质量每吨”作为计税单位，摩托车按照“每辆”作为计税单位，游艇按照“艇身长度每米”作为计税单位，选项 D 为正确选项。

[14]【答案：BC】选项 A，车船税征税范围不包括拖拉机；选项 D，纯电动乘用车和燃料电池乘用车不属于车船税征税范围，对其不征车船税。

[15]【答案：C】挂车按照货车税额的 50% 计算车船税。该厂 2022 年度应纳的车船税 =1.499×3×16+1.2×16×50%+2×360=801.55（元）。

[16]【答案：B】拖船与非机动驳船分别按照机动船舶税额的 50% 计算，该公司 2022 年度应缴纳的车船税 =1 500×5×4+3 000×0.67×4×5×50%+3 000×6×5×6÷12=95 100（元），故答案为选项 B。

[17]【答案：C】该公司就该车 2022 年实际应缴纳的车船税 =10×96÷12×（4+4）=640（元）。

[18]【答案：B】军队、武装警察部队专用的车船，免征车船税，故选项 B 正确。

[19]【答案：ABCD】选项 ABCD 全部符合车船税征收管理规定。

[20]【答案：BCD】属于跨章节知识点，契税受让方为纳税人，印花税为转让方为立据人，财产受让人也为领受人，两者都是印花税纳税人。

[21]【答案：AB】立合同人指合同的当事人。所谓当事人，是指对凭证有直接权利义务关系的单位和个人，但不包括合同的担保人、证人、鉴定人。

[22]【答案：ACD】发电厂与电网之间、电网与电网之间书立的购售电合同，应当按买卖合同税目缴纳印花税；电网与用户之间签订的供用电合同不属于印花税的征税范围，故不缴纳印花税，选项 B 为错误选项。

[23]【答案：ACD】产权转移书据包括商标专用权、著作权、专利权、专有技术使用权、股权转让书据等。选项 B，属于技术合同。

[24]【答案：B】选项 AD，应按“产权转移书据”项目征收印花税；选项 C，应按“融资租赁合同”税目征收印花税。

[25]【答案：A】货物运输合同印花税的计税依据为取得的运输费金额（即运费收入），不包括所运货物的金额、装卸费和保险费等。

[26]【答案：C】对于由委托方提供主要材料或原料，受托方只提供辅助材料的加工合同，无论加工费和辅助材料金额是否分别记载，均以辅助材料与加工费的合计数，依照承揽合同计税贴花。对委托方提供的主要材料或原料金额不计税贴花。

[27]【答案: C】甲应缴纳的印花税 =（800×0.05‰ +1 000×0.5‰）×10 000=5 400（元）。

[28]【答案: C】以货换货方式进行商品交易签订的合同，应按合同所载的购、销合计金额计税贴花；甲应缴纳的印花税 =（65+68）×0.3‰ ×10 000=399（元）。

[29]【答案: D】根据印花税法律制度的规定，下列情形的凭证，不属于印花税征收范围：人民法院的生效法律文书，仲裁机构的仲裁文书，监察机关的监察文书；县级以上人民政府及其所属部门按照行政管理权限征收、收回或者补偿安置房地产书立的合同、协议或者行政类文书；总公司与分公司、分公司与分公司之间书立的作为执行计划使用的凭证。因此，选项 ABC 不正确。

[30]【答案: B】施工单位将自己承包的建设项目，分包或转包给其他施工单位所签订的分包合同、转包合同，应以新的分包或转包合同所载金额为依据计算应纳税额。甲公司应缴纳的印花税 =9 000×0.3‰ +3 000×0.3‰ =3.6（万元）。

[31]【答案: AC】选项 BD，属于印花税征税范围，应照章征税。

[32]【答案: ABC】选项 D，印花税按季、按年或者按次计征。实行按次计征的，纳税人应当自纳税义务发生之日起十五日内申报缴纳税款。

附表　印花税税目税率表

<table>
<tr><th colspan="2">税目</th><th>税率</th><th>备注</th></tr>
<tr><td rowspan="11">合同（指书面合同）</td><td>借款合同</td><td>借款金额的万分之零点五</td><td>银行业金融机构、经国务院银行业监督管 理机构批准设立的其他金融机构与借款人（不包括同业拆借）的借款合同</td></tr>
<tr><td>融资租赁合同</td><td>租金的万分之零点五</td><td></td></tr>
<tr><td>买卖合同</td><td>价款的万分之三</td><td>指动产买卖合同（不包含个人书立的动产买卖合同）</td></tr>
<tr><td>承揽合同</td><td>报酬的万分之三</td><td></td></tr>
<tr><td>建设工程合同</td><td>价款的万分之三</td><td></td></tr>
<tr><td>运输合同</td><td>运输费用的万分之三</td><td>指货运合同和多式联运合同（不包括管道运输合同）</td></tr>
<tr><td>技术合同</td><td>价款、报酬或者使用费的万分之三</td><td>不包括专利权、专有技术使用权转让书据</td></tr>
<tr><td>租赁合同</td><td>租金的千分之一</td><td></td></tr>
<tr><td>保管合同</td><td>保管费的千分之一</td><td></td></tr>
<tr><td>仓储合同</td><td>仓储费的千分之一</td><td></td></tr>
<tr><td>财产保险合同</td><td>保险费的千分之一</td><td>不包括再保险合同</td></tr>
<tr><td rowspan="4">产权转移书据</td><td>土地使用权出让合同</td><td>价款的万分之五</td><td rowspan="4">转让包括买卖（出售）、继承、赠与、互换、分割</td></tr>
<tr><td>土地使用权、房屋等建筑物和构筑物所有权转让书据（不包括土地承包经营权和土地经营权转移）</td><td>价款的万分之五</td></tr>
<tr><td>股权转让书据（不包括应缴纳证券交易印花税的）</td><td>价款的万分之五</td></tr>
<tr><td>商标专用权、著作权、专利权、专有技术使用权转让书据</td><td>价款的万分之三</td></tr>
<tr><td colspan="2">营业账簿</td><td>实收资本（股本）、资本公积合计金额的万分之二点五</td><td></td></tr>
<tr><td colspan="2">证券交易</td><td>成交金额的千分之一</td><td></td></tr>
</table>

第 12 章　国际税收税务管理实务

本章思维导图

第十二章国际税收税务管理实务

- 第一节 国际税收协定
  - 考点1 国际税收协定及其范本和我国缔结税收协定（安排）的情况
  - 考点2 国际税收协定的典型条款
  - 考点3 国际税收协定管理
- 第二节 非居民企业税收管理
  - 考点1 设立机构的非居民企业税收管理
  - 考点2 股息、利息、租金、特许权使用费和财产转让所得
  - 考点3 中国境内机构和个人对外付汇的税收管理
- 第三节 境外所得税收管理
  - 考点1 适用范围、境外所得税额抵免计算的基本项目
  - 考点2 境外应纳税所得额的计算
  - 考点3 境外所得间接负担税额的计算
  - 考点4 适用间接抵免的外国企业持股比例的计算
  - 考点5 可予抵免境外所得税额的确认
  - 考点6 抵免限额和实际抵免境外税额的计算
  - 考点7 税收饶让抵免的应纳税额、境外分支机构与我国对应纳税年度的确定以及境外所得税抵免时应纳所得税额的计算
- 第四节 国际反避税
  - 考点1 税基侵蚀和利润转移项目
  - 考点2 一般反避税
  - 考点3 特别纳税调整
- 第五节 转让定价税务管理
  - 考点1 关联申报
  - 考点2 同期资料管理
  - 考点3 转让定价调整方法
  - 考点4 转让定价调查及调整
  - 考点5 预约定价安排
- 第六节 国际税收征管合作
  - 考点1 情报交换
  - 考点2 海外账户税收遵从法案
  - 考点3 金融账户涉税信息自动交换标准

近三年本章考试题型及分值分布

题型	2022 年	2021 年	2020 年
单选题	2 题 2 分	2 题 2 分	2 题 2 分
多选题	1 题 1.5 分		1 题 1.5 分
计算问答题	1 题 5 分	1 题 5 分	1 题 5 分
合计	4 题 8.5 分	3 题 7 分	4 题 8.5 分

第一节 国际税收协定

考点 1 国际税收协定及其范本和我国缔结税收协定（安排）的情况

【考点母题——万变不离其宗】国际税收协定及两个范本的异同和我国缔结税收协定（安排）的情况

<table>
<tr><td>概念：国际税收协定也称为国际税收条约，是指两个或者两个以上的主权国家或者地区为了协调相互间在处理跨国纳税人征纳事务和其他有关方面的税收关系，本着对等原则，经由政府谈判所签订的一种书面协议或者条约
1. 世界上最早的国际税收协定是比利时和法国于 1843 年签订的，早期的国际税收协定并无一定之规，相互之间差异较大
2. 20 世纪 60 年代的《经合组织范本》（或称《OECD 范本》）和《联合国范本》（或称《UN 范本》）这两个国际性税收协定范本的产生，进一步推动了国际税收活动的发展，并对国际经济的发展起到了积极的作用</td></tr>
<tr><td>（1）《联合国范本》与《经合组织范本》在总体结构上基本一致，但两者的重要差异有（ ）。</td></tr>
<tr><td>A.《联合国范本》注重扩大收入来源国的税收管辖权，主要在于促进发达国家和发展中国家之间国际税收协定的签订，同时也促进发展中国家相互间国际税收协定的签订
B.《经合组织范本》在某些特殊方面承认收入来源国的优先征税权，但其主导思想所强调的是居民税收管辖权，主要是为了促进经合组织成员国之间国际税收协定的签订</td></tr>
<tr><td>【说明】《联合国范本》强调，收入来源国对国际资本收入的征税应当考虑以下三点：
1. 考虑为取得这些收入所应分担的费用，以保证对这种收入按其净值征税。
1. 税率不宜过高，以免挫伤投资积极性。
3. 考虑同提供资金的国家适当地分享税收收入，尤其是对在来源国产生的即将汇出境的股息、利息和特许权使用费所征收的预提所得税，以及对国际运输的船运利润所征收的税款，应体现税收分享原则。</td></tr>
<tr><td>（2）下列关于我国缔结税收协定（安排）的表述正确的有（ ）。</td></tr>
<tr><td>A. 20 世纪 60 年代中期，我国与巴基斯坦缔结关于互免海运企业运输收入税收的协定
B. 20 世纪 70 年代，我国先后又与前南斯拉夫、日本和英国分别缔结关于互免空运企业运输收入税收的协定
C. 1983 年，我国同日本签订避免双重征税的协定，这是我国对外签订的第一个全面性的避免双重征税的协定
D. 截至 2020 年 4 月，我国已对外正式签署 107 个避免双重征税协定，其中 101 个协定已生效，和香港、澳门两个特别行政区签署了税收安排，与台湾地区签署了税收协议</td></tr>
</table>

考点2 国际税收协定的典型条款

【考点题源】国际税收协定典型条款

<table>
<tr><td rowspan="3">税收居民</td><td>1. 协定中，“缔约国一方居民”一语，是指按照该缔约国法律，由于住所、居所、管理机构所在地、总机构所在地、注册地或任何其他类似标准，在该缔约国负有纳税义务的人，也包括该缔约国、地方当局或法定机构</td></tr>
<tr><td>2. 双重居民身份下最终居民身份的判定（按先后顺序）：
（1）永久性住所；（2）重要利益中心；（3）习惯性居处；（4）国籍
【说明】当采用上述标准依次判断仍然无法确定其身份时，可由缔约国双方主管当局按照协定规定的相互协商程序协商解决。</td></tr>
<tr><td>3. 公司和其他团体，同时为缔约国双方居民的人，应认定其是“实际管理机构”所在国的居民。如果缔约国双方因判定实际管理机构的标准不同而不能达成一致意见的，应由缔约国双方主管当局按照协定规定的相互协商程序，通过相互协商解决</td></tr>
<tr><td>常设机构</td><td>1. 常设机构包括：
（1）管理场所；（2）分支机构；（3）办事处；（4）工厂；（5）作业场所；
（6）矿场、油井或气井、采石场或者其它开采自然资源的场所；
（7）建筑工地，建筑、装配或安装工程，或者与其有关的监督管理活动，仅以连续6个月以上的为限（承包工程情况下常设机构的判定标准）；
（8）缔约国一方企业通过雇员或其它人员，在缔约国另一方为同一个项目或有关联的项目提供的劳务，包括咨询劳务，以在任何12个月中连续或累计超过183天为限（提供劳务的情况下常设机构的判定标准）
【提示】缔约国一方企业在缔约国另一方仅限于仓储、展览、采购及信息收集等活动的目的设立的具有准备性或者辅助性的固定场所，不应认定为常设机构。
2. 常设机构不包括：（1）专为储存、陈列或者交付本企业货物或者商品的目的而使用的设施；（2）专为储存、陈列或者交付的目的而保存本企业货物或者商品的库存；（3）专为另一企业加工的目的而保存本企业货物或者商品的库存；（4）专为本企业采购货物或者商品，或者作广告或者搜集情报的目的所设的固定营业场所；（5）专为本企业进行其它准备性或辅助性活动的目的所设的固定营业场所。（6）专为上述第（1）项至第（5）项活动的结合所设的固定营业场所，如果由于这种结合使该固定营业场所的全部活动属于准备性质或辅助性质
3. 当一个人（除适用独立代理人以外）在缔约国一方代表缔约国另一方的企业进行活动，有权并经常行使这种权力以该企业的名义签订合同，这个人为该企业进行的任何活动，应认为该企业在首先提及的缔约国一方设有常设机构。除非这个人通过固定营业场所进行的活动限于上述第2项的规定，按照该款规定，不应认为该固定营业场所是常设机构
4. 并不是所有代理人进行第3项规定的活动都将使其构成代理企业的常设机构。缔约国一方企业通过代理人在缔约国另一方进行营业时，如果该代理人是专门从事代理业务的，则不应因此视其代理的企业在缔约国另一方构成常设机构。这类专门从事代理业务的代理人一般称作独立代理人，其不仅为某一个企业代理业务，也为其他企业提供代理服务。经纪人、中间商等一般佣金代理人等属于独立代理人
5. 缔约国一方居民公司，控制或被控制于缔约国另一方居民公司或者在该缔约国另一方进行营业的公司（不论是否通过常设机构），此项事实不能据以使任何一方公司构成另一方公司的常设机构</td></tr>
</table>

续表

劳务所得	1. 独立个人劳务 缔约国一方居民个人由于专业性劳务或者其他独立性活动取得的所得，应仅在该缔约国征税，即一般情况下仅在该个人为其居民的国家征税，但符合下列条件之一的，来源国有征税权： （1）该居民个人在缔约国另一方为从事上述活动的目的设有经常使用的固定基地。在这种情况下，该缔约国另一方可以仅对属于该固定基地的所得征税。 （2）该居民个人在任何 12 个月中在缔约国另一方停留连续或累计达到或超过 183 天。 例如，某新加坡居民个人 2018 年 4 月 1 日来华从事独立个人劳务，到 2019 年 3 月 31 日的 12 个月期间在华累计停留 150 天，2018 年 8 月 1 日至 2019 年 7 月 31 日的 12 个月期间停留 210 天。据此，该人员 2018 年和 2019 年两个纳税年度内在华从事独立个人劳务均构成在华纳税义务。但是，在中国作为收入来源国对新加坡居民个人在中国提供独立个人劳务取得的所得有征税权的情况下，中国应仅就属于上述固定基地的所得征税或仅对新加坡居民个人在华提供独立个人劳务期间取得的所得征税。 2. 非独立个人劳务 （1）缔约国一方居民因在缔约国另一方从事受雇的活动取得的报酬，同时具有以下三个条件的，应仅在该缔约国一方征税： ①收款人在任何 12 个月中在该缔约国另一方停留连续或累计不超过 183 天 ②该项报酬由并非该缔约国另一方居民的雇主支付或代表该雇主支付 ③该项报酬不是由雇主设在该缔约国另一方的常设机构或固定基地所负担 在同时满足以上三个条件的情况下，受雇个人不构成在劳务发生国的纳税义务。反之，只要有一个条件未符合，就构成在劳务发生国的纳税义务 （2）在缔约国一方企业经营国际运输的船舶或飞机上从事受雇活动取得的报酬，应仅在该缔约国征税
	这一规定适用于在经营国际运输的船舶或飞机上从事受雇活动的人员取得的报酬，对其征税的原则在一定程度上遵循了《中新协定》对国际运输确立的原则，即在从事该项运输的企业为其居民的国家征税

【考点子题——举一反三，真枪实练】

[1]（2017 年•单选题）下列关于双重居民身份下最终居民身份判定标准的排序中，正确的是（　）。

A. 永久性住所、重要利益中心、习惯性居处、国籍

B. 重要利益中心、习惯性居处、国籍、永久性住所

C. 习惯性居处、国籍、永久性住所、重要利益中心

D. 国籍、永久性住所、重要利益中心、习惯性居处

[2]（经典子题•多选题）缔约国一方的居民个人因在缔约国的另一方从事受雇活动取得的所得，同时符合下列条件的，应仅在该缔约国一方征税（　）。

A. 该居民个人在任何 12 个月中在该缔约国另一方停留连续或累计不超过 183 天

B. 该居民个人在任何 12 个月中在该缔约国另一方停留连续或累计达到或超过 183 天但未超过 1 年

C. 该项报酬由并非该缔约国另一方居民的雇主支付或代表该雇主支付

D. 该项报酬不是由雇主设在该缔约国另一方的常设机构或固定基地所负担

考点3 国际税收协定管理

【考点题源】国际税收协定管理

受益所有人	1. “受益所有人”，是指对所得或所得据以产生的权利或财产具有所有权和支配权的人 2. 申请人从中国取得的所得为股息时，申请人虽不符合“受益所有人”条件，但直接或间接持有申请人100%股份的人符合“受益所有人”条件，并且属于以下两种情形之一的，应认为申请人具有“受益所有人”身份： （1）上述符合“受益所有人”条件的人为申请人所属居民国（地区）居民 （2）上述符合“受益所有人”条件的人虽不为申请人所属居民国（地区）居民，但该人和间接持有股份情形下的中间层均为符合条件的人 3. 下列申请人从中国取得的所得为股息时，可直接判定申请人具有“受益所有人”身份： （1）缔约对方政府 （2）缔约对方居民且在缔约对方上市的公司 （3）缔约对方居民个人 （4）申请人被第（1）至（3）项中的一人或多人直接或间接持有100%股份，且间接持有股份情形下的中间层为中国居民或缔约对方居民 4. 代理人或指定收款人等（以下统称代理人）不属于“受益所有人”
合伙企业适用税收协定问题	有关合伙企业及其他类似实体（以下简称合伙企业）适用税收协定的问题，应按以下原则执行： 1. 依照中国法律在中国境内成立的合伙企业，其合伙人为税收协定缔约对方居民的，该合伙人在中国负有纳税义务的所得被缔约对方视为其居民的所得的部分，可以在中国享受协定待遇 2. 依照外国（地区）法律成立的合伙企业，其实际管理机构不在中国境内，但在中国境内设立机构、场所的，或者在中国境内未设立机构、场所，但有来源于中国境内所得的，是中国企业所得税的非居民企业纳税人
非居民纳税人享受税收协定待遇的税务管理	非居民纳税人享受协定待遇，采取“自行判断、申报享受、相关资料留存备查”的方式办理

第12章

第二节　非居民企业税收管理

考点1　设立机构的非居民企业税收管理

【考点母题——万变不离其宗】外国企业常驻代表机构

外国企业常驻代表机构，是指按照国务院有关规定，在工商行政管理部门登记或经有关部门批准，设立在中国境内的外国企业（包括港澳台企业）及其他组织的常驻代表机构（以下简称代表机构）。	
下列有关外国企业常住代表机构的税收管理规定，说法正确的有（　）。	
税务登记管理	A. 代表机构应当自领取工商登记证件（或有关部门批准）之日起 30 日内，向其所在地主管税务机关申报办理税务登记 B. 代表机构税务登记内容发生变化或者驻在期届满、提前终止业务活动的，应当按照《税收征管法》及相关规定，向主管税务机关申报办理变更登记或者注销登记；代表机构应当在办理注销登记前，就其清算所得向主管税务机关申报并依法缴纳企业所得税
账簿凭证	C. 代表机构应当按照有关法律、行政法规和国务院财政、税务主管部门的规定设置账簿，根据合法、有效凭证记账，进行核算
企业所得税	D. 代表机构应当就其归属所得依法申报缴纳企业所得税
其他税种	E. 代表机构发生增值税应税行为，应就其应税收入按照增值税的相关法规计算缴纳应纳税款 F. 代表机构在计算缴纳增值税的同时还需要计算应缴纳的城市维护建设税、教育费附加和地方教育附加
税务申报	G. 代表机构的纳税地点是机构、场所所在地 H. 采取据实申报方式的代表机构应在季度终了之日起 15 日内向主管税务机关申报缴纳企业所得税

【考点子题——举一反三，真枪实练】

[3]（经典子题·单选题）设立在中国境内的外国企业（包括港、澳、台企业）及其他组织的常驻代表机构，采取据实申报方式，应在季度终了之日起一定期限内向主管税务机关申报缴纳企业所得税。该期限是（　）。

A. 5 日　　B. 10 日　　C. 15 日　　D. 30 日

【考点母题——万变不离其宗】承包工程作业和提供劳务

<table>
<tr><td colspan="2">下列有关非居民企业承包工程作业和提供劳务的税收管理规定，说法正确的有（　）。</td></tr>
<tr><td>账簿凭证</td><td>A. 非居民企业应当按照《税收征收管理法》及有关法律法规设置账簿，根据合法、有效凭证记账，进行核算</td></tr>
<tr><td>企业所得税</td><td>B. 参照第四章第七节第四项“非居民应纳税额的计算”，包括：查账征收、核定征收
【说明】核定应纳税所得额：
1. 按收入总额：应纳税所得额 = 收入总额 × 核定利润率
2. 按成本费用：应纳税所得额 = 成本费用总额 ÷（1− 核定利润率）× 核定利润率
3. 按经费支出换算收入：应纳税所得额 = 经费支出总额 ÷（1− 核定利润率）× 核定利润率</td></tr>
<tr><td>其他税种</td><td>C. 按照现行增值税的相关规定，境外单位在境内承包工程作业和提供劳务属于增值税应税劳务或应税服务范围，且在境内设有经营机构的，应当按照规定适用一般计税方法或者简易计税方法计算并自行申报缴纳增值税。如果境外单位在境内未设有经营机构，则以购买方为增值税扣缴义务人，扣缴义务人应当按照下列公式计算应扣缴税额：
$\text{应扣缴税额} = \frac{\text{购买方支付的价款}}{1+\text{税率}} \times \text{税率}$
D. 非居民企业或扣缴义务人在计算缴纳或扣缴增值税的同时还需要计算应缴纳或扣缴的城市维护建设税、教育费附加和地方教育附加</td></tr>
</table>

【考点子题——举一反三，真枪实练】

[4]（2015年•计算问答题）外国甲公司2022年为中国乙公司提供内部控制咨询服务，为此在乙公司所在市区租赁一办公场所，具体业务情况如下：

（1）1月5日，甲公司与乙公司签订服务合同，确定内部控制咨询服务具体内容，合同约定服务期限为8个月，服务收费为人民币600万元（含增值税），所涉及的税费由税法确定的纳税人一方缴纳。

（2）1月12日，甲公司从国外派业务人员抵达乙公司并开始工作，服务全部发生在中国境内。

（3）9月1日，乙公司对甲公司的工作成果进行验收，通过后确认项目完工。

要求：

（1）计算甲公司应缴纳的增值税。

（2）计算甲公司应缴纳的企业所得税。（核定的利润率为15%）

考点 2　股息、利息、租金、特许权使用费和财产转让所得

【考点母题——万变不离其宗】股息、利息、租金、特许权使用费和财产转让所得

<table>
<tr><td colspan="2">对非居民企业取得来源于中国境内的股息、红利等权益性投资收益和利息、租金、特许权使用费所得、转让财产所得以及其他所得应当缴纳的企业所得税，实行源泉扣缴，以依照有关法律规定或者合同约定对非居民企业直接负有支付相关款项义务的单位或者个人为扣缴义务人。</td></tr>
<tr><td colspan="2">下列有关非居民企业股息、利息、租金、特许权使用费和财产转让所得的税收管理规定，说法正确的有（　）。</td></tr>
<tr><td>应纳税额计算</td><td>A. 股息、红利等权益性投资收益和利息、租金（经营租赁）、特许权使用费所得，按照收入全额计税
B. 转让财产所得，按扣除财产净值后的余额计税；股权转让所得，按减除股权净值（该股权的计税基础）后的余额计税
【说明】参照第四章第七节第四项“非居民应纳税额的计算”</td></tr>
<tr><td>扣缴税款要求</td><td>C. 扣缴义务人应当自扣缴义务发生之日起 7 日内向扣缴义务人所在地主管税务机关申报和解缴代扣税款
D. 非居民企业取得应源泉扣缴的所得为股息、红利等权益性投资收益的，相关应纳税款扣缴义务发生之日为股息、红利等权益性投资收益实际支付之日
E. 扣缴义务人所在地主管税务机关为扣缴义务人所得税主管税务机关
【说明】对《企业所得税法实施条例》规定的不同所得，所得发生地主管税务机关按以下原则确定：
1. 不动产转让所得，为不动产所在地税务机关
2. 权益性投资资产转让所得，为被投资企业的所得税主管税务机关
3. 股息、红利等权益性投资所得，为分配所得企业的所得税主管税务机关
4. 利息所得、租金所得、特许权使用费所得，为负担、支付所得的单位或个人的所得税主管税务机关</td></tr>
<tr><td>其他相关规定</td><td>F. 2017 年 1 月 1 日起，对境外投资者从中国境内居民企业分配的利润，直接投资于鼓励类投资项目，凡符合规定条件的，实行递延纳税政策，暂不征收预提所得税。2018 年 1 月 1 日起，适用范围由外商投资鼓励类项目扩大至所有非禁止外商投资的项目和领域
G. 境外投资者暂不征收预提所得税须同时满足以下条件：
a. 境外投资者以分得利润进行的直接投资，包括境外投资者以分得利润进行的增资、新建、股权收购等权益性投资行为，但不包括新增、转增、收购上市公司股份（符合条件的战略投资除外）。具体是指
① 新增或转增中国境内居民企业实收资本或者资本公积
② 在中国境内投资新建居民企业
③ 从非关联方收购中国境内居民企业股权
④ 财政部、税务总局规定的其他方式
b. 境外投资者分得的利润属于中国境内居民企业向投资者实际分配已经实现的留存收益而形成的股息、红利等权益性投资收益
c. 境外投资者用于直接投资的利润以现金形式支付的，相关款项从利润分配企业的账户直接转入被投资企业或股权转让方账户，在直接投资前不得在境内外其他账户周转；境外投资者用于直接投资的利润以实物、有价证券等非现金形式支付的，相关资产所有权直接从利润分配企业转入被投资企业或股权转让方，在直接投资前不得由其他企业、个人代为持有或临时持有</td></tr>
</table>

【考点子题——举一反三，真枪实练】

[5]（2019年•计算问答题）2014年境外A公司出资3 500万元在我国境内成立M公司。A、M公司2022年部分业务如下：

（1）截至2021年12月31日，M公司账面累计未分配利润300万元。2022年1月20日，M公司董事会做出利润分配决定，向A公司分配股利200万元。

（2）1月20日A公司决议将M公司应分回股利用于购买我国境内非关联方C公司的股权，同日相关款项直接从M公司转入C公司股东账户。

（3）8月10日，M公司向A公司支付商标费530万元。

要求：

（1）说明A公司分得利润享受暂不征收预提所得税政策的理由及其所需符合的条件特征。

（2）回答A公司可以享受暂不征收预提所得税政策的分配股利的金额。

（3）计算M公司应代扣代缴的企业所得税额。

（4）说明M公司解缴代扣企业所得税的期限。

考点3 中国境内机构和个人对外付汇的税收管理

【考点母题——万变不离其宗】中国境内机构和个人对外付汇的税收管理

对外付汇需要进行税务备案的情形	（1）境内机构和个人向境外单笔支付等值5万美元以上（不含等值5万美元）的外汇资金，除无须进行税务备案的情形外，均应向所在地主管国税机关进行税务备案，主管税务机关仅为地税机关的，应向所在地同级国税机关备案。下列属于对外付汇需要进行税务备案的情形的有（　）。
	A. 境外机构或个人从境内获得的包括运输、旅游、通信、建筑安装及劳务承包、保险服务、金融服务、计算机和信息服务、专有权利使用和特许、体育文化和娱乐服务、其他商业服务、政府服务等服务贸易收入 B. 境外个人在境内的工作报酬，境外机构或个人从境内获得的股息、红利、利润、直接债务利息、担保费以及非资本转移的捐赠、赔偿、税收、偶然性所得等收益和经常转移收入 C. 境外机构或个人从境内获得的融资租赁租金、不动产的转让收入、股权转让所得以及外国投资者其他合法所得 D. 境内机构和个人对同一笔合同需要多次对外支付的，仅需在首次付汇前办理税务备案

续表

<table>
<tr><td rowspan="3">对外付汇无须进行税务备案的情形</td><td>（2）下列境内机构和个人对外支付的外汇资金，无须办理和提交《服务贸易等项目对外支付税务备案表》的情形有（　）。</td></tr>
<tr><td>A. 境内机构在境外发生的差旅、会议、商品展销等各项费用

B. 境内机构在境外代表机构的办公经费，以及境内机构在境外承包工程的工程款
C. 境内机构发生在境外的进出口贸易佣金、保险费、赔偿款
D. 进口贸易项下境外机构获得的国际运输费用
E. 保险项下保费、保险金等相关费用
F. 从事运输或远洋渔业的境内机构在境外发生的修理、油料、港杂等各项费用
G. 境内旅行社从事出境旅游业务的团费以及代订、代办的住宿、交通等相关费用
H. 亚洲开发银行和世界银行集团下属的国际金融公司从我国取得的所得或收入，包括投资合营企业分得的利润和转让股份所得、在华财产（含房产）出租或转让收入以及贷款给我国境内机构取得的利息</td></tr>
<tr><td>I. 外国政府和国际金融组织向我国提供的外国政府（转）贷款（含外国政府混合（转）贷款）和国际金融组织贷款项下的利息。本项所称国际金融组织是指国际货币基金组织、世界银行集团、国际开发协会、国际农业发展基金组织、欧洲投资银行等
G. 外汇指定银行或财务公司自身对外融资，如境外借款、境外同业拆借、海外代付以及其他债务等项下的利息
K. 我国省级以上国家机关对外无偿捐赠援助资金
L. 境内证券公司或登记结算公司向境外机构或境外个人支付其依法获得的股息、红利、利息收入及有价证券卖出所得收益
M. 境内个人境外留学、旅游、探亲等因私用汇
N. 境内机构和个人办理服务贸易、收益和经常转移项下退汇
O. 外国投资者以境内直接投资合法所得在境内再投资
P. 财政预算内机关、事业单位、社会团体非贸易非经营性付汇业务
Q. 国家规定的其他情形</td></tr>
</table>

【考点子题——举一反三，真枪实练】

[6]（2019 年 • 单选题）境内机构对外付汇的下列情形中，需要进行税务备案的是（　）。

A. 境内机构在境外发生差旅费 10 万美元以上的

B. 境内机构在境外发生会议费10万美元以上的

C. 境内机构向境外支付旅游服务费5万美元以上的

D. 境内机构发生在境外的进出口贸易佣金5万美元以上的

[7]（2018年•单选题）境内机构对外支付下列外汇资金时，须办理和提交《服务贸易等项目对外支付税务备案表》的是（　）。

A. 境内机构在境外发生的商品展销费用

B. 进口贸易项下境外机构获得的国际运输费用

C. 境内机构在境外承包工程的工程款

D. 我国区县级国家机关对外无偿捐赠援助资金

第三节　境外所得税收管理

考点 1　适用范围和境外所得税额抵免计算的基本项目

【考点母题——万变不离其宗】适用范围和境外所得税额抵免计算的基本项目

<table>
<tr><td rowspan="2">基本规定</td><td>居民企业以及非居民企业在中国境内设立的机构、场所，取得的所得已在境外缴纳的所得税税额，可以从其当期应纳税额中抵免，抵免限额为该项所得依照《企业所得税法》及其实施条例计算的应纳税额；超过抵免限额的部分，可以在以后 5 个年度内，用每年度抵免限额抵免当年应抵税额后的余额进行抵补。
（1）居民企业以及非居民企业在中国境内设立的机构、场所，取得的下列所得已在境外缴纳的所得税税额，可以从其当期应纳税额中抵免的有（　）。</td></tr>
<tr><td>A. 居民企业来源于中国境外的应税所得
B. 非居民企业在中国境内设立机构、场所，取得发生在中国境外但与该机构、场所有实际联系的应税所得
【说明】居民企业从其直接或者间接控制的外国企业分得的来源于中国境外的股息、红利等权益性投资收益，外国企业在境外实际缴纳的所得税税额中属于该项所得负担的部分，可以作为该居民企业的可抵免境外所得税税额，在抵免限额内抵免。</td></tr>
<tr><td rowspan="2">纳税人境外所得的范围</td><td>（2）下列情形，可以适用境外（包括港澳台地区，下同）所得税收抵免的有（　）。</td></tr>
<tr><td>A. 居民企业（包括按境外法律设立但实际管理机构在中国，被判定为中国税收居民的企业）可以就其取得的境外所得直接缴纳和间接负担的境外企业所得税性质的税额进行抵免
B. 非居民企业（外国企业）在中国境内设立的机构（场所）可以就其取得的发生在境外，但与该机构（场所）有实际联系的所得直接缴纳的境外企业所得税性质的税额进行抵免</td></tr>
</table>

续表

<table>
<tr><td rowspan="5">抵免办法</td><td colspan="2">（3）下列各项，属于境外税额抵免办法的有（　）。</td></tr>
<tr><td rowspan="2">A. 直接抵免</td><td>定义：企业直接作为纳税人就其境外所得在境外缴纳的所得税额在我国应纳税额中抵免</td></tr>
<tr><td>【说明】直接抵免主要适用于企业就来源于境外的营业利润所得在境外所缴纳的企业所得税，以及就来源于或发生于境外的股息、红利等权益性投资所得、利息、租金、特许权使用费、财产转让等所得在境外被源泉扣缴的预提所得税。</td></tr>
<tr><td rowspan="2">B. 间接抵免</td><td>定义：境外企业就分配股息前的利润缴纳的外国所得税额中由我国居民企业就该项分得的股息性质的所得间接负担的部分，在我国的应纳税额中抵免</td></tr>
<tr><td>【举例】我国居民企业（母公司）的境外子公司在所在国（地区）缴纳企业所得税后，将税后利润的一部分作为股息、红利分配给该母公司，子公司在境外就其应税所得实际缴纳的企业所得税税额中按母公司所得股息占全部税后利润之比的部分即属于该母公司间接负担的境外企业所得税税额。间接抵免的适用范围为居民企业从其符合规定的境外子公司取得的股息、红利等权益性投资收益所得</td></tr>
<tr><td rowspan="3">境外所得税额抵免计算的基本项目</td><td colspan="2">（4）下列各项，属于境外所得税额抵免计算的基本项目的有（　）。</td></tr>
<tr><td colspan="2">A. 境内所得的应纳税所得额（以下称境内应纳税所得额）和分国（地区）别的境外所得的应纳税所得额（以下称境外应纳税所得额）
B. 分国（地区）别的可抵免境外所得税税额
C. 分国（地区）别的境外所得税的抵免限额</td></tr>
<tr><td colspan="2">【说明】企业不能准确计算上述项目实际可抵免分国（地区）别的境外所得税税额的，在相应国家（地区）缴纳的税收均不得在该企业当期应纳税额中抵免，也不得结转以后年度抵免。</td></tr>
</table>

考点2 境外应纳税所得额的计算

【考点母题——万变不离其宗】境外应纳税所得额的计算

<table>
<tr><td rowspan="2">境外应纳税所得额的计算</td><td>根据境外所得，在计算适用境外税额直接抵免的应纳税所得额时，应为将该项境外所得直接缴纳的境外所得税额还原计算后的境外税前所得；上述直接缴纳税额还原后的所得中属于股息、红利所得的，在计算适用境外税额间接抵免的境外所得时，应再将该项境外所得间接负担的税额还原计算，即该境外股息、红利所得应为境外股息、红利税后净所得与就该项所得直接缴纳和间接负担的税额之和</td></tr>
<tr><td>（1）下列关于境外应纳税所得额的计算方法的表述，符合税法规定的有（　）。</td></tr>
</table>

续表

<table>
<tr>
<td rowspan="3">境外应纳税所得额的计算</td>
<td>A. 居民企业在境外投资设立不具有独立纳税地位的分支机构，其来源于境外的所得，以境外收入总额扣除与取得境外收入有关的各项合理支出后的余额为应纳税所得额
【说明】
1. 各项收入、支出按税法的有关规定确定。
2. 由于分支机构不具有分配利润职能，因此居民企业在境外设立不具有独立纳税地位的分支机构取得的各项境外所得，无论是否汇回中国境内，均应计入该企业所属纳税年度的境外应纳税所得额。
3. 确定与取得境外收入有关的合理的支出，应主要考察发生支出的确认和分摊方法是否符合一般经营常规和我国税收法律规定的基本原则。企业已在计算应纳税所得总额时扣除的，但属于应由各分支机构合理分摊的总部管理费等有关成本费用应作出合理的对应调整分摊。境外分支机构的合理支出范围通常包括境外分支机构发生的人员工资、资产折旧、利息、相关税费和应分摊的总机构用于管理分支机构的管理费用等。</td>
</tr>
<tr>
<td>B. 居民企业应就其来源于境外的股息、红利等权益性投资收益，以及利息、租金、特许权使用费、转让财产等收入，扣除按照《企业所得税法》及其实施条例等规定计算的与取得该项收入有关的各项合理支出后的余额为应纳税所得额
【说明】来源于境外的股息、红利等权益性投资收益，应按被投资方作出利润分配决定的日期确认收入实现；来源于境外的利息、租金、特许权使用费、转让财产等收入，应按有关合同约定应付交易对价款的日期确认收入实现。
从境外收到的股息、红利、利息等境外投资性所得一般表现为毛所得，应对在计算居民企业总所得额时已作统一扣除的成本费用中与境外所得有关的部分，在该境外所得中对应调整扣除后，才能作为计算境外税额抵免限额的境外应纳税所得额（如下表所示）。
<table>
<tr><td>境外收入</td><td>确定应纳税所得额时可扣除的项目</td></tr>
<tr><td>（1）股息、红利</td><td>调整扣除与境外投资业务有关的项目研究、融资成本和管理费用</td></tr>
<tr><td>（2）利息</td><td>调整扣除为取得该项利息而发生的相应的融资成本和相关费用</td></tr>
<tr><td rowspan="2">（3）租金</td><td>融资租赁业务：调整扣除融资成本</td></tr>
<tr><td>经营租赁业务：调整扣除租赁物相应的折旧或折耗</td></tr>
<tr><td>（4）特许权使用费</td><td>调整扣除提供特许使用的资产的研发、摊销等费用</td></tr>
<tr><td>（5）财产转让</td><td>调整扣除被转让财产的成本净值和相关费用</td></tr>
</table>
</td>
</tr>
<tr>
<td>【说明】企业应当根据税法的有关规定确认境外所得的实现年度及其税额抵免年度。企业收到某一纳税年度的境外所得已纳税凭证时，凡是迟于次年 5 月 31 日汇算清缴终止日的，可以对该所得境外税额抵免追溯计算。
例如：某企业在境外投资设立一家子公司，该子公司 2020 年获利，于 2022 年 10 月做出对 2018 年利润的分配决定，该企业于 2023 年 2 月收到分得的股利 100 万元，则该项股利应确认为 2022 年的所得。</td>
</tr>
</table>

续表

<table>
<tr><td rowspan="3">境外应纳税所得额的计算</td><td>C. 非居民企业在境内设立机构、场所的，应就其发生在境外但与境内所设机构、场所有实际联系的各项应税所得，比照 B 项的规定计算相应的应纳税所得额</td></tr>
<tr><td>D. 在计算境外应纳税所得额时，企业为取得境内、境外所得而在境内、境外发生的共同支出，与取得境外应税所得有关的、合理的部分，应在境内、境外［分国别（地区）］应税所得之间，按照合理比例进行分摊后扣除
【说明】企业应对在计算总所得额时已统一归集并扣除的共同费用，按境外每一国别（地区）数额占企业全部数额的下列一种比例或几种比例的综合比例，在每一国别的境外所得中对应调整扣除，计算来自每一国别的应纳税所得额：1. 资产比例；2. 收入比例；3. 员工工资支出比例；4. 其他合理比例。</td></tr>
<tr><td>E. 在汇总计算境外应纳税所得额时，企业在境外同一国家（地区）设立不具有独立纳税地位的分支机构，按照《企业所得税法》及其《实施条例》的有关规定计算的亏损，不得抵减其境内或他国（地区）的应纳税所得额，但可以用同一国家（地区）其他项目或以后年度的所得按规定弥补
【说明】企业在同一纳税年度的境内外所得加总为正数的，其境外分支机构发生的亏损，由于上述结转弥补的限制而发生的未予弥补的部分（即非实际亏损额），今后在该分支机构的结转弥补期限不受 5 年期限制。即：
1. 如果企业当期境内外所得盈利额与亏损额加总后和为零或正数，则其当年度境外分支机构的非实际亏损额可无限期向后结转弥补；
2. 如果企业当期境内外所得盈利额与亏损额加总后和为负数，则以境外分支机构的亏损额超过企业盈利额部分的实际亏损额，按《企业所得税法》规定的期限进行亏损弥补，未超过企业盈利额部分的非实际亏损额仍可无限期向后结转弥补。</td></tr>
</table>

【考点子题——举一反三，真枪实练】

［8］（2019 年•单选题）某居民企业 2022 年度境内应纳税所得额为 800 万元；设立在甲国的分公司就其境外所得在甲国已纳企业所得税 40 万元，甲国企业所得税税率为 20%。该居民企业 2022 年度企业所得税应纳税所得额是（　）万元。

A. 760　　B. 800　　C. 840　　D. 1 000

［9］（经典子题•计算问答题节选）中国居民 A 企业 2022 年度境内外净所得为 160 万元。其中，境内所得的应纳税所得额为 300 万元；设在甲国的分支机构当年度应纳税所得额为 100 万元；设在乙国的分支机构当年度应纳税所得额为负 300 万元；A 企业当年度从乙国取得利息所得的应纳税所得额为 60 万元。请调整计算该企业当年度境内、外所得的应纳税所得额。

考点 3　境外所得间接负担税额的计算

【考点题源】境外所得间接负担税额的计算

居民企业在用上述境外所得间接负担的税额进行税收抵免时，其取得的境外投资收益实际间接负担的税额，是指根据直接或者间接持股方式合计持股 20% 以上（含 20%）的规定层级的外国企业股份，由此应分得的股息、红利等权益性投资收益中，从最低一层外国企业起逐层计算的属于由上一层企业负担的税额，其计算公式如下：

本层企业所纳税额属于由一家上一层企业负担的税额 =（本层企业就利润和投资收益所实际缴纳的税额 + 符合本通知规定的由本层企业间接负担的税额）× 本层企业向一家上一层企业分配的股息（红利）÷ 本层企业所得税后利润额

【说明】

1. 本层企业是指实际分配股息（红利）的境外被投资企业。
2. 本层企业就利润和投资收益所实际缴纳的税额是指，本层企业按所在国税法就利润缴纳的企业所得税和在被投资方所在国就分得的股息等权益性投资收益被源泉扣缴的预提所得税。
3. 符合规定的由本层企业间接负担的税额是指该层企业由于从下一层企业分回股息（红利）而间接负担的由下一层企业就其利润缴纳的企业所得税税额。
4. 本层企业向一家上一层企业分配的股息（红利）是指该层企业向上一层企业实际分配的扣缴预提所得税前的股息（红利）数额。
5. 本层企业所得税后利润额是指该层企业实现的利润总额减去就其利润实际缴纳的企业所得税后的余额。

【说明】

1. 每一层企业从其持股的下一层企业在一个年度中分得的股息（红利），若是由该下一层企业不同年度的税后未分配利润组成，则应按该股息（红利）对应的每一年度未分配利润，分别计算就该项分配利润所间接负担的税额；按各年度计算的间接负担税额之和，即为取得股息（红利）的企业该一个年度中分得的股息（红利）所得所间接负担的所得税额。
2. 境外第二层及以下层级企业归属不同国家的，在计算居民企业负担境外税额时，均以境外第一层企业所在国（地区）为国别划分进行归集计算，而不论该第一层企业的下层企业归属何国（地区）。

考点 4　适用间接抵免的外国企业持股比例的计算

【考点题源】适用间接抵免的外国企业持股比例的计算

除另有规定外，由居民企业直接或者间接持有 20% 以上股份的外国企业，限于符合以下持股方式的五层外国企业：

第一层：单一居民企业直接持有 20% 以上股份的外国企业

第二层至第五层：单一上一层外国企业直接持有 20% 以上股份，且由该企业直接持有或通过一个或多个符合规定持股方式的外国企业间接持有总和达到 20% 以上股份的外国企业

考点5 可予抵免境外所得税额的确认

【考点母题——万变不离其宗】可予抵免境外所得税额的确认

可抵免的境外所得税税额的基本条件	可抵免境外所得税税额，是指企业来源于中国境外的所得依照中国境外税收法律以及相关规定应当缴纳并已实际缴纳的企业所得税性质的税款。
	（1）下列属于可抵免境外所得税税额的基本条件的有（　）。
	A．企业来源于中国境外的所得依照中国境外税收法律以及相关规定计算而缴纳的税额 B．缴纳的属于企业所得税性质的税额 【说明】在不同的国家，对于企业所得税的称呼有着不同的表述，如法人所得税、公司所得税等。判定是否属于企业所得税性质的税额，主要看其是否是针对企业净所得征收的税额。 C．限于企业应当缴纳且已实际缴纳的税额 【说明】税收抵免旨在解决重复征税问题，仅限于企业应当缴纳且已实际缴纳的税额（除另有饶让抵免或其他规定外）。 D．可抵免的企业所得税税额 【说明】若是税收协定非适用所得税项目，或来自非协定国家的所得，无法判定是否属于对企业征收的所得税税额的，应层报国家税务总局裁定。
不应作为可抵免境外所得税税额的情形	（2）下列各项，不应作为可抵免境外所得税税额的情形的有（　）。
	A．按照境外所得税法律及相关规定属于错缴或错征的境外所得税税款 【说明】属于境外所得税法律及相关规定适用错误而且企业不应缴纳而错缴的税额，企业应向境外税务机关申请予以退还，而不应作为境外已缴税额向中国申请抵免企业所得税。 B．按照税收协定规定不应征收的境外所得税税款 【说明】根据中国政府与其他国家（地区）政府签订的税收协定（或安排）的规定不属于对方国家的应税项目，却被对方国家（地区）就其征收的企业所得税，对此，企业应向征税国家申请退还不应征收的税额；该项税额还应包括，企业就境外所得在来源国纳税时适用税率高于税收协定限定税率所多缴纳的所得税税额。 C．因少缴或迟缴境外所得税而追加的利息、滞纳金或罚款 D．境外所得税纳税人或者其利害关系人从境外征税主体得到实际返还或补偿的境外所得税税款 【说明】如果有关国家为了实现特定目标而规定不同形式和程度的税收优惠，并采取征收后由政府予以返还或补偿方式退还的已缴税额，对此，企业应从其境外所得可抵免税额中剔除该相应部分。 E．按照我国《企业所得税法》及其实施条例规定，已经免征我国企业所得税的境外所得负担的境外所得税税款 【说明】如果我国税收法律法规作出对某项境外所得给予免税优惠规定，企业取得免征我国企业所得税的境外所得的，该项所得的应纳税所得额及其缴纳的境外所得税额均应从计算境外所得税额抵免的境外应纳税所得额和境外已纳税额中减除。 F．按照国务院财政、税务主管部门有关规定已经从企业境外应纳税所得额中扣除的境外所得税税款 【说明】如果我国税法规定就一项境外所得的已纳所得税额仅作为费用从该项境外所得额中扣除的，就该项所得及其缴纳的境外所得税额不应再纳入境外税额抵免计算。

抵免限额和实际抵免境外税额的计算

【考点母题——万变不离其宗】抵免限额和实际抵免境外税额的计算

<table>
<tr><td rowspan="4">抵免限额的计算</td><td colspan="2">计算公式:
某国（地区）所得税抵免限额 = 中国境内、境外所得依照《企业所得税法》及其《实施条例》的规定计算的应纳税总额 × 来源于某国（地区）的应纳税所得额 ÷ 中国境内、境外应纳税所得总额</td></tr>
<tr><td colspan="2">（1）下列关于抵免限额所适用的税率，说法正确的有（　）。</td></tr>
<tr><td colspan="2">A. 中国境内外所得依照《企业所得税法》及其《实施条例》的规定计算的应纳税总额的税率是 25%，即使企业境内所得按税收法规规定享受企业所得税优惠的，在进行境外所得税额抵免限额计算中的中国境内、境外所得应纳税总额所适用的税率也应为 25%。今后若另有规定境外所得与境内所得享受相同企业所得税优惠政策的，应按有关优惠政策的适用税率或税收负担率计算其应纳税总额和抵免限额
B. 以与境内、境外全部生产经营活动有关的研究开发费用总额、总收入、销售收入总额、高新技术产品（服务）收入等指标申请并经认定的高新技术企业，其来源于境外的所得可以享受高新技术企业所得税优惠政策，即对其来源于境外所得可以按照 15% 的优惠税率缴纳企业所得税，在计算境外抵免限额时，可按照 15% 的优惠税率计算境内外应纳税总额</td></tr>
<tr><td>境内、境外所得之间亏损弥补</td><td>A. 企业按照税法的有关规定计算的当期境内、境外应纳税所得总额小于零的，应以零计算当期境内、境外应纳税所得总额，其当期境外所得税的抵免限额也为零
B. 如果企业境内为亏损，境外盈利分别来自多个国家，则弥补境内亏损时，企业可以自行选择弥补境内亏损的境外所得来源国家（地区）顺序</td></tr>
<tr><td rowspan="2">实际抵免境外税额的计算</td><td colspan="2">（2）下列关于实际抵免境外税额的计算方法的表述，符合税法规定的有（　）。</td></tr>
<tr><td colspan="2">A. 在计算实际应抵免的境外已缴纳和间接负担的所得税税额时，企业在境外一国（地区）当年缴纳和间接负担的符合规定的所得税税额低于所计算的该国（地区）抵免限额的，应以该项税额作为境外所得税抵免额从企业应纳税总额中据实抵免
B. 超过抵免限额的，当年应以抵免限额作为境外所得税抵免额进行抵免，超过抵免限额的余额允许从次年起在连续 5 个纳税年度内，用每年度抵免限额抵免当年应抵税额后的余额进行抵补
C. 企业在境外一国（地区）当年缴纳和间接负担的符合规定的企业所得税税额的具体抵免方法，即企业每年应分国（地区）别在抵免限额内据实抵免境外所得税额，超过抵免限额的部分可在以后连续 5 个纳税年度延续抵免
D. 企业当年境外一国（地区）可抵免税额中既有属于当年已直接缴纳或间接负担的境外所得税额，又有以前年度结转的未逾期可抵免税额时，应首先抵免当年已直接缴纳或间接负担的境外所得税额，抵免限额有余额的，可再抵免以前年度结转的未逾期可抵免税额，仍抵免不足的，继续向以后年度结转</td></tr>
</table>

续表

简易办法计算抵免	（3）采用简易办法计算抵免须遵循“分国不分项”原则。下列情形适用简易办法计算抵免的有（　）。
	A. 企业从境外取得营业利润所得以及符合境外税额间接抵免条件的股息所得，虽有所得来源国（地区）政府机关核发的具有纳税性质的凭证或证明，但因客观原因无法真实、准确地确认应当缴纳并已经实际缴纳的境外所得税税额的，除就该所得直接缴纳及间接负担的税额在所得来源国（地区）的实际有效税率低于 12.5% 的外，可按境外应纳税所得额的 12.5% 作为抵免限额，企业按该国（地区）税务机关或政府机关核发具有纳税性质凭证或证明的金额，其不超过抵免限额的部分，准予抵免；超过的部分不得抵免
	B. 企业从境外取得营业利润所得以及符合境外税额间接抵免条件的股息所得，凡就该所得缴纳及间接负担的税额在所得来源国（地区）的法定税率且其实际有效税率明显高于我国的，可直接以按规定计算的境外应纳税所得额和《企业所得税法》规定的税率计算的抵免限额作为可抵免的已在境外实际缴纳的企业所得税税额
	【提示】法定税率明显高于我国的境外所得来源国（地区）有：美国、阿根廷、古巴、法国、日本、巴基斯坦、科威特、孟加拉国、叙利亚、约旦、老挝等。

【考点子题——举一反三，真枪实练】

[10]（经典子题•单选题）某境内公司适用的企业所得税税率为 25%，2022 年度取得境内应纳税所得额 200 万元，境外分公司应纳税所得额 50 万元，在境外已缴纳企业所得税 10 万元。2022 年度该公司汇总纳税时实际在我国应缴纳企业所得税（　）万元。

A. 40　　B. 42.5　　C. 45　　D. 52.5

[11]（经典子题•单选题）我国一家居民企业总公司在 B 国设有一家分公司，某纳税年度，总公司在我国取得所得 600 万元，在 B 国分公司取得所得 200 万元，分公司适用 30% 税率，但因处在 B 国税收减半优惠期而向 B 国政府实际缴纳所得税 30 万元，我国所得税税率为 25%，按照限额饶让抵免法，则我国应对总公司征税（　）万元。

A. 175　　B. 160　　C. 150　　D. 145

[12]（经典子题•计算问答题）某居民企业 2021 年来自境外甲国分公司的已纳所得税因超过抵免限额尚未扣除的余额为 2 万元，2022 年取得境内应纳税所得额 200 万元，来自甲国分公司税后所得 40 万元，在甲国已纳所得税额 10 万元。

请问：该居民企业在我国应汇总缴纳多少企业所得税。

[13]（2016 年•计算问答题）我国居民企业甲在境外进行了投资，相关投资结构及持股比例如下图：

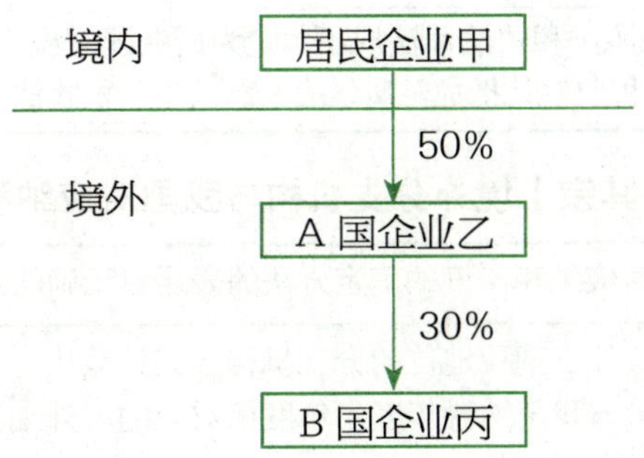

2022 年经营及分配状况如下：

（1）B 国企业所得税税率为 30%，预提所得税税率为 12%，丙企业应纳税所得总额 800 万元，丙企业将部分税后利润按持股比例进行了分配。

（2）A 国企业所得税税率为 20%，预提所得税税率为 10%。乙企业应纳税所得总额（该应纳税所得总额已包含投资收益还原计算的间接税款）1 000 万元，其中来自丙企业的投资收益 100 万元，按照 12% 的税率缴纳 B 国预提所得税 12 万元；乙企业在 A 国享受税收抵免后实际缴纳的税款 180 万元，乙企业将全部税后利润按持股比例进行了分配。

（3）居民企业甲适用的企业所得税税率 25%，其来自境内的应纳税所得额为 2 400 万元。

要求：回答下列问题，如有计算需计算出合计数。

（1）计算企业乙所纳税额属于由企业甲负担的税额。

（2）计算企业甲取得来源于企业乙投资收益的税收抵免限额。

（3）计算企业甲取得来源于企业乙投资收益的实际抵免税额。

税收饶让抵免的应纳税额、境外分支机构与我国对应纳税年度的确定以及境外所得税抵免时应纳所得税额的计算

【考点母题——万变不离其宗】税收饶让抵免的应纳税额的确定

下列关于税收饶让抵免的应纳税额的确定方法的表述，正确的有（　）。
A. 居民企业从与我国订立税收协定（或安排）的对方国家取得所得，并按该国税收法律享受了免税或减税待遇，且该所得已享受的免税或减税数额按照税收协定（或安排）规定应视同已缴税额在我国应纳税额中抵免的，可在其申报境外所得税额时视为已缴税额
B. 税收协定规定定率饶让抵免的，饶让抵免税额为按该定率计算的应纳境外所得税额超过实际缴纳的境外所得税额的数额
C. 税收协定规定列举一国税收优惠额给予饶让抵免的，饶让抵免税额为按协定国家（地区）税收法律规定税率计算的应纳所得税额超过实际缴纳税额的数额，即实际税收优惠额
D. 境外所得采用简易办法计算抵免额的，不适用饶让抵免

续表

E. 企业取得的境外所得根据来源国税收法律法规不判定为所在国应税所得，而按中国税收法律法规规定属于应税所得的，不属于税收饶让抵免范畴，应全额按中国税收法律法规规定缴纳企业所得税

【考点母题——万变不离其宗】境外分支机构与我国对应纳税年度的确定

下列关于境外分支机构与我国对应纳税年度的确定方法的表述，正确的是（　）。
A. 企业在境外投资设立不具有独立纳税地位的分支机构，其计算生产、经营所得的纳税年度与我国规定的纳税年度不一致的，与我国纳税年度当年度相对应的境外纳税年度，应为在我国有关纳税年度中任何一日结束的境外纳税年度
【举例】甲居民企业在A国的分公司，按A国法律规定，计算当期利润年度为每年4月1日至次年3月31日。请问：如何确定A国分公司在2021-2022财年在我国税收抵免的年度？ 【解析】该分公司按A国规定计算2021年4月1日至2022年3月31日期间的营业利润及其已纳税额，应在我国2022年度计算纳税及境外税额抵免。
企业抵免境外所得税额后实际应纳所得税额的计算公式： 企业实际应纳所得税额=企业境内外所得应纳税总额-企业所得税减免、抵免优惠税额-境外所得税抵免额 公式中抵免优惠税额是指企业购置用于环境保护、节能节水、安全生产等专用设备的投资额，可以按一定比例实行税额抵免

第12章

第四节　国际反避税

考点 1　税基侵蚀和利润转移项目

【考点题源】税基侵蚀和利润转移项目

BEPS 行动计划的分类

类别（五类）	行动计划（15 项）
应对数字经济带来的挑战	数字经济
协调各国企业所得税税制	混合错配、受控外国公司规则、利息扣除、有害税收实践
重塑现行税收协定和转让定价国际规则	税收协定滥用、常设机构、无形资产、风险和资本、其他高风险交易
提高税收透明度和确定性	数据统计分析、强制披露原则、转让定价同期资料、争端解决
开发多边工具促进行动计划实施	多边工具

税基侵蚀和利润转移项目成果及影响

税基侵蚀和利润转移项目成果	1.《关于数字经济面临的税收挑战的报告》 2.《消除混合错配安排的影响》 3.《制定有效受控外国公司规则》 4.《对利用利息扣除和其他款项支付实现的税基侵蚀予以限制》 5.《考虑透明度和实质性因素有效打击有害税收实践》 6.《防止税收协定优惠的不当授予》 7.《防止人为规避构成常设机构》 8-10.《确保转让定价结果与价值创造相匹配》 11.《衡量和监控 BEPS》 12.《强制披露规则》 13.《转让定价文档与国别报告》 14.《使争议解决机制更有效》 15.《开发用于修订双边税收协定的多边工具》

续表

税基侵蚀和利润转移项目的影响	BEPS 不仅是通过政策调整，使征税行为与经济活动和价值创造保持一致，从而增加税收收入，更是为了在国际共识的基础上，创建应对 BEPS 问题的一整套国际税收规则，为纳税人增加确定性和可预见性，并达到保护税基的目的。此项工作的重点是消除双重不征税 旨在一揽子修订现行双边税收协定，落实与税收协定相关的税基侵蚀和利润转移（BEPS）行动计划成果建议，由经济合作与发展组织受二十国集团委托牵头制订了《实施税收协定相关措施以防止税基侵蚀和利润转移的多边公约》（以下简称《公约》）。截至 2022 年 6 月 30 日，包括我国在内的 97 个国家或地区签署了《公约》。《公约》于 2022 年 9 月 1 日对我国生效（新增）

【考点子题——举一反三，真枪实练】

[14]（2018 年 • 多选题）OECD 于 2015 年 10 月发布税基侵蚀和利润转移项目全部 15 项产出成果。下列各项中，属于该产出成果的有（　）。

A.《防止税收协定优惠的不当授予》

B.《金融账户涉税信息自动交换标准》

C.《消除混合错配安排的影响》

D.《确保转让定价结果与价值创造相匹配》

[15]（2015 年 • 多选题）以下各项中，属于税基侵蚀和利润转移项目（BEPS）行动计划的有（　）。

A. 数字经济　　B. 有害税收实践

C. 数据统计分析　　D. 实际管理机构规则

考点 2　一般反避税

【考点母题——万变不离其宗】一般反避税

一般反避税	《企业所得税法》规定，企业实施其他不具有合理商业目的的安排而减少其应纳税收入或者所得额的，税务机关有权按照合理方法调整。不具有合理商业目的，是指以减少、免除或者推迟缴纳税款为主要目的
	（1）为规范一般反避税管理，国家税务总局制定《一般反避税管理办法（试行）》（以下简称《办法》）。不适用《办法》的情况有（　）。
	A. 与跨境交易或者支付无关的安排 B. 涉嫌逃避缴纳税款、逃避追缴欠税、骗税、抗税以及虚开发票等税收违法行为
	（2）符合避税安排的特征有（　）。
	A. 以获取税收利益为唯一目的或者主要目的 B. 以形式符合税法规定，但与其经济实质不符的方式获取税收利益

续表

<table>
<tr><td rowspan="2">一般反避税</td><td>（3）下列有关一般反避税调查，说法正确的有（　）。</td></tr>
<tr><td>A. 主管税务机关实施一般反避税调查时，应当向被调查企业送达《税务检查通知书》
B. 被调查企业认为其安排不属于《办法》所称避税安排的，应当自收到《税务检查通知书》之日起 60 日内提供相关资料
C. 企业因特殊情况不能按期提供相关资料，可以向主管税务机关提交书面延期申请，经批准可以延期提供，但是最长不得超过 30 日</td></tr>
<tr><td rowspan="6">间接转让财产</td><td>【说明】非居民企业通过实施不具有合理商业目的的安排，间接转让中国居民企业股权等财产，规避企业所得税纳税义务的，应按照《企业所得税法》的有关规定，重新定性该间接转让交易，确认为直接转让中国居民企业股权等财产。</td></tr>
<tr><td>【说明】判断合理商业目的，应整体考虑与间接转让中国应税财产交易相关的所有安排，结合实际情况综合分析。</td></tr>
<tr><td>（4）除规定情形外，与间接转让中国应税财产相关的整体安排直接认定为不具有合理商业目的，应同时符合的情形有（　）。</td></tr>
<tr><td>A. 境外企业股权 75% 以上价值直接或间接来自中国应税财产
B. 间接转让中国应税财产交易发生前一年内任一时点，境外企业资产总额（不含现金）的 90% 以上直接或间接由在中国境内的投资构成，或间接转让中国应税财产交易发生前一年内，境外企业取得收入的 90% 以上直接或间接来源于中国境内
C. 境外企业及直接或间接持有中国应税财产的下属企业虽在所在国家（地区）登记注册，以满足法律所要求的组织形式，但实际履行的功能及承担风险有限，不足以证实其具有经济实质
D. 间接转让中国应税财产交易在境外应缴所得税税负低于直接转让中国应税财产交易在中国的可能税负</td></tr>
<tr><td>（5）间接转让中国应税财产认定为具有合理商业目的，应同时符合的条件的有（　）。</td></tr>
<tr><td>A. 交易双方的股权关系具有下列情形之一：
a. 股权转让方直接或间接拥有股权受让方 80% 以上的股权
b. 股权受让方直接或间接拥有股权转让方 80% 以上的股权
c. 股权转让方和股权受让方被同一方直接或间接拥有 80% 以上的股权
【说明】境外企业股权 50% 以上（不含 50%）价值直接或间接来自中国境内不动产的，上述第 a、b、c 项的持股比例应为 100%。
B. 本次间接转让交易后可能再次发生的间接转让交易相比在未发生本次间接转让交易情况下的相同或类似间接转让交易，其中国所得税负担不会减少
C. 股权受让方全部以本企业或与其具有控股关系的企业的股权（不含上市企业股权）支付股权交易对价
【说明】间接转让中国应税财产的交易双方及被间接转让股权的中国居民企业可以向主管税务机关报告股权转让事项，并提交以下资料：
1. 股权转让合同或协议（为外文文本的需同时附送中文译本）。
2. 股权转让前后的企业股权架构图。
3. 境外企业及直接或间接持有中国应税财产的下属企业上两个年度财务、会计报表。
4. 间接转让中国应税财产交易不适用《企业所得税》有关不具有合理商业目的的规定的理由。</td></tr>
</table>

【考点子题——举一反三，真枪实练】

[16]（2019年·多选题）间接转让中国应税财产的交易双方及被间接转让股权的中国居民企业可以向主管税务机关报告股权转让事项，并提交相关资料。以下各项资料中属于该相关资料的有（　）。

A. 股权转让合同

B. 股权转让前后的企业股权架构图

C. 间接转让中国应税财产的交易双方的公司章程

D. 境外企业及直接或间接持有中国应税财产的下属企业上两个年度财务会计报表

考点3 特别纳税调整

【考点题源】特别纳税调整

转让定价	转让定价也称划拨定价，即交易各方之间确定的交易价格，它通常是指关联企业之间内部转让交易所确定的价格，这种内部交易价格通常不同于一般市场价格
成本分摊协议	企业与其关联方签署成本分摊协议，共同开发、受让无形资产，或者共同提供、接受劳务，应符合法律规定
	1. 成本分摊协议的参与方对开发、受让的无形资产或参与的劳务活动享有受益权，并承担相应的活动成本。关联方承担的成本应与非关联方在可比条件下为获得上述受益权而支付的成本相一致 2. 已经执行并形成一定资产的成本分摊协议，参与方发生变更或协议终止执行，应根据独立交易原则做如下处理： （1）加入支付，即新参与方为获得已有协议成果的受益权应作出合理的支付 （2）退出补偿，即原参与方退出协议安排，将已有协议成果的受益权转让给其他参与方应获得合理的补偿 （3）参与方变更后，应对各方受益和成本分摊情况作出相应调整 （4）协议终止时，各参与方应对已有协议成果作出合理分配 3. 企业执行成本分摊协议期间，参与方实际分享的收益与分摊的成本不配比的，应当根据实际情况做出补偿调整。参与方未做补偿调整的，税务机关应当实施特别纳税调查调整 4. 对于符合独立交易原则的成本分摊协议，有关税务处理如下： （1）企业按照协议分摊的成本，应在协议规定的各年度税前扣除 （2）涉及补偿调整的，应在补偿调整的年度计入应纳税所得额 （3）涉及无形资产的成本分摊协议，加入支付、退出补偿或终止协议时对协议成果分配的，应按资产购置或处置的有关规定处理 5. 企业与其关联方签署成本分摊协议，有下列情形之一的，其自行分摊的成本不得税前扣除： （1）不具有合理商业目的和经济实质 （2）不符合独立交易原则 （3）没有遵循成本与收益配比原则 （4）未按规定备案或准备、保存和提供有关成本分摊协议的同期资料 （5）自签署成本分摊协议之日起经营期限少于20年

续表

受控外国企业	1. 受控外国企业是指由居民企业，或者由居民企业和居民个人（以下统称中国居民股东，包括中国居民企业股东和中国居民个人股东）控制的设立在实际税负低于 25% 的企业所得税税率水平 50% 的国家（地区），并非出于合理经营需要对利润不作分配或减少分配的外国企业。对于受控外国企业的上述利润中应归属于该居民企业股东的部分，应当视同分配计入该居民企业的当期收入 2. 计入中国居民企业股东当期的视同受控外国企业股息分配的所得，应按以下公式计算： 中国居民企业股东当期所得 = 视同股息分配额 × 实际持股天数 ÷ 受控外国企业纳税年度天数 × 股东持股比例 3. 计入中国居民企业股东当期所得已在境外缴纳的企业所得税税款，可按照所得税法或税收协定的有关规定抵免 4. 受控外国企业实际分配的利润在此前已根据《企业所得税法》的规定视同分配并征税的，不再计入中国居民企业股东的当期所得 5. 中国居民企业股东能够提供资料证明其控制的外国企业满足以下条件之一的，可免将外国企业不作分配或减少分配的利润视同股息分配额，计入中国居民企业股东的当期所得： （1）设立在国家税务总局指定的非低税率国家（地区） （2）主要取得积极经营活动所得 （3）年度利润总额低于 500 万元人民币
资本弱化	1. 企业从其关联方接受的债权性投资与权益性投资的比例超过规定标准而发生的利息支出，不得在计算应纳税所得额时扣除 2. 不得在计算应纳税所得额时扣除的利息支出应按以下公式计算： 不得扣除利息支出 = 年度实际支付的全部关联方利息 ×（1− 标准比例 / 关联债资比例） 【说明 1】关联债资比例是指企业从其全部关联方接受的债权性投资（以下简称关联债权投资）占企业接受的权益性投资（以下简称权益投资）的比例，关联债权投资包括关联方以各种形式提供担保的债权性投资。 【说明 2】标准比例，金融企业 5 : 1；其他企业 2 : 1。 【说明 3】企业如果能够按照《企业所得税法》及其《实施条例》的有关规定提供相关资料，并证明相关交易活动符合独立交易原则的；或者该企业的实际税负不高于境内关联方的，其实际支付给境内关联方的利息支出，在计算应纳税所得额时准予扣除。 【说明 4】企业同时从事金融业务和非金融业务，其实际支付给关联方的利息支出，应按照合理方法分开计算；没有按照合理方法分开计算的，一律按上述第（2）项有关其他企业的比例计算准予税前扣除的利息支出。 【说明 5】企业自关联方取得的不符合规定的利息收入应按照有关规定缴纳企业所得税。 3. 关联债资比例的具体计算方法如下： 关联债资比例 = 年度各月平均关联债权投资之和 / 年度各月平均权益投资之和 其中： 各月平均关联债权投资 =（关联债权投资月初账面余额 + 月末账面余额）/2 各月平均权益投资 =（权益投资月初账面余额 + 月末账面余额）/2 4. 不得在计算应纳税所得额时扣除的利息支出，不得结转到以后纳税年度；应按照实际支付给各关联方利息占关联方利息总额的比例，在各关联方之间进行分配，其中，分配给实际税负高于企业的境内关联方的利息准予扣除；直接或间接实际支付给境外关联方的利息应视同分配的股息，按照股息和利息分别适用的所得税税率差补征企业所得税，如已扣缴的所得税税款多于按股息计算应征所得税税款，多出的部分不予退税。

【考点子题——举一反三，真枪实练】

[17]（2016年•多选题）甲企业与其关联方签署了成本分摊协议，共同开发无形资产，并约定退出补偿时协议成果转让给关联方，该成本分摊协议符合独立交易原则，下列关于甲企业成本分摊的税务处理中，正确的有（　）。

A. 协议停止时，应与关联方对已有协议成果作出合理分配

B. 按照协议分摊的成本，应在协议规定的各年度税前扣除

C. 退出协议时，该无形资产应按资产处置的税务规定处理

D. 涉及补偿调整的，应调整成本发生年度的应纳税所得额

[18]（经典子题•单选题）根据我国《企业所得税法》规定，企业从其关联方接受的债权性投资与权益性投资的比例超过规定标准而发生的利息支出，不得在计算应纳税所得额时扣除。该比例是（　）。

A. 金融企业为2∶1；其他企业为3∶1

B. 金融企业为3∶1；其他企业为4∶1

C. 金融企业为5∶1；其他企业为3∶1

D. 金融企业为5∶1；其他企业为2∶1

第五节　转让定价税务管理

关联申报

【考点题源】关联申报

关联方	1. 根据《企业所得税法》及其《实施条例》的规定，关联方是指与企业有下列关联关系之一的企业、其他组织或者个人： （1）在资金、经营、购销等方面存在直接或者间接的控制关系 （2）直接或者间接地同为第三者控制 （3）在利益上具有相关联的其他关系 2. 企业与其他企业、组织或者个人具有下列关系之一的，构成关联关系： （1）一方直接或者间接持有另一方的股份总和达到 25% 以上；双方直接或者间接同为第三方所持有的股份达到 25% 以上。如果一方通过中间方对另一方间接持有股份，只要其对中间方持股比例达到 25% 以上，则其对另一方的持股比例按照中间方对另一方的持股比例计算。两个以上具有夫妻、直系血亲、兄弟姐妹以及其他抚养、赡养关系的自然人共同持股同一企业，在判定关联关系时，其持股比例合并计算 （2）双方存在持股关系或者同为第三方持股，虽持股比例未达到第（1）项规定，但双方之间借贷资金总额占任一方实收资本比例达到 50% 以上，或者一方全部借贷资金总额的 10% 以上由另一方担保（与独立金融机构之间的借贷或者担保除外） （3）双方存在持股关系或者同为第三方持股，虽持股比例未达到第（1）项规定，但一方的生产经营活动必须由另一方提供专利权、非专利技术、商标权、著作权等特许权才能正常进行 （4）双方存在持股关系或者同为第三方持股，虽持股比例未达到第（1）项规定，但一方的购买、销售、接受劳务、提供劳务等经营活动由另一方控制。所称控制，是指一方有权决定另一方的财务和经营政策，并能据以从另一方的经营活动中获取利益 （5）一方半数以上董事或者半数以上高级管理人员（包括上市公司董事会秘书、经理、副经理、财务负责人和公司章程规定的其他人员）由另一方任命或者委派，或者同时担任另一方的董事或者高级管理人员；或者双方各自半数以上董事或者半数以上高级管理人员同为第三方任命或者委派 （6）具有夫妻、直系血亲、兄弟姐妹以及其他抚养、赡养关系的两个自然人分别与双方具有第（1）至（5）项关系之一
关联交易类型	1. 有形资产使用权或者所有权的转让 2. 金融资产的转让 3. 无形资产使用权或者所有权的转让 4. 资金融通 5. 劳务交易

续表

国别报告	1. 国别报告主要披露最终控股企业所属跨国企业集团所有成员实体的全球所得、税收和业务活动的国别分布情况 2. 存在下列情形之一的居民企业，应当在报送《年度关联业务往来报告表》时，填报国别报告： （1）该居民企业为跨国企业集团的最终控股企业，且其上一会计年度合并财务报表中的各类收入金额合计超过55亿元 （2）该居民企业被跨国企业集团指定为国别报告的报送企业 3. 企业虽不属于第2条规定填报国别报告的范围，但其所属跨国企业集团按照其他国家有关规定应当准备国别报告，且符合下列条件之一的，税务机关可以在实施特别纳税调查时要求企业提供国别报告： （1）跨国企业集团未向任何国家提供国别报告 （2）虽然跨国企业集团已向其他国家提供国别报告，但我国与该国尚未建立国别报告信息交换机制 （3）虽然跨国企业集团已向其他国家提供国别报告，且我国与该国已建立国别报告信息交换机制，但国别报告实际未成功交换至我国

考点2 同期资料管理

【考点母题——万变不离其宗】同期资料管理

种类	（1）企业应当依据《企业所得税法实施条例》的规定，按纳税年度准备并按税务机关要求提供其关联交易的同期资料。下列属于同期资料的有（　）。
	A. 主体文档　　B. 本地文档　　C. 特殊事项文档
主体文档	（2）下列企业应当准备主体文档的有（　）。
	A. 年度发生跨境关联交易，且合并该企业财务报表的最终控股企业所属企业集团已准备主体文档 B. 年度关联交易总额超过10亿元
	（3）主体文档主要披露最终控股企业所属企业集团的全球业务整体情况，下列属于主体文档应包括的内容有（　）。
	A. 组织架构 【说明】以图表形式说明企业集团的全球组织架构、股权结构和所有成员实体的地理分布。 B. 企业集团业务 C. 无形资产 D. 融资活动 E. 财务与税务状况 【说明】财务与税务状况包括：1. 企业集团最近一个会计年度的合并财务报表；2. 企业集团内各成员实体签订的单边预约定价安排、双边预约定价安排以及涉及国家之间所得分配的其他税收裁定的清单及简要说明；3. 报送国别报告的企业名称及其所在地。

续表

<table>
<tr><td rowspan="4">本地文档</td><td>（4）企业应根据年度关联交易金额确定是否需要准备本地文档。下列企业应当准备本地文档的有（　）。</td></tr>
<tr><td>A. 有形资产所有权转让金额（来料加工业务按照年度进出口报关价格计算）超过 2 亿元
B. 金融资产转让金额超过 1 亿元
C. 无形资产所有权转让金额超过 1 亿元
D. 其他关联交易金额合计超过 4 000 万元
【注意】企业执行预约定价安排的，预约定价安排涉及的关联交易金额不计入上述第 A 项至第 D 项规定的关联交易金额范围。</td></tr>
<tr><td>（5）本地文档主要披露企业关联交易的详细信息。下列属于本地文档应包括的内容有（　）。</td></tr>
<tr><td>A. 企业概况
【说明】企业概况包括组织结构、管理架构、业务描述、经营策略、财务数据、涉及本企业或者对本企业产生影响的重组或者无形资产转让情况，以及对本企业的影响分析。
B. 关联关系　　C. 关联交易
【说明】关联交易信息包括关联交易概况、价值链分析、对外投资、关联股权转让、关联劳务以及与企业关联交易直接相关的，中国以外其他国家税务主管当局签订的预约定价安排和作出的其他税收裁定。
D. 可比性分析　　E. 转让定价方法的选择和使用</td></tr>
<tr><td rowspan="2">特殊事项文档</td><td>（6）下列属于特殊事项文档应当包括的内容有（　）。</td></tr>
<tr><td>A. 成本分摊协议特殊事项文档　　B. 资本弱化特殊事项文档
【说明】企业签订或者执行成本分摊协议的，应当准备成本分摊协议特殊事项文档。企业关联债资比例超过标准比例需要说明符合独立交易原则的，应当准备资本弱化特殊事项文档。</td></tr>
<tr><td rowspan="2">豁免情形</td><td>（7）下列关于同期资料管理豁免情形的表述，正确的有（　）。</td></tr>
<tr><td>A. 企业仅与境内关联方发生关联交易的，可以不准备主体文档、本地文档和特殊事项文档
B. 企业执行预约定价安排的，可以不准备预约定价安排涉及关联交易的本地文档和特殊事项文档</td></tr>
<tr><td rowspan="2">时限及其他要求</td><td>（8）下列关于同期资料准备时限的表述，正确的有（　）。</td></tr>
<tr><td>A. 主体文档应当在企业集团最终控股企业会计年度终了之日起 12 个月内准备完毕
B. 本地文档和特殊事项文档应当在关联交易发生年度次年 6 月 30 日之前准备完毕
C. 同期资料应当自税务机关要求之日起 30 日内提供，企业因不可抗力无法按期提供同期资料的，应当在不可抗力消除后 30 日内提供同期资料
【注意】1. 同期资料应当使用中文，并标明引用信息资料的出处来源；2. 同期资料应当加盖企业印章，并由法定代表人或者法定代表人授权的代表签章；3. 同期资料应当自税务机关要求的准备完毕之日起保存 10 年；企业合并、分立的，应当由合并、分立后的企业保存同期资料；4. 企业依照有关规定进行关联申报、提供同期资料及有关资料的，税务机关实施特别纳税调查补征税款时，可以依据《企业所得税法实施条例》的规定，按照税款所属纳税年度中国人民银行公布的与补税期间同期的人民币贷款基准利率加收利息（不加收滞纳金）。</td></tr>
</table>

【考点子题——举一反三，真枪实练】

［19］（2018年·单选题）关联交易同期资料中的主体文档，应当在企业集团最终控股企业会计年度终了之日起一定期限内准备完毕。这一期限为（　）。

A. 15个月　B. 18个月　C. 12个月　D. 24个月

［20］（2015年·单选题）发生下列关联交易的情形，可免予准备关联交易同期资料的是（　）。

A. 关联交易属于执行预约定价安排所涉及的范围

B. 除成本分摊和预约定价安排外，年度发生的除关联购销外的其他关联交易金额在4 000万元人民币以上

C. 外资股份低于50%且仅与境外关联方发生关联交易

D. 除成本分摊和预约定价安排外，年度发生的关联购销金额在2亿元人民币以上

考点3 转让定价调整方法

【考点母题——万变不离其宗】转让定价调整方法

转让定价的调整方法主要有（　）。	含义	适用范围
A. 可比非受控价格法	按照没有关联关系的交易各方进行相同或者类似业务往来的价格进行定价的方法，该方法以非关联方之间进行的与关联交易相同或类似业务活动所收取的价格作为关联交易的公平成交价格	所有类型的关联交易
B. 再销售价格法	以关联方购进商品再销售给非关联交易方的价格，减除可比非关联交易毛利后的金额作为关联方购进商品的公平成交价格。 公平成交价格 = 再销售给非关联方的价格 ×（1- 可比非关联交易毛利率）	未对商品进行改变外形、性能、结构或更换商标等实质性增值加工的简单加工或单纯购销业务
C. 成本加成法	按照成本加合理的费用和利润进行定价的方法，该方法以关联交易发生的合理成本加上可比非关联交易毛利作为关联交易的公平成交价格。 公平成交价格 = 关联交易的合理成本 ×（1+ 可比非关联交易成本加成率）	有形资产的购销、转让和使用，劳务提供或资金融通的关联交易
D. 交易净利润法	按照没有关联关系的交易各方进行相同或者类似业务往来取得的净利润水平确定利润的方法，该方法以可比非关联交易的利润率指标确定关联交易的净利润	有形资产的购销、转让和使用，无形资产的转让和使用以及劳务提供等关联交易

续表

E.. 利润分割法	将企业与其关联方的合并利润或者亏损在各方之间采用合理标准进行分配的方法，该方法根据企业与其关联方对关联交易合并利润的贡献计算各自应该分配的利润额	各参与方关联交易高度整合且难以单独评估各方交易结果的情况

【考点子题——举一反三，真枪实练】

[21]（经典子题·单选题）A 企业销售一批产品给 B 企业，该销售行为取得利润 15 万元；B 企业将该批货物销售给 C 企业，取得利润 250 万元。税务机关经过调查后认定 A 企业和 B 企业之间存在关联交易，将 265 万元的利润按照 6 : 4 的比例在 A 和 B 之间分配。该调整方法是（　）。

A. 利润分割法　　B. 再销售价格法

C. 交易净利润法　　D. 可比非受控价格法

考点 4　转让定价调查及调整

【考点母题——万变不离其宗】转让定价调查及调整

分析评估被调查企业关联交易	（1）根据税法规定，下列关于税务机关分析评估被调查企业关联交易时的做法，正确的有（　）。
	A. 税务机关分析评估被调查企业关联交易时，应当在分析评估交易各方功能风险的基础上，选择功能相对简单的一方作为被测试对象 B. 税务机关在进行可比性分析时，优先使用公开信息，也可以使用非公开信息 C. 税务机关分析评估被调查企业关联交易是否符合独立交易原则时，可以根据实际情况选择算术平均法、加权平均法或者四分位法等统计方法，逐年分别或者多年度平均计算可比企业利润或者价格的平均值或者四分位区间 D. 税务机关采用四分位法分析评估企业利润水平时，企业实际利润水平低于可比企业利润率区间中位值的，原则上应当按照不低于中位值进行调整 E. 税务机关分析评估被调查企业为其关联方提供的来料加工业务，在可比企业不是相同业务模式，且业务模式的差异会对利润水平产生影响的情况下，应当对业务模式的差异进行调整，还原其不作价的来料和设备价值。企业提供真实完整的来料加工产品整体价值链相关资料，能够反映各关联方总体利润水平的，税务机关可以就被调查企业与可比企业因料件还原产生的资金占用差异进行可比性调整，利润水平调整幅度超过 10% 的，应当重新选择可比企业 F. 税务机关分析评估被调查企业关联交易是否符合独立交易原则时，选取的可比企业与被调查企业处于不同经济环境的，应当分析成本节约、市场溢价等地域特殊因素，并选择合理的转让定价方法确定地域特殊因素对利润的贡献 G. 企业为境外关联方从事来料加工或者进料加工等单一生产业务，或者从事分销、合约研发业务，原则上应当保持合理的利润水平。上述企业如出现亏损，无论是否达到同期资料准备标准，均应当就亏损年度准备同期资料本地文档

续表

分析评估被调查企业关联交易	H. 税务机关对关联交易进行调查分析时，应当确定企业所获得的收益与其执行的功能或者承担的风险是否匹配。企业与其关联方之间隐匿关联交易直接或者间接导致国家总体税收收入减少的，税务机关可以通过还原隐匿交易实施特别纳税调整。企业与其关联方之间抵消关联交易直接或者间接导致国家总体税收收入减少的，税务机关可以通过还原抵消交易实施特别纳税调整 I. 判定企业及其关联方对无形资产价值的贡献程度及相应的收益分配时，应当全面分析企业所属企业集团的全球营运流程，充分考虑各方在无形资产开发、价值提升、维护、保护、应用和推广中的价值贡献，无形资产价值的实现方式，无形资产与集团内其他业务的功能、风险和资产的相互作用
特许权使用费关联交易的纳税调整	（2）下列企业与其关联方转让或者受让无形资产使用权而收取或者支付特许权使用费的情形，应当适时进行纳税调整的有（　）。
	A. 无形资产价值发生根本性变化 B. 按照营业常规，非关联方之间的可比交易应当存在特许权使用费调整机制 C. 无形资产使用过程中，企业及其关联方执行的功能、承担的风险或者使用的资产发生变化 D. 企业及其关联方对无形资产进行后续开发、价值提升、维护、保护、应用和推广做出贡献而未得到合理补偿 【说明】 1. 企业与其关联方转让或者受让无形资产使用权而收取或者支付的特许权使用费，应当与无形资产为企业或者其关联方带来的经济利益相匹配。与经济利益不匹配而减少企业或者其关联方应纳税收入或者所得额的，税务机关可以实施特别纳税调整。未带来经济利益，且不符合独立交易原则的，税务机关可以按照已税前扣除的金额全额实施特别纳税调整。 企业向仅拥有无形资产所有权而未对其价值创造做出贡献的关联方支付特许权使用费，不符合独立交易原则的，税务机关可以按照已税前扣除的金额全额实施特别纳税调整。 2. 企业以融资上市为主要目的在境外成立控股公司或者融资公司，仅因融资上市活动所产生的附带利益向境外关联方支付特许权使用费，不符合独立交易原则的，税务机关可以按照已税前扣除的金额全额实施特别纳税调整。 3. 企业与其关联方发生劳务交易支付或者收取价款不符合独立交易原则而减少企业或者其关联方应纳税收入或者所得额的，税务机关可以实施特别纳税调整。符合独立交易原则的关联劳务交易应当是受益性劳务交易，并且按照非关联方在相同或者类似情形下的营业常规和公平成交价格进行定价。受益性劳务是指能够为劳务接受方带来直接或者间接经济利益，且非关联方在相同或者类似情形下，愿意购买或者愿意自行实施的劳务活动。
非受益性劳务价款的纳税调整	（3）企业向其关联方支付非受益性劳务的价款，税务机关可以按照已税前扣除的金额全额实施特别纳税调整。下列情形属于非受益性劳务的有（　）。

续表

<table>
<tr><td rowspan="1">非受益性劳务价款的纳税调整</td><td>A. 劳务接受方从其关联方接受的，已经购买或者自行实施的劳务活动
B. 劳务接受方从其关联方接受的，为保障劳务接受方的直接或者间接投资方的投资利益而实施的控制、管理和监督等劳务活动
【说明】该劳务活动主要包括：1. 董事会活动、股东会活动、监事会活动和发行股票等服务于股东的活动；2. 与劳务接受方的直接或者间接投资方、集团总部和区域总部的经营报告或者财务报告编制及分析有关的活动；3. 与劳务接受方的直接或者间接投资方、集团总部和区域总部的经营及资本运作有关的筹资活动；4. 为集团决策、监管、控制、遵从需要所实施的财务、税务、人事、法务等活动；5. 其他类似情形。
C. 劳务接受方从其关联方接受的，并非针对其具体实施的，只是因附属于企业集团而获得额外收益的劳务活动
【说明】该劳务活动主要包括：1. 为劳务接受方带来资源整合效应和规模效应的法律形式改变、债务重组、股权收购、资产收购、合并、分立等集团重组活动；2. 由于企业集团信用评级提高，为劳务接受方带来融资成本下降等利益的相关活动；3. 其他类似情形。
D. 劳务接受方从其关联方接受的，已经在其他关联交易中给予补偿的劳务活动
【说明】该劳务活动主要包括：1. 从特许权使用费支付中给予补偿的与专利权或者非专利技术相关的服务；2. 从贷款利息支付中给予补偿的与贷款相关的服务；3. 其他类似情形。
E. 与劳务接受方执行的功能和承担的风险无关，或者不符合劳务接受方经营需要的关联劳务活动
F. 其他不能为劳务接受方带来直接或者间接经济利益，或者非关联方不愿意购买或者不愿意自行实施的关联劳务活动</td></tr>
<tr><td colspan="2">【说明】
1. 企业向未执行功能、承担风险，无实质性经营活动的境外关联方支付费用，不符合独立交易原则的，税务机关可以按照已税前扣除的金额全额实施特别纳税调整。
2. 实际税负相同的境内关联方之间的交易，只要该交易没有直接或者间接导致国家总体税收收入的减少，原则上不作特别纳税调整。</td></tr>
</table>

考点 5 预约定价安排

预约定价安排是指企业就其未来年度关联交易的定价原则和计算方法，向税务机关提出申请，与税务机关按照独立交易原则协商、确认后达成的协议。按照参与的国家税务主管当局的数量，预约定价安排可以分为单边、双边和多边三种类型。

根据税法规定，企业可以与税务机关就企业未来年度关联交易的定价原则和计算方法达成预约定价安排。预约定价安排的谈签与执行经过预备会谈、谈签意向、分析评估、正式申请、协商签署和监控执行六个阶段。

【考点母题——万变不离其宗】预约定价安排的适用范围

下列关于预约定价安排的适用范围的表述，正确的有（　）。
A. 预约定价安排适用于主管税务机关向企业送达接收其谈签意向的《税务事项通知书》之日所属纳税年度起 3~5 个年度的关联交易 【说明】所称主管税务机关，是指负责特别纳税调整事项的税务机关。
B. 企业以前年度的关联交易与预约定价安排适用年度相同或者类似的，经企业申请，税务机关可以将预约定价安排确定的定价原则和计算方法追溯适用于以前年度该关联交易的评估和调整。追溯期最长为 10 年
C. 预约定价安排的谈签不影响税务机关对企业不适用预约定价安排的年度及关联交易的特别纳税调查调整和监控管理
D. 预约定价安排一般适用于主管税务机关向企业送达接收其谈签意向的《税务事项通知书》之日所属纳税年度前 3 个年度每年度发生的关联交易金额 4000 万元人民币以上的企业
E. 预约定价安排采用四分位法确定价格或者利润水平，在预约定价安排执行期间，如果企业当年实际经营结果在四分位区间之外，税务机关可以将实际经营结果调整到四分位区间中位值

【考点母题——万变不离其宗】预约定价简易程序

企业在主管税务机关向其送达受理申请的《税务事项通知书》之日所属纳税年度前 3 个年度，每年度发生的关联交易金额 4 000 万元人民币以上，并符合下列条件（　）之一的，可以申请适用简易程序（　）。 A. 已向主管税务机关提供拟提交申请所属年度前 3 个纳税年度的、符合规定的同期资料 B. 自企业提交申请之日所属纳税年度前 10 个年度内，曾执行预约定价安排，且执行结果符合安排要求的 C. 自企业提交申请之日所属纳税年度前 10 个年度内，曾受到税务机关特别纳税调查调整且结案的
【提示】简易程序包括申请评估、协商签署和监控执行 3 个阶段。

【考点子题——举一反三，真枪实练】

[22]（经典题例·多选题）下列各项，符合预约定价安排管理规定的有（　）。

A. 预约定价安排包括单边和双边和多边三种类型

B. 预约定价安排的谈签影响税务机关对企业全部经营期间关联交易的特别纳税调查调整和监控管理

C. 追溯期最长为 10 年

D. 预约定价安排一般适用于主管税务机关向企业送达接收其谈签意向的《税务事项通知书》之日所属纳税年度前 3 个年度每年度发生的关联交易金额 3000 万元人民币以上的企业

第六节　国际税收征管合作

考点 1　情报交换

【考点母题——万变不离其宗】情报交换

情报交换概述	1. 情报交换，是指我国与相关税收协定缔约国家（以下简称缔约国）的主管当局为了正确执行税收协定及其所涉及税种的国内法而相互交换所需信息的行为 2. 情报交换在税收协定规定的权利和义务范围内进行。我国享有从缔约国取得税收情报的权利，也负有向缔约国提供税收情报的义务 3. 情报交换通过税收协定确定的主管当局或其授权代表进行。我国主管当局为国家税务总局（以下简称总局） 4. 税收情报交换应在税收协定生效并执行以后进行。税收情报涉及的事项可以溯及税收协定生效并执行之前 5. 我国从缔约国主管当局获取的税收情报可以作为税收执法行为的依据
情报交换的种类与范围	（1）情报交换的种类有（　）。
	A. 专项情报交换　B. 自动情报交换　C. 自发情报交换 D. 同期税务检查　E. 授权代表访问　F. 行业范围情报交换
	（2）除缔约国双方另有规定外，下列属于情报交换的范围的有（　）。
	A. 国家范围应仅限于与我国正式签订含有情报交换条款的税收协定并生效执行的国家 B. 税种范围应仅限于税收协定规定的税种，主要为具有所得（和财产）性质的税种 C. 人员的范围应仅限于税收协定缔约国一方或双方的居民 D. 地域范围应仅限于缔约国双方有效行使税收管辖权的区域
税收情报的保密	1. 税收情报应作密件处理 2. 在确定密级时，应该同时确定保密期限，绝密级情报保密期限一般为 30 年，机密级情报保密期限一般为 20 年，秘密级情报保密期限一般为 10 年 3. 税收情报在诉讼程序中作为证据使用时，税务机关应根据行政诉讼法等法律规定，向法庭申请不在开庭时公开质证

【考点子题——举一反三，真枪实练】

[23]（2017 年 • 多选题）下列关于税收情报交换的表述中，正确的有（　）。

A. 税收情报应作密件处理

B. 税收情报涉及的事项可以溯及税收协定生效并执行之前

C. 税收情报交换在税收协定规定的权利和义务范围内进行

D. 我国从缔约国主管当局获取的税收情报可以作为税收执法行为的依据

考点 2 海外账户税收遵从法案

【考点题源】海外账户税收遵从法案（FATCA）

FATCA 的实施模式	作为美国国内法，FATCA 的适用范围远远超出美国辖区，且其规定的权利与义务极不对等。其主要目的是追查全球范围内美国富人的逃避缴纳税款行为
外国金融机构的义务	FATCA 将须履行尽职调查与信息报告义务的外国机构分为外国金融机构与外国非金融实体。外国金融机构必须与美国财政部签订合作协议，承诺就其掌握的美国纳税人账户信息向美国税务机关履行尽职调查与信息报告义务，从而取得“参与合作的外国金融机构”资格 FATCA 要求外国机构向美国税务机关报告美国账户持有人信息；若外国机构不遵守，美国将对外国机构来源于美国的所得和收入扣缴 30% 的惩罚性预提所得税
账户分级管理	为减轻美国税务机关的行政管理负担，FATCA 对美国纳税人账户实行分级管理，即区分存量账户与新设账户、个人账户与实体账户、高价值账户与中低价值账户，对不同类型的账户规定相应的义务，这在一定程度上增加了金融机构的合规成本
纳税人承担举证责任	虽然金融机构负有尽职调查与信息报告义务，但举证责任最终仍由纳税人承担。如果某账户持有人不能证明自己并非美国纳税人或者无法向外国金融机构提供必要的证明文件，那么该账户持有人会被认定为“不合作账户持有人”，将被扣缴 30% 的预提所得税，并且将面临被关闭账户的风险

【考点子题——举一反三，真枪实练】

[24]（2016 年 • 单选题）下列关于《海外账户税收遵从法案》的表述中，正确的是（　　）。

A.《海外账户税收遵从法案》仅适用于美国境内

B.《海外账户税收遵从法案》规定举证责任最终由纳税人承担

C.《海外账户税收遵从法案》的主要目的是追查全球企业避税情况

D. 根据《海外账户税收遵从法案》被认定为“不合作账户持有人”将被扣缴 40% 的预提所得税

考点 3 金融账户涉税信息自动交换标准

【考点题源】金融账户涉税信息自动交换标准（AEOI 标准）

金融账户涉税信息自动交换标准的产生和发展	受 G20 委托，OECD 于 2014 年 7 月发布了《金融账户涉税信息自动交换标准》（简称 AEOI 标准），为各国加强国际税收合作、打击跨境逃避税提供了强有力的工具
金融账户涉税信息自动交换标准的内容及机制	AEOI 标准由《主管当局协议范本》（MCAA）和《统一报告标准》（CRS）两部分内容组成 MCAA 是规范各国（地区）税务主管当局之间如何开展金融账户涉税信息自动交换的操作性文件，以互惠型模式为基础，分为双边和多边两个版本。CRS 规定了金融机构收集和报送外国税收居民个人和企业账户信息的相关要求和程序

续表

金融账户涉税信息自动交换标准在中国的实施	金融机构应当登录国家税务总局网站办理注册登记，金融机构应当汇总报送境内分支机构的下列非居民账户信息，并注明报送信息的金融机构名称、地址以及纳税人识别号，并且于每年 5 月 31 日前按要求报送： 1. 账户持有人基本信息，包括个人姓名、现居地址、税收居民国（地区）、居民国（地区）纳税人识别号、出生地、出生日期；机构账户持有人的名称、地址、税收居民国（地区）、居民国（地区）纳税人识别号等 2. 账号或者类似信息 3. 公历年度末单个非居民账户的余额或者净值 4. 存款账户 5. 托管账户 6. 其他账户 7. 国家税务总局要求报送的其他信息

【考点题源】《区域全面经济伙伴关系协定》（RCEP）（新增）

协定基本情况	1. 2020 年 11 月 15 日，第四次区域全面经济伙伴关系协定领导人会议以视频方式举行，会后东盟十国和中国、日本、韩国、澳大利亚、新西兰共 15 个亚太国家正式签署了《区域全面经济伙伴关系协定》。《区域全面经济伙伴关系协定》的签署，标志着当前世界上人口最多、经贸规模最大、最具发展潜力的自由贸易区正式启航。充分体现了各方共同维护多边主义和自由贸易、促进区域经济一体化的信心和决心，将为区域乃至全球贸易投资增长、经济复苏和繁荣发展作出重要贡献 2. 2021 年 4 月 15 日，中国向东盟秘书长正式交存《区域全面经济伙伴关系协定》核准 书。这标志着中国正式完成 RCEP 核准程序。2022 年 1 月 1 日，《区域全面经济伙伴关系 协定》正式生效
内容概览	协定共分为二十章，主要内容包括初始条款和一般定义；货物贸易；原产地规则；海关程序与贸易便利化；卫生与植物卫生措施；标准、技术法规和合格评定程序；贸易救济；服务贸易；自然人移动；投资；知识产权；电子商务；竞争；中小企业；经济与技术合作；政府采购；一般条款与例外；机构条款；争端解决；最终条款等二十个方面的内容

【考点子题——举一反三，真枪实练】

[25]（2017 年•单选题）下列国际组织或机构中，发布了《金融账户涉税信息自动交换标准》的是（ ）。

A. 联合国　　B. 世界银行

C. 国际贸易组织　　D. 经济合作与发展组织

[26]（经典子题•单选题）《区域全面经济伙伴关系协定》（RCEP）正式生效的日期是（ ）。

A. 2012 年 2 月 20 日　　B. 2020 年 11 月 15 日

C. 2021 年 4 月 15 日　　D. 2022 年 1 月 1 日

【本章考点子题答案及解析】

[1]　【答案：A】双重居民身份下最终居民身份判定标准的排序，先后顺序为：永久性住所、重要利益中心、习惯性居处、国籍，因此选项 A 正确。

[2]　【答案：ACD】缔约国一方居民因在缔约国另一方从事受雇的活动取得的报酬，同时具有以下三个条件的，应仅在该缔约国一方征税：①收款人在任何 12 个月中在该缔约国另一方停留连续或累计不超过 183 天；②该项报酬由并非该缔约国另一方居民的雇主支付或代表该雇主支付；③该项报酬不是由雇主设在该缔约国另一方的常设机构或固定基地所负担。

[3]　【答案：C】设立在中国境内的外国企业（包括港、澳、台企业）及其他组织的常驻代表机构，采取据实申报方式，应在季度终了之日起 15 日内向主管税务机关申报缴纳企业所得税。

[4]　【答案及解析】（1）甲公司应缴纳的增值税 =600÷（1+6%）×6%=33.96（万元）

（2）甲公司应缴纳的企业所得税 =600÷（1+6%）×15%×25%=21.23（万元）。

[5]　【答案及解析】

（1）A 公司分得利润享受暂不征收预提所得税的理由：鼓励境外投资者持续扩大在华投资，国家出台了对境外投资者以分配利润直接投资暂不征收预提所得税的政策。

A 公司分得利润享受上述政策的条件特征：

①以分得利润从非关联方收购境内居民企业股权，属于直接投资；②分得利润属于 M 公司已经实现的留存收益；③ 200 万收购价款直接从 M 公司账户转入 C 公司账户。

（2）享受暂不征收预提所得税政策的分配利润为 200 万元。

（3）应代扣代缴的企业所得税额 =530÷（1+6%）×10%=50（万元）

（4）扣缴义务人应当自扣缴义务发生之日起 7 日内向扣缴义务人所在地主管税务机关申报和解缴代扣税款。

[6]　【答案：C】选项 ABD，境内机构和个人对外支付在境外发生的差旅、会议、进出口贸易佣金等各项费用的外汇资金，无需进行税务备案；选项 C，境内机构和个人向境外单笔支付等值 5 万美元以上（不含等值 5 万美元，下同）下列外汇资金，除无须进行税务备案的情形外，均应向所在地主管税务机关进行税务备案：境外机构或个人从境内获得的包括运输、旅游、通信、建筑安装及劳务承包、保险服务、金融服务、计算机和信息服务、专有权利使用和特许、体育文化和娱乐服务、其他商业服务、政府服务等服务贸易收入。

[7]　【答案：D】我国省级以上国家机关对外无偿捐赠援助资金，不必进行税务备案，区县级国家机关对外无偿捐赠援助资金须进行税务备案。故选项 D 正确。

[8]　【答案：D】在甲国应纳税所得额为 40÷20%=200（万元），该企业 2022 年度企业所得税应纳税所得额 = 境内应纳税所得额 + 境外应纳税所得额，即 800+200=1 000（万元）。

[9]　【答案及解析】

（1）A 企业当年度境内外净所得为 160 万元，但依据境外亏损不得在境内或他国盈利中抵减的规定，其发生在乙国分支机构的当年度亏损额 300 万元，仅可以用从该国取得的利息 60 万元弥补，未能弥补的非实际亏损额 240 万元，不得从当年度企业其它盈利中弥补。

境内应纳税所得额 =300 万元

甲国应纳税所得额 =100 万元

乙国应纳税所得额 =−300+ 60=-240 万元

因此，A 企业当年度应纳税所得总额 400 万元。

（2）A 企业当年度境外乙国分支机构的非实际亏损额为：300− 60=240 万元。

（3）允许 A 企业以其来自乙国以后年度的所得无限期结转弥补境外乙国分支机构的非实际亏损。

［10］【答案：D】境外缴纳所得税的抵免限额 =50 × 25%=12.5（万元），应补缴企业所得税 =12.5−10=2.5（万元）

汇总纳税时实际应缴纳企业所得税 =200 × 25%+2.5=52.5（万元）。

［11］【答案：C】抵免限额 =200 × 25%=50（万元）；境外优惠饶让视同纳税 =200 × 30%=60（万元）。

50 万元 < 视同实际缴纳税款 60 万元，可抵免 50 万元；我国应征所得税额 =（200+600）× 25%−50=150（万元）。

［12］【答案及解析】

2022 年境内、外所得总额 =200+40+10=250（万元）

境内、外总的应纳企业所得税税额 =250 × 25%=62.5（万元）

2022 年甲国所得税抵免限额 =62.5 ×（40+10）÷ 250=12.5（万元）

在甲国已纳所得税税额 10 万元小于甲国抵免限额，由于 12.5−10=2.5（万元）>2 万元，上年度超过抵免限额的部分，可以全部在本年扣除。

在我国汇总纳税 =62.5−10−2=50.5（万元）。

［13］【答案及解析】

（1）由企业甲负担的税额 =［乙企业就利润和投资收益所实际缴纳的税额 + 乙企业间接负担的税额］× 乙企业向一家上一层企业分配的股息 ÷ 本层企业所得税后利润额 =［（180 ＋ 12）+0］×（808 × 50%）÷ 808 ＝ 96（万元）。

【提示】乙企业税后利润 =1000−180−12=808（万元）。

（2）税收抵免限额 =（404+96）× 25% ＝ 125（万元）。

（3）可抵免境外税额 =（1000−180−12）× 50% × 10%（直接缴纳）＋ 96（间接负担）=136.4（万元）> 抵免限额 125 万元。因此，企业甲取得来源于企业乙投资收益的实际抵免税额为 125 万元。

［14］【答案：ACD】项目成果共有 15 项，分别为：

（1）《关于数字经济面临的税收挑战的报告》

（2）《消除混合错配安排的影响》

（3）《制定有效受控外国公司规则》

（4）《对利用利息扣除和其他款项支付实现的税基侵蚀予以限制》

（5）《考虑透明度和实质性因素有效打击有害税收实践》

（6）《防止税收协定优惠的不当授予》

（7）《防止人为规避构成常设机构》

（8）−（10）《确保转让定价结果与价值创造相匹配》

（11）《衡量和监控 BEPS》

（12）《强制披露规则》

（13）《转让定价文档与国别报告》

（14）《使争议解决机制更有效》

（15）《开发用于修订双边税收协定的多边工具》

由此可知，选项 ACD 正确。

［15］【答案：ABC】BEPS 十五项行动计划包括：（1）数字经济；（2）混合错配；（3）受控外国公司规则；（4）利息扣除；（5）有害税收实践；（6）税收协定滥用；（7）常设机构；（8）无形资产；（9）风险和资本；（10）其他高风险交易；（11）数据统计分析；（12）强制披露原则；（13）转让定价同期资料；（14）争端解决；（15）多边工具。

［16］【答案：ABD】间接转让中国应税财产的交易双方及被间接转让股权的中国居民企业可以向主管税务机关报告股权转让事项，并提交以下资料：（1）股权转让合同或协议（为外文文本的需同时附送中文译本）；（2）股权转让前后的企业股权架构图；（3）境外企业及直接或间接持有中国应税财产的下属企业上两个年度财务、会计报表；（4）间接转让中国应税财产交易不适用《企业所得税》有关不具有合理商业目的规定的理由。

［17］【答案：ABC】选项 D，涉及补偿调整的，应在补偿调整的年度计入应纳税所得额。

［18］【答案：D】债资比的比例规定：金融企业为 5:1；其他企业为 2:1。

［19］【答案：C】主体文档应当在企业集团最终控股企业会计年度终了之日起 12 个月内准备完毕，本地文档和特殊事项文档应当在关联交易发生年度次年 6 月 30 日之前准备完毕。

［20］【答案：A】同期资料的豁免情形包括：（1）企业仅与境内关联方发生关联交易的，可以不准备主体文档、本地文档和特殊事项文档。（2）企业执行预约定价安排的，可以不准备预约定价安排涉及关联交易的本地文档和特殊事项文档。

［21］【答案：A】将企业与其关联方的合并利润或者亏损在各方之间采用合理标准进行分配的方法是利润分割法。

［22］【答案：AC】选项 B，预约定价安排的谈签不影响税务机关对企业不适用预约定价安排的年度及关联交易的特别纳税调查调整和监控管理；选项 D，预约定价安排一般适用于主管税务机关向企业送达接收其谈签意向的《税务事项通知书》之日所属纳税年度前 3 个年度每年度发生的关联交易金额 4000 万元人民币以上的企业。

［23］【答案：ABCD】税收情报应作密件处理，选项 A 正确；情报交换应在税收协定生效并执行以后进行，税收情报涉及的事项可以溯及税收协定生效并执行之前，选项 B 正确；情报交换在税收协定规定的权利和义务范围内进行。我国享有从缔约国取得税收情报的权利，也负有向缔约国提供税收情报的义务，选项 C 正确；我国从缔约国主管当局获取的税收情报可以作为税收执法行为的依据，并可以在诉讼程序中出示，选项 D 正确。

［24］【答案：B】《海外账户税收遵从法案》的适用范围不止美国境内，选项 A 错误；《海外账户税收遵从法案》主要针对全球范围内美国富人的逃税行为，选项 C 为错误选项；根据《海外账户税收遵从法案》被认定为“不合作账户持有人”将被扣缴 30% 的预提所得税，选项 D 错误。

［25］【答案：D】经济合作与发展组织（OECD）于 2014 年 7 月发布了《金融账户涉税信息自动交换标准》，选项 D 正确。

［26］【答案：D】2021 年 4 月 15 日，中国向东盟秘书长正式交存《区域全面经济伙伴关系协定》核准书。这标志者中国正式完成 RCEP 核准程序。2022 年 1 月 1 日，《区域全面经济伙伴关系协定》正式生效。

第 13 章　税收征收管理法

本章思维导图

- 第十三章 税收征收管理法
  - 第一节　概述 —— 考点1　税收征收管理法的适用范围和遵守主体
  - 第二节 税务管理
    - 考点1　税务登记管理
    - 考点2　账簿、凭证管理
    - 考点3　纳税申报管理
  - 第三节 税款征收
    - 考点1　税款征收的原则和方式
    - 考点2　税款征收制度
  - 第四节 税务检查
    - 考点1　税务检查的形式和方法
    - 考点2　税务检查的职责
  - 第五节 法律责任
  - 第六节 纳税担保和抵押
    - 考点1　纳税担保
    - 考点2　纳税抵押和质押
  - 第七节 纳税信用管理和重大税收违法失信主体信息公布管理
    - 考点1　纳税信用信息的采集
    - 考点2　纳税信用评估
    - 考点3　纳税信用评估结果的确定和发布
    - 考点4　纳税信用评估结果的应用
    - 考点5　纳税信用修复
    - 考点6　重大税收违法失信主体信息公布管理
  - 第八节 税收违法行为检举管理办法
  - 第九节 税务文书电子送达规定（试行） —— 考点1　税务文书电子送达规定

近三年本章考试题型及分值分布

题型	2022 年	2021 年	2020 年
单选题	2 题 2 分	1 题 1 分	2 题 2 分
多选题	1 题 1.5 分	1 题 1.5 分	1 题 1.5 分
计算问答题		1 题 4 分	
合计	3 题 3.5 分	3 题 6.5 分	3 题 3.5 分

第一节 概述

《税收征收管理法》第一条规定："为了加强税收征收管理，规范税收征收和缴纳行为，保障国家税收收入，保护纳税人的合法权益，促进经济和社会发展，制定本法"。

考点1 税收征收管理法的适用范围和遵守主体

【考点母题——万变不离其宗】税收征收管理法的适用范围和遵守主体

适用范围	下列关于《征管法》适用范围的表述正确的有（ ）。
	A. 凡依法由税务机关征收的各种税收的征收管理，均适用《征管法》 【说明】我国税收的征收机关有税务部门和海关部门，税务机关征收各种工商税收，海关征收关税。《征管法》只适用于由税务机关征收的各种税收的征收管理。海关征收的关税及代征的增值税、消费税，适用其他法律、法规的规定。
	B. 教育费附加等政府收费由税务机关征收，这些收费不适用《征管法》，不能采取《征管法》规定的措施，其具体管理办法由收费的条例和规章决定
税务行政主体	税务机关，包括：各级税务局、税务分局、税务所和省以下税务局的稽查局 【说明】稽查局专司逃避追缴欠税、骗税、抗税案件的查处。国家税务总局应明确划分税务局和稽查局的职责，避免职责交叉。
税务行政管理相对人	法律、行政法规规定负有纳税义务的单位和个人为纳税人 法律、行政法规规定负有代扣代缴、代收代缴税款义务的单位和个人为扣缴义务人
有关单位和部门	地方各级人民政府应当依法加强对本行政区域内税收管理工作的领导或者协调，支持税务机关依法执行职务，依照法定税率计算税额，依法征收税款。各有关部门和单位应当支持、协助税务机关依法执行职务

【考点子题——举一反三，真枪实练】

[1]（2015年·单选题）下列税费的征收管理，适用《中华人民共和国税收征收管理法》的是（ ）。

A. 关税　B. 房产税　C. 教育费附加　D. 海关代征增值税

第二节　税务管理

税务登记管理

【考点母题——万变不离其宗】税务登记管理

基本概念	A. 税务登记是税务机关对纳税人的生产、经营活动进行登记并据此对纳税人实施税务管理的一种法定制度 B. 县以上（含本级，下同）税务局（分局）是税务登记的主管税务机关，负责税务登记的设立登记、变更登记、注销登记和税务登记证验证、换证以及非正常户处理、报验登记等有关事项 C. 国家税务总局（分局）执行统一纳税人识别号。纳税人识别号由省、自治区、直辖市和计划单列市税务局按照纳税人识别号代码行业标准联合编制，统一下发各地执行。已领取组织机构代码的纳税人，其纳税人识别号共 15 位，由纳税人登记所在地 6 位行政区划码 +9 位组织机构代码组成。以业主身份证件为有效身份证明的组织，即未取得组织机构代码证书的个体工商户以及持回乡证、通行证、护照办理税务登记的纳税人，其纳税人识别号由身份证件号码 +2 位顺序码组成。纳税人识别号具有唯一性
设立税务登记	（1）下列关于设立税务登记的主体的表述，正确的有（　）。
	A. 企业，企业在外地设立的分支机构和从事生产、经营的场所，个体工商户和从事生产、经营的事业单位（以下统称从事生产、经营的纳税人），向生产、经营所在地税务机关申报办理税务登记 B. 规定以外的其他纳税人，除国家机关、个人和无固定生产、经营场所的流动性农村小商贩外，均应当自纳税义务发生之日起 30 日内，向纳税义务发生地税务机关申报办理税务登记 【说明】 1. 税务机关对纳税人税务登记地点发生争议的，由其共同的上级税务机关指定管辖。 2. 设立税务登记的时间：领取工商营业执照之日起或纳税义务发生之日起 30 日内。 【特别注意】 1. 目前税务登记证和工商营业执照、组织机构代码证实行“三证合一”，由“三证联办”和“一证三码”逐渐发展为“一证一码”。“三证联办”是指工商、质监、税务部门实现工商营业执照、组织机构代码证和税务登记证“三证”联办同发。“一证三码”是工商、质监、税务部门的工商营业执照、组织机构代码证和税务登记证共同赋码，向市场主体发放包含“三证”功能三个代码的证照，简称“一证三码”。 2. 自 2015 年 10 月 1 日起，新设立企业、农民专业合作社领取由工商行政管理部门核发加载法人和其他组织社会统一社会信用代码的营业执照后，无需再次进行税务登记，不再领取税务登记证。 3. 对于 2016 年 1 月 1 日以后在机构编制、民政部门登记设立并取得统一社会信用代码的纳税人，以 18 位统一社会信用代码为其纳税人识别号，按照现行规定办理税务登记，发放税务登记证件。

续表

<table>
<tr><td rowspan="8">变更、注销税务登记</td><td colspan="2">（2）下列关于变更税务登记的表述，正确的有（　　）。</td></tr>
<tr><td colspan="2">A. 变更税务登记，是纳税人税务登记内容发生变化时向税务机关申报办理的税务登记手续
B. 纳税人已在工商行政管理机关办理变更登记的，应当自工商行政管理机关变更登记之日起 30 日内，向原税务登记机关申报办理变更税务登记（先工商变更，后税务变更）</td></tr>
<tr><td colspan="2">（3）下列关于注销税务登记的表述，正确的有（　　）。</td></tr>
<tr><td colspan="2">A. 纳税人发生解散、破产、撤销以及其他情形，依法终止纳税义务的，应当在向工商行政管理机关或者其他机关办理注销登记前，持有关证件和资料向原税务登记机关申报办理注销税务登记（先税务注销，后工商注销）；按规定不需要在工商行政管理机关或者其他机关办理注册登记的，应当自有关机关批准或者宣告终止之日起 15 日内，持有关证件和资料向原税务登记机关申报办理注销税务登记</td></tr>
<tr><td colspan="2">B. 纳税人被工商行政管理机关吊销营业执照或者被其他机关予以撤销登记的，应当自营业执照被吊销或者被撤销登记之日起 15 日内，向原税务登记机关申报办理注销税务登记</td></tr>
<tr><td colspan="2">C. 纳税人因住所、经营地点变动，涉及变更税务登记机关的，应当在向工商行政管理机关或者其他机关申请办理变更、注销登记前，或者住所、经营地点变动前，持有关证件和资料，向原税务登记机关申报办理注销税务登记</td></tr>
<tr><td colspan="2">D. 纳税人办理注销税务登记前，应当向税务机关提交相关证明文件和资料，结清应纳税款、多退（免）税款、滞纳金和罚款，缴销发票、税务登记证件和其他税务证件，经税务机关核准后，办理注销税务登记手续</td></tr>
<tr><td>E. 进一步优化办理企业税务注销程序</td><td>a. 申请简易注销（对向市场监管部门申请简易注销的纳税人，符合下列情形之一的，可免予到税务机关办理清税证明，直接向市场监管部门申请办理注销登记）
①未办理过涉税事宜的
②办理过涉税事宜但未领用发票、无欠税（滞纳金）及罚款的
【说明】办理过涉税事宜但未领用发票、无欠税（滞纳金）及罚款的纳税人，主动到税务机关办理清税，资料齐全的，税务机关即时出具清税文书；资料不齐的，可采取“承诺制”容缺办理，在其作出承诺后，即时出具清税文书。
③经人民法院裁定宣告破产的纳税人，持人民法院终结破产程序裁定书向税务机关申请税务注销的，税务机关即时出具清税文书，按照有关规定核销“死欠”。
b. 对向市场监管部门申请一般注销的纳税人，税务机关在为其办理税务注销时，进一步落实限时办结规定。对未处于税务检查状态、无欠税（滞纳金）及罚款、已缴销增值税专用发票及税控专用设备，且符合下列情形之一的纳税人，优化即时办结服务，采取“承诺制”容缺办理，即：纳税人在办理税务注销时，若资料不齐，可在其作出承诺后，税务机关即时出具清税文书
①纳税信用级别为 A 级和 B 级的纳税人
②控股母公司纳税信用级别为 A 级的 M 级纳税人
③省级人民政府引进人才或经省级以上行业协会等机构认定的行业领军人才等创办的企业</td></tr>
</table>

续表

变更、注销税务登记	E. 进一步优化办理企业税务注销程序	④未纳入纳税信用级别评价的定期定额个体工商户 ⑤未达到增值税纳税起征点的纳税人 c. 处于非正常状态纳税人在办理税务注销前，需先解除非正常状态，补办纳税申报手续 d. 纳税人办理税务注销前，无需向税务机关提出终止“委托扣款协议书”申请。税务机关办结税务注销后，委托扣款协议自动终止 e. 对已实行实名办税的纳税人，免予提供以下证件、资料： ①《税务登记证》正（副）本、《临时税务登记证》正（副）本和《发票领购簿》 ②市场监督管理部门吊销营业执照决定原件（复印件） ③上级主管部门批复文件或董事会决议原件（复印件） ④项目完工证明、验收证明等相关文件原件（复印件）
停业、复业登记	（4）下列关于税务停业复业登记的表述，正确的有（　）。	
	A. 实行定期定额征收方式的个体工商户需要停业的，应当在停业前向税务机关申报办理停业登记。纳税人的停业期限不得超过 1 年	
	B. 纳税人应当于恢复生产经营之前，向税务机关申报办理复业登记，如实填写《停业复业报告书》，领回并启用《税务登记证》《发票领购簿》及其停业前领购的发票	
非正常户处理	（5）下列关于税务部门对非正常户处理方式的表述，正确的有（　）。	
	A. 纳税人连续 3 个月所有税种均未进行纳税申报的，税收征管系统自动将其认定为非正常户，并停止其《发票领购簿》和发票的使用	
	B. 对欠税的非正常户，税务机关依照《税收征管法》及其《实施细则》的规定追征税款及滞纳金	
	C. 已认定为非正常户的纳税人，就其逾期未申报行为接受处罚、缴纳罚款，并补办纳税申报的，税收征管系统自动解除非正常状态，无需纳税人专门申请解除	

【考点子题—举一反三，真枪实练】

［2］（2019 年 • 多选题）在办理税务注销时，对未处于税务检查状态、无欠税及罚款、已缴销增值税专用发票及税控专用设备，且符合下列情形之一的纳税人，可以采取“承诺制”容缺办理的有（　）。

A. 纳税信用级别为 B 级的纳税人

B. 未达到增值税纳税起征点的纳税人

C. 省级人民政府引进人才创办的企业

D. 控股母公司纳税信用级别为 B 级的 M 级纳税人

［3］（2018 年 • 单选题）下列情形中，纳税人应当注销税务登记的是（　）。

A. 纳税人改变生产经营方式的

B. 纳税人被工商行政管理部门吊销营业执照的

C. 纳税人改变名称的

D. 纳税人改变住所和经营地点未涉及改变原主管税务机关的

[4]（2016年·单选题）企业发生的下列情形中，应当办理注销税务登记的是（　）。

A. 纳税人改变生产经营方式的

B. 纳税人改变名称的

C. 纳税人改变住所和经营地点未涉及改变原主管税务机关的

D. 纳税人因经营期届满而自动解散

[5]（2013年·单选题）下列关于税务登记时限的表述中，正确的是（　）。

A. 从事生产经营的纳税人，应当自领取营业执照之日起10日内办理税务登记

B. 从事生产经营以外的纳税人，应当自纳税义务发生之日起15日内办理税务登记

C. 税务登记内容发生变化的，应当自变更营业执照之日起20日内办理变更税务登记

D. 境外企业在中国境内提供劳务的，应当自项目合同签订之日起30日内办理税务登记

[6]（2012年·单选题）根据《税收征管法》及其实施细则的规定，企业向税务机关申报办理税务登记的时间是（　）。

A. 自领取营业执照之日起15日内　　B. 自领取营业执照之日起30日内

C. 自申请营业执照之日起45日内　　D. 自申请营业执照之日起60日内

考点2 账簿、凭证管理

【考点母题——万变不离其宗】账簿、凭证管理、发票管理

<table>
<tr><td rowspan="2">账簿凭证管理</td><td>（1）下列关于账簿、凭证的管理的表述，正确的有（　）。</td></tr>
<tr><td>A. 从事生产、经营的纳税人应当自领取营业执照或者发生纳税义务之日起15日内设置账簿
B. 扣缴义务人应当自税收法律、行政法规规定的扣缴义务发生之日起10日内，按照所代扣、代收的税种，分别设置代扣代缴、代收代缴税款账簿
C. 账簿、会计凭证和报表应当使用中文
【说明】民族自治地方可以同时使用当地通用的一种民族文字。外商投资企业和外国企业可以同时使用一种外国文字。如外商投资企业、外国企业的会计记录不使用中文的，应按“未按照规定设置、保管账簿或者保管记账凭证和有关资料”的规定处理。
D. 从事生产、经营的纳税人必须将所采用的财务、会计制度和具体的财务、会计处理办法，自领取税务登记证件之日起15日内，及时报送主管税务机关备案
E. 账簿、记账凭证、报表、完税凭证、发票、出口凭证以及其他有关涉税资料应当保存10年</td></tr>
</table>

续表

<table>
<tr><td rowspan="7">发票管理</td><td>【说明】
1. 税务机关是发票的主管机关，负责发票的印制、领购、开具、取得、保管、缴销的管理和监督。
2. 在全国范围内统一式样的发票，由国家税务总局确定。在省、自治区、直辖市范围内统一式样的发票，由省、自治区、直辖市税务局（以下简称省税务局）确定。</td></tr>
<tr><td>【说明】增值税专用发票由国务院税务主管部门指定的企业印制；其他发票，按照国务院税务主管部门的规定，分别由省、自治区、直辖市国家税务局、地方税务局指定企业印制。未经规定的税务机关指定，不得印制发票。</td></tr>
<tr><td>（2）下列关于发票领购管理的表述，正确的有（　）。</td></tr>
<tr><td>A. 需要领购发票的单位和个人，应当持税务登记证件、经办人身份证明、按照国务院税务主管部门规定式样制作的发票专用章的印模，向主管税务机关办理发票领购手续。主管税务机关根据领购单位和个人的经营范围和规模，确认领购发票的种类、数量以及领购方式，在 5 个工作日内发给发票领购簿
B. 税务机关根据发票管理的需要，可以按照国务院税务主管部门的规定委托其他单位代开发票，禁止非法代开发票
C. 税务机关对外省、自治区、直辖市来本辖区从事临时经营活动的单位和个人领购发票的，可以要求其提供保证人或者根据所领购发票的票面限额以及数量交纳不超过 1 万元的保证金，并限期缴销发票
D. 税务机关收取保证金应当开具资金往来结算票据</td></tr>
<tr><td>（3）下列关于发票开具和保管的表述，正确的有（　）。</td></tr>
<tr><td>A. 销售商品、提供服务以及从事其他经营活动的单位和个人，对外发生经营业务收取款项，收款方应当向付款方开具发票；特殊情况下，由付款方向收款方开具发票
B. 所有单位和从事生产、经营活动的个人在购买商品、接受服务以及从事其他经营活动支付款项时，应当向收款方取得发票。取得发票时，不得要求变更品名和金额
C. 不符合规定的发票，不得作为财务报销凭证，任何单位和个人有权拒收。任何单位和个人不得有下列虚开发票行为
a. 为他人、为自己开具与实际经营业务情况不符的发票
b. 让他人为自己开具与实际经营业务情况不符的发票
c. 介绍他人开具与实际经营业务情况不符的发票
D. 安装税控装置的单位和个人，应当按照规定使用税控装置开具发票，并按期向主管税务机关报送开具发票的数据。使用非税控电子器具开具发票的，应当将非税控电子器具使用的软件程序说明资料报主管税务机关备案，并按照规定保存、报送开具发票的数据
E. 任何单位和个人应当按照发票管理规定使用发票，不得有下列行为：
a. 转借、转让、介绍他人转让发票、发票监制章和发票防伪专用品
b. 知道或者应当知道是私自印制、伪造、变造、非法取得或者废止的发票而受让、开具、存放、携带、邮寄、运输
c. 拆本使用发票　d. 扩大发票使用范围　e. 以其他凭证代替发票使用
F. 除国务院税务主管部门规定的特殊情形外，发票限于领购单位和个人在本省、自治区、直辖市内开具
G. 除国务院税务主管部门规定的特殊情形外，任何单位和个人不得跨规定的使用区域携带、邮寄、运输空白发票。禁止携带、邮寄或者运输空白发票出入境
H. 开具发票的单位和个人应当按照税务机关的规定存放和保管发票，不得擅自损毁。已经开具的发票存根联和发票登记簿，应当保存 5 年。保存期满，报经税务机关查验后销毁</td></tr>
</table>

续表

<table>
<tr><td rowspan="4">发票管理</td><td colspan="2">（4）税务机关在发票管理中有权进行的检查包括（　）。</td></tr>
<tr><td colspan="2">A. 检查印制、领购、开具、取得和保管发票的情况
B. 调出发票查验
C. 查阅、复制与发票有关的凭证、资料
D. 向当事各方询问与发票有关的问题和情况
E. 在查处发票案件时，对与案件有关的情况和资料，可以记录、录音、录像、照相和复制</td></tr>
<tr><td colspan="2">（5）下列属于 2014 年国家税务总局《关于创新税收服务和管理的意见》对发票发放领用的服务与监管提出新的要求（　）。
A. 及时为纳税人提供清晰的发票领用指南
B. 简化发票申领程序。一般纳税人申请增值税专用发票（包括增值税专用发票和货物运输业增值税专用发票）最高开票限额不超过 10 万元的，主管税务机关不需事前进行实地查验
C. 不断提高发票管理信息化水平</td></tr>
<tr><td>（6）下列关于增值税电子普通发票的推广与应用的说法，正确的有（　）。</td><td>A. 规定了增值税电子发票系统开具的增值税电子普通发票票样
B. 增值税电子普通发票的开票方和受票方需要纸质发票的，可以自行打印增值税电子普通发票的版式文件，其法律效力、基本用途、基本使用规定等与税务机关监制的增值税普通发票相同
C. 增值税电子普通发票的发票代码为 12 位，编码规则：第 1 位为 0，第 2~5 位代表省、自治区、直辖市和计划单列市，第 6~7 位代表年度，第 8~10 位代表批次，第 11~12 位代表票种（11 代表增值税电子普通发票）。发票号码为 8 位，按年度、分批次编制
D. 除北京市、上海市、浙江省、深圳市外，其他地区已使用电子发票的增值税纳税人，应于 2015 年 12 月 31 日前完成相关系统对接技术改造，自 2016 年 1 月 1 日起使用增值税电子发票系统开具增值税电子普通发票，同时其他开具电子发票的系统停止使用</td></tr>
<tr><td></td><td>（7）下列关于网络发票管理的说法，正确的有（　）。</td><td>A. 税务机关应根据开具发票的单位和个人的经营情况，核定其在线开具网络发票的种类、行业类别、开票限额等内容。开具发票的单位和个人需要变更网络发票核定内容的，可向税务机关提出书面申请，经税务机关确认，予以变更
B. 开具发票的单位和个人开具网络发票应登录网络发票管理系统，如实完整填写发票的相关内容及数据，确认保存后打印发票。开具发票的单位和个人在线开具的网络发票，经系统自动保存数据后即完成开票信息的确认、查验
C. 单位和个人取得网络发票时，应及时查询验证网络发票信息的真实性、完整性，对不符合规定的发票，不得作为财务报销凭证，任何单位和个人有权拒收
D. 开具发票的单位和个人需要开具红字发票的，必须收回原网络发票全部联次或取得受票方出具的有效证明，通过网络发票管理系统开具金额为负数的红字网络发票。开具发票的单位和个人作废开具的网络发票，应收回原网络发票全部联次，注明“作废”，并在网络发票管理系统中进行发票作废处理。开具发票的单位和个人应当在办理变更或者注销税务登记的同时，办理网络发票管理系统的用户变更、注销手续并缴销空白发票</td></tr>
</table>

续表

<table>
<tr><td rowspan="3">发票管理</td><td rowspan="3">（7）下列关于网络发票管理的说法，正确的有（　）。</td><td>E. 税务机关根据发票管理的需要，可以按照国家税务总局的规定委托其他单位通过网络发票管理系统代开网络发票。税务机关应当与受托代开发票的单位签订协议，明确代开网络发票的种类、对象、内容和相关责任等内容</td></tr>
<tr><td>F. 开具发票的单位和个人必须如实在线开具网络发票，不得利用网络发票进行转借、转让、虚开发票及其他违法活动。当网络出现故障，无法在线开具发票时，可离线开具发票。开具发票后，不得改动开票信息，并于 48 小时内上传开票信息</td></tr>
<tr><td>G. 省以上税务机关在确保网络发票电子信息正确生成、可靠存储、查询验证、安全唯一等条件的情况下，可以试行电子发票</td></tr>
<tr><td colspan="2">税控管理</td><td>未能按照规定安装、使用税控装置，损毁或者擅自改动税控装置的，由税务机关责令限期改正，可以处以 2 000 元以下的罚款；情节严重的，处 2 000 元以上 10 000 元以下的罚款</td></tr>
</table>

考点 3　纳税申报管理

【考点母题——万变不离其宗】纳税申报管理

<table>
<tr><td colspan="2">下列关于纳税申报管理的表述，正确的有（　）。</td></tr>
<tr><td>纳税申报的对象</td><td>A. 纳税申报的对象为纳税人和扣缴义务人
B. 纳税人在纳税期内没有应纳税款的，也应当按照规定办理纳税申报
C. 纳税人享受减税、免税待遇的，在减税、免税期间应当按照规定办理纳税申报</td></tr>
<tr><td>纳税申报的内容</td><td>D. 主要内容包括：税种、税目，应纳税项目或者应代扣代缴、代收代缴税款项目，计税依据，扣除项目及标准，适用税率或者单位税额，应退税项目及税额、应减免税项目及税额，应纳税额或者应代扣代缴、代收代缴税额，以及税款所属期限、延期缴纳税款、欠税、滞纳金等</td></tr>
<tr><td>纳税申报的期限</td><td>E. 申报期限有两种：一种是法律、行政法规明确规定的；另一种是税务机关按照法律、行政法规的原则规定，结合纳税人生产经营的实际情况及其所应缴纳的税种等相关问题予以确定的
【说明】两种期限具有同等的法律效力。</td></tr>
<tr><td>纳税申报的要求</td><td>F. 纳税人办理纳税申报时，应当如实填写纳税申报表，并根据不同的情况相应报送下列有关证件、资料
a. 财务会计报表及其说明材料　　b. 与纳税有关的合同、协议书及凭证
c. 税控装置的电子报税资料　　d. 外出经营活动税收管理证明和异地完税凭证
e. 境内或者境外公证机构出具的有关证明文件
f. 税务机关规定应当报送的其他有关证件、资料
g. 扣缴义务人办理代扣代缴、代收代缴税款报告时，应当如实填写代扣代缴、代收代缴税款报告表，并报送代扣代缴、代收代缴税款的合法凭证以及税务机关规定的其他有关证件、资料</td></tr>
</table>

续表

纳税申报的方式	G. 申报方式包括直接申报、邮寄申报和数据电文 【说明】 1. 纳税人采取邮寄方式办理纳税申报的，应当使用统一的纳税申报专用信封，并以邮政部门收据作为申报凭据。邮寄申报以寄出的邮戳日期为实际申报日期。 2. 目前纳税人的网上申报，就是数据电文申报方式的一种形式。 3. 除上述方式外，实行定期定额缴纳税款的纳税人，可以实行简易申报、简并征期等申报纳税方式。
延期申报管理	H. 纳税人因有特殊情况，不能按期进行纳税申报的，经县以上税务机关核准，可以延期申报 【说明】延期纳税的审批权是省级税务机关。

【考点子题——举一反三，真枪实练】

[7]（2017年·多选题）根据《税收征收管理法》规定，下列属于纳税申报对象的有（　）。

A. 代扣代缴义务人　　B. 享受减税的纳税人

C. 享受免税的纳税人　　D. 纳税期内没有应纳税款的纳税人

[8]（2011年·单选题）下列各项关于纳税申报管理的表述中，正确的是（　）。

A. 扣缴人不得采取邮寄申报的方式

B. 纳税人在纳税期内没有应纳税款的，不必办理纳税申报

C. 实行定期定额缴纳税款的纳税人可以实行简易申报、简并征期等申报纳税方式

D. 主管税务机关根据纳税人实际情况及其所纳税种确定的纳税申报期限不具有法律效力

[9]（2013年·多选题）下列纳税申报方式中，符合税收征收管理法规定的有（　）。

A. 直接申报　　B. 数据电文　　C. 邮寄申报　　D. 口头申报

第三节　税款征收

考点 1　税款征收的原则和方式

【考点母题——万变不离其宗】税款征收的原则和方式

<table>
<tr><td rowspan="7">征收原则</td><td colspan="2">（1）下列属于税款征收原则的有（　　）。</td></tr>
<tr><td colspan="2">A. 税务机关是征税的唯一行政主体</td></tr>
<tr><td colspan="2">B. 税务机关只能依照法律、行政法规的规定征收税款</td></tr>
<tr><td colspan="2">C. 税务机关不得违反法律、行政法规的规定开征、停征、多征、少征、提前征收或者延缓征收税款或者摊派税款</td></tr>
<tr><td colspan="2">D. 税务机关征收税款必须遵守法定权限和法定程序</td></tr>
<tr><td colspan="2">E. 税务机关征收税款或扣押、查封商品、货物或其他财产时，必须向纳税人开具完税凭证或开付扣押、查封的收据或清单</td></tr>
<tr><td colspan="2">F. 税款、滞纳金、罚款统一由税务机关上缴国库</td></tr>
<tr><td>征收原则</td><td>G. 税款优先</td><td>a. 税收优先于无担保债权
【说明】税收优先于无担保债权是有条件的，也就是说并不是优先于所有的无担保债权，对于法律上另有规定的无担保债权，不能行使税收优先权。
b. 纳税人发生欠税在前的，税收优先于抵押权、质权和留置权的执行
【说明】这里有两个前提条件：其一，纳税人有欠税；其二，欠税发生在前。即纳税人的欠税发生在以其财产设定抵押、质押或被留置之前。纳税人在有欠税的情况下设置抵押权、质权、留置权时，纳税人应当向抵押权人、质权人说明其欠税情况。
c. 税收优先于罚款、没收非法所得
①纳税人欠缴税款，同时又被税务机关决定处以罚款、没收非法所得的，税收优先于罚款、没收非法所得
②纳税人欠缴税款，同时又被税务机关以外的其他行政部门处以罚款、没收非法所得的，税款优先于罚款、没收非法所得</td></tr>
<tr><td rowspan="3">征收方式</td><td colspan="2">（2）下列属于税款征收方式的有（　　）。</td></tr>
<tr><td>A. 查账征收</td><td>适用于财务会计制度较为健全，能够认真履行纳税义务的纳税单位</td></tr>
<tr><td>B. 查定征收</td><td>适用于账册不够健全，但是能够控制原材料或进销货的纳税单位</td></tr>
</table>

第 13 章

续表

征收方式	C. 查验征收	适用于经营品种比较单一，经营地点、时间和商品来源不固定的纳税单位
	D. 定期定额征收	适用于无完整考核依据的小型纳税单位
	E. 委托代征税款	适用于小额、零散税源的征收
	F. 邮寄纳税	适用于有能力按期纳税，但采用其他方式纳税又不方便的纳税人
	G. 其他方式	如利用网络申报、用 IC 卡纳税等方式

考点 2 税款征收制度

【考点母题——万变不离其宗】代扣代缴、代收代缴税款制度

下列关于代扣代缴、代收代缴税款制度的表述，正确的有（ ）。
A. 对法律、行政法规没有规定负有代扣、代收税款义务的单位和个人，税务机关不得要求其履行代扣、代收税款义务
B. 税法规定的扣缴义务人必须依法履行代扣、代收税款义务。如果不履行义务，就要承担法律责任
C. 扣缴义务人依法履行代扣、代收税款义务时，纳税人不得拒绝。纳税人拒绝的，扣缴义务人应当及时报告主管税务机关处理。对扣缴义务人应扣未扣、应收而不收税款的，由税务机关向纳税人追缴税款，对扣缴义务人处以应扣未扣、应收未收税款 50% 以上 3 倍以下的罚款
D. 扣缴义务人代扣、代收税款，只限于法律、行政法规规定的范围，并依照法律、行政法规规定的征收标准执行
E. 税务机关按照规定付给扣缴义务人代扣、代收手续费。代扣、代收税款手续费只能由县（市）以上税务机关统一办理退库手续，不得在征收税款过程中坐支

【考点子题——举一反三，真枪实练】

［10］（2014 年 • 单选题）下列关于税款扣缴制度的表述中，正确的是（ ）。

A. 代扣税款手续费可以由税务所统一办理退库手续

B. 个人收到的个人所得税扣缴手续费，应计征个人所得税

C. 对扣缴义务人未履行扣缴义务的，可处以应扣未扣税款 50% 以上 3 倍以下的罚款

D. 扣缴义务人履行扣缴义务时，可从所扣缴的税款中减除扣缴手续费后再上交税务机关

【考点母题——万变不离其宗】延期缴纳税款制度

纳税人和扣缴义务人必须在税法规定的期限内缴纳、解缴税款。下列关于延期缴纳税款制度的表述，正确的有（ ）。

续表

A. 纳税人因有特殊困难，不能按期缴纳税款的，经省、自治区、直辖市国家税务局批准，可以延期缴纳税款，但最长不得超过 3 个月	【说明】特殊困难的主要内容：一是因不可抗力，导致纳税人发生较大损失，正常生产经营活动受到较大影响的；二是当期货币资金在扣除应付职工工资、社会保险费后，不足以缴纳税款的。
B. 在规定期限内提出书面申请 【说明】纳税人需要延期缴纳税款的，应当在缴纳税款期限届满前提出申请。税务机关应当自收到申请延期缴纳税款报告之日起 20 日内作出批准或者不予批准的决定；不予批准的，从缴纳税款期限届满之次日起加收滞纳金。	
C. 税款的延期缴纳，必须经省、自治区、直辖市税务局批准，方为有效	
D. 延期期限最长不得超过 3 个月，同一笔税款不得滚动审批	
E. 批准延期内免予加收滞纳金	

【考点子题——举一反三，真枪实练】

[11]（2017 年 • 单选题）下列关于延期缴纳税款的表述中，正确的是（ ）。

A. 批准的延期期限内加收滞纳金

B. 延期缴纳的同一笔税款不得滚动审批

C. 延期缴纳税款的期限最长不得超过 30 天

D. 延期缴纳税款必须经县级税务机关批准

【考点母题——万变不离其宗】税收滞纳金征收制度

下列关于税收滞纳金征收制度的表述，正确的有（ ）。
A. 纳税人未按照规定期限缴纳税款的，扣缴义务人未按照规定期限解缴税款的，税务机关除责令限期缴纳外，从滞纳税款之日起，按日加收滞纳税款万分之五的滞纳金
B. 对纳税人、扣缴义务人、纳税担保人应缴纳的欠税及滞纳金不再要求同时缴纳，可先行缴纳欠税，再依法缴纳滞纳金
C. 从滞纳之日起加收滞纳金（加收滞纳金的起止时间为法律、行政法规规定或者税务机关依照法律、行政法规的规定确定的税款缴纳期限届满次日起至纳税人、扣缴义务人实际缴纳或者解缴税款之日止）
D. 拒绝缴纳滞纳金的，可以按不履行纳税义务实行强制执行措施，强行划拨或者强制征收

【考点母题——万变不离其宗】减免税收制度

下列关于减免税收制度的表述，正确的有（ ）。
A. 纳税人应依照法律、行政法规的规定办理减税、免税
B. 地方各级人民政府、各级人民政府主管部门、单位和个人违反法律、行政法规规定，擅自作出的减税、免税决定无效，税务机关不得执行，并向上级税务机关报告

续表

C. 享受减税、免税优惠的纳税人，减税、免税期满，应当自期满次日起恢复纳税；减税、免税条件发生变化的，应当在纳税申报时向税务机关报告；不再符合减税、免税条件的，应当依法履行纳税义务；未依法纳税的，税务机关应当予以追缴

【考点母题——万变不离其宗】税额核定和税收调整制度

税额核定制度	（1）纳税人具有下列情形，税务机关有权核定其应纳税额的有（　）。
	A. 依照法律、行政法规的规定可以不设置账簿的 B. 依照法律、行政法规的规定应当设置但未设置账簿的 C. 擅自销毁账簿或者拒不提供纳税资料的 D. 虽设置账簿，但账目混乱或者成本资料、收入凭证、费用凭证残缺不全，难以查账的 E. 发生纳税义务，未按照规定的期限办理纳税申报，经税务机关责令限期申报，逾期仍不申报的 F. 纳税人申报的计税依据明显偏低，又无正当理由的
税务机关核定税额的方法	（2）下列有关税务机关核定税额的方法，表述正确的有（　）。
	A. 参照当地同类行业或者类似行业中，经营规模和收入水平相近的纳税人的税负水平核定 B. 按照营业收入或成本加合理费用和利润的方法核定 C. 按照耗用的原材料、燃料、动力等推算或者测算核定 D. 按照其他合理的方法核定
税收调整制度	（3）纳税人与其关联企业之间的业务往来有下列情形的，税务机关可以调整其应纳税额（　）。
	A. 购销业务未按照独立企业之间的业务往来作价 B. 融通资金所支付或者收取的利息超过或者低于没有关联关系的企业之间所能同意的数额，或者利率超过或者低于同类业务的正常利率 C. 提供劳务，未按照独立企业之间的业务往来收取或者支付劳务费用 D. 转让财产、提供财产使用权等业务往来，未按照独立企业之间的业务往来作价或者收取、支付费用 E. 未按照独立企业之间业务往来作价的其他情形
税额调整方法	（4）下列有关税额调整方法，表述正确的有（　）。
	A. 按照独立企业之间进行的相同或者类似业务活动的价格 B. 按照再销售给无关联关系的第三者的价格所应取得的收入和利润水平 C. 按照成本加合理的费用和利润 D. 按照其他合理的方法
调整期限	纳税人与其关联企业未按照独立企业之间的业务往来支付价款、费用的，税务机关自该业务往来发生的纳税年度起3年内进行调整；有特殊情况的，可以自该业务往来发生的纳税年度起10年内进行调整

【考点子题——举一反三，真枪实练】

[12]（2010年•多选题）下列纳税人中，税务机关有权核定其应纳税额的有（　）。

A. 虽设置账簿，但账目混乱，难以查账的纳税人

B. 虽设置账簿，但会计报表编制格式有问题的纳税人

C. 依照法律、行政法规的规定可以不设置账簿的纳税人

D. 依照法律、行政法规的规定应当设置但未设置账簿的纳税人

【考点题源】未办理税务登记的从事生产、经营的纳税人，以及临时从事经营纳税人的税款征收制度

适用对象	对未按照规定办理税务登记的从事生产、经营的纳税人以及临时从事生产、经营的纳税人，由税务机关核定其应纳税额，责令缴纳；不缴纳的，税务机关可以扣押其价值相当于应纳税款的商品、货物。扣押后缴纳应纳税款的，税务机关必须立即解除扣押，并归还所扣押的商品、货物；扣押后仍不缴纳应纳税款的，经县以上税务局（分局）局长批准，依法拍卖或者变卖所扣押的商品、货物，以拍卖或者变卖所得抵缴税款
执行程序	1. 核定应纳税额 2. 责令缴纳 3. 扣押商品、货物 【说明 1】对经税务机关责令缴纳而不缴纳税款的纳税人，税务机关可以扣押其价值相当于应纳税款的商品、货物。纳税人应当自扣押之日起 15 日内缴纳税款。 【说明 2】对扣押的鲜活、易腐烂变质或者易失效的商品、货物，税务机关根据被扣押物品的保质期，可以缩短前款规定的扣押期限。 4. 解除扣押或者拍卖、变卖所扣押的商品、货物 【说明】纳税人在扣押后缴纳应纳税款的，税务机关必须立即解除扣押，并归还所扣押的商品、货物。 5. 抵缴税款 【说明】税务机关拍卖或者变卖所扣押的商品、货物后，以拍卖或者变卖所得抵缴税款。

【考点母题——万变不离其宗】税收保全措施

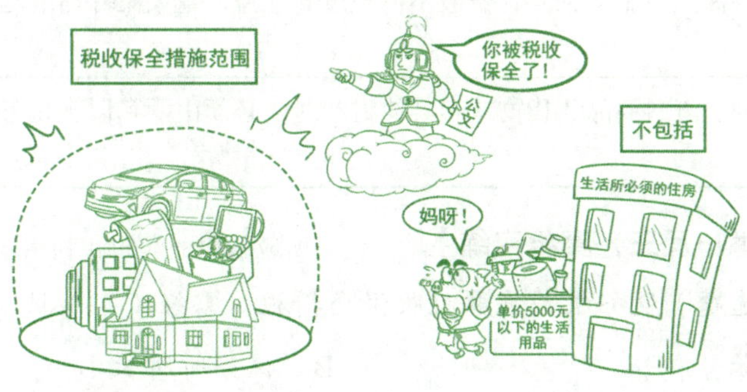

下列关于税收保全措施的表述，正确的有（　　）。
A. 税务机关有根据认为从事生产、经营的纳税人有逃避纳税义务行为的，可以在规定的纳税期之前，责令限期缴纳税款；在限期内发现纳税人有明显的转移、隐匿其应纳税的商品、货物以及其他财产迹象的，税务机关应责令其提供纳税担保 【说明】税收保全措施的适用范围仅限于从事生产、经营的纳税人，不包括非从事生产、经营的纳税人，也不包括扣缴义务人和纳税担保人。

续表

<table>
<tr><td>B. 如果纳税人不能提供纳税担保，经县以上税务局（分局）局长批准，税务机关可以采取下列税收保全措施：</td><td>a. 书面通知纳税人开户银行或者其他金融机构冻结纳税人的金额相当于应纳税款的存款
【说明】税务机关在采取此项措施时，应当注意的问题：
1. 应经县以上税务局（分局）局长批准。
2. 冻结的存款数额要以相当于纳税人应纳税款的数额为限，而不是全部存款。
3. 如果纳税人在税务机关采取税收保全措施后按照税务机关规定的期限缴纳了税款，税务机关应当自收到税款或银行转回的完税凭证之日起1日内解除税收保全。
b. 扣押、查封纳税人的价值相当于应纳税款的商品、货物或者其他财产
【说明】其他财产包括纳税人的房地产、现金、有价证券等不动产和动产。</td></tr>
<tr><td colspan="2">C. 纳税人在规定的限期内缴纳税款的，税务机关必须立即解除税收保全措施；限期期满仍未缴纳税款的，经县以上税务局（分局）局长批准，税务机关可以书面通知纳税人开户银行或者其他金融机构，从其冻结的存款中扣缴税款，或者依法拍卖或者变卖所扣押、查封的商品、货物或者其他财产，以拍卖或者变卖所得抵缴税款</td></tr>
<tr><td colspan="2">D. 个人及其所扶养家属维持生活必需的住房和用品，不在税收保全措施的范围之内
【说明】生活必需的住房和用品不包括机动车辆、金银饰品、古玩字画、豪华住宅或者一处以外的住房。税务机关对单价5 000元以下的其他生活用品，不采取税收保全措施和强制执行措施。</td></tr>
<tr><td colspan="2">E. 税务机关采取税收保全措施的前提是从事生产、经营的纳税人有逃避纳税义务行为</td></tr>
<tr><td colspan="2">F. 税收保全的终止有两种情况：一是纳税人在规定的期限内缴纳了应纳税款的，税务机关必须立即解除税收保全措施；二是纳税人超过规定的期限仍不缴纳税款的，经税务局（分局）局长批准，终止保全措施，转入强制执行措施，即书面通知纳税人开户银行或者其他金融机构从其冻结的存款中扣缴税款，或者拍卖、变卖所扣押、查封的商品、货物或其他财产，以拍卖或者变卖所得抵缴税款</td></tr>
<tr><td colspan="2">G. 税务机关采取税收保全措施的期限，一般不得超过6个月，重大案件需要延长的，应报经国家税务总局批准</td></tr>
<tr><td colspan="2">H. 税务机关执行扣押、查封商品、货物或者其他财产时，必须由两名以上税务人员执行，并通知被执行人</td></tr>
</table>

【考点子题——举一反三，真枪实练】

[13]（2015年•单选题）税务机关采取税收保全措施，需经（　）批准。

A. 稽查局局长　　B. 税务所所长

C. 县以上税务局（分局）局长　　D. 国家税务总局局长

[14]（2010年•多选题）下列关于税务机关实施税收保全措施的表述中，正确的有（　）。

A. 税收保全措施仅限于从事生产、经营的纳税人

B. 只有在事实全部查清，取得充分证据的前提下才能进行

C. 冻结纳税人的存款时，其数额要以相当于纳税人应纳税款的数额为限

D. 个人及其扶养家属维持生活必需的住房和用品，不在税收保全措施的范围之内

[15]（2013 年 • 单选题）税务机关采取的下列措施中，属于税收保全措施的是（　）。

A. 查封纳税人的价值相当于应纳税款的商品或货物

B. 书面通知纳税人的开户银行从其银行存款中扣缴税款

C. 拍卖纳税人其价值相当于应纳税款的商品用以抵缴税款

D. 对纳税人逃避纳税义务的行为处以 2 000 元以上 5 000 元以下的罚款

【考点题源】税收强制执行措施

从事生产、经营的纳税人、扣缴义务人未按照规定的期限缴纳或者解缴税款，纳税担保人未按照规定的期限缴纳所担保的税款，由税务机关责令限期缴纳，逾期仍未缴纳的，经县以上税务局（分局）局长批准，税务机关可以采取下列强制执行措施：

1. 书面通知其开户银行或者其他金融机构从其存款中扣缴税款。
2. 扣押、查封、依法拍卖或者变卖其价值相当于应纳税款的商品、货物或者其他财产，以拍卖或者变卖所得抵缴税款。

【说明 1】税收强制执行措施不仅可以适用于从事生产经营的纳税人，而且可以适用于扣缴义务人和纳税担保人。

【说明 2】税收强制执行应坚持的原则是告诫在先。先行告诫，责令限期缴纳。逾期仍未缴纳的，再采取税收强制执行措施。

【说明 3】采取税收强制执行措施时，对纳税人、扣缴义务人、纳税担保人未缴纳的滞纳金必须同时强制执行。对纳税人已缴纳税款，但拒不缴纳滞纳金的，税务机关可以单独对纳税人应缴未缴的滞纳金采取强制执行措施。

【说明 4】在扣缴税款的同时，主管税务机关应按照《征管法》的规定，可以处以不缴或者少缴税款 50% 以上 5 倍以下的罚款。

【考点子题——举一反三，真枪实练】

[16]（2009 年 • 单选题）下列关于税收强制执行措施的表述中，正确的是（　）。

A. 税收强制执行措施不适用于扣缴义务人

B. 作为家庭唯一代步工具的轿车，不在税收强制执行的范围之内

C. 税务机关采取强制执行措施时，可对纳税人未缴纳的滞纳金同时强制执行

D. 税务机关可对未按期缴纳工薪收入个人所得税的个人实施税收强制执行措施

【考点题源】欠税清缴制度

1. 欠缴税款的审批权限	审批权限集中在省、自治区、直辖市税务局
2. 限期缴税时限	从事生产、经营的纳税人、扣缴义务人未按照规定的期限缴纳或者解缴税款的，纳税担保人未按照规定的期限缴纳所担保的税款的，由税务机关发出限期缴纳税款通知书，责令缴纳或者解缴税款的最长期限不得超过 15 日

续表

3. 建立欠税清缴制度	(1)扩大了阻止出境对象的范围。离境清税制度适用于依照我国税法规定，负有纳税义务且欠缴税款的所有自然人、法人的法定代表人和其他经济组织的负责人，包括外国人、无国籍人和中国公民 (2)大额欠税处分财产报告制度。欠缴税款数额在5万元以上的纳税人，在处分其不动产或者大额资产之前，应当向税务机关报告 (3)税务机关可以对欠缴税款的纳税人行使代位权、撤销权，即对纳税人的到期债权等财产权利，税务机关可以依法向第三者追索以抵缴税款

【考点母题——万变不离其宗】税款的退还和追征制度

税款的退还	(1)根据税收征收管理法律制度的规定，下列关于税款退还的表述正确的有( )。
	A. 税款退还的前提是纳税人已经缴纳了超过应纳税额的税款 B. 退还的方式包括税务机关发现后立即退还和纳税人发现后申请退还 C. 纳税人发现的，可以自结算缴纳税款之日起3年内要求退还。纳税人自结算缴纳税款之日起3年内发现的，可以向税务机关要求退还多缴纳的税款并加算银行同期存款利息，税务机关及时查实后应当立即退还 D. 税务机关发现的多缴税款，无论多长时间，都应当退还给纳税人
税款的追征	(2)根据税收征收管理法律制度的规定，下列关于税款追征的表述正确的有( )。
	A. 因税务机关责任，致使纳税人、扣缴义务人未缴或者少缴税款的，税务机关在3年内可要求纳税人、扣缴义务人补缴税款，但是不得加收滞纳金 B. 因纳税人、扣缴义务人计算等失误，未缴或者少缴税款的，税务机关在3年内可以追征税款、滞纳金；有特殊情况的追征期可以延长到5年 【说明】特殊情况，是指纳税人或者扣缴义务人因计算错误等失误，未缴或者少缴、未扣或者少扣、未收或者少收税款，累计数额在10万元以上的。 C. 对逃避缴纳税款、抗税、骗税的，税务机关追征其未缴或者少缴的税款、滞纳金或者所骗取的税款，不受规定期限的限制

【考点子题——举一反三，真枪实练】

[17](2010年·单选题)下列关于税款追征的表述中，正确的是( )。

A. 因税务机关责任，致使纳税人少缴税款的，税务机关在3年内可要求纳税人补缴税款，但不加收滞纳金

B. 因税务机关责任，致使纳税人少缴税款的，税务机关在3年内可要求纳税人补缴税款并按银行同期利率加收滞纳金

C. 对于纳税人逃避缴纳税款、抗税和骗取税款的，税务机关在20年内可以追征税款、滞纳金；有特殊情况的，追征期可延长到30年

D. 因纳税人计算等失误，未缴或者少缴税款的，税务机关在3年内可以追征税款、滞纳金；有特殊情况的，追征期可延长到10年

【考点母题——万变不离其宗】企业破产清算程序中的税收征管

下列关于企业破产清算程序中的税收征管制度的表述，正确的有（　）。
A. 税务机关在人民法院公告的债权申报期限内，向管理人申报企业所欠税款（含教育费附加、地方教育附加，下同）、滞纳金及罚款。因特别纳税调整产生的利息，也应一并申报
B. 在人民法院裁定受理破产申请之日至企业注销之日期间，企业应当接受税务机关的税务管理，履行税法规定的相关义务。破产程序中如发生应税情形，应按规定申报纳税
C. 企业因继续履行合同、生产经营或处置财产需要开具发票的，管理人可以以企业名义按规定申领开具发票或者代开发票
D. 企业所欠税款、滞纳金、因特别纳税调整产生的利息，税务机关按照企业破产法相关规定进行申报，其中，企业所欠的滞纳金、因特别纳税调整产生的利息按照普通破产债权申报

【考点母题——万变不离其宗】《无欠税证明》开具服务

下列关于《无欠税证明》开具服务制度的表述，正确的有（　）。
A.《无欠税证明》是指税务机关依纳税人申请，根据税收征管信息系统所记载的信息，为纳税人开具的表明其不存在欠税情形的证明 【说明】"不存在欠税情形"，是指纳税人在税收征管信息系统中，不存在应申报未申报记录且无下列应缴未缴的税款：（1）办理纳税申报后，纳税人未在税款缴纳期限内缴纳的税款；（2）经批准延期缴纳的税款期限已满，纳税人未在税款缴纳期限内缴纳的税款；（3）税务机关检查已查定纳税人的应补税额，纳税人未缴纳的税款；（4）税务机关根据《征管法》核定纳税人的应纳税额，纳税人未在税款缴纳期限内缴纳的税款；（5）纳税人的其他未在税款缴纳期限内缴纳的税款。
B. 已实行实名办税的纳税人到主管税务机关申请开具《无欠税证明》的，办税人员持有效身份证件直接申请开具，无需提供登记证照副本或税务登记证副本

[18]（2021年•单选题）下列有关企业破产清算程序中税收征管的表述，正确的是（　）。

A. 企业所欠税款对应的滞纳金按照普通破产债权申报

B. 企业因继续履行合同需要开具发票的，须由税务机关为其代开发票

C. 企业所欠税款、滞纳金、罚款以实际解缴税款之日为截止日计算确定

D. 在人民法院裁定受理破产申请之日至企业注销之日期间，企业应暂缓缴纳相关税款

第四节 税务检查

考点 1 税务检查的形式和方法

【考点母题——万变不离其宗】税务检查的形式和方法

税务检查的形式	（1）税务检查的形式主要有（ ）。
	A. 重点检查 B. 分类计划检查 C. 集中性检查 D. 临时性检查 E. 专项检查
税务检查的方法	（2）税务检查的方法主要有（ ）。
	A. 全查法 B. 抽查法 C. 顺查法 D. 逆查法 E. 现场检查法 F. 调账检查法 G. 比较分析法 H. 控制计算法 I. 审阅法 J. 核对法 K. 观察法 L. 外调法 M. 盘存法 N. 交叉稽核法

考点 2 税务检查的职责

【考点母题——万变不离其宗】税务检查的职责

下列各项，属于税务检查中税务机关的权利的有（ ）。
A. 检查纳税人的账簿、记账凭证、报表和有关资料，检查扣缴义务人代扣代缴、代收代缴税款账簿、记账凭证和有关资料 【说明】经县以上税务局（分局）局长批准，可以将纳税人、扣缴义务人以前会计年度的账簿、记账凭证、报表和其他有关资料调回税务机关检查，但是税务机关必须向纳税人、扣缴义务人开付清单，并在 3 个月内完整退还；有特殊情况的，经设区的市、自治州以上税务局局长批准，税务机关可以将纳税人、扣缴义务人当年的账簿、记账凭证、报表和其他有关资料调回检查，但是税务机关必须在 30 日内退还。 B. 到纳税人的生产、经营场所和货物存放地检查纳税人应纳税的商品、货物或者其他财产，检查扣缴义务人与代扣代缴、代收代缴税款有关的经营情况 C. 责成纳税人、扣缴义务人提供与纳税或者代扣代缴、代收代缴税款有关的文件、证明材料和有关资料 D. 询问纳税人、扣缴义务人与纳税或者代扣代缴、代收代缴税款有关的问题和情况 E. 到车站、码头、机场、邮政企业及其分支机构检查纳税人托运、邮寄应税商品、货物或者其他财产的有关单据、凭证和资料 F. 经县以上税务局（分局）局长批准，凭全国统一格式的检查存款账户许可证明，查询从事生产、经营的纳税人、扣缴义务人在银行或者其他金融机构的存款账户

续表

【其他职责】 1. 税务机关采取税收保全措施的期限一般不得超过 6 个月；重大案件需要延长的，应当报国家税务总局批准。 2. 税务机关调查税务违法案件时，对与案件有关的情况和资料，可以记录、录音、录像、照相和复制。 3. 税务机关对纳税人、扣缴义务人及其他当事人处以罚款或者没收违法所得时，应当开付罚没凭证；未开付罚没凭证的，纳税人、扣缴义务人以及其他当事人有权拒绝给付。

【考点子题——举一反三，真枪实练】

[19]（经典子题 • 多选题）下列关于税务机关行使税务检查权的表述中，符合税法规定的有（ ）。

A. 到纳税人的生产、经营场所和货物存放地检查纳税人应纳税的商品

B. 责成纳税人提供与纳税有关的文件，证明材料和有关资料

C. 到车站检查纳税人托运货物或者其他财产的有关单据、凭证和资料

D. 经县税务局长批准，凭统一格式的检查存款账户许可证，查询案件涉嫌人员的储蓄存款

第五节 法律责任

考点1 法律责任

【考点题源】法律责任

<table>
<tr><td>违反税务管理基本规定行为的处罚</td><td colspan="2">1. 纳税人有下列行为之一的，由税务机关责令限期改正，可以处2 000元以下的罚款；情节严重的，处2 000元以上1万元以下的罚款：
（1）未按照规定的期限申报办理税务登记、变更或者注销登记的
（2）未按照规定设置、保管账簿或者保管记账凭证和有关资料的
（3）未按照规定将财务、会计制度或者财务、会计处理办法和会计核算软件报送税务机关备查的
（4）未按照规定将其全部银行账号向税务机关报告的
（5）未按照规定安装、使用税控装置，或者损毁、擅自改动税控装置的
（6）纳税人未按照规定办理税务登记证件验证或者换证手续的
2. 纳税人不办理税务登记的，由税务机关责令限期改正；逾期不改正的，由工商行政管理机关吊销其营业执照
3. 纳税人通过提供虚假的证明资料等手段，骗取税务登记证的，处2 000元以下的罚款；情节严重的，处2 000元以上10 000元以下的罚款。纳税人涉嫌其他违法行为的，按有关法律、行政法规的规定处理
4. 扣缴义务人未按照规定办理扣缴税款登记的，税务机关应当自发现之日起3日内责令其限期改正，并可处以1 000元以下的罚款
5. 纳税人未按照规定使用税务登记证件，或者转借、涂改、损毁、买卖、伪造税务登记证件的，处2 000元以上10 000元以下的罚款；情节严重的，处10 000元以上50 000元以下的罚款</td></tr>
<tr><td rowspan="3">其他行为的法律责任</td><td rowspan="2">1. 罚款50%以上3倍以下</td><td>（1）扣缴义务人应扣未扣、应收而不收税款的，由税务机关向纳税人追缴税款，对扣缴义务人处应扣未扣、应收未收税款50%以上3倍以下的罚款</td></tr>
<tr><td>（2）税务代理人违反税收法律、行政法规，造成纳税人未缴或者少缴税款的，除由纳税人缴纳或者补缴应纳税款、滞纳金外，对税务代理人处纳税人未缴或者少缴税款50%以上3倍以下的罚款</td></tr>
<tr><td>2. 罚款50%以上5倍以下</td><td>（1）对纳税人逃避缴纳税款的，由税务机关追缴其不缴或者少缴的税款、滞纳金，并处不缴或者少缴的税款50%以上5倍以下的罚款；构成犯罪的，依法追究刑事责任
【说明】纳税人伪造、变造、隐匿、擅自销毁账簿、记账凭证，或者在账簿上多列支出或者不列、少列收入，或者经税务机关通知申报而拒不申报或者进行虚假的纳税申报，不缴或者少缴应纳税款的，是逃避缴纳税款。</td></tr>
</table>

续表

其他行为的法律责任	2. 罚款50%以上5倍以下	（2）纳税人不进行纳税申报，不缴或者少缴应纳税款的、纳税人欠缴应纳税款，采取转移或者隐匿财产的手段，妨碍税务机关追缴欠缴的税款的，由税务机关追缴其不缴或者少缴的税款、滞纳金，并处不缴或者少缴税款50%以上5倍以下的罚款

【考点子题——举一反三，真枪实练】

[20]（2011 年 • 单选题）企业下列行为中，属于避税的是（　）。

A. 企业虚增当期计税成本，少交企业所得税

B. 企业不申报通过现金形式取得的收入，少交增值税

C. 企业在税收减免期提前确认收入，以减少正常纳税期的应纳税所得额

D. 企业通过向国际避税地支付高额特许权使用费，降低并隐匿其所在国的应纳税所得额

[21]（2010 年 • 多选题）下列关于税收征管和税收筹划的表述中，正确的有（　）。

A. 抗税属于违法行为　　B. 逃税属于违法行为

C. 逃避缴纳税款属于违法行为　　D. 避税属于非违法行为

[22]（2009 年 • 单选题）税务机关在税务检查中发现，张某委托本地个体户李某加工实木地板。张某已将实木地板收回并销售，但未入账，也不能出示消费税完税证明。下列关于税务机关征管行为的表述中，正确的是（　）。

A. 要求李某补缴税款

B. 要求张某补缴税款

C. 应对张某处以未缴消费税额 0.5 倍至 3 倍的罚款

D. 应对李某处以未代收代缴消费税额 0.5 倍至 3 倍的罚款

第六节 纳税担保和抵押

考点1 纳税担保

纳税担保，是指经税务机关同意或确认，纳税人或其他自然人、法人、经济组织以保证、抵押、质押的方式，为纳税人应当缴纳的税款及滞纳金提供担保的行为。

【考点题源】

纳税保证人	1. 具有纳税担保能力的含义： 法人或其他经济组织财务报表资产净值超过需要担保的税额及滞纳金2倍以上的，自然人、法人或其他经济组织所拥有或者依法可以处分的未设置担保的财产的价值超过需要担保的税额及滞纳金的，为具有纳税担保能力 2. 不得作为纳税保证人的主体： （1）国家机关、学校、幼儿园、医院等事业单位、社会团体不得作为纳税保证人 （2）企业法人的职能部门不得作为纳税保证人。企业法人的分支机构有法人书面授权的，可以在授权范围内提供纳税担保 3. 有以下情形之一的，不得作为纳税保证人： （1）有逃避缴纳税款、抗税、骗税、逃避追缴欠税行为被税务机关、司法机关追究过法律责任未满2年的 （2）因有税收违法行为正在被税务机关立案处理或涉嫌刑事犯罪被司法机关立案侦查的 （3）纳税信誉等级被评为C级以下的 （4）在主管税务机关所在地的市（地、州）没有住所的自然人或税务登记不在本市（地、州）的企业 （5）无民事行为能力或限制民事行为能力的自然人 （6）与纳税人存在担保关联关系的 （7）有欠税行为的

【考点母题——万变不离其宗】纳税担保

纳税担保范围	纳税担保的范围包括税款、滞纳金和实现税款、滞纳金的费用。费用包括抵押、质押登记费用、质押保管费用，以及保管、拍卖、变卖担保财产等相关费用支出。
	（1）纳税人存在（ ）情况，适用纳税担保。
	A. 税务机关有根据认为从事生产、经营的纳税人有逃避纳税义务行为，在规定的纳税期之前经责令其限期缴纳应纳税款，在限期内发现纳税人有明显的转移、隐匿其应纳税的商品、货物以及其他财产或者应纳税收入的迹象，责成纳税人提供纳税担保的 B. 欠缴税款、滞纳金的纳税人或者其法定代表人需要出境的 C. 纳税人同税务机关在纳税上发生争议而未缴清税款，需要申请行政复议的

第13章

续表

纳税担保时限	（2）下列关于纳税担保时限的规定，说法正确的有（　）。
	A. 纳税担保书须经纳税人、纳税保证人签字盖章并经税务机关签字盖章同意方为有效。纳税担保从税务机关在纳税担保书签字盖章之日起生效 B. 保证期间为纳税人应缴纳税款期限届满之日起 60 日内，即税务机关自纳税人应缴纳税款的期限届满之日起 60 日内有权要求纳税保证人承担保证责任，缴纳税款、滞纳金。履行保证责任的期限为 15 日，即纳税保证人应当自收到税务机关的纳税通知书之日起 15 日内履行保证责任，缴纳税款及滞纳金。纳税保证期间内税务机关未通知纳税保证人缴纳税款及滞纳金以承担担保责任的，纳税保证人免除担保责任 C. 纳税人在规定的期限届满未缴清税款及滞纳金的，税务机关在保证期限内书面通知纳税保证人的，纳税保证人应按照纳税担保及约定的范围，自收到纳税通知书之日起 15 日内缴纳税款及滞纳金，履行担保责任

【考点子题——举一反三，真枪实练】

[23]（2018 年・多选题）根据《税收征收管理法》规定，下列情形中的企业不得作为纳税保证人的有（　）。

A. 与纳税人存在担保关联关系的

B. 纳税信用等级被评为 C 级以下的

C. 有欠税行为的

D. 因有税收违法行为正在被税务机关立案处理的

[24]（2015 年・多选题）具有特殊情形的企业不得作为纳税保证人。下列各项属于该特殊情形的有（　）。

A. 有欠税行为的

B. 与纳税人存在担保关联关系的

C. 纳税信用等级被评为 C 级以下的

D. 因有税收违法行为正在被税务机关立案处理的

考点 2　纳税抵押和质押

【考点母题——万变不离其宗】纳税抵押

纳税抵押	纳税抵押，是指纳税人或纳税担保人不转移对所列财产的占有，将该财产作为税款及滞纳金的担保。纳税人逾期未缴清税款及滞纳金的，税务机关有权依法处置该财产以抵缴税款及滞纳金。
	（1）可以抵押的财产有（　）。

续表

<table>
<tr><td rowspan="3">纳税抵押</td><td colspan="2">A. 抵押人所有的房屋和其他地上定着物
B. 抵押人所有的机器、交通运输工具和其他财产
C. 抵押人依法有权处分的国有房屋和其他地上定着物
D. 抵押人依法有权处分的国有的机器、交通运输工具和其他财产
E. 经设区的市、自治州以上税务机关确认的其他可以抵押的合法财产
【说明】以依法取得的国有土地上的房屋抵押的，该房屋占用范围内的国有土地使用权同时抵押。以乡（镇）、村企业的厂房等建筑物抵押的，其占用范围内的土地使用权同时抵押。</td></tr>
<tr><td colspan="2">（2）不得抵押的财产有（　）。</td></tr>
<tr><td colspan="2">A. 土地所有权
B. 土地使用权，上述抵押范围规定的除外
C. 学校、幼儿园、医院等以公益为目的的事业单位、社会团体、民办非企业单位的教育设施、医疗卫生设施和其他社会公益设施；学校、幼儿园、医院等以公益为目的的事业单位、社会团体，可以以其教育设施、医疗卫生设施和其他社会公益设施以外的财产为其应缴纳的税款及滞纳金提供抵押
D. 所有权、使用权不明或者有争议的财产
E. 依法被查封、扣押、监管的财产
F. 依法定程序确认为违法、违章的建筑物
G. 法律、行政法规规定禁止流通的财产或者不可转让的财产
H. 经设区的市、自治州以上税务机关确认的其他不予抵押的财产</td></tr>
<tr><td rowspan="3">纳税质押</td><td colspan="2">纳税质押是指经税务机关同意，纳税人或纳税担保人将其动产或权利凭证移交税务机关占有，将该动产或权利凭证作为税款及滞纳金的担保。纳税人逾期未缴清税款及滞纳金的，税务机关有权依法处置该动产或权利凭证以抵缴税款及滞纳金。</td></tr>
<tr><td rowspan="2">纳税质押分为动产质押和权利质押</td><td>动产质押：现金以及其他除不动产以外的财产</td></tr>
<tr><td>权利质押：汇票、支票、本票、债券、存款单等权利凭证</td></tr>
</table>

【考点子题——举一反三，真枪实练】

[25]（2014年•多选题）某房地产开发企业被税务机关要求提供纳税担保，该企业拥有的下列资产中，可以用作纳税抵押品的有（　）。

A. 小轿车　B. 写字楼　C. 库存钢材　D. 土地所有权

[26]（2010年•单选题）下列各项中可以作为纳税抵押品的是（　）。

A. 小汽车　B. 土地所有权　C. 被查封的机器　D. 公办学校教室

[27]（2012年•多选题）下列各项中，可以作为纳税抵押财产的有（　）。

A. 抵押人所有的房屋　B. 抵押人拥有的土地所有权

C. 抵押人依法被扣押的财产　D. 抵押人所有的交通运输工具

[28]（2016年•单选题）纳税人的下列财产或财产权利，不得作为纳税质押品的是（　）。

A. 房屋　B. 汽车　C. 活期存款单　D. 定期存款单

第七节　纳税信用管理和重大税收违法失信主体信息公布管理

纳税信用管理，是指税务机关对纳税人的纳税信用信息开展的采集、评估、确定、发布和应用等活动。

除已办理税务登记，从事生产、经营并适用查账征收的企业纳税人外，纳税信用管理试行办法还适用于以下企业纳税人：

1. 从首次在税务机关办理涉税事宜之日起时间不满一个评价年度的企业（以下简称新设立企业）。评价年度是指公历年度，即 1 月 1 日至 12 月 31 日。

2. 评价年度内无生产经营业务收入的企业。

3. 适用企业所得税核定征收办法的企业。

考点 1　纳税信用信息的采集

纳税信用信息采集工作由国家税务总局和省税务机关组织实施，按月采集。

【考点题源】纳税信用信息的采集

纳税信用信息的分类	1. 纳税人信用历史信息： 纳税人信用历史信息包括基本信息和评价年度之前的纳税信用记录，以及相关部门评定的优良信用记录和不良信用记录 2. 税务内部信息： 税务内部信息包括经常性指标信息和非经常性指标信息。 【解释】经常性指标信息是指涉税申报信息、税（费）款缴纳信息、发票与税控器具信息、登记与账簿信息等纳税人在评价年度内经常产生的指标信息；非经常性指标信息是指税务检查信息等纳税人在评价年度内不经常产生的指标信息 3. 外部信息： 外部信息包括外部参考信息和外部评价信息 【解释】外部参考信息包括评价年度相关部门评定的优良信用记录和不良信用记录；外部评价信息是指从相关部门取得的影响纳税人纳税信用评价的指标信息。
纳税人信用信息的采集	1. 纳税人信用历史信息中的基本信息由税务机关从税务管理系统中采集，税务管理系统中暂缺的信息由税务机关通过纳税人申报采集；评价年度之前的纳税信用记录，以及相关部门评定的优良信用记录和不良信用记录，从税收管理记录、国家统一信用信息平台等渠道中采集 2. 税务内部信息从税务管理系统中采集 3. 外部信息主要通过税务管理系统、国家统一信用信息平台、相关部门官方网站、新闻媒体或者媒介等渠道采集。通过新闻媒体或者媒介采集的信息应核实后使用

考点 2 纳税信用评估

【考点题源】纳税信用评估

纳税信用评估方法	纳税信用评价采取年度评价指标得分和直接判级方式 1. 年度评价指标得分采取扣分方式。近三个评价年度内存在非经常性指标信息的，从 100 分起评；近三个评价年度内没有非经常性指标信息的，从 90 分起评 2. 直接判级适用于有严重失信行为的纳税人
纳税信用评价指标体系	评价指标包括税务内部信息和外部信息 【说明】 1. 税务内部信息包括经常性指标信息和非经常性指标信息两大类。经常性指标信息有涉税申报信息、税（费）款缴纳信息、发票与税控器具信息和登记与账簿信息。非经常性指标信息有纳税评估、税务审计、反避税调查信息和税务稽查信息。 2. 外部信息包括外部参考信息和外部评价信息。外部参考信息是指外部门对纳税人在评价年度的信用记录，仅记录不扣分。外部评价信息是指税务机关从银行、工商、海关等外部门获取的纳税人未如实向税务机关报告的如银行账户设置数量、股权转让变更登记或其他涉税变更登记、进口货物报关数量等重要涉税信息。

续表

纳税信用评价周期	纳税信用评价周期为一个纳税年度，有下列情形之一的纳税人，不参加本期的评价： 1. 纳入纳税信用管理时间不满一个评价年度的 2. 因涉嫌税收违法被立案查处尚未结案的 3. 被审计、财政部门依法查出税收违法行为，税务机关正在依法处理，尚未办结的 4. 已申请税务行政复议、提起行政诉讼尚未结案的 5. 其他不应参加本期评价的情形
纳税信用级别	纳税信用级别设 A、B、M、C、D 五级： 1. A 级纳税信用为年度评价指标得分 90 分以上的 【说明】有下列情形之一的纳税人，本评价年度不能评为 A 级： （1）实际生产经营期不满 3 年的 （2）上一评价年度纳税信用评价结果为 D 级的 （3）非正常原因一个评价年度内增值税连续 3 个月或者累计 6 个月零申报、负申报的 （4）不能按照国家统一的会计制度规定设置账簿，并根据合法、有效凭证核算，向税务机关提供准确税务资料的 2. B 级纳税信用为年度评价指标得分 70 分以上不满 90 分的 3. 未发生后述第 5 项所列失信行为的下列企业适用 M 级纳税信用： （1）新设立企业 （2）评价年度内无生产经营业务收入且年度评价指标得分 70 分以上的企业 4. C 级纳税信用为年度评价指标得分 40 分以上不满 70 分的 5. D 级纳税信用为年度评价指标得分不满 40 分或者直接判级确定的 有下列情形之一的纳税人，本评价年度直接判为 D 级： （1）存在逃避缴纳税款、逃避追缴欠税、骗取出口退税、虚开增值税专用发票等行为，经判决构成涉税犯罪的 （2）存在第（1）项所列行为，未构成犯罪，但偷税（逃避缴纳税款）金额 10 万元以上且占各税种应纳税总额 10% 以上，或者存在逃避追缴欠税、骗取出口退税、虚开增值税专用发票等税收违法行为，已缴纳税款、滞纳金、罚款的 （3）在规定期限内未按税务机关处理结论缴纳或者足额缴纳税款、滞纳金和罚款的 （4）以暴力、威胁方法拒不缴纳税款或者拒绝、阻挠税务机关依法实施税务稽查执法行为的 （5）存在违反增值税发票管理规定或者违反其他发票管理规定的行为，导致其他单位或者个人未缴、少缴或者骗取税款的 （6）提供虚假申报材料享受税收优惠政策的 （7）骗取国家出口退税款，被停止出口退（免）税资格未到期的 （8）有非正常户记录或者由非正常户直接责任人员注册登记或者负责经营的 （9）由 D 级纳税人的直接责任人员注册登记或者负责经营的 （10）存在税务机关依法认定的其他严重失信情形的

【考点子题——举一反三，真枪实练】

[29]（2019 年 • 单选题）下列关于纳税信用管理的表述中，符合规定的是（　）。

A. 按年进行纳税信用信息采集

B. 税务机关每年 3 月确定上一年度纳税信用评价结果

C. 以直接判级进行纳税信用评价适用于有严重失信行为的纳税人

D. 纳税年度内因涉嫌税收违法被立案查处尚未结案的纳税人，也参加本期评价

[30]（经典子题•单选题）下列关于纳税信用管理的表述中，符合规定的是（　）。

A. 税务机关每年2月确定上一年度纳税信用评价结果

B. 实际生产经营期不满三年的纳税人，本评价年度不能评为B级

C. 年度内无生产经营业务收入的企业，不参加本期评价

D. 以直接判级进行纳税信用评价适用于有严重失信行为纳税人

[31]（经典子题•单选题）未发生涉税违法违规失信行为的新设立企业、评价年度内无生产经营业务收入且年度评价指标得分70分以上的企业，纳税信用级别是（　）级。

A. A　　B. B　　C. C　　D. M

考点3 纳税信用评估结果的确定和发布

【考点题源】纳税信用评估结果的确定和发布

纳税信用评估结果发布的时间和复核	税务机关每年4月确定上一年度纳税信用评价结果，并为纳税人提供自我查询服务。新设立企业在2018年4月1日以前已办理涉税事宜的，税务机关应在2018年4月30日前对其纳税信用进行评价；从2018年4月1日起，对首次在税务机关办理涉税事宜的新设立企业，税务机关应及时进行纳税信用评价
纳税人纳税信用级别的调整	税务机关对纳税人的纳税信用级别实行动态调整

考点4 纳税信用评估结果的应用

【考点题源】纳税信用评估结果的应用

<table>
<tr><td>1. 对纳税信用评价为A级的纳税人，税务机关予以下列激励措施：</td><td>（1）主动向社会公告年度A级纳税人名单
（2）一般纳税人可单次领取3个月的增值税发票用量，需要调整增值税发票用量时即时办理，取消其增值税发票的认证
（3）普通发票按需领用
（4）连续3年被评为A级信用级别（简称3连A）的纳税人，除享受以上措施外，还可以由税务机关提供绿色通道或专门人员帮助办理涉税事项</td></tr>
<tr><td colspan="2">2. 对纳税信用评价为B级的纳税人，税务机关实施正常管理，适时进行税收政策和管理规定的辅导，并视信用评价状态变化趋势选择性地提供纳税信用A级纳税人适用的激励措施</td></tr>
<tr><td colspan="2">3. 对纳税信用评价为M级的企业，税务机关实行下列激励措施：
（1）取消增值税专用发票认证
（2）税务机关适时进行税收政策和管理规定的辅导</td></tr>
</table>

续表

4. 对纳税信用评价为 C 级的纳税人，税务机关应依法从严管理，并视信用评价状态变化趋势选择性地采取纳税信用 D 级纳税人适用的管理措施	
5. 对纳税信用评价为 D 级的纳税人，税务机关应采取以下措施：	（1）公开 D 级纳税人及其直接责任人员名单，对直接责任人员注册登记或者负责经营的其他纳税人纳税信用直接判为 D 级 （2）增值税专用发票领用按辅导期一般纳税人政策办理，普通发票的领用实行交（验）旧供新、严格限量供应 （3）加强出口退税审核 （4）加强纳税评估，严格审核其报送的各种资料 （5）列入重点监控对象，提高监督检查频次，发现税收违法违规行为的，不得适用规定处罚幅度内的最低标准 （6）将纳税信用评价结果通报相关部门，建议在经营、投融资、取得政府供应土地、进出口、出入境、注册新公司、工程招投标、政府采购、获得荣誉、安全许可、生产许可、从业任职资格、资质审核等方面予以限制或禁止 （7）对于因评价指标得分评分为 D 级的纳税人，次年评价时加扣 11 分；对于因直接判级评为 D 级的纳税人，D 级评价保留 2 年，第三年纳税信用不得评价为 A 级 （8）税务机关与相关部门实施的联合惩戒措施、以及结合实际情况依法采取的其他严格管理措施

考点 5　纳税信用修复

【考点母题——万变不离其宗】纳税信用修复

下列关于纳税信用修复的表述中，符合规定的有（　）。
A. 纳入纳税信用管理的企业纳税人，符合下列条件之一的，可在规定期限内向主管税务机关申请纳税信用修复： a. 纳税人发生未按法定期限办理纳税申报、税款缴纳、资料备案等事项且已补办的 b. 未按税务机关处理结论缴纳或者足额缴纳税款、滞纳金和罚款，未构成犯罪，纳税信用级别被直接判为 D 级的纳税人，在税务机关处理结论明确的期限期满后 60 日内足额缴纳、补缴的 c. 纳税人履行相应法律义务并由税务机关依法解除非正常户状态的 d. 破产企业或其管理人在重整或和解程序中，已依法缴纳税款、滞纳金、罚款，并纠正相关纳税信用失信行为的 e. 因确定为重大税收违法失信主体，纳税信用直接判为 D 级的纳税人，失信主体信息已按照国家税务总局相关规定不予公布或停止公布，申请前连续 12 个月没有新增纳税信用失信行为记录的 f. 由纳税信用 D 级纳税人的直接责任人员注册登记或者负责经营，纳税信用关联评价为 D 级的纳税人，申请前连续 6 个月没有新增纳税信用失信行为记录的 g. 因其他失信行为纳税信用直接判为 D 级的纳税人，已纠正纳税信用失信行为、履行税收法律责任，申请前连续 12 个月没有新增纳税信用失信行为记录的 h. 因上一年度纳税信用直接判为 D 级，本年度纳税信用保留为 D 级的纳税人，已纠正纳税信用失信行为、履行税收法律责任或失信主体信息已按照国家税务总局相关规定不予公布或停止公布，申请前连续 12 个月没有新增纳税信用失信行为记录的

续表

B. 符合前述A条a项所列条件且失信行为已纳入纳税信用评价的，纳税人可在失信行为被税务机关列入失信记录的次年年底前向主管税务机关提出信用修复申请，税务机关按照《纳税信用修复范围及标准》调整该项纳税信用评价指标分值，重新评价纳税人的纳税信用级别；符合前述A条a项所列条件但失信行为尚未纳入纳税信用评价的，纳税人无需提出申请，税务机关按照《纳税信用修复范围及标准》调整纳税人该项纳税信用评价指标分值并进行纳税信用评价 符合前述A条第b项、第c项所列条件的，纳税人可在纳税信用被直接判为D级的次年年底前向主管税务机关提出申请，税务机关根据纳税人失信行为纠正情况调整该项纳税信用评价指标的状态，重新评价纳税人的纳税信用级别，但不得评价为A级 C. 非正常户失信行为纳税信用修复一个纳税年度内只能申请一次 D. 主管税务机关自受理纳税信用修复申请之日起15个工作日内完成审核，并向纳税人反馈信用修复结果 E. 纳税信用修复完成后，纳税人按照修复后的纳税信用级别适用相应的税收政策和管理服务措施，之前已适用的税收政策和管理服务措施不作追溯调整 F. 自2021年度纳税信用评价起，税务机关按照“首违不罚”相关规定对纳税人不予行政处罚的，相关记录不纳入纳税信用评价

【考点子题——举一反三，真枪实练】

[32]（2020年•单选题）下列关于纳税信用修复的表述中，符合税法规定的是（　）。

A. 非正常户失信行为一个纳税年度内可申请两次纳税信用修复

B. 纳税信用修复完成后，纳税人之前已适用的税收政策和管理服务措施要作追溯调整

C. 主管税务机关自受理纳税信用修复申请之日起30日内完成审核，并向纳税人反馈结果

D. 纳税人履行相应法律义务并由税务机关依法解除非正常户状态，可在规定期限内向税务机关申请纳税信用修复

考点6 重大税收违法失信主体信息公布管理

【考点母题——万变不离其宗】重大税收违法失信主体信息公布管理

失信主体的确定	纳税人、扣缴义务人或者其他涉税当事人中，属于“重大税收违法失信主体”的有（　）。
	A. 伪造、变造、隐匿、擅自销毁账簿、记账凭证，或者在账簿上多列支出或者不列、少列收入，或者经税务机关通知申报而拒不申报或者进行虚假的纳税申报，不缴或者少缴应纳税款100万元以上，且任一年度不缴或者少缴应纳税款占当年各税种应纳税总额10%以上的，或者采取前述手段，不缴或者少缴已扣、已收税款，数额在100万元以上的 B. 欠缴应纳税款，采取转移或者隐匿财产的手段，妨碍税务机关追缴欠缴的税款，欠缴税款金额100万元以上的 C. 骗取国家出口退税款的 D. 以暴力、威胁方法拒不缴纳税款的

续表

<table>
<tr><td rowspan="4">失信主体的确定</td><td>E. 虚开增值税专用发票或者虚开用于骗取出口退税、抵扣税款的其他发票的
F. 虚开增值税普通发票 100 份以上或者金额 400 万元以上的
G. 私自印制、伪造、变造发票，非法制造发票防伪专用品，伪造发票监制章的
H. 具有偷税（逃避缴纳税款）、逃避追缴欠税、骗取出口退税、抗税、虚开发票等行为，在稽查案件执行完毕前，不履行税收义务并脱离税务机关监管，经税务机关检查确认走逃（失联）的
I. 为纳税人、扣缴义务人非法提供银行账户、发票、证明或者其他方便，导致未缴、少缴税款 100 万元以上或者骗取国家出口退税款的
J. 税务代理人违反税收法律、行政法规造成纳税人未缴或者少缴税款 100 万元以上的</td></tr>
<tr><td>【说明】税务机关应当在作出确定失信主体决定前向当事人送达告知文书，告知其依法享有陈述、申辩的权利。</td></tr>
<tr><td>【说明】当事人在税务机关告知后 5 日内，可以书面或者口头提出陈述、申辩意见。当事人口头提出陈述、申辩意见的，税务机关应当制作陈述申辩笔录，并由当事人签章。税务机关应当充分听取当事人陈述、申辩意见，对当事人提出的事实、理由和证据进行复核。</td></tr>
<tr><td>【说明】经设区的市、自治州以上税务局局长或者其授权的税务局领导批准，税务机关在本办法第七条规定的申请行政复议或提起行政诉讼期限届满，或者行政复议决定、人民法院判决或裁定生效后，于 30 日内制作失信主体确定文书，并依法送达当事人。</td></tr>
</table>

【考点题源】重大税收违法失信主体信息公布管理

<table>
<tr><td>信息公布</td><td>1. 税务机关应当在失信主体确定文书送达后的次月 15 日内，向社会公布下列信息：
（1）失信主体基本情况
（2）失信主体的主要税收违法事实
（3）税务处理、税务行政处罚决定及法律依据
（4）确定失信主体的税务机关
（5）法律、行政法规规定应当公布的其他信息
【提示】对依法确定为国家秘密的信息，法律、行政法规禁止公开的信息，以及公开后可能危及国家安全、公共安全、经济安全、社会稳定的信息，税务机关不予公开。
2. 失信主体为法人或者其他组织的，公布其名称、统一社会信用代码（纳税人识别号）、注册地址以及违法行为发生时的法定代表人、负责人或者经人民法院生效裁判确定的实际责任人的姓名、性别及身份证件号码（隐去出生年、月、日号码段）；失信主体为自然人的，公布其姓名、性别、身份证件号码（隐去出生年、月、日号码段）
3. 税务机关应当通过国家税务总局各省、自治区、直辖市、计划单列市税务局网站向社会公布失信主体信息，根据本地区实际情况，也可以通过税务机关公告栏、报纸、广播、电视、网络媒体等途径以及新闻发布会等形式向社会公布。国家税务总局归集各地税务机关确定的失信主体信息，并提供至“信用中国”网站进行公开
4. 税务机关对按本办法规定确定的失信主体，纳入纳税信用评价范围的，按照纳税信用管理规定，将其纳税信用级别判为 D 级，适用相应的 D 级纳税人管理措施
5. 失信主体信息自公布之日起满 3 年的，税务机关在 5 日内停止信息公布</td></tr>
</table>

续表

提前停止公布	1. 失信信息公布期间，符合下列条件之一的，失信主体或者其破产管理人可以向作出确定失信主体决定的税务机关申请提前停止公布失信信息： （1）按照《税务处理决定书》《税务行政处罚决定书》缴清（退）税款、滞纳金、罚款，且失信主体失信信息公布满 6 个月的 （2）失信主体破产，人民法院出具批准重整计划或认可和解协议的裁定书，税务机关依法受偿的 （3）在发生重大自然灾害、公共卫生、社会安全等突发事件期间，因参与应急抢险救灾、疫情防控、重大项目建设或者履行社会责任作出突出贡献的 2. 税务机关应当自收到申请之日起 2 日内作出是否受理的决定。受理申请后，税务机关应当及时审核。符合上述第 1 条第（1）项规定条件的，经设区的市、自治州以上税务局局长或者其授权的税务局领导批准，准予提前停止公布；符合上述第 1 条第（2）、第（3）项规定条件的，经省、自治区、直辖市、计划单列市税务局局长或者其授权的税务局领导批准，准予提前停止公布。税务机关应当自受理之日起 15 日内作出是否予以提前停止公布的决定，并告知申请人。对不予提前停止公布的，应当说明理由 3. 失信主体有下列情形之一的，不予提前停止公布： （1）被确定为失信主体后，因发生偷税（逃避缴纳税款）、逃避追缴欠税、骗取出口退税、抗税、虚开发票等税收违法行为受到税务处理或者行政处罚的 （2）五年内被确定为失信主体两次以上的 【提示】申请人按上述第 1 条第（2）项规定申请提前停止公布的，不受前款规定限制。 4. 税务机关作出准予提前停止公布决定的，应当在 5 日内停止信息公布 5. 税务机关可以组织申请提前停止公布的失信主体法定代表人、财务负责人等参加信用培训，开展依法诚信纳税教育。信用培训不得收取任何费用

第八节　税收违法行为检举管理办法

考点 1　税收违法行为检举管理办法

检举，是指单位、个人采用书信、电话、传真、网络、来访等形式，向税务机关提供纳税人、扣缴义务人税收违法行为线索的行为。

税收违法行为，是指涉嫌偷税（逃避缴纳税款），逃避追缴欠税，骗税，虚开、伪造、变造发票，以及其他与逃避缴纳税款相关的税收违法行为。

市（地、州、盟）以上税务局稽查局设立税收违法案件举报中心。税务机关同时通过 12366 纳税服务热线接收税收违法行为检举。

检举税收违法行为是检举人的自愿行为，检举人因检举而产生的支出应当由其自行承担。

【考点题源】税收违法行为检举管理办法

检举事项的处理	1. 检举事项受理后，应当分级分类，按照以下方式处理： （1）检举内容详细、税收违法行为线索清楚、证明资料充分的，由稽查局立案检查 （2）检举内容与线索较明确但缺少必要证明资料，有可能存在税收违法行为的，由稽查局调查核实。发现存在税收违法行为的，立案检查；未发现的，作查结处理 （3）检举对象明确，但其他检举事项不完整或者内容不清、线索不明的，可以暂存待查，待检举人将情况补充完整以后，再进行处理 （4）已经受理尚未查结的检举事项，再次检举的，可以合并处理 2. 举报中心应当在检举事项受理之日起 15 个工作日内完成分级分类处理，特殊情况除外。查处部门应当在收到举报中心转来的检举材料之日起 3 个月内办理完毕；案情复杂无法在期限内办理完毕的，可以延期
检举事项的管理	1. 举报中心应当严格管理检举材料，逐件登记已受理检举事项的主要内容、办理情况和检举人、被检举人的基本情况 2. 已接收的检举材料原则上不予退还。不予受理的检举材料，登记检举事项的基本信息和不予受理原因后，经本级稽查局负责人批准可以销毁 3. 暂存待查的检举材料，若在受理之日起两年内未收到有价值的补充材料，可以销毁

续表

检举人的答复和奖励	实名检举人可以要求答复检举事项的处理情况与查处结果。实名检举人要求答复处理情况时，应当配合核对身份；要求答复查处结果时，应当出示检举时所提供的有效身份证件。举报中心可以视具体情况采取口头或者书面方式答复实名检举人
权利保护	1. 检举人不愿提供个人信息或者不愿公开检举行为的，税务机关应当予以尊重和保密 2. 税务机关应当在职责范围内依法保护检举人、被检举人的合法权益

【考点子题——举一反三，真枪实练】

[33]（经典子题•单选题）税收违法行为检举事项受理后，查处部门应当在收到举报中心转来的检举材料之日起一定时限内办理完毕；案情复杂无法在期限内办理完毕的，可以延期。该规定时限是（　）。

A. 1个月　　B. 2个月　　C. 3个月　　D. 4个月

第九节　税务文书电子送达规定（试行）

考点 1　税务文书电子送达规定

【考点母题——万变不离其宗】税务文书电子送达规定

下列关于税务文书电子送达的表述，正确的有（　）。
A. 电子送达，是指税务机关通过电子税务局等特定系统（以下简称“特定系统”）向纳税人、扣缴义务人（以下简称“受送达人”）送达电子版式税务文书
B. 经受送达人同意，税务机关可以采用电子送达方式送达税务文书。电子送达与其他送达方式具有同等法律效力
C. 受送达人同意采用电子送达的，签订《税务文书电子送达确认书》
D. 税务机关采用电子送达方式送达税务文书的，以电子版式税务文书到达特定系统受送达人端的日期为送达日期，特定系统自动记录送达情况
E. 税务机关向受送达人送达电子版式税务文书后，通过电话、短信等方式发送提醒信息。提醒服务不影响电子文书送达的效力
F. 受送达人需要纸质税务文书的，可以通过特定系统自行打印，也可以到税务机关办税服务厅打印
G. 税务处理决定书、税务行政处罚决定书（不含简易程序处罚）、税收保全措施决定书、税收强制执行决定书、阻止出境决定书以及税务稽查、税务行政复议过程中使用的税务文书等暂不适用本规定

【考点子题——举一反三，真枪实练】

[34]（经典子题•单选题）下列关于税务文书电子送达的表述中正确的是（　）。

A. 无须经受送达人同意，税务机关可以采用电子送达方式送达税务文书

B. 电子送达与其他送达方式具有同等法律效力

C. 税务机关向受送达人送达电子版式税务文书后，通过电话、短信等方式发送提醒信息，提醒服务直接影响电子文书送达的效力

D. 税收保全措施决定书适用电子送达的规定

【本章考点子题答案及解析】

[1] 【答案：B】选项AD由海关征收，不适用《征管法》；选项C属于政府收费，虽然由税务机关征收，但不适用《征管法》。

[2] 【答案：ABC】可以采取"承诺制"容缺办理的有：(1)纳税信用级别为A级和B级的纳税人；(2)控股母公司纳税信用级别为A级的M级纳税人；(3)省级人民政府引进人才或经省级以上行业协会等机构认定的行业领军人才等创办的企业；(4)未纳入纳税信用级别评价的定期定额个体工商户；(5)未达到增值税纳税起征点的纳税人。

[3] 【答案：B】纳税人进行注销税务登记的情形：(1)纳税人发生解散、破产、撤销以及其他情形，依法终止纳税义务的；(2)纳税人因住所、经营地点变动而涉及变更原主管税务机关的；(3)纳税人被工商行政管理部门吊销营业执照或者被其他机关予以撤销登记等情形；(4)境外企业在中国境内承包建筑、安装、装配、勘探工程和提供劳务，项目完工后，根据以上四条可知选项B正确。

[4] 【答案：D】选项D为正确选项，选项ABC涉及的为变更税务登记。

[5] 【答案：D】选项A，从事生产、经营的纳税人，应当自领取营业执照之日起30日内，向生产、经营地或者纳税义务发生地的主管税务机关申报办理税务登记；选项B，从事生产经营以外的纳税人，应当自纳税义务发生之日起30日内，持有关证件向所在地主管税务机关申报办理税务登记；选项C，纳税人税务登记内容发生变化的，应当自工商行政管理机关或者其他机关办理变更登记之日起30日内，持有关证件向原税务登记机关申报办理变更税务登记。

[6] 【答案：B】《税收征管法实施细则》第12条第1款规定："从事生产、经营的纳税人应当自领取营业执照之日起30日内，向生产、经营地或者纳税义务发生地的主管税务机关申报办理税务登记，如实填写税务登记表，并按照税务机关的要求提供有关证件、资料。"根据此条法规可知，企业申报税务登记的时间是自领取营业执照之日起30日内，故答案为选项B。

[7] 【答案：ABCD】根据《征管法》第二十五条的规定，纳税申报的对象为纳税人和扣缴义务人。扣缴义务人包括代扣代缴义务人和代收代缴义务人。纳税人在纳税期内没有应纳税款的，也应当按照规定办理纳税申报，纳税人享受减税、免税待遇的，在减税、免税期间应当按照规定办理纳税申报。

[8] 【答案：C】选项A，纳税人、扣缴义务人纳税申报的形式主要有三种：直接申报、邮寄申报、数据电文；选项B，纳税人在纳税期内没有应纳税款的，也应按规定办理纳税申报；选项D，税务机关按照法律、行政法规的原则规定，结合纳税人生产经营的实际情况及其应缴纳的税种等相关问题予以明确的纳税申报期限与法律、行政法规明确规定的具有同等法律效力。

[9] 【答案：ABC】口头申报不属于纳税申报的方式。

[10] 【答案：C】选项AD，代扣、代收税款手续费，只能由县（市）以上税务机关统一办理退库手续，不得在征收税款过程中坐支；选项B，个人办理代扣代缴税款，按规定取得的扣缴手续费，免征个人所得税。

[11] 【答案：B】选项A，税务机关不予批准的延期纳税，从缴纳税款期限届满次日起加收滞纳金。经批准的延期纳税，在批准的延期期限内免予加收滞纳金；选项B，延期缴纳的同一笔税款不得滚动审批；选项CD，纳税人因特殊困难不能按期缴纳税款的，经省、自治区、直辖市税务局批准，可延期缴纳税款，但最长不得超过3个月。

[12]【答案: ACD】根据《征管法》第三十五条的规定，纳税人（包括单位纳税人和个人纳税人）有下列情形之一的，税务机关有权核定其应纳税额:

（1）依照法律、行政法规的规定可以不设置账簿的。

（2）依照法律、行政法规的规定应当设置但未设置账簿的。

（3）擅自销毁账簿或者拒不提供纳税资料的。

（4）虽设置账簿，但账目混乱或者成本资料、收入凭证、费用凭证残缺不全，难以查账的。

（5）发生纳税义务，未按照规定的期限办理纳税申报，经税务机关责令限期申报，逾期仍不申报的。

（6）纳税人申报的计税依据明显偏低，又无正当理由的。

[13]【答案: C】税务机关采取税收保全措施，需经县以上税务局（分局）局长。

[14]【答案: ACD】税收保全措施是针对纳税人即将转移、隐匿应税的商品、货物或其他财产的紧急情况下采取的一种紧急处理措施。不可能等到事实全部查清，取得充分的证据以后再采取行动，如果这样，纳税人早已将其收入和财产转移或隐匿完毕，再想采取税收保全措施就晚了。

[15]【答案: A】税务机关可以采取的税收保全措施:（1）书面通知纳税人开户银行或者其他金融机构冻结纳税人的金额相当于应纳税款的存款;（2）扣押、查封纳税人的价值相当于应纳税款的商品、货物或者其他财产。选项 BC 属于税收强制执行措施，选项 D 属于行政处罚措施。

[16]【答案: C】税收强制执行措施适用于扣缴义务人，所以选项 A 错误；轿车不属于生活必须用品，在强制执行范畴，所以选项 B 错误；税务机关采取强制执行措施的对象，仅限于从事生产、经营的纳税人、扣缴义务人和纳税担保人，不包括取得工资薪金的个人，所以选项 D 错误。

[17]【答案: A】因税务机关责任，致使纳税人、扣缴义务人未缴或者少缴税款的，税务机关在 3 年内可要求纳税人、扣缴义务人补缴税款，但是不得加收滞纳金；因纳税人、扣缴义务人计算等失误，未缴或者少缴税款的，税务机关在 3 年内可以追征税款、滞纳金；有特殊情况的追征期可以延长到 5 年。对逃避缴纳税款、抗税、骗税的，税务机关追征其未缴或者少缴的税款、滞纳金或者所骗取的税款，不受规定期限的限制。

[18]【答案: A】选项 B，企业因继续履行合同需要开具发票的，管理人可以以企业名义按规定申领开具发票或者代开发票；选项 C，企业所欠税款、滞纳金、罚款以人民法院裁定受理破产申请之日为截止日计算确定；选项 D，企业在破产程序中发生应税情形，应按规定申报纳税。

[19]【答案: ABC】选项 D，税务机关在调查税收违法案件时，经设区的市、自治州以上税务局（分局）局长批准，可以查询案件涉嫌人员的储蓄存款。

[20]【答案: D】纳税人伪造、变造、隐匿、擅自销毁账簿、记账凭证，或者在账簿上多列支出或者不列、少列收入，或者经税务机关通知申报而拒不申报或者进行虚假的纳税申报，不缴或者少缴应纳税款的，是逃避缴纳税款。

[21]【答案: ABCD】避税虽利用法律瑕疵、未符合法律的期望，但不属于违法行为。

[22]【答案: B】委托加工应税消费品的受托方是个体户的，不负扣缴义务，由委托方收回后交纳消费税，税务机关应向张某追缴税款。

[23]【答案: ABCD】有以下情形之一的，不得作为纳税保证人:（1）有逃避缴纳税款、抗税、骗税、逃避追缴欠税行为被税务机关、司法机关追究过法律责任未满 2 年的;（2）因有税收违法行为正

在被税务机关立案处理或涉嫌刑事犯罪被司法机关立案侦查的;(3)纳税信誉等级被评为C级以下的;(4)在主管税务机关所在地的市(地、州)没有住所的自然人或税务登记不在本市(地、州)的企业;(5)无民事行为能力或限制民事行为能力的自然人;(6)与纳税人存在担保关联关系的;(7)有欠税行为的。

[24]【答案:ABCD】有下列情形之一的，不得作为纳税保证人:(1)有逃避缴纳税款、抗税、骗税、逃避追缴欠税行为被税务机关、司法机关追究过法律责任未满2年的;(2)因有税收违法行为正在被税务机关立案处理或涉嫌刑事犯罪被司法机关立案侦查的;(3)纳税信誉等级被评为C级以下的;(4)在主管税务机关所在地的市(地、州)没有住所的自然人或税务登记不在本市(地、州)的企业;(5)无民事行为能力或限制民事行为能力的自然人;(6)与纳税人存在担保关联关系的;(7)有欠税行为的。

[25]【答案:ABC】土地所有权不得作为纳税抵押财产，故选项D为错误选项。

[26]【答案:A】下列财产不得抵押:(1)土地所有权;(2)土地使用权，但按照规定可以抵押的除外;(3)学校、幼儿园、医院等以公益为目的的事业单位、社会团体、民办非企业单位的教育设施、医疗卫生设施和其他社会公益设施;(4)所有权、使用权不明或者有争议的财产;(5)依法被查封、扣押、监管的财产;(6)依法定程序确认为违法、违章的建筑物;(7)法律、行政法规规定禁止流通的财产或者不可转让的财产;(8)经设区的市、自治州以上税务机关确认的其他不予抵押的财产，因此，只有选项A正确。

[27]【答案:AD】下列财产不得抵押:(1)土地所有权;(2)土地使用权，但按照规定可以抵押的除外;(3)学校、幼儿园、医院等以公益为目的的事业单位、社会团体、民办非企业单位的教育设施、医疗卫生设施和其他社会公益设施;(4)所有权、使用权不明或者有争议的财产;(5)依法被查封、扣押、监管的财产;(6)依法定程序确认为违法、违章的建筑物;(7)法律、行政法规规定禁止流通的财产或者不可转让的财产;(8)经设区的市、自治州以上税务机关确认的其他不予抵押的财产。所以选项BC不正确。

[28]【答案:A】在纳税质押中，不动产不可以作为纳税质押品。因此，选项A不得作为纳税质押品。

[29]【答案:C】选项A，按月进行纳税信用信息采集；选项B，税务机关每年4月确定上一年度纳税信用评价结果；选项D，纳税年度内因涉嫌税收违法被立案查处尚未结案的纳税人，不参加本期评价。

[30]【答案:D】选项A，税务机关每年4月确定上一年度纳税信用评价结果；选项B，实际生产经营期不满3年的，本评价年度不能评为A级；选项C，有下列情形之一的纳税人，不参加本期的评价:(1)纳入纳税信用管理时间不满一个评价年度的;(2)因涉嫌税收违法被立案查处尚未结案的;(3)被审计、财政部门依法查出税收违法行为，税务机关正在依法处理，尚未办结的;(4)已申请税务行政复议、提起行政诉讼尚未结案的;(5)其他不应参加本期评价的情形。

[31]【答案:D】未发生失信行为的下列企业适用M级纳税信用:(1)新设立企业;(2)评价年度内无生产经营业务收入且年度评价指标得分70分以上的企业。

[32]【答案:D】选项A，非正常户失信行为纳税信用修复一个纳税年度内只能申请一次；选项B，纳税信用修复完成后，纳税人按照修复后的纳税信用级别适用相应的税收政策和管理服务措施，之前已适用的税收政策和管理服务措施不作追溯调整；选项C，主管税务机关自受理纳税信用修复

申请之日起 15 个工作日内完成审核，并向纳税人反馈信用修复结果。

[33]【答案: C】查处部门应当在收到举报中心转来的检举材料之日起 3 个月内办理完毕；案情复杂无法在期限内办理完毕的，可以延期。

[34]【答案: B】选项 A，经受送达人同意，税务机关可以采用电子送达方式送达税务文书；选项 C，税务机关向受送达人送达电子版式税务文书后，通过电话、短信等方式发送提醒信息。提醒服务不影响电子文书送达的效力；选项 D，税务处理决定书、税务行政处罚决定书（不含简易程序处罚）、税收保全措施决定书、税收强制执行决定书、阻止出境决定书以及税务稽查、税务行政复议过程中使用的税务文书等暂不适用本规定。

第 14 章　税务行政法制

本章思维导图

- 第十四章 税务行政法制
  - 第一节 税务行政处罚
    - 考点1 税务行政处罚的设定和种类
    - 考点2 税务行政处罚的主体与管辖
    - 考点3 税务行政处罚的简易程序
    - 考点4 税务行政处罚权力清单
    - 考点5 税务行政处罚“首违不罚”事项清单
    - 考点6 税务行政处罚裁量权行使规则
  - 第二节 税务行政复议
    - 考点1 税务行政复议范围
    - 考点2 税务行政复议管辖
    - 考点3 税务行政复议申请人和被申请人
    - 考点4 税务行政复议申请
    - 考点5 税务行政复议受理
    - 考点6 税务行政复议证据
    - 考点7 税务行政复议审查和决定
    - 考点8 税务行政复议的和解与调解
  - 第三节 税务行政诉讼
    - 考点1 税务行政诉讼的概念和原则
    - 考点2 税务行政诉讼的受案范围
    - 考点3 税务行政诉讼的起诉和受理

近三年本章考试题型及分值分布

题型	2022 年	2021 年	2020 年
单选题	1 题 1 分	1 题 1 分	1 题 1 分
多选题	1 题 1.5 分	1 题 1.5 分	1 题 1.5 分
合计	2 题 2.5 分	2 题 2.5 分	2 题 2.5 分

第一节　税务行政处罚

税务行政处罚是指公民、法人或者其他组织有违反税收征收管理秩序的违法行为，尚未构成犯罪，依法应当承担行政责任的，由税务机关给予行政处罚。

考点 1　税务行政处罚的设定和种类

【考点母题——万变不离其宗】税务行政处罚的设定和种类

税务行政处罚的设定	（1）下列关于税务行政处罚的设定的表述，正确的有（　）。
	A. 现行我国税收法制的原则是税权集中、税法统一，税收的立法权主要集中在中央 B. 全国人民代表大会及其常务委员会可以通过法律的形式设定各种税务行政处罚 C. 国务院可以通过行政法规的形式设定除限制人身自由以外的税务行政处罚 D. 尚未制定法律、行政法规的，国家税务总局可以通过规章的形式设定警告、通告批评或一定数额的行政处罚。尚未制定法律、行政法规，因行政管理迫切需要依法先以部门规章设定罚款的，设定的罚款数额最高不得超过 10 万元，且不得超过法律、行政法规对相似违法行为的罚款数额，涉及公民生命健康安全、金融安全且有危害后果的，设定的罚款数额最高不得超过 20 万元；超过限额的，应当报国务院批准（修改）
税务行政处罚的种类	（2）现行税务行政处罚主要有（　）。
	A. 罚款　　B. 没收财物违法所得 C. 停止出口退税权　　D. 法律、法规和规章规定的其他行政处罚

【考点子题——举一反三，真枪实练】

［1］（2017 年 • 多选题）根据现行税务行政处罚规定，下列属于税务行政处罚的有（　）。

A. 行政罚款　　B. 加收滞纳金

C. 停止出口退税权　　D. 没收财物违法所得

［2］（2014 年 • 多选题）税务机关实施的下列具体行政行为中，属于税务行政处罚的有（　）。

A. 罚款　　B. 扣押、查封价值相当于税款的商品

C. 没收违法所得　　D. 停止出口退税权

［3］（经典子题 • 多选题）下列关于税务行政处罚设定的表述中，正确的有（　）。

A. 尚未制定法律、行政法规的，国家税务总局可以通过规章的形式设定警告、通告批评或一定数额的行政处罚

B. 全国人民代表大会及其常务委员会可以通过法律的形式设定各种税务行政处罚

C. 国务院可以通过行政法规的形式设定除限制人身自由以外的税务行政处罚

D. 尚未制定法律、行政法规，因行政管理迫切需要依法先以部门规章设定罚款的，设定的罚款数额最高不得超过 2 万元

[4]（2014 年·单选题）税务所可以在一定限额以下实施罚款作为税务行政处罚，该限额为（ ）元。

A. 50　B. 2 000　C. 10 000　D. 50 000

[5]（经典子题·多选题）国务院可以通过行政法规设定的税务行政处罚形式有（ ）。

A. 警告　B. 罚款　C. 行政拘留　D. 没收违法所得

考点 2 税务行政处罚的主体与管辖

【考点母题——万变不离其宗】税务行政处罚的主体与管辖

<table>
<tr><td rowspan="2">主体</td><td>下列关于税务行政处罚主体的表述中，正确的有（ ）。</td></tr>
<tr><td>A. 税务行政处罚的实施主体主要是县以上的税务机关
B. 我国税务机关的组织构成包括国家税务总局；省、自治区、直辖市税务局；地（市、州、盟）税务局；县（市、旗）税务局四级
【说明】这些税务机关都具有税务行政处罚主体资格。
C. 各级税务机关的内设机构、派出机构不具处罚主体资格，不能以自己的名义实施税务行政处罚。但是税务所可以实施罚款额在 2 000 元以下的税务行政处罚，这是《征管法》对税务所的特别授权</td></tr>
<tr><td>管辖</td><td>根据《行政处罚法》和《征管法》的规定，税务行政处罚由当事人税收违法行为发生地的县（市、旗）以上税务机关管辖</td></tr>
</table>

【考点子题——举一反三，真枪实练】

[6]（2009 年·单选题）下列关于税务行政处罚权的表述中，正确的是（ ）。

A. 省地方税务局可以通过规范性文件的形式设定警告

B. 国家税务总局可以通过规章的形式设定一定限额的罚款

C. 省以下国家税务局的稽查局不具有税务行政处罚主体资格

D. 作为税务机关派出机构的税务所不具有税务行政处罚主体资格

考点 3 税务行政处罚的简易程序

【考点母题——万变不离其宗】税务行政处罚的简易程序

下列关于税务行政处罚的简易程序的表述，正确的有（ ）。

续表

A. 税务行政处罚的简易程序是指税务机关及其执法人员对于公民、法人或者其他组织违反税收征收管理秩序的行为，当场作出税务行政处罚决定的行政处罚程序 B. 简易程序的适用条件：一是案情简单、事实清楚、违法后果比较轻微且有法定依据应当给予处罚的违法行为；二是给予的处罚较轻，仅适用于对公民处以 50 元以下和对法人或者其他组织处以 1000 元以下罚款的违法案件

【考点母题——万变不离其宗】税务行政处罚的听证（新增）

（1）税务行政处罚的听证，遵循合法、公正、公开、及时和便民的原则。下列关于税务行政处罚听证的表述，正确的有（　）。
A. 税务机关对公民作出 2000 元以上（含本数）罚款或者对法人或者其他组织作出 1 万元以上（含本数）罚款的行政处罚之前，应当向当事人送达《税务行政处罚事项告知书》，告知当事人已经查明的违法事实、证据、行政处罚的法律依据和拟将给予的行政处罚，并告知有要求举行听证的权利 B. 要求听证的当事人，应当在《税务行政处罚事项告知书》送达后 3 日内向税务机关书面提出听证；逾期不提出的、视为放弃听证权利。当事人要求听证的，税务机关应当组织听证 C. 税务机关应当在收到当事人听证要求后 15 日内举行听证，并在举行听证的 7 日前将《税务行政处罚听证通知书》送达当事人，通知当事人举行听证的时间、地点、听证主持人的姓名及有关事项 D. 当事人提出听证后，税务机关发现自己拟作的行政处罚决定对事实认定有错误或者偏差，应当予以改变，并及时向当事人说明 E. 税务行政处罚的听证，由税务机关负责人指定的非本案调查机构的人员主持，当事人、本案调查人员及其他有关人员参加 F. 当事人可以亲自参加听证，也可以委托一至二人代理 G. 当事人认为听证主持人与本案有直接利害关系的，有权申请回避。听证主持人是本案当事人的近亲属，或者认为自己与本案有直接利害关系或其他关系可能影响公正听证的，应当自行提出回避 H. 听证主持人的回避，由组织听证的税务机关负责人决定。对驳回申请回避的决定，当事人可以申请复核一次 I. 税务行政处罚听证应当公开进行。但是涉及国家秘密、商业秘密或者个人隐私的，听证不公开进行 J. 当事人或者其代理人应当按照税务机关的通知参加听证，无正当理由不参加的，视为放弃听证权利。听证应当予以终止 K. 听证开始时，听证主持人应当首先声明并出示税务机关负责人授权主持听证的决定，然后查明当事人或者其代理人、本案调查人员、证人及其他有关人员是否到场，宣布案由；宣布听证会的组成人员名单；告知当事人有关的权利义务。记录员宣读听证会场纪律 L. 听证过程中，由本案调查人员就当事人的违法行为予以指控，并出示事实证据材料，提出行政处罚建议。当事人或者其代理人可以就所指控的事实及相关问题进行申辩和质证。听证主持人可以对本案所及事实进行询问，保障控辩双方充分陈述事实，发表意见，并就各自出示的证据的合法性、真实性进行辩论。当事人或者其代理人有最后陈述的权利 M. 听证主持人认为证据有疑问无法听证辨明，可能影响税务行政处罚的准确公正的，可以宣布中止听证，由本案调查人员对证据进行调查核实后再行听证 N. 听证过程中，当事人或者其代理人放弃申辩和质证权利，声明退出听证会；或者不经听证主持人许可擅自退出听证会的，听证主持人可以宣布听证终止 O. 听证过程中，当事人或者其代理人、本案调查人员、证人及其他人员违反听证秩序，听证主持人应当警告制止；对不听制止的，可以责令其退出听证会场

续表

P. 听证的全部活动，应当由记录员写成笔录，经听证主持人审阅并由听证主持人和记录员签名后，封卷上交税务机关负责人审阅。听证笔录应交当事人或者其代理人、本案调查人员、证人及其他有关人员阅读或者向他们宣读，他们认为有遗漏或者有差错的，可以请求补充或者改正。他们在承认没有错误后，应当签字或者盖章
R. 听证结束后，听证主持人应当将听证情况和处理意见报告税务机关负责人
S. 对应当进行听证的案件，税务机关不组织听证，行政处罚决定不能成立；当事人放弃听证权利或者被正当取消听证权利的除外
T. 听证费用由组织听证的税务机关支付，不得由要求听证的当事人承担或者变相承担

【考点子题——举一反三，真枪实练】

[7]（2011 年 • 单选题）下列案件中，属于税务行政处罚听证的范围是（ ）。

A. 对法人做出 1 万元以上罚款的案件　B. 对公民做出 1 000 元以上罚款的案件

C. 对法人做出没收非法所得处罚的案件　D. 对法人做出停止出口退税权处罚的案件

[8]（2014 年 • 单选题）下列税务行政处罚情形中，当事人可以在税务机关作出税务行政处罚决定之前要求听证的是（ ）。

A. 某公司被处以 5 000 元罚款　B. 某中国公民被处以 500 元罚款

C. 某合伙企业被处以 1 500 元罚款　D. 某非营利组织被处以 15 000 元罚款

考点 4 税务行政处罚权力清单

【考点题源】税务行政处罚权力清单

类别	违法行为	处罚标准
账簿、凭证管理类	未按规定设置、保管账簿资料，报送财务、会计制度办法核算软件，安装使用税控装置的（包括纳税人未按照规定设置、保管账簿或者保管记账凭证和有关资料的；纳税人未按照规定将财务、会计制度或者财务、会计处理办法和会计核算软件报送税务机关备查的；纳税人未按照规定安装、使用税控装置，或者损毁或者擅自改动税控装置的）	税务机关责令其限期改正，可以处 2 000 元以下的罚款；情节严重的，处 2 000 元以上 1 万元以下的罚款
	扣缴义务人未按照规定设置、保管代扣代缴、代收代缴税款账簿或者保管代扣代缴、代收代缴税款记账凭证及有关资料的	税务机关责令其限期改正，可以处 2 000 元以下的罚款；情节严重的，处 2 000 元以上 5 000 元以下的罚款
	非法印制、转借、倒卖、变造或者伪造完税凭证的	税务机关责令其改正，处 2 000 元以上 1 万元以下的罚款；情节严重的，处 1 万元以上 5 万元以下的罚款；构成犯罪的，依法追究刑事责任

第 14 章

续表

纳税申报类	未按规定期限办理纳税申报和报送纳税资料的（包括纳税人未按照规定的期限办理纳税申报和报送纳税资料的；扣缴义务人未按照规定的期限向税务机关报送代扣代缴、代收代缴税款报告表和有关资料的）	税务机关责令其限期改正，可以处 2 000 元以下的罚款；情节严重的，可以处 2 000 元以上 1 万元以下的罚款
	纳税人、扣缴义务人编造虚假计税依据的	税务机关责令其限期改正，并处 5 万元以下的罚款
税务检查类	纳税人、扣缴义务人逃避、拒绝或者以其他方式阻挠税务机关检查（包括提供虚假资料，不如实反映情况，或者拒绝提供有关资料的；拒绝或者阻止税务机关记录、录音、录像、照相和复制与案件有关的情况和资料的；在检查期间，纳税人、扣缴义务人转移、隐匿、销毁有关资料的；有不依法接受税务检查的其他情形的）	税务机关责令其改正，可以处 1 万元以下的罚款；情节严重的，处 1 万元以上 5 万元以下的罚款
	纳税人、扣缴义务人的开户银行或者其他金融机构拒绝接受税务机关依法检查纳税人、扣缴义务人存款账户，或者拒绝执行税务机关作出的冻结存款或者扣缴税款的决定，或者在接到税务机关的书面通知后帮助纳税人、扣缴义务人转移存款，造成税款流失的	税务机关处 10 万元以上 50 万元以下的罚款，对直接负责的主管人员和其他直接责任人员处 1 000 元以上 1 万元以下的罚款
	税务机关依照税收征管法第 54 条第（五）项的规定到车站、码头、机场、邮政企业及其分支机构检查纳税人有关情况时，有关单位拒绝的	税务机关责令其改正，可以处 1 万元以下的罚款；情节严重的，处 1 万元以上 5 万元以下的罚款
税务行政处罚的执行	税务机关对当事人作出罚款行政处罚决定的，当事人应当在收到行政处罚决定书之日起 15 日内缴纳罚款，到期不缴纳的，税务机关可以对当事人每日按罚款数额的 3% 加处罚款	

【考点子题——举一反三，真枪实练】

[9]（2014 年 • 单选题）下列关于税款扣缴制度的表述中，正确的是（　）。

A. 扣缴义务人未按照规定设置保管代扣代缴账簿的，由税务机关限期改正，可以处 10 000 元以下的罚款

B. 扣缴义务人未按照规定办理扣缴税款登记的，税务机关可处 2 000 元以下的罚款

C. 对扣缴义务人未履行扣缴义务的，可处以应扣未扣税款 50% 以上 3 倍以下的罚款

D. 扣缴义务人编造虚假计税依据的，税务机关可处 20 000 元以下罚款

[10]（2010 年 • 单选题）某国有企业因有违反《税收征收管理法》的行为，被税务机关处以 8 000 元的罚款。假定该企业收到税务行政处罚决定书的时间为 2022 年 3 月 1 日，则该企业 4 月 5 日缴纳罚款时的总金额为（　）元。

A. 8 000　　B. 9 200　　C. 13 040　　D. 16 640

[11]（2021 年·单选题）某纳税人 2022 年 2 月擅自改动税控装置，情节严重，且限期仍不改正。下列对其处以罚款的数额符合税法规定范围的是（　）。

A. 1 000 元　　B. 8 000 元　　C. 15 000 元　　D. 100 000 元

考点 5 税务行政处罚“首违不罚”事项清单

【考点母题——万变不离其宗】税务行政处罚“首违不罚”事项清单（新增）

（1）对于首次发生下列清单中所列事项且危害后果轻微，在税务机关发现前主动改正或者在税务机关责令限期改正的期限内改正的，不予行政处罚。税务违法行为造成不可挽回的税费损失或者较大社会影响的，不能认定为“危害后果轻微”（　）。
A. 纳税人未按照税收征收管理法及实施细则等有关规定将其全部银行账号向税务机关报送 B. 纳税人未按照税收征收管理法及实施细则等有关规定设置、保管账簿或者保管记账凭证和有关资料 C. 纳税人未按照税收征收管理法及实施细则等有关规定的期限办理纳税申报和报送纳税资料 D. 纳税人使用税控装置开具发票，未按照税收征收管理法及实施细则、发票管理办法等有关规定的期限向主管税务机关报送开具发票的数据且没有违法所得 E. 纳税人未按照税收征收管理法及实施细则、发票管理办法等有关规定取得发票，以其他凭证代替发票使用且没有违法所得 F. 纳税人未按照税收征收管理法及实施细则、发票管理办法等有关规定缴销发票且没有违法所得 G. 扣缴义务人未按照税收征收管理法及实施细则等有关规定设置、保管代扣代缴、代收代缴税款账簿或者保管代扣代缴、代收代缴税款记账凭证及有关资料 H. 扣缴义务人未按照税收征收管理法及实施细则等有关规定的期限报送代扣代缴、代收代缴税款有关资料 I. 扣缴义务人未按照《税收票证管理办法》的规定开具税收票证 J. 境内机构或个人向非居民发包工程作业或劳务项目，未按照《非居民承包工程作业和提供劳务税收管理暂行办法》的规定向主管税务机关报告有关事项 K. 纳税人使用非税控电子器具开具发票，未按照税收征收管理法及实施细则、发票管理办法等有关规定将非税控电子器具使用的软件程序说明资料报主管税务机关备案且没有违法所得 L. 纳税人未按照税收征收管理法及实施细则、税务登记管理办法等有关规定办理税务登记证件验证或者换证手续 M. 纳税人未按照税收征收管理法及实施细则、发票管理办法等有关规定加盖发票专用章且没有违法所得 N. 纳税人未按照税收征收管理法及实施细则等有关规定将财务、会计制度或者财务、会计处理办法和会计核算软件报送税务机关备查

考点 6 税务行政处罚裁量权行使规则

【考点母题——万变不离其宗】税务行政处罚裁量权行使规则

<table>
<tr><td rowspan="2">行使税务行政处罚裁量权应当遵循的原则</td><td colspan="2">（1）下列属于行使税务行政处罚裁量权应当遵循的原则有（ ）。</td></tr>
<tr><td colspan="2">A. 合法原则 B. 合理原则 C. 公平公正原则
D. 公开原则 E. 程序正当原则
F. 信赖保护原则：非因法定事由并经法定程序，不得随意改变已经生效的行政行为
G. 处罚与教育相结合原则</td></tr>
<tr><td>行政处罚裁量基准制定</td><td colspan="2">税务行政处罚裁量基准，是税务机关为规范行使行政处罚裁量权而制定的细化量化标准。税务行政处罚裁量基准，应当包括违法行为、处罚依据、裁量阶次、适用条件和具体标准等内容</td></tr>
<tr><td rowspan="7">行政处罚裁量规则适用</td><td colspan="2">（2）下列各项，符合行政处罚裁量规则的有（ ）。</td></tr>
<tr><td colspan="2">A. 法律、法规、规章规定可以给予行政处罚，当事人首次违反且情节轻微，并在税务机关发现前主动改正的或者在税务机关责令限期改正的期限内改正的，不予行政处罚</td></tr>
<tr><td colspan="2">B. 税务机关应当责令当事人改正或者限期改正违法行为的，除法律、法规、规章另有规定外，责令限期改正的期限一般不超过 30 日</td></tr>
<tr><td colspan="2">C. 对当事人的同一个税收违法行为不得给予两次以上罚款的行政处罚。当事人同一个税收违法行为违反不同行政处罚规定且均应处以罚款的，应当选择适用处罚较重的条款</td></tr>
<tr><td>D. 当事人有下列情形之一的，不予行政处罚：</td><td>a. 违法行为轻微并及时纠正，没有造成危害后果的
b. 不满十四周岁的人有违法行为的
c. 精神病人在不能辨认或者不能控制自己行为时有违法行为的
d. 其他法律规定不予行政处罚的</td></tr>
<tr><td>E. 当事人有下列情形之一的，应当依法从轻或者减轻行政处罚：</td><td>a. 主动消除或者减轻违法行为危害后果的
b. 受他人胁迫有违法行为的
c. 配合税务机关查处违法行为有立功表现的
d. 其他依法应当从轻或者减轻行政处罚的</td></tr>
<tr><td colspan="2">F. 违反税收法律、行政法规应当给予行政处罚的行为在 5 年内未被发现的，不再给予行政处罚</td></tr>
</table>

第 14 章

第二节 税务行政复议

税务行政复议是指当事人不服税务机关及其工作人员作出的税务具体行政行为，依法向上一级税务机关（复议机关）提出申请，复议机关经审理对原税务机关具体行政行为依法作出维持、变更、撤销等决定的活动。

考点1 税务行政复议范围

【考点母题——万变不离其宗】税务行政复议范围

申请人对税务机关下列具体行政行为不服，可以提出行政复议申请的有（ ）。
A. 征税行为 【说明】包括确认纳税主体、征税对象、征税范围、减税、免税、退税、抵扣税款、适用税率、计税依据、纳税环节、纳税期限、纳税地点和税款征收方式等具体行政行为，征收税款、加收滞纳金，扣缴义务人、受税务机关委托的单位和个人作出的代扣代缴、代收代缴、代征行为等。 B. 行政许可、行政审批行为 C. 发票管理行为 【说明】包括发售、收缴、代开发票等。 D. 税收保全措施、强制执行措施 E. 行政处罚行为 【说明】包括罚款、没收财物和违法所得、停止出口退税权 F. 不依法履行职责的行为 【说明】包括颁发税务登记、开具、出具完税凭证、外出经营活动税收管理证明、行政赔偿、行政奖励、其他不依法履行职责的行为 G. 资格认定行为 H. 不依法确认纳税担保行为

续表

I. 政府信息公开工作中的具体行政行为 J. 纳税信用等级评定行为 K. 通知出入境管理机关阻止出境行为 L. 其他具体行政行为 【说明】申请人对“征税行为”不服的，应当先向行政复议机关申请行政复议；对行政复议决定不服的，可以向人民法院提起行政诉讼。申请人对“征税行为”以外的其他具体行政行为不服，可以申请行政复议，也可以直接向人民法院提起行政诉讼。

【考点子题——举一反三，真枪实练】

[12]（2019 年 • 多选题）纳税人对税务机关作出的下列行政行为不服时，可以申请行政复议，也可以直接向人民法院提起行政诉讼的有（　）。

A. 收缴发票行为　B. 阻止出境行为　C. 暂停免税办理　D. 没收违法所得

[13]（2014 年 • 多选题）以下行为属于税务行政复议受案范围或审查范围的是（　）。

A. 税务机关做出的保全行为　B. 税务机关做出的行政处罚行为

C. 加收滞纳金行为　D. 税务机关的发票管理行为

[14]（2017 年 • 多选题）税务行政复议的受案范围有（　）。

A. 发票管理行为　B. 税收保全措施

C. 停止出口退税权　D. 通知出入境管理机关组织出境行为

考点 2　税务行政复议管辖

【考点母题——万变不离其宗】税务行政复议管辖

<table>
<tr><td colspan="2">下列表述符合税务行政复议管辖规定的有（　）。</td></tr>
<tr><td colspan="2">A. 对各级税务局的具体行政行为不服的，向其上一级税务局申请行政复议。对计划单列市税务局的具体行政行为不服的，向国家税务总局申请行政复议</td></tr>
<tr><td colspan="2">B. 对税务所（分局）、各级税务局的稽查局的具体行政行为不服的，向其所属税务局申请行政复议</td></tr>
<tr><td colspan="2">C. 对国家税务总局的具体行政行为不服的，向国家税务总局申请行政复议。对行政复议决定不服的，申请人可以向人民法院提起行政诉讼，也可以向国务院申请裁决。国务院的裁决为最终裁决</td></tr>
<tr><td>D. 对下列税务机关的具体行政行为不服的，按照下列规定申请行政复议</td><td>a. 对两个以上税务机关以共同的名义作出的具体行政行为不服的，向共同上一级税务机关申请行政复议；对税务机关与其他行政机关以共同的名义作出的具体行政行为不服的，向其共同上一级行政机关申请行政复议
b. 对被撤销的税务机关在撤销以前所作出的具体行政行为不服的，向继续行使其职权的税务机关的上一级税务机关申请行政复议
c. 对税务机关作出逾期不缴纳罚款加处罚款的决定不服的，向作出行政处罚决定的税务机关申请行政复议。但是对已处罚款和加处罚款都不服的，一并向作出行政处罚决定的税务机关的上一级税务机关申请行政复议</td></tr>
</table>

【考点子题——举一反三，真枪实练】

[15]（2016年·多选题）下列申请行政复议的表述中，符合税务行政复议管辖规定的有（　）。

A. 对国家税务总局的具体行政行为不服的，向国家税务总局申请行政复议

B. 对各级国家税务局的具体行政行为不服的，向其上一级国家税务局申请行政复议

C. 对计划单列市国家税务局的具体行政行为不服的，向国家税务总局申请行政复议

D. 对税务所（分局）、各级税务局的稽查局的具体行政行为不服的，向其所属税务局申请行政复议

考点3 税务行政复议申请人和被申请人

【考点母题——万变不离其宗】税务行政复议申请人和被申请人

下列关于税务行政复议申请人和被申请人的表述，正确的有（　）。
A. 合伙企业申请行政复议的，应当以核准登记的企业为申请人，由执行合伙事务的合伙人代表该企业参加行政复议；其他合伙组织申请行政复议的，由合伙人共同申请行政复议
B. 股份制企业的股东大会、股东代表大会、董事会认为税务具体行政行为侵犯企业合法权益的，可以以企业的名义申请行政复议
C. 有权申请行政复议的公民死亡的，其近亲属可以申请行政复议；有权申请行政复议的公民为无行为能力人或者限制行为能力人，其法定代理人可以代理申请行政复议
D. 行政复议期间，行政复议机关认为申请人以外的公民、法人或者其他组织与被审查的具体行政行为有利害关系的，可以通知其作为第三人参加行政复议
E. 非具体行政行为的行政管理相对人，但其权利直接被该具体行政行为所剥夺、限制或者被赋予义务的公民、法人或其他组织，在行政管理相对人没有申请行政复议时，可以单独申请行政复议
F. 同一行政复议案件申请人超过5人的，应当推选1~5名代表参加行政复议
G. 申请人对具体行政行为不服申请行政复议的，作出该具体行政行为的税务机关为被申请人
H. 申请人对扣缴义务人的扣缴税款行为不服的，主管该扣缴义务人的税务机关为被申请人；对税务机关委托的单位和个人的代征行为不服的，委托税务机关为被申请人
I. 税务机关与法律、法规授权的组织以共同的名义作出具体行政行为的，税务机关和法律、法规授权的组织为共同被申请人
J. 税务机关依照法律、法规和规章规定，经上级税务机关批准作出具体行政行为的，批准机关为被申请人
K. 税务机关设立的派出机构、内设机构或者其他组织，未经法律、法规授权，以自己名义对外作出具体行政行为的，税务机关为被申请人
L. 申请人、第三人可以委托1~2名代理人参加行政复议

【考点子题——举一反三，真枪实练】

[16]（2019 年 • 单选题）下列可以作为税务行政复议申请人的是（ ）。

A. 有权申请行政复议的公民死亡的，其近亲属

B. 有权申请行政复议的股份制企业，其董事会

C. 有权申请行政复议的合伙企业，其任一合伙人

D. 与被审查的税务具体行政行为有利害关系的第三人

考点 4 税务行政复议申请

【考点母题——万变不离其宗】税务行政复议申请

（1）下列关于税务行政复议申请的表述，正确的有（ ）。
A. 申请人可以在知道税务机关作出具体行政行为之日起 60 日内提出行政复议申请
B. 申请人对“征税行为”不服的，应当先向行政复议机关申请行政复议；对行政复议决定不服的，可以向人民法院提起行政诉讼
C. 申请人对“征税行为”以外的其他具体行政行为不服，可以申请行政复议，也可以直接向人民法院提起行政诉讼
D. 申请人按照规定申请行政复议的，必须依照税务机关根据法律、法规确定的税额、期限，先行缴纳或者解缴税款和滞纳金，或者提供相应的担保，才可以在缴清税款和滞纳金以后或者所提供的担保得到作出具体行政行为的税务机关确认之日起 60 日内提出行政复议申请
（2）申请人可以在知道税务机关作出具体行政行为之日起 60 日内提出行政复议申请。下列申请期限计算起点的表述中，正确的有（ ）。
A. 当场作出具体行政行为的，自具体行政行为作出之日起计算 B. 载明具体行政行为的法律文书直接送达的，自受送达人签收之日起计算 C. 载明具体行政行为的法律文书邮寄送达的，自受送达人在邮件签收单上签收之日起计算；没有邮件签收单的，自受送达人在送达回执上签名之日起计算 D. 具体行政行为依法通过公告形式告知受送达人的，自公告规定的期限届满之日起计算 E. 税务机关作出具体行政行为时未告知申请人，事后补充告知的，自该申请人收到税务机关补充告知的通知之日起计算 F. 被申请人能够证明申请人知道具体行政行为的，自证据材料证明其知道具体行政行为之日起计算

【考点子题——举一反三，真枪实练】

[17]（2017 年 • 单选题）纳税人应该在得知税务机关作出具体行政行为之日起（ ）日内进行申请复议。

A. 60 日　　B. 40 日　　C. 30 日　　D. 20 日

考点5 税务行政复议受理

【考点题源】税务行政复议受理

1. 行政复议申请符合下列规定的，行政复议机关应当受理：	（1）属于本规则规定的行政复议范围 （2）在法定申请期限内提出 （3）有明确的申请人和符合规定的被申请人 （4）申请人与具体行政行为有利害关系 （5）有具体的行政复议请求和理由 （6）符合税务行政复议申请中第2项和第3项规定的条件 （7）属于收到行政复议申请的行政复议机关的职责范围 （8）其他行政复议机关尚未受理同一行政复议申请，人民法院尚未受理同一主体就同一事实提起的行政诉讼
2. 行政复议期间具体行政行为不停止执行；但是有下列情形之一的，可以停止执行：	（1）被申请人认为需要停止执行的 （2）行政复议机关认为需要停止执行的 （3）申请人申请停止执行，行政复议机关认为其要求合理，决定停止执行的 （4）法律规定停止执行的

【考点子题——举一反三，真枪实练】

[18]（2015年•多选题）有（　）情形之一的，行政复议期间具体行政行为停止执行。

A. 被申请人认为需要停止执行的

B. 行政复议机关认为需要停止执行的

C. 申请人申请停止执行，行政复议机关认为其要求合理，决定停止执行的

D. 法律规定停止执行的

考点6 税务行政复议证据

【考点母题——万变不离其宗】税务行政复议证据（在行政复议中，被申请人对其作出的具体行政行为负有举证责任）

下列证据材料不得作为行政复议定案依据的有（　）。
A. 违反法定程序收集的证据材料 B. 以偷拍、偷录和窃听等手段获取侵害他人合法权益的证据材料 C. 以利诱、欺诈、胁迫和暴力等不正当手段获取的证据材料 D. 无正当事由超出举证期限提供的证据材料 E. 无正当理由拒不提供原件、原物，又无其他证据印证，且对方不予认可的证据的复制件、复制品 F. 无法辨明真伪的证据材料 G. 不能正确表达意志的证人提供的证言 H. 不具备合法性、真实性的其他证据材料

考点 7　税务行政复议审查和决定

【考点母题——万变不离其宗】税务行政复议审查和决定

<table>
<tr><td rowspan="2">行政复议决定</td><td>（1）下列关于税务行政复议的决定的表述，正确的有（　）。</td></tr>
<tr><td>A. 具体行政行为认定事实清楚，证据确凿，适用依据正确，程序合法，内容适当的，决定维持
B. 被申请人不履行法定职责的，决定其在一定期限内履行
C. 具体行政行为有下列情形之一的：决定撤销、变更或者确认该具体行政行为违法；决定撤销或者确认该具体行政行为违法的，可以责令被申请人在一定期限内重新作出具体行政行为：
a. 主要事实不清、证据不足的
b. 适用依据错误的
c. 违反法定程序的
d. 超越职权或者滥用职权的
e. 具体行政行为明显不当的
D. 被申请人自收到行政复议机构申请书副本或者申请笔录复印件之日起 10 日内，不能提出书面答复，提交当初作出具体行政行为的证据、依据和其他有关材料的，视为该具体行政行为没有证据、依据，决定撤销该具体行政行为</td></tr>
<tr><td rowspan="2">行政复议中止</td><td>（2）行政复议期间，有下列（　）情形之一的，行政复议中止：</td></tr>
<tr><td>A. 作为申请人的公民死亡，其近亲属尚未确定是否参加行政复议的
B. 作为申请人的公民丧失参加行政复议的能力，尚未确定法定代理人参加行政复议的
C. 作为申请人的法人或者其他组织终止，尚未确定权利义务承受人的
D. 作为申请人的公民下落不明或者被宣告失踪的
E. 申请人、被申请人因不可抗力，不能参加行政复议的
F. 行政复议机关因不可抗力原因暂时不能履行工作职责的
G. 案件涉及法律适用问题，需要有权机关作出解释或者确认的
H. 案件审理需要以其他案件的审理结果为依据，而其他案件尚未审结的
I. 其他需要中止行政复议的情形
【说明 1】行政复议中止的原因消除以后，应当及时恢复行政复议案件的审理。
【说明 2】行政复议机构中止、恢复行政复议案件的审理，应当告知申请人、被申请人、第三人。</td></tr>
<tr><td rowspan="2">行政复议终止</td><td>（3）行政复议期间，有下列（　）情形之一的，行政复议终止：</td></tr>
<tr><td>A. 申请人要求撤回行政复议申请，行政复议机构准予撤回的
B. 作为申请人的公民死亡，没有近亲属，或者其近亲属放弃行政复议权利的
C. 作为申请人的法人或者其他组织终止，其权利义务的承受人放弃行政复议权利的
D. 申请人与被申请人依照本规则第八十七条的规定，经行政复议机构准许达成和解的
E. 行政复议申请受理以后，发现其他行政复议机关已经先于本机关受理，或者人民法院已经受理的
【说明】依照上述 (2)A、B、C 规定中止行政复议，满 60 日行政复议中止的原因未消除的，行政复议终止。</td></tr>
</table>

【考点子题——举一反三，真枪实练】

[19]（2018年·单选题）税务行政复议期间发生的下列情形中，应当终止行政复议的是（ ）。

A. 作为申请人的公民死亡且没有近亲属

B. 案件涉及法律适用问题，需要有权机关作出解释

C. 作为申请人的公民下落不明

D. 作为申请人的法人终止且尚未确定权利义务承受人

[20]（2015年·单选题）税务机关做出的下列行政行为，纳税人不服时可以申请行政复议也可以直接向人民法院提起行政诉讼的是（ ）。

A. 罚款　　B. 加收滞纳金　　C. 确认抵扣税款　　D. 确认征税范围

考点8 税务行政复议的和解与调解

【考点母题——万变不离其宗】税务行政复议的和解与调解

<table>
<tr><td rowspan="2">税务行政复议的和解</td><td>（1）对下列行政复议事项，申请人和被申请人在行政复议机关作出行政复议决定以前可以达成和解的有（ ）。</td></tr>
<tr><td>A. 行使自由裁量权作出的具体行政行为，如行政处罚、核定税额、确定应税所得率等
B. 行政赔偿
C. 行政奖励
D. 存在其他合理性问题的具体行政行为
【提示】经行政复议机构准许和解终止行政复议的，申请人不得以同一事实和理由再次申请行政复议。</td></tr>
<tr><td rowspan="2">税务行政复议的调解</td><td>（2）税务行政复议机关可以对某些税务行政复议事项进行调解。以下符合税务行政复议调解要求的有（ ）。</td></tr>
<tr><td>A. 尊重申请人和被申请人的意愿　　B. 在查明案件事实的基础上进行
C. 遵循客观、公正和合理原则　　D. 不得损害社会公共利益和他人合法权益</td></tr>
</table>

【考点子题——举一反三，真枪实练】

[21]（2018年·多选题）对下列事项进行行政复议时，申请人和被申请人在行政复议机关作出行政复议前可以达成和解的有（ ）。

A. 行政赔偿　　B. 行政奖励　　C. 行政处罚　　D. 核定税额

[22]（2013年·多选题）税务行政复议机关可以对某些税务行政复议事项进行调解。以下符合税务行政复议调解要求的有（ ）。

A. 遵循客观，公正和合理的原则　　B. 尊重申请人和被申请人的意愿

C. 在查明案件事实的基础上进行　　D. 不得损害社会公共利益和他人合法权益

第三节　税务行政诉讼

考点 1　税务行政诉讼的概念和原则

【考点母题——万变不离其宗】税务行政诉讼的概念和原则

概念	（1）税务行政诉讼具有（　）特殊性。
	A. 税务行政诉讼是由人民法院进行审理并作出裁决的一种诉讼活动 【说明】这是税务行政诉讼与税务行政复议的根本区别。
	B. 税务行政诉讼以解决税务行政争议为前提，这是税务行政诉讼与其他行政诉讼活动的根本区别，具体体现在：
	a. 被告必须是税务机关，或经法律、法规授权的行使税务行政管理权的组织，而不是其他行政机关或组织 b. 税务行政诉讼解决的争议发生在税务行政管理过程中 c. 因税款征纳问题发生的争议，当事人在向人民法院提起行政诉讼前，必须先经税务行政复议程序，即复议前置
原则	（2）税务行政诉讼应当遵循的原则有（　）。
	A. 人民法院特定主管原则 【说明】人民法院对税务行政案件只有部分管辖权。根据《行政诉讼法》第十一条的规定，人民法院只能受理因具体行政行为引起的税务行政争议案。 B. 合法性审查原则　C. 不适用调解原则　D. 起诉不停止执行原则 E. 税务机关负举证责任原则　F. 由税务机关负责赔偿的原则

【考点子题——举一反三，真枪实练】

[23]（2015 年 • 多选题）下列原则中，属于税务行政诉讼原则的有（　）。

A. 合法性审查原则　　B. 不适用调解原则

C. 纳税人负举证责任原则　　D. 由税务机关负责赔偿原则

考点 2　税务行政诉讼的受案范围

【考点题源】税务行政诉讼的受案范围

税务行政诉讼案件的受案范围除受《行政诉讼法》有关规定的限制外，也受《征管法》及其他相关法律、法规的调整和制约。具体地说，税务行政诉讼的受案范围与税务行政复议的受案范围基本一致，包括：

续表

1. 税务机关作出的征税行为：	（1）征收税款、加收滞纳金 （2）扣缴义务人、受税务机关委托的单位作出代扣代缴、代收代缴行为及代征行为	
2. 税务机关作出的责令纳税人提交纳税保证金或者纳税担保行为。		
3. 税务机关作出的行政处罚行为：	（1）罚款 （3）停止出口退税权	（2）没收违法所得 （4）收缴发票和暂停供应发票
4. 税务机关作出的通知出境管理机关阻止出境行为。		
5. 税务机关作出的税收保全措施：	（1）书面通知银行或者其他金融机构冻结存款 （2）扣押、查封商品、货物或者其他财产	
6. 税务机关作出的税收强制执行措施：	（1）书面通知银行或者其他金融机构扣缴税款 （2）拍卖所扣押、查封的商品、货物或者其他财产抵缴税款	
7. 认为符合法定条件申请税务机关颁发税务登记证和发售发票，税务机关拒绝颁发、发售或者不予答复的行为。		
8. 税务机关的复议行为：	（1）复议机关改变了原具体行政行为	（2）期限届满，税务机关不予答复

【考点子题——举一反三，真枪实练】

[24]（2019年•多选题）纳税人对税务机关作出的下列行政行为不服时，可以申请行政复议，也可以直接向人民法院提起行政诉讼的有（　）。

A. 收缴发票行为　B. 阻止出境行为　C. 暂停免税办理　D. 没收违法所得

[25]（2017年•单选题）纳税人对税务机关作出的下列行政行为不服时，应当先向行政复议机关申请复议后，才可以向人民法院提起行政诉讼的是（　）

A. 加收滞纳金　　B. 税收保全措施

C. 强制执行措施　　D. 处以税款50%的罚款

[26]（2016年•多选题）下列属于税务行政诉讼的受案范围的是（　）。

A. 税务机关做出的税收保全措施　　B. 行政处罚行为

C. 税务机关做出的税收强制行为　　D. 通知出入境管理机关阻止

[27]（2012年•单选题）某县一加工企业因账簿不全，县主管国家税务局对其核定征收企业所得税，企业认为核定数额过高，在双方协商无果的情况下，企业准备请求法律救济。下列关于企业的做法正确的是（　）。

A. 加工企业可以直接向人民法院提起行政诉讼

B. 加工企业可以向该县人民政府提起行政复议

C. 加工企业应在复议决定做出后及时缴纳税款

D. 加工企业和县主管国家税务局可以在复议决定做出前达成和解

[28]（经典子题·多选题）纳税人和其他税务当事人对侵犯合法权益的特定税务行政诉讼受案范围有（　）。

A. 税务机关通知银行冻结其存款的行为

B. 税务机关逾期未对其复议申请作出答复的行为

C. 税务机关对其所缴的税款没有上交国库的

D. 税务机关制订的规范性文件损害了纳税人合法权益的行为

考点 3　税务行政诉讼的起诉和受理

【考点题源】税务行政诉讼的起诉和受理

税务行政诉讼的起诉	纳税人、扣缴义务人等税务管理相对人在提起税务行政诉讼时，必须符合下列条件： 1. 原告是认为具体行政行为侵犯其合法权益的公民、法人或者其他组织 2. 有明确的被告 3. 有具体的诉讼请求和事实、法律根据 4. 属于人民法院的受案范围和受诉人民法院管辖 【说明 1】在税务行政诉讼等行政诉讼中，起诉权是单向性的权利，税务机关不享有起诉权，只有应诉权，即税务机关只能作为被告；与民事诉讼不同，作为被告的税务机关不能反诉。 【说明 2】对税务机关的征税行为提起诉讼，必须先经过复议；对复议决定不服的，可以在接到复议决定书之日起 15 日内向人民法院起诉。对其他具体行政行为不服的，当事人可以在接到通知或者知道之日起 15 日内直接向人民法院起诉。
税务行政诉讼的受理	原告起诉，经人民法院审查，认为符合起诉条件并立案审理的行为，称为受理。对当事人的起诉，人民法院一般从以下几方面进行审查并作出是否受理的决定：一是审查是否属于法定的诉讼受案范围；二是审查是否具备法定的起诉条件；三是审查是否已经受理或者正在受理；四是审查是否有管辖权；五是审查是否符合法定的期限；六是审查是否经过必经复议程序

【考点子题——举一反三，真枪实练】

[29]（2018 年·单选题）在税务行政诉讼中，税务机关可享有的权利是（　）。

A. 应诉权　　B. 反诉权　　C. 起诉权　　D. 撤诉权

[30]（2012 年·多选题）下列各项中，属于税务管理相对人在提起税务行政诉讼时必须同时符合的条件有（　）。

A. 有明确的被告

B. 有具体的诉讼请求和事实、法律依据

C. 属于人民法院的受案范围和受诉人民法院管辖

D. 原告是认为具体税务行为侵犯其合法权益的公民、法人或者其他组织

[本章考点子题答案及解析]

[1]【答案: ACD】现行税务行政处罚主要有:(1)罚款;(2)没收财物违法所得;(3)停止出口退税权;(4)法律、法规和规章规定的其他行政处罚。因此，选项 ACD 正确。

[2]【答案: ACD】行政处罚行为只有 ACD 三项，选项 B 属于税收保全措施。

[3]【答案: ABC】选项 D，尚未制定法律、行政法规，因行政管理迫切需要依法先以部门规章设定罚款的，设定的罚款数额最高不得超过 10 万元，且不得超过法律、行政法规对相似违法行为的罚款数额，涉及公民生命健康安全、金融安全且有危害后果的，设定的罚款数额最高不得超过 20 万元；超过限额的，应当报国务院批准。

[4]【答案: B】税务所可以在特别授权的情况下实施罚款额在 2 000 元以下的税务行政处罚，这是《税收征管法》对税务所的特别授权。

[5]【答案: ABD】国务院可以通过行政法规的形式设定除限制人身自由以外的税务行政处罚，因此，选项 ABD 正确。

[6]【答案: B】国家税务总局可以通过规章的形式设定一定限额的罚款，超过限额应当报国务院批准。

[7]【答案: A】税务机关对公民作出 2 000 元以上(含本数)罚款或者对法人或者其他组织作出 1 万元以上(含本数)罚款的行政处罚之前，应当向当事人送达《税务行政处罚事项告知书》，告知当事人已经查明的违法事实、证据、行政处罚的法律依据和拟将给予的行政处罚，并告知有要求举行听证的权利。

[8]【答案: D】税务机关对公民作出 2 000 元以上(含本数)罚款或者对法人或者其他组织作出 1 万元以上(含本数)罚款的行政处罚之前，应当向当事人送达《税务行政处罚事项告知书》，告知当事人已经查明的违法事实、证据、行政处罚的法律依据和拟将给予的行政处罚，并告知有要求举行听证的权利。

[9]【答案: C】扣缴义务人未按照规定设置保管代扣代缴账簿的，由税务机关限期改正，可以处 2 000 元以下的罚款，情节严重的可以处 2 000 元以上 5 000 元以下的罚款。扣缴义务人未按照规定办理扣缴税款登记的，税务机关应当在发现之日三日内责令限期改正，并可处 1 000 元以下的罚款 。扣缴义务人编造虚假计税依据的，税务机关可处 50 000 元以下罚款。选项 ABD 皆为错误选项。

[10]【答案: C】该企业 4 月 5 日缴纳罚款时的总金额为: 8 000+8 000×(31−15+5)×3%=13 040(元)。

[11]【答案: B】纳税人未按规定设置、保管账簿资料，报送财务、会计制度办法核算软件，安装使用税控装置的(包括纳税人未按照规定设置、保管账簿或者保管记账凭证和有关资料的；纳税人未按照规定将财务、会计制度或者财务、会计处理办法和会计核算软件报送税务机关备查的；纳税人未按照规定安装、使用税控装置，或者损毁或者擅自改动税控装置的)。税务机关责令其限期改正，可以处 2 000 元以下的罚款；情节严重的，处 2 000 元以上 1 万元以下的罚款。因此，选项 B 正确。

[12]【答案: ABD】选项 C 属于具体征税行为，纳税人不服时先复议再诉讼。

[13]【答案: ABCD】税务行政复议的受案范围有:(1)征税行为;(2)行政许可、行政审批行为;(3)发票管理行为;(4)税收保全与强制执行措施;(5)行政处罚行为;(6)不依法履行职责的行为;(7)资格认定行为;(8)不依法确认纳税担保的行为;(9)政府信息公开工作中的具体行政行为;(10)纳税信用等级评定行为;(11)通知出入境管理机关阻止出境行为;(12)其他具体行政行为。

[14]【答案: ABCD】税务行政复议的受案范围有:(1)征税行为;(2)行政许可、行政审批行为;(3)发票管理行为(4)税收保全与强制执行措施;(5)行政处罚行为;(6)不依法履行职责的行为;(7)资格认定行为;(8)不依法确认纳税担保的行为;(9)政府信息公开工作中的具体行政行为;(10)纳税信用等级评定行为;(11)通知出入境管理机关阻止出境行为;(12)其他具体行政行为。

[15]【答案: ABCD】ABCD 皆为正确选项。

[16]【答案: A】选项 B,股份制企业的股东大会、股东代表大会、董事会认为税务具体行政行为侵犯企业合法权益的,可以以企业的名义申请行政复议;选项 C,合伙企业申请行政复议的,应当以核准登记的企业为申请人,由执行合伙事务的合伙人代表该企业参加行政复议;选项 D,行政复议期间,申请人以外的公民、法人或者其他组织与被审查的税务具体行政行为有利害关系的,可以向行政复议机关申请作为第三人参加行政复议,但不是税务行政复议的申请人。

[17]【答案: A】纳税人应该在得知税务机关作出具体行政行为之日起 60 内进行申请复议。

[18]【答案: ABCD】选项 ABCD 是行政行为停止执行的全部条件。

[19]【答案: A】行政复议终止的情形:(1)申请人要求撤回行政复议申请,行政复议机构准予撤回的。(2)作为申请人的公民死亡,没有近亲属,或者其近亲属放弃行政复议权利的。(3)作为申请人的法人或者其他组织终止,其权利义务的承受人放弃行政复议权利的。(4)申请人与被申请人依照规定,经行政复议机构准许达成和解的。(5)行政复议申请受理以后,发现其他行政复议机关已经先于本机关受理,或者人民法院已经受理的。除了记住税务行政复议的终止情况,还要辨析行政复议的中止,将两者区分开来。选项 BCD 均为行政复议中止的情形。

[20]【答案: A】选项 A 属于税务行政处罚行为,纳税人对税务机关作出的"征税行为"以外的其他具体行政行为不服的,可以申请行政复议,也可以直接向人民法院提起行政诉讼。选项 BCD 属于征税行为,纳税人对税务机关作出的"征税行为"不服的,应当先向行政复议机关申请行政复议,未经复议不能向人民法院提起诉讼。

[21]【答案: ABCD】申请人和被申请人在行政复议机关作出行政复议决定以前可以达成和解的有:(1)行使自由裁量权作出的具体行政行为,如行政处罚、核定税额、确定应税所得率等。(2)行政赔偿。(3)行政奖励。(4)存在其他合理性问题的具体行政行为。ABCD 选项均为正确选项。

[22]【答案: ABCD】符合下列要求的,税务行政复议机关可以进行调解:(1)尊重申请人和被申请人的意愿;(2)在查明案件事实的基础上进行;(3)遵循客观、公正和合理原则;(4)不得损害社会公共利益和他人合法权益。

[23]【答案: ABD】税务行政诉讼的原则包括:(1)人民法院特定主管原则;(2)合法性审查原则;(3)不适用调解原则;(4)起诉不停止执行原则;(5)税务机关负责举证责任原则;(6)由税务机关负责赔偿的原则。

[24]【答案: ABD】申请人对"征税行为"以外的其他具体行政行为不服,可以申请行政复议,也可以直接向人民法院提起行政诉讼。

[25]【答案: A】征税行为,包括确认纳税主体、征税对象、征税范围、减税、免税、退税、抵扣税款、适用税率、计税依据、纳税环节、纳税期限、纳税地点和税款征收方式等具体行政行为,征收税款、加收滞纳金,扣缴义务人、受税务机关委托的单位和个人作出的代扣代缴、代收代缴、代征行为等。申请人对"征税行为"的行为不服的,应当先向行政复议机关申请行政复议,A 项正确。

[26]【答案：ABCD】除征税行为以外，税务行政复议与税务诉讼范围大致相同。

[27]【答案：D】该加工企业对税务机关作出的征税行为不服的，应当向其上一级国家税务局申请行政复议，对行政复议决定不服的，再向人民法院提起行政诉讼；行政复议期间，具体行政行为不停止执行，该加工企业应当在复议决定作出前及时缴纳税款。

[28]【答案：AB】税务机关作出的税收保全措施、税务机关的复议行为，期限届满税务机关不予答复都在税务行政诉讼的受案范围之内。

[29]【答案：A】在有关税务机关的行政诉讼案件中，税务机关只可被当作被告，故只有应诉权，故选项 A 正确。

[30]【答案：ABCD】纳税人、扣缴义务人等税务管理相对人在提起税务行政诉讼时，必须符合下列条件：(1) 原告是认为具体税务行为侵犯其合法权益的公民、法人或者其他组织；(2) 有明确的被告；(3) 有具体的诉讼请求和事实、法律根据；(4) 属于人民法院的受案范围和受诉人民法院管辖。所以选项 A、B、C、D 均符合题意。

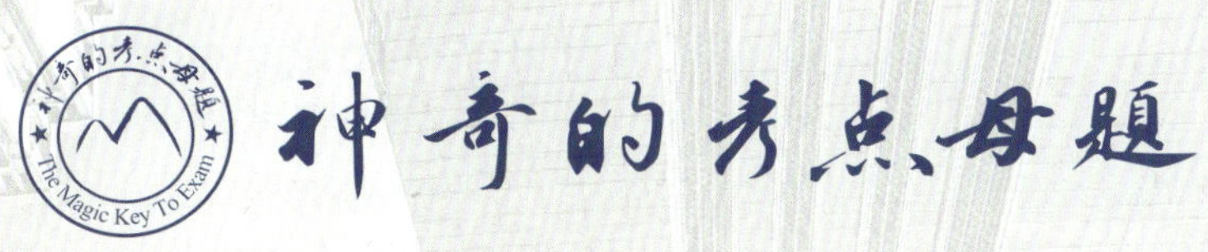

关于我们

神奇的考点母题以多位财政部会计财务评价中心专家为核心，联袂著名大学的博士、教授，秉承**“四精”“三六”**的教学理念，独创“神奇的考点母题”五步教学法，助力财会人才实现职业梦想。

核心业务

初级会计师　中级会计师　高级会计师

注册会计师　税务师

神母优势

1、**豪华的师资团队**：优秀专家团队，教授领衔、全博士阵容

2、**经过实践的通关保障**：丰富的考试研究经验和命题经验

3、**独特的教学理念**：独创五步教学法 、四精课程 “三六”原则

4、**硬核的《神奇的考点母题》系列教材**：精准定位考点 真题之源

5、**高质量的准真题和考前神奇密训卷**：聚焦考试重点，一题顶十题

神奇的考点母题 专注财经考试培训

致力成为财经考试培训标准领航者

@神奇母题会计图书

抖音号：89711618843

神奇母题官方图书号

神母豪华师资阵容

教授领衔 全博授课

王峰娟 教授 / 博士

北京工商大学商学院 教授、博士生导师
中央财经大学 博士

杨克智 副教授 / 博士

中央财经大学 会计学博士
北京工商大学MPAcc中心主任

张晓婷 教授 / 博士

北京师范大学 法学院教授
中国人民大学 博士

任翠玉 教授 / 博士

东北财经大学 会计学院 博士、教授

张旭娟 教授 / 博士

山西财经大学 法学院教授
中国政法大学 法学博士

宋迪 博士

中国政法大学 教师
中国人民大学会计学 博士

鄢翔 博士

上海财经大学 会计学博士
首都经济贸易大学 教师

于上尧 博士

中国人民大学财务与金融系 博士
北京工商大学财务系 副教授 硕士研究生导师

郝琳琳 教授 / 博士后

北京工商大学 法学院 教授
财政部科研院 博士后

刘胜 博士

北京工商大学 金融学博士
首都经济贸易大学 特聘导师

高瑜彬 副教授 / 博士

北京工商大学 会计系副主任、副教授
吉林大学管理学、会计学 博士

李静怡 副教授 / 博士

东北财经大学 副教授、经济学博士

李辰颖 副教授 / 博士后

北京林业大学 经济管理学院 副教授
中央财经大学 管理学 博士
上海财经大学 博士后

邹学庚 博士

中国政法大学民商法学 博士
中国政法大学民商经济法学院 教师

宋淑琴 教授 / 博士

东北财经大学教授，管理学博士
辽宁省教学名师

华忆昕 博士

中国政法大学民商法学博士
中国政法大学商学院教师

师资团队	授课明细
初级领航天团	杨克智 鄢翔 /《初级会计实务》、张晓婷 宋迪 /《经济法基础》
中级神奇天团	王峰娟 任翠玉 /《财务管理》、杨克智 /《会计实务》、张晓婷 张旭娟 /《经济法》
高级会计 - 核之队	王峰娟 杨克智 /《高级会计实务》
注会圆梦天团	杨克智 /《会计》、王峰娟 于上尧 /《财务成本管理》、张晓婷 /《经济法》 鄢翔 /《审计》、刘胜 /《战略》、郝琳琳 /《税法》
税务师梦之队	任翠玉 /《财务与会计》- 财务管理、高瑜彬 /《财务与会计》- 会计、 李辰颖 /《税法》(一)、李静怡 /《税法》(二)、 宋迪 /《涉税服务实务》、邹学庚 /《涉税服务相关法律》

考点母题 真题之源 聚焦考点 助力上岸

“四精”课程服务

高效通关有保障

精致

内容质量高

精准

考点定位准

精短

时间消耗少

精彩

专家讲授棒

神奇的考点母题——“三六”原则

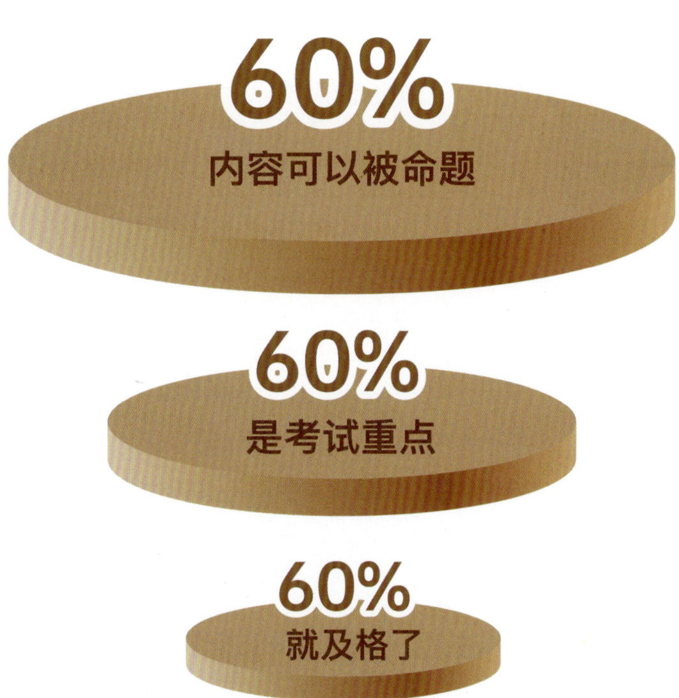

花少量的时间，掌握**关键内容**，

抓住重点你也可以轻松上岸

神奇的考点母题——五步教学法

五步教学法是一个教学闭环和通关阵法，环环相扣、互为依托，相辅相成。神奇的考点母题五步教学法通过大量实践，已经展现了其独特的魅力。

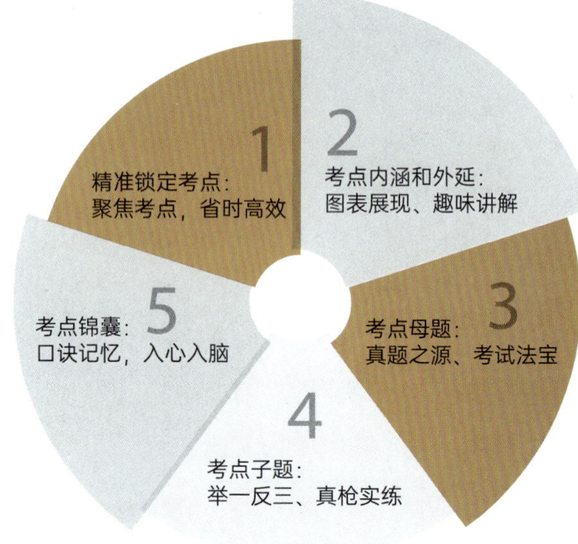

全程专家直播授课

全程直播授课

专家全程直播授课，“博士级”名师在线答疑

母题模式

母题讲解模式，摆脱题海战术， 以不变应万变

考点剖析精讲

浓缩考试精华，直击要点，考点全覆盖， 一题顶十题

其他培训机构	VS	神奇的考点母题
机构讲师授课	VS	全国性考试前命题专家授课
大部分为录播 +少部分课程直播	VS	全程100%直播+答疑
常规讲解模式	VS	独创母题讲解模式
无答疑或者 松散答题服务	VS	全国性考试前命题专家授课 +211，985具有博士学历 大学老师联合答疑